OPEN是一種人本的寬厚。

OPEN是一種自由的開闊。

OPEN是一種平等的容納。

OPEN 4/16

老舍評傳

作　　者　關紀新
主　　編　黃孝如
責任編輯　王林齡
美術設計　張士勇　謝富智
出 版 者
印 刷 所　臺灣商務印書館股份有限公司
地址：臺北市重慶南路 1 段 37 號
電話：(02)23116118／傳眞：(02)23710274
讀者服務專線：080056196
郵政劃撥：0000165－1 號
E-mail ： cptw @ ms12.hinet.net
出版事業登記證：局版北市業字第 993 號

初版一刷　1999 年 4 月

定價新臺幣 380 元
ISBN 957-05-1579-1（平裝）／48020000

OPEN 4/16

老舍評傳

關紀新／著

臺灣商務印書館 發行

目次

年輕的老舍

（本書圖片皆由老舍家屬提供）

六〇年代的老舍

老舍與夫人胡絜青女士

論语兩歲

老舍

共誰揮淚傾甘苦？慘笑唯君堪语愁！半月鷄虫明冷暖，兩年蛇鼠悟春秋：衣冠到處尊禽獸，利祿無方輸馬牛。萬物靜觀咸自得，蒼天默默鬼啾啾。

國事难言家事累，鷄年爭似狗年何?! 相逢笑脸無餘淚，細數傷心剩短歌！拱手江山移漢幟，折腰酒米祝番魔。聰明盡在胡塗裡，冷眼如君話勿多！

蒲松齡先生故居

鬼狐有性格

笑罵成文章

老舍

老舍手迹(二)

第一章　別樣慘淡的「人之初」

生在京城旗族之家

十九世紀末葉的中國上空，一股又一股的政治風雲，翻滾作勢，瞬間萬變。國內的，國外的，各式各類的社會力量，捭闔折衝，你方唱罷我登場，委實教人目不暇接。就從戊戌年（即光緒二十四年，公元一八九八年）說起吧：夏季，康有為、梁啟超等一批漢、滿改良派知識分子，在爭得了光緒皇上的支持以後，大刀闊斧地推行了一〇三天新政；結果，在冥頑不化的皇太后那拉氏的武力干預下，變法維新以流產告終，還悲壯地犧牲了譚嗣同等六位熱血志士的性命；與此同時出現的，是帝國主義列強在中國地面上，從南方到北方，橫行霸道，胡作非為，變本加厲地施行侵略擴張與經濟文化滲透；這又激起了神州兒女的空前反抗，衆多的義和拳民揭竿而起，高高豎起「扶清滅洋」的大纛，不惜憑藉早已落伍了的兵器，加上傳統的神勇氣概，向各路掌握著洋槍洋炮的強盜，投下了殊死決鬥的戰書……

時局，殊堪嗟嘆。

而正是在這個時候，一個極為弱小的生命，在京師內城一條極為窄小的胡同裡，呱呱落地。

那條小胡同也的確太窄了，把口處不過三四尺寬，行人「一不留神，就邁過去了」；那個小生命又的確太弱了，險些一降生就夭折。——沒有任何外人去注意那裡發生的這件小事，是很自然的。

產婦已經四十一歲，貧困加勞碌的平日生活，使她勉為其難地生下了小兒子，就昏死過去。接生婆和新生兒的小姐姐，手忙腳亂地搶救著產婦，竟把剛剛來到世上的赤裸的嬰兒忘在了一旁。幸虧新生兒那早已出嫁的大姐及時地趕回了娘家，一把抱起就要被凍死的小弟弟，將他揣進自己的懷中……

這條因而得救了的小生命，便是日後享譽中外的文壇巨匠——老舍。

當天，是農曆戊戌年的臘月二十三，剛好也是中國民間傳統的「小年」。換算成公曆，則是一八九九年的二月三日。

小生命降臨人世，還偏巧是在黃昏時分，在「首善之區」的京師九城，慣於循規祈福的衆百姓，正忙不迭地燃放著花炮，「歡送」那「操勞」了一年的灶王爺上天。灶王爺——各家各户的「名譽户主」——「辛苦」一年，就此總算到了「下班」的鐘點兒，可是，新生兒的父親——這位真正的一家之主，此刻卻還在當班呢。他是守衛京師的一名護軍士兵。大約由他祖上十代那個時候，就已然頒行了一種制度，其中規定了，他在當值上崗的時刻，即使是遇上了像妻子分娩這種不算小的事情，也不會被允許留在自己家中。他必須守候在崗位上，他從來就沒有想在家就在家的自由。

一家之主，名字叫永壽。他家姓舒。

他是個旗人。如果換句好理解的話說，在當時，他是個命裡注定的兵。

所謂旗人，在有清一代，是對被編入滿洲八旗、蒙古八旗、漢軍八旗這類兵民一體化組織中的人們的總稱。清朝的奠基君主努爾哈赤、皇太極，在當初志在進取中原的過程中，將本民族——滿洲——的幾乎全體青壯年以上的男性，都收進了軍隊之中，把他們分別劃入以八種旗幟為標識的八個方面軍。這八個方面軍，即被稱為鑲黃旗、正黃旗、鑲白旗、正白旗、鑲紅旗、正紅旗、鑲藍旗、正藍旗。後來，為了擴充實力，又仿照滿洲八旗的編製方式，建起了蒙古八旗和漢軍八旗。三個八旗的軍事組織，自建立起的二百多年間，曾在創立清朝、鞏固政權、維護祖國統一、保衛人民安定生活等方面，發揮了能動（自覺、主動之意）的歷史作用。

八旗的設置，隨後成了清代一以貫之的根本性政治軍事制度。它自始至終地把世代的旗人（特別是滿洲旗人），嚴格地圈定在當兵吃糧餉的惟一人生軌道裡，禁止旗人們從事任何除當兵之外的職業，不允許他們做工、務農、經商，這雖然有助於政治基石的牢靠，據說也還防止了旗人們與民爭利現象的增多，但是，也造成了連創建這種制度的人也始料不及的一系列社會難題。尤其是從乾隆年間起愈演愈烈的「八旗生計」問題，更是叫所有的清代最高統治者傷透了腦筋：旗人「人口大量增加，而兵有定額，餉有定數，既不能無限制地增餉，又不能放鬆正身旗人參加生產勞動的限制」①，於是，補不上兵缺的旗籍子弟一批批地出現，他們只好眼睜睜地賦閒，成為「閒散旗人（滿語謂之日『蘇拉』）」，這不僅導致了許多下層旗籍人家日益明顯地走向貧困化，還使入關之初異常精銳剽悍的八旗勁旅，漸漸地失去農商技能，滋生了惰於勞作、荒於嬉戲的惡習。

到了清末，由京師八旗貴族、軍官、士兵、蘇拉、家眷等等所組成的人們共同體，總人數已多達六十萬左右，世人也久已習慣以「旗族」來稱呼他們。在京城「旗族」人丁日趨繁盛的總態勢之下，「八旗生計」的陰影，籠罩著走投無路的窮旗人們，也歷經了好多代。永壽的家庭，不知是從哪一輩開始，也走進了這個可哀可嘆的圈子裡。

「舒家曾經是個大家族，在一次內訌之後，舒永壽這一支分出單過，而且親戚之間不再來往。到老舍這一輩，來往走動的只有住在城外的老舍母親的娘家。」②按理說，滿人的傳統，是很注重保存和續寫家譜的，可是，永壽家的家譜卻從來未被發現，是因為那回家族內訌之後沒能帶出來，還是因為永壽一家後來經歷了太多磨難而遺失了呢？這已經難以說清楚了。

在滿洲八旗中，他家隸屬於正紅旗。因為尚沒有任何資料證實他們這一家族在清朝定鼎北京之後有過怎樣的調動遷徙，所以，只能假定他們是自十七世紀「從龍入關」後，始終歸屬在京城裡的正紅旗麾下。

史籍記載，一六四四年清政權入關，把燕京確定為首都後，便在京城實行了旗、民分城居住的措施，相當於今日東城、西城的內城，只許滿、蒙、漢三個八旗的將士及其家眷居住，而原來住在內城的漢、回等其他民族的百姓，則全部被迫遷移至京師外城——即大致相當於當代之崇文、宣武兩區。在內城，中心是皇城，圍繞皇城，三個八旗嚴格地被分置於四方八隅。兩黃旗居北：鑲黃旗駐安定門內，正黃旗駐德勝門內；兩白旗居東：鑲白旗駐朝陽門內，正白旗駐東直門內；兩紅旗居西：鑲紅旗駐阜成門內，正紅旗駐西直門內；兩藍旗居南：鑲藍旗駐宣武門內，正藍旗駐崇文門內。於是，內城的確如歷史學家後來時常說起的那樣——「像個大兵營」。這種畛域嚴整的格局，到了清中期以後，開始在不經意中稍稍地模糊起來，因為旗人們沒法不吃不喝、不去找商人們購買日用品，旗人貴族更不能戒除觀覽世風、接近優伶、看戲娛樂的癮，他們得隨時跟外民族的人們打交道，漸漸，原來住在外城的一些「民人」（在清代，是與旗人相對應的稱呼，指的是除旗人而外的所有人和所有民族），膽大的，居然搬進了內城，內城的王公貴族也有破例到外城去闢地設府的了；再後來，受「八旗生計」的影響，一部分城裡的貧苦旗人，逐步典出了自己的居舍，離開最初的本旗指定居住地，向著附近的——也包括各城門之外的關廂地區的——可資容身之所搬遷。即便有了這一系列的變化，八旗在內城的基本居住區劃，卻直到清朝滅亡以前，沒有大的變更。在京城的八旗區劃內，始終分別設立著八旗都統衙門，這八個衙門，不但掌管著京城旗人的一切事務，還把分散在全國各地的駐防旗人一併統轄起來。從道理上講，遍佈全國各地的八旗駐防兵，都是從京城這個「老家」派出的，如果戰死在外地，其遺骸都應當被送回京師「奉安」。這種方式，是與清初最高統治者將本民族中心由祖國東北地區徹底移到北京地區的整體部署一致的。如同雍正皇帝所說過的：「駐防不過出差之所，京師乃其鄉土。」

清代末年，永壽家住在京師內城西北部的小羊圈胡同。這個胡同，由西四北大街往北走，過了護國寺街口，再往前的東邊第一條胡同即是。這裡距離西直門，只有三五里地。看來，進關之後，舒氏家族的子孫一直沒有離開他們的這片「熱土」太遠。世居京師二百多年的旗人們，對祖國東北白山黑水之間的「發祥地」，記憶恐怕早已變得模糊了，至多，也不過是在老人們為了滿足憶舊情感需要時，才敘敘「當初」，提提祖籍「長白」的傳統說法。一代一代的旗族人們，將北京認作了自己的家鄉，把北京作為家鄉來愛戴，「京師即故鄉」觀念已經根深柢固。他們，已然成了北京城裡地道的「土著」。

可是，查一查清代京城的八旗區劃地圖，人們又會多少有點兒意外地發現：小羊圈胡同偏偏已經游離於正紅旗的居住區域之外，它屬於正黃旗的範圍。由此可以想見，永壽，或者是他的前輩，也有過前文所說的那種某些旗人因故做短距離搬遷的經歷。好在，他家並沒有走遠，也不可能走遠，小羊圈胡同南面的護國寺街以南，以及出了這條胡同西口的西四北大街以西，都是正紅旗的地盤。也就是說，從他們家向南、向西，都只經幾十米，便會進入正紅旗原先的居住地。關切這一居住地的人們，在釋去上述那點小小意外之後，會隨後接觸到感興趣的另一點，就是：正黃旗，乃是永壽的妻子、老舍的母親——舒馬氏娘家所隸屬的那個旗。

對這個坐標點的捕捉和審視，大概暗含著兩點意義：

第一點，是象徵性的：日後的老舍，從父親那裡繼承來的，主要是姓氏與血脈，還有他那為國盡忠的高尚精神，這很重要。而老舍從母親那裡繼承的，卻不但有血脈，更包括著一生用之不竭的性情和品質，以及絕不輕易改變的做人方式，這想必更為重要；

第二點，則應當說是可以在老舍畢生的多種成就中不難得到印證的，即他的呼吸、他的經歷、他的氣質、他的感情……都是從這裡開始生成、放射與昇華的，在這裡，深札他的人生之根、人文之本。老舍作品的研究者已經發現：「從分佈上看，老舍作品中的北京地名大多集中於北京的西北角。西北角對老城來說是指阜成門——西四——西安門大街——景山——後門——鼓樓——北城根——德勝門——西直門——阜成門這麼個範圍。約佔老北京的六分之一。城外則應包括阜成門以北，德勝門以西的西北郊外。老舍的故事大部分發生在這裡。」③而這個發現，支持著的，應當是如下的一種思考：這片作家一生寫也寫不倦的老城西北角，剛好相當於是清末（也即老舍兒時）的正紅旗駐地和正黃旗駐地，在這片浸潤父精母血的民族「熱土」中，萌發出來的文化心理意識，對作家的一生，產生了何等深刻的潛在影響！清初八旗制度曾明文規定，「京旗」將士未經許可，不得私自離開本旗範圍太遠，違者當以逃旗治罪，並將家眷、財物充公。或許，就是這樣的早年間的制度，一直對清朝解體後若干年才問世的老舍作品，產生了某種潛在的精神制約？

……永壽終於站罷了那一班崗。回到小羊圈胡同的家裡，這才得知妻子曾昏死多時、小兒子也曾險些凍死的情形，不過，此刻危機已經過去了，母子也已經平安了。一家之主的任務，是給新生嬰兒取個名字。按照本家族排輩份的用字，這一代的男孩子，應當是「慶」字輩，這孩子偏巧就生在了春節臨近的當口兒上，就叫他「慶春」好了。

滿人在歷史上是用滿語命名的，各家族也有自己的滿語姓氏。從清中期起，沾染著漢族文化風習的京城滿人，在漸漸改操漢語的同時，也試著為自己用漢文漢字命名。到了清末，滿人以漢名出現，頗為普遍，他們甚至還學會了在起名的時候以漢字標示輩份的形式。不過，在使用名字時有一樣，直到終清之際，滿人還是跟漢人有著明確的差別，這就是，他們雖都知道自己的家族姓什麼，卻沒有把姓氏掛在名字前面一起稱呼的習慣，「稱名不舉姓」，這種滿俗，不單在滿洲旗人中間普遍地保持著，同時也傳給了「滿化」的漢軍旗人和蒙古旗人。正是因為有這樣的民族習慣，在現在尚能發掘到的為數有限的幾宗清末有關的公文裡，凡是記錄著老舍父親名字的地方，都總是只有「永壽」二字，而並不是後人想像的「舒永壽」。

滿族先民的姓氏，大約有六百餘個。就像漢族人的多用姓氏張、王、李、劉、陳等一樣，滿族也有幾個傳統的姓氏，使用的人特別多，這就是所謂的「滿族八大姓」。這八大姓氏是哪八個，似無絕對的定論，其中一種說法，是指瓜爾佳氏、鈕祜祿氏、舒穆祿氏、董鄂氏、馬佳氏、納剌氏、索綽羅氏和伊爾根覺羅氏。到了清代比較晚近的時候，原來用漢字記錄滿語多音節的完全譯音式的滿人姓氏，也多簡化為用一個漢字來替代，比如，前面所談及的「八大姓」，便大致地被改用了漢字的關、郎、舒、董、馬、那、索、趙。——也許正是因為排在這中間第三位的舒姓，恰好就是永壽、慶春一家人在這時業已冠用的漢字姓氏，所以，便產生了他們這個家族從前的滿族舊姓是舒穆祿氏的猜測。其實，這種猜測也還難以得到確證。從滿族姓氏的演化規律來說，既有原來冠用同一種滿姓的人們改用了幾種漢字姓的情形（例如各地各家族的舒穆祿氏，後來分別改用了漢字舒、徐、米、宿、孫、鄭、蕭、萬等為姓），還存在著後來雖然改用了同一個漢字姓的滿人們，原本卻來自不同的滿族姓氏的情形；在後一種情形中間，據瞭解，也包括了這個後來改為單個漢字的「舒」姓：不僅從前「八大姓」之一的舒穆祿氏中間的一部分人改姓了舒，另有一個不大不小的氏族舒舒覺羅氏，也有一部分人改姓了舒，甚至，還有一個很小的氏族舒佳氏同樣改姓了舒。可見，永壽、慶春一家的舊時滿姓，尚有舒穆祿氏、舒舒覺羅氏、舒佳氏等不少於三種的可能性。因為舒穆祿氏以前是個大姓氏，所以他家出自其中的可能性，要更大一些。

在落筆寫作這部書稿之前，老舍家屬為我們提供了一份經過反覆鉤沉而彙得的舒氏四代人的名單。前面已經述及，舒氏家譜早就佚失了，所以這份後來拼成的名單，可聊補家譜佚失之憾。名單中，如果以永壽作為基準，則向上，可追溯到他的祖父與父親兩代人，往下，可涉及到他的兒女這一代：乃祖父關保、祖母馬氏，父親克勤、母親孟氏，本人永壽（？～一九〇〇）、妻馬氏（一八五七～一九四二），長女佟舒氏（名靜守，一八七八～一九五三）、次女傅舒氏（一八八〇～一九五八）、三女趙舒氏（一八八七～一九六七）、長子慶瑞（號子祥，一八九二～一九六二）、次子慶春（一八九九～一九六六）。④由此，關切於老舍家史的人們，確能得到較從前所知更多一些的信息。永壽的祖父、慶春的曾祖，名為關保，這個名字在清代中期的滿人中是個常見用名，那時的滿洲男子習慣以「×保」來命名，據說這跟他們隨時可能投入戰爭，常面臨生命危險有關，故喜歡在名字的後頭綴上個「保」字來祈福；而永壽的父親、慶春的祖父，名為克勤，則已是純粹的漢族式的命名了。從這裡，應當能夠窺得老舍家族原持滿習漸變情景之一斑。當然，永壽以上，本來也並不是「一線單傳」，只是這份名單的彙輯者，實在是難以進一步瞭解到其一家幾代的旁支近親了。

慶春剛出生，此處卻已消耗了偌多的筆墨，來介紹他的民族與家族狀況，這在筆者看來，很可能會有一定的價值。老舍是滿族人，老舍是北京人，再加上下文將著重談到的老舍出身於下層窮苦市民階層，這三個基本屬性，大約，就是營造起他那後來看去極其輝煌的藝術殿堂的三個最初的社會人文支撐點。

老舍生在京城「旗族」之家。——這是一個明確的、有著相當重要底蘊的事實。誠然，這也是個很容易為人們所忽略的事實。（因為，按照許多人的習慣看法，時下裡滿族的民族特點已經不怎麼鮮明，強調他的這種出身未免多餘。）

幼年失怙

永壽在八旗軍隊中的身分，用滿語講叫作「巴亞喇」，用漢語說就是「護軍」。清代的護軍，是「拱衛京師」諸兵種中的一支，它的任務，是專門負責皇城、王府以及整個京師的日常安全。如果皇上到各地巡幸，也總是由京師護軍中，抽調一部分兵力護駕。其責任不可謂不大。如果從具體的分工來說，被稱為「上三旗」的鑲黃、正黃、正白旗護軍，是紫禁城的衛戍部隊，被稱為「下五旗」的鑲白、鑲紅、正紅、鑲藍、正藍旗護軍，則分別負責保衛京師全城的安定。永壽是正紅旗下的一名護軍甲兵（也可以簡稱為「護軍」），他的崗位，常常是在各個城門的周近。

依據後世相當常見的看法，似乎凡是清代的八旗子弟，都毫無例外地屬於「墮落的一類」。這種偏見的形成，有著複雜的原因，茲不贅辨。清代八旗子弟們在風習道德上的實際情況究竟如何？這原非本書所論之題。不過，它又存在於這裡，牽扯到慶春之父永壽之死，所以，也只得做些簡述。

清初，八旗軍民一體的組織創建時，正值民族精神的上升期，可以說，發憤自強、爭立功業，幾乎成了整個民族的惟一時尚。那個時候，八旗將士個個勇武爭先，共襄進取大業，有過許多令後人驚訝、羨佩的風發之舉。不妨讀一讀清初滿族詩人佛倫寫下的一首〈從軍行〉，就能夠感受到當時那種勃然撲面的民族氣概：「神龍得雲雨，鐵柱焉能鎖！壯士聞點兵，猛氣怒掀簸。赤土試劍鋒，白羽裝箭笴。矯首視天狼，奮欲吞幺麼。鯨牙如可拔，馬革何妨裹？行色方匆匆，妻孥無瑣瑣。送復送何為？別不別亦可。親朋勞祖餞，且立道之左。請看躍驊騮，揚鞭追伴夥。長天碧四垂，亂山青一抹。大旆高飛揚，萬馬迅雷火。一鳥掠地飛，先驅者即我！」就是在這種上下一心、萬難不辭的精神作用下，十七世紀的中華大地上，誕生了一個煥然一新、生機處處的清王朝，它內成一統，外拒強寇，使本已急劇滑落的中華封建末世，又奇蹟般地出現了長達一百幾十年的「康雍乾盛世」，給予人民以在安定富足中繁衍生息的一個較長時間，國內人口也迅速地從大約七千萬猛增至四億。近年間，清史與滿學研究界正接近一項共識：如果沒有滿族傑出人物和八旗勁旅在清代前期的勠力經營，從而達成了清中期國富民盛、各族一體的大局面，後來的中國，是絕難度過帝國主義列強妄圖瓜分、滅亡我文明古國這一道險關的。

任何一個民族，都有她在歷史座標圖上的「崛起——上升——滑降」的拋物線。這是一件不以人的意志為轉移的事情。促使旗族由光輝的頂點很快地轉向下滑態勢的原因，有許多種，其中，作為隸屬於少數民族的最高統治者，其所面臨的歷史局囿，是不言而喻的；原本匯聚著蓬勃戰鬥力的八旗制度本身，自建立之日起，就已暗藏著無可排解的「八旗生計」危機，則是又一口巨型的陷阱；當然，也還有別的一些原因，例如進入京城和各地城鎮後的八旗子弟們，身陷中原傳統文化的汪洋大海，在「漸染漢習」的過程中，將自己的生活過分地「藝術化」……於是，闊的走向驕奢、閒的走向無聊、窮的走向窘迫，昔日極富實力的八旗勁旅，無可如何地在向自身的反面轉化著。

八旗子弟們漸漸地繞進了歷史老人設下的「迷宮怪圈」，他們原來衝力十足的民族精神，大幅度地被銷蝕。然而，在這個漸變的過程中，當初那種勇敢、淳樸、急公近義的傳統美德，並不是在較短時期內就會毀滅殆盡的。尤其是在八旗下層官兵的心間，舊日形成的為愛國護民而不惜犧牲一切的精神，「不得捐軀國事死於窗下為恥」⑤的觀念，依然是相當牢固的。即便是遲至十九世紀中期的鴉片戰爭及其之後幾十年間，八旗將士前仆後繼、浴血抗敵的事蹟，仍然在各類史書上多有記載。譬如：在中英鴉片戰爭期間的乍浦戰役中，八旗愛國官兵「在佐領隆福（滿族）的率領下，狙擊敵人，連續打退英軍組織的五次進攻。……守衛在這裡的二百七十六名滿族官兵中，除四十三人突圍而出，其餘全部壯烈殉國。」⑥在鎮江戰役中，「英軍集中全部兵力圍攻鎮江城，副都統海齡（滿族）領導滿洲八旗堅守陣地。從敵我雙方軍事力量來看，守城旗兵全部一千五百人（一說只有一千二百人），只有英軍兵力的十分之一；火力配備上，旗兵是刀劍矛戟和弓箭，遠比英軍擁有的來福槍和大炮等近代武器差得多。雖然處在敵強我弱的劣勢下，但旗兵仍能拚死力戰，節節抵抗。」「英軍乃集中炮火向城中轟擊……方才闖入城內。滿洲八旗為了保衛祖國神聖領土，進行更加猛烈的巷戰。」「在守城的旗兵大部分犧牲後，戰局已無法挽回，海齡遂舉火自焚，壯烈殉國。……當時，仍有少數八旗官兵繼續戰鬥。」⑦他們「血積刀柄，滑不可持，尚大呼『殺賊』！」⑧這後一場酷戰，曾經引起了遠在西方的無產階級革命導師恩格斯的密切關注，他在當時撰寫的〈英人對華的新遠征〉一文中，很詳細地描述了鎮江戰役的過程，肯定了清朝八旗軍隊在彼此實力懸殊的情況下，「絕不缺乏勇敢和銳氣」。他說：「這些駐防旗兵總共只有一千五百人，但卻殊死奮戰，直到最後一個人。」並且做出結論：「如果這些侵略者到處都遭到同樣的抵抗，他們絕對到不了南京。」⑨此外，在第二次鴉片戰爭和中日甲午戰爭中，滿族旗兵奮勇殺敵、為國捐軀的事例，也所在多有。

到了十九世紀末，八旗子弟的精神分化再度加劇。可是，在這時的京師八旗營房中，貧窮尚武的旗籍士兵們，在家徒四壁的情況下，還是按照八旗制度的規定，自購兵器戰馬，不忘國家重託，他們嘴上常常掛著的口頭禪，還是那句硬話：「旗兵的全部家當，就是打仗用的傢伙和渾身的疙瘩肉！」⑩他們依然是那麼地忠勇可敬，貧苦困頓，沒能折損了拳拳報國之心。正紅旗護軍永壽，顯然屬於這一類旗人。他兢兢業業於平日的職守，也不懼怕那隨時降臨的反侵略戰爭。

這場戰爭真的迎面走來了。

早在十九世紀初，山東等地就出現了一種反清的祕密結社——義和拳。在帝國主義列強瘋狂蹂躪中華河山的情況下，他們又高喊出「反清滅洋」的響亮口號。至十九世紀末，該組織更名為義和團，勢力發展神速，在華東、華北地區闖府奪縣，進而直逼京師，對外國侵略者和清政府，都構成了極大的威懾作用。到了光緒二十六年（一九〇〇年）初夏，慈禧太后見此時局已直接威脅到自己政權的穩固，便以轉移義和團鬥爭矛頭的策略，「宣諭」義和團為合法組織，並終於憑藉義和團的力量，向外國人開了戰。這時，早就已經按捺不住對洋人仇恨的京城八旗將士，也人人爭當義和團。「凡屬滿人不論大小老幼，均係義和團中人，其腰間束有紅帶，以作伊黨記號。」⑪六月十五日，滿、漢義和團員萬餘人，開始攻打洋人在京城設立的西什庫天主教堂，並隨後將其攻克；六月二十日，德國公使克林德尋釁街頭，向中國軍隊開槍，又被滿洲正白旗神機營的下層軍官恩海當場擊斃。

西方列強不能甘心自己的失利。由日、法、俄、美、英、德、意、奧等八國組織的侵略者部隊，即「八國聯軍」，當即從渤海灣方向聚集而來，一路上，經過了在大沽、天津等地與義和團、八旗兵的激戰，終於在八月中旬殺到了京城。

在八國聯軍已由東部攻入京師的炮火聲中，西太后扮作鄉間農婦，挾光緒帝，於天未破曉之時倉皇西逃。除「護駕」而去的一部分官兵外，留在京城內的八旗將士，對最高統治者的臨戰脱逃，並不知曉。他們大多守衛在自己的崗位上，與義和團民一道，展開了捍衛京師的神聖一戰。

各個方向殺來的敵軍，均遭到了頑強的抵抗。「守城的八旗官兵用猛烈的炮火進行阻擊，並用傳統的滾木、石塊、白灰阻止敵軍登城。破城之後，清軍、義和團與八國聯軍展開了巷戰。」「守衛紫禁城的親軍營，在破城之後依然堅守崗位。美軍攻破午門之後，護軍進行了逐門逐殿的抵抗，迫使美軍暫時退出了紫禁城」⑫在內城北部的鼓樓上，一名沒有留下名姓的旗兵，在衆戰友紛紛傷亡的情況下，據守樓門，與敵肉搏，終在親刃數名賊寇之後中彈而亡，成為日後京城父老常常引為驕傲的「鼓樓烈士」。

在這場異常酷烈的戰役中，永壽和他所隸屬的隊伍，陣地在正陽門。正陽門是天安門及紫禁城正面之門户要衝，雙方用兵之力可想而知。但是，與其他陣地情形類似，因為彼此的武器實力過於懸殊，此處的激戰，也只能是有敗無勝。永壽等護軍士兵，武器是老式的抬槍，隨放隨裝火藥。幾桿抬槍列在一處，不少的火藥就撒落在地上。而侵略軍則向城樓上發射了在當時很具殺傷力的燒夷彈，把正陽門的箭樓炸掉了一角，並引起了大火，火勢當即引燃了旗兵們腳下撒落的火藥，也引燃了他們身上攜帶的彈藥……永壽和他的戰友們在渾身燒傷，失掉戰鬥力之後，只能帶傷撤離火光衝天的正陽門陣地。

這一天，是一九〇〇年的八月十五日。

這場仗，是清代八旗軍人們為祖國而壯烈蹀血的最後一役。

永壽強忍著巨痛，艱難地走向城區的西北角，走向惟一能夠給他最後慰藉的家。但是，他已經走不動了，於是爬，到爬也爬不動了的時候，他剛剛來在西長街上斜對著西華門的一處糧店前。或許是為了找尋一個可以替他送口信回家的人，他爬進了這家叫作「南恆裕」的糧店。店裡沒人，正像街面上沒人一樣，人們早就各自逃命去了。正在默默等待人生最後一刻的到來，竟然極難得地見到了一位突然推門而入的親人，他是自己的內姪——海亭，也是剛從戰鬥中敗撤下來的旗兵。姑父意外地見到了內姪，已經說不出話了，他只能拚出最後一點氣力，把自己一雙從燒傷腫大的腳上脫下來的布襪子，還有綁腿，遞給海亭，示意他回家去報個信。海亭經過了徹夜激戰，精疲力竭，也是為了找口水喝，才偶然地闖進了這家店鋪，他已斷無辦法再將姑父背回家了。年輕的旗兵，慟哭失聲地告別了姑父，一步三回頭，趔趔趄趄地跑回了小羊圈胡同，一進屋，便嚎啕跪倒在親姑姑的膝下。

馬氏，旗兵永壽之妻，幼兒慶春之母，自隆隆炮聲響遍京城之時，就已經意識到，與無數例常常見到的八旗孀婦同等的淒苦命運，正向她步步迫近。現在，海亭衝進門來，一切就是明明白白的了。她的心，頓時變得鋼澆鐵鑄一般。她知道，該是自己挺身而起，為兒女們充當「巴亞喇」了。

八國聯軍在付出了四百餘人的傷亡之後，佔領了京城。這幫殺紅了眼的野獸，又得到了統帥部的新命令：在城內外公開搶劫三天。紫禁城、中南海和頤和園，自然是首當其衝，僅頤和園中的珍寶古董，就被裝箱裝袋用駱駝隊向外運了幾個月。第二次鴉片戰爭中被英、法強盜掠剩的《永樂大典》數百冊，以及另外四萬多冊珍貴圖書，也被哄搶一空。「傳教士們也乘機大發橫財。有個法國主教叫樊國榮的……一次就搶走了價值一萬兩白銀的財物。有個美國傳教士叫丁韙良的，也在沙灘糧店搶得兩萬多斤糧食。」⑬

京師再大，也比不上侵略者的貪欲來得大，向一切街巷民宅的掠奪迅速開始。小羊圈胡同再細，也比不上侵略者的「心細」，「他們有高度盜竊技巧。他們耐心地、細緻地挨家挨户去搜索，剔刮，像姑娘篦髮那麼從容，細膩。」（〈吐了一口氣〉）不止一批洋兵闖入了舒家。頭一撥兒強盜進了院門，一刺刀便捅死了家裡那條向他們撲叫過去的大黃狗，他們一看就知道，這户太窮，於是馬上轉向別家；腳跟著腳，第二批、第三批又衝進來。這時，年僅一歲零八個月的慶春正熟睡在炕上，他太不惹眼了，急匆匆的強盜們，把炕上兩口破箱子裡的東西一古腦兒地翻倒在他的身上，從中挑撿看得上的衣物。母親的心提到了嗓子眼兒：如果小兒子此刻驚醒啼哭起來，少不了也得像那條大黃狗一樣……萬幸，慶春沒醒。

搶劫，接著屠城。凡見到城中的成年男子，多懷疑是八旗兵或義和團，不由分説，按倒就殺，一時間，京師九城「屍骸枕藉」。曾擊斃德國公使克林德的旗人恩海，被敵人捕獲，他視死如歸地説：「我因殺國仇而死，心中甚樂。」這不僅教強盜們膽寒，也惹得他們更加歇斯底里。姦淫婦女，也在城內外隨時隨處地發生。裱褙胡同等多處，成了聯軍官兵無恥宣淫、輪姦作樂的場所。平日裡頂講清潔的京城婦女，竟有許多人被迫把骯髒的糞便塗抹到自己的臉上、身上，以防遭到強暴。

……這場發生在東方古國「首善之區」的大劫難，讓每一個曾經親歷的京城人刻骨銘心。這一年是農曆庚子年，故史稱「庚子之亂」。這一年，又是清光緒二十六年，所以，旗族的群衆則在其後的很長時期，習慣稱之為「二十六年」。

聯軍的亂兵在街面上横衝直撞的時候，馬氏與她的內姪，是絕對無法去為永壽收回遺骸的。連續數日的大劫難總算熬過去了，家人僅能做到的是，為永壽製作一方木匣，放進死者的襪子、綁腿，還有在一張白紙上書寫的永壽的名姓和生辰八字。在城北大鐘寺南邊的舒氏墓地，家人們葬下了這個木匣，葬下了一位八旗兵的忠魂。

人們是否懷抱著幼小的慶春，參加了這次葬儀，已不可知。

又過了一年，重新回到京城的朝廷，才慢騰騰地查實確認了那場戰爭中的八旗將士陣亡名單，核准了撫卹辦法。在現藏於首都圖書館內的《庚子京師褒卹錄》中，可以摘抄出以下兩個片段：「護軍瑞升、承通、林安、玉慶、春喜、祥林、松桂、永壽、文祿、常升、常海、松惠、海全、桂升、雙壽，均於上年七月在天安門等門駐紮，二十一日對敵陣亡……」「護軍順喜、瑞升、承通、林安、玉慶、春喜、祥林、松桂、永壽、文祿、常升、常海、松惠、海全、桂升、雙壽，均著照護軍校陣亡例，從優賜卹……」

生命的教育

像中外不少大文學家一樣，老舍（這時還是慶春），是由寡母一手帶大的。至於寡母的家庭與文學家的造就有何內在關聯，這也許是個可供切磋的問題。

慶春的寡母和許多窮人家庭的寡母相似，也是在長久的含辛茹苦之中，咬緊牙關，終於把幾個孩子帶大的。慶春的寡母又和許多其他家庭的寡母不大一樣，因為她是個旗籍女人，自家的生計總和「八旗生計」掛鈎，她的身上也總是體現著滿族女性的獨特氣息。

永壽活著的時候，一家五口全指望著他每月領來的三兩餉銀和一些老米度日。當時朝廷財政已日見不支，加上衙門裡的剋扣，往往是銀子領到手裡，成色和份量都不足，老米呢，也是發了這回沒下回的。慶春的母親必須在捉襟見肘中，解決一家人的凍餓問題。生下慶春，母親就沒有奶，母親和小姐姐只能用個小砂鍋熬一點漿糊，加上點糕乾粉，填進他的小嘴，僅能保證讓他弱小的生命不致於斷氣。到了一般孩子「七坐八爬」的時候，嚴重缺乏營養的小慶春，仍是坐不會坐，爬不會爬。甚至，兩三歲了，他還沒學會走。

「二十六年」上，永壽陣亡。這對苦熬了半輩子的慶春母親來說，儼然雪上加霜。但是，既然生為旗兵的妻子，總是不能完全避免這種命運的降臨，——她，恐怕早已聽慣了歷代旗兵遺孀們如何承受這種打擊的故事；何況，眼下的京旗範圍內，正增添了多少新寡與她為伍！舊日的老北京人，多半都愛傳說旗人家的女人不大好惹，殊不知，在這一民俗事相中，曾經攪拌了幾多的血和淚。旗籍女性以剛強、尊嚴、豪橫著稱，本是頗可思議的事情，因為她們是戰士的家眷。世代命定的嚴峻現實，教會了她們怎麼樣來塑造自我。

照清代八旗制度的規定，陣亡旗兵的孀婦，每月可拿到原來「錢糧」的半數，作為撫卹贍養費。緣此，馬氏在丈夫死後，每月也能從正紅旗衙門得到餉銀一兩五。養育兵，是清代解決「八旗生計」問題的辦法之一，即在家計艱難的旗人中間，適量地挑補一部分男丁，作為候補兵源來供養，其「錢糧」也是正身旗兵的一半。永壽陣亡的那年，長子慶瑞才虛齡九歲，離補挑「養育兵」的最低限度，還差一年。不知是過了多久以後，慶瑞大概是得以補上了一個「養育兵」的缺，因此，他也能每月從衙門裡領來一兩五的餉銀了。⑭

母子四人（包括慶春和他的三姐），雖說名義上又有了每月三兩銀子的進項，可是，生活還是沒有保障。一是自打朝廷向西方列強交付了巨額的「庚子賠款」以來，造成國庫嚴重空虛，八旗衙門下發的「錢糧」因而時斷時續；二是這個政權已顯露出行將瓦解的徵兆，衙門口裡管「錢糧」的官兒，得貪即貪，得撈即撈，愈來愈明目張膽地剋扣窮旗人，一份該當是三兩的餉銀，七盤八扣，交到領餉人手裡時還不足二兩，也是常事了；三是每到衙門放「錢糧」的日子口，一旦餉銀數額不足，便理所當然地常常是先盡著正身旗人來發，養育兵和孀婦們，可就難免要遭到冷遇。

母親雖是出身於正黃旗，卻是從小在郊外農村長大的。她的娘家居住在德勝門外「薊門煙樹」附近的鄉下，父母去世得早，她自幼便練就了結實的身板和勤勞的習性。允許一小部分生計艱難的旗人到京師周邊的田間務農，這是清代中後期陸續出現的情況，慶春的母親家何時被「恩准」離開城裡到了北郊，並不重要；重要的倒是，母親養成的吃苦耐勞習性，確使慶春一家人在蒙難之後因此而得益。

為了維持一家人的活命，母親終日給店鋪夥計或者屠夫們漿洗、縫補他們又髒又破的衣裳，她的手，不分冬夏總是泡在洗衣盆裡，不洗東西的時候，每回看上去，都是燥裂、鮮紅並且微腫著。在母親的帶動下，三姐和哥哥也都學會了苦幹。三姐剛有十二三歲，就是母親幹活的好幫手了。哥哥是個養育兵了，照旗裡的規矩不准隨便外出攬別的營生，但是，到了這個連朝廷也像個「殘燈末廟」的年頭，他也像其他一些窮旗人的子弟似的，挎著個小籃兒，沿街叫賣小食品去了。

慶春的童年，毫無亮色。母親、姐姐和哥哥，誰也沒工夫逗他玩，而且，家中連一樣能讓他玩兒的玩藝兒也沒有。爛棉花、破布塊、碎線頭，成了他兒時最理想的玩具。再大一點，他從存放破爛兒的小南屋裡撿回來了些扣「泥餑餑」的模子，染了色的羊拐子，便算是得到了很難得的一份享樂。在精神狀態上，他是個抑鬱寡歡的孩子，因為從剛剛懂事起，他就和家人一樣地知道了愁吃愁喝。

小慶春學會走路挺晚，可是論懂事，卻比一般小康人家的孩子要早。在他童稚的腦海裡，對這樣一些事情留有不可磨滅的記憶：

——每年都要有幾趟，跟隨母親去城外的舒氏塋地，為死去的父親上墳。母親告訴他：咱們是旗人，「二十六年」上，你那父親陣亡了，他，原本是正紅旗下的一名旗兵！

——見到過家裡保存的一塊小木牌，那上面有父親的名字，還有證明父親長相特點的「面黃無鬚」四個字，那是陣亡了的父親當京師護軍時的一只腰牌，是他上下崗時使用的一枚通行證。

——母親一遍又一遍地講述過他為什麼會失去父親和怎樣地失去了父親。「母親口中的洋兵是比童話中巨口獠牙的惡魔更為凶暴的。況且，童話只是童話，母親講的是千真萬確的事實」（〈吐了一口氣〉），是直接與慶春一家命運攸關的事實。

隨著那些有關父親的故事在胸中札下了根，小慶春深深地憋下了一口氣，這口氣一憋就是幾十年。當然，他也漸漸地體會到了父輩八旗戰士們的愛國情感，明白了：作為旗兵永壽的兒子，「愛咱們的國」，是人生的頭一宗大事。還有，他也就是從那個時候起，便對置國運和京城軍民性命於不顧、落荒出逃的西太后那拉氏們，產生了永遠抹不去的厭惡感，品出了「旗人可跟旗人不一樣」的道理。對「二十六年」，他，一個旗籍兒童，和那個歲月裡所有的京城人一樣，刻骨銘心。

慶春母親的身上，有許多為當時旗人們所推崇的品德和所標榜的習性。慶春是母親帶大的，母親待人處事的方方面面，在他看來，都是那麼地值得捉摸、令人尊重，都是應當做為生活規範的。

母親像許多八旗婦女一樣，幹練、勤快、手巧，而且還繼承了滿人舊有的急公好義的品行，她特別樂於助人，能伸手幫別人一把的時候，從不推託，哪怕是為人家的嬰兒「洗三」，給周圍的孩子剃頭，為鄰里少婦們「絞臉兒」，她都是有求必應，實心實意地去做；

母親最肯吃虧，不僅從不跟旁人為點兒小事鬥氣，甚至心甘情願地伺候了自己那孀居的大姑子好多年，到這位一向脾氣不濟的大姑子壽終正寢，她還把大姑子的所有遺物，爽快地交給了突然冒出來的大姑子的「姪兒」（在滿人的傳統習俗中，一向有女性終生在娘家享有較高位置的情況，據說，這種習俗的形成，既和早期該民族婦女未受過「三從四德」觀念灌輸有關，同時，也因為旗人女兒在出閣前均有被選為「秀女」的機會，故從小即受到另眼看待。慶春母親長年以禮奉養大姑子，在這樣的民俗中，是十分典型的例子）；

母親堅忍、要強，把尊嚴看得很重，在一切大悲大難底下，她都「不慌不哭，要從無辦法中想出辦法來」（〈我的母親〉），眼淚只往心裡落，平時她一想起見官就緊張，可到了非找衙門裡辦交涉不可的地步，她又能毫不示弱地挺身而往，這和滿族婦女的自我認定有關係，她們時時記掛著：我可是旗人的妻子，是兵的妻子；

母親愛清潔與整齊，老是把小院掃得清清爽爽、乾乾淨淨，叫舊桌面上不存一星兒塵土，連破櫃門上的銅活兒也叫它永遠閃著光。既是旗人，什麼時候也得活得硬硬朗朗的——這也是一種必有的生活信條；

母親愛樹木花草，家裡人都快斷了吃食的時候，她也不讓亡夫留下的石榴樹和夾竹桃短了水。到了夏天，枝頭開出好多的花，那是她最快活的時刻。這類親近自然景物的習性，追其本源，是和滿族先民久久地生活在白山黑水自然懷抱、信奉崇尚自然的薩滿教相關的，進入中原城市後，他們世代沒有放棄這點兒情趣；

母親好客，顧面子，「有客人來，無論手裡怎麼窘，母親也要設法弄一點東西去款待。舅父與表哥們往往是自己掏錢買酒肉食，這使她臉上羞得飛紅……遇上親友家有喜喪事，母親必把大褂洗得乾乾淨淨，親自去賀弔——一份禮也許只是兩吊小錢。」（〈我的母親〉）老派的滿人們特別「講禮兒」，時刻把「體面」放在壓倒一切的地位上，這種「窮講究」在他們的觀念裡，是人生在世的一樣原則、一種享受，慶春的母親也不例外；

母親在貧困之中一向樂觀，家裡夏天佐飯的菜往往是鹽拌小蔥，冬天是醃白菜幫子放點辣椒油。過年了，包頓餃子也擱不起多少肉，但是，她總是充滿自信地告訴兒女們：咱們的餃子肉少菜多，但是最好吃！苦中尋樂，是下層旗人們非常普遍的特點，他們不這樣做，就很難飽聚生氣地度過一道道難關。

老舍後來在談到自己畢生的第一位真正的教師——母親時，這樣說：「生命是母親給我的。我之能長大成人，是母親的血汗灌養的。我之能成為一個不十分壞的人，是母親感化的。我的性格，習慣，是母親傳給的。」「從私塾到小學，到中學，我經歷過起碼有百位教師吧，……但是我的真正的教師，把性格傳給我的，是我的母親。母親不識字，她給我的是生命的教育。」（〈我的母親〉）

誠哉斯言。老舍一生，經受了比母親要複雜得多的生存環境，更應對過許許多多預想不到的關坎與磨難，但是，只要是知情者，便不難發現，他待人處事的習性、方式、原則、風度，常常與乃母如出一轍。正是從老舍的童年時代起，母親就或有意或無意地，把一種生命的模式傳給了他。

假如我們回眸一下中國現代文學發展的前期以至於中期，便會發現，在有成就的作家當中，其多數人都來自於社會的中上層家庭，像老舍這樣出身於城市社會底層的作家，並不多見。老舍除了出身寒門，同時又是出身於少數民族，他，是直接從一位滿族母親那裡獲取了人生基礎教育的，這就更可謂只此一例了。老舍的童年，十分淒苦，他的淒苦童年和清代末年京城八旗底層的社會命運緊密關聯著，所以也可以說，有著別一樣的慘淡情狀。

在我們力圖解說老舍生涯和老舍藝術時，不能不常常想起這位作家那別一樣慘淡的「人之初」。

---

①《滿族簡史》，第一〇九頁，中華書局一九七九年版。

②舒乙：《老舍的關坎和愛好》，第一二一頁，中國建設出版社一九八八年版。

③舒乙：《談老舍著作與北京城》，載《散記老舍》，第八十七頁，北京十月文藝出版社一九八六年版。

④這份名單由舒濟所提供。又據舒乙《老舍早年年譜》載：「他（指老舍——引者注）上面有三個哥哥和四個姐姐，真正活下來的一共是五位：三個姐姐、一個哥哥和老舍。」

⑤《清高宗實錄》，卷一三〇〇，第一九一七五頁。

⑥⑦《滿族簡史》，第一二一～一二二頁，中華書局一九七九年版。

⑧《鈔刻江蘇鎮江府建立青州駐防忠烈祠碑文》。

⑨《馬克思恩格斯全集》，第十二卷，第一八九、一九〇頁，人民文學出版社一九六四年版。

⑩參見趙書：《外火器營滿族鄉鎮雜憶》，載《文史資料選編》，第四十二輯，第一九四頁，北京出版社一九九二年版。

⑪《滿族簡史》，第一四三頁，中華書局一九七九年版。

⑫方彪：《北京簡史》，第一三六頁，北京燕山出版社一九九五年版。

⑬夏家餕：《清朝史話》第三五六頁，北京出版社一九八五年版。

⑭慶春的哥哥此時可以每月領到銀子一兩五這件事，參見舒乙《老舍的童年》，載《散記老舍》，第四十九頁，北京十月文藝出版社一九八六年版。

第二章　讓「光芒漸漸放射出來」

由「改良私塾」到小學

在清代的二百幾十年間，旗族有重視教育的傳統。自清初始，最高統治者就把培養人才，看成是立國之本。為了讓更多的旗人能夠文武兼備，成為棟樑之材，在旗族駐紮的京師和全國各地，曾經普遍地建立了國子監、宗室學、覺羅學、八旗官學、八旗義學、省府學、縣學等各層次和各類型的學校，錄取來自不同階層的八旗子弟。在康、雍、乾時期，八旗貧寒子弟也可以入學讀書，「年二十以下，十歲以上，情願讀書者，俱令入學」①，並由公費予以補助。這種文化措施，曾使八旗子弟中間人才輩出，也有效地推進了整個旗族文化素養的上提。到了清末，一系列的旗族學校仍然堅持開辦，只是國力日益衰敝，旗族人口又明顯增多，原有的學校已遠遠無法容納所有願意上學的子弟，對衆多窮苦旗人孩子的就讀，也沒有了先前的貼補。

永壽很可能沒上過學，不過，他也不會是個一點文化也沒有的「睜眼瞎」，當時的下層旗人，除了上崗值勤，餘下的時間幾乎沒有什麼事情可做，而旗人們又都是以有文化為榮的，所以，即使沒上過學，也不能排除他利用別的方式學著識幾個字的可能。慶春幼時，到院內小南屋裡翻找玩藝兒的時候，曾經發現過《三俠五義》和《五虎平西》之類的舊書，另外，舒家每逢年節，總要在殘破的牆壁上掛上一幅珍藏的《王羲之換鵝》圖，以增添喜慶氣息，似乎都說明，故去的「一家之主」未必真是一個字也不識。

可是因為家裡窮，慶春的哥哥慶瑞，錯過了讀書的機會。現在，眼看著小慶春又到了虛齡八歲該入學的時候了。一貫爭強好勝的母親，見別人家有的同齡孩子上了學，心裡急得火燒火燎。她知道，叫孩子念書，才算是對得起孩子這一輩子，可自己家的境況，萬難供得起一個學生念下來幾年書。小慶春從小就聰明伶俐，難道也讓他跟許多窮旗人家的小夥伴一樣，去店鋪裡學徒、去街邊作小買賣不成？慈母下不了這份狠心。

慶春自己何嘗不想去念書，但是，他從沒有向母親提過一句。家境的窘迫，母親的難處，他全懂。

做夢也想像不到，天上掉下來個「大善人」，他幫助慶春，也幫助慶春的母親，圓了這場求學的夢！

大善人名叫劉德緒，字壽綿。他的祖上，是清廷的內務府包衣旗人，世代為皇上家當差。清朝特有的這類皇家的「包衣」（滿語，「家奴」的意思），身分相當特別，雖然其中多數人只能是畢生勞苦卑微，卻也有少數人一旦獲得皇帝的恩寵，就能走上十分顯赫的位置。康熙年間，曹雪芹的祖、父兩輩三人均做過權傾一時的江南織造，就是一個包衣旗人飛黃騰達的實例。劉壽綿的先人，也是這類走過紅運的包衣旗人，幾代為官，還在雲南放過很具實權的外任，一來二去，就成了巨富。後來父輩兄弟三個，只憑劉壽綿「一線單傳」，所有財產歸了他一個人，他成了京城裡遐邇聞名的大富豪。據說，要把他家在西直門裡的房產順街一字排開的話，足能有大半條西直門內大街那麼長，恐怕有些清末的公侯之家，也未必闊得過他。

就是這位年輕的富翁，偏偏心中不存瞧不起窮人的成見，他生來樂善好施。辦冬賑，開粥廠，大把大把地將錢財撒給旗內和旗外的窮苦人，為他們排憂除難。因此，他得了一個「劉善人」的美稱。

舒家跟劉府，從前有過那麼一點緣分。慶春的曾祖母舒馬氏，在劉壽綿祖父到雲南做官的時候，正給劉壽綿的祖母做傭人，也陪主人家去過遙遠的南方。劉家人居然一直沒忘了這份情。鬼使神差，正在慶春母子為上學的事苦惱不堪的日子口，劉善人剛好得了閒空兒，來到小羊圈胡同，探望慶春的母親——他的「大姐」來了。

一進門，就見著了小慶春。「孩子幾歲了？上學沒有？」比慶春年長了十九歲的「劉大叔」，很快就看出了這家人不肯說出口的苦衷，他馬上決定：明天早上我來，帶他上學！學錢和書籍，大姐你都不必管！

不知慶春成年以後還久久沒能徹底服膺「階級學說」，跟這件由一位「善人」兩句話就改變了他終身命運的事情，是否有關。反正，這件事果真神話般地發生了，並且讓慶春足足地感念了一生。

慶春興奮之極，他的「心跳得多高」。可是，第二天劉大叔如約來送他進學堂的時候，他還是產生了一種明顯的自卑心理，他覺得，自己正「像一條不體面的小狗似的，隨著這位闊人去上學。」（〈宗月大師〉）慶春後來從學校裡獲取了許多的知識，然而，他的關於人活著首先還是得顧全「體面」的想法，卻是在讀書之前，就從母親那兒得到了充分灌輸的。小小年紀，就有了這樣的觀念，不能不讓人多少有些吃驚，也不能不讓人記住、讓人思考。

「人之初，性本善；性相近，習相遠。」——這是慶春入學後從啟蒙讀本《三字經》上認下的最初兩句話。這個京城旗族的學童，確確實實，從還未邁進校門的時候起，就養成了跟常人不同的「習性」。

劉大叔介紹慶春入了新街口正覺寺胡同內的私立慈幼學校。學校離慶春家並不很遠。開辦這所學校的，是又一位當時被稱為「劉善人」的先生，名叫劉厚之，他是劉壽綿的師弟和朋友。劉厚之篤信佛教，願為「普渡」窮苦兒童做些實在的事，便在劉壽綿等人的資助下，利用正覺寺廟內的後殿作教室，辦起了這所僅能容納三十多名學生的學校。劉厚之自任校長兼老師，校內另一位老師是他的連襟。學校仿照東洋式的小學來辦，因為師資和條件所限而不十分正規，漢語是教學的主科，從《三字經》、《百家姓》、《千字文》和《地球韻音》教起，同時也設了修身、寫字、作文、算術、珠算、圖畫、唱歌和體操等副科。學校不分年級，沒有畢業期限，修業結束也不發肄業證明，這些地方又都很像是一所私塾。所以，也就難怪慶春後來常常說自己剛讀書的時候，上的是「改良私塾」。

因為有劉壽綿的特別介紹，慶春入學後很受關照，他不用交學費，連書籍和紙墨筆硯都是用學校的。

從一九〇六年起，在慈幼學校，慶春讀了兩年書。其間，聰慧又刻苦的他，各門成績都是優等，而且在作文方面，已經初步顯露了才華。劉厚之視他為得意弟子，像愛護自己的兒女一樣對待他，不僅在學業上對他抓得很緊，還常來舒家噓寒問暖。後來，兩家的關係越來越密切，劉厚之甚至欣然執柯，讓慶春的三姐，嫁給了他在清史館工作的朋友——旗人趙叔超。

也許是因為慶春這輩子注定非要跟宗教發生點聯繫不可，他最初離開家，就是在劉壽綿這位日後京城裡著名的大和尚帶領下走進學堂的；他在學堂裡的第一位業師，劉厚之，也是佛教信奉者；

他的第一段讀書生活，又是在往日的寺廟正覺寺的後殿裡進行的。他的心，自然地是在這種引導下，步步「向善」。

一九〇八年，慶春轉入京師公立第二兩等小學堂的初小三年級。轉學的原因，想必是由於那裡的治學更加正規一些，師資也更強一些。當然，這回又是仰仗了他的恩人劉大叔在經費上的幫助，否則，慶春仍然是讀不起需要繳費的公立學堂的。當時，原來異常闊綽的劉壽綿「財產已大半出了手。……人們吃他，他甘心教他們吃；人們騙他，他付之一笑。他的財產一部分是賣掉的，也有一部分是被人騙了去的。」（〈宗月大師〉）這一點，使苦孩子慶春有點愕然。

慶春依依惜別了劉校長和慈幼學校，像初來的時候一樣，臨別，他再次向孔聖人像，也向敬愛的校長，磕頭行了大禮。劉厚之，是第一位叫他認識了孔老夫子的先生，雖然年幼的慶春當時還弄不懂劉先生張口閉口總要說起的國學儒教，但是，他還是相信，對於每個人的人生，那必是些頂重要頂神聖的東西。

第二兩等小學堂就在西直門內的大街上，距離劉壽綿家很近。每到放了學，慶春常順路去看看劉大叔，聽聽他那「照舊是洪亮的笑聲」；劉大叔見到小慶春，總是高興得很，必招呼他吃飯，或給他一些他從來沒有見過的點心。

慶春在京師第二兩等小學堂裡讀罷初小讀高小。

就在他剛升到六年級的時候，國家出了一件大事情，一九一一年十月十日（宣統三年八月十九），旨在推翻清王朝的資產階級民主革命，也就是著名的「辛亥革命」，爆發了，武裝起義首先從武昌開始。隨後，這場革命呈燎原之勢，迅猛發展到全國，摧枯拉朽般地了結了清朝長達二百六十七年的統治。至一九一二年二月十二日（宣統三年十二月二十四），隆裕皇太后代表宣統皇帝，正式公佈了「遜位詔書」。國家於是進入了「中華民國」的紀元。這場變遷，是中國歷史上最偉大的變遷之一，它終於結束了東方古國數千年的封建專制時代，使中國人民追求光明與進步的歷史向前挺進了一步。這場變遷，在理所當然地沉重打擊了清廷統治者的同時，也連鎖反應般地，給京城內外以及遍佈全國許多地區的旗族群衆的命運，帶來了顯見的影響。

不過，這種影響，還不是馬上就會鮮明地反映到慶春和他一家人的生活中來，因為，他們本來就已窮到了極點，卑微到了極點，和皇室貴族們的利益位置，還差著很遠呢。況且，在民國政府與皇室雙方簽定的一系列協議裡，還有一份〈關於滿、蒙、回、藏各族待遇之條件〉，其中規定著：在未籌定八旗人丁生計之前，所有八旗兵丁俸餉，一律照舊支發。這也讓從來就受困於生計的窮旗人們，感到一種心理安慰。慶春還只是一名高小學生，對人間如此之巨的變故，還不甚了了，即便是革命過後世面上已處處易俗的時候，他仍舊梳著他那滿人特有的大鬆辮，每日往來於家庭和學校之間。

作為一個當即影響到慶春學習生活的小變化，倒是在辛亥革命後，他就讀的公立第二兩等小學堂改成了第四女子學校，原來在第二兩等小學堂念書的男生，全部被併入西直門內南草廠胡同裡的第十三小學校。

從第二兩等小學堂到第十三小學校，慶春發憤苦讀的精神絲毫不減。中午他須趕回家裡吃飯，常常在推開家門後，聽到母親為難地說：今兒中午家裡沒飯！他便二話不說，馬上再折回三里多地以外的學校，照樣精神飽滿地去聽午後的課。自尊和好學，都要求他必然這樣做。

讀小學期間，他的學習就已經出現了偏科的跡象。他不大喜好算術和圖畫，對國文和寫作卻有濃重的興趣，還在學校的演説課上嶄露頭角。不知為什麼，自清初始，旗人們喜愛數理科目的一向不多，像康熙皇帝玄燁那樣不僅詩文造詣較高，又在數學、天文、曆算等方面均表現出相當天賦的滿洲人，在滿族史上也實在是鳳毛麟角。可是，滿人擅長繪畫的卻實在太多了，由清代到現代，稱得上美術大家的旗人，就數不勝數。從小就沒有繪畫才氣的慶春，越到後來越是為自己在這個方面的欠缺感到遺憾；可是，他好像一輩子也沒有萌生過當個科技專家的念頭。

慶春上小學時寫出來的好文章，居然被他的同窗好友、旗人子弟高煜年牢記到晚年：那一天，國文教師孫先生出了個〈說紙鳶〉的作文題。慶春文思快捷，不一時便寫得了。他早就約好煜年，放學後和他一道去放風箏，可煜年卻還在苦苦構思怎麼寫這篇文章的開頭。慶春有點等不及，悄悄湊過來：「我給你起個頭吧！」第二天，孫先生在課堂上對煜年的作文開篇讚不絕口，並為學生們高聲朗讀：「紙鳶之為物，起風而畏雨；以紙為衣，以竹為骨，以線牽之，飄揚空中……」誠實的煜年被先生誇得不好意思了，他把和慶春之間的小祕密坦白了，這非但沒有招惱了先生，先生反而更高興了，他撚著鬍鬚說：「我在北直隸教書多年，慶春文章奇才奇思，時至今日，諸生作文無有出其右者。」想來，這大約是作家老舍平生被記憶下來的最早的文章段落，當時，他不過是個十二歲的少年。他所在的小學實行複式班制，高年級與低年級同在一個教室上課，慶春因為被老師倚重，常在任課老師不在時，被指定為低年級的代課小先生。

從上小學的時候起，慶春就喜歡結交旗族兒童做朋友。這是一種本能的心理認同，還是一種主動的「嚶其鳴矣」，值得揣摩。他與一位足稱終生莫逆的友人——出身於正黃旗滿洲小官吏家庭的羅常培（字莘田，舊姓薩克達氏），也是在高小讀書時開始結識的。羅常培後來成了中國現代語言學界的泰斗之一，他在回憶慶春小學時代的情形時，寫道：「一個小禿兒，天生灑脫，豪放，有勁，把力量蘊蓄在裡面而不輕易表現出來，被老師打斷了教鞭，疼得眼淚在眼睛裡亂轉也不肯掉下一滴淚珠或討半句饒。」羅常培並沒有說明舒慶春是在何時、因為什麼，讓老師動了教鞭，那個年代，絕對講究「師道尊嚴」的教師動輒請出教鞭說話的事也是常有的；難得的倒是，滿族少年羅常培對另一位滿族少年舒慶春這種精神風貌的捕捉和記憶，既傳神又生動，還帶著幾分對彼此共有的民族氣質的深刻體認，令人過目不忘。

從市立三中到師範學校

一九一二年底，舒慶春從第十三小學畢業了。這時，他的家境仍舊相當貧苦。在他讀小學的時候，為了給哥哥娶媳婦，家裡百般無奈，把祖傳的墳地都典了出去。緊接著，又是三姐出閣、姑母喪儀，也都花了一些錢，他家已經讓債務壓得抬不起頭來了。母親不能再顧及臉面是否光彩，她走出家門，到第四女子學校（即由慶春原來母校第二兩等小學堂改的那所女校）去當了一名工友。在如此困頓的境況下，親友們都覺得再讓慶春接著念中學，已非他家的能力所及，於是紛紛來勸說，希望他從此結束求學，去學上一兩門手藝，好養家糊口。可是，只有母親最知道自己小兒子的心，是怎樣地眷戀著學業，她把牙關咬得更緊，支持了慶春繼續讀中學的要求。

一九一三年一月，慶春考入了京師第三中學。這所坐落在西城祖家街東口上的學校，與滿族歷史文化關係甚密，其最初的前身，曾是培養清宗室子弟的八旗右翼宗學，創辦於順治年間。乾隆年間校舍還在石虎胡同的時候，著名的滿族詩人敦敏、敦誠兄弟均曾就讀於該校，連《紅樓夢》的作者曹雪芹，也在校內擔任過文書助理一類的職務。一九一〇年，該校更名為八旗右翼子弟學堂，供正黃旗、正紅旗、鑲紅旗、鑲藍旗的子弟入學，學生來源由此大大超越了宗室貴胄的範圍。辛亥之後，又改為京師第三公立中學校，也開始招收了一部分非旗族的子弟。慶春入學的時候，辛亥剛過，「同學大多數是八旗子弟」，依然是這所學校的基本狀況②。

舒慶春被編入校內初中一年級的第四班，令他高興的是，同班同學中，不僅有小學時代的好友羅常培，還有新結識的旗族少年董魯安和胡奎澤。董魯安日後成了燕京大學的名教授，而胡奎澤後來則成了慶春的二舅哥（他是胡絜青的二哥）。

第三中學的同學，出身於下層旗族社會的比較多，這使慶春有了更多地瞭解貧苦旗人子弟的機會。他注意到，這些與自己出身於同一民族的少年們，除了常培、魯安、奎澤等較少的幾位，大多數人或多或少地帶著自由散漫、盲目敷衍的性格缺陷，當時，他還未必能從更深一層的社會文化背景中查找造成這一現象的因由，但是，他已時時提醒自己，可別沾染類似的毛病。很能說明這種心情的是，他在「慶春」的本名以外，給自己取了個「醒癡」的表字。才走進中學課堂不久的慶春，已然清楚地認識到，假如不求黽勉、隨波逐流，便會不由自主地墮入「癡人」行列。

舒慶春在三中僅讀了半年書，就已經感覺到，在這種中學上學，花銷要比讀小學多許多，難怪親友都來勸說自己別再念書了。他聽說，新建立的民國的教育部，已經把從前的京師第一師範學堂改成了北京師範學校，將對考取該校的學生，實行學膳全部公費的待遇。他動了心，想要完全由自己來決定一回自己的命運。

瞞著母親，他緊張地備考師範學校。然後，參加了有九百多名考生入圍競爭的考試，通過了體檢、初試、複試，終於榜上題名，成了僅有的五十名被錄取者之一。他把這個結果報給母親，使母親著實驚喜了一大場。隨即，娘倆兒又作了難：師範學校規定，每名新生必得先繳上十元錢的「保證金」方可入學。這筆錢，對他家來說，簡直是個了不得的數目。為了這十元錢，母親起早貪黑地拚了半個月的命，末了，還是沒有湊夠數，嫂子又把成親之時從娘家帶來的兩口箱子也變賣了，這才有了十元錢。

一九一三年八月，舒慶春告別了三中，告別了常培、魯安等好友，帶上那筆攥得發燙的「保證金」，去位於西城豐盛胡同的北京師範學校報到。這所學校，利用的是清代滿蒙學堂的舊址和教具，而圖書儀器則來自原京師第一師範學堂。因為前三期的學生是更名前第一師範學堂遺留下來的，所以，慶春所在的第四期，實際上是更名後經過嚴格考試選拔的第一批學生，這批學生的基礎相當棒。

進入師範之後，慶春讀書的地方第一次離開了西四牌樓以北以西的範圍，雖然還是沒有走出西城，卻到了西四的西南方位，離家也遠一些了。學校是寄宿的，從此，十四歲的他，開始了獨立的生活。儘管兩年後學校遷址到祖家街西口的端王府夾道，又命中既定似地把他帶回了城區的西北部，但是，他這一生，卻再也沒有回到小羊圈胡同去住過整段的日子。

在師範學校，食宿、教學全部公費，連制服、帽子、大衣、皮鞋和文具，也概由學校定期發放。自幼幾乎沒斷了為吃穿發愁的舒慶春，是最能體會到這種條件來之不易的學生之一。

學制五年，其中包括一年的預科。據他在該校讀書時的同窗、畢業時本屆學生成績總排名第三的關實之（當時名關桐華，滿族）後來回憶：「在五年學習期間，老舍的成績一直是上等，屬於高材生。但是由於他受方惟一校長和宗子威老師的影響較深，更偏愛文學，所以他不是前三名。但他卻一直在上等裡面。」「老舍後來成為著名作家，……和他在北京師範學校這段學習是有一定關係的。」③

慶春在師範的五年間，學校換過幾任校長，其中任期最長、給慶春教益最大的是方還（號惟一）校長。這位留著長鬚的江蘇崑山人，是前清的進士（另一說為翰林），具備高深的國學造詣，尤以文學和書法見長。他治校嚴謹，愛學生如同自己的孩子，對他們日後有效地服務於教育事業，起了決定性的作用。當他發現舒慶春在文學上的天賦之後，便開始著意對他因材施教，反覆地指導他練習古文和舊詩，讓他用心領會桐城派的散文和陸游、吳偉業的詩歌。這位漢族士大夫，是舒慶春畢生景仰的業師，他與國文教師宗子威，很可以稱得上是慶春此後走向文學創作之路的兩位領路人。方校長在慶春畢業前一年就調任他處了，但是，他們之間的師生情分卻一直維持到方先生一九三二年去世。辭世前，老人為他的得意門生、已經名重文壇的作家老舍書寫了一幅字：「四世傳經是謂通德，一門訓善惟以永年。」一直到老舍晚年，這幅嚴師的訓誡，還被老舍恭恭敬敬地高懸於自己臥室的東牆上。

除方還和宗子威外，兵操教師俞飛鵬、音樂體育教師張秀山等諸先生，也都對舒慶春的學識積累，產生了不可小視的影響。民國初年的北京師範學校，教學內容與方式，還保留著相當多的傳統特點。這對出身於社會底層的滿族少年舒慶春來說，可謂一次系統的儒學文化洗禮。起碼，他已開始感覺了這種文化的「博大精深」。留存至今的《北京師範學校校友雜誌》（一九一九年四月出刊）上，登載有舒慶春在校讀書期間寫作的舊體詩和文言散文共十篇。其中散文〈擬編輯鄉土志序〉、〈過居庸關〉等，體現了為同齡少年難以達到的文言駕馭能力；尤其是長篇古風詩〈於石景、金頂二山作戰詩〉的序詩前十六句，除了其中可數的四句外，句句用典，更使人不能不感嘆他當時所具有的文史修養。

在師範學校，舒慶春是個受師生們喜歡的學生，別看他身量瘦小單薄，可總像是有用不完的精力。他的作文，常常成了同學們寫作的範文；他的毛筆字，被老師評價為「大氣包舉」；他在校內講演比賽上，十回總有九回能奪魁；他在學校組織的軍樂隊裡吹號，負責指揮的老師一旦不在，大家便公推他來代理指揮；連校內食堂廚師們偷工減料把饅頭做小了，也是他與大家商量著，採取機敏的方式解決問題。

對國家大事，他不糊塗，在袁世凱醉心復辟帝制的時候，居然能和同學們一道，趕排上演抨擊時政的活報劇《袁大總統》，把一貫愛護他們的方校長都嚇了一大跳，戲未演完，就被力勸中止。

在日常生活中，他的幽默天性和語言摹仿能力也表現得淋漓盡致：有時，他會把隨便那個同學用隨便什麼發音道出的一通「怪語」，「翻譯」成一篇激昂慷慨的演說詞，把大家弄得樂不可支；有時，他又能把貴州籍教師的講話學得維妙維肖，讓同學們驚奇不已，非得歡呼著把他舉過頭頂不可。同學們並不是人人都瞭解，這類煞有介事的即興小表演，在當時的旗人社區裡簡直是司空見慣，所以，每回「出台」，都是效果極佳。

京城裡的學生，彼此間一向愛取外號。瘦弱的舒慶春，從學友間得到的外號偏偏是「大將」。這足以證明，他那能力與性格的魅力，已經征服了大家。連此時與他並不在一個學校念書的羅常培都知道：「自他轉入北京師範學校後，他的光芒漸漸放射出來了。」④

學校裡的學業再忙，慶春也忘不了養育了自己的慈母。三姐出嫁了，哥哥又時常不在家，自己住校，母親會是多麼寂寞。這一年的年三十兒，他請了兩個鐘點兒的假，穿越擁擠不堪的街市，直奔清爐冷灶的家，為得是讓母親見到老兒子，享受那麼片刻的喜悅。鐘點兒到了，他不得不告訴母親：政府正倡導用陽曆，這個年，學校不放假，他這就得趕回學校。性情剛強的母親楞了半晌兒，抓了把花生塞進慶春手裡，對同樣要強的兒子說：「去吧，小子！」慶春淚眼模糊地跑回學校，他懂，要對得起母親，就得上進，再上進。

一九一八年六月，年近十九周歲的舒慶春，以本屆學生第五名的總成績，畢業於北京師範學校。這屆畢業生中有八人，被市教育局當即任命為小學校長，慶春是其中的一個。一九一八年九月十五日的《京師教育報》上，刊出了〈委任狀第二十一號〉：「茲派舒慶春為京師公立第十七高等小學校校長。此令。」

慶春歡天喜地地趕回小羊圈胡同，把自己擔任了小學校長的消息稟報慈母。他真真切切地對母親說：「以後，您可以歇一歇了！」已是花甲開外的老母親，流出了一生裡難得流出的串串眼淚。娘兒倆這一夜都沒合眼。

文化歸位和社會歸位

北京師範學校是一所專門為小學教育培養師資的中等專科學校。在這所學校畢業，是舒慶春（老舍）一生最高的學歷。他沒有上過大學。從七歲時由劉壽綿大叔介紹入「改良私塾」，直到十九歲從北京師範學校畢業，是他的學生時代，一共十二年時間。這十二年，是他由孩提而成人的重要階段。他後來的學識，首先來自於這十二年裡培養他的學校和教師，同時又更大程度地來自於自修。十二年間從學校學來的知識，就其文化體系來看，主要屬於傳統的中原文化（或者說是漢族文化）成分。但是，這十二年裡，從學校裡得到的教育，並不就是他當時所能學到的知識的全部，應當注意到，在同一時期，慶春正逐漸地在形成自己另一類的基礎性的文化修養和社會認知，同樣也是很具意義的人生積累。這類積累，則更多地是來自校外的體驗。

二十世紀初的一二十年，也就是自「庚子之亂」起，到辛亥革命過後的一個階段，北京的旗人社會雖然經過了幾度的動盪，但基本上還能維繫著自身原來的大模樣。由數十萬計的滿洲旗人、蒙古旗人和漢軍旗人共同構成的京城八旗社區，是到了大約二〇年代以後，才慢慢地散落開來的。作為一名曾經身臨其間的京城旗族低層少年，舒慶春的精神世界，不可避免地被打下種種旗族文化與旗族社會的烙印，這些，屬於客觀存在使然，是有跡可尋的現實。世間存在過的一切人們，平凡人物也罷，傑出人物也罷，他們的教養選擇，永遠也超不出自身所能得到的外界條件提供。作家是精神文化產品的創造者，他們的作品，也同樣反映著自身的社會存在及文化擁有。在人們研究中國文學史上諸多重要作家及其作品的時候，為了防止隨時可能蹈入某些容易蹈入的誤區，不應該忘記「一方水土養一方人家」這句民間格言的提示，不應忘記，每一位作家的個性，都發軔於他所處的人文環境這一規律。

舒慶春在他的成長時期，曾經與本民族的文化習養以及社會流變之間，保持著千絲萬縷的連絡。

前面已經談到，他在童年時期，從母親身上學得的許多秉性、品德，其中蘊含著滿族的文化特質。在讀書階段，他又從旗族的文化社區裡，濡染著各式各樣的傳統風習，正好與他自幼從母親那裡學到的內容相銜接。

人們常說，滿族是個相當藝術化的民族。這句話，確實反映了近一二百年來滿人普遍追求文化藝術的實際情況。但是，一個從前以孔武尚勇著稱的民族，為什麼竟然能夠轉化成了一個藝術型的民族，其中的原因，還得到清代嚴格實行八旗制度的社會狀態裡面去尋找。

貧寒難捱，是長久以來落入「八旗生計」陷阱的下層旗人最大的感受。他們何嘗不希望有朝一日，能擺脫這種困境，但是做不到，一代又一代，旗人的兒女還得是旗人，誰也掙不掉八旗制度的束縛。打從嬰兒來在人間，旗籍「户口簿」上就算是記去了名姓，統治者用少得可憐的「鐵桿莊稼」（即所謂「旱澇保收」的錢糧），買走了他們的終身自由。當兵，是旗人們活在世上惟一的前程，也不管你的日子過得怎樣慘，不許從事任何額外的經濟活動，不許擅離本旗駐地，是鐵定的規矩。多一文錢沒處掙，多一步路不讓走，除非有了戰事的話，你必須時刻準備開赴前線，平常的歲月裡，人要像鳥兒似的，被關在籠子裡一輩子。這實在是個絕大的悲劇。而悲劇又不只是為窮旗人們所專設，即使是旗族中間的「天璜貴胄」、王爺貝勒們，也活得不是那麼痛快，他們雖無凍餒之憂，卻同樣沒有隨意離開府邸出遊外埠的權利，任憑有多少財富，卻沒有起碼的人身自由，這雖然要比天天掙扎在貧困線上好得多，可也同樣是場悲劇。在這種種世代承襲的人生悲劇裡，旗人們精神上的苦悶抑鬱可想而知。他們只好變著法子找尋心靈間那怕是暫時的安慰和平衡，於是，文化藝術，也就成了他們調節自我的一種行之有效的方式。在這上面，他們肯花大力氣。漸漸地，就養成了幾乎一整個民族的藝術志好。起初，在藝術追求上還看得出明顯的分野，上層有閒子弟多在琴棋書畫等較為書齋式的領域裡展露才華（其中出了不少專門家），而下層窮苦旗人，則往往到吹拉彈唱等習見的文娛形式裡寄託藝術實力（其中同樣也出了不少專門家）。後來，貴族階層在藝術生活方面的世俗化走勢，也一天天地鮮明。對這種種文藝習尚，清代統治者並不過多干預。只是還有一項規定，旗人們要玩兒藝術可以，但只許自娛自樂，絕不可以「下海」（也就是不得以藝術表演謀生，不得成為職業演員）。全民族生活的「藝術化」傾向，後來愈演愈烈，竟至於無處不在，無孔不入，一直體現到：以「撇京腔」來尋求動聽的語感享受、用插科打諢之類的小趣味來排遣空虛、把生活中用得著和用不著的「禮數」講究得頭頭是道以顯示才華……老舍於四〇年代寫作的長篇小說《四世同堂》中，對當年的旗族藝術生活場景，做過清晰的描繪：「整天整年地都消磨在生活藝術中。上自王侯，下至旗兵，他們都會唱二黃，單弦，大鼓，與時調。他們會養魚，養鳥，養狗，種花，和鬥蟋蟀。他們之中，甚至也有的寫一筆頂好的字，畫點山水，或作些詩詞——至不濟還會謅幾套相當幽默的悅耳的鼓子詞。他們的消遣變成了生活的藝術……他們會使雞鳥魚蟲都與文化發生了最密切的關係……他們的生活藝術是值得寫出多少部有價值有趣味的書來的。就是從我們現在還能在北平看到的一些小玩藝兒中，像鴿鈴，風箏，鼻煙壺兒，蟋蟀罐子，鳥兒籠子，兔兒爺，我們若是細心的去看，就還能看出一點點旗人怎樣在最細小的地方花費了最多的心血。」

舒慶春，落生在這麼一個被徹底「藝術化」了的民族中間。雖然，他家和許多旗人家庭一樣，窮困潦倒。但是，境況上的貧苦和文化上的「闊綽」，有時也能如此不和諧、或者說如此和諧地共熔於一爐。生計上艱難的家庭，文化上富有的民族——這，就是老舍出身其間的相悖相輔的社會環境。

北京話，是日後走向創作之路的舒慶春，生下來便可以享有的一大筆財富。近年來，國內的語言學者已經發表了一批論文，證實了八旗子弟（尤其是滿洲人）從清初定居燕京起，近三百年間，先是基本上放棄了自己的母語——滿語，隨即就對京城流行的漢語言，進行了極大程度和極具耐性的改造，京腔京韻，恰恰是經過了一代代視語言為藝術的滿人不懈的錘煉、把玩，才變成了今天這般地清爽悅耳、富有表現力。老舍晚年在以清代末年京城旗族生活為題材的長篇家傳體小說《正紅旗下》中間，也就此不無自豪地寫過：「至於北京話呀，他（指作品中人物『我』的表哥、滿族青年福海——引者注）說的是那麼漂亮，以至使人認為他是這種高貴語言的創造者。即使這與歷史不大相合，至少他也應該分享『京腔』創作者的一份兒榮譽。是的，他的前輩們不但把一些滿文詞兒收納在漢語之中，而且創造了輕脆快當的腔調；到了他這一輩，這腔調有時候過於輕脆快當，以至有時候使外鄉人聽不大清楚。」看來，青少年時代的舒慶春，就對「京腔京韻」跟旗人社區的特殊關係，有了切身感受。正是明顯地獲益於早年在京師旗人文化社區中的語言養成，後來在文學創作上，老舍才能夠那麼運斤如風地調遣北京話，把北京話的內在美感，準確地把握住，再最大限度地釋放出來。對於這一點看法，可以起些佐證作用的，是學者胡適在〈中國章回小說考證〉這篇著名論文中的如下評價：「旗人最會說話，前有《紅樓夢》，後有《兒女英雄傳》，都是絕好的記錄，都是絕好的京語教科書。」

到了辛亥革命之前的一段時間，朝廷對一些滿人把先前的藝術自娛變為謀生職業的行為，已然失控。像黃潤甫、汪笑儂、陳德霖、龔雲甫、錢金福、慈瑞全等等堪稱一代宗師的京劇演員，像雙厚坪、趙星垣、德壽山、金萬昌、榮劍塵、謝芮芝、品正三、常澍田等等北方近代曲藝的鼻祖類人物，都是清廷垮台以前就轉為職業演員的滿洲人。即使是出身於愛新覺羅皇族的紅豆館主、清逸居士、臥雲居士等一批著名的京戲「票友」（即名義上不「下海」而實際上差不多畢生醉心於戲曲表演藝術的人），也幾乎是隨時地演出於自組的「票房」（非盈利的演出場所）之中。至於辛亥之後，旗人們迫於生計而湧入演藝界的情形，更是蔚成潮流，僅只京劇界，就出現了「十全大淨」金少山、「四大名旦」中的程硯秋和尚小雲、「四大鬚生」中的奚嘯伯，以及金仲仁、杭子和、李萬春、厲慧良、關鸕鷀等大師級的藝術家。老北京兒們都知道，在民國年間的京劇和曲藝舞台上，才藝超群的滿族藝術家不勝例舉。可以毫不誇張地說，到了清末民初，旗族藝術家們已經穩穩地佔據了京城演藝界的「半壁江山」。

學生時代的舒慶春，手頭拮据，沒有閒錢能夠支持他過多地觀賞旗人們喜好的各類藝術演出。但是，藝術的誘惑，常常是人生在世萬難抵禦的一種誘惑，他但凡有了接近藝術的機會，總是不肯輕易放過。從留存下來的老舍生平資料中間，可以瞭解到，讀小學時，他每每在放學之後，跟隨比他囊中略為寬裕的同窗好友羅常培，到各處的小茶館，興致盎然地聽評書（費用自然是由常培來出）。「有一陣子很想當『黃天霸』。每逢四顧無人，便掏出瓦片或碎磚，回頭輕喊：看鏢！有一天，把醋瓶也這樣出了手，幾乎挨了頓打。這是聽《五女七貞》的結果。」（〈習慣〉）少年時代，他已經「會聽戲」了，曾有幸欣賞過京戲名角兒譚鑫培和郝壽臣的戲，還聆聽過「鼓書大王」劉寶全的演唱。

至於文學方面的民族傳統，舒慶春更不會覺得陌生，因為他從上小學起就偏愛文學，旗人們代代相傳的文學愛好吸引著他，旗人們的傳統讀物也自然地會進入他的瀏覽視線。由於清朝定都中原以後幾代君主的垂範作用，清代的八旗子弟中間，產生過大批的文人墨客，僅流傳下來作品集的，就有上千位（例如在民國年間由巴嚕特恩華個人所輯《八旗藝文編目》中，即收錄了清代旗族作家一、〇三五位的一、七七九部作品集目錄，其中滿洲旗人及其作品約佔六成）。滿洲正黃旗納蘭性德及其詞作《飲水詞》、滿洲內務府正白旗包衣曹雪芹及其長篇小說《紅樓夢》、滿洲鑲藍旗顧太清（西林春）及其詞作〈東海漁歌〉、滿洲鑲紅旗費莫文康及其長篇小說《兒女英雄傳》等等，都在中華文學史上，享有或突出或重要的地位。自尊、要強而且傾心於文學的慶春，當然會以本民族出現過這樣的文學偉績而感到驕傲，更不會拒絕從這些民族文學的厚重積澱中汲取營養。這種在文學道路上的文化認同，在相當的程度上，左右了他後來的創作取向。

清代的滿人，既然早就已經把本民族的中心立足點遷移到了北京，並且還親切地把北京當成了自己的故鄉，那麼，京城的各樣風俗，也就難免地要受到滿人文化傳統這把「篩子」的過濾。滿洲人在當皇帝，一當就當了二三百年，市井間的種種風氣，轉向滿洲人喜好和易於接受的樣式，不足為奇，這與人們常講的「楚王好細腰，國人多餓死」，大概是一個道理。從這個角度來想問題，清代的滿人們，的確是把京俗改造成了新型的「滿漢全席」式的滿俗，也把滿俗跟京俗在心裡劃上了一個等號。舒慶春早年生活在京城的時候，這個等號還存在，京城世風還遠不像二十世紀晚近階段那樣，被攪入了太多的南北文化和歐美文化異質。緣於斯，慶春腦海中記掛了一輩子的故都民俗——年節的、婚嫁的、育兒的、喪葬的、起居的、飲食的、商貿的、娛樂的、風物的、心理的……可以說，都與老年間的滿習息息相通。

老舍一生，最流連、最動情、最敏感、最關切的，是文化。文化，是隨民族的產生和發展而形成的大千萬象，民族屬性是它各種屬性中重要的一個；當然，任何一種民族文化的核心信息都來自於歷史深處，故而民族文化都必定要歸屬於某種特定的歷史傳統，這也是不言自明的。一個具體的人，完全可能會在成年以後經歷到多重文化的感召，取得一種更加辯證的文化思維，但是，恐怕誰也做不到，從少年時代起，就從屬於多重文化角度。在舒慶春踏上人生漫漫行程的開始階段，他的早期文化歸位，帶著清晰的滿族文化屬性，這是從大量事實出發所引出的判斷。這個判斷，是說得清和講得通的。

舒慶春又和所有生存於世間的人一樣，不但是文化的人，也是社會的人，也是他所面臨的一切社會關係的總和。具體地說，他的旗人出身，使他在自己的成長時期，很天然地被併入了與一般京城旗人類似的社會格局，取得了與當時一般的京城旗人們類似的社會觀念和社會位置。

清末時節，旗族社會面臨著分化瓦解危機，不光是因為沉重的「八旗生計」早已壓得貧苦旗人們抬不起頭，而上層統治者又對此一籌莫展，另外，上層統治者與權貴階層無可救藥的昏聵墮落，各級官吏越發加劇的橫徵暴斂，也在八旗內部蓄積起來了異常明朗的離心情緒。辛亥革命，是一次要將民族革命和民主革命「畢其功為一役」的社會巨變，甚至就是在這樣一場以「驅逐韃虜，恢復中華」為最初動員口號的時代風暴中，也出現了一批激進的滿族革命者的身影。

辛亥革命，以中華民國臨時政府與清朝皇室簽訂了「清帝遜位」的條約而告終，中國歷史上漫長的封建時代隨即結束。早已實力耗盡、完全束手無策的清廷，基本上是在無可奈何的氣氛下，和平地完成了向民國的權力交接，在全國旗族人口最為集中的京城，並沒有出現人們所不願看到的交戰和流血事件。但是，就全國來說，「驅逐韃虜」的排滿口號起了作用，革命軍與八旗軍之間的彼此敵視沒有能夠徹底化解，武裝衝突也未能完全避免，在福州、南京、荊州等八旗駐防地域，先後出現了民族之間仇殺的流血慘劇，特別是在西安，駐防「旗卒死二千餘人，婦孺投井者尤衆」⑤。這類消息，不斷地傳向京城和四處，一時間，讓京旗以及各地駐防旗的官兵們，個個惴惴不安。

為了修正先前發動革命時所提出的排滿口號在革命軍中引發的過激舉動，也為了消解這類宣傳在廣大旗族群衆中產生的抵觸情緒，孫中山等資產階級革命家，及時地提出了由漢、滿、蒙、回、藏「五族共和」的政治主張，受到了包括滿族在內的各民族同胞的普遍歡迎。一九一二年九月，孫中山親臨北京，在由旗人社團舉辦的幾次大會上，對旗族人士公開宣佈：「政治改革，五族一家，不分種族。現旗民生計困難，尚須妥籌，務使人能自立，成為偉大國民。」⑥「現在五族一家，各於政治上有發言之權。吾意對於各種工業，應即依次改良，使各旗人均有生計，免致失業。」⑦這些話，對剛剛掙脱二三百年「八旗制度」束縛的旗族群衆，的確是一個鼓舞。

可是，歷史未能沿著孫中山所設想的「五族共和」的道路走下去，他所提出的所有的國內民族都應有平等政治權利的主張，沒有來得及兑現；他關於妥籌旗族生計免致失業的計畫，也遠未得到實施。繼之而起的，是袁世凱的復辟逆行，以及圍繞北京城連續數年的軍閥混戰，「五族共和」的藍圖被踐踏，連孫中山「天下為公」的倡導，也被拋棄到了爪哇國。京城和各地的旗族生存環境，在本已不濟的基礎上，更加急轉直下了。

民國政府曾允諾向旗人們繼續支付錢糧，已形同於一紙空文，民國三年起，即停發了糧餉，後來餉銀的發放也是時斷時續，有時一次僅象徵性地給上幾十個銅板。

不久，大漢族主義的民族情緒也在社會上席捲而至，將旗人們一概嘲笑為「封建餘孽」、「亡國奴」、「懶惰成性的遊民」的種種說法，甚至像「胡兒」、「韃虜」之類的斥罵聲，隨處皆是。當時，在京城裡流傳最廣最力的一則傳聞是，有個衙役問一個行人：「你是什麼人？」對方答：「我是旗人。」衙役大怒，舉起皮鞭就抽：「什麼！老爺才只能騎馬，你竟敢騎人！」對方趕快解釋說：「我不是騎人，我在旗。」衙役更加得理，高聲呵斥：「你還敢再騎，我就往死裡揍你！」其時，各類讀物、教科書、報刊，也出現了清一色的仇視和鄙視旗人的宣傳。在政府和學校招收職員、教員之際，對旗人幾乎是不屑一顧。甚至在法庭審案子的時候，也出現了不分清紅皂白而一味加重對當事的旗人一方嚴辦的現象。

旗人們不敢在公開場所暴露自己的族籍，成了普遍現象。原來許多旗人是不習慣在本人名字前面加用姓氏的，在這種情形之下，為了避免受到歧視，也都加上了姓氏，如果從姓氏上很容易被認出是滿人的，也有一些極不情願地改用了他姓；在尋求工作機會時，許多旗人只好違心地謊稱漢族。不久，旗族的稱呼竟自在社會上漸漸消失，雖然還有相當一部分滿洲人的後裔堅持自己的民族成分，但是，「滿族」作為一個辛亥以後逐步用起來的稱呼，所包括的人數，卻極明顯地一再下降。

舒慶春還很年輕，卻是這個過程的親歷者。他雖然未遭遇到被迫改報族籍之類的打擊，可也沒法不對衆多與自己息息相關的滿族同胞悲慘現狀異常地關注和傷感。他親眼看到，京城裡大批大批的滿人，為了活命，四散而去，除少數人進工廠礦山當了工人、下鄉當了農民外，絕大多數都跌進了城市貧民的行列。據現在尚能查找到的有關資料證實，當時一部分原來有些藝術專長的「票友」，紛紛「下海」從藝，小小年紀便進入戲班學戲的也不少，而「更多的滿民還是經營小商小販，充任學徒、夥計、記帳員，或者從事手工業，當車伕、電車伕、茶房、裁縫、木匠、瓦匠、地毯工，也有不少擔任小學教師，還有為數相當多的當了警察。」⑧更其可憐的，便是始終沒有找到職業的一群，他們四處流浪，敲著小鼓收廢品、沿街撿破爛兒、行乞、賣卜、縫窮、擺茶攤兒……當然，也還有一些淪為妓女的。

在下層的廣大旗籍群衆心裡，「大清國未必好。可是，到了民國，我挨了餓。」這種他們無法抗拒也無法解釋的現實，使他們走進了極度的精神壓抑中間。即便是仍能保持小康水準的某些滿族知識分子，在這樣的情況下，也和他們的窮同胞們心情如出一轍。

在民國初年的史册上，一個頗耐尋味的情況是，凡是滿族出身的革命者，全部來自北京城之外，譬如無產階級革命家關向應來自遼南農村，「二七」大罷工的領袖之一王俊來自長辛店的工廠……一座世代湧現滿族傑出人物的北京城，雖然繼續在文化教育等方面造就著滿族俊賢，可是卻沒有再出現著名的革命者。只有到了抗日戰爭爆發後，北平滿人投身民族解放事業的志士，才又激增了起來。這似乎多少透露了這樣一種信息，京城滿族人在民國初年的精神狀況不怎麼好。他們對紛至沓來的種種革命浪潮，好像都在保持一定的距離，更願意以旁觀者的眼光來看一看。

年輕的舒慶春，有幸在師範畢業之後，得到了一份比較理想的工作。但是，他在心底裡為自己認定的社會角色，卻遠沒有那麼高大和自負。有時，他甚至於因為身為滿族人而生出幾分尷尬，尤其是每當人們在提起滿族就要提到西太后的時候，總會有一種莫名的煩惱襲來。但是，他畢竟對自己的民族有著相當深厚的感情，和非同一般的瞭解，作為一位血氣方剛的滿族知識青年，越是在社會輿論對本民族不利的情況下，他就越是會產生某種內在的情感反撥。他已經把個人的情感、命運，與民族的情感、命運連在了一處。他多麼希望，能夠憑藉自強自愛的精神，頑強不懈的努力，在業已掙脫八旗制度束縛的滿族群體中，率先達到自立於社會的地位，給世人看一看；同時，他也絕不是個只會顧影自憐或者一味超然世外的人，他非常關注自己民族的群體命運，時時惦記著，願為那些厄運纏身的父老兄弟們做點實實在在的事情。流入城市貧民中間的同胞們，是他魂牽夢縈、倍加關懷的。對於時下的國事，他極為悲觀，像「中國不亡，是無天理」之類的洩氣話，他聽得太多了，「而且覺得不足為怪」，無能為力。對世間的風雲人物，他特別地注意觀察他們的所作所為，可是觀察的結論並不妙，總是覺得這些人大多在人格上過於地卑劣，因而也就不再崇拜誰，只是覺得：「自己可笑，別人也可笑；我不比別人高，別人也不比我高。誰都有缺欠，誰都有可笑的地方。……他一定說他是聖人，叫我三跪九叩報門而進，我沒這個癮。」（〈又是一年芳草綠〉）對民族和種族之間的關係問題，他變得異常地過敏起來，並且把這種過敏久久地保留在性格中間。清代的旗族，社會地位較高，當時，一般的滿人們自然不會對民族關係問題有如此痛切的體會，現在不同了，每一位身受民族歧視之苦的滿族同胞，都不能不發自內心地盼望著世間的人與人都能平等地生活，舒慶春也不例外。對於外界，他不再隨意地宣佈自己是個旗人，除非對方也是旗人並且讓他信得過。

人們或許沒有注意到，在師範讀書的時候，他在校內結交的最知心的朋友，不是他的同班同學，而是比他低一班的蒙古旗人白滌洲，這很符合舊時「不分滿、漢，只問旗、民」的習俗，也會有利於他們之間交流對世事的看法與體驗。在走向工作場所之後，他仍認真地、長久地維持著與羅常培、董魯安、白滌洲等旗族摯友們的關係，據他自己說：「遇到一處，我們總是以獨立不倚，作事負責相勉。志同道合，所以我們老說得來。」（〈悼念羅常培先生〉）

幾十年以後，老舍在回憶當年的時候，說過：「那時，我須把一點點思想，像變戲法的設法隱藏起來，以免被傳到衙門，挨四十大板。」⑨這樣的感觸，會不會也跟他在民族關係異常情況下的心理狀態有關呢？

---

①《八旗通志初集》，卷四十九，第二十一～二十二頁。
②參見《羅常培紀念文集》，第四〇六頁，商務印書館一九八四年版。
③郝長海：〈老舍在北京師範學校〉，載《老舍年譜》，第二〇四頁，黃山書社一九八八年版。
④羅常培：〈我與老舍〉，載昆明《掃蕩報》（副刊），一九四四年四月十九日。
⑤尚秉和：《辛壬春秋》，第四十三，第五頁下。
⑥〈在北京八旗生計會等歡迎會的演説〉，《孫中山全集》第二卷。
⑦見〈孫中山三次北京之行〉，載北京市政協文史資料研究委員會編《文史資料選編》。
⑧定宜莊：《北京滿族志稿》（未正式發表）。
⑨舒濟：〈回憶我的父親老舍〉，載《新文學史料》，一九七八年第一輯。

第三章　扛起「兩個十字架」

十九歲的小學校長

一九一八年九月，屈指還未年滿十九周歲的舒慶春，開始到京師公立第十七小學擔任校長。從這以後，在將近二十年的時間裡，他「差不多老沒跟教育事業斷緣」。雖然，在後來從事教育工作的大部分時間裡，他並不以教師而聞名，倒是以一位作家而為世人所矚目，以至從三〇年代後期起，他還完全脫離了教師的職業，但是，教師的角色和感覺，卻是在內心裡足足陪了他一生。

到第十七小學去工作，這是他真正走入社會的第一步，應該說起點不低。他來自都市底層，嘗過生活中的酸辛味道，造就了長期固守的平民意識，同時，也使他深諳這樣一份工作來之不易；一開始工作，便從小學校長做起，這又讓他比別人得到了更多一些的展示才能機會。他那從學生時代就養成的辦事認真刻苦的習性，在獲得了這個機會之後，必然要加倍地得到體現。

他任職的這所小學，位於北京東城靠北部位的方家胡同，再向北，緊挨著的，就是著名的國子監街。在國子監街上，不單有元、明、清三代的全國最高學府國子監，還有規模僅次於山東曲阜孔廟的國內第二大孔廟。年輕的舒慶春，這回可是頭一次離開了生來就沒怎麼挪過窩兒的西城，頭一次隻身闖生活。一種全新的人生感覺在迎接他。他在這以前不可能想到的是，自己一旦開始投入教學工作，即供職於國子監和孔廟的近旁，這可頗有幾分在「聖人」們眼皮底下教三字經的意思，他會不會因此而產生一些感觸呢？雖然說「五四」新文化運動已經日益迫近，在此之前於師範讀書的時候，舒慶春已然接觸過一些新思想，可是，剛剛進入教育界的他，卻還不可能徹底走出舊文化的規範。當時，社會上有一批文化界的先鋒戰士，正在著力掀起「打倒孔家店」的狂飆，然而舒慶春這位小學校長，最初走上工作位置的時候，大概只會想到，全力以赴，敬業辦學，獻身教育，不辱教師這一聖潔的稱呼，而對如何評價儒教精神一類的重大問題，則不可能會有太多的思考。其實，振興教育，從來也不是件壞事情，古今中外，哪朝哪代肯踏踏實實地辦教育，都會受益的。關鍵是時代變了，教學的宗旨和內容也得變。在這方面，舒慶春倒也不是個守舊派，在他的學校裡，已經開始採用新教材，開設新課程，試行新的教學管理辦法了。他要用自己從師範學校學到的全部知識和技能——既有新的也有舊的，把學校辦出成績來。

他一門心思鑽進了工作，始終吃住在學校，除了定期把領到的薪水送回西城小羊圈胡同母親手裡，幾乎再沒有什麼多餘的時間可以介入校外的事情了。和他一齊從師範學校分到這裡來當教員的，還有他的五位老同學，他們都是他立志辦好學校的得力助手。學校裡有他用來工作起居的三間小屋，是「校長室」，他常常和這些老同窗，也和學校裡的其他同人們，在這三間小屋裡商討如何把十七小學的事情做好。他的誠懇為人和篤實風格，很快地，就博得了大家的讚賞。

在第十七小學工作的時候，舒慶春和孩子們建立了很深的感情。因為自己的童年遭遇了太多的艱辛，他總是以一片超乎常人的愛心來關懷身邊的每一個學童。繁忙之中，他盡可能多地安排時間，和各年級的學生們一塊兒活動，跟他們交流想法，傾聽他們的願望，尤其注意研究如何在平凡的校園生活中，幫助他們獲得完善的人格，這是他從所有此前教過自己的優秀教師身上學來的習慣，也是他心中確認的身為教師頂要緊的事情。再有點兒閒工夫的話，他也樂於親自動手，幫助工友們打掃校園，澆花種草，在他辦教育的觀念裡，學校環境的優美整潔，也會對培養出具備美好道德、上等成績的學生有用處。

不很久，年輕的舒慶春校長便獲取了學生、家長和教工們的普遍好評，人們都知道，這所小學，有幸攤上了一位「治學有方」的好校長。隨後，上司主管部門對他的工作業績做了考評，也得出了上佳的評語。一時間，他竟在京城的教育界有了小小的名氣。受京師學務局選派，他和其他幾所小學校的校長、教員一道，於一九一九年年初，到上海、南京、吳縣、無錫、南通等地，參觀考察了當地的二十九所小學。回京後，他與同行者榮英、劉耀曾、王峰聯名撰寫出了長篇調查報告〈參觀蘇省小學教育報告〉，刊登在次年的《京師學務局教育行政月刊》上面。舒慶春發揮的作用，又逐漸超出了十七小學的範圍。

作事，給了他快樂，也給了他信心。在吃了太多的苦和受過太多的心理壓抑之後，憑著努力，換回了周圍的承認，這是叫他頂快活的事。他覺得，自己真的成了對社會有用的人，並且真心地把「作事」當成了人生的志願。他本來是很喜愛文學的，可是，比起「作事」（也就是辦教育），他寧肯把「喜好」暫時擱到一邊。

正在舒慶春埋頭於小學教育工作的時候，一九一九年，中國現代史上一個劃時代的偉大事件——「五四」運動，爆發了。五月四日那天，是個星期天，他照例在安靜的校舍裡獨自看書，並不知道，在天安門前發生了數千名學生的愛國遊行，更不曾望到趙家樓燃起的濃煙烈火。也許，他根本就沒想到，這一天會出現一次社會性的大舉動？也許，他已經有所預感，但是，小學校長的身分制約了他，使他不可能做出置身其間的選擇？也許，是那對國事偏於悲觀的認識起了作用，他仍舊願意保持自己與各色社會浪潮之間的一定距離？總之，他沒有參加這場熾烈的街頭行動。事後他才聽說了一切。日後，他談到當時自己的位置時，說過：「到底對於這個大運動是個旁觀者」（〈我怎樣寫《趙子曰》〉）。

然而，把他完全說成是個旁觀者，也未必準確。

他雖然沒有參加街頭行動，總的時代精神，卻已經強烈地感召著他。「五四」學生運動中表達的反帝情緒和愛國主張，是他不假思索就會堅決支持的。痛恨西方列強對我文明之邦的擴張滲透，是他自幼就已形成了的根深柢固的觀念。「國恥」，早已和他的「家仇」鑲嵌在了一處，他對國恥有著較常人更深切的體驗和更鮮明的記憶。不錯，他聽慣了「中國不亡，是無天理」一類的洩氣話，然而，洩氣話在許多情況下之所以能夠普遍傳播，往往總是人們最耽心看到某種事實的徵候，把這種洩氣話掛在嘴邊上的人，大多是對國事憂心忡忡的人。真到了國將不國的危機降臨頭上，一切熱血青年，當然也包括舒慶春這位年輕的小學校長，都是絕不能漠不動心的。在運動乍起的時候，他或許會對學生們將要採取的街頭遊行方式，持一定的保留態度，就像老派的京城市民們那樣，總是習慣於把學生運動一概地叫作「鬧學生」，擔心「鬧學生」會影響了社會常規；何況，這時他畢竟已經是一位教師、一位校長了，身分也讓他須有所顧及，他會把自己的感受有意地壓在心底裡，而不是像年輕學生們一樣點火即著；再者，滿人們在這一時期的常有心理，想必也在提醒他，以不介入過多的政治活動為宜，免得遭來意想不到的禍端。但是，人都是有感情的，事件真的發生了，他肯定會重新思考。學生們畢竟是為了救亡圖存，頂著天大的壓力，迎著賣國賊們的刀兵上了街，舒慶春，一位年輕的有良知的中國人，就不能不為在這次運動的愛國主義表現而動心，他好像重新懂得了什麼才叫作「天下興亡，匹夫有責」，他沒法不從心底裡向青年學生們的愛國精神表示敬佩！這種心情，也是他，作為一個愛國旗兵的後代，作為一個保持著中國人尊嚴的人，自然而然會產生出來的心理反應。

至於「五四」運動對舊文化的挑戰與滌盪，舒慶春則需要有一個不斷加深認識的過程。正像前面已經有所介紹的，舒慶春自幼經受了京旗文化傳統的強烈影響，而這種所謂京旗文化，簡而言之，正好就是滿族先民的固有文化和中原儒家文化的混成體。清代最初的帝王們，為了在武力征服全中國的基礎上，保住既得利益，只好率先垂範，發動一場本民族向漢族傳統文化頂峰的大進軍，終於，他們成功了，把儒家文化——這種在當時足以震懾全國意識形態的武器，掌握到了自己手裡，像清前期康熙、雍正、乾隆等皇帝，本人就在學識和思想上，達到了大儒的水準，這對他們籠絡漢族地主階級，共同統治國家，起到了根本性的作用。他們攻取文化以利政治的目的基本達到了，代價也是高昂的。舊式的滿族鄉土文化傳統，就此出現了大規模的變遷轉型，滿族傳統文化在注入了漢族儒家文化的因子之後，變得愈來愈雅緻精巧起來，原本幫助他們創造歷史的粗礪陽剛的成分，大為減少。到後來，生活的方方面面都呈現「藝術化」傾向的時候，其優長與弊端，都顯得令人一目了然。當然，「成熟」的京旗文化，和傳統的漢族儒家文化，也還不能說已經成了沒有區別的一回事，就整個京旗文化來說，它還帶著許多滿洲民族傳統的文化取勢，比如，更側重於俚俗，更側重於藝術領域，這跟漢族儒家文化更側重於理學、更側重於綱常規範，還是具有明顯的差異。所以，可以說，京旗文化還姓「滿」，只不過，它已經是一種可以和漢族儒家文化進行近距離對話的少數民族文化了。

大概由於舒慶春從小就沒有聽過有悖「聖教」的話，他也就沒想到過尊奉「孔聖人」有什麼不對，從他當年入「改良私塾」第一天就先給「孔聖人」的木牌三跪九叩行大禮算起，這些年，他先是讀書，後來教書，可是從沒懷疑過「大成至聖先師」的「崇高」地位。一場「五四」新文化運動，打亂了兩千年來的老章程，也打翻了他這個教育人的人心中的偶像，這可實在是件大事情。以前以為對的，居然變成了不對，舒慶春對這些反覆思考了很久很久。漸漸，他感到自己得到了「一雙新眼睛」，也學得「敢於懷疑孔聖人了」，也懂了「人不該作禮教的奴隸」的道理。

當然，對主宰中國國民思想文化兩千多年的儒家學說，遠不是一朝一夕就能夠徹底撼動的，「五四」的文化狂飆，也只能是中國現代文化嬗變的第一聲警號。正像這種思想文化在許多年後的當代仍舊沒有真正地得到了科學地揚棄一樣，並不具備絕決性格的舒慶春，也同樣不可能在短時間內，就真正成為一位與傳統文化（包括儒家文化，也包括他的京旗文化）決裂的鬥士。但從另一個角度說，「五四」對他，終究不只是一場微不足道的人生邂逅，其後的很長時期，舒慶春對民族文化問題一直念念不忘，耿耿於懷，充分地說明了，他才真是這場偉大運動的受益者。在他的視野間，已不僅僅是需要認真對待中國傳統的儒家文化，對本民族的一份文化遺存——京旗文化，也該加倍認真地去思考。對文化傳統必須有所省視，這恐怕是「五四」賜予舒慶春的最大教益。

「五四」作為一場文藝運動，也對他有著莫大的影響。這個本來已經決心要好好「作事」，要踏踏實實在教育事業中安身立命的小學校長，動了「見異思遷」的念頭，他生出了要寫點文學作品的衝動和靈感。雖然等到他真的成為「寫家」，又是好幾年以後的事情了，但是，風起青萍之末，一位大作家的誕生，可是從這個時候就有了初因。他覺得，自己好像是「非寫不可，也就是非把封建社會和帝國主義所給我的苦汁子吐出來不可」（〈「五四」給了我什麼〉），這是他在選取文學題材方面被首次引燃的衝動。此外，還有一個對他投身於寫作來說，特別具有意義的誘因，便是來自「白話文」的誘惑。他說過一番很坦率的話：「到了『五四』運動時期，白話文學興起，我不由得狂喜。假如那時候，凡能寫幾個字的都想一躍而成為小說家，我就也是一個。」（《老舍選集．自序》）人們只須翻一翻清代的滿族文學作品，就會看到一個有趣的現象，以往在文壇上多少成了些氣候的旗人作家，他們的作品，詩詞也好，小說也好，散文也好，差不多都是以文字通俗淺顯為特徵，甚至連他們的文藝理論，也在極力強調樸樸實實地「抒發性情」。這一民族文學特徵的出現，和這個民族向來愛好俗文學和俗文化，有極密切的關係。或者也可以換個角度來看這個情況，一個本來操滿語文的民族，要想迅速地掌握漢族文學深不見底的文言傳統，也是他們力不從心的，還有一個難處就是，在漢族傳統的吟詩填詞中間，每每總要引經據典以示淵博；來自於另一樣文化傳統的滿人們，怎麼可能把這一手「絕技」學得太像呢，你讓他們「掉書袋」，他們也掉不起。於是，他們索性不在學習那一套上下功夫，久而久之，反而在民族文學的創作中，形成了一種旗人作家們共同的風格和志趣——俗白之中見生動。這實際上，也是整個旗族社會生活在作家文學上的投影：普通的旗人們，自有他們玩味生活語言的閒工夫和大癮頭，他們在瑣細生活中的各類用語，相當注重俗白曉暢和生動傳神二者兼備，用大白話來形象地描摹生活、表述情感，成了旗人們的優勢和特長。誰也難以想到的是，旗人們這點特別的文化嗜好，竟在清朝滅亡之後不久，與「五四」新文化運動的白話文學倡導，著著實實地撞了個滿懷！舒慶春，自幼在旗族社會的圈子裡長大，他對京城旗人們的生活語言，以及這種語言中的潛在韻味兒，熟得不能再熟了。過去在讀書的時候，他還得遵照先生們的指點，仔細地去揣摩和效仿陸放翁、吳梅村或者桐城派的文言方式寫文章，在吟詩的字裡行間也須不時地鑲嵌進去各式各樣的典故，現在可倒好了，風行了幾千年的文言寫作方式，遭到了否定。他敏銳地意識到，自己熟習的語言風格，終於在即將大行於世的新文學創作中間，有了徹底的出頭之日。這可真是意想不到的、天大的幸運。若不利用一下自個兒的優勢，豈不是有些冤枉？這就難怪他已摩拳擦掌、躍躍欲試了。

從這時起，舒慶春開始了白話文寫作活動。「五四」運動爆發之後不久，一九二一年的年初，在日本廣島高等師範（他的北師老同學屈振騫、關實之等正在那裡留學）中國留學生創辦的文學刊物《海外新聲》上，發表了他寫的小說〈她的失敗〉和新詩〈海外新聲〉。比起他後來寫出的許多作品，這兩篇信筆塗寫的習作，無論作者自己，還是文學史研究者，都沒有過多地重視。因為，那畢竟是些習作。

做了勸學員，又辭了勸學員

一九二〇年一月，京師教職員公會創建起來。這是中國現代教育界成立較早的一個社會團體，其發起人有社會知名人士馬敘倫、沈士遠、沈尹默等。公會設三個委員會，每個委員會均經投票，選舉出十一位執行委員，共計產生三十三位總會的委員。舒慶春以二百一十六票當選為小學部委員會的委員（也同時成為總會的委員），在該委員會選出者中間得票名列第五。這又一次證實了他的辦學能力和工作業績，在北京的教育界內已得到了廣泛的關注和承認。

其後僅半年多的九月份，鑑於舒慶春獲取的諸項成績，京師學務局決定將他調離第十七小學，升任郊外北區勸學員。當時，北京的公立教育，分為內城左、右兩區；外城左、右兩區，以及郊外的東、西、南、北四區，各區設有勸學事務所，由勸學員在勸學事務所主管本區的教育事務。

二十一歲的舒慶春，當上了這個管理教育的小官員。這在時人的眼睛裡，是個不大不小的「優缺」。論權限，西直門外、德勝門外、安定門外、東直門外大片地區的學校，都歸他主管；論待遇，每月薪水可以達到一百幾十元，遠遠超出了作小學校長時的四十元月薪，比起小學教師的二十五元月薪、學校工友的六元月薪，這份勸學員的收入，可真是叫人羨慕得不得了了。

舒慶春依依不捨，同時又躊躇滿志。他捨不得自己剛剛治理出個樣兒的第十七小學，捨不得朝夕相處的師生，惟一讓他得到些寬慰的是，他的繼任人、新校長，是他在師範學校時期的師弟和摯友——白滌洲。他滿懷深情地為第十七小學留下了一方鐫刻著贈言的石碑，希望這所學校越辦越好。面對新的職務，他暗暗鼓勵自己：要做得更出色，不只是要對得起那份待遇，更重要的，是要對得起那份沉甸甸的社會責任。

擔任北郊勸學員之後，他搬到西城翊教寺胡同裡的公寓居住。這所公寓裡住的多是些由外埠來京混文憑的大學生，他們讀書提不起精神，吃喝玩樂可是不含糊。舒慶春自己因為家貧，沒有念大學的機會，所以他只能把長進的希望寄託在不懈的自學上面。初任勸學員，他又體會出肩頭的擔子沉重，所以，總是把心思完全放在工作上邊，他既沒有時間，也沒有興趣，和那幫「公子哥兒」們為伍。

北郊勸學所辦公地點，在德勝門外關廂華嚴寺舊廟裡。那時，京城裡究竟有多少佛教廟宇，誰也數不清，這些廟宇，有的香火極盛，有的已經破敗，舒慶春並不是佛門弟子，可是，他卻從來就對佛教徒們的樂善好施，持著一種特別的好感，這種感觸很可能是從童年剛剛讀書的時候就形成了，因為，劉壽綿大叔就有一顆菩薩般的心，劉校長本來也是佛教徒，既忘不了他們的恩情，就得學著他們的樣子做。

然而，他畢竟還不是一位已然剃度修行的僧侶，而是個血熱氣盛的紅塵中人。即便他具備了劉大叔和劉校長那般普渡衆生的心腸，也還是要本能地用另外一種方式表達出來。任勸學員未久，他就雷厲風行地投入本職的工作，不但參加了私立小學教師夏期國語補習會的籌備，提出了關於成立郊北區馬甸清真國民學校的計畫，同時，還把自己是非分明的性格，反映到工作當中。經過調查，他發現，在所管轄的學區裡，有十幾所私塾，塾師陳腐愚昧，惟利是圖，完全是在坑人錢財、誤人子弟，於是，他報告到京師學務局，陳述了不良塾師們的劣跡，提出：「必先取消私塾為根本」，「再四籌思，惟有盡先淘汰私塾為不可緩之舉」①。隨後，他又瞭解到東壩鎮的奸商韓某依仗勢力封閉破壞國民中學的事件，再次上報，要求予以嚴辦。

頭三腳踢出去，反響不小，京師學務局批准了他的幾項計畫與報告。到了這一年的十二月，學務局又指派他兼任了教育部通俗教育研究會會員、京師北郊通俗講演所所長和京師北郊公立講演所所長。這又讓他倍增自信。

然而，「木秀於林，風必摧之」。事情暗暗朝著舒慶春想像不到的方向演變。他做過兩年小學校長，並且小有成就，可那是在基本上可以由自己說了算的校園裡呀，他到底是沒有充分體驗過社會的複雜和官場的險惡。就拿他上報要求嚴辦東壩鎮奸商來說，在他還被蒙在鼓裡的時候，破壞教育者與學校方面已經私下媾和並撤消了原來的訴狀，倒使他和地方上劣紳們的矛盾激化起來。似這樣，他的稜角很快就遭到了各方面聯合抵禦，不知不覺間，他發現情況不對頭了，原來對他表示欣賞的上司，開始以冷臉來面對他的熱誠，同事們也對他的「不知天高地厚」議論紛紛。

他被這場看不清楚各方態勢的對壘給弄暈了，掃興，洩氣，窩火，直到憤懣。看看身旁那些不三不四的小職員們，還有比他們更叫人沒法容忍的營私舞弊之輩，個個混得如魚得水，自己一心把事情做好，反倒成了眾人的眼中釘，這可究竟是怎麼一回事呢，他感到了精神上的虛弱和無助，心漸漸涼下來。同住在翊教寺公寓內的大學生們，一來二去，竟成了他的夥伴，他被他們拉著，一道吸煙、喝酒、賭牌，藉以消磨心間的無奈。本來，他和那些人在年齡上就彼此相仿，相互間要找到些共同點也不難，何況，他的錢袋裡也不缺錢，這錢又是自己掙來的！

既然在事業上失了意，何不把從前沒機會兑現的興趣願望也兑現一下？他開始用心地去泡「戲園子」，聽名角兒，學流派唱腔。過去，他常聽人們説道「滿人不懂京戲就不算滿人」，更見到過許多滿人都能時不時地露幾手「二黄」、「西皮」上邊的絕活兒，羨慕得很，可是自己沒有閒工夫，更沒有經濟實力來支持對戲曲的觀摩和學習，現在倒是能辦到了，雖然是在他工作上頗不順心的時候才得以辦到，終究算是遂了願。沒多久，頂有藝術靈性的舒慶春，就能唱出不少又成段兒又夠味兒的京戲了，於是他三分自豪、七分解嘲地宣佈：「趕到酒酣耳熱的時節，我也能喊兩嗓子；好歹不管，喊喊總是痛快的。」（〈小型的復活〉）

吃喝玩樂、賭牌、票戲，確實幫著舒慶春排遣了一些煩惱，還讓他多少有點莫名其妙地生出來諸如「這才是成了人」的感慨。可是話得説回來，這樣的日子一開頭，可就難有節制，整宿整宿地熬夜成了常事。例如打牌，「明知有害，還要往下幹，有一個人説『再接著來』，誰便也捨不得走。在這時候，人好像已被那些小塊塊們給迷住，冷熱飢飽都不去管，把一切衛生常識全拋在一邊。越打越多吃煙喝茶，越輸越往上撞火。雞鳴了，手心發熱，腦子發暈，可是誰也不肯不捨命陪君子。打一通夜的麻雀，……比害一場小病的損失還要大得多。」（〈小型的復活〉）時間一長，他那本來就有欠結實的身體，一天天地衰弱下來。

偏就在這個當口兒，一心掛念著老兒子終身大事的母親，看上了一位結拜姐妹家裡的女兒，為他相中了個「好媳婦兒」，她想，慶春從來聽話，就暗地裡定了這門親事，還收下了對方的定禮。等到終於向兒子説破這件「好事」的時候，老人絕對沒想到，竟遭到兒子堅決拒絕。慶春的心裡已經夠煩的了，母親偏偏在這時候提這種事兒，他哪裡還有好心氣兒？再説，這都到了什麼時代，年輕人都把婚姻自由理論當成了「救世的福音」，自己的終身大事，還能憑老人一手包辦？他沒法答應下來。當然，他終歸是個大孝子，「既要非作個新人物不可，又恐太傷了母親的心，左右為難，心就繞成了一個小疙瘩。」（〈小型的復活〉）母子間的感情對立著，他不得不請來出嫁多年的三姐幫助說情，才讓母親很勉強地同意了兒子的意見。慶春知道，這教一貫自尊的母親遭受了劇烈打擊，母親還在默默忍受的時候，兒子卻徹底地病倒了。

他咳痰帶血，渾身發僵，連用熱水燙澡也不出汗，睡覺時盡做些個怪夢。待請來一位自稱在「太醫院」做過的大夫看了一回，吃下藥去，更糟糕，病沒見好，頭髮又全脫落了。這場從心底引發的病，著實不輕。

母親見他病成這個樣子，頓時原諒了兒子，在她百般體貼護理之下，慶春的病情有了轉機。

為了將養羸弱的身心，他來到了京西壽安山的南麓，在十方普覺寺——也就是人們俗稱的「臥佛寺」——療養了一段時日。這臥佛寺一帶，是西山腳下著名的風景區，寺外山泉淙淙，寺內塑有長五米多、重約五十幾噸的巨型睡佛銅像，院落間有兩株高大古老的娑羅樹，據說，樹上的果實還是療治心病的良藥。舒慶春住在寺內一間清靜無比的禪房裡，一顆為塵世折磨過的心，也在這兒得到了一份安謐。他不但在行家的指點下，學習拳術與劍術，調理著身體，同時，也開始思想前個時期的所作所為：社會污濁，教育管理界也處處表現著陳腐守舊和骯髒猥瑣，自己與他們對立與抗爭，本沒有錯，但是畢竟一個人勢單力薄，正不壓邪，要在其間推行自己辦教育的正確主張，是難上加難的，再這麼硬頂下去，也未必會有好結果；遭受學務局上司和勸學所同人的排斥、冷遇，心裡自然不痛快，只是不該就此消沉下來，讓那幫不三不四的大學生拖進「渾水兒」，荒嬉引災，玩物喪志，那可是最可悲的人生陷坑，自己怎麼也敢去蹓呢！早年間不是總有人笑話某些旗人染上的惡習嗎？這回，除了做到了絕對不嫖，幾乎真的快把那些市井習氣體驗了一遍！幸虧病了一場，不然，再滑落下去可就難收腳了，自幼樹立的人生抱負不是也要付之東流了嗎！越思越想，舒慶春越是感到異常地後悔和愧疚，「那些嗜好必須戒除，從此要格外小心，這不是玩兒的！」（〈小型的復活〉）他身處禪房，靜心反省之際，耳畔時時迴響著寺院裡僧人們誦經的聲音，他轉而懷念起城裡終日為他人忙碌的劉壽綿大叔。自己從師範畢業前後，劉大叔的家產已經被他所剩無多地施捨給了窮人們，他卻仍舊樂此不悔，照樣變換著方式地為貧寒市民們做事情，可以看出，他的心，也愈發明顯地傾向於佛門了。自己為什麼不能像他那樣，做個犧牲自我，為大眾謀利益的苦行僧呢？他的心中，開始構想一條人生新路。

舒慶春從西山腳下返回了城裡。他的病好了，精神上也有了根本的起色。憑著堅忍的毅力和難得的悟性，他闖過來了自己所說的「幾乎沒有闖過去的」「二十三，羅成關」，並且一輩子牢牢記下了這回的教訓，不但再也沒有朝頹唐的路上望過一眼，而且直到晚年，始終苦行僧般地要求著自我，注意將生活安排得積極、緊湊、健康、有規律。

「……月間有百十元的進項，而工作又十分清閒。那麼，打算要不去胡鬧，必定要有些正經事作；清閒而報酬優的事情只能毀了自己。」（〈小型的復活〉）有了這個結論，對北郊勸學所的事情，他不再熱衷，與其再跟那些蠅營狗苟的官僚和辦事員們敷衍周旋，莫如把上好的精力，投放到有意義的社會活動中間。為了洗心革面，他搬出了翊教寺胡同的公寓，搬到西直門大街的京師兒童圖書館來住。這所由京師學務局開辦的圖書館，是在劉壽綿家的馬廄舊址上辦起來的，與劉家正對門。舒慶春把相當多的精力放在圖書館的管理工作上，還時常利用餘暇時間，與羅常培等朋友們一道，為劉壽綿創辦的「貧兒學校」、「地方中學」義務教書；當劉大叔向貧苦人家施捨糧米的時候，他們也幫忙調查和散發。從小就崇敬劉大叔行為的舒慶春，參與了這些實實在在的慈善工作之後，覺得特別充實和快樂。

他又成了劉宅的常客，在協助劉大叔一起救助窮苦群衆的同時，他暗暗愛上劉大叔的大女兒。他沒有輕易地讓別人知道自己心上的祕密，只有他的密友羅常培才清楚他已然生出了這份苦苦的戀情。

這段時間，又有一位對他的人生構成了較大影響的人物出現了，這個人，就是剛剛由英國倫敦大學神學院畢業歸來，並主持著北京西城缸瓦市基督教福音堂教務的寶廣林。寶廣林，又名寶樂山，北京滿族人，是一位進步的、愛國的基督教神職人員。論年齡，他比舒慶春略大幾歲；論名氣，當時在京城的基督教徒中間，已經是一位挺有影響的牧師。

舒慶春少年時期的兩位滿族朋友，舒又謙和趙希孟，這個時候也都已經是基督教青年會的幹事了，經他們介紹，舒慶春報名參加了缸瓦市基督教堂舉辦的英文學校，寶廣林就在這所學校裡教授英語。大約還是因為同為滿人的緣故，舒慶春對寶廣林的言行尤其關注，寶廣林也對舒慶春沉穩而多思的氣質頗有好感，於是，二人逐漸成了很要好的朋友，寶廣林在瞭解了舒慶春此前的人生道路之後，更加用心引導他，向他傳播有關基督教的思想觀念。

一九二一年夏天，設在缸瓦市教堂內的西城地方服務團開辦了高等小學和國民學校，寶廣林兼任校長，舒慶春也參與了工作，在校內兼管教務，並且教修身和唱歌課。這所學校的辦學宗旨，是「以平民精神陶冶兒童的心，以勤勞主義鍛鍊兒童的身；以自學主義發展兒童的腦。」其後，寶廣林又組織了名曰「率真會」的聯誼性社會團體，舒慶春、白滌洲、盧榕林、白葆琨、趙希孟等，都是這個團體中熱心的成員。年輕的朋友們在一道，討論人生、社會，也討論文學、教育和宗教。要改造社會，造福於大衆，是他們的共同心願。

與寶廣林結識的直接後果，是一九二二年上半年的某個時間，舒慶春在基督教缸瓦市教堂正式領受了洗禮，成了一名基督教徒。②

與他受洗成為基督徒不無關聯的另一個情況，也在同一年出現，九月二十三日，京師學務局核准並批覆了舒慶春辭去郊外北區勸學員職務的報告。③

身爲基督徒的舒舍予

二十三歲這一年的「辭職」和「入教」，都是舒慶春一生中不算小的事情。辭去勸學員的職務，在當時曾引來周圍一干人的不解；而入教，雖然在當時並沒有遭到太多的非議，卻令幾十年之後的人們產生了某種困惑。

引起舒慶春辭職的直接導火線，是當時他的上司因故「申斥」了他一頓。本已決計離去的舒慶春毅然決然辭了職。在他來說，時間越長，勸學員的頭銜越像一頂讓他心境煩亂、尷尬難耐的帽子，自己力圖辦好教育的宏願實施不了，混跡於尸位素餐、市儈氣十足的學務局、勸學所，又十分痛苦，雖說在這個職位上，可以獲得高出常人幾倍的薪水，可是，照此下去，自己豈不是也要被淹沒在這無聊無謂的灰色人生中間了嗎！從來就把人群分成善、惡兩大類的他，本能地認為，飽食終日又不給社會造福，便是一種罪惡，自己眼下不就處在這樣的地位上麼，他覺得實在沒法容忍。頂看重個人尊嚴的舒慶春，把留任勸學員當成了一件丟人的事。對於重新回到貧苦階層，他毫不懼怕，比起在尊優之下頹廢墮落和遭人恥笑，自食其力總要光彩得多。這個道理，在舒慶春的心裡簡直是天經地義的，儘管在當時的社會普遍型思維裡，這是不太容易得到認同的，有的人就認為這是他「太負氣」的結果。

舒慶春入了基督教，也是事實。促成這一事實的原因，卻是極其複雜的。我們知道，他是一個自幼未曾得到過太多社會溫暖，而對社會的黑暗卻有著切膚體驗、對光明未來充滿了真誠憧憬的貧苦人，是一個極想通過自身努力來使不公正的社會變得更其合理、更其平等的年輕人。反帝與反封建的思想傾向，已有的知識與追求，都促使著他，要堅韌不拔地去摸索實現自身理想的道路。在前行的過程中，他也有過這樣那樣的猶疑和彷徨，但是，他畢竟能夠做到「艱苦掙扎，謝絕各方面的引誘」④，與一切惡勢力及其附庸劃清界限，近乎固執地保持高尚和潔淨的道德操守；當然，所處的社會範疇局限了他的視野，他本身又不具備思想家的素質，只能在既往的生活中，去被動發現可以引導自己實踐的思想模式。劉壽綿的樂善好施，曾經讓他很受激勵，讓他認識了在齷齪的人世間作一個好人的意義和價值，但是，劉大叔並沒有足以使他認同的系統的思想觀念，這也是事實。他在繼續堅持的精神探索中，恰好遇上了傳播基督教的寶廣林。

寶廣林所傳播的基督教，和此前曾經引起中國人普遍反感的「洋教」，有著諸多明顯的不同。

二十世紀開頭的一二十年，中國社會的政治、經濟以及精神文化，均陷入了嚴重的混亂狀態，天主教、基督教勢力，進一步乘虛而入，獲得較大發展。就拿基督教來說，設在中國各地的教堂，已經由十九世紀末的三百多所猛增至一萬餘所，中國人入教成為基督徒的，也相應地增多了百十倍。「洋教」在中國的空前發展，終於誘發了與最初西洋傳教士的願望相背離的傾向，到了二〇年代初期，各地基督教堂中已然有權主持宗教事務的許多中國籍的牧師，出自愛國的情感，力圖挽回以往「洋教」在客觀上曾為西方列強的侵略擴張效力的惡劣影響，紛紛提出了要通過「自傳」方式來經辦「本色教會」的主張。一九二二年五月，「全國基督教大會」在上海舉行，在其後正式發表的〈教會的宣言〉中，公開地提出來：

我們對於西來的古傳、儀式、組織，倘若不加批評，專作大體的抄襲，卑鄙的模仿，實在不利於中華基督教永久實在的建設，……所以我們請求國內耶穌基督的門徒通力合作，用有系統的捐輸，達到自養的目的；由果決的實習，不怕試驗，不怕失敗，而達到自治的正鵠；更由充分的宗教教育，領袖的栽培及摯切的個人傳道，而達到自傳的目的。⑤

寶廣林即是努力推行基督教「本色」運動的中國牧師之一，「自養」、「自治」與「自傳」，是他主持缸瓦市教堂時期特別注重貫徹的方針。一向對殖民主義憎惡、對「洋教」也懷有戒心的舒慶春，對寶廣林的這一方針很是欣賞，他在領受洗禮後不久寫成的文章〈北京缸瓦市倫敦會改建中華教會經過紀略〉⑥，充分說明了他不但贊成，而且也曾積極協助寶廣林等人，促進這種基督教會的中國化進程。

寶廣林所傳播的基督教，還有另外的一些特點，也是舒慶春擁護的。首先，是他在自己的傳教中間，明確地修正了宗教教義中固有的輕此岸、重彼岸的消極思想，將教徒們的注意力，逕直引向對現世的能動改造。他在宣傳自己宗教主張的一篇重要論文〈基督教的大同主義〉⑦中，堅決抨擊不公正的社會現狀，呼籲大衆的覺醒，指出：「從有史以來，未有人民覺悟、社會與國際黑暗，甚於今日者。」同時，旗幟鮮明地鼓吹：「今日上帝之靈，仍蓄於世人心中，繼續進行，驅世界際於真善之域，提高斯世，即是天堂，而非別有洞天也。」「平民感覺社會之黑暗，與經濟之不平者深，則正義之暴露也速。小弱國家，本諸獨立原則，要求強國予以優待。此種現象，是平民由覺悟而發現其理想之國家，平民欲為社會改造之一員，弱小國家欲居改造世界之一席，其氣象大可樂觀也！」他甚至還具體地勾勒出現世「理想之國家」的面貌，其中包括：「撲殺蓄婢之制，以提高婦女地位，置嬰孩於家庭中心，而尊崇獨妻制度。以犧牲之精神，使社會安堵。是福音之所在，即天國也。」

寶廣林本人，是他的理論主張的典範實踐者，據有關資料證實，二〇年代，與他密切相關的缸瓦市中華教會和燈市口公理會，兩處的主要負責人，都跟當時的革命者有著固定的聯繫，寶廣林本人在西城磚塔胡同的居所，作過革命者的祕密據點，以至於到了二〇年代後期，在反動軍閥當局進行瘋狂的大搜捕中，他所在的教堂中確有革命者被逮捕，連寶廣林牧師也受到了通緝。雖然這中間有些情況是在舒慶春離開寶廣林之後才發生的，但寶廣林的為人，卻很快就能夠被他所瞭解。一貫志在為社會「作事」的舒慶春，最大的心願，就是將個人的全部學識和精力奉獻給有意義的社會改造事業，無疑，寶廣林對教義的闡釋，以及他的社會活動，都征服了舒慶春的心，他似乎是由此而覺得，找到了渴盼已久的，能夠指導自己社會實踐的理論，也找到了志同道合的人生之友。

在寶廣林所宣揚的思想中，尚有這樣一點讓舒慶春格外感興趣的地方，即他在廣泛倡導自由、平等、博愛的基督教大同主義精神的同時，還十分強調「破除國家種族之畛域」，達到不同民族之間的平等、團結與和睦。他說：「是基督之光明所被，足以使撒人與猶太人之積怨，如冰雪之見日，立即消釋，而同登靈界焉。」⑧在民國初期飽受民族歧視之苦的滿族人，其中自然也包括著舒慶春，由衷地期冀能夠見到各個不同民族相安共榮、人跟人完全平等相待的社會局面。滿族出身的寶廣林牧師，理解同胞們的這種心願，在自己的宗教宣傳中，著重提出了反對民族歧視、民族壓迫的民族民主思想，顯然，也是可以直抵舒慶春的心靈深處的。

在舒慶春接受洗禮成為基督徒的同一時期，北京滿族人加入基督教和天主教的很多。他們並不都像舒慶春那樣，能夠對寶廣林宣傳的教義有比較透徹的領會，他們的紛紛入教，是各有原因的。一部分人是出於生計的無著，他們跌進城市貧民行列後，飢寒困厄成了頭等大事，於是只能想盡辦法來解決溫飽問題。當時的貧苦市民，入了教以後，多可以藉助教會的慈善機構，得到一點救濟，故有不少窮旗人便相互跟隨著進了教堂。筆者在寫作此書稿前，就聽到京城裡的老人們說起過，民國早年間，世面上曾經流傳有嘲笑窮苦市民進教堂的民謠云：「你為什麼要入教？只為三塊『北洋造』。」這裡所謂「北洋造」，就是人們常說的「現大洋」、「袁大頭」，據說，當時入了天主教的城市貧民，最多時，每人每個月可以從教堂裡領到三塊錢的救濟金。基督教會的福音堂，當時也向貧苦教徒發放定期的救濟金，數額大約是每月五塊錢[9]。同時，基督教會和天主教會又對社會上的貧困市民，進行著其他各種形式的慈善救助，也叫下層滿人們對他們的看法有所轉變。另一部分滿族人，是出於尋求精神的寄託才入了教。旗人在清代本是被世間高看一眼的社會階層，到了民國，滿人們的地位一落千丈，再難從周圍獲得尊重和溫暖，內心的悲涼，無處訴說，當他們發現走進教堂之後，竟能夠找到一些難得的慰藉，找到那種久違了的被人瞧得起的感覺，心裡自然會泛出某種皈依的衝動。這就如同後來老舍在小說《老張的哲學》中對洋車伕趙四入教理由的描寫一樣：「人們當困窘到極點……宗教的信仰最易侵入」，「可是趙四呢，信孔教的人們不管他；信呂祖的人們不理他；佛門弟子嘲笑他。這樣，他是沒有機會發動對於宗教的熱心的。不幸，偏有那最粗淺而含洋氣的救世軍歡迎他和歡迎別人一樣，而且管他叫『先生』。於是趙四降服了，往小處說，三四年了，就沒聽過一個人管他叫『先生』。其實……『先生』和『不先生』分別在哪裡？而趙四偏有這一點虛榮心！」漸漸地，連那些生計並不十分困頓、有閒的老旗人，在這種滿族人入教成了幾分小氣候的時候，也有隨幫唱影而走進了教堂的，他們的邏輯看來多少有點古怪，卻實在是他們心間的邏輯：「左右是沒事作，閒著上教會去逛逛，又透著虔誠，又不用花錢。」⑩當然，那時更多的入教者，還是旗人青年，他們的理由，比別人更簡明，也更接近舒慶春的考慮：「我想只要有個團體，大家齊心作好事，我就願意入，管他洋教不洋教。」⑪

滿族在歷史上是有自己的民族宗教——薩滿教的。那是一種原始宗教，以崇拜自然、圖騰和祖先為基準，薩滿教的文化精神，曾在滿洲民族的繁衍和崛起過程裡，起到了相當關鍵的作用。但是，入關後，清朝統治者出於利益選擇，運用行政命令和文化引導的多種方式，將民族精神文化的支點向漢族文化傳統上面遷移，後來，看來已經落伍的原始薩滿教，在滿族民間（尤其是京旗社會中間）逐步消散，而儒、釋、道三教併入的結果，是其中哪一種也沒有達到在滿族中間通攝一切的位置。這不免讓滿人在宗教觀上，陷入了無緒和無從狀態。到民國初期，又加上了一層精神上的幻滅，就很容易把他們帶到隨便哪一種一時佔了上風的宗教氣氛之中。滿族歷來具備廣泛的文化包容性，這種包容性所起到的作用，既有積極的，也有消極的。

當時，「教徒裡有不少是旗人」⑫的現實，從一定意義上說，也成了舒慶春領洗入教的誘因之一。他與舊有的旗族社會彼此相聯結，既有那麼多同胞入了教，他大概會想，自己也應當在這中間為他們做些什麼。

年僅二十三歲的舒慶春成了基督教徒，可以說是潮流作用的結果。當時，他還遠不是一個思想成熟的人，而且，熱誠、求索、願為窮人做事情、願和同胞共進退……所有這類合理的與有欠合理的人生原則，都使他沒有經過太多的思忖，就跟上了他所敬佩的寶廣林。他太信賴寶廣林了，假使沒有寶廣林，舒慶春是否會入教，恐怕也還是個問號。這個假定，可以從舒慶春三年後離開寶廣林便隨即疏遠了和宗教的關係，得到一定程度的解釋。舒慶春一輩子也離不開朋友，有時，他把朋友看得比生命還重。凡是朋友們讓他做的事，他極少推諉，況且讓他如此敬重的朋友，又常常是滿人。人的民族位置和民族心理，是叫多少文化人類學者總也研究不完的命題。

入教前後，舒慶春很有些虔誠而又激進的表現。頭一件事，是他鄭重地啟用了兩三年前為自己所取的「舍予」的表字，這個「舍予」，不僅僅是把原來的那個姓氏「舒」字一分為二，更帶有為了大眾可以捨棄自我的含義。基督耶穌的獻身精神使他受到感召，他樂於成為一個徹底的利他主義者。從此，舒慶春的本名，和舒舍予的字，開始被他交互使用。

第二件，是他重新選擇了收入只有五十元卻合乎心願的教育工作，前往天津南開中學，接任了羅常培卸下的國文教師一職。上任伊始，就趕上民國的「雙十節」紀念會，他在全體師生的大會上發表演講，闡述了一番既具宗教色彩又有個性詮釋特點的想法：

我願將「雙十」解釋作兩個十字架。為了民主政治，為了國民的共同福利，我們每個人須負起兩個十字架——耶穌只負起一個。為破壞、剷除舊的惡習、積弊，與像大煙癮那樣的文化，我們須預備犧牲，負起一個十字架。同時，因為創造新的社會與文化，我們也須準備犧牲，再負起一個十字架。⑬

他的這些意見，已明顯地跳出了基督教的原有之義，反映出利用宗教影響推行社會民主與文化改革的鮮明立場。這是他和寶廣林等人竭力想要做到的事情。

第三件，他翻譯了寶廣林以英文撰寫的宗教論文〈基督教的大同主義〉，將其發表在一九二二年十二月出版的《生命》月刊第三卷第四期上。

第四件事，是他在一九二三年初回到北京作了市教育會文書之後，在由寶廣林新任會長的北京基督教聯合會之下，擔當了負責主日學教務活動的總幹事。他發表〈兒童主日學與兒童禮拜設施之商榷〉的長篇文章⑭，主張對兒童不搞贖罪禱告、不要求背誦聖經、不促成他們的信仰早熟；他還在具體的活動中，主動削減了一部分不適合兒童接受心理的玄虛的神學成分，讓教會的兒童教育更接近普通樣式的科學知識學習，推動兒童手腦並用，德智體均衡發展。下面這首由他親手為孩子們寫作的主日學歌曲〈日月蝕歌〉，就表現出了有別於一般「聖歌」的特點：

> 先生好比是太陽，我們地球圍著它轉，弟弟好比是月亮，它又圍著我們轉。只因走了一直線，也打打鼓且莫要打鑼，聽它慢慢地轉。

第五件事，是一九二三年夏季，參與了山海關、瀋陽耶穌青年團的夏令營活動。

第六件，隨後，他到基督教會燈市口地方服務團兼任幹事，負責災荒賑濟、辦女工廠、衛生知識宣傳講演、普及牛痘接種等工作。

第七件，一九二三年秋，在基督教北京惟愛會上被推舉為書記。

第八件，一九二四年五月，發表〈北京缸瓦市倫敦會改建中華教會經過紀略〉。

……

從近年來陸續發掘得來的相關資料看，自一九二二年至一九二四年的不到三年間，舒舍予異常熱衷於教會事務，留下了許多業績。有論者認為，老舍實際上已經是中國基督教「三自」運動的早期活動家之一了，這話也不無道理。

在這將近三年裡，有關舒舍予，另外一些需要記錄下來的情況還有：

一九二三年一月，他用「舍予」的署名，在《南開季刊》第二、三期合刊號上，發表了短篇小說〈小鈴兒〉。雖然日後老舍對這篇作品沒有給以太多重視，但是，如果從分析他的寫作生涯和創作特徵等角度著眼，這篇小說卻是有價值的。

同年上半年，他在南開教書時，與同在該校任教的董子如、趙水澄，以及剛卸任於這所學校的羅常培，四個人結拜為把兄弟。他們四個，除董子如尚待查實外，都是北京的滿族人。在受到了現代人文精神影響的青年知識分子中間，這種結義情況已經不多見了。他們這樣做，體現的，仍是傳統的人際觀念，朋友關係似乎已經不夠，以結拜的方式才能滿足感情的需求。可見，他們是怎樣地看重友誼。

同年八月起，在北京教育會工作的舒舍予，到羅常培已經繼任代理校長的北京一中，做了一年的兼職教員，教國文、修身和音樂課。這兩份工作合起來，每月也僅掙四五十元錢，當時，他要贍養母親、養活自己，還要自費去燕京大學學英文，所以不可避免地要陷入異常貧困的境地。羅常培曾撰文記錄了他們之間的一次見面：

……一晚我到北長街雷神廟的教育會會所去看他，他含淚告訴我：「昨天把皮袍賣掉，給老母添置寒衣和米麵了。」

我說：「你為什麼不早說？我還拿得出這幾個錢來。何必在三九天自己受凍？」

「不，冷風更可吹硬了我的骨頭！希望實在支持不下去的時候，你再幫助我！」

這時簷前的鐵馬被帶哨子的北風吹得叮噹亂響，在彼此相對無言的當兒便代替了我的回答。⑮

〈小鈴兒〉：文學創作的起跳板

〈小鈴兒〉，在著作等身、傑作頗豐的老舍文庫裡，算不上是一部太惹眼的作品。論篇幅，還不足四千五百字，只是個小短篇。論影響，多年來從不為讀者和研究界所注意，直到二十世紀七〇年代末，才重新被文學資料的搜集者發現。如果說連作者本人生前也沒有把它當回事，大概不會離事實太遠，老舍曾在兩篇文章中不經意地說到過它：「除了在學校裡練習作文作詩，直到我發表《老張的哲學》以前，我沒寫過什麼預備去發表的東西，也沒有那份兒願望。不錯，我在南開中學教書的時候曾在校刊上發表過一篇小說，可是那不過是為了充個數兒，連『國文教員當然會寫一氣』的驕傲也沒有。」（〈我怎樣寫《老張的哲學》〉）「我最早的一篇短篇小說還是在南開教書時寫的；純為敷衍學校刊物的編輯者，沒有別的用意。……這篇東西當然沒有什麼可取的地方，在我的寫作經驗裡也沒有一點重要，因為它並沒引起我的寫作興趣。」（〈我怎樣寫短篇小說〉）以往的各種現代文學史著作，談到老舍，大多說他的處女作是長篇小說《老張的哲學》，待終於發現這篇〈小鈴兒〉，便有人稱之為老舍文學創作的「處女作」。可是，不久，舒慶春於更早一些時候發表在日本廣島中國留學生刊物上的小說和新詩被挖掘出來，它「處女作」的資格又給剝奪了。似乎，〈小鈴兒〉真的沒了地位和意義，只是一篇老舍作品積累中普通得不能再普通了的「習作」。

當我們重新以一種耐心檢讀的態度來觀照〈小鈴兒〉的時候，還是感到，這個短篇，在老舍的創作生涯中，並不僅只是個可有可無的偶爾製作。易言之，我們發現，在它的內裡，還包藏著若干理應引起重視的、只屬於老舍個人的文化「密碼」。當我們尚未更多地研討作者後來的許多重要作品之前，稍事細心地觀察和解讀一下這些「密碼」，是不至於一無所獲的。

這是一篇讓人能夠從作品主人公身上分明讀出作者影子的小說，描寫一個聰明可愛的京城小學生，本名德森，綽號「小鈴兒」，他的一段小故事。小鈴兒品學兼優，很得老師的好感與同學們的擁戴，連任多年的年級級長。他的父親，是在某場戰爭中戰死的士兵，家裡只剩下母親和他兩個人相依為命。他受到學校教師的影響，有很重的愛國心，既恨日本侵略者，也恨李鴻章之流的賣國賊。為了表達這種情感，他約了幾個小同學，一道「弄一個會」，為的是「大家練身體，互相的打，打疼了，也不准急，練這麼幾年，管保能打日本去」。可是，由於幼稚和急於表現，沒過多久，他們就聚夥兒襲擊了從「北街教堂」裡出來的「一個小鬼子」——外國神職人員的孩子。事出之後，學校無奈，只好把小鈴兒和他的小夥伴兒們除了名。

小說的情節挺簡單，作者也沒有在中間表達太鮮明的主觀理念。小鈴兒和他的夥伴兒都有一顆愛國心，他們還不懂得如何區別對待侵略者和無辜的外國兒童，這是一重含義；既然打了外國兒童，再喜歡小鈴兒的校方，也不得不迫於壓力，將他「斥退」，可見國際關係間的不公正，這是又一重含義；而「洋教堂」的社會形象究竟是什麼，作者卻沒有說，這重含義，是留給讀者去尋思的。舒慶春的童年，是飽蘸著愛國情感的童年，他的思想傾向應當在小鈴兒這邊；可是，寫作和發表這篇小說的時候，過去的舒慶春，已經成了信奉基督教的舒舍予，他仍舊要寫一個愛國兒童襲擊教堂裡的外國孩子的故事，又是出於何種想法呢？

暫且留下這點疑問，先來看一看作品給讀者提供的另外一些內容。這些內容，有的並不很惹眼，有的還帶著年輕作者初寫小說時難以避免的取材不精和技巧不嫻：

首先，小說中的故事，可以說處處來自作者的生活經歷。故事一半出在小學校裡，作者當過小學的校長，另一半的故事，出在小鈴兒的家裡，他的家境又跟作者的家境如出一轍；小鈴兒上學的學校，是「京城北郊王家鎮小學校」，這是舒慶春當京師北郊勸學員所分管的地界；至於其中涉及到的教堂，也剛好是他這段時間常去的地方。

其次，小說的主人公，本名叫「德森」，這個名字也是耐人咀嚼的。德森是另有姓氏，而為人們所忽略了呢，還是就姓「德」？如果另有姓氏卻不常用，這種情形，只有在清末民初的京城旗人中間才會有；而如果是就姓「德」，那麼，我們知道，在差不多收入了漢族一切既有姓氏的《百家姓》裡，是沒有這個姓氏的，相反的，北京城裡迄今尚存的一些姓「德」的人家，他們的身分證件上，則都明白無誤地註記著是滿族。——這個只有滿人才使用的姓氏，多出自辛亥年之後，一部分原來以「德×」為名的滿人，為形勢所逼，便指用了原來名字前面的一個漢字，來作為自家姓氏。這種現象在當時常見。與舒舍予發表〈小鈴兒〉同一年，一九二三年三月，另外有一位北京籍滿族作家叫作儒丐的，在《盛京時報》上發表了一部題為《北京》的長篇小說，其中有這麼一處描寫：「此時伯雍在車上問那車伕道：『你姓什麼？』車伕道：『我姓德。』伯雍道：『你大概是個固賽呢亞拉瑪？』車伕說：『可不是，現在咱們不行了……』」這中間的「固賽呢亞拉瑪」，是個滿語詞組，即「旗人」。有趣的是，〈小鈴兒〉的作者也給自己的作品主人公用「德森」命名，留下了這麼一道為一般人不易覺察的「機關」，既不肯說透，好像也不願讓讀者過多地去捉摸，於是，便要再給德森啟用一個「小鈴兒」的綽號，而且在作品中一用到底。

此外，作品裡面有關小鈴兒家裡情景的描述，也值得留意。「父親」是一名士兵，死於兒子出生後不久的一場戰亂，母子二人對他的死念念不忘；母親是靠著「替人家作些針黹」維持一家的生計，並且還對兒子說：「要不是為你，我還幹什麼活著？」同時，似乎完全沒有必要地，作品在故事發展線索之外，還提到了小鈴兒有著一位「大舅」常與他家來往，以及有著一位已經故去了的「姑母」曾經與他們共同生活。我們知道，這些作品中的人物和情節，都能從作者自身的幼時家庭生活中，找出原型。

還有，小說的語言，是相當標準的「京腔兒」；作品中的某些描寫，也凸現出了作者傾向於輕鬆調侃的筆法（例如：「幾個小女孩子，都用那炭條似的小手，抹著眼淚」）。

綜上幾項，起碼說明了以下的問題：

〈小鈴兒〉的寫作，已經顯露出了老舍創作現實主義風格的端倪，他在日後幾十年的創作生活中，凡屬成功的作品，無不閃現著極為充實的現實主義的藝術光彩。是生來鑄就的篤實誠心的人品，規定了他的寫作道路和藝術風格，他的所有上佳的文學構思，都不曾游離開個人經歷與見聞的記憶庫。

滿族的社會文化內涵，在作家開啟創作之門以前，就已經細雨潤物般地融入了他的個性藝術感覺之中，一旦為文，這種素質，就會在自覺或毋須自覺之間體現出來。在民族歧視現象還相當嚴重的社會條件下，他所要注意的，常常並不是要把這種有價值的民族蘊涵發揮到淋漓盡致，相反的，他得不斷提醒自己，讓這種特徵稍稍地收斂些，隱蔽些，以防止遭來非議。

銘心刻骨的童年家庭生活場景，在作者心頭，早就繫成了一個解也解不開的死結，他的心中所營造、筆端所描述的故事，常要圍著這個死結打轉。幼年的失怙、孤兒寡母的相依度日、母親為了養活弱小的孩子而沒日沒夜地給別人苦苦地幹活、孀居的姑母與自己家同住、母系的親戚跟自己家過從密切……這一個個情節單元，簡直就類似於民族民間故事的「情節母題」一般，在老舍後來寫下的不少重要作品，譬如〈月牙兒〉、〈小人物自述〉、《正紅旗下》等等中間，或拆開或拼合地，被一而再、再而三地寫進去，並且每寫一回，就總要比上一回更顯出作家又經過了反覆體會所獲得的深厚意味！

我們還聯想到，舒家舊居小院——小羊圈胡同——北京城裡西北角——京城外的西北部，這樣層層外擴的地理區域裡的人文故事，好似縷縷經絲，而清末民初京師旗族社會的文化藝術基因，則猶如條條緯線，二者被作家掌握得越來越得心應手，從〈小鈴兒〉這篇早期「習作」開始，直到《老張的哲學》、《離婚》、《駱駝祥子》、《我這一輩子》、《四世同堂》，再到《茶館》、《正紅旗下》，竟能編織出來老舍文學世界中何其多的力作！肯定地說，點燃這一切的那個「熱點」，還是他的童年時代、少年時代，以及青年時代起初幾年內紮實的人生體驗。這樣一些招之即來、揮之難去的人生體驗，在一篇還遠夠不上成熟的前期小製作——〈小鈴兒〉中間，已經伏下了如此之多的誘導「密碼」，對這篇習作，還不值得另眼相待麼？

老舍（舒慶春、舒舍予）在發表了〈小鈴兒〉之後的一年半，便離開了祖國，離開了他的「熱土」北京。雖然過了幾年之後，他又回到了國內，我們差不多仍然可以說，直到二十多年後的一九四九年年底，他才真的又有幸重新開始享有一個北京居民的長期生活。人人盡知，老舍是一位寫北京的聖手，可是，人們又很容易忘掉的恰是，他在五十歲之前，寫北京已經取得了那麼巨大的成功，卻幾乎只是在吃這二十幾歲之前墊起的老底兒！

讓我們再折回到本節前面留下的那個小疑問。舒舍予這位基督徒，在〈小鈴兒〉裡面，竟叫他所喜愛的小主人公去襲擊「洋教堂」裡出來的外國孩子，作者的心理狀態似乎有點難以把握。如果用作者反對外國傳教士而贊同由中國人自主傳教的理由，來解釋這個現象，恐怕還是多少讓人有些難以接受。其實，這一描寫，很可能正反映著作者彼時的矛盾心態。在寶廣林朋友式的勸導下，舒舍予不但領洗成了教徒，也為他們共同倡導的社會理想而努力著，但是，很可能，每想到自己「信了洋教」，心裡就會漾起幾分不安來。〈小鈴兒〉悄悄披露了作者心頭的苦衷和祕密。老舍並不是一位思想家或者革命家，他只是一位作家，他的思想矛盾，從〈小鈴兒〉開始，將不斷地通過作品（哪怕是很了不起的作品）傳遞出來。其實，這是正常的一樁事情。

可以說，〈小鈴兒〉，是作家老舍投身於文學創作事業一方得力的起跳板。

---

①見《京師學務局教育行政月刊》，二卷四號，一九二一年；轉引自曾廣燦《老舍早期活動的一些新資料》。

②關於舒慶春（舒舍予、老舍）入基督教的事實，始見於《中華基督教會年鑑》，一九二四年第七期；該期刊有舒舍予所撰文章〈北京缸瓦市倫敦會改建中華教會經過紀略〉，其「著者小記」中載：「舒舍予——以字行，年二十六歲，北京人，民國十一年領洗，隸北京缸瓦市中華基督教會，曾任京師北郊勸學員，南開中學教員，北京地方服務團幹事，現任京師第一中學教員，缸瓦市中華基督教會主日學主任。」

③見《北京學務局教育行政月刊》，二卷十號，一九二二年；轉引自郝長海、吳懷斌編《老舍年譜》，黃山書社一九八八年版。

④羅常培：《我與老舍》，載昆明《掃蕩報》副刊，一九四四年四月十九日。

⑤⑥見《中華基督教會年鑑》，一九二四年第七期。

⑦⑧見《生命》月刊，第三卷第四期，北京基督教青年會證道團主辦，一九二二年十二月。

⑨參見《老張的哲學》中李應與王德等人的對話，《老舍文集》第一卷六十三頁，人民文學出版社一九八〇年版。

⑩這是在小說《二馬》中，老舍對馬則仁入教的描寫；見《老舍文集》第一卷四一六頁，人民文學出版社一九八〇年版。

⑪這是在小說《老張的哲學》中，由作品中人物李應說的一句話；見《老舍文集》第一卷六十二頁。

⑫這是在小說《正紅旗下》中，由作品中人物王掌櫃說的一句話；見《老舍文集》第七卷二六一頁。

⑬見《雙十》，原載一九四四年十月十日《時事新報》。

⑭見《真理周刊》，一九二三年第十六、十七、十八、二十一期。

⑮同註④。

第四章　旅居歐洲，登上文壇

英倫生活

一九二三年，經寶廣林的引薦，舒舍予結識了在燕京大學任教的英國籍教授易文思（Robert Kenneth Evans，又譯作埃文斯或艾温士），並且利用業餘時間到該校旁聽英語課。不久，身兼基督教倫敦會傳教士的易文思，即對舒舍予的勤奮精神、紮實學識以及篤誠性情獲得了很深印象，加之他對這位年輕人積極推進基督教傳播活動的好感，便在次年，即一九二四年的上半年，舉薦舒舍予，前往英國倫敦大學的東方學院擔任教習中文的老師。七月中旬，東方學院的董事會正式任命這位中國的青年人為中文講師，任期五年。

戀土戀家戀北京的舒舍予，經過了一番思想矛盾，才踏上遠航的輪船。他是一個那樣熱衷於社會服務的青年，總是希望憑著自己的努力，給同胞百姓謀利益，這種有意義的生活剛開頭，他不大情願離開祖國隻身西去；可是，西方究竟是個什麼情形？為什麼咱們的東方古國到目前竟然處處受制於人？國人是不是能從西方學到一些有利於自己的東西？這一系列的問號，又是當時所有有抱負有知識的東方青年想要弄明白的事情。當時，許多有條件的中國青年，已經捷足先行，前往歐洲各國留學，舒舍予一向沒有這個機會。現在機會不期而遇，當然需要特別珍惜。他的心，感受到一種來自遙遠未知國度的強烈吸引力。

他不忍再給年近古稀、相依為命的老母親以「第二次打擊」。母親因老兒子抗婚而遭受的心底創傷還沒徹底癒合，在這個節骨眼兒上，自己橫下心腸漂泊異邦，豈不是又要向母親的傷口上再撒一把鹽！反覆猶豫間，還是具有旗人婦女堅忍性格的母親先瞭解了兒子的心思，她毅然鼓勵兒子：去做自己想做的事吧，別遲疑！一直到舒舍予六年後回歸家中，他才聽姐姐們說起，自己遠在歐洲的時候，老母親無時無刻不在掛念著他，以至於「在她七十大壽的那一天，……老太太只喝了兩口酒，很早的便睡下。她想念她的幼子，而不便說出來。」（〈我的母親〉）母親，又一次以果斷的作為，給了兒子不能忘卻的教育。舒舍予懂得，生命，感情，都得服從於人生大義。

向朋友們告別，也是一件要務。舒舍予愛動感情，把這種感情傳遞給朋友們，就須包含著一份力量。大約在臨行前，他向許多摯友都贈送了手書條幅，以表珍視友情、彼此砥礪的心跡。現在我們還能知曉的，是他在臨別前書贈白滌洲的條幅內容，四個大字是「篤信好學」，所附題文，則是「讀書達理則心平識遠，富貴名利無所乞求。旦夕警策守之終身，便是真君子大英雄」。

這次出國任教，是由基督教倫敦會資助進行的。西行前夕，他與倫敦會駐北京的代表、倫敦東方學院代表、北京萃貞中學校長林．伍德小姐，簽署了赴東方學院任教五年的合同。

這一年的夏末，舒舍予由上海乘上德萬哈號客輪。經新加坡等地，越洋遠航幾十天，於九月十四日，抵達英國泰晤士河上的蒂爾波里碼頭。

初到英倫，舉目無親，陌生與忐忑是難免的。憑著既不像英語也不像德語、能把英國人說得直眨眼的一口「華英官話」，以及「大家走，我也走」的信條，他又搭上了轉向倫敦的火車。乘上火車，他的不安雖然還在，新奇感卻佔了上風，窗外的異國景致，看不見莊稼，處處是短草，有時看見一兩隻搖尾食草的牛，讓他馬上得出了「這不是個農業國」的結論；三十分鐘之後，到了倫敦市區的坎街車站，不管他是否感興趣，「站台上不少接客的男女，接吻的聲音與姿勢各有不同」（〈頭一天〉），則給他留下了深刻印象。文化跟世風的迥異，從這一天開始，將隨時隨處地扣擊他的心扉，引發他的思忖。

正像事先約定的那樣，先期回國的易文思教授，此刻剛好趕到，正在不遠處，向他招手表示著迎接。舒舍予心上一塊石頭落了地：有了他，下地獄也不怕了。同時，對英國人的又一種直感也油然形成：「他們慢，可是有準。易教授早一分鐘也不來，車進了站，他也到了。」（〈頭一天〉）打離開祖國起，舒舍予再次切實體會了，沒個朋友，簡直寸步難行。這大概是他身為東方人的一種固有的文化心理吧。

為了慶賀如期相聚，二人到咖啡館喝了啤酒。日後舒舍予追記道：「車站上，地道裡，轉運處，咖啡館，給我這麼一個印象：外面都是烏黑不起眼，可是裡面非常的清潔有秩序。後來我慢慢看到，英國人也是這樣。臉板得要哭似的，心中可是很幽默，很會講話。」（〈頭一天〉）舒舍予對此不無好感。

易文思自己居住在倫敦巴尼尼特小區，他就近在卡那封路十八號，為舒舍予租了一處條件不是太好、租金也不很高的住房。當易文思告訴他，中國學者許地山也住在那所住宅裡，他的心裡頓時泛起一陣興奮。幾年前在北京，他就認識了許地山，他們一同在基督教會工作過，並且相處得很好。許地山既是作家，也是學者，不僅是「五四」之後「文學研究會」的發起人之一，寫過《命命鳥》等作品，還在美國修成了碩士學位，此時正準備在牛津大學研究比較宗教學；許地山比舒舍予大六歲，為人寬厚誠懇，「愛說笑話，村的雅的都有」，現在正所謂「他鄉遇故交」，將能夠去除許多寂寞，豈非幸事？果然，不出他的期待，老大哥許地山熱情地歡迎了他的到來。

他們的房東，是姐妹兩個四十多歲的老姑娘。姐姐平時看上去有點傻，遇到有活兒要幹就更要裝傻，妹妹做過教員，處事頗幹練。姐妹倆的父親生前開一所麵包房，去世時把生意傳給了兒子，而把兩處房產給了姐妹二人。二人賣了其中一處房產，而把這剩下的一處留下一部分自己住，再勻出兩間租給兩個單身客人。她們不需要哥哥的周濟，自己維持生活，尤其是妹妹，辛勞操持，連房客的硬領和襪子也攬過去洗滌熨燙，為的是多掙幾個錢。這種家庭生計模式，跟中國常見的那種大家族「夥著過」明顯地不一樣，這讓舒舍予看在眼裡，記在心裡。

房東姐妹都是虔誠的教徒，她們和許多英國人一樣，總把大量的時間消耗在教堂裡。舒舍予對英國人普遍信教的狀況看得很明細，可是，令人關切的是，這位原本在國內那麼熱衷於基督教事業的信徒，此次又是利用倫敦會的資助才得以來到英國工作，在歐洲的幾年間，卻沒有留下一點參與宗教活動的記錄！他對宗教的重新審視和反觀，顯然進入了一個新的階段。這一點，人們將在作家老舍其後一系列作品的有關描述中，找到一定程度的答案。

在卡那封路十八號只度過了一個秋冬，因為離任教的東方學院太遠，並且許地山也先期搬到了牛津去住，舒舍予遂決定喬遷。剛好在此之前，他結交了英國朋友克萊門特．艾支頓（Clement Egerton，也譯為克萊門特．埃傑頓），這又直接決定了他的搬家去向。

年輕的艾支頓，是一位在第一次世界大戰裡當過中校的退役軍人，因為自幼聰明、好讀書，在英文之外，還掌握了拉丁文、希臘文、德文和法文，眼下已是發表了一兩部教育學著作的學者。他待人處世熱情洋溢，在前妻為他生過了三四個孩子之後，又同一位美國女碩士發生了戀愛，經法院判決離婚之後，須按月供給前妻、子女不少生活費，於是過得既浪漫，又狼狽。跟美國碩士結了婚的同時，他已失了業，全仗著新婚妻子的收入，維持家庭的生活，並且還得支付給原配夫人一家的生活費用。正在這時候，舒舍予與他相識，令舒舍予多少有些意外的是，他發現，艾支頓夫婦跟艾支頓前妻這兩家人，居然相處得很不壞。這可又是一件在中國不可思議的事情！

艾支頓樂意與舒舍予「彼此交換知識」，他們隨即開始協商互教英文和中文的計畫。為了方便起見，二人商定，合租一處住房，由舒舍予掏房租，由艾支頓管兩家的飯食，讓他的夫人負責烹調。這個計畫一經制訂，便在倫敦西部聖詹姆斯廣場三十一號的某一層樓裡得到了實現，雙方合租，從一九二五年初起，一住就住了三年時間。這三年中間，他們生活得不錯，相處也愉快，舒舍予不僅自己在工作之餘，寫出了長篇小說兩本多（即《老張的哲學》、《趙子曰》兩部，以及《二馬》的開頭），同時還幫助艾支頓，翻譯了中國古典長篇小說《金瓶梅》。艾支頓譯著的這部《金瓶梅》（*The Golden Lotus*），是迄今問世惟一的一部英文足本，它的首次出版是在一九三九年，那時，舒舍予已回國多年。在英譯本的扉頁上，譯者莊重地寫道：「To C. C. Shu, My Friend（獻給我的朋友舒慶春）」。在「譯者說明」裡面，艾支頓又說：「在我開始翻譯時，舒慶春先生是東方學院的華語講師，沒有他不懈而慷慨的幫助，我永遠也不敢進行這項工作。我將永遠感謝他。」從英譯本《金瓶梅》的出版以及艾支頓的上述表示，可以看出，他們的友情是很深的，舒舍予教艾支頓學中文也是有成效的。待譯著出版時，舒舍予和艾支頓早已天各一方，譯者卻仍然滿懷激情地將這份友誼的結晶獻給他的中國朋友；人們注意到的另一面則是，舒舍予生前從未向任何人提及他在這部譯著成書過程中的勞動。這中間，體現著的，則是東方人珍愛友誼的行為特徵。在後來寫成的一篇題為〈英國人〉的散文中，老舍說過：「據我看，一個人即便承認英國人有許多好處，大概也不會因為這個而樂意和他們交朋友，」「至於一個平常的人，儘管在倫敦或其他的地方住上十年半載，也未必能交上一個朋友。」（〈英國人〉）反觀他在這一時期與艾支頓的友誼，他自己想必也會感到尤其的可貴。

與艾支頓夫婦合租一層住房的期限三年已滿，房東要求加高租金，無奈，好朋友們分了手，搬到了不同的地方。這時離舒舍予任教期滿只剩下一年多時間，他卻又換了兩處住地。先是在托林頓廣場十四號，後來又到了蒙特利爾路三十一號。前一處是一所公寓，房客盡是些貧民和窮學生，在那裡，舒舍予把西方國家的人際關係看了個透：房東與房客除了交房租時見上一面外，沒有任何關係；煤氣是投幣式的，投多少錢，給你多少溫暖；公寓餐廳的飯菜很糟糕，服務員還時常奚落就餐者，晚飯須外出去吃，既費錢又費事，舒舍予的胃病從此嚴重起來。後一處，房東是一位名叫達爾曼的上了年紀的先生，他的家裡有夫人和女兒，全是典型的英國小市民：勤儉、愛乾淨，所有對社會的看法都來自一份《晨報》，沒有一點兒獨立的見解，固執地認為自個兒的工作是最神聖的，認為英國人是世界上最好的人。舒舍予看不上他們的無知和狹隘，可也免不了得要向他們那天生般強烈的「國家意識」表示嘆服。

舒舍予自一九二四年秋至一九二九年夏，在倫敦大學的東方學院教書。剛到倫敦的第三天，他就收到了東方學院院長簽署的信：

親愛的舒先生：

我高興的通知您，董事會在七月十七日的會議上，任命您為學院的華語教師，從一九二四年八月一日開始，任期五年，年薪二百五十鎊，將按月支付。

……

我理解您希望用 Colin C. Shu 代替您兩個中文字的名字「慶春」。

您的忠實的院長

舒舍予任教的東方學院中文系，包括他，只有一位教授、兩位講師，共三位常任教師。他的工資並不高，每周卻要安排大約二十個小時的課時。工作起來沒多久，他就知道了，這所學校裡原有的中文師資，還沒有一位真正有點學問的。中文系收的學生，倒是真正貫徹了「有教無類」的方針，「有的是七十歲的老夫或老太婆，有的是十幾歲的小男孩或女孩。只要交上學費，便能入學。於是，一人學一樣，很少有兩個學生恰巧學一樣東西的。」「一個人一班，教授與兩個講師便一天忙到晚了。」（〈東方學院〉）雖然累一些，舒舍予還是挺欣賞這種辦學的方法，因為可以因人施教，尊重並且體現出學生的個性。

有時也有成班的學生，其中常見的是銀行的練習生和軍人。舒舍予對銀行練習生看法不佳，學點中文，混個資格，爭取被派到遠東的金融單位工作，是他們的目的。「沒有比英國中等人家的二十上下歲的少年再討厭的了，他們有英國人一切的討厭，而英國人所有的好處他們還沒有學到」。對來此學中文的軍人，舒舍予卻不能不刮目相看，只要考試及格，他們的薪金便會上提，於是既懂規矩，也很用功，其中有一位才二十三歲的年輕軍官，已經通過了四門外國語的初級測試。舒舍予每想到這些，就有不盡的感慨：英國「軍隊中就有這麼多、這麼好的人才呀：和哪一國交戰，他們就有會哪一國言語文字的軍官。……想打倒帝國主義麼，啊，得先充實自己的學問與知識，否則喊啞了嗓子只有自己難受而已。」（〈東方學院〉）

舒舍予在教學上的嚴肅認真態度，他那遠遠超出英國教員的業務能力，以及一向持有的東方式的謙和仁愛的交際作風，得到了周圍廣泛的承認。特別是他應院方之約，用英語為師生們所作的題為「唐代愛情小說」的學術演講，大獲成功，令院長和英國同事們在更高的層次上認識了他。一九二六年六月十日，東方學院祕書克萊格小姐在一封信中證實：「舒先生在這裡的工作非常令人滿意」，「所有和他接觸的人，都非常喜歡他」。①

按照院方與舒舍予的事先約定，任教滿三年後，根據工作業績，經過本人申請，可以增加工資。他適時向院長遞交了申請，指出：「對於工作，我盡了最大的努力，不管是否屬於合同規定的，只要是學生願意學的課程，我都教了。現在二百五十鎊的年薪，不足以維持我在倫敦的生活和贍養我在中國的寡母。如能應允提高工資，本人將不勝感謝。」②舒舍予在這封信中所陳述的理由，均為實情。他在倫敦任教期間，生活上的清貧拮据是很顯見的，當時的他，「一套嗶嘰青色洋服冬夏長年不替，屁股上磨得發亮，兩袖頭發光，胳膊肘上更亮閃閃的，四季無論寒暑只此一套，並無夾帶。」③二百五十鎊的年薪，在當時的倫敦市民來說，只是剛夠維持單身漢簡單生活水準的數目，比一個普通大學生起碼的年開銷三百英鎊還差不少呢。而舒舍予每月總要定時給國內的母親寄生活費，遇到聽說北京又遭戰亂的時候，他還得加倍地給母親寄些錢，讓老人多備糧食，以防軍閥圍城時不致因市面恐慌買不著米，有時為了這一項，他就不得不向同在倫敦的中國朋友借款。離開故國愈久，他對老母的惦念就愈甚，母親這時已遷離小羊圈胡同的老屋，搬到北京城西北角城根下的前桃園二十五號，老人家在那裡住得慣麼？會不會遇上冷暖風寒一時的為難之事呢？兒子每想起這些，就把一顆心懸得老高。

自一九二六年八月一日新學期開始，舒舍予重新獲得任命，原先的「華語講師」身分改為「華語和古文講師」，年薪提高到三百鎊。

他在東方學院中文系先後開設過的課程，包括有「說官話」、「古文」、「翻譯」、「歷史」、「道教和佛經」、「作文」等。其中最受歡迎的，還是「說官話」即人們今天所說的「漢語普通話」這一門，自幼打牢的北京話語言根柢，使他把這門課講得繪聲繪色，異彩紛呈。除在本院教授語言之外，他也曾應邀去英國廣播電台（BBC），作漢語知識廣播講座；同時，他還和兩位同事一起，編寫製作了一套既有文字教材又配有錄音唱片的《言語聲片》，由著名的「林格風語言中心」出版。教材中的中文部分皆由他編撰，課文、生詞由他親筆抄寫，錄音唱片也是由他朗誦灌製的。這套《言語聲片》曾在世界各地風行，一直保留到今天，已成為對外漢語教學史研究、漢語普通話演變史研究及老舍研究中不可多得的原始資料。

舒舍予在倫敦工作、居住了整整五個年頭。注重觀察和辨析異邦風習和異民族文化性格的他，所獲甚多。對資本主義國度裡奉行壓倒一切的金錢拜物觀念，以及貧苦人們所受到的種種不公正待遇，他特別不滿，認為那是一種沒有人性、踐踏人道的表現；對西方人傲視中國人以及一切東方人的態度，他更是深惡痛絕，憤然於懷。而在專注於英國國民與國家關係的時候，他又覺察出，那裡的人們往往有著鮮明的現代人的國家觀念，對國家的事情能夠本能地恪盡職責，這一樣，卻是很值得一貫以「敷衍」態度應對國事的中國人借鑑與學習的。他甚至於因此產生出「自然使自己想作個好國民，好像一個中國人能像英國人那樣作國民便是最高的理想了」（〈我怎樣寫《二馬》〉）的濃重想法。對英國人普遍具備奉公守法的精神和把國民的權利、義務分得很清楚的觀念，他相當佩服。而對英國某些人生就的幽默性格，他也頗懷著幾分親切感，以至為了糾正英國人認為中國人一概缺乏幽默情趣的成見，他有時也在生活中玩出一點滿族式的小調侃，來回敬對方。④

旅英生活的諸多感觸，被舒舍予拿來，跟在祖國、在北京生活時期所留下的深刻的社會文化記憶，相雜揉，相比擬，進而以自己的眼光，從中檢討出彼此文化間的不同特徵和孰優孰劣。——這項不顯山不露水而且又饒有興味的工作，是他在思想深處默默從事的，並且，在回國以後乃至於後來步入美洲大陸生活等等時期，這項工作也一直沒有放棄。這項帶有個性特點的民族文化比較工作，對造就出飽納文化意蘊的文學大師，具備著根本性的意義。從一己的滿族京旗文化濡染，到整個大一統的中華文化的修養，再到西方各民族的異質文化的領略，作家在登上文壇的前前後後，做了多方面的超乎常人的不懈的能動的積累，終於在後來，能夠於心底裡，鋪展開來一幅多重民族文化此伏彼起的坐標圖，成為支撐起他的創作柱石之一。這是他的優勢所在。

從「寫著玩」起步

寫上幾部小說，成為一名作家，這本來並不在舒舍予旅居英倫的預期目標之中。

他是來當教員的，可是，東方學院的教學工作對於勤奮肯幹和學識準備相當充分的他來說，遠不能滿負荷。起初，每逢有空暇時間，舒舍予總好與許地山閒談，或者請他作嚮導，去倫敦各處，看一看建築、風光以及市井民俗，「借他的眼睛看到古城的許多寶物，也看到它那陰暗的一方面，而不至胡胡塗塗的斷定倫敦的月亮比北平的好了。」（〈哭許地山〉）沒過多久，來到異鄉的新鮮勁兒漸漸消失，寂寞之中，開始想家，想北京，想在國內曾經歷過的各種事情。努力地學好英語，是他來英國之前就列入計畫的一項重要任務，閱讀大量的英文小說原著，也是他到倫敦之後總在堅持做著的一件事。可是，剛上手讀英文小說，總免不了有點磕磕絆絆，於是就會走神兒，正像他自己所說：那些在故土上發生的事，「既都是過去的，想起來便像一些圖畫，大概那色彩不甚濃厚的根本就想不起來了。這些圖畫常在心中來往，每每在讀小說的時候使我忘了讀的是什麼，而呆呆的憶及自己的過去。小說中是些圖畫，記憶中也是些圖畫，為什麼不可以把自己的圖畫用文字畫下來呢？我想拿筆了。」（〈我怎樣寫《老張的哲學》〉）

朋友許地山原來就是一位作家，在與他同住的時候，總是埋頭於文學創作，也是對他的一種無聲的誘惑。他發現，許地山常用從油鹽店裡買來的很便宜的賬本子當稿紙，不知疲倦地奮筆疾書，每每有耐讀的作品問世。於是，舒舍予也想到，寫作大約是件挺有趣也頗有消遣作用的事，便動了如法炮製的念頭。他也買來一些三個便士一本的作文簿，試著往上頭寫起來……

寫來寫去，他居然寫成了一部長篇！這部後來被稱作老舍長篇小說處女作的作品，題目叫作《老張的哲學》。

不足十五萬字的《老張的哲學》文稿，從落墨到殺青，用了一年時間。他沒有把這種創作活動當成一件要緊的事兒，「閒著就寫點，有事便把它放在一旁」。

作者在這部作品發表十年之後的一九三五年，寫下了〈我怎樣寫《老張的哲學》〉一文，坦率地承認了自己當時漫不經心的創作狀態：

> 好吧，隨便寫吧，管他像樣不像樣，反正我又不想發表。……我初寫小說，只為寫著玩玩，……鋼筆橫書，寫得不甚整齊。這些小事足以證明我沒有大吹大擂的通電全國——我在著作；還是那句話，我只是寫著玩。

小說草稿寫成之後，舒舍予又沒把它當回事兒，壓根兒就沒有琢磨過是不是該送回國內發表。結果呢：

許地山兄來到倫敦；一塊兒談得沒有什麼好題目了，我就掏出小本給他念兩段。他沒有給我什麼批評，只顧了笑。後來，他說寄到國內去吧。我倒沒有這個勇氣；即使寄去，也得先修改一下。可是他既不告訴我哪點應該改正，我自然聞不見自己的腳臭；於是馬馬虎虎就寄給了鄭西諦兄——並沒掛號，就那麼捲一捲扔在郵局。兩三個月後，《小說月報》居然把它登載出來。我到中國飯館吃了頓「雜碎」，作為犒賞三軍。

雖然我們不能將舒舍予當初寫《老張的哲學》的情景，跟時下某些年輕作家的所謂「玩文學」相提並論，但是，《老張的哲學》確是出於「寫著玩的」，總是一樁不爭的事實。舊式旗人戲曲「票友」式的自遣自娛，是這次寫作活動的基本出發點，這一點不容抹煞。透過這樣的出發點，似乎可以感到，老舍最初登上文壇的打炮作品，不是「正襟危坐」的產物。他不曾給自己的作品，從一開始就賦予沉重的社會責任。這倒不是因為作者對文學要為人生、為社會服務有什麼抵觸情緒，說得實在點，僅僅是由於他所隸屬的民族文化中，向來就有以娛樂為文學創作基本目的的傳統。縱覽滿族文學的歷史源流，有這麼一個特徵，和漢族文學傳統不大一樣，卻與其他許多少數民族文學的特點相類似，即，這個民族既往的民間文學和作家文學，其中的娛人性質異常鮮明，而教化性質反倒比較淡薄。對照漢族悠久綿長的「文以載道」、「發乎情止乎禮義」的文學習尚，滿族和其他某些少數民族的文學風氣，別是一路。二十六歲的舒舍予，在異國他鄉孤單苦悶之際操筆為文，他的自然湧起的創作直感，假如不是本民族方式的，也許，倒真的會有些令人費解了。

隨便被「扔在郵局」而寄走的《老張的哲學》，在國內當時很有影響的《小說月報》上連載了，從一九二六年七月十日第十七卷第七號起刊登，到同年十二月十日第十七卷第十二號續完。小說第一部分刊出時，署名為「舒慶春」，從第二部分發表開始，署名即更改為「老舍」。這是「老舍」這一筆名首次亮相於文壇。自此，這個名字在二十世紀中國及世界文學的領域裡，日趨響亮起來，以至本名「舒慶春」和表字「舒舍予」，後來都變得不像「老舍」那麼為世間所熟悉了。

書稿《老張的哲學》在國內的第一批讀者，包括羅常培和白滌洲。羅常培曾將該作品轉呈給魯迅徵求意見。「魯迅先生的批評是地方色彩頗濃厚，但技巧尚有可以商量的地方。」⑤魯迅的評價，老舍大概還不能馬上得知。僅憑長篇處女作的順利推出，就已然使老舍感到了非常的鼓舞和高興。第二個長篇《趙子曰》便是這點高興的結果。……『老張』很可笑，很生動；好了，照樣再寫一本就是了。」這部《趙子曰》的創作過程及創作心態，都與寫《老張的哲學》如出一轍，「仍然是用極賤的『練習簿』寫的，也經過差不多一年的工夫」（〈我怎樣寫《趙子曰》〉），到一九二六年的夏天才脫了手。次年三月起，國內的《小說月報》又在略有間隔的八個期號上，連載了它。在接續的兩年裡，老舍的兩部長篇與國內的讀者見了面，而且這兩部作品在當時的中國文壇上，均為個性特色鮮明的作品，這就不能不讓人們更加關注作者的名字。

自中國「五四」新文學運動出現以後，人們注意到，先是由短篇小說和新詩等體裁佔領了文學的前沿陣地，報告了現代文學的破曉，而長篇小說這種體裁，則是遲至二十世紀二〇年代後半期，才逐漸顯露出新文學的創作實力的。《老張的哲學》和《趙子曰》，以及隨即由老舍完成的《二馬》，一向被新文學的研究界列入「五四」之後首批湧現的優秀的長篇小說實績之內，這方面的榮譽，老舍是當之無愧的。不過，客觀地來看，長篇小說作家老舍的應運而生，也藉助了滿族文學傳統自身的強大推力。自清中期以降，在中國的長篇白話小說創作領域，連續出現過滿洲旗人曹雪芹的《紅樓夢》、文康的《兒女英雄傳》以及雲槎外史（即顧太清、西林春）的《紅樓夢影》等作品，都可以看作對近現代白話長篇小說的出現有某種示範作用。到了民國初年，在滿族文學的園地裡還產生了小有影響的中篇小說《小額》（作者松友梅，發表於一九〇七年）和長篇小說《春阿氏》（作者冷佛，成書於一九一二年前後）。老舍沿著民族文學的既定道路前行，將新時代的思想觀念和社會生活輻射到了同一體裁的創作活動中，應當說是一種順理成章的作為。

老舍在倫敦生活期間，除了許地山之外，還結交了一批來自中國的青年知識分子作朋友，他們是寧恩承（滿族）、酆坤厚、吳定良、邱祖銘、吳南如、祝仲謹、沈剛伯等。當時，老舍曾與其中的寧、酆、吳、邱、吳一同組成了讀書會，並且以「六君子讀書會」命名。他們每周或隔周總聚會一次，暢談讀書收穫，發表對國內及國際形勢的看法。

東方學院有一所規模較大、環境幽靜的圖書館，每到周末或假期，老舍總喜歡到那裡讀書，有了閱讀的心得，便到讀書會的活動中，與友人們共同切磋。這些朋友們，還是《老張的哲學》、《趙子曰》公開發表前後的評論員。寧恩承是《趙子曰》寫罷的第一位讀者，讀的時候，他「笑得把鹽當成了糖，放到茶裡」。因為寧恩承與老舍有著同樣的民族出身，他對老舍創作的看法獨具隻眼，例如，對老舍最初寫作長篇小說的動機，他有著這樣貼切的記錄：「在倫敦時老舍每嘆一無所長。『販賣大白話』或者是一條出路。他說『你們各有專業，各有所長，我拿什麼呢？』所以立志以寫小說，販賣大白話為生。」⑥看來，寧恩承是理解了滿人與「大白話」的關係的。而寧恩承的以下評價，也說明了他是在運用滿族文化的視角來觀察老舍的寫作特色：

老舍的文字很像年輕的旗人貴婦，天然的腳不纏足。穿一件旗袍，自然之美，高胸細腰之美，均呈現出來。文言文像從前民裝女人，穿了許多褂子、裙子，上邊有許多繡花，纏著足扭扭捏捏，失了自然美態。一些半文半白的文字，文白雜錯很像放了足的女人，扭扭捏捏，去不掉纏過足的笨拙。這種「改良派」比不上天足落落大方。老舍的小說不用文言，不用詩句，不用典故，不用文白加雜的句子，不受纏足的限制。天然的旗裝是他獨樹一幟的創造。⑦

《趙子曰》出手之後，經許地山介紹，身在倫敦的老舍加入了國內著名的新文學團體「文學研究會」，在這個一九二一年成立，「以研究介紹世界文學，整理中國舊文學，創造新文學為宗旨」的組織裡，老舍的入會號是一六七號。文學研究會，一貫以「文學為人生服務」為主張，加入這一團體的老舍，必然會對此前「寫著玩」的創作狀態有所省視。一九二七年整整一年，他沒有寫什麼作品。這一年的夏天，《小說月報》的主編鄭振鐸（西諦）來到倫敦，他們二人首次見面，老舍也從中更多地瞭解了國內文學創作界的整體狀況。

他的創作迎候著一次攀升。

寫《老張的哲學》和《趙子曰》時，他所讀過的外國文學作品還不太多，在當時有限的閱讀範圍之下，他本能地選擇了英國作家狄更斯的《尼古拉斯．尼克爾貝》（*Nicholas Nickleby*）和《匹克威克外傳》（*Pickwick Papers*）等，作為自己創作的參照物；而現在的老舍，已經比較系統地涉獵了狄更斯、沃德豪斯、雅各布斯、莎士比亞、笛福、斯威夫特、威爾斯、康拉德等英國作家的作品，還閱讀了包括但丁《神曲》、福樓拜與莫泊桑的小說、古希臘與古羅馬文學在內的多種英譯作品，世界文學的視野大開。深入到文學名著的輝煌殿堂之中，他對於藝術事業的莊嚴和神聖，有了嶄新的認識，受到極大的激勵。對於曠世之作《神曲》，他佩服得五體投地，一再地說到過：「在一個不短的時期，我成了一個但丁迷，讀了《神曲》，我明白了何為偉大的文藝。」（〈寫與讀〉）「世界上只有一本無法模仿的大書，就是《神曲》，它的氣魄之大，結構之精，永遠使文藝學徒自慚自勵。」（〈《神曲》〉）「天才與努力的極峰便是這部《神曲》，它使我明白了肉體與靈魂的關係，也使我明白了文藝的真正的深度。」（〈寫與讀〉）在反覆研讀歐洲各民族優秀作品的過程中，老舍還體會了，「心理分析與描寫工細是當代文藝的特色」（〈我怎樣寫《二馬》〉）。比照之下，他感到，自己的前兩部作品是「粗劣」的「開玩笑的小說」，「而並沒有在笑話中閃耀出真理來」。於是他決定，再度提筆時，在「讀與寫的經驗增多」的基礎上，必須注意往「細」裡寫，要表現出作品的「形式之美」。

正當此際，第一次國內革命戰爭蓬勃興起的消息，頻頻傳到英倫。老舍和他的朋友們，「天天用針插在地圖上」，為革命軍前進而狂喜，也為革命軍退卻而懊喪。他們知道，中華振作的希望全在祖國。正是受到這種感召，老舍願為自己古老的東方民族出一份力的精神又煥發起來，並且試圖通過文學來作一點什麼。他一邊思考，一邊再度拿起筆，構思寫作一部有別於前兩個作品的新的長篇——《二馬》。這是一九二八年的事情。

一九二九年夏季，老舍按照原訂計畫，結束了在倫敦大學東方學院為期五年的教學工作。此前幾個月，《二馬》完稿，並在國內《小說月報》上，從第二十卷第五號起開始連載。

周遊西方，逗留南洋

五年的旅英生活，是在快節奏中度過的。在原本並不算繁重的教學工作之外，老舍主動學習英文、讀書、寫書，弄得緊緊張張的。既窮且忙，「窮忙」之間，精神上倒也充實得很。五年裡，他很少有機會到倫敦以外的地方去旅行，因為旅行者必備的經費和時間，他都短缺。從現有的記載看，除了倫敦市區和附近的里士滿、漢普頓宮、巴斯、普斯茅斯、牛津、劍橋外，在英國，他也就只到過愛爾蘭的都柏林和蘇格蘭的愛丁堡。

老舍一生到過國內外許多地方，可是，我們似乎並沒有證據，說他是一個十分熱衷於遊覽山水的人。一九二九年《留英學報》上發表了他的一篇短篇小說（可能是他在英國期間寫出的惟一短篇），題目就是〈旅行〉。這是一篇以戲謔的筆調寫成的作品，講述了三位來自中國的青年人——老辛、老方和老舍，在英國境內旅行的故事。老辛是作外交的，老方是搞科學的，所以二人每每在旅行日程安排上意見相左。這就輪到由作品中的老舍來裁決，可這位老舍卻總是主張哪兒也別去，睡覺為好。在他們所到之處，明明是「有屋子出租」的英國房主老太婆，卻拒絕把房間租給他們這三個「黃臉鬼」，汽車站「還有幾張票，一看是三個中國人存心不賣給他們。」小說情節簡約，給讀者留下了這樣的印象：作品中的老舍，就是現實中老舍的影子，他愛靜不愛動，對四處旅遊興致並不很濃，對旅行中常常碰到的種族歧視現象，倒是感觸良多。旅行，對一位像他這樣的作家來說，其主要價值在於社會采風和文化考察，而不在於觀光遊玩或別的什麼目的，好像是這篇小說的弦外之音。

東方學院的工作結束之前，老舍經過考慮，選擇了不直接回國，先去西歐另外幾個國家走一遭的計畫。這也是他心中文化考察計畫的一部分，假如不利用這個時候去親身感受一番西歐各國的文化藝術氛圍，誰知道什麼時候才會再有這個機會呢。

早在這一年的年初，他在致東方學院院長祕書的信函中提出：「如果方便的話，我想通知校方，到一九二九年七月三十一日我合同期滿時，我將返回中國。」「在此之前，我希望有二—三星期去歐洲大陸，然後由那裡返回北平。為此，根據校方——您在一九二六年十月九日來信末段所寫的，將在我合同期滿時付給我返回中國的旅費，儘管當時指的是從倫敦直接返回，但旅費相同。」⑧

憑東方學院支付的回國路費，加上自己平日裡積攢的少許資金，大約在一九二九年六月，老舍離開英國，開始了在歐洲西部國家的隻身旅行。他先後到了法蘭西、荷蘭、比利時、瑞士、德意志和意大利等六個國家，用去了差不多三個月時間。這遠遠超出了他原計畫的兩三個星期時間。

關於這段旅行的見聞和思考，老舍沒有寫過成形的文章作為記錄，目前研究界亦沒有得到太多的資料，只是從老舍的家中，還能找到一些他從歐陸帶回國內來一直珍藏的畫片、畫冊，以及在那裡與朋友的合影。相比之下，老舍在幾年後撰寫的一篇文章提供的一點情況，是頗為重要的：「離開倫敦，我到大陸上玩了三個月，多半的時間是在巴黎。在巴黎，我很想把馬威（《二馬》主人公之一，——引者注）調過來，以巴黎為背景續成《二馬》的後半。只是想了想，憑著幾十天的經驗而動筆寫像巴黎那樣複雜的一個城，我沒那個膽氣。我希望在那裡找點事作，找不到；馬威只好老在逃亡吧，我既沒法在巴黎久住，他還能在那裡立住腳麼！」（〈我怎樣寫《小坡的生日》〉）這說明，老舍的法國之行，的確帶有社會文化考察的本意；他很希望在繼《二馬》小說把中國人放到英國社會裡對比過中英民族性格之後，再把中國人放到法國社會裡面，對比一下中法民族的性格異同。為了做這件事，他動了居留法國邊工作、邊考察、邊寫作的念頭，卻沒能獲得兌現的條件。

「在德法意等國跑了一圈，心裡很舒服了，因為錢已花光。錢花光就不再計畫什麼事兒，所以心裡很舒服。幸而巴黎的朋友還拿著我幾個錢，要不然哪，就離不了法國。這幾個錢僅夠買三等票到新加坡的。那也無法，到新加坡再講吧。反正新加坡比馬賽離家近些，就是這個主意。」（〈還想著它〉）這樣，一九二九年九月，口袋裡只剩下十幾個法郎的老舍，登上了由馬賽到新加坡的輪船。

在老舍旅英期間通過讀書而瞭解的作家中，波蘭裔的約瑟夫．康拉德（Joseph Conrad），是他十分喜愛的一位。康拉德筆下的大海，無比的逼真，又無比的神奇。讀他的作品，老舍「閉上眼睛就看見那在風暴裡的船，與南洋各式各樣的人，」（〈一個近代最偉大的境界與人格的創造者——我最喜愛的作家——康拉德〉）這回，也因為有著康拉德的誘導，老舍才想到南洋去。

二十多天的海上航行，海很快就看膩了，同行者中間雖遇上了幾個投緣的夥伴，但總是萍水相逢，難有深談。他把船上的大半時間，都用來繼續寫作一部上船前即開始動筆的長篇小說。這部作品叫作《大概如此》，寫的是一對中國青年男女，在倫敦的戀愛故事，「男的窮而好學，女的富而遭了難。窮男人救了富女的，自然嘍跟著就得戀愛。男的是真落於情海中，女的只拿愛作為一種應酬與報答，結果把男的毀了。」（〈我怎樣寫《小坡的生日》〉）據老舍看來，這個作品的「文字寫得並不錯」，可是對它的題旨，作者不滿意。終於，在踏上新加坡土地之後，已經寫得了四萬多字的這部作品，被作者丟棄了。

十月裡，船駛進新加坡海港。囊中枯竭、心裡懸虛的老舍上了岸，找輛洋車，直奔當地商務印書館分館。在那裡，他找到了一份《小說月報》，說明自己就是那上頭小說《二馬》的作者，這樣，透過商務印書館、南洋兄弟煙草公司和中華書局幾家駐當地機構負責人的幫助，他很快就獲得了一份到華僑中學當國文教員的工作。

在這所學校，他只任教不到五個月時間，把繼續乘船的盤纏攢夠，就在第二年即一九三〇年的二月，回國去了。雖說在星島僅住了不到半年，他可是從身體到精神，將那裡的生活，著著實實體驗了一遍。得了時疫，身上出了不少「痧疹」，自以為「不死才怪」，結果服下校醫給的兩包金雞納霜，也就好了。對於熱帶地區「仙境」般的風光、氣候，他樣樣感到新奇，「路的兩旁雜生著椰樹檳榔；海藍的天空；穿白或黑的女郎，赤著腳，趿拉著木板，嗒嗒的走，也許看一眼樹叢中那怒紅的花。有詩意呀。」（〈還想著它〉）那住室裡比《辭源》書還長的老鼠、會吱吱唱的壁虎，也都讓他挺開眼。

真叫老舍長久難忘的，是新加坡人的精神面貌。他說：「一到新加坡，我的思想猛的前進了好幾丈，不能再寫愛情小說了！」因為，在那裡，他真正看到了中華民族的偉力。以往，在西方作家寫南洋生活的作品中，「主角多是白人；東方人是些配角，有時候只在那兒作點綴」；可是，來到星島後的所見所聞，足以令人消除一切種族偏見，「事實在那兒擺著呢：南洋的開發沒有中國人行麼？中國人能忍受最大的苦處，中國人能抵抗一切疾痛：毒蟒猛虎所盤據的荒林被中國人剷平，不毛之地被中國人種滿了菜蔬。中國人不怕死，因為他曉得怎樣應付環境，怎樣活著。」（〈我怎樣寫《小坡的生日》〉）「沒有了我們，便沒有了南洋，這是事實，自自然然的事實。」這使經過數載歐洲生活、時常被白種人藐視的中國人老舍，激動得不知如何是好。有了這種體驗，他真恨不能立刻寫出一部以南洋為背景的小說來。「我要寫這麼一本小說，這不是英雄崇拜，而是民族崇拜。」（〈還想著它〉）

然而，要寫成這樣的作品，又是很難的。他沒有錢，也沒有時間去各處採訪；當地華人所操的廣東話、福建話，以及馬來話，都不是三兩天就能學會的，這也使他的採訪面臨障礙；再者，寫南洋開發，總得寫到海，從小生長於北方都市中的他，感到力不從心。

為難，並沒有使他全線退縮。「打了個大大的折扣」，他決定靠著教書跟學生們相處的便利，寫一本有關當地兒童們的書。在他任教的華僑中學裡，膚色黝黑、身體健康的孩子們，在精神上很像一群東西方文化和新舊文化交錯的產兒，老舍對他們挺喜歡的。「他們都很愛中國，願意聽激烈的主張與言語。他們是資本家（大小不同，反正非有倆錢不能入學讀書）的子弟，可是他們願打倒資本家。對於文學，他們也最愛新的，自己也辦文學刊物的，他們對先生們不大有禮貌，可不是故意的；他們爽直。先生們若能和他們以誠相見，他們便很聽話。」「學生自然能儉樸。從一個方面說，這個地方沒有上海或北平那樣的文化；從另一個方面說，它也沒有酸味的文化病。」作品要寫的，就是這樣一些孩子的故事。作者的立意不低，他想要「以兒童為主，表現著弱小民族的聯合——這是個理想……這本書沒有一個白小孩，故意的落掉。」（〈還想著它〉）

這部作品，題為《小坡的生日》。

在至少四個月中間，抗拒著蚊蟲、老鼠和壁虎的搗亂，利用晚飯後的工夫寫作，只完成了五萬來字。這時，學期屆滿，學校放了年假。是就此回國，還是繼續在本校教書，抑或換個職位再在當地工作一段時間？老舍選中了頭一條。他沒有力爭留下，和此時有人從中破壞有關，老舍不情願為了自己的事情與別人爭執，加上離家將近六年了，他也實在是太想念老母親了。

一九三〇年二月底，去國六載，已進入「而立之年」的遊子，上了返回祖國的航船。離開祖國的時候，他還不過是一名默默無聞的年輕教員，歸來之際，卻已是一位在國內文壇上頗有名氣的作家了。

更重要的是，經過了異國他鄉歐風亞雨的滌盪，比起當年那個一門心思真誠苦幹的基督徒來，他已經成熟了許多許多。

①轉引自李振傑：《老舍在倫敦》，第二十二頁，國際文化出版公司一九九二年版。
②同上，第二十八頁。
③寧恩承：《老舍在英國》，載香港《明報》月刊，一九七〇年五、六月號。
④老舍旅歐回國後，曾對一位友人說起：「我給你講個笑話——中國人天性中不含有滑稽，為英格蘭人看不起。有一次我居住在倫敦，房主是個婦人。她問我：『您怎麼不把您太太接來同住？』我說：『快啦。』她又問：『幾時呢？』我說：『等我結婚以後。』她笑了。她疑惑我不是純粹的中國人。」（見陳逸飛：〈老舍早年在文壇上的活動〉，載《芒種》，一九八一年第九期。）
⑤羅常培：〈我與老舍〉，載昆明《掃蕩報》副刊，一九四四年四月十九日。
⑥⑦同註③。
⑧見橫山永三（日本）：《老舍與英國》。

第五章　發自異域的笑罵和呼喚

——早期的四部長篇小說

《老張的哲學》

長篇處女作《老張的哲學》，誠如前述，是一部出於「寫著玩」而產生的作品，然而，其因作者已有的文學天賦而形成的內在價值，卻不容忽視。

這部小說，主要取材於作者在國內擔當京師北郊勸學員時期的生活積累，同時也輔之以其他情況下的親見親感。正像老舍在作品發表了近十年以後撰寫的一篇創作談中所說的：「『老張』中的人多半是我親眼看見的，其中的事多半是我親身參加過的」（〈我怎樣寫《趙子曰》〉）。

故事出現在「民國八九年到十一二年之間」，通過敘述一個市儈兼惡棍型的人物——老張的所作所為，鈎聯起由京城北郊二郎鎮到城內西北部，若干個家庭及個人間的利害關係，鋪演了一齣看似鬧劇的人間悲劇。老張，集商人、教員和軍人於一身，為了填充自身對金錢財產的佔有慾，專幹些損人肥己的勾當，在他的一手策畫下，以先放高利貸然後逼債等形式，活活拆散兩對自由戀愛的青年，造成了令人慨嘆的淒涼結局。作品貼近社會黯淡而無序的現實，在無情嘲諷老張等世間醜類的同時，也以真實潑辣的筆觸，描繪市民階層各色人等的精神狀態，反映封建傳統文化對社會下層人們靈魂的戕害。

老張，作為小說的主角，有著鮮明的個性色彩。「老張的哲學是『錢本位而三位一體』的。」他經商、當兵、辦學堂，全都是為了錢，在他主持的「京師德勝汛公私立官商小學堂」裡，環境惡劣，教學混亂；在辦學上他毫不經心，在開商店上卻特別在意，他對學生們有條規定：一切用品點心，都必須在他的商店裡購買，以「增加學生愛校之心」，而在他辦的商店裡，連官廳封禁的鴉片煙，也敢常年出售。老張把錢財看得比什麼都重要，他打罵學童成習慣，每要打他們的時候，還暗自算帳：「打人就要費力氣，費力氣就要多吃飯，多吃飯就要費錢，費錢就是破壞他的哲學」。他的妻子，是十幾年前放出高利貸後折債換回來的，只因為妻子一時沒看住，讓老鷹叼走了家裡一隻小雞，他就能下狠手把她打得昏死過去。極端吝嗇的他，常外出騙吃騙喝，鄉紳孫八好虛榮，他就見縫插針，「有了，找孫八去，一誇他的菜好，他就得叫咱嘗一些，咱一嘗一些，跟著就再嘗一些，豈不把老肚敷衍下去！」他懂得，在他所處的年代，只有當上了官，才能攫取更多的利，所以隨時提醒自己：「老張你也得往政界走走啊！有錢無勢力，是三條腿的牛，怎能立得穩！」「作什麼營業也沒有作官妙。作買賣只能得一點臭錢，……作官就名利兼收了！」他竭力往官場上擠，在烏煙瘴氣的「自治運動」中，要出種種花招，企圖撈個實惠頭銜。為了把自己打扮得更像個官場人物，他一心要納妾，把黑手伸向比自己小得多的年輕女性，引發了他人的戀愛毀滅、家破人亡。

作品裡的老張，是罪惡的淵藪。故事中幾乎一切的悲慘結果，都和他有關聯。作者對他傾盡鞭撻。為了多掙錢少花錢，他的道德缺損舉動超出了常人想像；包括他的相貌，也被寫得醜陋無比，從而漫畫化了。其實，撇開某些過於放任恣肆的刻畫，老張這個人物，自有他真實的客觀摹寫價值。二十世紀初，中國社會的階級關係較之以前複雜得多，在地主階級勢力繼續頑固存在、積蓄久遠的封建意識照舊陰魂不散的情形下，資產者在社會夾縫中的萌動與發跡，也處處可見。老張，正是這一時代的畸形產兒。他有一定的「國學」根底，並以此為招搖，給人一種「正統的十八世紀的中國文化」的幻相，他的骨子裡，卻早已熏染上了新生資產者的思維理念。像所有資產者在最初進行原始積累時一樣，他憑著那套壓倒一切的金錢拜物觀，從事骯髒、卑鄙而且是泯滅人性的財富聚斂活動。只用中國傳統的封建文化的毒害來解釋老張的行為，已經有些講不通。他的行為，寸步不離他的既定「哲學」：「要不是為折債，誰肯花幾百元錢買個姑娘？『以人易錢』不過是經濟上的通融」。一個寧可餓著自個兒的肚子也捨不得吃頓飽飯的慳吝人，只有在放債索不回來時，才會出此「下策」。作者寫足了老張的可惡之處，又做出了如下的交代：「我們往清楚裡看，老張並不是十分的惡人，他卻是一位循著經濟原則走的，他的頭腦確是科學的。他的勇敢是穩穩當當的有經濟上的落腳點……」不難想像，老張的這種「經濟原則」，和封建社會的經濟原則，已經開始分道揚鑣了。雖然從小說的故事裡，讀者還尋不到老張作為一個資產者典型而活動的內容，他的意識，可是距離資本家們不算太遠。不然，作者也不會在作品中掛上這麼一筆：「果然他有十個銀行，八個交易所，五個煤礦，你再看看他！可憐，老張沒有那麼好的基礎！『資本厚則惡氣豪』是不是一句恰當的評語，我不敢說，我只可憐老張的失敗是經濟的窘迫！」老張的形象，是集「假道學先生」、市井無賴和新生資產者於一身的社會怪胎。雖然二十世紀初期，這類人物在中國社會的階級分野中還未佔有決定性的分量，但是，我們仍然可以相信，作品中的這種描寫，是來自於現實的。作者之所以對中國社會上這類人物的出現，有如此敏感的洞察，首先得力於他在國內時候的社會位置，一個在傳統文化環境中走過來的受過貧困折磨的旗人子弟，往往對世道演變中「錢本位」法則和「錢本位」人物的權威，具備本能的敏感；其次，作者來到老牌資本主義國家英國之後，這種既有的切身感觸勢必得到集中的強化，何況，從對狄更斯作品的閱讀中間，他又把這樣的感觸加倍地印證了一番。

小說中的另外一些醜惡人物，也各有來路。

報館中的主任藍小山，從裡到外都沒有老張那麼多的老派「迷彩」，此人「薄薄的嘴唇，留著日本式的小鬍子，顯出少年老成。長長的頭髮，直披到頸部，和西洋的詩哲有同樣的豐度。」他的行徑，則是欺哄青年、偽造新聞、坑蒙錢財、玩弄女性……渾身散發著買辦資產階級的惡少氣味。這個人物在作品中沒有捲進更多的矛盾衝突，但是，他的出場，作為老張的對襯體，卻是頗具內涵的。「老張與藍小山的哲學不同，所以他們對女子的態度也不同。老張買女子和買估衣一樣，又要貨好又要便宜；穿不合適可以再賣出去。小山是除了自己祖母以外，是女人就可以下手，如其有機可乘！」「玩耍膩了一個，再去諂媚別個」，「於是你得新棄舊，新的向你笑，舊的向你哭，反正他們的哭笑是自作自受！」似這般道德的人物，被作者做了如下認定：「小山所有的是二十世紀的西洋文明」，可謂中肯。從老張和藍小山這一對社會渣滓的身上，民國初年橫行於世的、不同類別的資產階級市儈形象，達到了在同一作品中的相輔相成。由於有了藍小山，中國半封建半殖民地社會的性質，也就有了更加清晰一些的折射。

南飛生，小說裡的又一個可憎之徒。他迂頑昏瞶，卻佔據著一個「京師北郊學務視察員」（勸學員）的要職，在視察二郎鎮小學校的時候，一字一板地指責道：「講台為什麼砌在西邊，那是『白虎台』，主妨克學生家長。」待老張向他炫耀從一位當「六國翻譯」的盟兄處，學來的「念外國字只要把平仄念調了，準保沒錯」的「知識」，他還裝腔作勢地說：「何必你盟兄說，那個入過學堂的不知道中西文是一理。」就是這麼一位不學無術、專門以勢壓人的「學務大人」，不僅在教育界成天價胡混，盡做些誤人子弟的事，還在爭奪地方「自治」權利的鬥爭中不甘人後，與一幫惡棍、鄉紳們鬥得昏天黑地。對南飛生的描寫，清晰地記錄著老舍曾經在北京教育界工作時的體驗。老張、藍小山、南飛生……這些不同的嘴臉，共同托襯著的，是一個時代的黑暗和醜陋。

在《老張的哲學》中，作家把握得最為準確、塑造得最為豐滿的人物形象，還不是上述一些反派角色，趙姑母——這個市民階層的小人物，雖然不在小說的中心位置上，卻被刻畫得格外成功。老張垂涎三尺、一心要納為小妾的姑娘李靜，是趙姑母的親姪女。在李靜姐弟父母雙亡之後，她給了姪輩以全部的母愛，在家境不寬裕的條件下，超越常情地善待孩子們，讓他們獲得溫飽，也獲得家庭般的感情支持。可是，誰能想像，就是這位「真對於李氏祖宗負責任」的「好婦人」，到頭來，毫不猶豫地破壞了姪女與年輕戀人王德的純真愛情，滿懷「好心」地將李靜送去替自家抵債，讓她去充當老張的小妾！她有著自己對待男女關係的一定之規：「我就不愛聽你說姑娘心目中有人。我們小的時候，父母怎樣管束我們來著？父母許咱們自己定親嗎？」「我愛我姪女和親生的女兒一樣，我就不能看著她信意把自己毀了！我就不許她有什麼心目中人，那不成一句話！」把自己百般疼愛的姪女送上去作小妾的大馬車時，她對姑娘說：「這是正事，作姑母的能有心害你嗎！有吃有穿，就是你的造化。……嫁個年輕的楞小子，一天打罵到晚，姑母不能看著你受那個罪！」後來老張娶妾一事，被幾方面的力量聯合一道給衝掉了，原本如同慈母似的趙姑母，居然跟親姪女一刀兩斷了，「她不能理李靜，李靜是個沒廉恥的女孩子，臨嫁逃走的！」終於，李靜在孤立無助之下，走向了絕路。趙姑母，這個由作者評價定位為「中國好婦人」的都市底層家庭婦女，其所秉，並不是她的個人選擇，而地地道道地屬於封建時代千古不變的倫理觀念。她辛苦操持著姪女的終身大事，卻無異於把孩子推進了滅頂之災！世上會有老張之流製造的罪孽，而其罪孽的兌現，則須靠著這一群又一群、一代又一代的「好人」們才能完成。還是小說中說得深刻：「世上不怕有藍臉的惡鬼，只怕有黃臉的傻好人，因為他們能，也甘心，作惡鬼的奴僕，聽惡鬼的指使，不自覺的給惡鬼擴充勢力。……惡鬼可以用刀槍去驅逐，而傻好人是不露形跡地在樹根底下鑽窟窿的。」

因為有了對趙姑母這一典型人物形象的塑造，《老張的哲學》的社會文化意義，才取得了如此富有價值的延伸。挖掘和審視封建傳統文化積澱中的「國民性」，這一與「五四」新文化運動緊密相扣的內在題旨，藉以獲得了明確的凸現。難能可貴的，還在於作品清醒地指出：「把她（指趙姑母，——引者注）放在普通中國婦人裡，叫你無從分別哪是她，哪是別人。你可以用普通中國婦人的一切形容她，或者也可以用她代表她們。」這是一個令人不寒而慄的結論，趙姑母這一滴「海水」，標示著的，不正是中國人傳統觀念這片汪洋的「含鹽濃度」麼。中國社會中間，很久以來就存在著一個龐大的超靜態的市民階層，他們在社會大環境下各自養成而又彼此絲絲入扣的習慣思維，很大程度上代表了這個國家保守的國民性。改造這種國民性的任務，不可謂不艱巨。老舍欲秉承「五四」運動所倡導的精神啟蒙傳統來介入文學創作活動，於此初見端倪。

王德與李靜、李應與龍鳳，四個青年人，本來都存著美好的愛情憧憬，結局又是一式的可哀。這四個人物齊刷刷的悲劇，證實了那個不合理社會的冷酷，也說明了當時剛剛接受到新思潮影響的小人物們，在追求理想的道路上總免不了動搖、彷徨的現實。

我們在前面已談到，老舍是懷著滿族人的社會和文化感覺步入文苑的。在這部作品中，作者不曾說明哪個人物是滿人，在他的筆下，卻有若干人，帶著滿族式的社會文化特徵。趙姑母在親弟弟李老人面前擺「姑奶奶」的譜，李老人當過知縣卻因為懦弱終於栽在了惡棍老張的手裡，王德生性愛笑並且總好講些調侃的話，李應走投無路入了「救世軍」而且表示「我想只要有個團體，大家齊心作好事，我就願意入，管他洋教不洋教」，甚至龍鳳姑娘的可愛之處也體現在她那沒裹過腳的一雙天足上……均透露出了滿族人的人生軌跡或者精神訊息。在這方面，尤其引人矚目的，還不是上面一些人，而是洋車伕趙四。小說甚至能丟開已有的情節推進，特意闢出了「第二十九」這麼一個整章，來講述此人的來歷，足見作者對他的另眼看待。「趙四在變成洋車伕以前，也是個有錢而自由的人。」「他曾架著白肚鷹，拉著黃尾犬，披著長穗羊皮袍，到北山山環內去拿小白狐狸；灰色或草黃色的，看見也不拿。」類似的描寫，已經能夠讓讀者大致地估摸出他舊時的身分。後來他窮下來，總是遭到往日他幫助和周濟過的人們的白眼，他為此鬧氣打了人，被加上了「土匪」的徽號，下了大獄。出獄後，「他漸漸明白了，有錢便是好漢，沒錢的便是土匪，由富而貧的便是由好漢而土匪。」「沒錢不算人！」這樣的人生感慨，不必多說，正好是出自於當時典型的滿人心理。再往後，他入了洋教，不為別個，只是因為人家稱他「先生」，「往小處說，三四年了，就沒聽說過一個人管他叫『先生』。」小說裡的趙四，一直保持著昔日滿族旗兵般的急公近義性格，為了給遭人算計的兩對年輕戀人排憂解難，風風火火，四出活動，視為己任。「咱平生沒求過人！我來看你，是我有錢的時候！」他的作人準則也別具一格，其中包含著幾多自尊、幾多節操。從對趙四的描繪中，可以品出作家本人對這類人物的同情、理解和讚許，儘管在作品寫作的時候，趙四式的（或者說舊日滿族式的）俠肝義膽、古道熱腸，早已是經不起現實社會風雨吹打的明日黃花了。

力。

在這部長篇小說處女作中，年輕的作家老舍第一次比較全面地展示了自己的文學天賦和藝術潛力。

身處異國的作者，動筆時，是把狄更斯的兩部作品拿來當「畫稿子」的，小說突破了中國古典長篇創作的章回體寫作模式，刻畫人物、繪寫場景時也吸取了某些西方現代文學的手段，甚至在語言上也留下了少許歐化的句子，這都是顯而易見的。但是，我們還沒有從這部最早的長篇作品中，看出老舍已經受到了太多的外國文學影響。假如把狄更斯等作家這時對老舍的影響，主要看作是對後者的一種藝術上的感召和啟動，也許更加接近事實。在關切市民階層小人物悲苦命運方面，在運用幽默風趣的語言敘事狀物方面，說老舍在刻意效仿狄更斯，莫若說他是在狄更斯的創作方法中，意外地發現了幾近成形的藝術自我。一個中國式的藝術「自我」，於是就脫穎而出了。當然，我們也不該否定啟動他的那一股動力。

《老張的哲學》以北京城和北京人為題材領域，展示這座城市的社會文化與民俗風光，描摹生活在那裡的人們的行為與理念、情感與糾葛。作者熟悉北京，擅寫北京，尤其善於講述北京城裡小人物們的悲喜故事，——對於這一點，廣大讀者和國內文壇，都是從這部作品問世，才開始獲得了最初的認識。

鑑於對北京貧民社會的深切認識，老舍給《老張的哲學》安排了悲劇結局。他對那個世道不抱期望，推出那樣的結局是必然的。但是，他又不是個憤激的革命者或者深沉的思想家，他習慣於冷眼旁觀，「只知道一半恨一半笑的看世界」（〈我怎樣寫《老張的哲學》〉），習慣於用幽默的格調來講述並不叫人歡悅的故事。這種敘事格調，是他自幼就在京旗文化圈兒裡學得了的。於是，悲劇，加上幽默，就合成了一種特別的藝術風格，即所謂以幽默來寫悲劇的路數。這是老舍空谷獨步的路數，《老張的哲學》是他此種創作路數的濫觴之作。你看：在小說裡面，講述權勢人物的淫威時，寫道：

北京的巡警是最服從民意的。只要你穿著大衫，拿出印著官銜的名片，就可以命令他們，絲毫不用顧忌警律上怎怎麼麼。假如你有勢力，你可以打電話告訴警察廳什麼時候你在街心拉屎，一點不錯，準有警察替你淨街。

這是調侃，還是慨嘆，是嘲諷，還是抨擊？也許都是吧。

這部長篇，還展示了老舍在表現北京地方民俗和景物上的特長。魯迅關於《老張的哲學》「地方色彩頗濃厚」的評價，實際上也是對老舍這方面才力的肯定。民國早期京城裡的婚嫁習俗、訪親習俗、時令習俗、餐飲習俗、宗教習俗等等，在小說中都有所涉及；對當時北京城圈兒內外許多處風光景物，作品也做了生動鮮活的描繪。淨業湖（即今積水潭）的景色，是老舍由童年時代起就非常喜愛的，且看小說第九章中的一段摹寫：

西邊一灣綠水，緩緩地從淨業湖向東流來，兩岸青石上幾個赤足的小孩子，低著頭，持著長細的竹桿釣那水裡的小麥穗魚。橋東一片荷塘，岸際圍著青青的蘆葦。幾隻白鷺，靜靜地立在綠荷叢中，幽靜而殘忍的，等候著劫奪來往的小魚。北岸上一片綠瓦高閣，清攝政王的府邸，依舊存著天潢貴冑的尊嚴氣象。一陣陣的南風，吹著岸上的垂柳，池中的綠蓋，搖成一片不可分析的綠浪，香柔柔的震盪著詩意。

在這部作品剛發表不久的二〇年代末，學者朱自清即指出過：「寫景是老舍先生的拿手戲，差不多都好。」①我們知道，老舍寫北京景物，是浸透了情感的。

《老張的哲學》問世後，特別令時人過目難捨的，當數它那俗白的語言韻味。決意要「販賣大官話」的作者，表現了非同凡響的白話語言駕馭能力。信手拈來的極度生活化的京腔京調，使這部作品一發表，便得到了廣大讀者的充分親近。如果今天的人們，有意地去查閱一下與此同時呈現於現代文壇上的若干作品，會很便當地體會到，老舍確是在諸多現代作家中，最早信賴和提高了大白話地位的一位。

「好王德，你去，你去！」好婦人從一尺多長的衣袋越快而越慢地往外一個一個的掏那又熱又亮的銅錢。「你知道那個酒店？出這條街往南，不遠，路東，掛著五個金葫蘆。要五個銅子一兩的二兩。把酒瓶拿直了，不怕搖盪出來，去的時候不必，聽明白了沒有？快去！好孩子！……回來！酒店對過的豬肉鋪看有豬耳朵，挑厚的買一個。他就是愛吃個脆脆的醬耳朵，會不會？——我不放心，你們年輕的辦事不可靠。把酒瓶給我，還是我去。上回李應買回的羊肉，把刀刃切鈍了，也沒把肉切開。還是我自己去！」

這番對趙姑母言談舉止的描寫，俗白而且真切，把一個老年婦女既囉嗦又信不過年輕人的特徵，體現得活靈活現。

由於是首部長篇作品，《老張的哲學》在取得了如上成績的同時，也不可避免地存在著諸項不足。

在選取情節、組構故事上，作者明顯地缺乏經驗，好多地方寫得信馬由韁，有失控制，另一些地方則「人擠著人，事挨著事，全喘不過氣來」。後來老舍自己剖析這次創作時，坦率地說：「在人物與事實上我想起什麼就寫什麼，簡直沒有中心；這是初買來攝影機的辦法，到處照像，熱鬧就好，誰管它歪七扭八，哪叫作取光選景！」（〈我怎樣寫《老張的哲學》〉）這自然也和他當時僅是「寫著玩」而且斷斷續續地寫了一年時間有關係。

也是因為要「寫著玩」，並沒有給這次創作活動規定太嚴肅的寫作目的，所以，小說作得過於放任，插科打諢，跳脫暢肆，由著個人的趣味走，也就難免不出現筆墨流於圓滑，把一些本該鄭重對待的情節也作了隨意處理的毛病。這個毛病，用老舍日後對自己的責備，叫作「幽默沖淡了正義感」（《老舍選集．自序》）。

《老張的哲學》書稿剛寄回國內，好友羅常培便向老舍提出了有關作者「思想沒有哲學基礎」的商榷意見。當時，老舍曾不無調皮地辯解道：「迭更司（即狄更斯——引者注）又有什麼哲學基礎來著？」②其實，羅常培的看法不無道理。過了十來年，老舍體會到了這一點，他在〈我怎樣寫《老張的哲學》〉一文中說：「哲學！現在我認明白了自己：假如我有點長處的話，必定不在思想上。我的感情老走在理智的前面」，「我的見解總是平凡。有許多人以為文藝中的感情比理智更重要，可是感情不會給人以遠見；它能使人落淚，眼淚可有時候是非常不值錢的。」「憑著一點浮淺的感情而大發議論，和醉鬼藉著點酒力瞎叨叨大概差不很多。」

寫作《老張的哲學》之際，老舍的思想還欠成熟。作品記錄著這一點。後來他意識到了這個問題，並且力圖將自己對社會的認知從根本上深化，以期成為一個更有理智的作家。這樣的期待可說是合理的。但是，我們知道，老舍一輩子也沒能成為思想家，這同樣也是事實。恐怕，讀者也不能要求作家必得是思想家，否則，也許思想家還沒有產生，他的作家也當不成了。《老張的哲學》，不是一部企圖理智地去體現民國初年中國都市社會裡階級關係和文化風貌的作品，不過，它卻通過藝術作媒介，在這些領域裡，給予了我們一系列形象的東西。一位優秀的現實主義作家，他的作品的內涵，常常比他這個人自身已有的認知，要豐富的多。

《趙子曰》

《老張的哲學》發表之後，作者曾希望得知國內各方讀者的反響和批評，但是，與祖國遙距萬里，消息不通暢，使他一時難以瞭解太多。在沒有能夠充分考慮到讀者意見的情況下，只憑著長篇處女作很快就被發表所引起的高興勁兒，他接著動筆寫了《趙子曰》。「一回吃出甜頭，當然想再吃；所以這兩本東西是同窩的一對小動物。」（〈我怎樣寫《趙子曰》〉）——老舍這樣形容過兩部作品的關係。

作為《老張的哲學》的姊妹篇，《趙子曰》在創作格調、藝術風格上，與前者有著許多相近之處。甚至可以說，這部小說仍舊沒有徹底跳出「寫著玩」的窠臼。但是，作者畢竟在文學的道路上有所長進，結構的安排、筆法的調遣，都成熟了一些；而且，更重要的，在題材選取和創作立意上，《趙子曰》已經與《老張的哲學》有了區別。

這個長篇，寫的是北京城裡一群大學生的故事。老舍本人沒有讀過大學，離開師範學校的學生生活也六七年光景了。寫這部作品所依託的，既有他在京城翊教寺公寓居住期間對大學生們的觀察，也有他平日裡從其他方面對這類人物得來的認識，這兩方面的材料再嫌不足，作者便展開想像的翅膀。這就自然地造成了《趙子曰》跟《老張的哲學》之間的又一重不同：《老張的哲學》因生活積累豐厚，曾導致了某種程度的人與事的「擁擠紛亂」，而《趙子曰》，則由於想像活動較多地跟著自己不太準確的感覺走，出現了對社會現實的總體把握有點失當。

小說描繪了二〇年代前期在北京「名正大學」就讀的三種類型的大學生：第一種以趙子曰、武端等為代表，他們稀里糊塗地打發時光，在校時讀書不上心，整天吃喝玩樂不算，還在壞人的挑唆下罷課、打校長，離校以後，仍是毫無理想地胡混，企圖攀高枝、碰官運；第二種以歐陽天風為代表，他天良泯滅、流氓成性，屬於大學生隊伍中極端的敗類；第三種，則以李景純為代表，出身貧寒，苦讀上進，有遠大的抱負，也敢於跟黑暗勢力一死抗爭。通過展現這三種類型大學生的所作所為，作品表達了對國內腐敗時局之下都市知識青年精神走向的密切關注，從中檢討傳統國民性在這個非常時期、獨特人群中的體現，同時也顯示作者反對殖民文化侵蝕、反對封建軍閥政治的鮮明立場。

正如人們所瞭解的，《趙子曰》問世的時候，「五四」學生運動剛剛結束還未滿十年。於是，它的讀者，很自然地會把這部作品對大學生們的刻畫，與那個進步學生運動的出現相比照。小說中間有這樣的段落，是描寫名正大學學生們罷課胡鬧的，也難免引起人們的相應聯想：

> 大門碎了，牌匾摘了，玻璃破了，窗子飛了。校長室搗成土平，儀器室砸個粉碎。公文飛了一街，一張整的也沒有。圖書化為紙灰，只剩下命不該絕的半本《史記》。天花板上團團的泥跡，地板上一塊塊的碎磚頭。什麼也破碎了，除了一只痰盂還忍氣吞聲的立在禮堂的東南角。
>
> 校長室外一條扯斷的麻繩，校長是捆起來打的。大門道五六隻緞鞋，教員們是光著襪底

逃跑的。公事房的門框上，三寸多長的一個洋釘子，釘著血已凝定的一隻耳朵，那是服務二十多年老成持重的（罪案！）庶務員頭上切下來的。校園溫室的地上一片變成黑紫色的血，那是從一月掙十元錢的老園丁鼻子裡倒出來的。

憑著作品中有這般敘述，一個對《趙子曰》偏重於政治性的評價，在作品出現之後跟蹤而至，且維持了不短的時間：其基本看法，是認為這個長篇對「五四」時代的進步學生運動作了不正確的描寫和諷刺。出現這樣的看法，本來是很正常的，而可怕的是，這樣的看法出現在了國內文壇上愈來愈不正常的文學批評氣氛下，於是，在相當長的時段，幾乎演變成作家老舍的一項不容分說的「罪名」。其實，如果老舍在寫過了《趙子曰》之後就告別文壇，也許這還算不上什麼了不得的「問題」，「遺憾」的是，老舍在嘗試了《老張的哲學》和《趙子曰》的寫作之後，創作衝動一發而不可收了。

我們在前面談到了，「五四」運動當時，老舍的確是一名國內政治風雲的旁觀者。並且他自己也承認，「看戲的永遠也不能理解演戲的」。對那場代表著時代前行方向的進步學生運動，他是經過其後一個較長的時間，才真正從內心裡徹底地理解與服膺的。這恰恰是老舍身為一名追求進步的有個性的知識分子的可貴之處。然而同樣明確的是，對於由「五四」運動體現出來的反帝反封建的時代主張，老舍卻是從來就沒有持過異議，甚至相反，他是由衷地擁護的。可以想見，出現偏差的地方，大概是，在當時既有教員身分、又有刻苦奮發和守秩序習性的他看來，一波又一波的「學生運動」中，還有著太多與反帝反封建主題彼此背悖的現象，例如：一些平日不肯努力的學生，為了逃脫學習，也趁勢踩著反傳統的鼓點，做著私念驅使下的怪事情。歷史，常常是由本質的和非本質的紛紜萬象一道組成的，大浪淘金時泥沙俱下的現象每每不絕，設想要讓思想政治上尚乏灼見的年輕作家，一上手就做得到撥開表層現象直抵社會發展的本質，幾乎是幻想。

《趙子曰》有著「五四」之後的社會大背景，但它並不是直寫「五四」運動的，也不是針對「五四」時期進步青年們的政治言行而作的。只要耐心讀一讀作品，對這一點是不難弄清楚的。不過，也不必把小說跟「五四」的關係剝離得太乾淨，因為，作品實際上包含著審視「五四」之後國民性變異態勢的目的。而這一點，不但不是對「五四」運動的抵觸，恰恰相反，倒剛好是對「五四」思想啟蒙傳統的發揚。

「五四」運動造就了巨大的社會衝擊波，它揭開了中國新民主主義革命的歷史新篇章。然而，其在國民的精神領域內產生作用，是一個漸進的過程。在「打倒孔家店」的口號喊過之後，新的社會人文價值觀、新的國民意識，都沒有隨之確立起來，客觀上反倒出現了一個時期的社會性精神失衡局面。《趙子曰》中說，「找老人去問，老人撅著鬍子告訴他：『忠孝雙全，才是好漢。』找新人去求教，新人物說：『穿上洋服充洋人！』」其中反映的，也就是這種舊教條已然失勢，而新準則尚未建立起來之時，群體的思想彷徨。

作品中的趙子曰、武端，以及莫大年、周少濂等人，都屬於表面上受到過新思潮感召，而在內心深處卻又跟新的時代精神相去甚遠的青年人。他們所持的想法是：「改造中國是件容易的事，只需大總統下一道命令，叫全國人民吃洋飯，穿洋服，男女抱著跳舞！這滿夠與洋人爭光的了！至於講什麼進取精神、研究、發明等等，誰有工夫去做呢！」他們刻板地追求歐化的打扮，自我標榜為「新人物」，卻對如何為祖國的強盛盡一份國民的責任不大理會。他們只是一夥「在解放與自由的聲浪中」盲目浮沉的糊塗蟲。聽聽在他們寄居的天台公寓裡的幾句吵嚷，讀者就會得到鮮明的印象：

「你說昨天那張『白板釣單』釣的多麼脆！地上見了一張——」

第一位沒有說完，第二位：

「店主東，黃驃馬的馬字，不該耍花腔呀！譚叫天活著的時候——」

第二位沒說完，第三位：

「敢情小翠和張聖人裂了鍋啦！本來嗎——」

第三位沒說完，第四位：

「你們想，我入文學系好，還是哲學系好？我的天性近——」

第四位沒說完，大家一齊喊：

「莫談學事！」

玩牌、票戲、酗酒、聊女人，他們「全有生氣」，可是一說起學習，他們個個噤若寒蟬。趙子曰，是這幫沒出息的大學生的「盟主」，也是他們中間最典型的一個。平日裡，他大把地花費從地主父親那兒要來的錢，來確保自己的「威信」，可是考試「名列榜末」了，偏又能用「倒著念不是第一嗎！」來解嘲，很具幾分「阿Q精神」。他的個性中，本含有向善助困和軟弱膽小的一面，可是經不起歐陽天風的諂媚和煽動，「為博別人的一笑，叫別人一伸大拇指」，就能在捆校長、打教員的時刻衝在前頭，裸露出獸性的另一面。他自誇要當「世界第一」的「總博士」，其實魯莽愚昧、缺少文明修養已到了極點。他最突出的特徵，在於既「不大愛睜眼睛」，也不會思想，把認識社會、辨別是非，統統看成是活受罪：「為什麼醫院中把死人腦子裝在酒精瓶子裡？因為不用酒泡著，死後也不會得平安，還得要思想！他寧願登時死了，把腦子裝在酒精瓶子裡，也比這樣活受罪強！」當李景純苦口婆心規勸他的時候，他會落淚，在「感激、後悔、希望、覺悟、羞恥一片雜亂的感情中分泌出來」「幾滴心房上的露珠」，生出些棄舊圖新的念頭和決心，可是再一遇上歐陽天風，他的自新願望馬上宣告落空。老舍對趙子曰形象的塑造，顯然不是脱離社會現實的空穴來風，不是不著邊際的向隅想像，更不是對進步學生的蓄意誹謗，他希望通過對趙子曰的諷刺和批判，達到對於這一類所謂「新人物」民族劣根性的挖掘和鞭笞。因為，要靠這樣的「新人物」來主宰中國的未來，國運也就可想而知了。

歐陽天風，是個來自上海灘的流氓惡少，在這個外表俊俏、風度翩翩的男兒身上，體現著比《老張的哲學》中藍小山更為典型的資產階級卑劣靈魂。他淫蕩成性，始亂終棄，販賣人口，落井下石；在吃喝嫖賭惡習俱全而又手頭拮据的情況下，僅憑一口伶牙利齒，便能哄得趙子曰們屢屢上當、頻頻解囊。他居心叵測地慫恿他人罷課胡鬧，打校長和教師，自己卻輕溜溜地逃脱干係。在他的作人法則裡，「錢就是名，名就是錢！賣國賊的名聲不好哇，心裡舒服呢，有錢！中國不要他，他上外國去，中國女子不嫁他，他娶紅毛老婆！名，錢，作官，便是偉人『三位一體』的宗教！」有恩於他的張教授，成了他實施罪惡計畫的障礙，他竟喪心病狂地預謀要借封建軍閥賀司令的屠刀，來暗殺自己的恩人。作品以一系列描寫，揭示了這個惡棍與封建勢力及殖民文化之間的淵源關係，告誡人們，千萬要當心暗藏在時代「新潮」底下的惡鬼。

李景純的出現，使《趙子曰》進一步顯現了對《老張的哲學》在立意上的昇華，也把在前一部作品中有所體現的文化啟蒙傾向更加具體化了。這是在老舍筆下第一個受到熱誠歌頌的形象，作者極盡自身對理想人物的理解，把李景純描繪成一個趨向於完滿的人。他有著瘦弱的外表、堅毅的氣質，以及獨立不倚的精神，「天台公寓的人們，有的欽佩他，有的由嫉妒而恨他，可是他自己永遠是很溫和和有禮的。」他的學問、品行和見解，都得到大家的重視，看到哪位同學頹廢墮落了，必會曉之以理、動之以情地來勸說，連自詡是「老大哥」的趙子曰也在他的開導面前自慚形穢。他不贊成同學中一些人罷課、打校長之類的混鬧，敏銳地洞察這是歐陽天風的陰謀所致。他自律頗嚴，也常把「讀書報國」的思想傳達給周圍的人們：「人人有充分的知識，破出命死幹，然後才有真革命出現。各人走的路不同，而目的是一樣，是改善社會，是教導國民，國民覺悟了，便是革命成功的那一天。」他看重對國民自尊心、愛國心的培養，大聲疾呼：「提起中國人的自尊心，是今天最要緊的事！沒有國家觀念的人民和一片野草似的，看著綠汪汪的一片，可是打不出糧食來。」他習慣把國民個人的行為取向放在國家利益的天平上權衡，說：「我不反對男女交際，我不反對提倡戀愛自由，可是我看國家衰弱到這步天地，設若國已不國，就是有情人成了眷屬，也不過是一對會戀愛的亡國奴；難道因為我們明白戀愛，外國人、軍閥們，就高抬貴手不殘害我們了嗎？」他又不是個只會空口說教的人，在民族利益受到威脅、社會正義受到挑戰的關頭，敢於以死相拚。聽到市政局要變賣天壇給外國人的消息，他心急如焚，恨不能去殺了策畫這一事件的舊日朋友武端，「為了保衛天壇而殺了我們的朋友，講不來，誰叫公私不能兩全呢！」最後，他為了搭救張教授的性命，挺身而出行刺封建軍閥，未遂後壯烈犧牲。作品告訴讀者，是他的死，以及他生前對朋友們的殷殷勸告，終於感化了趙子曰、武端、莫大年等人，引導著這些人幡然自悔，重新選擇了「力改前非」、「對得起老李」的人生之路。

小說中的李景純居然感化了趙子曰們，這樣的情節設計，體現了作家在當時對李景純式思想與道路的由衷認定。老舍期望獲得一支蘸有啟蒙思想的筆，倡導一條他認為是可以教育人民、拯救祖國的路線。今天的讀者會發現，李景純所推行的這種憑藉知識與實幹來救國的思想，從根本上講，是無法把當時苦難深重的舊中國，從帝國主義和封建勢力的手中真正解救出來的。李景純的路，不過是一條為當時及後來無數事實證實了的必然要碰壁的改良主義的路。也正是因為這樣的道路在當時就難以走通，作品中李景純的每一回思想闡發，才顯得那麼蒼白乏力，進而，在李景純本人也沒法回天的時候，作者才不得不交給他一把早已鏽蝕了的俠客之劍，把自己心愛的人物帶到中世紀抗拒不公正世道的方式中去。

我常說，救國有兩條道，一是救民，一是殺軍閥；——是殺！我根本不承認軍閥們是「人」。所以不必講人道！現在是人民活著還是軍閥活著的問題。和平，人道，只是最好聽的文學上的標題，不是真看清社會狀況有志革命的實話！救民才是人道，那麼殺軍閥才是救民！軍閥就是虎狼，是害蟲，我不能和野獸害蟲講人道！

這是李景純身陷囹圄行將就義時候說的話。從中可以讀出作家在創作《趙子曰》的時候，已然具有了階級意識的初步覺醒。但是，他尚在黑暗中摸索，在未走出尋覓之前，也急不可待地貢獻一份既有的正義感，為心愛的祖國和人民開出了他的處方。這種除惡無門便只好靠個人一死相拚的處方，落伍實屬落伍，但也毋須厚非，它畢竟映襯出了年輕作家的火熱心腸。就像左翼作家茅盾評論的那樣：

不論如何，《趙子曰》給了我深刻的印象，在老舍先生嬉笑唾罵的筆墨後邊，我感到了他對生活態度的嚴肅，他的正義感和溫暖的心，以及對祖國的摯愛和熱望。③

《趙子曰》這部思想啟蒙之作，還帶有某些「勸善」之作的味道。讀了它，令人不禁想起滿族作家松友梅在一九○七年發表的中篇小說《小額》。那是一部意在「開通民智」的「社會小說」，在京師旗族讀者中產生過一定的影響，其中講述了京城裡庫兵出身的旗人額少峰原以放高利貸為生，縱容手下人橫行市井而吃了官司，出獄後大病一場直到改惡從善的故事。老舍寫的趙子曰們，雖說多是由外地來京的大學生，但是在他們身上，體現出了許多京城紈絝少年的特徵，甚至不少地方還清楚地留有旗籍子弟不良習氣的痕記，也是不難被看出的。老舍的《趙子曰》與松友梅的《小額》，在這裡如出一轍：都是苦心孤詣地安排著主要人物良心重造棄舊圖新的結局，以期達到播善鄉里重振民風的效果。從這兒，人們又一次發現了老舍在創作中格外用心批判人世間醜陋風習的一重緣由，即北京旗人社會生活中歷來就有著抑惡揚善、誡惡勸善的傳統。不過，《趙子曰》已經把這個舊式的傳統，與民國初年的社會現實，尤其是時代精神相連接了，這是它跟《小額》彼此不同的地方。從這裡出發，老舍逐步超越了「誡惡勸善」的精神基點，眺望著他利用文學創作進行思想啟蒙的漫漫長路。

《趙子曰》中，又推出了一個和《老張的哲學》中的趙四相類似的人物，此人名叫春二，作品說明，他是「『昔為東陵侯』，『今賣煮白薯』的漢軍鑲藍旗人」。這位從前有過望族身分的貧民青年，到了靠做小買賣、拉洋車度日的時候，還有著一張「話說得比他的白薯還甜美」的嘴。春二在這部小說裡的份量，遠沒有趙四在《老張的哲學》裡那麼大，不過，為數不多的三兩回出場，卻給讀者留下了深刻印象，這也是得力於作者對此類人物命運的關心和熟知的。我們在本書第一章裡已經談到了，在清末民初的京城裡頭，包括著滿洲、漢軍、蒙古三部分旗人的旗族，是一個命運相互聯繫著的共同體。老舍在他的早期作品中，盡量避開直接提到他們，但是，稍一由著心思走，還是寫出了這麼一位春二。作家的民族意識，總得有個展露的窗口。

論藝術，《趙子曰》的確較前一部長篇有了長進。語言文字上開始講究了，所以看上去挺拔俐落了不少。謀篇方面，也不再是平鋪順寫、信馬由韁，而是在預先設置好的結構框架中次第編排，小說裡幾乎所有的人物和故事，都是圍繞女學生王靈石展開的，可是，作品卻一直沒有讓王靈石正面出現在情節中，最後用她的兩封書信，來將作品裡全部保留著的懸念一總解答，大大加強了小說的藝術效果。中國傳統的古典小說，多採用順敘故事的方式。最初能夠跳出這條路子、採取插敘、倒敘等手法結構小說的作家，往往都是些藝術上注重鑽研的人。在這方面，清代的滿族小說家們頗有幾分貢獻，乾隆年間的長白浩歌子和咸豐、同治年間的文康，就分別在《螢窗異草》和《兒女英雄傳》的寫作中，成功地用過這類手法，文康還明確地說過，他所用的這種留懸念、設伏筆手法，本是些個「西洋法子」④。老舍繼承了前輩滿族文學家對文學創作方法不懈探索的精神，也繼承了他們借鑑「西洋法子」寫作小說的經驗。寫《趙子曰》的時候，他對英國及歐洲文學的研讀，已經比寫《老張的哲學》時要深廣一些了，《趙子曰》的謀篇展示了獲得進步之後的嘗試。

《趙子曰》在以俗白的民間語言對北京城的風光、習俗做獨到的描寫方面，取得了不下於《老張的哲學》的成績。作者天性傾向幽默的特點，又一次得到了宣洩，像下面這樣匯調侃、嘲諷為一川的敘述，在作品中有很多：

「不喝！不喝！」趙子曰的腦府連發十萬火急的電報警告全國。無奈這個中央政府除了發電報以外別無所為，於是趙子曰那隻右手像惡鷹捉兔似的把酒杯拿起來。……「為肚子不好而喝一點黃酒，怕什麼呢！」於是脖子一仰灌下去了。酒到了食管，四肢百體一切機關一齊喊了一聲「萬歲！」眉開了，眼笑了，周身的骨節咯吱咯吱的響。腦府也逢迎著民意下了命令：「著令老趙再喝一盅！」

在每寫到李景純的地方，作者力戒了幽默；但是，在寫其他各樣人物形象的時候，打諢插科都不免過了度。這也影響了作品的整體把握，被作者用漫畫方式勾勒得渾身滿臉沒給人一絲清爽感覺的趙子曰們，後來竟一下子就歸了正道，讓讀者感到太突兀，是自然的。這又是「寫著玩」的過錯。

好在，「寫著玩」的作品，到《趙子曰》即告結束。當我們回顧《老張的哲學》和《趙子曰》這兩部老舍最早的長篇時，如果忘了作者曾持有的「寫著玩」的心態，就有可能對它們提出過量的指摘；反過來，也須注意，假設我們只是把它們看成是純粹玩笑式的產物，也不恰當，其中的的確確熔鑄著年輕作家對社會、對祖國、對文化和對國民精神的真誠思考。

《二馬》

《二馬》，寫於老舍旅英的後期。這部創作，走出了由此前描寫北京市民生活兩個長篇所形成的選題框架，另闢蹊徑，憑藉著作者客居倫敦幾年間對東西方迥異的民族文化、國民性格的機敏體認，講述了來自於「文明古邦」的中國人，在英國——這個二十世紀早期世界上最強盛的資本主義國度——的一段饒有意味的生活故事。獨特的選題構思，從一啟動就顯得超凡脫俗；此時的作者，已經透過系統研讀西方現代文學，對文學創作的嚴肅性及規律性，有了比較清醒的認知，也從根本上保證了這次創作實踐的成功。

小說的中心人物，是北京人老馬（馬則仁）與小馬（馬威）一老一少。為了繼承老馬已故兄長在倫敦經營了多年的一間古玩店，這對從未染指過商業活動的父子，飄洋渡海，來到英國。兒子小馬銳意學習西方的商貿經營知識，一心要辦好古玩店，並期待以學習知識、發展實業，達到救國目的；父親老馬則處處恪守著在中國封建傳統文化習養下生成的舊規範，對經營毫不上心，使買賣越做越糟糕。二人在思維方法上的抵牾，終於導致了彼此關係的破裂，小馬毅然離去他國。在這個基本的故事走向之下，作品以大量筆墨，既刻畫了馬氏父子言行中體現著的心理特徵，又描繪了他們周圍生活的英國各式人物的生活與精神軌跡，進而著意地將這些出身於不同國度、不同社會文化氛圍的人們的性格，做出生動、精彩的比照。作品不但對東方封建主義思想觀念的陳腐可悲，做了深刻揭露，也對西方人持有的頑固的民族偏見，進行了無情嘲弄，同時，還對中、英兩國各自民族精神中的優長，給予相當客觀的評價。

「寫這本東西的動機不是由於某人某事的值得一寫，而是在比較中國人與英國人的不同處。所以一切人差不多都代表著些什麼；我不能完全忽略了他們的個性，可是我更注意他們所代表的民族性。」——老舍曾在一篇題為〈我怎樣寫《二馬》〉的文章裡，做過如是的提示。沿著這一提示，小說的讀者，似乎更容易從作品人物身上，看出作家的文化批判指向和人文價值判斷。

馬則仁，被作者稱為「老馬」，並不是因為他的年紀真的有多麼高，實際上，他還未滿五十歲。他的老，全在精神狀態上的守舊與老化。「馬則仁先生是一點也不含糊的『老民族』裡的一個『老』分子。」他自幼生長在北京這個古國文化的「首善之區」，從靈魂到做派，都堪稱是傳統禮俗和習性的典範體現者。他的人生選擇很具儒家色彩，最高理想就是當官，雖然在國內生活幾十年也沒能兌現這種理想，卻照舊瞧不上除了當官之外的任何行當，他堅持認為：「發財大道是作官；作買賣，拿著血汗掙錢，沒出息！不高明！俗氣！」命運偏偏安排他在年近半百的時候到英國這個工商資本主義發達的國家來經商，這對他來說，「真像個摸不清的夢」。他不懂商貿，拒絕學習，對經營上的一切都感到茫然，看到哥哥留給他的店裡一把中國產的小磁壺的定價，大惑不解：「合多少中國錢？六十來塊！冤人的事，六十來塊買個茶壺！在東安市場花一塊二毛錢買把，準比這個大！」在處理日常瑣事時，他也毫無經濟頭腦，「每禮拜給房錢的時候，一手把賬條往兜裡一塞，一手交錢，永遠沒問過一個字。」輕商賤利的意識，確是中國古老觀念中相當根深柢固的一部分，在像馬則仁這個專門到西方來做生意的人身上，都有如此可悲的體現，「老民族」在現代世界越演越烈的工商競爭中可能遭受的厄運，簡直是不言而喻的。

馬則仁的精神老化，還有諸多表現。首先，他好虛禮，重面子，「只要人家一說中國人好，他非請人家吃飯不可；人家再一誇他的飯好，得，非請第二回不可。」才到倫敦沒多久就趕上了聖誕節，他不計親疏，一口氣送出去十一份厚禮，甚至包括給房東家的一隻狗也送了買「年證」的全部費用，受禮者中有的僅僅回贈了他一張賀卡。「中國的事情全在『面子』底下蹲著呢，面子過得去，好啦，誰管事實呢！」中國人長久形成的安身立命、交際辦事一概憑人情、靠面子的方式，在他的習慣思維中佔據著顯著地位，似乎一個人只要顧全了面子，即便吃多大的虧，也能找到心理的平衡。其次，他放任疏懶，不求進取，活得既安詳又無聊，「是倫敦的第一個閒人；下雨不出門，颳風不出門，下霧也不出門。」總是故意帶出點頹唐的樣子，「好像人活到五十就應該橫草不動，豎草不拿的，一天吃了睡，睡了吃；多邁一步，都似乎於理不合。」倫敦人不管老少一律快節奏生活，令他惱火不打一處來：「一個個都走得那麼快，撞喪呢！英國人不會有起色，一點穩重勁兒都沒有！」與未老先衰相聯繫的，還有他對中國傳統式長幼尊卑觀念的固守，他把已經二十多歲的兒子當小孩看，刻意板出當父親的面孔，動輒便以「我是你爸爸，你要曉得！」相威脅，他哥哥臨終前遺贈給馬威一枚鑽石戒指，他也很自然地順手就揣進自己的口袋。馬威關於改進古玩店經營策略的意見，他一點兒都聽不進去。對在店裡做工的李子榮，他明知道人家極具營銷才能，卻打心裡反感，不肯按照西方人的方式稱李子榮為「先生」，而斷不改口地叫對方「夥計」。他寧可辭退了李子榮而眼瞧著買賣做砸了，也不願意放棄自己那套尊卑有序的等級思想，頭腦裡完全容不下尊重人才的現代意識。另外，他的思維僵化、故步自封也到了難以救藥的程度，「一輩子不但沒有用過他的腦子，就是他的眼睛也沒有一回釘在一件東西上看三分鐘的。」身處異邦英倫，從來沒考慮過能否由西方人那裡學到點什麼，「我們的文明比你們的，先生，老得多呀！」是他這類人靈魂深處不變的盲點。他竟然可笑地用「小棉襖和洋褲子就弄不到一塊兒」，來推斷「東西方文化不能調和」。

老馬思想上不但集中了中國舊文化傳統的上述糟粕，又因為他是屬於「被外國人打怕了」的中國人中的一員，所以一旦面臨西方人的正面挑釁，就常常要心虛膽顫地暴露出某種奴相。在一位英國將軍發表有關派軍隊去中國的演講時，點著名問他：「英國兵要老在中國，是不是中國人的福氣造化？」他居然站起來規規矩矩地回答：「歡迎英國兵！」後來，為了掙出給房東女主人送戒指的十五鎊錢，他還不顧羞恥，到一部侮辱中國人的影片裡出演角色。自傲的時刻，他把一切英國人都不放在心上，而真到了需要民族自尊心的關頭，他的自卑感又突出出來。

在小說中，馬則仁的形象也並不是一味地體現著萎瑣和醜陋，縱然在身上集中了中國「老民族」的「老分子」多種弊病，他也還是一位多少總有些讓讀者牽掛與憐憫的同胞。他的善良、大方、和氣，富有正義感，以及好以藝術的眼光觀察一切的習性，還有與常人一樣自然萌發出來並且懂得珍惜愛護的感情生活，都不難使人體會到他那中國文化人特有的心音律動。讀者為老馬的作為感慨扼腕，也證實著這個形神兼備的藝術形象得到了作品受眾的認可，即便是多少帶著些氣惱的認可也罷，都說明馬則仁委實來自地道的中國「文化血統」。假使把當時老馬舉止間暴露的文化病，與我們今天若干同胞仍然表現著的畸形精神症狀，放到一處做觀察，則必能發現其間一脈相襲的地方。馬則仁，跟《老張的哲學》中的老張、《趙子曰》中的歐陽天風之流的惡人，終歸有著本質的分別。「哀其不幸，怒其不爭」，是老舍在塑造這一具有民族劣根性突出特點的人物時，顯而易察的一種心態。

作家是懷著寫「自己人」中某一個的感覺寫老馬的。我們已然瞭解了，作者本人的血管裡，就流淌著「馬」氏的血，他的母親以及他的祖父的母親，都來自「馬」姓人家。要知道，老舍可是位頗講究創意機巧的文學家，他給筆下的人物取姓名時常常暗藏用意，寫《二馬》時，他不會忘記異常親愛的生身母親就姓這個「馬」字。因而，我們有理由揣測，作者在創意時有著某種不欲明言的初衷，希望藉寫著這部小說，來暗自反省一下滿族自身文化傳統的利與弊（比較熟悉滿族社會歷史文化情形的人，都可以從對老馬的描寫中，找到舊時旗人的一系列相關影像）。何況，這本來就和審視中華大文化的總體任務相類相通。當然，作者大概又是出於我們業已談到過的那重考慮，在小說裡聲明：老馬「他是廣州人，自幼生在北京。他永遠告訴人他是北京人……」——那重考慮，便是有意地想迴避當時還非常敏感的滿族話題。老舍不會不知道，讓馬則仁「永遠告訴人他是北京人」，就足夠了，因為北京文化和旗人文化，二者早已是糾纏不清的了。

就是從我們這一理解出發，似乎才可能在更深的一個層面上，去品味作家為什麼要在小說裡，寫下下面一段振聾發聵、醍醐灌頂般的文字：

民族要是老了，人人生下來就是「出窩兒老」。出窩老是生下來便眼花耳聾痰喘咳嗽的！一國要是有這麼四萬萬個出窩老，這個國家便越來越老，直到老得爬也爬不動，便一聲不吭的嗚乎哀哉了！

試想，如果作家沒有上個世紀末的滿人出身，沒有成長過程中對滿、漢雙重文化積澱入木三分的深思，這段話怕是很難說出口的。從這個角度來說，《二馬》的針砭所向，既有中華文化這個總系統，亦有滿族文化這個更其典型的子系統。

單將馬則仁放入當時所謂「強國、強種」的英國人中間，他是那麼地尷尬和羸弱。老舍在有力地嘲諷了他所代表的舊傳統之後，又特地塑造了馬威和李子榮兩個中國年輕人的形象。馬威乃馬則仁之子，卻是一位受到過時代精神感召的新青年，他時時記著，「為國家社會作點事。這個責任比什麼也重要！」初到西方，就開始自覺觀察和思索中、英兩國的差異之處，他對不同國度國民天壤之別的生存質量十分感慨：「看看人家！掙錢、享受！快樂、希望！看看我們，省吃儉用的苦耐——省下兩個銅子還叫兵大爺搶了去！哼！」他也深知，必須發憤掌握商貿經營知識，才能獲得「真本事」，「拿真知識掙公道錢」，「掙外國的錢」。他痛恨帝國主義列強對中華的欺凌，也清醒地意識到：「他們不專在軍事上霸道，他們的知識也真高！知識和武力！武力可以有朝一日被廢，知識是永遠需要的！英國人厲害，同時，多麼可佩服呢！」於是決計要把西方的現代知識學到手。他佩服英國國民人人具備國家觀念這一條，堅定地認為，「只有國家主義能救中國！」作為一位青春洋溢、情竇初開的男兒，他陷入了對房東女兒溫都姑娘的單相思，一旦意識到承受這種精神的煎熬徒勞無益，只會妨害他的學業和勞作，便立刻悔悟：哪怕「為老中國喪了命，比為一個美女死了，要高上千百倍！為愛情犧牲只是在詩料上增加了一朵小花，為國家死是在中國史上加上極光明的一頁！」他在衝動時，也能為了維護中國人的尊嚴，用拳頭狠狠回擊英國青年的狂妄挑釁。對昏庸迂闊的父親，他每每據理力爭；可是沒法徹底擺脫中國人傳統式「父父子子」網罟的牽制，只好在父親一意孤行將古玩店盤出手的時候，不辭而別，到其他國家去另謀前途。在他離開英國時，為了證實自己此前感情的真誠，他託李子榮把一枚戒指轉給自己愛戀過的姑娘。總的說來，老舍是用一種讚許的心情來塑造馬威的，馬威的愛國主義、國家觀念以及讀書救國的抱負，都有當時作者心理的疊印。而馬威離開倫敦的出走結局，也在一定意義上反映了老舍自己精神尋覓尚無確切歸宿的實況。

比較起來，剛到英國僅一年時間的馬威，總還保有相當多的中國精神文化印記，譬如他重情分、講義氣、好幻想、少決斷……都頗近乎中國傳統「好人」的標準。而小說裡的另一個中國青年，李子榮，則與馬威有明顯不同。此人雖說也只有二十幾歲，卻已出國留學多年，曾在美國住了三年，得到了商業學士學位，接著來歐洲，先到法國，又來了英國，為的是在這個商業國「學點東西」。他和馬威一樣，也有一顆熱切愛國和急切報國的心，並且更加看重求學救國的人生道路；所不同者，是他的思維方式已基本併入了西方軌道，埋頭奮鬥，不尚空談，懂得現代商業社會裡的生意經，強調「人情是人情，買賣是買賣」，為了維護雇主馬家的古玩店利益，甚至敢於當面制止老闆馬則仁隨便拿店裡商品送人情，即使弄得馬則仁大為光火也在所不惜，到了為老闆所不容差點被辭掉的時刻，還能用法律和契約來保衛自己的利益。他能幹，常憑一兩個好點子就叫不景氣的生意起死回生。這個人的特點是：「只看著事情，眼前的那一丁點事情，不想別的，於是也就沒有苦惱。他和獅子一樣，捉鹿和捉兔子用同等的力量，而且同樣的喜歡；自要捉住些東西就好，不管大小。」「他的世界裡只有工作，沒有理想；只有男女，沒有愛情；只有物質，沒有玄幻；只有顏色，沒有美術！」這使他更易於逕直走向既定的成功目標。他的作為，充分體現西方現代的道德規範，既不坑人，也不無緣無故地施捨義氣，一切以經濟法則來度量，就連馬家古玩店遭受襲擊被打得玻璃破碎，他也會馬上想到「這是一種不花錢的廣告」。只可惜，他的這種人生態度，有時過於地顯出實用主義的色調，例如，他會對母親包辦的婚事稱心如意，「寧可娶個會做飯，洗衣裳的鄉下老，也不去和那位『有一點知識』，念過幾本小說的姑娘套交情！」

作家必是希望透過作品，在讀者面前推出一兩位理想中的中國青年知識分子形象，以提高作品的價值。但是，馬威和李子榮，似乎均難當此重任。前者從熱情誠摯而幻滅彷徨，後者則有墮入了「冷酷經濟動物」泥潭的危險。老舍就馬威和李子榮是否體現了作者的精神憧憬，說過：馬威「是個空的，一點也不像個活人。他還有缺點，不盡合我的理想，於是請出一位李子榮來作補充；所以李子榮更沒勁！」撇開話中作家過分自謙自譴的因素，可以看出，老舍也為沒能刻畫好這兩個人物而懊喪。其實，作家準確地摹寫了李、馬二位先後到西方求學的青年形象，已很不易。他們不能負起作家的重託，其根源在於，老舍當時的「理想」本身就未必經得起現實的檢驗。在理解這一點的同時，也須理解，老舍在成功地寫出了馬則仁之後，又竭力塑造馬威和李子榮，即可說是對接近作品主題盡了心。因為，這兩個人物在作品中的活動，已經展示了「老中國」的新一代重鑄民族精神的追求。

在作品中，馬則仁，與馬威、李子榮構成了第一重的對應刻畫，而構成第二重的，是關於英國人與中國人的對應刻畫。寫到英人，老舍首先特別指出他們對東方人濃烈的民族偏見情緒。倫敦的英國市民，差不多都相信，來自中國的「黃臉鬼是個個抽大煙，私運軍火，害死人把屍首往床底下藏，強姦婦女不分老少，和作一切至少該千刀萬剮的事情的。」他們認為「強國的人是『人』，弱國的人呢？狗！」像小說中的伊牧師，在中國傳過二十年的教，對華人也非全持惡意，卻「在半夜睡不著的時候，總是禱告上帝快快的叫中國變成英國的屬國；他含淚告訴上帝：中國人如不叫英國人管起來，這群黃臉黑頭髮的東西，怎麼也升不了天堂！」他的太太、兒子和太太的哥哥，都懷著愚頑不化的民族沙文主義態度，「伊太太的教育原理是：小孩們一開口就學下等言語——如中國話，印度話等等。——以後絕對不能有高尚的思想。……她不許她的兒女同中國小孩子們一塊兒玩，只許他們對中國人說必不可少的那幾句話，像是：『拿茶來！』『去！』『一隻小雞！』……每句話後面帶著個『！』。」當馬氏父子將要來到倫敦時，未來的房東溫都太太，也是「心裡一個勁兒顛算：到底是多租幾個錢好呢，還是一定不伺候殺人放火吃老鼠的中國人好呢？」這位太太畢竟是個重實際的英國人，在服從了金錢需求之後，她把房子租給馬氏父子，通過一段時間的接觸，也轉變了對中國人的謬見，甚至跟老馬彼此產生了愛情。結果是，這位平凡的英國婦女絕對沒法抗拒瀰漫於市俗間的種族成見，又被迫放棄了相互結合的願望。她告訴老馬：「咱們結婚以後還要在社會上活著的；社會的成見就三天的工夫能把你我殺了！」何況，她還得為未婚的女兒著想：「一個年輕氣壯的小伙子愛上她，一聽說她有個中國繼父，要命他也不娶她！」《二馬》對充斥於英國社會的種族歧視情景，進行了毫不留情的揭露和撻伐，這反映了自幼堅持民族自尊精神的老舍，在國內外多次相關遭遇下所激發起來的憤懣情緒。

據作者講，在這部作品裡面，對於英國人，「我連半個有人性的也沒有寫出來。他們的褊狹的愛國主義決定了他們的罪案，他們所表現的都是偏見與討厭，沒有別的。自然，猛一看過去，他們確是有這種討厭而不自覺的地方，可是稍微再細看一看，他們到底還不這麼狹小。」（〈我怎樣寫《二馬》〉）小說的可貴處，在作者提到的這一點上，也的確有著比較突出的體現，即並不僅因英國人大多持著種族偏見一項，就將他們的優點也一筆抹煞。老舍透過自己的筆，闡發了對英人愛國自重的民族精神的推許，亦對那裡的國民普遍具有的懂法守法的意識感到可敬，至於他們注重現實、不事虛華，以及在社會道德規範下堂堂正正追求功利的習性，也使作家感到應當認可和效仿。《二馬》中對溫都太太嚴守合同、溫都姑娘路救老人、凱薩林勇於追求個人幸福、伊牧師在六十多歲並享有養老金的情況下仍然要發憤著書立說等細節的勾勒，都教讀者看到英國人可敬的一面。作品對工商業高度發展的社會現實下，人們那種惜時如金的觀念，也有生動的描述：

城市生活發展到英國這樣，時間是拿金子計算的：白費一刻鐘的工夫，便是丟了，說，一塊錢吧。除了有金山銀海的人們，敢把時間隨便消磨在跳舞、看戲、吃飯、請客、說廢話、傳布謠言、打獵、游泳、生病；其餘普通人的生活是要和時辰鐘一對一步的走，在極忙極亂極吵的社會背後，站著個極冷酷極有規律的小東西──鐘擺！人們交際往來叫「時間經濟」給減去好大一些，於是「電話」和「寫信」成了文明人的兩件寶貝。白太太的丈夫死了，黑太太給她寫封安慰的信，好了，忙！白太太跟著給黑太太在電話上道了謝，忙！

可以想一想，在小說發表後相當長的時期，許多中國人讀到這段描述，大約都局限於體會到「資本主義制度下人際關係的冷酷無情」這一層，其實不盡然，任何一個社會的經濟尋求高度發展，都不可避免地要以力戒疏懶、放棄虛禮為前提。中國傳統式的時間觀念，與其他許多觀念一樣，都是排斥功利的。只有到了國家真正把經濟的迅速推進擺上了現實日程的今天，上述描述才有了不被人們誤解甚至產生心理共鳴的可能。而作家老舍，卻早在世紀之初就隱約地意識到了，民族精神文化的演化，是與社會經濟發育的梯級相對應的。

《二馬》，將老舍在此前寫下的兩部長篇創作中初見端倪的反思民族文化精神的題旨，引向了一個深入的層面。如果說，從《老張的哲學》和《趙子曰》中業已嶄露了挖掘古老中華民族劣根性的意向，那麼，這種意向是到了《二馬》的問世，才真正能夠稱其為由自在走向了自為。通過《二馬》，老舍第一次如此鮮明地高揚起了思想啟蒙的文學大旗。中華「老」民族成員們承載的傳統精神負荷，在老舍筆下，受到系統的爬梳和有力的批判。在中國現代文學共計三十年的發展歷程中，「批判國民性」，始終是與反帝反封建總主旨密切相依的創作母題，而像《二馬》這樣，直接把由中國具體國民鮮活體現著的民族性，放到西方強國的社會現實中來對比著描畫、權衡和鑑別，則是絕無僅有的。從《二馬》起，老舍的作品跳出了善惡兩極判斷的模式，不再單純地將惡人與惡勢力放在最惹眼的被告席上，他選定了對本國民族文化的反省，和對民族精神痼疾的診治，而且長久不渝。這，從根本上奠定了老舍現代「文化小說」創作大家的基準位置。雖然《二馬》對國民劣根性形成的深層文化原因，還缺乏更為切中肯綮的翻掘，但是，這部小說中飽含著的民族憂患意識，以及對民族劣根性種種表現的生動披露，直到今天，仍不失其難得的警示效用。

《二馬》作為老舍旅英期間最後的一部長篇，在藝術上有了較為可觀的長進。作品仍然發揮著喜悲劇的風格特長，寓莊於諧，用幽默傳神的筆墨來展現凝重的思想命題。和前兩部創作不同的是，作者不再毫無顧忌地由著性子調侃，而是相當注意從作品題材本身來發現社會生活內在的反差與失調因素，並提取出帶有深切文化意味的笑料。譬如小說敘述老馬與溫都太太的頭一次長談：「兩個談了一點多鐘。……越說越彼此不瞭解，可是越談越親熱。他告訴她：馬太太愛穿紫寧綢坎肩，她沒瞧見過。她說：溫都先生沒作過官，他簡直的想不透一個人為什麼不作官。」於是，幽默也就真正地成了創作整體中不可分離的能動部分。

趨向於工細的人物心理描寫，是老舍剛向西方現代文學學到的最重要的寫作手段之一。作者對《二馬》的每個主要人物，都做了不只一處較大篇幅的心理刻畫，對於強化不同國度不同身分國民性格的對比，產生了不可低估的作用。就是短小的刻畫，也都力求楔進人物的精神內核。馬則仁自知喝醉失態之後，由尷尬迅即轉為坦然，心理過程是：「心裡有點要責備自己，可是覺得沒有下『罪己詔』的必要；況且父親對兒子本來沒有道歉的道理；況且『老要顛狂少要穩』，老人喝醉了是應當的；況且還不至於死；況且……想到這裡，心裡舒服多了」。

參照英國作家康拉德那種「把故事看成一個球，從任何地方起始它總會滾動」（〈我怎樣寫《二馬》〉）的結構方法，老舍為《二馬》設計了倒敘的框架，由馬威出走的結局下筆，再返回頭來講述馬氏父子來倫敦一年間的樁樁件件往事。這種後來被中國作家們逐漸習慣運用的寫法，在老舍寫《二馬》時，還屬於一種嘗試性的借鑑。

曾經品嘗過中華烹調佳餚的老舍，在英國幾年，對當地西餐「大菜」下過「天下最難吃的」菜的結論，他對英人自誇的不假其他作料、只用「白水煮菜」而燒出菜蔬真正的香味，不以為然；可是，他卻不無創造性地將這個道理，放到了自己錘煉藝術語言上邊。寫《二馬》，他要求自己，摒棄一切文言中現成的字與辭，「把白話的真正香味燒出來」（〈我怎樣寫《二馬》〉）。這一目的在作品中得到了相當徹底的實現，不光是在鋪述人物的活動、言語上面，一律地戒除了文言的殘留，連刻畫心理和寫景抒情，也全部取用大白話。在「五四」之後出現的現代文學早期作家裡面，像老舍這樣，在寫作中間無條件地信任大白話的，恐怕找不出第二個人。無怪乎人們戲說：胡適對提倡白話文運動功不可沒，可他也只是一位「提倡白話文的大家」，真的要推出一位「寫白話文的大家」來，還得算老舍。

歷史為老舍設定的社會文化位置，幫助他出色地完成了《二馬》。他的少數民族出身、旗人文化素質，以及對種族、民族問題特有的敏感度（這一點，在國內就體現出來了，而到了國外以後則更為加強），都使他在此次創作中有了揮灑自若的可能。同樣的原因，也使老舍至此仍未完成對社會政治、階級分野等重大認識範疇的清醒思考。作品開篇，曾對倫敦街頭工人們舉行政治集會，做了漫不經心的描寫，在故事進展之間，又透過溫都太太之口說出了「種族比階級更厲害！」都說明了這一點。眼下的讀者，已無意用苛刻的政治標準來挑剔這部「文化小說」，但是，無論是當時，還是今日，把文化看成是一個可以繞開社會政治而單獨解決的問題，都是脫離實際的。

《小坡的生日》

這是一部約有九萬字的小長篇。有的讀者把它看作是小說，也有的讀者把它當成童話來讀。也許，我們把它認定是一部神奇幻想色彩很濃的小說，更符合實際。

作品構思並動筆於南洋，寫的也是當地兒童們的生活故事。一個活潑健康的華僑小男孩，名字叫小坡，他生在新加坡，長在新加坡，也像許多來自亞洲不同國家的移民孩子們一樣，非常熱愛這片多民族共有的美麗土地。小坡和他的妹妹仙坡，還有另外幾個祖籍是中國福建或廣東的小朋友，以及三個印度血統和兩個馬來血統的兒童，彼此十分友好，他們有各自的語言和生活習性，卻能夠用「南洋的『世界語』」馬來話相互交流，一起玩耍得很開心；在小坡過生日那天，父親帶他和妹妹遊覽了群猴嬉戲的植物園，又進了從未進過的電影園，觀賞了兩部影片；當夜，小坡做了場奇異的夢，夢見自己再度走入了「影兒國」，親眼目睹了「狼猴大戰」，隨後，他還集結了各民族的小朋友們，一同投入為搭救「嗗拉巴唧」的情人「鉤鉤」的「貓虎大戰」。小說情節頗簡單，從敘述角度來看，前半部分寫的是小坡過年、玩耍、上學、觀覽、過生日的情形，屬於白描式的；後半部分則講述小坡的夢中遭遇，人、猴、狼、貓、虎等形象一併進入故事，不但言語互通，而且相互間爭鬥撕打，怪誕與妙趣互見，採用了擬童話的樣式。作品臨摹小學生小坡的心態和思維，童真質樸，渾然一體。

《小坡的生日》在老舍的文學世界裡，開闢了兒童文學的新門類。發表之後，曾受到小讀者們的鍾愛。這和作家老舍心底裡始終保持著愛戴兒童的慈愛之心，是很有關係的。滿族人在歷史上，是把關愛兒童和尊重老人一般看重的。在該民族還沒有接受中原文化薰染之前，這個特點更加突出，因為，在滿人的觀念裡，先人與老人代表的是自己的源起，兒童和後嗣代表的是自己的將來，他們把賡續家族、種族、民族的血脈，視作一件至為神聖的事情，滿含真誠地對待。老舍有過不幸的童年，也有過倍受慈母關懷體貼的不滅記憶，在他走上人生之路以後，一貫地把愛的溫熱照射到身邊的孩子們身上。寫《小坡的生日》時，他還沒有成家和生兒育女，但是，有了這部小說，人們已看得很清楚：他與兒童們的心是息息相通的，他能直接跟他們對話。在〈我怎樣寫《小坡的生日》〉中，老舍講過：「我對這本小書仍然最滿意，不是因為別的，是因為我深喜自己還未全失赤子之心——那時我已經三十多歲了。」「希望還能寫一兩本這樣的書，寫這樣的書使我年輕，使我快活；我願永遠作『孩子頭兒』。」假如我們再向作家日後的生活經歷眺望一下，就會知道，他在中年和晚年時候，仍一如此時地與孩子們交朋友，為孩子們寫他們喜歡讀的東西。他生平寫下的幾部兒童文學作品，都足以達到這個創作領域內的上乘水準。

通過《小坡的生日》這部兒童文學作品，老舍把他在新加坡居留期間的一些所見所聞、所思所獲，化作飽蘸童心的文學語言，濃縮式地表達出來。小說裡意蘊深致地講了小坡手中一塊紅綢子的妙用，把它或裹在頭上，或圍在腰間，或戴上頭頂，就可以立即分別活現出印度人、馬來人和阿拉伯人的服飾特徵，讓我們看到，在新加坡這裡，東方各民族的人們是怎樣地親近生存和彼此瞭解。新年到了，他們更是不分人種、不計膚色地共同歡度：

小坡過年的時候，這「各色人等」也都過年；所以顯得分外的熱鬧。那裡有穿紅繡鞋的老太太，也有穿西服露著胳臂的大姑娘。那裡有梳小辮，結紅繩的老頭兒；也有穿花裙，光腳的青年小伙子。有的婦女鼻子上安著很亮的珠子，有的婦女就戴著大草帽和男人一樣的作工。可是，到了新年，大家全笑著唱著過年，好像天下真的是一家了。誰也不怒視誰一眼，誰也不錯說一句話；大家都穿上新衣，吃些酒肉，忘記了舊的困苦，迎接新的希望。

與其說這是老舍對星島年節喜慶場景的忠實記錄，毋寧說是作家對心目中一幀理想圖畫的縱情點染更確切些。他由幼及長，從東方到西方，見慣了民族和種族間的不和諧，更為切身承受過這樣那樣的民族與種族偏見而嗟嘆。此刻的新加坡，還構不成一切民族共同繁榮的樂園，老舍在《小坡的生日》裡也存心地不寫一個白人，甚至連當地的日本人也予以迴避，就是為了能夠舒心地展示這麼一幀理想的圖畫。儘管作品中也略微地點到了不同祖籍的華僑之間尚存在某些芥蒂，又對當地的馬來人和印度人的愚昧散漫做了含蓄的批評，但是，作者還是藉助於華裔兒童們的體驗，將各被壓迫民族之間的友誼和睦，置放在超越一切的地位上大加禮讚。這也就在讀者面前，坦露了作家殷切嚮往有朝一日世界上的各民族跨越社會與文化藩離，彼此尊重、友好相處的心跡。

小坡是個中產階級的華僑子弟，老舍按照自己對當地這類孩子的感觸刻畫了他。他身心健康，真誠、善良、爽直，富有正義感，年齡雖小，卻敢於跟不公平的社會現象挑戰；他不大喜歡學校裡乏味的課堂教育，有時還對老師不夠禮貌，而對社會上各種各樣的新鮮事物反倒持有很高的興致。——這一切，是老舍相當看重的，他認為，這是當地學生們「沒有酸味的文化病」（〈還想著它〉）的表現。小坡只是個小學低年級的學童，作者還沒法讓他具備太明朗的思想傾向，但是，作品中的小坡，也還是在和小夥伴們玩耍時，玩了一齣「打倒」的遊戲。「據小坡的經驗，無論開什麼會，演說的人要打算叫人們給他鼓掌，一定得說兩個字——打倒。無論開什麼會，聽講的人要拍掌，一定是要聽到兩個字——打倒。」這一時期的新加坡，正處在一個思想解放的浪潮中，反對帝國主義勢力，反對資本家的剝削，都是青少年人喜歡談論的話題。作家讓尚處在童蒙階段的孩子們玩「打倒」，用意也在於反映該地區當時的現實政治狀況。

小說的後半部分，小坡的夢境，是由兩場爭鬥——「狼猴大戰」和「貓虎大戰」組成的。前者，有弱小民族若喪失團結和鬥志便免不了遭到強敵蹂躪的寓意；後者，則有著只要各個被壓迫民族協力抗爭就能奪取勝利的寓意。此外，因為描寫的是小坡在夢裡團結各民族小夥伴們共同奮戰的場面，作家寄希望於新一輩並且希望夢想成真的寓意，也是可以推想的。

《小坡的生日》屬於兒童文學。老舍在寫作的時候，一面要模仿孩子們的心理，編織少兒讀者喜好的故事，顧及到他們的欣賞習慣，而另一方面，他又想把自己在新加坡生活期間對社會政治及民族關係問題的思考，都揉進作品的情節中間。這在一定程度上，造成了「腳踩兩隻船」的被動。「我願與小孩們一同玩耍，又忘不了我是大人。這就糟了。」（〈我怎樣寫《小坡的生日》〉）——老舍也曾這樣檢討過作品的不足。

①朱自清：〈《老張的哲學》與《趙子曰》〉，載於《朱自清文集》（二），北京開明書店一九五三年版。
②羅常培：〈我與老舍〉，載昆明《掃蕩報》副刊，一九四四年四月十九日。
③茅盾：〈光輝工作二十年的老舍先生〉，載重慶《新華日報》，一九四四年四月十七日。
④見《兒女英雄傳》第十六回。

第六章　山東七年，執教更兼寫作

到濟南之前

一九三〇年三月，老舍乘海輪由新加坡抵達上海。上海的《小說月報》，是把他引薦到中國廣大讀者面前，並讓他在幾年之間就聲名鵲起的一家刊物，該刊的主編鄭振鐸，是老舍在當時國內文學界裡所識不多的好友之一。

和老舍預先想像的一樣，為人坦誠的「西諦兄」夫婦二人熱情地接待了他。當鄭振鐸得知老舍的第四部長篇《小坡的生日》還有少半部分沒有撰罷，便執意要他留住在自己家，寫完了再回北方。老舍想家，可是，也不能不考慮到，一旦回到家，與闊別多年的親人朋友相見，便很難再有把這部作品一氣呵成的心緒了。他答應了鄭振鐸。

一方面是由於歸心似箭，一方面也是怕過久地叨擾主人，老舍躲在鄭宅，一刻不停地趕寫他的小說。鄭振鐸夫婦是福建人，家裡日常的習慣是每天早晚都吃粥，只有中午才做些乾的。為了不教老舍這個北方人受「委屈」，鄭夫人總要額外地給他加做大碗肉絲麵之類的飯食。老舍看得出，鄭家的生活本在清貧之列，嫂夫人這是下大本錢來招待他，於是總「表現出非常愛吃的樣子，大口大口香甜地吃」，以表達對主人們的領情。朋友們喜歡老舍，和他歷來心懷誠懇、善解人意分不開。

經過半個月，老舍續成了小說的後半部分，並且將這部作品給了鄭振鐸，聲明仍願意發表在《小說月報》上邊。

握別了西諦兄，感謝了他們一家的真誠款待，老舍迅即乘船北上。四月十九日，他終於回到別後六年間無日無夜不在思念著的北京城，回到了年逾古稀的慈母身旁。

親人重相逢，舊友再聚首，自然是格外令人動情的事情。當初老舍隻身越洋西行的時候，朋友們個個為他揪著心，甚至有人講，看他那一副瘦弱的身板，真難說還能不能活著回來。這話也傳到了老舍母親的耳朵裡，老人家的心足足翻騰了六年。現在，「意恐遲遲歸」的兒子終於回來了，母親勝過年節、勝過生日般地快活！朋友們更不必說，他們在歡愉之時，特別道賀老舍成了名作家。此刻的老舍，心裡只剩下了一種感觸：重新擁抱親人和朋友的滋味，比什麼都棒！

因為在前桃園二十五號的家，已經住得很擠，摯友白滌洲（這時已是師範大學的教授），就在他的家裡，給老舍騰出來一間住房，供他起居。老舍欣然應允，搬進了位於西城煙筒胡同六號的白家小院。老舍跟白滌洲的多年情分，朋友們都很清楚，「滌洲和舍予是一對兒」（〈記滌洲〉），是大家夥兒常說的話。老舍不管是在國內還是在國外，事無巨細，凡是須讓朋友代勞的，從來都是頭一個想到滌洲，連自己的錢都願意讓他代管。這時的白滌洲，已然是一位在音韻學方面有成就有著作的學者了，還是一片熱心腸地為包括老舍在內的所有朋友四下裡奔忙。照老舍評價滌洲的話說：「他是我的主心骨！」

老舍回到了故里的消息不脛而走，在文學界、教育界和新聞界傳開了。一位名叫陳逸飛的青年記者捷足先登，叩響了白家小院的門。不巧老舍正在午睡，滌洲的老父親一時不願把他喚醒，陳逸飛便留下了一封致「笑王」老舍的短信而返回。第二天，陳某就收到了老舍的覆函：

逸飛先生：

您來，正趕上我由津回來大睡其午覺，該死！其實，白老先生也太愛我了，假如他進來叫我一聲，我還能一定抱著「不醒主義」嗎？

您封我為「笑王」，真是不敢當！依中國邏輯：王必有妃，王必有府，王必有八抬大轎，而我無妃無府無大轎，其「不王」也明矣。

我星期三（廿八）上午在家，您如願來，請來；如不方便，改日我到您那兒去請安，嘛！

敬祝

笑安

弟舒舍予鞠躬

可見，老舍乍歸故里，心情是輕鬆喜悦的，頗有魚歸大澤之感，在家鄉人們的面前，他不但不願板起臉孔充名人，還十分自然地展示出調皮的天性。隨後，——據陳逸飛多年之後回憶説——老舍還一再應邀，到青年會、師範大學等處，去做有關文學創作的演講，很得文學愛好者們的歡迎。

不過，老舍的這種好心情，沒有能夠維持下來。通過切身的見聞，他很快就陷入了對國內社會現實的憂思鬱悶當中。離開祖國的這幾年，國事不但沒能像他在倫敦時巴望的那樣有所好轉，正相反，比起他離去前的情況還要慘淡。曾經轟轟烈烈的第一次國內革命戰爭，歸於失敗；各路軍閥武裝如毒菌漫延，在中原大地上連年進行割據戰爭；西方列強也憑藉強權，每日每時地擴張著在華的勢力範圍。就拿自己生於斯長於斯的北京城來說，這些年間，簡直成了個大屠場，直、奉、皖諸系軍閥，窮兵黷武，你殺我砍，走馬燈似的輪番當政，光是當過「大總統」和「大元帥」的就有六七人，至於在這裡頂過「內閣總理」頭銜的，更是叫人數也數不清。社會動盪的必然後果，是民不聊生。老舍倍加關注的京城旗籍同胞和下層百姓，他們的生計，在如此時政底下，可說是慘到了家。從老舍出國的那一年——一九二四年起，政府徹底停止向窮旗人們發放糧餉，民族歧視的社會現實也一年重過一年，原來就風雨飄搖的旗人群體，差不多全都失散開來，旗人家庭的普遍貧困化也已成為不可逆轉的定局。這還不夠，令衆多「老北京兒」市民心裡感到失落的還有：一九二八年南京國民政府正式頒布通告，以南京為首都，改北京為「北平特別市」，他們都成了「故都」的遺民！

北平的下層市民，個個沒有好心境；城裡城外的滿族同胞，更是愁眉多於笑顏。老舍的心緒，就很快地和他們取齊了。他開始放眼四下，尋求新的、與眼前現實相關的創作題材。

回到北平後瞭解到的另一件事，也讓他生出了許多沮喪。當初他曾在心頭暗戀著的劉大叔的女兒，跟父母一道出了家！一九二五年，劉壽綿的獨子受父親的囑託，騎馬去城北調查貧民生活狀況，準備發放冬賑，不幸落馬身亡。劉壽綿因而受到極大的精神刺激，就此識破紅塵，於次年，也就是他四十六歲的時候，虔誠地投向佛門，到廣濟寺當了和尚；他的夫人和女兒，也效仿他的樣子，去蔣養房附近的一個小庵堂中作了尼姑。劉大叔的家產被傾其所有地出了手，除了變賣後救濟窮人和捐贈給寺院的以外，有的乾脆就是被人騙走了。等老舍回到北平，坐落在西直門大街上的劉家宅院，早已易主於他姓了。劉大叔的出家，在老舍看來，差不多是勢在必然的，他理解大叔的皈依之心。但是，他又沒法不為從此後再也見不到心上暗戀著的姑娘而仰天一嘆！這件事，久久地鬱結在他的心間，直到三年以後，他以自己這次的感情經歷為線索，構思寫作了一篇小說，才稍感平復。

從國外回來的老舍，已過了「而立之年」。周圍的親友，都關心著他的終身大事。特別是羅常培，只有他知道老舍受到的情感折磨，也就更希望能透過促成一樁完滿的姻緣，幫助老舍走出苦悶。當他和白滌洲、董魯安等紛紛向老舍提到「你該成個家了」的時候，沒想到，老舍竟用「我怕成了家會疏遠了你們這些好朋友」來搪塞。結果，朋友們聯合一致地表示：「你要是再不結婚，就會變成一個脾氣古怪的人，朋友們便不再理你！」這才把老舍「嚇」住了。他拜託朋友們說：「你們去幫我找吧。」

羅、白、董三人經過反覆斟酌，一起決定，要把老同學、老朋友胡奎澤的妹妹，一位名叫胡絜青的青年女子，介紹給老舍。胡絜青，這時是北平師範大學國文系即將畢業的高材生。三位「媒人」認為，胡絜青出身於北京滿族家庭，從少年時代起就愛好美術和文學，繪畫和寫作都得到過名師教誨，具備較高修養，為人亦幹練樸實，和老舍的性情、愛好相近，將來如能結合，定會彼此引為同調，白頭到老。他們還看出來了，胡絜青對老舍已有敬慕之心，老舍剛回北平不久，北師大學生們的文學社團「真社」曾約老舍去該校講演，就是由胡絜青登門向老舍發出邀請的。

打從老舍回到國內，就時常跟周圍的朋友們表示，他不願再當教書匠，打算從今往後，全神貫注於文學創作，作個專業的「寫家」。可是，幾乎沒人贊成他的這個想法，大家都說，在時下的中國社會裡，吃上飽飯畢竟是每個人的頭等要務，光靠寫小說怕是難以糊口；還是講求些實際吧，先端起個保險點的飯碗最當緊。事實上，朋友們已經開始四處為他謀畫工作了。

恰在此時，濟南齊魯大學的文理學院院長林濟青，趁來北平公出的機會，不止一次地拜訪老舍，向他表達了心儀已久，希望他能應聘前去齊魯大學執教的態度。這所齊魯大學是由美國基督教會創辦的學校，林濟青早就聽説過老舍曾在倫敦東方學院教學的一些情況，也瞭解這位發表過幾部長篇力作的文學家的才學，所以一旦聽説老舍歸來後尚在賦閒，便如獲至寶般地前來求賢。

即便決定去教書，老舍也要首先選擇北平。可是，這時離新學年開始已很近，況且，北平城的諸學府過於注重學歷，也難以在其中謀到一個較稱心的職位，加上「好友們的諄諄勸告」，老舍便「就了齊魯大學的教職」。這麼著，僅僅回到故鄉北平三個月的老舍，於一九三〇年的盛夏七月，去了濟南。

這下，羅常培等人為他張羅成家的事情，就受到了一點影響。直到轉過年來，也就是一九三一年年初學校放寒假老舍又回到北平，他們才正式地把胡絜青介紹給了老舍。老舍當然滿意。

戀愛，基本上是在半年內透過書信交往完成的。一九三一年暑期，老舍再回北平時，胡絜青也從大學畢業了，二人便於七月二十九日正式結為伉儷。這年，老舍三十二周歲，胡絜青二十七周歲。若依著老舍的主意，婚事該當簡辦，「到香山或者頤和園租上一間房，旅行結婚，免去一切俗禮，省得結婚那天像耍猴似的被人捉弄著。」可是，岳母不允許，老舍便心甘情願地放棄了個人計畫，「他從來不願意讓老太太們傷心難過」。婚禮是在西單聚仙堂飯莊舉行的，兩家的親朋到了上百位。

婚後，胡絜青也隨著丈夫去了濟南，在齊魯中學教高中。

濟南四年

老舍在齊魯大學擔任的職務，是該校國學研究所文學主任兼文學院文學教授。

僅從這個職務安排上，就可以看出林濟青院長對他的器重。還在老舍剛剛允下齊魯的約請之際，林院長就抑制不住心頭的喜悅，向一些教員放出風聲：「我請了個最有名的人來齊大，但現在還不能透露他的姓名。」老舍初抵濟南，林濟青親自乘馬車來迎接；老舍在校內工作期間，有時趕上林濟青去外埠出差，還曾將文理學院的院務交給老舍來代理。

齊魯大學終歸是當時相當知名的一所高等學府，「白居」實屬「不易」。老舍當時所開的課程，包括「文學概論」、「小說作法」、「世界名著研究」等幾門，均側重於對新文學的研討。有些國學派的先生便議論說：老舍在英國也不過是個教中文的官話先生，有什麼資格當教授？他又不是研究國學的，為什麼讓他在國學研究所任職，並且從國學研究所的『哈佛燕京學社』資金中發工資？老舍聽到這些說法，便報了個關於「三禮」（《周禮》、《儀禮》、《禮記》）的研究選題。有的教師問他：你是搞新文學的，怎麼報了這麼個題目，能完成嗎？老舍笑而作答：不研究國學，人家讓拿薪水嗎？

國學派先生們向立足未穩的老舍發難的另一個舉動，是反對老舍主辦《齊大月刊》。老舍初到齊魯大學，校方曾請他兼任新開辦的《齊大月刊》編輯部主任，老舍立即著手組稿撰稿，忙得不亦樂乎，僅用了個把月，九十多頁的刊物就問世了，除了主要發表學術論文外，也登載一部分有特點的雜文、小說和詩歌。這也惹惱了國學派，他們認為，校刊上只有發表清一色的論文才合規矩，於是群起盤詰。終至《齊大月刊》在出版了兩卷共八期之後，更名為《齊大季刊》，並改組了編輯部，不再讓老舍作編輯部主任，讓他改作一般編委。

齊魯校園裡的國學派先生們低估了老舍的學養。他們後來讀了學校印製發行的老舍《文學概論講義》，並且耳聞了學生們對老舍教學的讚賞之辭，方才曉得老舍才學的根柢之深和名不虛傳。

不過，那已是後話。

老舍有自己的追求與志向，他犯不上跟他人爭一日之短長。贏得更多的時間，放到心愛的文學事業上頭，才是他求之不得的。

任教於齊魯大學的第一年，老舍還是個單身漢，就住在學校辦公樓二樓。他把日程安排得滿而又滿。身為一名教授，他惟恐稍有疏忽而貽誤了人家的子弟，對研讀備課、編寫講義以及嚴格授課，特別上心。作為作家，教學之外，每有空隙時間，他又願意到濟南這座歷史文化名城各處走走，熟悉一下生活其間的城市和它的人民。

趵突泉、大明湖、千佛山等名勝，給老舍的印象是鮮明的，他感到，這些地方的「每一個角落，似乎都存在著一些生命的痕跡」，「就是一風一雨也彷彿含著無限的情意似的。」對濟南城洋溢著的中國文化氣氛，他尤其覺得親切：「不像上海與武漢那樣完全洋化。它似乎真是穩立在中國的文化上……以善作洋奴自誇的人物與神情，在這裡是不易找到的。這使人覺得舒服一些。一個不以跳舞開香檳為理想的生活的人，到了這裡自自然然會感到一些平淡而可愛的滋味。」（〈弔濟南〉）

濟南，是老舍成年以後，除北京之外，第一座真正踏下心來加以體會的國內城市。那裡，雖沒有了老舍熟識的北京式的濃重的故都氣象和瀰漫著的旗人文化韻味，少了許多自幼相知的旗人朋友，卻也讓老舍很快就培養出了好感。濟南，坐落在古齊魯大地的中央，與誕生了儒家文化的孔、孟故里相毗鄰，民風社情，體現著中華傳統的天然徵象。「設若你的幻想中有個中古的老城，有睡著了的大城樓，有狹窄的古石路，有寬厚的石城牆，環城流著一道清溪，倒映著山影，岸上蹲著紅袍綠褲的小妞。你的幻想要是這麼個境界，那便是濟南。」生活在濟南的老舍，在這塊中華文化的豐厚土壤上，找到自己新的生命契合點。這對著意觀察和思考古國文化與民族精神狀態的作家老舍來說，是又一塊難得的「福地」。一向離不開朋友的老舍，開始在這裡結交各種各樣的新朋友——當然，這些朋友，不論是文化教育界裡的學者、教授，還是下層平民中間的拳師、藝人、商販、車伕，已多是漢族人。

老舍的社會文化視野，從此更加開闊了。

他在濟南生活了四載之後，便暱稱那裡，是「我的第二故鄉」（〈弔濟南〉）。

為了表達對第二故鄉的這份情意，來濟南整一年的時候，他寫成了用當地社會現實作背景的長篇小說《大明湖》。

老舍來齊魯大學的前二年，一九二八年的五月三日，濟南城裡出現了震驚全國的「五三慘案」。當時，軍閥混戰，逐鹿華北，日本帝國主義者為了阻止英美等國勢力的擴張北上，派軍隊支持奉系張作霖，武力攻佔濟南，控制津埔鐵路；在日軍的屠刀底下，短短幾天時間，當地軍民有數千人斃命。

直到老舍來到濟南的時候，市內百姓們仍然牢牢地籠罩在「五三慘案」的陰影下面。「五三慘案的血還鮮紅的在馬路上，城根下，假如有記性的人會閉目想一會兒。」「那被敵人擊破的城樓還掛著『勿忘國恥』的破布條在那兒含羞的立著。」（〈弔濟南〉）從來就對外寇入侵惡行懷有滿腔義憤的作家，將注意力聚集到這一事件上來，開始訪查有關的詳情，「不是那些報紙登載過的大事，而是實際上的屠殺與恐怖的情形。」（〈我怎樣寫《大明湖》〉）半年之後，大概的情況基本摸清，他即動筆寫作《大明湖》。

作品並不是從正面描寫「五三」的，故事基本發生在慘案來臨之前。主人公出自兩個家庭，一家只有母女倆，另一家則是兄弟三個。前一家裡的母親因為「受著性欲與窮困的兩重壓迫」，逐步淪為暗娼，最後在無奈之下投了大明湖；女兒也沒能跳出與母親一樣的命運，當她也要跳湖的時候，讓哥仨給救了。兄弟三人中的老大、老二，是長得一樣而性格極不相同的雙胞胎。老大娶了從湖中救上來的姑娘。這個「大團圓」的結局剛露端倪，卻發生了「五三慘案」，老三被殺，存活下來的主人公們，不得不領略著國破家亡的滋味。

這部悲劇作品本身的命運，也是一齣悲劇。一九三一年夏天，老舍將書稿寄給《小說月報》，誰知，在即將發排的時候，一九三二年初，上海又發生了日軍入侵的「一・二八」事件，在閘北的戰火中，書稿被全數焚燬。作者本人未曾留下底稿。

老舍沒有心思再重新默寫這部長篇。《大明湖》成了作者生前惟一的全部寫完了卻又沒有能跟廣大讀者見面的長篇小說。

據老舍回憶，我們才知道，這部作品起碼有著兩個值得注意的特徵：⑴是小說裡面「沒有一句幽默的話，因為想著『五三』」（〈我怎樣寫《大明湖》〉）；⑵是其中「居然描寫了一位共產黨員」，他是小說裡曾跟母親接觸過的一個人，這說明作家在思想上似乎有些變化，除了對民族解放鬥爭仍然異常關切之外，「聽到階級鬥爭這一名詞」，也開始「動心」（《老舍選集・自序》）。不過，老舍沒有說明他是否曾以這個共產黨人的形象，給作品裡的人們展示扭轉悲苦命運的出路。看來，作者還是沒有那麼做，他對共產黨的認識畢竟有限。

過後，對《大明湖》的寫作格調，老舍曾經有這樣的說法：「文字太平實」，「我是個爽快的人，當說起笑話來，我的想像便能充分的活動，隨筆所至自自然然就有趣味。教我哭喪著臉講嚴重的問題與事件，我的心沉下去，我的話也不來了！」（〈我怎樣寫《大明湖》〉）看來，當時的作家，已經開始對自己更適合寫作什麼題材和什麼類型的作品，做了比較具體的思考。

日本侵略者引燃的戰火，吞沒了老舍回國後寫出的第一個長篇。老舍不無酸楚地把這場火劫，說成是「走了『紅』運」。不過，他的眼光沒有僅僅盯在個人的損失上，心中更為焦慮的，依舊是江河日下的國事。

於是，又有了從一九三二年夏季開始在《現代》雜誌上連載的下一部長篇小說——《貓城記》。這部作品，無疑地，屬於老舍創作活動中的一齣重頭戲，其間凝聚著作者對當時祖國現狀的深度悲憤和對民族劣根性的尖刻抨擊。不幸的是，因為《貓城記》存在著若干顯見的思想缺陷，在當時文壇左翼乃至後來政壇左翼的心目中，老舍的「過錯」，被看得更加嚴重起來。

其實，老舍本人對剛剛寫出的《貓城記》，也不大滿意。依照他在當時的看法，這「是本失敗的作品。它毫不留情地揭顯出我有塊多麼平凡的腦子。」「說真的，《貓城記》根本應當幽默，因為它是篇諷刺文章，諷刺與幽默在分析時有顯然的不同，但在應用上永遠不能嚴格的分隔開。」（〈我怎樣寫《貓城記》〉）他是著重從寫作風格上進行自我檢討的。

一九三一年暑期老舍結婚成家之後，在濟南的居所，遷到了南新街五十四號。這是一處不很大的院落，一方由老舍夫婦自己來營造生活的小天地。他還是那麼忙，忙於教學，忙於寫作，然而，因為有了自己的小天地，他們固有的生活情趣也日益充分地體現出來：院子裡種滿了花草，有盆養的也有畦栽的，朋友們來此駐足賞花、斟酒暢敘，教主人感到生活得充實和豐富。老舍是個豁出性命做事情的人，但是，朋友來了，他從不怠慢，必得傾其所有地熱心款待，朋友走了，他才加倍努力地備課、寫書。在國事堪憂的年代，老舍憑藉著這點生活調劑，不斷地面對著「快樂與悲苦的代換」（〈吊濟南〉）。

《文學概論講義》，是老舍在齊魯大學授課時自撰的教材，曾由校方印刷發行。幾近五十年之後，這份十二萬字的講義被學者們重新發掘出來，並獲得了正式出版①。這是頗有價值的一本書，在人們面前，展現了作為文學教授的老舍，於三〇年代初期，對文藝理論的獨特把握和闡述。書中涉獵的範疇相當寬泛，從中國歷代文說，談到文學的起源與特質，還分別論及文學的創造、文學的風格、文學的形式、文學的傾向和文學的批評等等。老舍沒有念過大學，卻通過長期不懈的自修，研讀了古今中外多種文學理論著作，僅從這份講義中援引的大約一百四十位不同國別不同歷史時期的文人、學者的著述，就能夠窺見作者所下功夫之深。

通覽全書，我們不但可以得到上述感受，還對老舍的早期美學思想有了真切的印象。他注重對文學及藝術創造內在規律的思考，指出文學藝術的首要功能是審美功能，強調文學的特質在於感情、美和想像，反對中國文壇上古來就充斥著的「文以載道」的理論準則。他尖銳地批評了那種以文學作為宣揚傳統倫理工具的實用主義「信條」：

> 文人也是如此，他們讀書作文……一定要把那抽象的哲學名辭搬來應用——道啊、理啊等等總在筆尖上轉。文學就不准是種無所為、無所求的藝術嗎？不許。一件東西必定有用處，不然便不算一件東西；文學必須會做點什麼，不拘是載道，還是說理，反正它得有用。

他呼籲，文學創作應當丟開「道」這把束縛創造的尺子，「跑入文學的樂園，自由的呼吸那帶著花香的空氣去」。在系統地評估中國歷代詩論的時候，他對清代「性靈派」詩學大家袁枚給以首肯：「他只認性靈，認定創造，那麼，詩便是從心所欲而為言，無須模仿，無須拘束；這樣，詩才能自由，而文藝的獨立告成了。」

檢讀老舍的這些理論主張，我們再次發現，他的早期文藝思想，與滿族傳統的文論多麼切近。清代構建滿族詩文理論的主要代表人物納蘭性德、鐵保等人，都在自己的一系列文章中，反覆論述過只有自由地抒發個人性情，才能寫出「排衆獨出」的好作品②。老舍身為滿族作家，從本民族文藝思想的基點起步，又廣泛地汲取了西方文藝理論的補養，他站在大學的講台上，胸有成竹地向中原正統的「文以載道」原則，發起了一次認真的挑戰。老舍曾在自己的創作活動中，多次體現出對文藝作品必得「發乎情，止乎禮義」一套教條的偏離，在《文學概論講義》中，他甚至提出：「不管所宣傳的主義是什麼和好與不好，多少是叫文藝受損失的。以文學為工具，文藝便成為奴性的；以文藝為奴僕的，文藝也不會真誠的伺候他。」

老舍講授「文學概論」的時候，中國的左翼文學界，剛剛提出了把「文學革命」變為「革命文學」的主張。對此，老舍也從他的文藝觀出發，發表了看法：「普羅文藝中所宣傳的主義也許是很精確的，但是假如它們不能成為文藝，豈非勞而無功？……現在我們只聽見一片吶喊，還沒見到真正血紅的普羅文藝作品，那就是說，他們有了題目而沒有能交上卷子；因為他們太重視了『普羅』而忘了『文藝』。」老舍說這席話的時候，依舊是一位「革命文學」的旁觀者，而不是實踐者，按照自己對文藝的理解，他也不大贊成「以文藝放在政治之下」的文學創作；然而，從他的話語中，我們同樣可以感覺到，這時的老舍，已經初步理解了普羅文藝主張的「精確」，他不是站在敵對立場上詆毀這一主張的提出，而是站在關切的角度上，對在該主張之下尚未創造出一批「真正血紅的」作品感到憂慮。

與《文學概論講義》差不多同時被寫出來的，應該還有老舍為講授「近代文藝批評」、「小說作法」等課程預備的講義。但是，這些同樣能夠反映出老舍文藝觀的歷史資料，迄未發現。

既作教授，老舍就不能不在講課上面耗費主要的心力，自他來到濟南之後，因為找不到相對集中的創作時間，只好把寫作長篇小說的日程，全都擠到暑假前後來安排，這也就是他在齊魯大學任教的四個年頭裡，為什麼每年都只有到了夏季才能出手一部長篇小說的原由。他在國內文學界的名聲愈來愈大，文學刊物也愈辦愈多，約稿函雪片似地飛來，讓他有點為難。本來，老舍是不大寫短篇小說的，跟一般的小說作者感覺恰好相反，他有一套短篇較長篇更難寫的說辭。感到這時被逼無奈，他也只好「由靠背戲改唱短打」，利用平日隨時捕捉到的空隙時段，寫起短篇小說來了。從一九三一年十月發表〈五九〉算起，到一九三四年一月發表〈也是三角〉，共十五篇，是老舍在濟南期間寫出的短篇小說的大多數，曾被收入他的第一本短篇小說集《趕集》中間。該集子由上海良友圖書印刷公司於一九三四年九月首次出版。

老舍來齊魯大學工作期間，還不時地寫出過一些雜文和詩歌，因為多具有他那種特殊的幽默格調，在彙編成集的時候，便冠以《老舍幽默詩文集》的總題，這個集子，也在一九三四年的四月，由時代圖書公司出版。

在濟南，最艱苦的兩次創作勞動，要數在一九三三年和一九三四年夏天分別寫長篇小說《離婚》和《牛天賜傳》。關於《離婚》，他說：「從暑假前大考的時候寫起，到七月十五，我寫得了十二萬字。原定在八月十五交卷，居然能早了一個月，這是生平最痛快的一件事。天氣非常的熱——濟南的熱法是至少可以和南京比一比的——我每天早晨七點動手，寫到九點；九點以後便連喘氣也很費事了。」（〈我怎樣寫《離婚》〉）而寫《牛天賜傳》的時候，天氣更加惱人：「早晨一睜眼，屋裡——是屋裡——就九十多度（指華氏溫度表上面的讀數，換算一下，大約在攝氏三十二度以上。——引者注）！小孩拒絕吃奶，專門哭號；大人不肯吃飯，立志喝水！可是我得趕文章，昏昏惚惚，半睡半醒，左手揮扇與打蒼蠅，右手握筆疾寫，汗順著手背流到紙上。」（〈我怎樣寫《牛天賜傳》〉）像老舍這樣一位既要教好書又要大量創作文學作品的教授兼作家，假期歷來沒有屬於過他，而「暑」與「寒」，卻並不因為他沒有度假就對他留著點情面。他對此有自己的解釋：「一想及拉車的，當巡警的，賣苦力氣的，我還抱怨什麼？」（〈夏之一周間〉）

《離婚》和《牛天賜傳》〉，都是專門關注市民階層精神文化的作品，在創作風格上，也體現出了老舍決計「返歸幽默」後的面貌。特別是前者，可說得上是他在濟南寫下的一部出類拔萃的長篇。

一九三三年九月，老舍家中多了個成員——新生的女孩兒。父親以濟南的「濟」字為她命名。女兒長得很喜人，剛滿一歲，就會「扯書」了。老舍以一首小詩，記錄下他由家庭生活中得到的歡欣：「爸笑媽隨女扯書，一家三口樂安居。濟南山水充名士，籃裡貓球盆裡魚。」所謂「球」者，是家裡養的一隻愛貓。

一九三四年七月，老舍辭了齊魯大學的教職；八月裡，南下上海。這時，他的心氣特別高：得意之作《離婚》以及《老舍幽默詩文集》已見了書，《趕集》正付梓，而剛脫手的《牛天賜傳》也確定了要在《論語》雜誌上頭連載，他一心想要丟下教務當一名專業「寫家」的欲望再次拱起，到上海來的主要目的，就是「想看看，能不能不再教書而專以寫作掙飯吃。」（《櫻海集．序》）。

在炎熱的申城住了十幾天，他的心卻涼了，所有的朋友都是「兜底兒一句話：專仗著寫東西吃不上飯。」（《櫻海集．序》）他知道，自己沒法不收收心了。

上海之行，他天天處在舊雨新知中間，包括跟左翼作家茅盾，也有了第一次的結識。其間，朋友們還安排了一次聚餐，為的是讓他有機會和魯迅會面，結果，因為魯迅收到間接轉去的邀請晚了些，未能及時就約。老舍後來一直忘不了這件憾事：「與先生見面的機會遂永遠失掉！」（〈魯迅先生逝世兩周年紀念〉）

青島三年

一九三四年秋初，老舍接受了山東大學聘請，到坐落在青島市的這所學府，就任中國文學系教授。在這個職位上，他做了整整二年，主講的課程，有「文藝批評」、「小說作法」、「高級作文」和「歐洲文學概要」等。

青島，是一座風光旖旎的海濱城市，且具有天然優良的海港，所以長久以來就為帝國主義列強所覬覦，西方政治軍事勢力的陰影相當濃重；每當夏日，這裡又是國內著名的避暑勝地，各地的達官顯要和買辦富賈們總是蜂擁而至，更把整座城市弄得「香」風十里、烏煙瘴氣。在一般人的眼裡，它與「穩立在中國的文化上的」濟南有著天壤的差異。其實，青島的「洋味」和「時髦」，也僅限於在一年一度的暑期裡得以充分展覽，「自秋至冬，自冬至初夏，青島差不多老是寂靜的」，特別是到了冬季，寒風肅殺，百業蕭條，生活在那裡遠遠不是一種享受。老舍來到青島之後不久，就體驗到了這一點。他從心裡本能地反感每年一輪兒的夏日浮華景象，對舞場、咖啡館、浴場、電影院之類的花花世界，退避三舍，「我們常到嶗山去玩，可是我們的眼卻望著泰山，彷彿是。這個精神使我們樸素，使我們能吃苦，使我們靜默。」在山東大學的校園裡，他進一步觀察出來，「山大所表現的精神是青島的冬」，師生們無論是教是學，都有著堅忍強毅的神情，「是在這兒矯正那有錢有閒來此避暑的那種奢華與虛浮的摩登」（〈青島與山大〉）。

跟老舍的追求更對路子的還有，山東大學不是一所教會學校，也就不會有像齊魯大學裡的某些神學迷惘氣氛，即便是守舊的「國學派」，在這裡也沒有形成太頑固的陣仗。從三〇年代初山東大學創辦的時候起，推崇新文學，便已在校內樹立了風尚，老舍到校前後，另外一些遐邇知名的作家，如聞一多、洪深、王統照、梁實秋、趙少侯等人，也都在這裡擔任著文學教授。

剛到青島的時候，一家三口人，住在登州路十號。立足未穩，老舍便收到了由北平朋友們發來的「滌洲病危」的電報。他不敢相信也無法相信這是事實。就在兩個月前，他去上海的途中，還與白滌洲、齊鐵恨相會在南京，有過開懷的敘談。想到滌洲一向身體極硬朗，他斷定來電必然有誤。忐忑不安地等了一天，不見更正的電文，他坐不住了，迅速趕往北平，才知道，滌洲已去世兩三天了！這個打擊給老舍帶來了絕大的痛苦，失去了白滌洲，失去了這位精明強幹、捨己從人，多年來待自己親同手足的摯友，老舍感受了莫大的失落。面對滌洲的亡靈，他傷心到了什麼也說不出來的程度，「哭著跑回青島」。接續而來的，是長時間的默默追思。至年底前，他連著發表了〈記滌洲〉和〈哭白滌洲〉兩篇文章，極寫胸中哀愁悲慟的情感：「我們能找到比你俊美的人，比你學問大的人，比你思想高的人；我們到哪兒去找一位『朋友』，像你呢？」──在這裡，人們又一次看到，老舍是一位何等重感情、重友誼的人。假如對二人的關係做些深入的揣摩，也可想見，老舍與白滌洲相彷彿的旗人出身和社會地位，使他們之間的情分，有一層外人不易覺察的精神蘊含。

先是想要撂下教職專心寫作沒有成功，心裡就覺著窩囊，接著，又是好友的死讓他陷入深度悲哀。兩件事過後，原來一向寫東西寫得飛快的老舍，有小半年時間，筆頭發澀。他不能相信「江郎才盡」那一套，他要頑強自拔，繼續在認真教書的同時，抓緊創作活動。

雖然心裡不大願意在教學上消耗掉太多的寶貴時間，可是，受到過師範學校裡良好師德教育的老舍，還是將教書放在了突出的位置上。他提醒自己，身邊的許多位教授，都是造詣極高的學者，自己的學歷不如人家，要躋身中間，就不可掉以輕心。他的身影經常出現在學校的圖書館裡，愛戴他的學生們在那裡遇上他，總是要熱情地打探一番「老舍先生又在寫什麼新作了」，他便誠懇地回答大家，自己要查資料、寫講義、備課，常常是「這麼一來，一整天就完了。」

離開濟南的前一兩年，因為勞累過度，他已患上了比較嚴重的背痛病，靠著學拳練劍，才有所控制。來到青島，他似乎不再敢那麼樣的拚命，在山東大學教書的兩年裡頭，他沒有再寫出長篇。短篇小說和散文、小品仍不時地在發表，而且，顯然是為了給新的寫作高潮蓄勢，他從來到青島的第二年——一九三五年起，開始陸續撰寫以「老牛破車」為總標題的十四篇創作談文章。這組文章，既包括對於由《老張的哲學》到《牛天賜傳》各部作品所歸結的經驗教訓，也包括類似〈談幽默〉、〈人物的描寫〉、〈言語與風格〉等更具創作理論性質的文藝論文③。

一九三五年年初，老舍一家遷居青島海濱的金口二路。這裡距市內最大的海水浴場很近，步行到浴場去只需八九分鐘時間。朋友們來游泳都是到他家換泳裝，可是，「不管怎麼勸，老舍總是不肯離開書桌去跟陽光海水親近親近。他硬編出來的理由是：我們瘦，不到海灘去『晾排骨』。」④

他就是捨不得時間。他的胃口很大，希望能夠兼得魚和熊掌，既要教好書，又要寫出更多作品。搬到金口二路之後，他即著手彙輯自己的第二部短篇小說集，勞作之間，他「開開屋門，正看到鄰家院裡的一樹櫻桃。再一探頭，由兩所房子中間的隙空看見一小塊綠海」（《櫻海集·序》），於是即借用海濱景色，給這部作品集命名為《櫻海集》⑤。其後一年，第三部短篇小說集又問世，被他命名為《蛤藻集》⑥，也是借用海邊物產的名稱。他和海的交道，大概也就只限於在作品集的封面上，留下這兩處紀念性的題名了。

兒子舒乙，是一九三五年八月在金口二路住所出生的。老舍選了個既好寫又含有著「第二」意味的「乙」字給他命了名。搞寫作的人，誰都怕幼兒沒完沒了的打擾，可是，老舍身處這對矛盾之間，卻一貫毫不含糊地採取「優待孩子」的政策。他在〈有了小孩以後〉一文裡寫道：

家庭之累，大半由兒女造成。先不提教養的花費，只就淘氣哭鬧而言，已足使人心慌意亂。小女三歲，專會等我不在屋中，在我的稿子上畫圈拉槓，且美其名曰「小濟會寫字」！把人要氣沒了脈，她到底還是有理！再不然，我剛想起一句好的，自信足以愧死莎士比亞，假若能寫出來的話。當是時也，小濟拉拉我的肘，低聲說：「上公園看猴？」於是我至今還未成莎士比亞。小兒一歲整，還不會「寫字」，也不曉得去看猴，但善親親，閉眼，展覽上下四個小牙。我若沒事，請求他閉眼，露牙，小胖子總會東指西指的打岔。趕到我拿起筆來，他那一套全來了，不但親親，閉眼，還「指」令我得表演這幾招。有什麼辦法呢？！

……

連我的身體現在都會變形，經小孩們的指揮，我得去裝馬裝牛，還須裝得像個樣。不但裝牛像牛，我也學會牛的忍性，小胖子覺得「開步走」有意思，我就得百走不厭；只作一回，絕對不行。多咱他改了主意，多咱我才能「立正」。在這裡，我體驗出母性的偉大，覺得打老婆的人滿該下獄。

中國人的傳統裡，有「父父子子」這一條，習慣把父親和母親分別定位為「嚴父」和「慈母」。而在老舍身上，父親的慈愛和舐犢之情，卻是如此生動地體現著。按照他的想法，在社會的天平上，孩子們總該比成年人更要緊些；從情感上說，由家庭瑣事中獲取的感受，快樂也罷，煩躁也罷，都能被他化為對天倫之情的一種享受。他天生地喜好老百姓們所喜好的每一種情感享受，除非是到了為良知大義而必須割捨這份享受的時候。

一九三五年的夏季，是老舍破例沒有寫長篇小說的一個暑期。可他還是不肯給自己安排一回休假。有感於青島這地方總被人們看成是文風凋敝的「荒島」，他早早約下了幾位文友，要利用夏日各地作家來此度假的機會，辦一份短期文學刊物。老舍給這個刊物取名《避暑錄話》，大家都贊成。《避暑錄話》作為青島《民報》的一種副刊，在這個夏天裡，每周出版一期，先後出了十期。給《避暑錄話》撰寫稿件的，共有十二位作家，他們是：老舍、王餘杞、王統照、王亞平、李同愈、吳伯簫、孟超、洪深、趙少侯、臧克家、劉西蒙、杜宇。除了願意共同推動「荒島」文風的興起，十二位作家還約定，凡在這份刊物上發表的作品，「說話必須保持『避暑』的態度」，「要和政治家的發施威權一樣，發施所謂文藝者的威權」⑦。

老舍發表在《避暑錄話》上面的作品，有小說〈丁〉和雜文〈西紅柿〉、〈再談西紅柿〉、〈暑避〉、〈檀香扇〉、〈立秋後〉、〈等暑〉等等。這些作品，有的敘寫盛夏時節自己作為青島「地主」疲於迎來送往的處境，有的表達對青島這個城市到處可見「洋人洋房洋服洋藥洋蔥洋蒜」的感慨，有的則對比有福之人「避暑」的閒適與無福之人「暑避」的無奈，篇篇皆有感而生，幽默動情。同時，其他的十一位作家，也各自展示看家本領，把發表在《避暑錄話》上的作品寫得有模有樣。

到了九月中旬，避暑季節已過，作家們各有已業，只好分道。最後一期的《避暑錄話》，刊出了老舍寫的舊體詩作〈詩三律〉和結束語〈完了〉，他抒發了自己「送別諸賢，悵然者久之」的心緒，歌贊了文友們「不關寵辱詩心苦，每憶清高文骨遒」的氣度，更用心總結了這次暑期文學活動的經驗：「假如能有些文人，團結起來，共同負責辦一個刊物，該誰寫就誰寫，該修改就得去修改，相互鼓勵，也彼此批評，不濫收外稿，不亂拉名家，這個刊物或者能很出色。」《避暑錄話》在整個刊出過程中，很得廣大讀者的好評。前面幾期，還只是在青島《民報》上以副刊形式出現，後來，因為讀者日衆，《民報》供不應求，又專門印刷了單頁的《避暑錄話》向社會發行。老舍積極參與的《避暑錄話》寫作活動，不僅有效地促進了青島文風的上揚，也為他本人日後聯絡和組織文藝界的朋友們攜手工作，奠定了基礎。

一九三五年年底，老舍舉家再次喬遷，轉住到青島市黄縣路六號。

也就在這個時候，北平學生發起了震動全國的「一二·九」愛國運動。不久，狂飆席捲到齊魯大地，山東大學的學生們，也組織起了抗日救國會，開展一系列的救亡活動。至一九三六年寒假過後，校方站到愛國學生的對立面，竟然決定開除幾位學生領袖的學籍，從而更加激起了全校大多數師生的怒火，學生們罷了課，洪深、趙少侯等一批教授也憤然提出辭職。與愛國的師生們息息相通的老舍，這時也已無心留任。

一九三六年暑假之前，山東大學進行改組，老舍利用這一機會，正式辭去了學校裡的教職。這回，他「既不想到上海去看看風向，也沒同任何人商議，便決定在青島住下去，專門憑寫作的收入過日子。」

辭職的時候，他的心中，已經鋪開了一系列重要作品的寫作計畫。

首先，是在他的《牛天賜傳》發表之後，《宇宙風》雜誌的編者曾特約他再寫一部續篇，他本人尚在躊躇之際，朋友趙少侯卻向他提出了一個不錯的建議，由他們倆合作，以書信體的形式，來完成《牛天賜傳》的續篇。二人協商的結果，這部作品定名為《天書代存》，並已各自著手寫了幾千字，甚至於在本年（一九三六）的三月中旬，還在《宇宙風》上面，發表過一篇多少帶點寫作預告意味的《天書代存·序》。透視這篇序言，可以看出，老舍的心氣已經燒起來，他是準備與趙少侯二人「精誠團結」，寫好這部作品的。

同時，一部更為他自己所珍愛的作品題材，描寫北平洋車伕命運的故事，也已完成了醞釀和構思，只待「心無二念，虔誠念佛寫成」。這部作品，是他經過了幾個月的周密準備，調動了自己大量的心底庫存，意欲訴諸於稿紙的。

此外，還有三部長篇作品，其一是描寫某「洋博士」歸國後謀職經歷的小說，其二是以北平社會為背景的家傳體小說，其三是以青島社會為背景的小說，都在腦子裡有了輪廓，同樣在等待著排上寫作日程。至於中、短篇小說，已然有了雛形的東西，就更多。

從一九三六年七月算起，老舍「職業寫家」的生活，持續了十三個月。到了一九三七年夏季，「七·七」蘆溝橋事變爆發，中日雙方的戰爭對峙形勢急劇變化。青島的局面也異常緊張起來，日軍炮艦齊集膠州灣，由當地強行登陸的情況隨時可能發生。八月十三日，老舍不得不放棄自己剛剛營造起來的專心寫作的事業，折回離別三年的濟南，重新到齊魯大學文學院，出任國文系的主任和教授。

在青島最後的一年多裡，老舍閉門著書，收穫甚豐。雖然《天書代存》的創作，因為趙少侯從山東大學辭職他往，沒有能按計畫完成（只在一九三七年北平《晨報》上刊出了約有二萬字，即告中止），兩部長篇——十六萬字的《駱駝祥子》和八萬字的《文博士》（起初在刊物上連載時題為《選民》）卻得以順利地完稿發表，同時，短篇小說〈哀啟〉、〈番表〉、〈「火」車〉、〈殺狗〉、〈兔〉和中篇小說〈我這一輩子〉等也都一一問世，彙編短篇小說的《蛤藻集》和彙編創作談、文藝論文的《老牛破車》兩本書也在此間出版。假如沒有老舍被迫離開青島以及其後愈加動盪的時局逼迫，另外的兩部長篇，一部題為《小人物自述》（即原來計畫寫的家傳體小說），一部題為《病夫》（即以青島為背景的作品），也會在較短的時間裡與讀者見面。實際上，《小人物自述》的開頭四章，大約一萬五千字，已經在一九三七年八月由天津《方舟》雜誌第三十九期登出來了，本打算通過該刊連載這部長篇的計畫，剛起步就告中斷。

以早年家庭生活為背景，寫一部家傳體小說，是老舍生平格外重視的一項創作擬意。在南開中學教書時發表過的一篇習作〈小鈴兒〉，已經隱約地透露出了作家從剛開始為文的時候，就對這一題材情有獨鍾的跡象。這回，把《小人物自述》的寫作，安排到辭掉教職專心從事創作的時段來完成，也可看出老舍對推出此項創作的特別致力。從目前我們僅能讀到的這部作品的開篇四章，來觀一斑以測全豹，也能夠看出，《小人物自述》如果能夠按預期全部問世，的確有可能成為繼《駱駝祥子》、《月牙兒》、〈我這一輩子〉等小說之後的又一部佳作。《小人物自述》，從「我」——一個窮苦市民之子的出生寫起，包括母親的難產，出了嫁的大姐趕回家來救了「我」的命，父親在「我」生下來不久就死在了外面，與孤兒寡母們一處生活的還有「我」的一位好耍脾氣的姑母，「我」從小就沒有過任何玩具等等情節，都顯然是取自作家本人的童年記憶。作品的生活氣息濃烈，表述語言帶著老舍獨特的「淚中有笑」的韻味，稍加閱讀，便可得知，它既是一個相當沉重的故事，又具有顯見的藝術吸引力。

後來，老舍在他的多篇文章中，都提到過《小人物自述》和《病夫》的創作。在一九四二年寫的〈述志〉中，他說：「『七七』抗戰那一年，我同時寫兩部長篇小說，以期每月有一點固定的收入。這兩篇，都寫了有四五萬字，可是正在往外寄稿的時節，蘆溝橋的炮聲打碎了一切。這兩部有頭無尾的稿子，已隨著我的全部書籍字畫被敵人盜去了。」看來，作家是忘記了，他實際上已在離開青島之前，起碼把這兩部書稿中一部的開頭，寄給了刊家。顯然，他始終沒有見到過《方舟》雜誌登出的開頭，本來就十分看重《小人物自述》寫作的老舍，心裡的難過是可想而知的。

濟南三個月

老舍離開青島返回濟南之前不到半個月，胡絜青剛生下他們的第三個孩子。當時正值天陰落雨，老舍給這個女嬰命名為「雨」。「七．七」前後，國事堪虞，作家心頭也已是風雨鼓盪，故借天雨命名；本來還曾擬名「亂」，妻子沒有同意，嫌過於現實。其實，一個「亂」字的確能概括老舍此時的心緒，老母親、諸位親友以及他心中永遠惦念著的北平，都已陷入了敵人的控制！

因為胡絜青分娩不久，嬰兒太小，老舍只好暫且把家眷留在青島，一個人按照與齊魯大學的約定，如期去濟南赴任。他本想讓胡絜青在青島繼續逗留一個階段，至少等到嬰兒滿月，再來濟南。可是，戰局驟變，老舍八月十三日到濟南，十四日日軍陸戰隊即由海上登陸。原來的計畫不能不迅速更動，他急電請求在青島的友人，馬上把他的夫人和孩子們送來濟南。這麼一個突然的變更，青島家中的書籍、物品，幾乎損失殆盡。

老舍雖然在名義上是又回齊魯大學來任教了，然而，在國難當頭的氣氛之中，在時時都可能聽到日軍逼近濟南消息的情況底下，誰還有心教，誰又有心學呢？老舍還記掛著該編寫幾種新講義，該構思一些新作品，可是，實際上都做不到。九月十五日學校宣布了開學，學生報到的還不及半數。二十一日，日本飛機掠過濟南上空，投下一顆炸彈，傷了市民多人，更弄得人心惶恐。校園裡再也聽不到年輕學子們的笑語，課堂上或是見不到幾個學生，或是找不到老師。幾乎每天都有教員和學生來向老舍辭行，他們中間，有的要回故鄉避難，有的要南下另謀出路。看到女兒和妻子每日裡折紗布揉棉球，以備救護傷兵之用，老舍更感憂心如焚，每天必做的事，就剩下看報紙和聽廣播了。他巴望形勢能有些好轉，可是，現實一再打破他的期待。

這時，由中共地下黨領導的「平津流亡學生會」擬在濟南倡議成立「山東省文化界抗敵協會」，派人來找老舍，希望他能夠成為該組織的發起人之一。老舍不但表示同意，而且積極熱忱地參加了這個協會的第一次籌備會議。雖然這個組織的籌備活動，因為日軍的迅猛進佔而被迫輟止，但是，我們看到，投入這次活動，可以說，是老舍一生終於與政治近距離結緣的開端。一向關切國事而又長期以來對政治保持著「旁觀者」身分的老舍，此刻，絲毫沒有猶疑地，跨出了這關鍵的一步。

如前所述，老舍不欲介入政治的人生態度，是有其社會根源的。當初，政治排斥了社會上絕大多數的滿族人，老舍和他的同胞們一樣，不願涉足政治領域，是很可以想像和理解的。但是，一顆拳拳報國之心，卻長在胸臆之間跳動，自幼形成的與帝國主義侵略者不共戴天的情感定位，在老舍身上，也從未有過半分的動搖。當年，身為八旗兵的父親，就是為了保衛祖國才以身相殉的，世世代代，更有多少滿族志士為國捐軀，老舍畢竟是他們的後代。此前幾年，日本侵略者曾網羅一些背叛先輩背叛祖國的封建餘孽，在東北建立所謂的「滿洲國」，這是讓絕大多數滿族人一想起來就義憤填膺的事情；老舍由記事的時候起，就知道了，父親是在西太后臨陣脫逃後，才戰死在北京城的，他從來就為自己的民族中居然總有那麼一夥兒敗類而感到羞愧。在老舍和他的絕大多數同胞眼裡，自尊，是滿人活在世上的首要原則，連起碼的體面和尊嚴都不要了的人，是不配作滿族人的。現在，愛國還是賣國，甘當亡國奴還是挺身對敵，已然成了每一位國民眼前的最大的政治，老舍還會有另一種選擇麼！

抗日戰爭爆發前後，一改辛亥以來滿人多不願介入國家政治的狀況，各地的滿族人士前赴後繼投身救亡活動，成了潮流。從打響抗戰第一槍的佟麟閣，到在東北大地上與侵略者浴血奮戰的名將黃顯聲、鄧鐵梅、陳翰章；從四處奔走組織救亡團體的高崇民，到在北滿及南滿淪陷區從事抗敵文藝宣傳的作家和烈士金劍嘯、花喜露，都有過功彪青史的非凡業績。連北平城裡的滿族人，這時也在精神面貌上有了絕大的變化。譬如老舍的恩人宗月大師劉壽綿，在「七·七」事變剛剛結束，便挺身而出，帶領十數名陝西災童，到南口保衛戰的山區戰場上，連續多日，為英勇陣亡的三千多名中國將士掩埋遺骸，日本人被觸怒了，曾將他逮捕繫獄，劉壽綿把生死置於度外，侵略者迫於大師在市民中間的威望，只好釋放他；又例如老舍多年來的好友、燕京大學國文系主任董魯安教授，也曾是一位佛教徒，在日寇佔領北平並霸佔校園的時候，他敢於在課堂上抨擊敵偽罪惡，後來又以「出家」為名撤離故都，進入晉察冀抗日根據地，直接獻身於救亡工作；即便是當時在北平生活的清皇族後裔中，也出現過像載濤、金寄水等人那樣寧可為了保全名節餓死長街，也斷然拒絕去偽「滿洲國」承襲「爵位」的行為。

抗日戰爭打響之後的老舍，以一介書生之身分、思想，又一回與他的那些正直而愛國的同胞們取得了一致。為了國家的尊嚴和個人的氣節，他擇定了與敵寇誓不兩立的立場。一九三七年十一月初，他發表了〈友來話北平〉一文，明確提出，在暴敵面前，知識階層必須自警自勵，實踐抗日救國宏願，「在手腳還自由的時候先撲奔敵人的喉頭去！」

日軍由北向南，大舉逼近了濟南城。到十一月份，齊魯大學校園裡已經只剩了幾家人。老舍還沒有確定自己下一步的行止，北平有家不能回了，即使是向南走吧，一家五口，最小的才三個月，又怎麼能經得起戰亂中的顛沛生活？家國不能兩全，是教他最難排解的憂愁。他幾次收拾起準備出走時用的小皮箱，又幾次打開它。一部陸放翁的《劍南詩稿》，成了老舍須臾不肯釋手的書籍。「楚雖三户能亡秦，豈有堂堂中國空無人！」他一遍遍在室內踱步，一遍遍地吟哦著這樣的詩句，心中充滿極度的悲痛。

十五日那一天，日軍成群的戰鬥機在濟南上空盤旋，傍晚，昏暗的天際猛然映出三道紅光，隨後是三聲巨響。人們猜測，必是日軍開到了距城北十多里的黃河邊，河上鐵橋已被炸毀。那就意味著侵略者很快便要殺進這座古城了。此刻，老舍再也沒有其他辦法可想，他提上那只小皮箱，帶上五十元錢，向妻子含淚道了「保重」，把三個幼小的子女，以及遠在北平的老母，都託付於她，便轉身走出了家門。

「國難期間，男女間的關係，是含淚相誓，各自珍重，為國效勞。男兒是兵，女兒也是兵，都須把最崇高的情緒生活獻給這血雨刀山的大時代。夫不屬於妻，妻不屬於夫，他與她都屬於國家。」這是老舍離開妻小不久後寫給友人信中的話。為了國家，他用兵一樣的標準來要求著自我，也用同樣的標準來要求妻子。讓他心頭頗覺寬慰的是，胡絜青非但沒有在他離去時表現出任何畏懼和纏綿，而是相反，她像昔日許多堅強的旗人女性一樣，毫無二話地擔起了丈夫留給自己的一切。

老舍趕到火車站，那裡早已人山人海，南去的列車連車頂上都坐滿了人。靠著送行的朋友幫助，老舍勉強地擠了上去。

十一月十八日，老舍輾轉來到武漢。從離開濟南的時刻，他就意識到，對自己來說，長時期的流亡生活，開始了。

①舒舍予著《文學概論講義》，一九八四年由北京出版社首次出版發行。
②可以參見納蘭性德〈原詩〉、〈淥水亭雜識〉、〈賦論〉、〈填詞〉和鐵保《續刻梅庵詩鈔自序》、《梅庵自編年譜》等文章。
③這十四篇文章，從一九三五年七月至一九三六年十二月，先後在《宇宙風》雜誌上刊出；後來，又加上了自撰的一篇〈序〉，於一九三七年四月，由上海人間書屋出版。
④王行之：〈胡絜青談老舍〉，載於《人物》，一九八〇年第一期。
⑤《櫻海集》，一九三五年八月由上海人間書屋出版，收入了作者到青島後寫的十篇短篇小說（包括〈上任〉、〈犧牲〉、〈柳屯的〉、〈末一塊錢〉、〈老年的浪漫〉、〈毛毛蟲〉、〈善人〉、〈鄰居們〉、〈月牙兒〉、〈陽光〉）和一篇自序。
⑥《蛤藻集》，一九三六年十一月由開明書店出版，收入了作者自一九三五年上半年開始寫的七篇短篇小說（包括〈老字號〉、〈斷魂槍〉、〈聽來的故事〉、〈新時代的舊悲劇〉、〈且說屋裡〉、〈新韓穆烈德〉、〈哀啟〉）和一篇自序。
⑦洪深：〈避暑錄話‧發刊詞〉，載於青島《民報》，一九三五年七月十四日。

第七章　剖視民族的精神痼疾

——創作於濟南的長篇小說

《貓城記》

長篇小說《貓城記》，在老舍的創作生涯中間，屬於相當特殊的作品。它是一部寓言體諷刺小說，通篇文字潑辣警厲，截然不同於作者慣常在創作中表現出的幽默風格及平易態度；而且從題材上看，既沒有選取熟識的北京市民故事，也不是以當時所居住的濟南為寫作背景，描繪的竟是一齣發生在火星上頭的悲劇！

作品近十一萬字，創作於一九三二年上半年，從當年八月起在《現代》第一卷第四期上開始連載，至次年四月第二卷第六期連載畢。

寫《貓城記》的時候，老舍的精神正陷入極度悲哀。他在英國時曾經真誠關注過國內的社會政治演變，寄希望於北伐和大革命能讓祖國從黑暗與混亂中獲得新生；在新加坡，他為當地華人及其他被壓迫民族的鬥爭與創造精神所鼓舞，心裡更是漾起了高度的激情。滿懷熱望地撲進祖國的懷抱之後，眼前的一切，卻叫他生出了多少倍於激情的失望。他看到：社會動盪，內亂頻仍，百姓們的生路越走越窄；同時，隨著「九·一八」事變爆發，中國軍隊一槍不放地撤離了東北地區，日本軍國主義者的鐵蹄已踏遍白山黑水間的大好河山，並導演出令人作嘔的偽「滿洲國」鬧劇，侵略者還不罷手，又要策畫更大的戰略陰謀。老舍，一個正直、愛國的中國滿族文化人，無論如何，也不能接受這樣罪惡的現實！他苦苦思索，希望找出這罪惡現實的淵藪，希望心愛的祖國和人民能夠從這可怕的景況中擺脫出來。在當時發表的一篇題為〈論創作〉的文章中，他情緒激越地寫道：「我們的國家已經破產，我們還甘於同別人一塊兒作夢嗎？我們忠誠於生命，便不能不寫了。在最近二三十年我們受了多少恥辱，多少變動，多少痛苦，為什麼始終沒有一本偉大的著作？不是文人只求玩弄文字，而精神上與別人一樣麻木嗎？我們不許再麻木下去，我們且少掀兩回《說文解字》，而去看看社會，看看民間，看看槍炮一天打殺多少你的同胞，看看貪官污吏在那裡要什麼害人的把戲。」「創作，不要浮淺，不要投機，不計利害。活的文學，以生命為根，真實作幹……」

就在作者慷慨命筆欲作《貓城記》的時候，他得知，《大明湖》書稿已在上海葬身於日寇播下的戰火之中。這很自然地，更加重了他那原已不堪的心情，使手頭的寫作加倍蒙上了哀傷的陰影。

《貓城記》講述的是，地球上的中國人「我」，乘坐朋友駕駛的飛機到火星上探險，在著陸於火星的時刻，飛機失事，朋友喪命，只剩下「我」還活著。在那裡的「貓人」國度裡，「我」生活了一段時日，親自觀察了貓國病入膏肓的文化百態及社會情狀，目睹了貓國在「矮人」國軍隊侵略下的亡國滅種經過。後來，「我」得以搭乘一架來到火星的法國飛機，返回了地球上的中國。

小說以貓國故事諷喻中國現實的用意，是明朗的。不過，既然是一部寓言體作品，《貓城記》中的林林總總，就不可能一味地按照中國當時的實際來摹寫。老舍是把他對國事的失望和憤慨，用藝術的手段強化出來，使讀者在閱讀之際，都能夠清晰地聽到作家對現狀的抨擊與抗議之聲。

我們知道，老舍從初入文壇，便體現出了自己的創作特徵：以對社會下層的精神文化觀察、刻畫見長；至於政治思維，則是他一向沒能超越的弱項。在《貓城記》裡，作者要向人們發出社會墮落勢必導致國家滅亡的警號，只能是依傍個人的視野優勢，有意無意地扭住文化褒貶這條主線來體現，也就是說，在狀寫貓國滅亡的大悲劇時，重點敘說貓國「文明」危機在國家和民族毀滅過程中的決定性影響。不過，作者也感到，任何國家的文明，都不可能在這個國家滅亡之前單獨消失，撇開政治因素，過分強調文化的作用，顯然不妥，所以，老舍在作品中承認：「要打算明白貓國的一切，我非先明白一些政治情況不可了。」這樣，小說也只能硬著頭皮去觸及政治。

以往的一些論者，常把《貓城記》認定是一部「政治諷刺小說」，這顯然殘留著許久以來，常常以政治檢視，作為文學批評中壓倒一切的尺度的痕跡。其實，把《貓城記》看作是一部「文化諷喻小說」，大約更切近於事實。

在這部長篇作品中，老舍極盡想像地勾描了貓國文化與貓人精神的畸形狀態：

「貓國有歷史，兩萬多年的文明。」然而，這種文明推衍到最後，引起了種種的異化。自古以來曾靠種地吃糧為生的貓人們，在五百年前「外國人」把一種叫作「迷葉」的植物帶來之後，便紛紛改食迷葉度日。迷葉有麻醉作用，「吃就上癮，「吃了之後雖然精神煥發，可是手腳不愛動，於是種地的不種了，作工的不作了，大家閒散起來。」起初，國家想禁絕迷葉，結果卻是由皇上下令把迷葉定成了「國食」。為了爭奪迷葉，三百年來，貓國進入了「足以表現個人自由的」搶劫蜂起的時代。

上上下下都食用迷葉的貓國，舉目可見「這麼多糊塗、老實、愚笨、可憐、貧苦、隨遇而安，快活的民眾」，人人渾渾噩噩地活在同一種毒霧般的氣氛中，盲目「敷衍」，是當地從祖父輩到孫子輩所有人處理所有事的準則。自私而喪盡人格，構成了貓人們典型的精神面貌，對別人有益的事，那怕是說一句話呢，也不肯去做，「人們好像一生出來便小野獸似的東聞聞西抓抓，希望搜尋到一點可吃的東西，一粒砂大的一點便宜都足以使他們用全力去捉到。」錢，在貓國被稱為「國魂」，即使到了他人被倒塌的房屋埋起來要死了的關頭，不用「國魂」收買，旁觀者也絕不會伸手救人。貓人們無情無義，骯髒醜陋，在正經事業上聚不起注意力，卻對湊趣看熱鬧，有著不敗的興致，「路上有個小石子，忽的一下，一群人全蹲下了，人潮起了個漩渦。石子，看小石子，非看不可！蹲下的改成坐下，四外又增加了許多蹲下的。漩渦越來越大，後面的當然看不見那石子，往前擠，把前面坐著的擠起來了幾個，越擠越高，一直擠到人們的頭上……」老舍在這部書裡，幾乎將自己所認知的身邊國民們一應人格缺損，都描寫到貓人的「文明」中間，對這種所謂「文明」給予最堅決的斥責：「濁穢、疾病、亂七八糟、糊塗、黑暗是這個文明的特徵。」

墮落了的精神文化，必然造就社會上形形色色的怪事情。在貓國，「青年生下來便是半死的」，因為他們承襲著的是一代又一代傳下來的陳腐「規法」；學校教育等同虛設，學生們入小學之日，就是領得大學畢業證書之時，貓國成了火星上畢業生數目最多的國家！政府無心辦教育，連續二十五年不給教員們發薪水，「皇上就是滿意教師們餓死。」學生們甚至可以在光天化日之下，將校長和教師活活地解剖、宰割。

貓國的學者，也是人格淪喪的一群，他們學問糟糕，卻個個以「第一」學者自居，彼此不服時，愛用「我不偷了你的老婆才怪」相威脅；為標榜自己的身價，學者們最熱衷的事，莫過於參加皇上召集的學者會議，參加不上，便要改為「批評政府，叫大家臉上無光！」

在貓國的傳統社會，婦女地位尤其可嘆。「納妾是最正當的事」，公使家有一妻八妾，豪紳家納妾十二人之多，玩妓女更是司空見慣。女人活在世間，不過只是男性發洩性慾的對象而已：「我們貓國的人以為男女的關係只是『那麼』著。」女人是男人的玩物還不算，她們從心裡就樂意接受這個現實，家裡納有一妻八妾的公使死了，公使夫人還一天到晚照看著那些小妾，「我希望什麼？……我只望皇上明白我的難處，我的志向，我的品行，賞給我些卹金，賜給我一塊大匾，上面刻上『節烈可風』。」

窮途末路的文化，必然跟腐敗惡劣的社會環境相依存。貓國官僚政體層層疊疊，「衙門真多、妓女部、迷葉部、留洋部、抵制外貨局、肉菜廳、孤兒公賣局……這不過是幾個我以為特別有趣的名字，我看不懂的還多著呢。除了閒著便是作官，當然得多設一些衙門」。當上官的，無不作威作福，「橫行是上等貓人口中最高尚的一個字」，「伸手就打是上等貓人的尊榮」。貓國又是個「有政客而沒有政治」，「人人談政治，而始終沒有政治」的國家，「流氓、地痞、識幾個字的軍人」都可以成為政界人物。貓國人把政黨叫作「哄」，有保皇的「參政哄」，也有反對皇上的「民政哄」，其他「一人一哄，兩人一哄，十人一哄」的，還有不少。「哄越多人民越窮，因為大家只管哄，而沒管經濟的問題。」在這樣的政治下，軍事與外交也是一塌糊塗。「貓人本來可以走得很快，但是貓人當了兵便不會快走了，因為上陣時快走是自找速死，所以貓兵們全是以穩慢見長，慢慢的上陣，遇見敵人再快快的——後退。」所謂外交，就是無論發生什麼事，照例給外國送去一塊上寫「抗議」二字的石板，「外交官便是抗議專家」。

《貓城記》展示的貓國社會文化大觀，是讓人感到窒息的。然而，生活在三〇年代的讀者，都能在中國的現實社會，並不困難地找到與貓國情形類似的事相。老舍在小說中，對貓國「文明」所做的刻繪，給每位有良知的中國國民一種提示：這樣的民族文化與社會景象，是斷斷地要不得了。憤懣的作家還未罷休，在作品中更進一步，講述著貓國、貓國文化乃至於貓人們的滅絕，以便給讀者異常強烈的警策。小說結尾，「小氣與狠毒」的「矮人」國軍隊侵入貓國，國內僅有的兩位愛國者——大鷹與小蠍，商定了一條由大鷹自殺後，小蠍懸其頭顱於街市，以號令本國部隊投入反侵略戰爭的計謀，結果呢，大鷹白白地犧牲了，愛熱鬧的貓人們爭先恐後地「看頭去」，「沒有人問：這是誰？為什麼死？沒有。我只聽見些，臉上的毛好長，眼睛閉上了。只有頭，沒有身子，可惜！」素有「外國人咳嗽一聲，嚇倒貓國五百兵」民諺的貓國，在侵略軍尚未殺來之時，就已經一潰千里，「一個軍隊，沒有馬鳴，沒有旗幟，沒有刀槍，沒有行列，只有一片熱沙上奔跑著無數的裸體貓人，個個似因驚懼而近乎發狂，拚命的急奔，好似嚇狂了的一群，一地，一世界野人。」等到矮人軍隊真的來到此地，貓國軍人們開始自相殘殺，為的是爭路，以利先去投降，「誰先到誰能把京城先交給敵人，以後自不愁沒有官作。」可悲的是，「殘忍」的矮人們到底也不姑息他們，採取活埋等暴刑，把貓人大批大批地殺掉。貓國最後兩個人，沒有葬身於敵手，他們彼此正在自相爭鬥的時候，被矮兵俘獲，「把他們放在一個大木籠裡，他們就在籠裡繼續作戰，直到兩個人互相地咬死；這樣，貓人們自己完成了他們的滅絕」。

貓國亡了，亡於敵人入侵，也亡於自身文化的潰爛；貓人絕了，絕於侵略者的殺戮，更絕於極端自私的貓人間的自相戕害。正如作品中惟一比較清醒的貓人小蠍說的那樣：「糊塗是我們的要命傷……經濟、政治、教育、軍事等等足以亡國，但是大家糊塗足以亡種！」作家用這般無情的文筆，向世上雖說古老但是極腐敗醜惡的文化，施發了毀滅性的一擊。

寫作《貓城記》時的老舍，筆下瀰漫著悲觀主義的霧靄。小說裡的貓人小蠍，貓國裡面最突出的一位「悲觀者」，在相當的程度上，正是作者的代言人。小蠍將貓國一切都看得那麼透闢，解說任何事相都體現出一種絕望心境。作品中的「我」，也嫌小蠍過於悲觀，又一再替他的悲觀辯護：「悲觀者是有可取的地方的，他至少要思慮一下才會悲觀，他的思想也許很不健全，他的心氣也許很懦弱，但是他知道用他的腦子。」「沒病的人是不易瞭解病人之所以那樣的悲觀的。」老舍既是為小蠍辯護，也是為自己辯護①，他感覺，之所以要把小說寫得這樣悲觀，完全是因為自己身處其間的社會文化確實有病並且對這嚴重的病症及其後果已然得出了真切判斷的結果。有過基督教知識習養的作家，在小說裡，暗借《聖經》中〈但以理書〉第五章描寫的「手指書文於壁」引來迦勒底國滅亡的故事，通過「我」的心理預感，多達六次地提到了對貓國社會文化起著決定作用的所謂「毀滅的手指」②，證實了老舍的創作心態，幾乎臨近了宿命的邊緣。當然，讀者終於看到，悲觀絕望的小蠍，在國難當頭的時候，身為戰士衝向了前方，這一筆，補寫了作家的心志，不是要知難而退和徹底潦倒，他依然期待著拚死的奮爭。小說中的大鷹，是為了救國和喚起民衆而自殺的，小蠍的歸宿，也是在奮爭之後的自殺，這兩個有著同等結局的貓人，是老舍全部創作中間出現的第一批為理想和信念而主動殉道者，這使我們自然地聯想到老舍後來作品中的類似人物塑造，也使我們聯想到老舍本人那終極的選擇。

如果不讀《貓城記》，便很難如此深刻地體驗什麼是老舍式的文化啟蒙主義精髓。魯迅之後，像老舍這樣堅持激越而又硬韌地批判國民劣根性的作家，委實不多。

《貓城記》創作的成績是明確的，它的缺陷也同樣是顯見的。

寫作時的悲苦心境，讓作家偏離了自己剛剛獲取的成功經驗。他徹底放棄了幽默平易的寫人敘事風格，放棄了用來刻畫人物形象的技巧，這等於是主動捨掉了創作優勢。他甚至連「越是毒辣的諷刺，越當寫得生動有趣」的道理也沒有來得及認真考慮，便寫成了這部充滿議論和一味罵世的作品。小說缺乏生動可感的人物，具體描繪的貓人形象很少，寫到他們的時候，多是借助他們的嘴來闡述某種作者既定的認識，致使人物幾乎都是蒼白而缺少可觀的形象性。作品發表之後，即有評論指出：「它是一篇通俗日報上的社論，或者更恰當點說，它不過是還算有興味的化裝講演。」③雖然有點尖刻，亦不無道理。老舍不具有思想家的稟賦，卻試圖以《貓城記》這樣的作品，直白地推出對社會與文化的全部思索，可以說，是選取了個人的弱勢，不能不走進了藝術上的盲區。小說問世三年後，老舍在〈我怎樣寫《貓城記》〉文中，檢討了自己的失策，說：「把諷刺改為說教，越說便越覺得膩得慌」，「它不怕是寫三寸丁的小人國，還是寫酸臭的君子之邦，它得先把所憑藉的寓言寫活，而後才能彷彿把人與事玩之於股掌之上，細細的創造出，而後揑著骨縫兒狠狠的罵，使人哭不得笑不得。它得活躍、靈動、玲瓏和幽默。必須幽默。不要幽默也成，那得有極厲害的文筆，與極聰明的腦子，一個巴掌一個紅印，一個閃一個雷。我沒有這樣厲害的手與腦，而又捨去我較有把握的幽默，《貓城記》就沒法不爬在地上，像隻折了翅的鳥兒。」

老舍的其他成功之作，多藉助直接的生活依據為情節單元，來鋪展通向受衆欣賞心理的橋樑。以素樸、本色的現實主義風格，寫自己曾經有過的所見所聞所感，常能達到真情宛然的意境，收到感人至深的效果。《老張的哲學》、《趙子曰》和《二馬》，已初步說明了這一點。到了《貓城記》，作者偏要跳出切身的經驗世界，主要依仗想像和推理，造出一座全新結構的文學建築。儘管我們仍可以從作品中找到諸如外寇殺來時皇上頒令遷都、統治者先期逃竄而命下屬軍隊抵抗、瀕於亡國之際賣國者們爭相向外國新主子邀功，這樣一些現實生活中人們見識過的真實情景，畢竟還是嫌這樣的描述，太少了一些，也太泛泛了一些。依賴想像填充情節空位，對老舍來説，是個大難題。且不講他是否可能在短期內練就這麼一手，恐怕連作家的創作心理定勢也難完成這樣的變異，「瞪著眼説謊而説得怪起勁」，不符合老舍的寫實習性。從這裡，我們發現了，即便是像老舍這樣著名的現實主義作家，當他初涉文苑未久，也曾有過與現實主義道路之間的錯位之舉。

作品對貓國文化的批判是尖刻的，作家的一顆心卻始終温熱。在貓國一片慘淡的時刻，「我」的心中曾經現出「許多許多色彩鮮明的圖畫：貓城改建了，成了一座花園似的城市：音樂、雕刻、讀書聲、花、鳥、秩序、清潔、美麗……」作品中的「我」曾殷切期待，包括貓國國民們在內的全人類，都能贏得美好的前程。老舍不無偏頗地認為，貓國全部禍患的源頭，便是人格與國格的缺損，因此，他為貓國設計的理想之路，也僅僅在於「怎樣救國？知識與人格。」「我相信有十年的人格教育，貓國便會變個樣子。」利用持續不懈的人格教育來救亡圖存，是相當長時期內老舍耿耿於心的抱負，這當然又是將教育看作了人類歷史發展原動力的理念在起作用，繼續凸顯了作家改良主義與人道主義世界觀的局限性。

一九五九年，老舍在一篇〈悼念羅常培先生〉的文章裡，如實地剖析了他們這些正派的滿族文化人當年的精神面目：

遇到一處，我們總是以獨立不倚，作事負責相勉。志同道合，所以我們老説得來。……

莘田所重視的獨立不倚的精神，在舊社會裡有一定的好處。它使我們不至於利欲薰心，去蹚渾水，可是它也有毛病，即孤芳自賞，輕視政治。莘田的這個缺點也是我的缺點。我們因不關心政治，便只知恨惡反動勢力而看不明白革命運動。我們武斷地以為二者都是搞政治，就都不清高。

一九五一年，作家為開明書店出版《老舍選集》撰寫〈自序〉時，談到過《貓城記》的有關情況：

最糟的，是我，因為對當時政治的黑暗而失望，寫了《貓城記》，在其中，我不僅諷刺了當時的軍閥，政客與統治者，也諷刺了前進的人物，說他們只講空話而不辦真事。這是因為我未能參加革命，所以只覺得某些革命者未免偏激空洞，而不明白他們的熱誠與理想。我很後悔曾寫過那樣的諷刺。並決定不再重印那本書。

老舍有個許多滿人常有的習性，或者也可以說是個毛病，心裡常常有一定之規，可是往往要在人前體現出自謙的修養層次。當別人對他的作品有了微詞的時候，他批評自己每每比別人講得還要重一些。這也叫批評他的好心人不再忍心多加指責。但是，事情有時卻不是這樣，在對待《貓城記》的問題上，呈現了老舍本人意想不到的後果，進入五〇年代之後，現代文學史的編寫者們將對各類作品的批評標準越來越多地向政治一側傾斜，認為《貓城記》「不分敵我地將反動勢力和革命人物給予同樣的諷刺和打擊」因而「存在著傾向性的錯誤」的評價④，逐漸地增強了音量。到了「文化大革命」中間（當時老舍本人已辭世），極左政治勢力為了達到「批臭」老舍的可恥目的，更是將對這部作品「批判」的調門無限度拔高，以至於誣陷它是一部「對偉大的中國人民恨之入骨」的、「媚敵賣國的反動小說」⑤。雖然歷史早已無情地蕩滌了這些強加到老舍與《貓城記》身上的無稽之談，但是，人們也不能不記得，在我們這個「文化古國」，一部真正具有文化意味的小說，曾經領受過何等虛妄的「罪名」。

《貓城記》，固然不能列入老舍作品最優秀的那一部分中間，但是，它的多重價值是客觀存在的，除了以上已經提及的諸項之外，還可以說，這部長篇，是中國現代文學中荒誕小說的濫觴之作，並且，它的寫作，為老舍後來漸漸形成幻滅型社會文化悲劇的寫作範式，提供了有益的經驗。

《離婚》

約有十五萬字的長篇小說《離婚》，一九三三年八月，由上海良友圖書印刷公司出版。

這部作品可不是倉促落筆的，預先，老舍對風格和題材做了一番自覺而周密的選擇。「在沒想起任何事情之前，我先決定了，這次要『返歸幽默』。」（〈我怎樣寫《離婚》〉）之所以這樣決定，跟前此完成的兩個長篇──《大明湖》和《貓城記》──的教訓有關。在英國寫的三部長篇，為老舍贏得了文壇「笑王」的綽號，然而，初期寫出的那些作品，幽默和調侃被下意識地揮寫到了失控的地步，影響了作品主題的表達，也在評論界引起了相當的非議。既是考慮了這些意見中的道理，也是因為回國之後一段時間內心情過分地壓抑，寫《大明湖》和《貓城記》，老舍執意遠離幽默。誰知，結果矯枉竟過了正，乏味的鋪敘和板著面孔說教，違背了作家的天性，導致了藝術上的失利。作者用他自己的趣語，表達了由教訓帶來的體悟：「經過這兩次的失敗，我才知道，一條狗很難變成一隻貓。」（〈我怎樣寫《貓城記》〉）回到個人的優勢即幽默風格上面來，已是勢在必行了，老舍告誡自己，這回可是又要幽默，又須把幽默看住了，不能讓它帶了作品隨便地走。《大明湖》和《貓城記》的創作經歷，還在另一個角度上給作者以啟迪，兩部小說都不是寫北京的，寫濟南往事和寫火星見聞的題材定向，限制了老舍的思維空間，想像的餘地小了，故事也就枯燥了許多。在鋪開新作的稿紙前，他想好了：「這回還得求救於北平。北平是我的老家，一想起這兩個字就立刻有幾百尺『故都景象』在心中開映。」（〈我怎樣寫《離婚》〉）

許多中外的優秀作家，都經歷過早期的創作探索階段，從正反兩方面的經驗中，找到真正屬於個人的成功之路。老舍也是如此，他曾經從渾然不覺到逐漸自覺地摸索和構建自己在寫作上的風格優勢和題材優勢，直到寫作《離婚》的時候，才終於找到了啟動自為之門的鍵鈕。這扇自為之門的打開，不單對小說《離婚》，對老舍後來的長期創作，都具有決定性的意義。

《離婚》，透過對民國前期北平城某財政所內幾個小科員家庭故事的敘述，展現了市民階層「日常生活哲學」的精細與酸腐，以及身陷其間的種種灰色人生的無奈與煎熬，同時，也鞭撻了社會政治的黑暗和官僚機構的敗壞。

作品中出場的，盡是些小人物，他們不同的個性和命運，被描畫得活靈活現。

科員張大哥，在這個生活圈子裡頭有突出的位置。此人具備了庸俗市民的最高才智，「一生所要完成的神聖使命：作媒和反對離婚」。他關注周圍每個人的婚姻狀況，既不贊成自由戀愛，又很用心地為不同條件的未婚者設計和撮合婚姻，誰個夫妻不協調，他寧可請你吃飯，也要勸你別離婚。他的「每根毫毛都是合著社會的意思長的」，認為只要每個人都有維持得住的婚姻，社會就必定安穩太平。他待人處世熱心、周到，擅長於利用多年結下的各種人際網絡，調解小市民們家庭內外隨時遇到的難題和矛盾，為人為己也都能謀些相應的好處。他是個十足的「好心人」，凡有人來求他，那怕是碰上庸醫下錯藥治死了病人而遭到追查一類的事，他也會滿口應承下來，去替

「落難者」奔走解困。在張大哥的眼裡，「世界上沒有不可以作的事，除了得罪人」，因此，「他的生命就是瞎熱鬧一回，熱鬧而沒有任何意義」。這位市民階層心目裡的「聖手」，在「衙門」裡、社會上，一向活得如魚得水，沒想到偏偏在一帆順風的時刻摔了大跤：兒子被誤認成「共產黨」，讓一個「全能的機關」捕了去，立刻，周圍與他關係融洽的人們，絕大多數都翻臉不再認他，他丟了挺不錯的職位，損失了多年攢下的房產，為了換回兒子，還險些讓惡人騙走了女兒。到了這步田地，張大哥什麼能耐都用光了，他哀嘆：「我沒辦法！我幫了人家一輩子忙，到我有事了，大家看哈哈笑！……我得罪過誰？招惹過誰？」他只剩下與普通市民階層落魄者一樣的可憐相。張大哥的悲劇證實，浸泡在都市灰色人生中的小人物，無論才分有多高，人緣有多好，到了被社會厄運擠壓的時候，照例是不堪一擊的。張大哥形象的發人深省之處，還在於作品寫了他隨後的時來運轉，終於，他的兒子放出來了，財政所裡的職位也恢復了，張大哥趕緊主動宴請那些曾經翻雲覆雨的同事和「朋友」，興高彩烈地回到他們的行列，繼續作他「地獄中最安分的笑臉鬼」去了。灰色的、熱鬧而全無任何意義的人生，又在張大哥的腳下從頭開始。老舍成功地模塑出了北平城「太穩」的市民文化中這一個堪稱典型的人物形象，折中調和、敷衍圓通和息事寧人，是張大哥從這種文化中修得的主要性格特徵。

小說中的另一個主要人物，科員老李，雖與張大哥的性情、命運每有不同，在文化歸屬上，卻跟張大哥相去不遠。他的學問和資格都不差，工作勤懇，「有辦事的癮」，只因稟性正派狷介，身為財政所的職員，卻不肯和衙門裡混日子的同事們同流合污，故被周圍的人們看成是「科員中的怪物」，「因此受累是他的事：見上司、出外差、分私錢、升官，一概沒有他的份兒」。他明辨是非，處世仗義，在張大哥家蒙難的關頭，是衙門裡惟一不顧個人得失，肯於出面為張大哥出力排解的人，他牽頭為張大哥的兒子寫保狀，在各科轉了一遭，竟無一人敢在上面簽名，他仍不死心，又硬著頭皮去向剛剛作弄過自己的惡棍小趙求情，還搭上了辛苦掙來的二百五十塊血汗錢，到底把張大哥的兒子救出來了。老李又有小知識分子迂闊、好幻想的一面，他嫌早年在故鄉娶的小腳女人俗氣，盼著能夠離婚，重新找到一位有些「詩意」的心心相印的伴侶，在張大哥極力鼓動下，他只好把鄉下的妻小接進北平；試圖用讀小說等辦法來改造妻子不成，便期待能跟鄰居家的一位棄婦結合，仍舊不成；在衙門裡不順心、個人追求又不可得的情況下，他只好帶著妻子兒女，傷感地離開了北平城，回老家去了。老李的命運，其實與張大哥一樣，也是都市市民灰色人生的一種。他厭倦衙門裡的烏煙瘴氣，又得跟自己反感的人們敷衍周旋；受了壞人的欺負後想抗爭，可話到嘴邊又常常變軟；他有著合於時代進步精神的兩性追求：「不願只解決性慾，他要個無論什麼時候都合成一體的伴侶。不必一定同床，而倆人的呼吸能一致的在同一夢境——一條小溪上，比方說——呼吸著。不必說話，而兩顆心相對微笑。」然而，這樣的追求也是他實現不了的，他沒有真的拋棄結髮妻子和一雙可愛兒女的勇氣，他暗戀著的鄰家棄婦，終於跟曾經棄她而去的丈夫重歸舊好，老李幻想的夢，只好在悲涼中驚醒。說到底，老李還是舊文化的個中人，「地獄裡的規矩人」——「張大哥第二」。作品中，不僅老李有過離婚的想法，他的同事，委瑣、無聊的科員吳先生、邱先生，也因為想要納妾或者追求時髦等不同的原因，生過離婚的念頭，結果，誰也沒離成。老李曾經問邱先生：「你看咱們這麼活著有意思沒有?」邱先生的回答，比老李想得到的還多，他不僅難得地剖析了自己，也點明了老李這位正派人、「明白人」的難堪位置：「沒意思!生命入了圈，和野鳥入了籠，一樣的沒意思。我少年的時候是個野驢；中年，結了婚，作了事，變成個賊鬼溜滑的皮驢；將來，拉到德勝門外，大鍋煮，賣驢肉。我不會再跳回圈外，誰也不能。我現在是冷一會熱一會，熱的時候只能發點小性，冷的時候請客陪情；發瘧子的生活。沒辦法。我不甘心作個小官僚，我不甘心作個好丈夫，可是不作這個作什麼去呢？我早看出，你比我硬，可也沒硬著多少，你我只是程度上的差別，其實是一鍋裡的菜。」小說末尾，老李受了暗戀的棄婦與其丈夫合好一事的刺激，辭職而去，似乎是主動邁出了衝破生命之「圈」的步子，可是，比誰都更瞭解他的張大哥說得好：「老李不久就得跑回來，你們看著吧！他還能忘了北平跟衙門？」老李的悲劇正在這裡，他的經濟生活，思想文化，樣樣都和那「太像牛乳」、「有點發酸」的北平城，有著割捨不斷的連絡，他還遠沒能獲取與這一切一刀兩斷的勇氣和覺悟。

男女婚姻問題，是演示《離婚》故事的主脈。順著這條脈線，張大哥動員老李接來了家眷，張大嫂又向農村來的李太太傳授了防備男人有外遇的「知識」，引起李太太的擔憂，加劇了李家的矛盾，可是，老李和他太太還得一起過；棄婦馬少奶奶，是讓她原來的教師馬先生騙到手又遺棄了，結果只能再回到馬先生的懷抱中；方墩太太與吳先生之間，紙板太太與邱先生之間，都曾因為女方感到有婚姻危機而鬧得天昏地暗，最後也得各自對付著過；所有這些，連同張大哥落難時惡棍小趙趁機逼婚造成的恐懼，無不反映著傳統宗法制度下男權社會的不合理。女人的命運是掌握在男人手裡的，在當時的條件下，女人要取得與男人間既相對獨立又相互和諧的地位，是個夢。那位曾經是何等潑悍的方墩太太，從離婚大戰中敗陣偃旗後的自我解嘲是：「哎，說得容易呀；吃誰去？我也想開了，左不是混吧，何必呢！」就像張大哥和老李須敷衍社會一樣，女人們進了家庭這個「圈」，也只能是苟且度日，因為她們面對的，是男人這個受到社會經濟文化確認的強者。書中的老李，想通了這層道理：「女人的天真是女人自作的陷阱，女人的姿色是自然給女人的鎖鐐，女人的醜陋是女人的活地獄，女人怎麼著也不好，都因為男子壞！」

北平城封建保守的市民文化，是《離婚》小說注視和針砭的對象。對民族精神疾患的披示，在這部作品中，來得比老舍過去作品更加集中，也更加生動。如此全神貫注地表現和批判北平城的市民文化，在老舍來說實乃前所未有。但是，《離婚》在創作主旨上的攀升，還不僅於此，作家再度將他的觀察，投向文化精神與社會政治的結合部，並且在這個問題上，達到了明顯超越《貓城記》有關思考的水準。

生活在作品中的小市民們，全都在不斷地體驗生活的捉弄與困擾，僅僅是人們自討煩惱麼？作品提示讀者，「社會的黑暗是慘劇的母親」。看看老李每日出入的小財政所，就是官僚政治的真實縮影。「那個黑大門好似一張吐著涼氣的大嘴，天天早上等著吞食那一群小官僚。吞，吞，吞，直到他們在這怪物的肚子裡變成衰老醜惡枯乾閉塞——死！」在這黑大門裡供職的，「所長是誰？官僚兼土匪。小趙？騙子兼科員。張大哥？男性的媒婆。吳太極？飯桶兼把式匠。孫先生？流氓兼北平俗語搜集者。邱先生？苦悶的象徵兼科員。」難怪老李識破了這場戲局：「這些男女就是社會的中堅人物，也要生兒養女，為民族謀發展？笑話！一定是有一個總毛病，不然，這些人就根本不應當存在。」所謂「總毛病」，作家不曾點明，但是讀者已讀懂，它就是一整個敗落的社會，在對這所有的荒唐和不公正起著保障作用。不從本質上改造它，社會便會像這小財政所一樣，即便重新改組了，還是換湯不換藥，「公文，公文，公文，沒頭沒尾，沒結沒完的公文。只有一樣事是真的——可恨它是真的——向人民要錢。這怪物吃錢，吐公文！錢到哪兒去？沒人知道。只見有人買洋樓、汽車、小老婆；公文是大家能看到的惟一的東西。」表面上假模假式的衙門運作，掩蓋著的，是欺壓、盤剝百姓的實質。作家把躲藏在市民灰色人生內裡的政治根源挖出來示衆，其力量，已經大大超出了僅只從社會精神層面上看問題。「真正的幸福是出自健美的文化——要重新的整部的建設起來」，也就是說，老舍已經認識到，文化的重建，必須跟社會制度的再造彼此結合起來，假若忽視了社會制度的消極制約而只專注於人們的精神文化走向，文化的問題亦難真正地解決。這也正是《離婚》在思想把握上，較以往作品深入了一層的地方。

類似於《老張的哲學》中的藍小山和《趙子曰》中的歐陽天風，《離婚》中又出現了一個年輕的惡棍——小趙。跟前二人相同的，是小趙這個小人物的無聊無恥和流氓成性，而不盡一致的，則是在小趙身上，明確地顯露著更其濃重的京派惡少的印記。他和張大哥這樣左右逢源的舊式京派圓通人物一樣，都會利用種種社會關係及矛盾來支持自我的存在，而比張大哥厲害的，是他在良心徹底泯滅之後謀取私利的不擇手段。張大哥家被難，他趁勢作祟，差點就把張大哥的女兒騙到手中，簡直是叫張大哥也自嘆弗如，「小趙比張大哥小二十多歲。小趙是飛機，張大哥是騾車；騾車本不想去追飛機，可是飛機擲下的炸彈是沒眼睛的。騾車被炸得粉碎。」老舍已不是像寫藍小山和歐陽天風那樣，用「藍」和「歐陽」這樣比較典型的南方姓氏來暗示這樣的醜類非北平原產，掩飾自己對故土文化的偏愛，他開始正視北平傳統社會土壤上，以及在這種土壤與官僚政治相結合的環境下，同樣可以滋生的毒瘤（趙姓，在北方比較多見，滿人改用漢字姓之後，原來人數相當多的「伊爾根覺羅」一姓也改為姓趙，老舍的三姐夫就姓趙）。對小趙的揭露，看似留有些許餘地——小說中，寫了小趙雖滿腹男盜女娼，卻對張大哥女兒秀真產生了一點真的情感：「小趙第一沒有任何宗教信仰，第二沒有道德觀念，第三不信什麼主義，第四不承認人應有良心，第五不向任何人負任何責任，按說他可以完全無憂無慮，而一人有錢，天下太平了。不過，人心總是肉長的，這真叫他無可奈何的自憐自嘆自恨。」其實，這是老舍寫實文筆更加老練的體現，在《離婚》這部作品中，作家寫了十數個比較主要的人物，沒有一個是徹底的好人，也沒有一個是徹底的壞人。「人心總是肉長的」，這是老舍看人、寫人常常要顧及的一個尺碼。

作品裡面還有一個形象，曾經引起讀者和批評界的不同評價，他就是丁二爺。丁二爺年輕時候也是個「漂亮」人物，娶親之後，老婆跟別人跑了，他心裡窩火而一蹶不振，成了人們眼裡的「廢物」，張大哥把他收留在自己家裡近二十年，在張家是個似僕非僕的閒人。除了幫張大哥偶爾看看家，他平日總靠逗養幾隻殘破的小黃鳥打發時光。趕到小趙圖謀要騙走張大哥女兒的節骨眼兒，這個被人瞧不起的人，悄悄做了件誰也想不到的大事情：殺了人人痛恨的小趙，幫張大哥走出了危機，也了卻了自己報答張大哥多年恩遇的心願。有論者認為，丁二爺的性格在作品中間不夠連貫，寫這個人物只是為的讓他除掉小趙接續故事，卻由此誇大了個人反抗作用，妨礙了小說現實主義境界的營造。很難說這種批評完全沒有道理。但是，被埋沒在小說情節後面的真實，大概還有這樣一宗，即丁二爺這個人物，有著特定社會歷史下的滿人形象背景。在當時，確有一些滿人，因為多舛的命運所挾，精神萎頓，不思長進，讓自己埋頭在小情趣中消磨生命，然而，心頭的痛苦仍然是痛苦，恨憾照舊是恨憾，到了遇上某個能夠宣洩自我的時刻，就會做出些令人不可思議的「義事」來。這類人物自幼所受的教育，原本就多是些「行俠仗義」之類的內容。對丁二爺這一種身分可能和行為可能的解說，並非隨意猜測，我們知道：一，由晚清至民國，本身有某項所長，卻因為生活技能欠缺而被人目為「廢物」的滿人，是很多的，像有名的「子弟書」大作家鶴侶（愛新覺羅．奕賡），也曾自嘲地使用過「天下第一廢物」的署名，話劇《龍鬚溝》中的程瘋子，是又一個「廢物」典型；二，丁二爺準備去殺小趙之前囑託老李的「啊，我那幾個黃鳥，等我——」，與《茶館》松二爺被捕走之前囑咐王掌櫃的「您給照應著我那黃鳥！」十分相似，都是滿人留戀生活小趣味的傳神寫照；三，自己的妻子跟他人私奔的故事，在老舍較短時間內創作的〈熱包子〉、

《離婚》和《我這一輩子》三篇小說中反覆出現過，老舍的作品，「凡是一個名字或一個情節，多次在不同的作品中反覆出現，即或完全是不經意的，在生活中，必有其人，必有其事」⑥，而這位妻子與人私奔的實有人物原型，經考證，已經知道了，不是別人，乃是老舍的一位表哥⑦。寫《離婚》和寫《趙子曰》不大一樣，作者沒有再把濟世的希望，像擱在李景純肩頭那樣，擱到丁二爺的肩上。丁二爺只是想拯救他的恩人張大哥一家。未必真笨的他，可以做成這件事。

《離婚》的寫作藝術，獲得了全面的成功。首先體現在幽默的特色上。老舍不但對幽默風格有了先期選擇，更重要的，是他出色地完成了對這一風格的能動駕馭。小說中間處處洋溢著幽默氣氛，卻不再有一筆無謂的招笑，更沒有《老張的哲學》、《趙子曰》中所存在的那種野調無腔的恣意逗哏。作家時時圍繞著描繪和批判市民社會灰色人生這一題旨，向現實生活中各式各樣帶有本質性的事件、矛盾放眼，發掘其中的喜劇因素。市民階層在傳統文化的制約下，本來就存在著許許多多諸如愚昧凡庸、苟且怠惰、怯懦卑瑣、偏安退讓之類的性格弱點，而社會現實的不公正，又迫使他們把這些弱點一而再、再而三地做出尷尬展示，老舍抓住他們在不自覺當中必然要出現的可笑之處，給以誇張卻又是並不過於離譜的狀寫，將他們人生中最沒價值的東西，無情地撕破給人們來看。《離婚》的小說題目本身，就是個絕大的幽默，三四對男女，正派的與不那麼正派的，有文化的與沒什麼文化的，都在走馬燈似地鬧離婚，折騰了個夠，結果，任誰也沒離成，這個玩笑還不大嗎？小說中故事發生的時候，離婚這套西式的辦法，剛剛進入中國這個東方古國不久，被它的折光照射到一角的某些家庭，不免躁動起來，別管起初的情況有怎樣的「悲壯」，鬧來鬧去，離不成婚倒是必然，因為鬧離婚的人們，都沒有具備真正擺脫舊有生活觀念的悟性和勇氣，誰也逃不脫市民社會的人生怪圈，他們到頭來都得按照傳統文化的基本準則——譬如講「良心」、顧面子，等等——舉手投足。草率造出來的事端，得由自己來乖乖地收場，缺乏理性抉擇的市民社會，是經常上演這路鬧劇的，正像老舍所說：「有時一天走了三步，第二天又退了六步」。對自己命運趨勢的不自知和無力把握，是這類鬧劇的起因。《離婚》，正是要把這類鬧劇抄著老根，掘出來給讀者，幽默本來就在其中，作家不過是把它藝術地再現罷了。

這部小說當然不僅僅是一齣鬧劇，準確一些說，它是一齣純正的喜悲劇，用處處幽默的筆調，寫出來的，是一樣樣令人慨嘆的人生結局，幽默未了即悲從中來，有力地強化了作品的感染力。老舍在英國創作的三部長篇，已經伏下了這樣的格調基因，寫到了《離婚》，可以說，這種獨獨屬於老舍的，笑中含淚、淚中帶笑的喜悲劇藝術風格，初步地確立起來了。小說《離婚》問世後，這種藝術風格受到了讀者的好評，老舍當時還多少有些不以為然，他覺得，微笑而且又含著淚，似乎近於「裝蒜」，「哭就大哭，笑就狂笑，不但顯出了真摯的天性，就是在文學裡也是健康的。唯其不敢真哭真笑，所以才含淚微笑；也許這是件很難做到與很難表現的事，但不必就是非如此不可。」（〈我怎樣寫《離婚》〉）作家讚美和憧憬在感情表達上的「大哭」與「狂笑」，不過，那樣的表達，也許永遠不會屬於他，老舍自幼在特殊生活環境下養成的由於「悲觀」才「愛笑」的習性，和「一視同仁的好笑的態度」，都使他的笑是人間情感的另外一種。他的幽默，總是與對世間並不美妙的情理體味連在一起的，始終沒能徹底抹去或濃或淡的苦澀意味。

北平的背景選取，使作家回到了自己得天獨厚的記憶寶庫中間。重操最熟悉的語言，遊刃有餘地寫最熟悉的場景、人物和事件，對老舍來說，是件頂舒心的事情。《離婚》中的人物素描和語言驅遣，既地道，又老辣，可謂酣暢淋漓。刻畫各色人等，寥寥幾筆，便能夠神形畢肖。第七章第一節，描繪張大哥時髦而又沒出息的寶貝兒子張天真，用的是活生生的調侃：

天真漂亮，空洞，看不起窮人，錢老是不夠花，沒錢的時候也偶爾上半點鐘課。漂亮，高鼻子，大眼睛，腮向下溜著點，板著臉笑，所以似笑非笑，到沒要笑而笑的時候，專為展列口中的白牙。……愛「看」跳舞，假裝有理想，皺著眉照鏡子，整天吃蜜柑。拿著冰鞋上東安市場，穿上運動衣睡覺。每天看三份小報，不知道國事，專記影戲園的廣告。非常的和藹，對於女的；也好生個悶氣，對於父親。

而第十三章第一節，寫到比張天真大不了幾歲的科員小趙，筆力則直抵被描寫者卑鄙之尤的靈魂，同時，也注意托現出這個人物的市井潑皮色彩：

一進澡堂的大門，小趙就解衣裳，好像洗澡與否無關緊要，上澡堂專為脫光眼子。到了客座單間，小趙已經全光，覺得才與澡堂內的一切調和。點上香煙，拍著屁股，非常得意。「老李，抖哇……」小趙的眼珠又在滿臉上跳舞了一回：「拿著保狀各科走走，真有你的！知道要升頭等科員了，叫全衙門得瞻丰采？有你的，行！」

《離婚》凡二十章，每章三至六節。謀篇嚴整、布局勻稱，是這部長篇的又一個突出特點。起初老舍寫長篇，因為是「寫著玩」，而且也不大理會小說的作法，常犯枝蔓過繁的毛病。寫《二馬》的時候，這個問題才開始受到作者的重視，仍未得到圓滿解決。《離婚》是老舍在藝術上全面講究技法的首部長篇，為避免「因人物或事實的趣味而唱荒了腔」，採取將作品中的人物都「拴在一個木樁上」（〈我怎樣寫《離婚》〉）的辦法，寫人物和他們之間的瓜葛關聯，全都圍繞著「離婚」一個話題展開，於是，做到了開闔有度，不蔓不枝，寓縝密控制於自然渾熟的敘寫之間。

儘管這部長篇作品，還存在著時代感有些模糊、思想主題也不十分深刻的瑕疵，我們仍然可以說，以《離婚》為里程碑，三十四歲的老舍，在現實主義創作方向上，步入了較為成熟的新境界。作家本人，對這部全面闖出自己特有路數的作品，也很喜愛。在一九三五年〈我怎樣寫《離婚》〉一文中，他談到這部作品寫得非常順手，比預計提早一個月完成，「這是平生最痛快的一件事」，「能寫入了迷是一種幸福」。一九四一年，在雲南，一批文化界的朋友應老舍之約，來推選他的最佳作品，大家一致投了讓他名聲大振的《駱駝祥子》的票，他卻說：「非也，我喜歡《離婚》。」一位年輕人就此請他指迷，老舍不無神祕地講：「你還年輕，沒到歲數呢！」⑧

《牛天賜傳》

《牛天賜傳》，約十二萬字，自一九三四年九月起，在《論語》雜誌第四十九期開始連載，斷斷續續，到一九三五年十月第七十四期載完，是老舍較為重要的一部作品。

從《老張的哲學》到《離婚》，通過反映市民社會的精神世界達到批判中國民族陳舊文化心態的啟蒙主義創作題旨，在老舍筆下，愈來愈鮮明。《牛天賜傳》，是作家沿著這一思考及寫作方向繼續前行的又一收穫。與前面寫出的一些作品多運用共時性視角來側重展示民族心態不同的是，這部小說，選用了歷時性敘事手法，意欲檢視國民文化心理養成的原因。

作品敘述的是，一名剛剛出生的嬰兒被遺棄路邊，被本無後嗣的牛姓家庭收養，取名「牛天賜」。天賜的養父牛老者，是個有著若干店鋪和房產的商人，養母牛老太太，則是出身官宦之家且一心想把後人培養成達官顯貴的婦人。天賜在這個殷實之家被哺養長大，先後從不同方向上，受到了父母的影響、塾師的傳習、學校的教育，同時，他又因為本來是個私生子，遭到市俗社會的歧視排斥；學校以及社會的混亂，導致了養母養父的相繼辭世和家庭的迅速衰敗，已屆成年的天賜什麼本事也沒有，只好擺水果攤為生；小說結尾，在天賜快要成為一個自食其力之人的時候，曾受過其養父恩惠的商人王老師突然來到他的身邊，把他帶到北平讀書去了。

作家憑藉這樣一個依時序推進的故事，款款運筆，縱向錄下了一個本來連「準家準姓準名」都沒有的小生命，是怎樣一步步地得到家庭和社會固有文化的薰陶，逐漸模製出典型「國人」性格的過程。

天賜進入牛宅，便是進入了古國傳統的生命軌道，以養母為代表的「仕文化」即官本位的思維習性，和以養父為代表的「祿文化」即錢本位的思維習性，交替作用著他。養母活著的時候，在家中居於說一不二的位置，她一心一意用讀書作官的準則規範兒子，從第一次抱起天賜，「便決定好了，在這小子身上試試手，成個官樣的兒子。」天賜過周歲生日時，她利用「抓周」的習俗儀式，誘導孩子去抓具有當官「吉兆」的物品，把一枚「近乎衙門裡的印」的圖章，當作「高官得作，駿馬得騎的代表物」，放在「最易抓到的地方」，「其次便是一枝筆，一本小書；二者雖不如馬到成功伸手抓印的那麼有意思，可是萬般皆下品，惟有讀書高，筆與書也是作官的象徵，不過是稍微繞一點彎兒。」「再其次是一個大銅錢……這是為敷衍牛老者，他是把錢放在官以上的人」。牛老太太在什麼時間、什麼情況下為天賜安排讀家館、進學校，乃至讓他或者不讓他跟什麼人接觸，全是圍繞是否有助於培養他日後當官來取捨的，這位老婦人一輩子沒當過官，可總要做出種種官場上的「尊傲」派頭給兒子看，到了臨終嚥氣之前，還不忘把一枚天賜外祖父傳下來的「小印」交到兒子手裡，留下「要強，讀書，作個一官半職的，我在地下喜歡」的遺囑。而天賜養父，「是天生的商人」，對作官一套興趣不大，對生意經卻頗為在行，他天性隨和，但是，到了關鍵時刻，在涉及金錢財產上頭則寸步不讓，這也讓天賜懂了，「錢必是頂好的東西，會使爸不馬虎。」

天賜的養母和養父形象，象徵意味很重，作者把封建時代裡最典型的人生理想——當官與發財，濃縮到家庭中一個孩童的雙親身上，以寓指中國人活在世間所必然要受到的最為突出的兩大類相反相成的思想誘導，以及兩類誘導對濡染一代又一代人的人生追求起著的根本作用。書裡不無用意地寫了天賜的「爸在媽死後才成了大人」、「變了脾氣」的情形，同樣是在暗示著，在中國舊式文化格局中間，「錢本位」文化總須服從「官本位」文化的基本現實。

牛天賜長大以後，遠沒有達到雙親期待的目標，反倒落下了一身傳統人格的弱點。這和造就他的手段及環境直接有關。當他還在襁褓之中，手腳就長時期地被捆綁起來，那是出於「牛老太太的善意，唯恐他成了羅圈腿」，結果使天賜落下了終生的殘疾——拐子腿，「磕膝擰著，而腳尖彼此拌蒜，永遠不能在三分鐘內跑完百米」。小天賜懂事以後，受到的控制更加嚴密：

生命便是拘束的積累。會的事兒越多，拘束也越多。他自己要往上長，外邊老有些力量鑽天覓縫的往下按。手腳口鼻都得有規矩，都要一絲不亂，像用線兒提的傀儡。天上的虹有多麼好看，哼，不許指，指了爛手指頭！他剛要嚷，「瞧那條大花帶兒喲，」必定有個聲音——「別指！」於是手指在空氣中劃了個半圓，放在嘴邊上去：剛要往裡送，又來了：「不準吃手！」於是手指虛晃一招，搭訕著去鑽鑽耳朵，跟著就是：「手放下去！」你說這在數不完的清規戒律底下長大的孩子，是不可能真正學成一樣本領，更不可能養成人生最可貴的創造性精神的。天賜除了事事盲從而外，只是無師自通地學會了糊弄敷衍成年人，童真心田中本該屬於他的自由發展的靈性已經消失將盡。而一旦離開了規矩既陳舊又繁縟的家庭，迎接天賜的，又是學校裡、社會上的一片污濁空氣，同學們整天互相攀比誰的家庭有地位有錢，教員專憑打學生維護秩序，班主任在給學生們「訓話」時，漫不經心地說：「什麼都是那麼回事，瞎混吧」，甚至於——「哪位先生都要學生尊重，可是先生們自己彼此對罵：張先生在課堂上告訴學生，李先生缺德；李先生說張先生苟事。等到先生們有運動作主任的時候，那就特別的熱鬧，學生得照著先生編好的標語寫在紙條上，學生得回家告訴家長擁護王先生或趙先生。」本來就缺乏童年正常心理養成的天賜，在這樣的環境裡面，道德的確立、人格的鍾煉，全都成了虛枉。最叫天賜的心理難以承受的，是同學們在「偵探」到他家的內情後，都管他叫「私孩子」，躲避他，虐待他，同學們「不甘心在私孩子的後面」，他在學年考試中名列第四，也被學生們串通老師一起給改成了第十五名。過分受到情感挫傷的天賜，心理嚴重地扭曲、畸變，在學校教員爭當主任的一場風潮中，為了滿足虛榮心，被人利用充當所謂的「偵探股副主任」，胡鬧一氣之後，被學校開除了。此後，天賜一度憑著家裡有錢，躋身於一個名叫「雲社」的文人團體，附庸風雅的日子沒能堅持太久，隨著雙親辭世，家境一落千丈，他這才算明白了，快二十歲的人了，自己還不過是個「什麼本事也沒有，連點力氣都沒有」的「小廢物」。

世間每個人的人格與性情，無不是後天環境作用的結果。作家在這裡，真實而簡潔地，記錄了中國芸芸眾生之中極普通的一分子——牛天賜，由天蒙未啟到性格心理基本形成的全過程。一個孩子的幾乎所有值得珍愛的天資，在他這裡都沒有獲得有益的開發，在他來到人間短短十幾年間，層層疊疊腐朽、沒落的社會文化迎面撲來，毫不容情地吞食他的靈魂，使他被動完成了自我心理向封建精神傳統的靠攏。小說中的這些描寫，實在是令人感到不寒而慄的。老舍從畢業於師範學校，到創作《牛天賜傳》這個時候，一直沒有離開教育工作，他在提醒人們思考，在我們這個國家，從家庭到學校，再推及到社會，一切顯性的與隱性的教育，究竟是在向下一代國民灌輸著什麼。這部作品的思想力度，主要即體現在這裡。

假如讀者還記掛著老舍這位作家與滿族相關的出身和經歷，閱覽《牛天賜傳》，便可能還會引起些合乎情理的聯想，找到作者設伏於故事之下的一些蘊涵。在牛天賜這個小說主角身上，或濃或淡，總像是寄託著作者本人的某些人生感慨。人們首先可以從天賜遭到同學們的排斥、歧視，聯想到民國之初，都市旗人們普遍遭受世間偏見的情景。書中寫道：「『私孩子』在大家的嘴唇上嘶嘶的磨著，眼睛都溜著天賜，沒有人再和他接近，沒有人再約他到家中去玩，沒有人再聽他的故事。學校，對於天賜，成了一個絕大的冰窖。……他們碰他，擠他，拌他的腿，瞪他，向他吐舌頭。天賜恍惚的想起先前自己在家裡揑棉花的情形，沒有人跟他玩。不過，那時候沒有人譏誚他，現在一天天看著別人擠眼。他可以忍受孤寂，但是受不了嘲弄。」設若把天賜此刻的感觸，看成是老舍本人在進入社會生活之時受到民族歧視所產生的內心反應的折射，不會過於牽強。我們知道，作家本人確有過靠「在家裡揑棉花」打發光陰那種孤獨寂寞的童年，在作品中選取如此特別屬於個人的酸楚經歷來抒寫主人公心緒，很容易把我們的注意力導向作家自身的經驗世界。《牛天賜傳》中還有一些地方，也讓讀者有可能沿著這一猜測，窺見作者的別有寄託，例如，書中寫道：「天賜並沒有招惹著誰，名譽可是一天比一天壞。只有人是可以生下來便背著個惡名的。」不錯，在當時的社會中間，大多數的滿族人都有點像「私孩子」牛天賜似的，生來便背著個甩也甩不掉的「惡名」。

寫《牛天賜傳》時候的老舍，已是一位對待創作取相當嚴肅態度的作家，他不可能在作品裡頭，無謂地填加些不大相干的內容。由小說中的種種跡象，能夠推斷出，這部作品，除了已經比較明朗地顯現了檢視中國傳統文化教養弊端這一創作意圖之外，老舍實際上還在默默地進行著又一項工作，即對滿族歷史文化進行反思。

老舍與滿族，存在著扯不開、撕不斷的內在關聯。現在，踏上了文學創作道路的老舍，既然已把自己的關注重心定位到了對東方古國歷史文化的觀察與思考上，那麼，對個人出身其間的滿族傳統文化，當然也不可能漠然置之，何況，滿族在社會上和文化上的大浮大沉，本來就涵蓋著非同一般的痛切教訓。老舍深知這一點，並且幾乎是用了畢生的心思細細咀嚼。時至三〇年代中期，在業已完成的一些作品中，他曾將自己從一己民族體驗中提煉出來的某些歷史文化教訓，融入內裡，作為審視整個中華精神文化積澱的參照物。不過，不同民族的發展，畢竟是既有共同性又有特殊性的，滿族的歷史文化檢討與漢族的歷史文化檢討，也不能彼此完全替換。在老舍看來，對滿民族歷史文化的專門反省，仍舊是必要的。在《牛天賜傳》之前的某些創作中，他已然若隱若現地表達了這種意向。譬如說，在小說《貓城記》裡，曾有一個貓兵憤憤地控訴道：「我們不會作工，因為你們把我們的父母都變成了兵，使我們自幼就只會當兵；除了當兵，我們沒有法子活著！」能夠顯見出是從「八旗生計」特定歷史現象引發的感慨。只是在以往的作品中，比較切近和系統地思考和剖析滿族自身歷史文化教訓的條件還不具備，作者也只能是對此點到為止。《牛天賜傳》的構思，在老舍的寫作生涯中，可說是首次營造起了這樣一種可能，即以一個孩子——牛天賜——成長的經歷，擬寫一個民族——滿族——在歷史文化衍進中的教訓。

這種擬寫很難，但也絕非不可能。滿族曾經有過悠遠的漁獵經濟生活，以及與之相適應的原始宗教文化。入主中原之後的滿族，舊有的文化就總體而言，已不符合新形勢下發展的需要，勢必難乎為繼，不對民族傳統文化做大規模的能動改造，是不可能了。如同《牛天賜傳》開頭出現的棄兒一般，滿族，起初來在中原漢族文化汪洋大海間，幾乎也僅只是一條在文化傳承上讓人們看不出「準家準姓準名」的小生命。入關後的滿族人，是如何亦步亦趨地跌進了中原傳統文化窠臼的呢，試想，這和嬰兒天賜來到牛宅，繼而逐步蹈入民族傳統文化軌道，不是具有著偌多相似之處麼！雖然滿族人接受中原文化的過程，遠比孩提牛天賜接受家庭、社會教育的過程要複雜，但是，中原傳統文化傳授給滿族的，與傳授給牛天賜的，卻是些差不多的內容。滿族要由往昔渾樸天然的原始文化精神中脱胎換骨，步入一種「熟透了」的精深文化狀態，自己並不甘心，這也很像是《牛天賜傳》中寫到的小天賜，每見識到村野人家純真自然的生存情狀，便免不了要流連再三，然而，「青山遮不住，畢竟江流去」，滿族人的精神與性情，到頭來，也如同小天賜一樣，被中原文化自表及裡地沖刷了一遍；至於本民族原有的精神特性，雖然仍有所固守，但是終歸已經鋭減，而且也多是與中原文化做了某種對流後的產物。

小説裡有個出場時間不長但給人留有較深印象的人物，就是作為天賜三位家庭教師中最後一位的趙先生，在三位家庭教師中，他是對天賜影響最明顯的一位，此人舊式旗籍文化人的味道很重，「好念書，會作詩，沒事作，挺窮。」他的頭腦比一般的私塾先生要活泛，「跟趙先生一年多，天賜在文字上有了很大的進步」，寫詩的想像力也增強了。趙先生最有趣的地方，是在沒錢買書買東西的時候，敢把天賜家的小物件拿到街上變賣，他的道理：「常賣著點……好忘不了窮；窮而後工！」這真像是旗人破落户的哲學。本來養母一死，作官的理想已在天賜的頭腦裡淡化了許多，是父親讓他「明白了錢的厲害」。而跟趙先生學，天賜又「得到了反抗錢的辦法，故意和錢開玩笑。錢自然還是好東西，可是老師的方法使錢會失去點驕傲，該買書的偏買了香煙，用鼻子向錢哼幾聲！肚子餓了就賣棉袍，身上冷了就去偷煤，多添點火，老師有辦法，而且挺快活。」天賜向趙先生討教：「假如爸的買賣都倒了，我怎麼辦呢？」得到的回答是：「那有什麼難辦？一對流浪詩人，完了。天下到底是窮人多，我們怕什麼呢？」後來，趙先生得了一筆稿費，飄然辭去牛宅的教職，他的目的是——「上海，醇酒婦人，養養我的靈魂！」及至牛家真的一敗塗地了，天賜還就實在是學來了不少趙先生的作派，親戚們明火執仗地來搶劫他家的財產，他被人用刀子逼著肋部，聽憑人家搬東西，「看著看著，天賜感到了趣味，他欣賞他們給他的地位——大家好像都是他的僕人，而他監督著他們給他搬家呢，他的身分很高。」「他惹不起他們，可是他會想像著樂觀。」這種恰似落難旗人式的自我解嘲，在關鍵時刻，保住了天賜一條命。不過，趙先生傳給天賜的處世態度，畢竟不能幫助他挽救自己的潦倒，「天賜沒法反抗，他真是廢物。」（在這兒，讀者又一次見到了「廢物」這個稱謂。）從這些描寫來看，小說確為讀者提供了更多一些與旗人社會精神文化相關的事相。對有清一代至民國初期的大多數滿族人說來，走上「升官」與「發財」二途，固然可以被視作人生之「幸事」，但是，他們中的大多數要真正達到那般「境界」的可能性並不太高，學點應付逆變的玩世不恭，倒還常常派得著用場。牛天賜從趙先生身上學到的這一手，其實並不是古國傳統文化的「必修課」，它更像旗人們特有的「看家功夫」。

牛天賜受了養母、養父的言傳身教，最後卻沒有生出當高官的癮，也沒有作起發大財的夢，他在受了趙先生教育之後，體會到了「最有價值的是名，不是利。」這種觀念，又是中原文化與滿族舊有傳統的一種結合物，重尊嚴，好體面，顧虛榮，人生一系列相互關聯的有價值與無價值的追求，都可以從這裡發端。天賜後來困頓於大雜院，無以糊口，還是不肯屈尊做小買賣，是被古道俠腸的虎爺裹挾著才就範的，剛拿定了擺水果攤的主意，牛天賜又來了旗人式的迂闊勁兒，「想像著由果攤就能變成個果局子，虎爺作掌櫃，他還可以去作詩。他得把攤子整理得頂美觀，有西瓜的時候得標上紅簽，用魏碑的字體寫上『進貢蜜瓜』。他得起個字號，『冷香齋』！詩人的果攤！他非常的得意。」一度，他憑著做水果生意，嘗到了自力更生的樂趣，鄰居們誇他「先生有點勁頭了」，他甚至不大愛聽「先生」的稱呼了，而只為自己長了力量而高興，他「把書本放下，一天釘在攤子上。」終有一日，他在賣水果時，遇上了舊日有過一絲緣分的富家小姐狄文瑛，這就叫「天賜木在了那塊，忘了他是作買賣，他恨作買賣！一聲沒出，扣上他三毛錢的草帽，走了」，還決計要歇工。牛天賜的面子觀，在民國年間遭受厄運又不肯在生存路上降格以求的旗人中間，可真算是具有充分的代表性。面子問題，是個涵蓋著旗人萬千悲喜故事的話題，寫過《牛天賜傳》以後，老舍仍舊不依不饒地，用自己的力筆反覆揪住這一話題不撒手，極盡褒貶臧否，乃至直接以「面子問題」為題來寫作品，足見作家對這一人生命題一以貫之的極度關切。老舍筆下顧及「面子問題」的人物形象，牛天賜不是第一個，也遠不是最後一個，但是，牛天賜顧面子，是和他的自幼受人歧視、家道迅速中衰等等人生經歷結合在一起的，這就不能不讓讀者自然聯想到現實社會中那類似的旗人群體，這是該人物形象的新穎之處。作家以這部小說，逼真地摹寫了滿族人普遍看重個人名譽的倫理規範對自身生存構成的潛在壓抑。

「天賜平地被條大蛇背了走。」這是在《牛天賜傳》結尾，作者敘述作品主人公乘火車去北平時，寫下的一句意味深長的話。縱觀滿族文化的變遷史，這個老舍的母親民族，何嘗不是「被條大蛇背了走」的呢。不必一定要將牛天賜這一人物形象本身，從血統上鑑定成個旗人，承認他的性格之中有著相當濃重的滿族文化因子，已經足夠了。有意思的倒是，《牛天賜傳》發表以來，尚無人說破這一層關係。是從來沒有人看出了這一層嗎，恐怕不是，小說剛一問世，老舍的朋友、出身於浙江杭縣駐防旗營的滿族作家趙少侯，便主動找上門來，表達願與老舍合作，續寫《牛天賜傳》。據老舍在一篇文章中說：「他（指趙少侯，——引者注）原來也是個崇拜牛天賜的，知道的事兒——關於牛天賜的——並不比我少。」二位滿族作家一拍即合，在那個難以在作品中直接了當地寫滿族的年代，他們想要繼續不事聲張地寫他們想寫出來的故事。這部已經落筆合作的續書，連名字都被確定得有那麼點神祕色彩，叫「天書代存」。《天書代存》選用了書信體形式，擬發表「牛天賜」寄給兩位作者和其他朋友們的信件。老舍用如下記錄實事般的口吻，寫了他跟趙少侯一起構思時的情景：「可是我又想起來個問題：『咱們替他發表，他，牛天賜，要是不答應呢？』『管他呢！』少侯兄很有把握似的：『咱倆揍他一個，還有什麼可怕的，假如他一定找揍的話。』」（《天書代存．序》）透過這兩句幽默文字，今天的我們，似乎已經可以觸到老舍當年留下的謎底，即「牛天賜」原本就跟他和趙少侯是莫逆之交，跟他、跟趙少侯，是一種人。很遺憾，《天書代存》的創作計畫，只是剛著手實施，就被擱置了。

---

①大約不是巧合，「小蠍子」，剛好曾是老舍本人在讀北京師範學校時候，同學們送給他的外號之一。這一記錄，可以從舒乙所著《老舍早年年譜——古城牆上的一棵小棗樹》中看到。見《老舍的關坎和愛好》一書第一

二九頁，中國建設出版社一九八八年版。

②日本學者日下恆夫教授曾就此進行過專題研究，參見他的〈老舍與西洋文化——從《貓城記》談起〉，全國第二次老舍學術討論會論文。

③見李長之〈《貓城記》〉，載《國文周報》，第十一卷第二期，一九三四年一月。

④見復旦大學中文系現代文學組學生集體編著的《中國現代文學史》，第四二一至四二二頁。

⑤參見一九六九年十二月十二日、十五日、十八日的《北京日報》。

⑥⑦見舒乙〈有人味的爪牙——老舍筆下的巡警形象〉，載《中國現代文學研究叢刊》，一九九三年第二期。

⑧參見吳曉鈴：〈老舍先生在雲南〉，載於《老舍和他的朋友們》，「生活・讀書・新知」，三聯書店一九九一年版，第六一一頁。

第八章　情殷意篤，妙趣天成

——寫作於濟南和青島的散文、詩歌、雜文

多向度的創作選題

在山東居住的七年，是老舍在文學創作上取得重大收穫的第一個高峰期。他的作品，不僅數量多，質量高，而且開始嶄露出善於把握多種創作體裁的特徵。對老舍略有瞭解的人們都知道，他畢生的文學業績，首先突出地體現在小說和戲劇兩個領域，這是不錯的。然而，老舍是寫作「多面手」，卻不是文壇內外人人都清楚的。在濟南和青島，他的創作主攻方向是小說，長篇、中篇和短篇小說，均不乏傑作。可是，「單打一」不是他的藝術性格。就是在這個時期，老舍很自然地跨入一些新的寫作範疇，既撰寫了不少文藝理論文章，也發表了相當數量的散文、詩歌和雜文。

一九三〇年秋天，署名「舍予」的散文〈一些印象〉，發表於《齊大月刊》第一卷第一期。這是老舍來到山東後最早發表的作品之一。自此，老舍每年都要寫出一些散文、詩歌和雜文作品以饗讀者。大體估算一下，老舍在濟南和青島兩地創作的這幾類作品，總共有一百幾十篇之多。

這一時期老舍寫出的散文、詩歌、雜文，由總體上看，都有幾分小說創作「副產品」的模樣。

與其小說創作一脈相承的是，作品不單在格調上顯示著老舍特有的藝術風采，在思想內容上，也體現了多向度的選題趨勢。

張揚愛國主義的高尚情操，表達對帝國主義勢力侵略中國的極度憤慨，以及發洩對「不抵抗主義」政策的不滿，是老舍這些作品中最為引人矚目的一個主題。「九．一八」事變之後，祖國東北的大片土地陷入日寇之手，中國的政府和軍隊竟一讓再讓，一退再退，使生活在淪陷區的漢、滿等各族同胞變成了亡國奴、「人下人」，這種哀痛的現狀，讓所有尚存血氣的中國人都絕對無法接受。一九三二年，老舍在〈痰迷新格〉一文中，向袞袞諸公，發出悲憤的質問：「試看今日之東北，竟是誰家之西南？竊鉤者死，賣國者榮，古今若出一轍，字號原無二家：新者舊，舊者新，良有以也。」作家看穿了某些當權者色厲內荏的本性，詩作〈長期抵抗〉嘲諷了這夥人在表面上侈談「長期抵抗」而實則惟恐避敵不及的心態：「好小子，你敢打？／我立刻通電罵你祖宗！／並且高喊，長期抵抗！／……你在這邊打，打吧；／我上那邊去出恭。／……你真過來？咱們明天再見，／和瘋狗打架算不了英雄。／……勸你不聽，我也無法，只好／長期抵抗，一直退到雲南或廣東。」〈空城記〉一詩，鞭笞的是趁著戰亂之機大發國難財的所謂「將軍」們：「大車小車齊向南，／黃沙滾滾風浩浩；／千箱萬箱行李多，／悲壯激昂私囊飽。／失城喪地誰管它，／反正沒人把咱老子怎樣了！／……將軍一怒退出城，／越跑越怒不停腳，／一氣跑到土耳其，／安居樂業大壽考。」老舍既認清了他們對反侵略持有虛假態度的危害，也看到了國民中間不少人不以國恥為重、失落愛國精神的嚴重性。一九三二年重陽節過後，他有感於濟南市民不顧國難當頭，照例在千佛山上舉行香會，盲目討取「熱鬧」和「娛樂」，寫了一組記錄和議論當時情景的詩。一年後，他決定發表那組詩，並且寫道：

九一八不是去年降生的麼？是的，緊跟著九一八就是重陽，去年的重陽也是很熱鬧啊！是的，我從抽屜裡找出去年的日記，上面有幾句不像詩的詩，是去年重陽寫的。因為不像詩，所以寫完就放在抽屜裡。重陽又到了，詩仍在那裡，人民仍在山上，九一八的降生地仍在仇敵手裡，……我非發表那些詩不可了。詩不像詩，是的；可是國民不像國民呢？有此國民有此詩，至少合乎「中國邏輯」……

這才是老舍，他痛恨外敵入寇，反感當局的不抵抗，卻又不是把驅逐敵寇的不力，完全歸咎於當局和軍隊的虛偽軟弱，他察覺到，大衆國民精神的泯滅，是中國最可悲的一件事情，表面上「文化極盛」而要是人們大多失掉了可貴的愛國之心，中國便隨時都會有可怕的危機潛伏著。

在〈估衣〉一文中，老舍講到：「舉個例說，抵制仇貨似乎是我們唯一的反抗手段。誰去抵制？人民；人民才不幹那回事呢！人民所知道的是什麼便宜買什麼，不懂得什麼仇不仇、貨不貨。……有位朋友曾勸過幾位鄉下同胞，不要買那個，他們一個字的回答：『賤！』後來他又嚇他們，說那是由日本死人身上剝下來的，還是那一個字的回答：『賤！』」老舍悲從中來，感慨有加：「在中國，政府沒主張便是四萬萬人沒主意；指望著民意怎麼怎麼，上哪裡去找民意？可有多少人民知道滿洲在東南，還是在東北？向他們要主意，等於要求鴨子唱崑腔。」作者關切大衆國民意識的培養，這是與他的文化啟蒙態度相一致的，他憂國憂民，為身邊許多百姓依舊生活在蒙昧狀態裡而感傷，這種心境，是可以理解的，也是值得肯定的。一向過於遠離中國社會政治生活而且又對現實過分悲觀的老舍，沒有真正意識到，就在當時，國內的許多地方，民衆反抗外侮的力量正在如同地下岩漿般地迅猛集聚，正在及將要噴發出來。思想上的局限，在老舍這一時期的小說作品以及小說以外的其他作品裡，有著並無二致的呈現。

懷戀故土思念親友，在老舍寫作於山東的散文中，是又一個醒目的主題。此類作品的名篇，當屬創作於一九三六年的〈想北平〉。文章不長，不到二千字，所表達出來的情感，其真摯、深沉程度，卻是異乎尋常的。作者不是泛泛地歷數北平歷史文化或者風光習俗的諸多可供思懷之處，從一落筆，便向完全屬於自己的情感深井中開鑿：

……我真愛北平，這個愛幾乎是說而說不出的。我愛我的母親，怎樣愛，我說不出。在我想作一件事討她老人家喜歡的時候，我獨自微微的笑著；在我想到她的健康而不放心的時候，我欲落淚。言語是不夠表達我的心情的，只有獨自微笑或落淚才足以把內心揭露在外面一些來。我之愛北平也近乎這個。誇獎這個古城的某一點是容易的，可是那就把北平看得太小了。我所愛的北平不是枝枝節節的一些什麼，而是整個兒與我的心靈相黏合的一段歷史，一大塊地方，多少風景名勝，從雨後什剎海的蜻蜓一直到我夢裡玉泉山的塔影，都積湊到一塊，每一個小的事件裡有一個我，我的每一思念裡有個北平，這只有說不出而已。

真願成為詩人，把一切好聽好看的字都浸在自己的心血裡，像杜鵑似的啼出北平的俊偉。啊！我不是詩人！我將永遠道不出我的愛，一種像由音樂與圖畫所引起的愛。這不但是辜負了北平，也對不住我自己，因為我的最初的知識與印象都來自北平，它是在我的血裡，我的性格與脾氣裡有許多地方是這古城所賜給的。我不能愛上海與天津，因為我心裡有個北平。可是我說不出來！

「說而說不出」，是老舍意欲書寫自己與北平之間那份情感時，一再使用的說法。一位本來是多麼擅長於語言表達的優秀作家，寫到此處，竟然幾乎到了喑啞失語的地步，足見其動情之切和傷情之徹。北平，對老舍來講，不僅僅是一座古城和一方故土，不僅僅是「枝枝節節」的記憶，那是一生都將疊印在心頭的、母親般親切可感的形象，那是與自我心靈「相黏合的一段歷史」，作家一提起它，就會本能地產生出子規泣血樣的心理衝動。愛戴老舍的讀者們，多是從老舍的一系列敘事作品中，直觀地感受到這位作家特別地熟悉和善於表現北平（北京）城，我們有必要向更多的讀者，推薦閱讀〈想北平〉一文，讓大家都能進一步地瞭解，作家心底深積著的這份情感，才是他啟動許多創作活動的最初燃點。

〈哭白滌洲〉、〈記滌洲〉、〈何容何許人也〉等散文，是老舍寫知心朋友們的。這些作品，能用簡潔的筆墨，勾畫出朋友的音容笑貌、性情人格，也展示了與朋友的心心相印，同時，還向讀者提供一面反映作者心靈的鏡子，活現出老舍個人的生命體味。在悼念亡友白滌洲的文章中，他用生活中數件小事，來摹述滌洲「什麼事都是他作，任勞任願的作，會作，肯作，有力氣作」和「對家人，對朋友，永遠捨己從人。對事情，明知上當，還作，只求良心上過得去」，這樣一些難得的稟性特徵。寫何容，則重點是寫這一類中國知識分子的文化定位和他們面臨的困窘：「他們對一切負責任。前五百年，後五百年，全屬他們管。可是一切都不管他們，他們是舊時代的棄兒，新時代的伴郎。」「他們打算站在這一面，便無法不捨掉另一面，而這個另一面正自帶有許多媚人的誘惑力量。」老舍筆下的這類文章，並不著意於品評朋友們的得失成敗，只將他們在世間的位置展示給人們看，否臧由他。實際上，作家自己也確實是很難態度分明地給出評價，朋友們的選擇和尷尬，又何嘗不是他自己時時面對著的人生試題！

直接抒發個人襟懷的作品，也不少。老舍當時還是一位生活比較困頓的教師兼「寫家」，他的胸臆間，卻繼承著中國優秀文人身居陋室、心寄天下的傳統精神。在散文〈一些印象〉裡，他抄錄了自己寫的三首律詩，其二為：「一片閒情詩境裡，柳風陣陣柝聲涼。山腰月少青松黑，籬畔光多玉李黃。心境漸知春似海，花深每覺影生香。何時買得田千頃，遍種梧桐與海棠！」他說：「五十年之後，準保有許多人給作注解……我的詩評者，一定說我是資本家，或者窮而傾向資本主義者，因為在第二首裡，有『何時買得田千頃』之語。好，我先自己作注吧：我的意思是買山地呀，不是買一千頃良田，全種上花木，而叫農民餓死，不是。比如千佛山兩旁的禿山，要全種上海棠，那要多麼美，這才是我的理想。」老舍不是一位浪漫氣質過盛的作家，他在想要表達個人心態時，更多的，還是利用雜文、小品文之類的文體，樸樸實實地道出個中委曲。〈夏之一周間〉是一九三二年酷暑之中寫成的雜文，記錄了自己暑期趕寫作品的甘苦，他說：「我與學界的人們一同分潤寒假暑假的『寒』與『暑』，『假』字與我老不發生關係似的。寒與暑並不因此而特別的留點情；可是，一想起拉車的、當巡警的、賣苦力氣的，我還抱怨什麼？」作家的身分，從來就沒有教出身寒微的老舍，把自己看成是比勞苦群衆高出一頭的人，即便是在文學創作上日益走向成功之時，他也沒有忘記自己不過是勞動者中間的一員，每當想起那些靠出苦力掙飯吃的人們，他不是陷入盲目的優越感，而是獲得一種火辣辣的鞭策。身為堅持啟蒙主義創作道路的作家來說，老舍始終把自己定位成與芸芸大衆身分相彷彿的「個中人」，而不是他們的「教師爺」，於此也可得見一斑。在中國現代文學創作大家中間，始終懷著這樣一份感覺的，的確不多。

三〇年代，西方種種生活習尚，明顯地向中國社會浸淫。老舍在他的許多雜文中都涉及到這個話題。令讀者清楚看到的是，這位曾經著實吃過幾年「洋麵包」的中國文化人，往往在生活中採取一種排斥「洋化」的態度。還在濟南居住的時候，他就提到過：「我永遠不喝汽水，不吃冰激凌；香片茶是我一年到頭的唯一飲料，多咱香片茶是由外洋販來我便不喝了。」（〈夏之一周間〉）他還說：「冰激凌、咖啡、青島洗海澡、美國桔子，都使我搖頭。酸梅湯、香片茶、裕德池、肥城桃，老有種知己的好感。這與提倡國貨無關，而是自幼養成的習慣。」（〈習慣〉）遷到青島來之後，他更是把那兒「在蔻丹指甲與新奇浴衣之間」的「文化」（〈立秋之後〉），視作「美麗的沙漠」（〈青島與我〉），本能地產生逆反心理。東方式的文化感覺，一直是老舍個人情趣的基本附著點，他在雜文中，以小託大，經常明白無誤地有所展示。

然而，老舍畢竟是去過西方，見過「大世面」的人，他喜愛中國文化，也沒有染上「古國上邦」的文化自閉症，在雜文〈《西風》周歲紀念〉中，他讚揚了《西風》雜誌向國內譯介海外種種新情況的作為，指出：「它所介紹的這些東西，又是採譯自最新的洋刊物與洋書，比起尊孔崇經那一套就顯著另有天地，讀了使人有趕上去之感，而不盼望再興科舉，好中個秀才；故新，新者摩登，使人精神不腐。」同一時期，老舍還寫了〈英國人〉、〈我的幾家房東〉、〈東方學院〉、〈英國人與貓狗〉等雜文，均能以辯證眼光品評英國人民族性格的是是非非，為中國讀者提供諸多有益的借鑑。在〈英國人〉中，他把英國人「難接近」和「萬事不求人」的性情描述得活靈活現，同時，也公允地告訴讀者：「假如英國人成不了你的朋友，他們可是很好相處。他們該辦什麼就辦什麼，不必你去套交情；他們不因私交而改變作事應有的態度。他們的自傲使他們對人冷淡，可是也使他們自重。他們的正直使他們對人不客氣，可也使他們對事認真。你不能拿他當吃喝不分的朋友，可是一定能拿他當個好公民或辦事人。」也就是說，英人性格中的這一長處，恰是我們的短處，我們看不上別人的時候，可能正是我們該自省的時候。〈英國人與貓狗〉一文，以讚許的口氣，寫出了英國人自來具有善待動物的習性，對貓狗乃至牛馬雞豬都很友好，進而議論：「他們對牲口們是盡到力量去愛護，即使是為了殺了吃肉的，反正在它們活著的時候總不受委屈。中國有許多人提倡吃素禁屠，可是往往寺院裡放生的牲口皮包不住骨，別的畜類就更不必說了。好死不如賴活著，是我們特有的哲學，可也真夠殘忍的。」老舍講這些話的時代，國內的讀者怕是會有好多人難以理解作家的這份「慈悲心腸」，因為，「保護動物」的觀念，是到了二十世紀快要結束的一段時間裡，才在中國民眾中逐漸得到呼應的。

譏諷時政，是老舍這一階段雜文中間時隱時現的主題之一。老舍不是個主動靠攏政治的人，可是政治常來干預他，越來越讓他有了感觸。〈一天〉，是篇讓人啼笑皆非的雜文，講述了「我」某一日從早到晚的經歷，本來要趕寫一篇報館催稿的文章，偏偏家裡家外一件接著一件的雜事纏身，弄得「我」不勝狼狽和煩惱；次日早起終於有了提筆撰文的工夫了，傭人告訴「我」：約稿的報館已來人，說「不必忙了，報館昨晚被巡警封了門。」通篇是瑣瑣碎碎的陳述，好似敘寫個人生活小事，最後卻妙不可言地落筆在對當局扼殺言論自由的嘲笑上面。〈寫信〉，列舉了十四條所謂寫信的「有效辦法」，其中第八條是：「為減少檢信官員的疑心，書信宜用文言，問候語越多越好。」〈新年醉話〉用鼓勵的語氣，大講一通每當過年之時「英雄好漢」可以利用醉話發洩日常愁悶的「價值」，號召人們「到了新年，有必須喝醉的機會，不乘此時把一年的『儲蓄罵』都傾瀉淨盡，更待何時？」不過，在「教給」讀者可講這樣那樣的醉話之後，作者沒有忘了叮嚀兩句：「祕訣在這裡：酒喝到八成，心裡還記得『莫談國事』，把不該說的留下；……當是時也，切莫題詞寫信，以免留叛逆的痕跡。」遊戲筆墨裡溶入對時政的指責，是老舍這類文章的特點。

老舍這一時期寫下的挖掘民族劣根性的詩文，比起譏諷時政的作品來，似乎更能放得開手腳。

他將自己多年來斷察國民精神疾患的所見所得，生動準確地訴諸筆端。來自市井眾生的一系列人物形象，帶著日常養成的彼此互異又相關的心理缺損，出現在老舍的詩文中，意在引起讀者的關心和思考。〈記懶人〉刻畫了一個怠惰得出了奇的人物，他用慵懶的方式對待一切，也用同樣邏輯解釋一切，媽媽死了他懶得落淚，對女友產生愛情又懶得表達，女友嫁給別人被虐待致死，他竟認為是「她因不懶而喪了一朵花似的生命」；作家不僅寫懶人一生間一事無成，還特別說明：「懶人的媽媽懷了他一年半，因為懶得生產」，使人感悟到，誤己誤人的怠惰性情，在我們民族中間是進入了遺傳因子的！〈狗之晨〉，藉一條名叫「大黑」的狗的作為，揶揄了自身並不強壯又特別勢利眼兒的人：「大黑要是有個缺點，那就是好欺侮苦人。見汽車快躲，見窮人緊追，大黑幾乎由習慣中形成這麼兩句格言。」在傳統等級社會，懦弱和霸道，表現在同一個人身上的情形，屢見不鮮，作家抓住這種本來屬於狗類的性格，給予切真的描繪。〈開市大吉〉，說的是幾個根本不講醫德的騙子，開辦所謂「大眾醫院」以「賺大眾的錢」，給患者注射的針劑是「香片茶加了點鹽」，做痔瘡手術每割一刀就跟病人抬高一回價碼，為哄騙更多的人上當，又掏錢給自己掛上了「仁心仁術」的匾。作品戳穿了「仁」字招牌背後存在的道德淪喪。詩歌〈希望〉和雜文〈買彩票〉是類似題材的兩篇作品，都講的是平民百姓在博彩致富的蠱惑下，搶購彩票終於蝕本的故事，是對某些不思實幹企盼意外發財者的警告。〈有聲電影〉的內容更精彩，嘲諷的現象也更令人尋味：一大家子人張張羅羅去看從沒見過的有聲電影，卻在途中以及進了影院後，為著各種無謂的小事，耽擱了太多時間，還沒踏下心來看電影，電影已經放完了，故事雖然很普通，也就是在這種普通習見的事情裡，折射出國人一向濫用精力、不計效益的心理積弊。對中國傳統式的生活節奏，老舍是有看法的，他在〈大發議論〉中，就國人在一年之初接連喜慶公曆和農曆兩個新年這件事，議論道：「兩個新年，先過國曆新年，再過『家曆』新年。二者之間隔著那麼幾十天，恰好藕斷絲連，顧此而不失彼，是詩意的跌宕，是藝術的沉醉，是電影的廣告！前前後後三個來月，甚至於可以把冬至的餛飩接上端午的粽子，而後緊跟著到青島避暑。天哪，感謝你使我生在中國！」讀者從這些不無挖苦的議論中得到的啟示，應當是：中國人的時間和生命，循環往復，在這種「詩意的跌宕」和「藝術的沉醉」中，銷磨得有多麼嚴重。

中華民族是好是壞，一言難盡，頂好不提。我們「老」，這說著似乎不至於有人挑眼，而且在事實上也許是正確的。科學家在中國不大容易找飯吃，科學家的話也每每招咱們頭疼；……談到民族老不老的問題，自然也不便刨根問底，最好先點頭咂嘴，橫打鼻樑：「我們老得多；你們是孫子！」於是，即使爺爺被孫子揍了，到底孫子是年幼無知；爽性來個寬宏大量，連忤逆也不去告。這叫「勁兒」。明白這點勁兒，莫談國事乃更見通達。

以上這番話，見之於雜文〈檀香扇〉，它集中回答了作家這一時期為什麼要在文學創作裡面堅持思考國民精神的問題。比世上許多民族都要「老得多」的中華民族，排斥科學，盲目自雄，陶醉在「阿Q」式的「勁兒」裡，多少回被動挨打仍不醒悟，怎能不讓這位具有文化啟蒙思想的作家憂心如焚？

當然，老舍這個階段的雜文和散文作品，也不是篇篇都包含著嚴肅的社會主題或文化主題。身為平民意識濃重的作家，他時不時地要寫上幾篇跟大衆讀者閒談家長里短的小文章。〈習慣〉、〈忙〉、〈婆婆話〉、〈閒話〉、〈我的理想家庭〉、〈有了小孩以後〉……僅從這些題目上，也看得出話題有多平易、隨和，作者寫這類文章，叫人絲毫看不出大學教授的派頭，倒好像是一位大雜院裡的老住户，跟街坊四鄰圍坐樹蔭下，端著茶碗聊大天兒，他把個人的生活經驗，有益的、無害的、貼心的、發牢騷的，合盤端出，娓娓道來，使讀者感受一種如兄如友般的率真坦誠。〈閒話〉一篇，從男人的角度來談夫妻間的關係，說了不少勸女人們體諒丈夫自由交友的實在話，其中說：「男人必須交友。對朋友，他喜歡大家不客氣，桌上有果子拿起就吃，說吃飯大家站起就走。男人的粗野正是他的爽直。他不肯因陪太太而把朋友都冷淡了。」「男子在婚前就有他的社會；婚後，這個社會還存在，一個朋友也許很不順眼，可是他是男人的好友，你就不該慢待他。一個結了婚的男子總希望好友與太太敬重。這樣，他才覺得好友與太太都能瞭解他，他便真能快樂。」「所以，婦女們，你們必須知道男子不是『家畜』，必須給他一些自由。」〈忙〉，則講的是人們終日裡為了生計奔忙而造成的心靈不自由，發出的，是與天底下所有勞苦人兒差不太多的牢騷：「所謂瞎忙，表面上看來是熱鬧非常，其實呢它使人麻木，使文化退落，因為忙得沒意義，大家並不願意作那些事，而不敢不作；不作就沒飯吃。在這種忙亂情形中，人們像機器般的工作，作完了一飽一睡，或者未必一飽一睡，而半飽半睡。這裡，只有奴隸，沒有自由人；奴隸不會產生好的文化。這種忙亂把人的心殺死，而身體也不見得能健美。它使人恨工作，使人設盡方法去偷油兒。我現在就是這樣，一天到晚在那兒作事，全是我不愛作的。我不能不去作，因為眼前有個飯碗；多咱我手腳不動，那個飯碗便啪的一聲碎在地上！我得努力呀，原來是為這飯碗的完整，多麼高偉的目標呀！試觀今日之世界，還不是個飯碗文明！」讀起老舍的這類作品，讀者的呼吸、脈搏都很容易和作者取得協調、同步。

老舍的散文也有極個別篇目，是完全用來擬述一己情感的。例如發表於一九三七年六月的〈無題（因為沒有故事）〉，很像前此三年半時間所發表的短篇小說〈微神〉，不難叫人看出作者「自己初戀的影兒」。①這篇散文，與習見的老舍散文、雜文風格殊異，筆調含蓄蘊藉、委婉淒楚，狀寫了作者心間久久封存著的情感。雖然作品確如題目所言，「沒有故事」，可是，通過對早已故去了的「她」的眼光、神情、笑容十分細膩的追憶，將作者本人異常珍惜初戀感受的聖潔心境烘托出來。「我記得她的眼。她死了好多年了，她的眼還活著，在我的心裡。這對眼睛替我看守著愛情。當我忙得忘了許多事，甚至於忘了她，這兩隻眼會忽然在一朵雲中，或一汪水裡，或一瓣花上，或一線光中，輕輕的一閃，像歸燕的翅兒，只須一閃，我便感到無限的春光。我立刻就回到那夢境中，哪一件小事都淒涼，甜美，如同獨自在春月下踏著落花。」作者所寫，分明是一份縈繞心間而永久難以逝去的情。這樣的散文，使人們得以窺視作家靈魂殿堂中並不輕易示人的一部分，得以藉此更加真切地尋繹老舍那複雜厚重的情感世界。老舍與許多文學家都是一樣的，他們極重情感。

親切、幽默的藝術格調

三〇年代在山東的七年，是老舍最初全面展示個人創作才華和寫作風格的時期。散文、雜文及詩歌，雖非他的創作主項，卻清晰地體現著他獨有的藝術格調。

來自社會下層，從小受過京旗俚俗文化的薰染，使老舍幾近一生都帶著這類早年獲取的人文底色。他的詩文，一如其人，具有鮮明的平民文化傾向。一九三四年，在〈習慣〉一文中講過：「對於朋友，我永遠愛交老粗兒。長髮的詩人，洋裝的女郎，打微高爾夫的男性女性，咬文咂字的學者，滿跟我沒緣。看不慣。老粗兒的言談舉止是咱自幼聽慣看慣的。一看見長髮詩人，我老是要告訴他先去理髮：即使我十二分佩服他的詩才，他那些長髮使我堵的慌。」從中，可以想見，作家是怎樣植下自己的社會文化之根的。他需要透過文學活動與自己的「老粗兒」朋友們交流情感，他的作品，包括小說也包括詩文，不必說，也是把「老粗兒」們當成一部分重要讀者的。這就是他的作品，那怕是雜文、散文，都很少散發貴族氣息和沙龍味道的原由。〈一些印象〉是老舍乍到濟南寫就的美文，他這樣形容當地秋季與冬季的可愛可貴：「上帝把夏天的藝術賜給瑞士，把春天的賜給西湖，秋和冬的全賜給了濟南。秋和冬是不好分開的，秋睡熟了一點就是冬，上帝不願意把它忽然喚醒，所以作個整人情，連秋帶冬全給了濟南。」假設只看「上帝把夏天的藝術賜給瑞士」那句，也許會感到這文章簡直是作得洋派透了，待到讀完了上帝「作了個整人情」，你才大悟，在老舍這兒，洋人信奉的上帝，也是跟咱中國人一樣懂得「人情世故」啊！

像雜文這種體裁，在一些左翼作家手裡，常被打磨得匕首、投槍般的快利，可是，老舍筆下的雜文，即便是諷刺意向相當明朗的，也很少顯示出過分的犀利與冷峻。這又跟他的平民文化心理有關。他一向「覺得自己可笑，別人也可笑」（〈又是一年芳草綠〉），習慣於「一半恨一半笑的去看世界」（〈我怎樣寫《老張的哲學》〉），在寫作中大多不選金剛怒目式的進攻態勢。一九三三年，《東方雜誌》「新年的夢想」專欄曾刊出他的雜文，題目是《新年的夢想．夢想的中國．夢想的個人生活》，結束語是：「天增歲月人增壽，春滿乾坤福滿門。天長地久，糊塗是永生的，這是咱們。得了滿洲，再滅了中國，春滿乾坤，這是日本。揖讓進退是古訓，無抵抗主義是新名詞，中華民國萬歲！」對國事之不堪本已痛徹肺腑的作者，行文仍然沒有採用一罵到底的方式，而是嘲諷有度，引而不發，留下思辯空間，讓閱讀者自己來體味此中苦痛。

與讀者保持一種切近的朋友關係，是老舍用心營造的境界。他的作品為大眾而寫，又為大眾所樂於接受。這裡面，自然有個情感定位問題。老舍寫的東西，多表現著平和、寬厚、親切的態度，沒有跟大眾欣賞傾向拗著勁兒的。他的散文〈小麻雀〉，講述了雨後在院內撿拾到一隻受了傷害的小麻雀的過程，字裡行間，浸潤著對弱小生命的關愛、貼近和體恤：「它是要保全它那點生命，而不曉得如何是好，對它自己與人都沒有信心，而又願找到些倚靠。」一個人經歷中如若沒有貧寒無助的銘心記憶，這篇文章是寫不出這樣打動人心的傷感氣氛的。靠著彼此相通的人生體驗，老舍作品和大眾間，形成了一條流暢的溝通渠道。

雜文，一般地説，是種夾敘夾議而又以議論為主的文體。但在老舍筆下，大多數的雜文，都包含較完整的故事，其中一些還基本不附加任何主觀議論。例如〈討論〉、〈畫寢的風潮〉、〈吃蓮花的〉、〈辭工〉、〈買彩票〉、〈有聲電影〉、〈取錢〉、〈畫像〉、〈搬家〉、〈牛老爺的痰盂〉等等，都動用了些寫小説的筆法，然而，又不難令人看出作品的思想指向，不像他的某些小説那樣題義蘊藉。老舍雜文的這個特點，也和他的創作活動樂於接近大眾欣賞趣味有關，平民階層的藝術受眾，一般地講，喜歡形象性強、有鮮活情節的作品，對正襟説教不太感興趣。另外，老舍也寫有一些以議論為主的雜文，這樣的雜文，都注意到盡量靠攏大眾讀者，從不陡發叫老百姓看後愣神的生澀艱深議論，他拉著家常話，掰開揉碎地講些生活中的樸素道理。

在山東的時候，老舍寫的詩不很多，其中有不少是用大白話寫下的自由體詩。這些詩在平民讀者那裡，同樣不存在閱讀障礙。有時老舍為了把詩寫得更符合社會下層人們的欣賞習慣，還有意識調動民間説唱藝術的表現手段。〈救國難歌〉是寫於一九三二年的諷刺詩：「……我也曾高捧活佛的大腳丫，／真咒真經一字不解真正瞎咕唧。／我也曾尊孔崇經身修天下平，／回也不愚，到底癆病三期將而立！／我也曾燒香磕頭給馬克斯，／始終是不懂種種意識與經濟。／我也曾學著甘地水米不打牙，／本來肚子就發空，絕食便更了不得！／我也曾崇拜博士梅蘭芳，／〈汾河灣〉的確應當作國戲……」像這樣，詩句以「我也曾」三個字來複沓起始，在這首〈救國難歌〉中出現了十一處之多，明顯見得是借鑑了舊時北方曲藝「清音子弟書」中常用的起句形式。②用大衆習慣接受的形式寫出的詩，人們自然會感到親切。

親切，應當說，是老舍散文、雜文和詩歌作品的一個重要特徵。

老舍上述作品的另一個重要特徵，是幽默。關於老舍幽默天性的形成原因，我們已在前面某些章節中有所述及。散文、雜文和詩歌，都是便於用來反映創作者個人靈性的，老舍的這些作品，從一出手，就幾乎隨處可見地顯示了長於幽默的個性。

……二姐喊賣糖的，真喊得有勁，連賣票的都進來了，以為是賣糖的殺了人。

這是在〈有聲電影〉裡，寫不懂得公共秩序的「二姐」在電影院裡高聲喊叫的一處描寫，不無誇張，卻極出彩。

……更有三更半夜，敲門如雷，起來一看，大小三軍，來了一旅，俱是知己哥兒們，攜老扶幼，懷抱的娃娃足夠一桌，行李五十餘件。於是天翻地覆，樓梯底下支架木床，書架上橫睡娃娃，涼台上搭帳棚，一直鬧到天亮，大家都誇青島真涼快。

這是〈暑避〉裡，寫疲於趕寫作品的作家自己，在暑期深夜受到的友人「滋擾」，叫人哭笑不得。

棉襖的底襟掛在小車子上，用力扯，袍子可以不要，見好友的機會不可錯過！袍子扯下一大塊，用力過猛，肘部正好碰著在娘懷裡的小兒。娘不加思索，衝口而出，凡是我不愛聽的都清清楚楚的送到耳中，好像我帶著無線廣播的耳機似的。孩子哭得奇，嘴張得像個火山口，沒有一滴眼淚。說好話是無用的，凡是在外國可以用「對不起」了之的事，在中國是要長期抵抗的。四周的人——五個巡警，一群老頭，兩個女學生，一個賣糖的，二十多小伙子，一隻黃狗——把我圍得水洩不通；沒有說話的，專門能看哭罵，笑嘻嘻的看著我挨雷。幸虧賣糖的是聖人，向我遞了個眼神，我也心急手快，抓了一大把糖塞在小孩的懷中；火山立刻封閉，四周的人皆大失望。給了糖錢，我見縫就鑽，殺出重圍。

這是〈一天〉，講述自己急於去火車站與途經此地的朋友見上一面，半路上的意外遭遇，順手拈來的市俗群相，聲態逼真，令人捧腹。

老舍的幽默有多種。有時，是在敘述中偶出妙語，例如：「到濟南來，這是頭一遭，擠出車站，汗流如漿，把一點小傷風也治好了，或者說擠跑了；沒秩序的社會能治傷風，可見事兒沒有絕對的好壞……」（〈到了濟南〉）有時，則在談論嚴肅意見的當口兒，不動聲色將筆峰一拐，轉為調侃：「發稿即發稿費，決不拖欠，落選之稿及早退回，並附函詳細說明文字的缺點，如作者不服而在別的刊物上發牢騷，則由編輯部極客氣的極詳細的答辯，登載國內各大報紙。作者還不服，而且易討論為叫罵，則由編輯部雇用國術名家，前去比武，文章必有武備，以免罵上沒完也。」（〈理想的文學月刊〉）再有的時候，也肯於拿自己插科打諢一通，以喻諷世間的某些人和事：「看著別人寫，個兒是個兒，筆力是筆力，真饞得慌。尤其堵得慌的是看著人家往張先生或李先生那裡送紙，還得作揖，說好話，甚至請吃飯。沒人理我。我給人家作揖，人家還把紙藏起去。寫好了扇子，白送給人家，人家道完謝，去另換扇面。氣死人不償命，簡直的是！」（〈寫字〉）生活中帶著幽默色彩的事物，對老舍來說，真是無處不在，俯拾皆是。

從古到今，中國的作家文學傳統中，雖然說不上絕對沒有幽默的一席之地，但也確是不大盛產幽默。老舍偏偏生在了一個淒風苦雨遍布域中的年代，周邊的幽默作家便更是難覓。魯迅當時所持的看法，大約能代表一批嚴肅作家的認識：「『幽默』既非國產，中國人也不是長於『幽默』的人民，而現在又實在是難以幽默的時候。」③幽默，在許多人眼裡，被看成了是與高尚、神聖藝術冰炭不可同爐的東西。老舍初涉文壇，曾經自發地嶄露了他的幽默天性，在受到讀者們重視的同時，也捱了不少來自嚴肅文人方面的批評。一時間，他自己也有點不知如何措手足。寫《大明湖》和《貓城記》，他就曾著力「改邪歸正」，主動放棄幽默，結果呢，同時丟掉了個性和優勢。他不得不把幽默——這件本來就屬於自己的藝術法寶，重新找回來。為了能夠不再受到不應有的干擾，他開始自覺地研究幽默之於文學的關係問題，並且終於建立起來能夠贏得自信的比較完整的幽默觀。

在寫於一九三四年的《老舍幽默詩文集．序》中，他略帶誇張地記錄了所聽來的對於幽默有代表性的幾種看法：有的人說「幽默就是諷刺」，「該禁止」；有的人則說「幽默是將來世界大戰的總因」，「往小處說，至少是文學的致命傷」；有的人說「幽默就是開心」，「笑為化食糖，所以幽默也不無價值」；有的人又說「幽默就是討厭，貧嘴惡舌」；有的人說「幽默是偉大文藝的一特徵」；有的人還說「幽默是一種人生的態度，是種寬宏大量的表現」。在這篇序文裡，老舍對如上說法，並未分別予以評價，可能是希望引起讀者的關切，再提出自己的意見。從一九三五年到一九三七年，陸續發表文藝論文、隨筆、雜文〈我怎樣寫《離婚》〉、〈我怎樣寫《牛天賜傳》〉、〈又是一年芳草綠〉、〈談幽默〉、〈「幽默」的危險〉以及〈當幽默變成油抹〉等等，則是逐步明朗地向世人亮明了他的幽默觀。

「幽默與偉大不是不能相容的，我不必為幽默而感到不安」（〈我怎樣寫《牛天賜傳》〉），——這是老舍經過了反覆的思考與實踐，所得出的理直氣壯的結論。他從「《吉訶德先生傳》等名著譯成中文也沒招出什麼『打倒』來」的事實，認識到，具有正當愛憎、嚴肅主題的作品，不僅是可以包容幽默，甚至是可以因合理運用幽默而獲得更大成功的。他由文藝創作基本規律入手，指出：「有一點可是很清楚，就是文字要生動有趣，必須利用幽默。……假若乾燥、晦澀、無趣，是文藝的致命傷；幽默便有了很大的重要；這就是它之所以成為文藝的因素之一的緣故吧。」（〈談幽默〉）因為有了這份頓悟，他不再猶疑徘徊，公開聲明：「有人管我叫幽默的寫家。我不以這為榮，也不以這為辱。我寫我的。」（〈又是一年芳草綠〉）

在為幽默正名的同時，老舍也對「什麼是真正的幽默」，進行了研究。他既把「幽默」與「諷刺」、「機智」、「滑稽」等做了嚴格區分，又道出自己的人生體驗和創作體會：「幽默……據我看，它首先是一種心態」，「幽默的人……是由事事中看出可笑之點，而技巧的寫出來。他自己看出人間的缺欠，於是人人有可笑之處，他自己也非例外，再往大處一想，人壽百年，而企圖無限，根本矛盾可笑。於是笑裡帶著同情，而幽默乃通於深奧。」「幽默者有個熱心腸兒，諷刺家則時常由婉刺而進為笑罵和嘲弄。」「所謂幽默的心態就是一視同仁好笑的心態。……這種態度是人生裡很可寶貴的，因為它表現著心懷寬大。」（〈談幽默〉）「他真愛人愛物，可是人生這筆大賬，他算得也特別清楚。笑吧，明天你死。於是，他有點像小孩似的，明知頑皮就得挨打，可是還不能不頑皮。因此，他有時候可愛，有時候討人嫌；在革命期間，他總是討人嫌的，以至被正人君子與戰士視為眼中釘，非砍了頭不解氣，多麼危險。」（〈「幽默」的危險〉）假如我們把老舍的這些話語與他的社會文化出身相聯繫，就不難想像，擁有這樣的幽默心態，對他來説實非造作，這種心態讓一些人感到「可愛」，而讓另一些人感到「討人嫌」，對他來講，同樣是沒法避免的。

老舍來自社會底層，貧苦大衆通常具備的樂天知命精神特徵，在他的身上有著天然體現，加之舊時京城旗族（包括下層旗人們）喜歡追求超脱閒適的處世風度，也給過他不小的影響，到後來，又讀到了狄更斯、塞萬提斯、馬克．吐温等西方幽默作家的作品，他已有的温厚、詼諧心態，便在西方藝術的滋養中間，得到了新的調理。所以，老舍才把幽默看成是「人生裡很可寶貴的」精神財富，不願輕易捨棄。

在〈幽默變成了油抹〉這篇小品裡面，作家滿帶戲謔地寫了一對年幼的小兄弟，錯把父母所説的「幽默」當成了「油抹」的故事。看到父母每次讀起《論語》雜誌上的文章，總要開懷大笑，並連聲讚嘆「真幽默，哎呀，真幽默！」小哥倆不解，偷看那本雜誌，又不懂上邊的文字，為了找到「油抹」的感覺，他們把家中值二十多塊錢一盒的各色油彩，全都抹到了臉上，還美其名曰：「爸是假裝油抹，咱們才是真油抹呢！」這則雜文意在説明，真正的幽默，不是任憑什麼水平和智商的人都可以理解領會的，只有人生有過比較厚重經歷、達到了相當思想修養層次之後的人們，才可能深入體味幽默的理趣與堂奧，不然，隨便地去評判和指摘它，是終難避免把「幽默」錯當成

「油抹」這樣可樂而又可悲的事情發生的。

於濟南和青島兩地創作的幽默詩文，在老舍一生寫下的同類作品中，佔有較大比重。其中也有少量篇章屬於應約急就之作，多少有欠水準，但總的看來，這一批作品還是稱得上成功的。它們不僅與老舍當時的小說創作一道，代表作家在鑄造個性幽默文藝風格中所取得的顯著成就，也為老舍及一些藝術同行者日後繼續沿著這一方向探索，打通了前行的隧道。三十年代，雖有文壇「中立派」林語堂等人在創作領域極力標榜寫幽默作品，但是，包括林語堂自己在內的許多作家，並沒有能夠真正取得像老舍那樣引人注目的幽默創作實績。老舍從理論到實踐，為創建中國式的現代幽默文學流派，提供了不可磨滅的卓而不群的奉獻。

---

①羅常培語，見〈我與老舍〉一文，其中談到老舍經歷和創作的關係時，說道：「我還可以告訴你，他後來所寫的〈微神〉，就是他自己初戀的影兒。」，載於昆明《掃蕩報》副刊，一九四四年四月十九日。

②「清音子弟書」，是始現於清代中期的滿族傳統曲藝形式，迄至民國年間，一直受到北方廣大平民階層的喜好。這種用同樣的兩三個字反覆起句詠唱的情形，在「清音子弟書」中實多例證。譬如清代子弟書作家愛新覺羅．奕賡（鶴侶氏）所作的〈鶴侶自嘆〉，開篇部分是：「龥乎今世命弗佳，半生遭際盡堪嗟。十年回首如春夢，數載韶光兩鬢鴉。也曾佩劍鳴金闕，也曾執戟步宮花。也曾峨冠擬五等，也曾束帶佔清華。也曾黃金濟貧士，也曾紅粉贈嬌娃。也曾設榻留佳客，也曾金樽酒不乏。也曾雄辯公卿宴，也曾白眼傲污邪。也曾高談驚四座，也曾浩氣嘯煙霞。我也曾壯志頻磨英雄劍，我豈肯一身無繫似瓠瓜？……」其中便連用了十三個「也曾」或「我也曾」來起句。

③魯迅：〈從諷刺到幽默〉，《魯迅全集》，第四卷第四五九頁，人民文學出版社一九七三年版。

第九章　「短打」戲裡的世相百態
——寫作於濟南和青島的中短篇小說

「老」民族的精神失落

老舍的文學創作，是由寫長篇小說起家的。直到來山東任教初期，他還是沒把寫短篇小說看成一樁正經事情，偶一為之，愛把那說成「湊字兒」（〈我怎樣寫短篇小說〉）。是隨後國內刊物激增、稿約激增的需求形勢，逼著平日間忙碌於教務的老舍漸漸「就範」，先是無可奈何，後來則越來越上心地寫起短篇。老舍用戲曲界的行話，形容在小說創作上不得不放下長篇而拿起短篇的這種變化，是「由靠背戲改唱短打」（《趕集．序》），這等於說，自己好似一名武生演員，已經演慣了〈長坂坡〉中紮大靠、穿厚底靴的趙子龍，不得已又要改扮〈十字坡〉裡頭穿抱衣抱褲、著薄底靴的武松了，雖則都須講究武功，行當與功夫類型可是大不一樣了。

老舍的「短打」戲一齣又一齣地登了台。據難以做到完整的統計，自老舍一九三〇年來山東，到他一九三七年離開山東，先後在濟南、青島兩地寫成並發表的短篇小說，大約有四十篇上下。①此外，這一期間，他還寫了四部字數不算太多的中篇小說。這些作品，在老舍一生寫作的中短篇小說裡，不僅數量上佔了大多數，質量上也是最突出的。

老舍的中短篇小說，題材領域相當開闊，狀寫城市下層人物生活場景，這一最熟悉的題材，仍然是他常常選取的創作方向；不過，他的筆，也時而指向農村或者都市上層社會，推出為數不太多、藝術上也還並不差的製作。從老舍這一時期的幾十篇此類小說裡絡繹走來的，有包括車伕、巡警、商人、教員、花匠、石匠、拳師、男女學生、小職員、大學教授、科技專門家、中小官僚、社會閒雜人員、暗娼、潰兵、賣卜者、藝人、青年革命者、小地主、鄉間悍婦、洋奴等在內的形形色色的人物形象。作者有意要把他所注意到的世相百態，一一提請讀者們來觀摩。

假如我們將老舍的這些作品，在主題上大致地歸一歸類，即不難看出，關注古國「老」民族的精神蛻變，與關注都市社會下層「苦人們」的悲慘命運，是最為集中的兩大主題。幾乎該時期的所有中短篇小說，都或直接或間接地服從這兩大主題。

讓我們先來看看第一主題。

三〇年代前中期的中國，是個社會從既有混亂走向新的混亂、世道完全喪失運作章法的階段，由於不可救藥的國家已無力實施任何正常的管理，各色社會力量為了追逐大大小小的利益，紛紛出動，呼風喚雨，盡顯「神通」，不單循環往復地呈現著極度的秩序喪失，而且日益突出地釀就了世風日下。老舍親眼目睹了這一時代現象，從歷來關懷民風漲落的思想習性出發，倍感痛切，也就不能不用作品來展現個人的心緒，並在其中貫徹自己的啟蒙主義文學態度。

老舍以多重視角，觀察和描述著國民精神潰瘍面的持續蔓延，及其道德心理的急劇滑降。

在西方列強紛紛覬覦中華，日本軍國主義者已佔領東北地區並企圖搶佔中國更多領土主權的形勢下，國人是否都能相應地強化自己的民族精神和愛國心理？老舍的回答，是否定的。在〈五九〉、〈柳家大院〉、〈且說屋裡〉、〈哀啟〉等作品中，他真實地敘寫了一部分中國人，要麼利用洋人勢力欺侮同胞；要麼張惶避讓外國強盜鋒芒的情景。〈五九〉中替外國人帶孩子的僕人，〈柳家大院〉裡的老王，都是「混著洋事」的人，他們身為洋人的奴才，骨子裡倒自認是高出國人一等，前者利用身強力壯「氣力的優越」，在街面上敢隨意地毆打中國兒童，後者則仗著有一份「在洋人家裡剪草皮」的差事，每當回到所居住的大雜院內和家裡，總要橫蠻地對待一切人。〈且說屋裡〉中的官僚買辦包善卿，心理更陰暗，他的人生信條是：「洋人也好，中國人也好，不論是誰，自要給他事作，他就應當去擁護。」他能刻意仿照姨太太「坐在老爺的腿上」要東西的媚態，去向他的外國主子山木乞討權利。小說作者活脫脫地刻畫出此等無恥之徒的嘴臉與行徑，也沒有忘記去挖掘他們靈魂中那股「毒氣」的由來。〈柳家大院〉的老王，因有洋奴的特殊身分，頤指氣使，把個未滿二十歲的兒媳婦虐待死了，小說藉作品中同院住戶的話，控訴了這齣悲劇的出現，原是「窮人……狗著有錢人」的結果，是大雜院裡老式的封建「文明」得到了洋人強權「文明」助燃的結果，是中西兩種「三孫子」文明相摻合的產物！老舍在此前的長篇創作中，多次寫過國人中的卑劣者喜好趨炎附勢的脾性，現在，作家又進一步地點明，本來就缺乏國民意識的一些人，一旦攀附上了外國勢力，心靈將會潰爛到何種程度。〈哀啟〉中的房產主金紫良，當過公安局的科長，他的一所房子被外國綁匪們租去幹壞事，而且拒絕向他繳房租，他不但不敢惹那夥人，還轉嫁危機，將其他中國房客的租金普遍上提，「能夠用勢力壓人，和會避免挨打，在他，是人生最高的智慧。」識實務者為俊傑——這句被世代的中國老百姓喊濫了的「處世格言」，在外侮臨頭的時刻，就是這麼順勢就便地派上了用處。老舍感覺到，也希望人們都能感覺到，傳統文化的糟粕，在特定歷史場景下，已越發地散出了令人起厭的腐臭氣味。中國，在由封建社會逐步衍向半殖民地化的過程中，最令人作嘔的心理走向，在這兒，被作家清晰地揭出示衆。它的警世作用，不可謂不大。

當此時，國民性格中既有如上可悲的演變，也有某些可悲的不變。像愚昧混沌、抱殘守缺的習性，仍在人們中間頑固地維持著，就是一種可悲的不變。〈抱孫〉和〈眼鏡〉兩篇，從不同社會層面，反映國人在二十世紀科學技術不斷發展之時依舊盲目排斥科學的客觀情況。王老太太是〈抱孫〉的主角，多年來一門心思要兒媳生個能夠「接續香煙的」孫子，頭一回，是在兒媳生產時弄得新生兒煤氣中毒夭折，第二次，又執意要將再度問世的另一個小孫子從醫院抱回家去辦「洗三」儀式，致使嬰兒受凍身亡。作品將這位徹裡徹外老主意的家庭婦女，是如何處理從兒媳懷孕到嬰兒降生的大事小情一一道來，樣樣陳腐古怪得令人噴飯，讀者在嘲笑過後，看清了，正是這位急切地要抱個胖孫子的老婦人自己，因為愚昧、迷信和抗拒科學，成了一遍又一遍扼殺無辜小生命的凶手。〈眼鏡〉的故事，出在本人「雖然是學著科學」可又不把科學當真的青年學生身上，患有深度近視的宋修身，「在日常生活上不管什麼科學科舉的那一套」，明明有眼鏡，卻偏偏相信「越戴眼鏡眼越壞」的「老說法」，結果是丟了眼鏡再也買不起，只好輟學而去，還造成了他人誤戴這副眼鏡致使撞車身亡的慘劇。這兩篇小說告訴人們，國人中老的也罷，小的也罷，有這麼一幫人，常常慣於循著抵制科學、遠離科學的法則過活，到頭來身陷困境，都是咎由自取；保守、陳腐的心理，成了他們通向健全人生的羈絆。

「老」民族的精神滑落，從來就不是孤立的現象，它與病態的社會之間，有著千絲萬縷、互相藉助的關係。老舍的小說證實，畸形人性必得依附於畸形的社會而存在，只是單純療治人們的心理症狀，而不去尋找和根除它的社會成因，便是捨本求末，見了樹木忘了森林，下多大力量也將於事無補。你看，〈沈二哥加了薪水〉中的小職員沈二哥，自輕自賤了半輩子，遇事總是先得「想想看」，早已養成了老於世故的性情，「四十來歲了，他還沒飛起來過一次。」終於，衙門裡頭別人加了薪水，沒有他的份兒，他再也坐不住了，破天荒地找上司說了句「痛快的」，反倒把上司給嚇了一大跳，原來，他的上司，也是個處處謹小慎微慣了的傢伙，偶爾見沈二哥也能發火，竟不由自主地聯想到了自己的卑微人格。這兩個人物終於一齊悟出了：他們全都一個樣，「不是活著，是湊合……越活越抽抽。」是晦暗壓抑的衙門作風，模塑出了他們一路的卑微人生。再看〈聽來的故事〉中的孟智辰，此人沒有任何一樣技能，也沒有與他人競爭的計謀，倒能在宦途上每每捷足先登，靠得是什麼呢？說來挺可笑，靠得是「學問、志願、天才、性格」——這些所謂「足以限制個人事業」的因素，在他身上樣樣都沒有！社會在勢所必然地排擠掉了種種幹才賢士之後，優越的位置總是留給他的。「他以自己的糊塗給別人的聰明開了一條路。」這則庸中見奇、奇又不奇的故事，恰恰凸現出了：蹩腳的社會現實，只能容許何等樣的人兒順暢通行。〈歪毛兒〉裡的故事，可說是反證了以上故事的「合情合理」，白仁祿有著過於剛正的性情，明知世上人人盡在敷衍，卻偏不屈從，他堅持與可惡、虛假為敵，若干年下來，「成了個無家無小沒有一個朋友的人。」他慨嘆：「普通人只能軟，不能硬，所以世界沒有骨氣。我只能硬，不能軟，現在沒法安置我自己。人生真不是個好玩藝兒。」這篇小說在體現「世人盡濁我獨醒」的題意方面，堪稱是偏得了魯迅《狂人日記》的三分餘韻。老舍筆下，這種把扭曲了的人性放在扭曲了的社會中間來細加探看的短篇小說，還包括表現一夫雙妻情節的〈毛毛蟲〉，以及表現在酸腐文化浸泡下「捧角兒」情節的〈末一塊錢〉等等。

老舍是一位珍惜倫理價值的作家，他對確立在傳統基點之上的真、善、美的人生意蘊，有著不懈的執著。惟其因此，他也能對那些在人前高掛「道德」幌子，卻在背地裡盡現假、惡、醜原形的世相，明察如鑑。假「聖人」們本不願讓世間窺見的齷齪真嘴臉，於嬉笑諷喻之中，被老舍一一歸位，還其本態，免得他們再去欺哄天真的人們。中篇小說〈新時代的舊悲劇〉，把一個老派的偽善「道學家」——陳老先生——刻寫得入木三分，雖說比起他在「國學會」中的朋友錢會長、武將軍們，他還一時拉不下臉面，不敢（也沒有能力）像人家那樣時常介入大規模巧取豪奪的勾當，可在心裡，他卻早已對他人的卑鄙行徑垂涎欲滴，「作了一輩子書生，現在才明白官場上的情形，才有實際的問題等著解決。」當他開始躍躍欲試的時候，輕而易舉地，就給自己找到了合乎「禮教」的說辭：「不能不學，一事不知，君子之恥，活到老學到老！」拆除了心理障礙，他蹚入渾水，感覺很不錯，竟然洋洋自得地吟起「耽酒須微祿，狂歌托聖朝」的詩來。兒子的「孝行」，是被陳老先生看得很重並引以自慰的事情，其實，兒子「孝敬」給他的商號，是利用公安局偵探長身分霸佔到手的，陳老先生心裡明白得很，就是不說破。後來，在黑吃黑的爭鬥中，他的兒子沒鬥過局長，讓對方給「法辦」了，他寫的輓聯，還大言不慚地給兒子、給自己一家人往臉上貼金，說什麼「孝子忠臣，風波於汝莫須有；孤燈白髮，經史傳孫知如何！」彷彿只要會用美妙的辭藻來喬裝一番，世間的醜惡就可以一筆勾消。另一部中篇〈陽光〉，也對所謂「文明社會」的虛偽「道德」做了無情的揭露。女主人公是個尚虛榮、好享樂的上流小姐，幾經選擇，才嫁給了一位「頂有身分，頂有財產，頂體面，而且頂有道德的人」，這樁婚姻曾被報刊輿論廣為傳播，被看成具有「給胡鬧的青年們立個好榜樣，要挽回整個社會道德的墮落」的意義。婚後，這個女人見異思遷，開始跟一個「貴人」偷情，被他的丈夫發現了，讓她感到驚訝的是，身為「道德家」的丈夫不但不干涉，反倒暗示她「你作對了！」不久，憑著「貴人」的力量，「道德家」升了官，這才叫女人猛醒，原來自己是中了丈夫早就設定了的圈套，被「當成禮物送出去」了。後來，女人被「貴人」玩夠了拋棄了，寂寞之中，她又與一位身分平平的舊日男友交往。這回，「道德家」震怒了，認為那是丟了他的臉，因為「闊人儘管亂七八糟，可是得有個範圍」，他把妻子軟禁起來。女的終於提出離婚，誰料想，此事一旦見諸報端，不但叫「道德家」丈夫「登時從最高的地方墮下來」，而且女人娘家也與她斷絕了關係，夫妻雙雙成了什麼也沒有的窮人，其原因，就在於社會輿論不能容忍「道德榜樣」的離婚。這部小說，可說是一篇上流社會的「道德神話破滅記」，〈陽光〉作品的題目本身，或許就是一種辛辣的嘲笑，在「文明」的「陽光」下，「道德」早已成了某些雞鳴狗盜之徒在大肆撈取私利時才祭起的遮羞布。老舍知道，要挽救民族的道德危機，首先必須在善良的人們面前，將所有這類五光十色的遮羞布撕碎，讓偽「道德」無處藏身。

短篇小說〈柳屯的〉，故事情節較曲折，思想涵蓋面也較大，它濃縮了一個鄉間女惡霸的發跡和敗落史。「柳屯的」，本是地主夏老者為了傳宗接代，給兒子夏廉娶來的小妾，剛進門的時候，她完全是一副賢婦樣子，「能洗能作，見了人那份和氣，公是公，婆是婆！」但是好人兒的樣子沒裝太久，掌握了夏家人際矛盾的她，開始大耍手腕兒，先是將夏廉妻子及其三個女兒轟出家門，繼而利用夏廉的貪婪又將夏老者的户主地位也扳倒了。再往後，霸氣惡性膨脹，把全村人都囊括進她的威懾範圍。小說寫出了這個悍婦如何機關算盡，利用家裡家外的多種矛盾求得一逞，以及鄉間民衆明哲保身，違心屈從於她的淫威。更發人深思的，是描述了她在整個過程裡如何不斷變換兩份道德面孔。先前那份兒的「善」相，在逐個坑害家裡人的時候已經蕩然無存，可是，為了震懾全村民心，她又搖身一變成了「洋教」在本村的「教主」，時常在「傳教」活動中兜售其奸。通過這篇作品讀者再度看到，「道德」，在壞人手上，不過是件工具而已，「善」與惡，「美」與醜，用在什麼時候，用到什麼分寸，都是依據著其陰謀實施的需要來調控的。小說結尾，「柳屯的」突遭縣裡捉拿，又是耐人尋味的一齣「道德」醜劇使然，適逢縣知事正想討個小老婆，他的大老婆為了警告他，硬是逼著他，把既有劣跡又具有小老婆身分的「柳屯的」給「辦」了。還是看去似「善」實則為惡的「道德」在中間起作用。

也許由於老舍太瞧不上偽君子、假聖人的緣故，除上述幾篇之外，他還在〈善人〉、〈犧牲〉、〈裕興池裡〉、〈抓藥〉等小說中，或正面或側面、或重或輕地鞭笞和譏誚了另外幾種人前人後不一樣的「善人」、「好人」和「體面人」。〈善人〉一篇，抓取了一位女「慈善家」生活中的二三事，寫出她雖給身邊的婢女都起了「自由」、「博愛」式的名字，照舊能夠做出趁家庭教師喪妻之危將其解雇的冷酷舉動。〈犧牲〉寫了一位滿口西方如何美好的洋博士，原來是個地地道道的東方式的守財奴，結婚只為了滿足一己的性慾，連妻子最起碼的生活條件都不予保證，導致新婚妻子出走，自己也瘋了。〈裕興池裡〉的故事場景是一家公共澡堂，其間常年活躍著一幫好像蠻有地位的「爺」，他們吆三喝五，以「人物」自居，其實，稍一留神他們的言談話語，便會得知，這些傢伙不過是些「王八兔子賊」之類的地痞、人渣兒。〈抓藥〉裡的所謂「文學批評家」青燕，在社會上享有一定名聲，實際上並不把職業道德放在心上，他找準一位勤奮寫作的作家，一貫與其作對，連作品都不讀，就屢屢給人家扣上一頂「意識不正確」的帽子，以便抬高自己的身價，簡直就是文學界內的「混混兒」。

老舍在〈歪毛兒〉中藉白仁祿之口道出的一席話，再清楚不過地表達了作家對偽善世道的基本估量：「有時候一個人正和你講道德仁義，你能看見他的眼中有張活的春畫正在動。那嘴，露著牙噴糞的時節單要笑一笑！越是上等人越可惡。沒受過教育的好些，也可惡，可是可惡得明顯一些：上等人會遮掩。假如我沒有這麼一對眼，生命豈不是個大騙局！」老舍認為，在不少國民的性格中間，都有些很要不得的缺陷，可是，沒受過教育的人至少是不那麼虛偽的；虛偽，在一個不健康的社會裡，勢必集中體現在上等人的惡習之中。

在記錄民族文化心理演變態勢的小說創作裡面，老舍還採用了將文化精神的對立和錯位相互比照來加以鮮明表現的方式，藉以探討不同質文化的彼此折衝及其後果。〈大悲寺外〉的對立雙方，一方是仁愛寬厚而且勤謹敬業的黃學監，另一方，則是受人挑唆害死了黃學監後時時泛起心理恐怖感，繼而以怨報德、堅持詛咒學監亡靈的壞小子丁庚，作品中的「我」曾就黃學監的死發出議論：「偉大與藐小的相觸，結果總是偉大的失敗，好似不如此不足以成其偉大。」這是作者對社會道德下滑時期善良、美好精神不斷遭到打擊的痛切嘆息。在這篇蘊意深廣的小說中，作家把結局處理成了——善者最終在精神上壓倒了對方，可是他的生命早早地就完結了，而惡者雖在肉體上消滅了善者，心靈深處卻遭受長達二十年之久的拷問和折磨，他們究竟是誰戰勝了誰？這自然是個不算小的文化命題。〈鐵牛與病鴨〉中，鐵牛這一方，是只知埋頭試驗的農業科技家，對官場政治一竅不通，而另一方的病鴨，當初也是學農業科技出身，由於長期身居仕途，早已染上了濃重的官氣，只懂得順我昌逆我亡的運作規則；鐵牛天真爽直，隨口說了幾句沒大沒小的話，被病鴨一道指令就「撤了差」，他長期苦苦鑽研的業務也付之流水。在這裡，為封建等級觀念牢牢控制的社會，無端地剿殺著人的潔淨、童真的天性，偽善又一次壓倒了純樸。〈鄰居們〉，寫了一牆之隔的兩戶人，明家專橫跋扈，常縱容孩子們翻牆到楊家院裡來踐踏花草、掠取未成熟的葡萄，楊家出於禮貌，也為了不失身分，一再跟對方和和氣氣地交涉，明家卻得寸進尺，更為蠻橫；忍無可忍的楊家，變換了方式，用磚頭隔牆砸碎了明家的幾塊玻璃，明家反倒什麼不滿也沒有了，「世界上彷佛很平安，人類似乎有了相互的瞭解。」作品直白地演繹了一個叫一切文明人都會感到難堪的「真理」：在愚頑蠻狂佔上風的人文大氣候裡，誠守文明乃是最尷尬的事情，只有到了文明人也都無奈地蛻化到了野蠻人的境地，人與人才能找到彼此通行的語言，達成低層次的和諧。國民精神的規模性下滑，在這裡，又見到了一例形象的展示。

短篇〈黑白李〉，是一篇值得特別提及的作品。其中，也有兩位在文化性格上處在兩極對應地位上的人物形象，他們是一母所生、長相酷似的哥哥黑李和弟弟白李。與前面談到的幾篇在立意上略有不同的是，這二者，都不是負面角色，他們清楚地代表著同處於世間的兩種不同的文化風尚，「黑李要是『古人』，白李是現代的。」黑李為人頗具君子風，凡事總想著弟弟、讓著弟弟，生怕弟弟跟他鬧分家，會使自己對不起死去的先人，遇上弟弟和他同時愛著一個姑娘這樣的事情，也能理智地主動退讓，反而引起了弟弟和姑娘都不滿；白李，則是個敢說敢做的青年，對什麼人也沒有客氣話，為了投身自己已經選定了的革命志向，要和哥哥「一刀兩斷，各自奔前程」。後來，為了給人力車伕們討生計，白李去組織大家打砸剛問世的電車，被當局的偵探跟蹤上了。黑李知曉後，悄悄改扮成白李的樣子，替弟弟慨然赴死，白李因而得以逃脫追捕，繼續從事他「砸地獄門」的事業。一九三三年老舍寫作這篇作品的時候，對革命者的理想和活動方式，顯然還少有明細的認識，小說中有關白李組織人力車伕們毀壞新型都市交通工具的舉動，亦未必鑿實可信；然而，作家對傳統文化德行和新型文化精神的精到捕捉及對襯描摹，卻是真切可感的。小說裡有個王五，是一名長期給李家拉車的車伕，他對黑李（二爺）、白李（四爺）都有貼近的感受，提起黑李，他這麼說：「二爺是個好人，不錯；可究竟是個主人。多好的主人也是主人，不能肩膀齊為兄弟。他待我真不錯，比如說吧，這老熱天兒，我拉二爺出去，他總設法在半道上耽擱會兒，什麼買包洋火呀，什麼看看書攤呀，為什麼？為著是叫我歇歇，喘喘氣，要不，怎説他是好主人呢。」對比著黑李，王五覺得白李與他大不相同：「他們哥倆的勁兒——心裡的勁兒——不一樣。二爺吧，一看天熱就多叫我歇會兒，四爺就不管這一套，多麼熱的天也得拉著他飛跑。可是四爺和我聊起來的時候，他就說，憑什麼人應當拉著人呢？他是為我們拉車的——天下的拉車的都算在一塊兒——抱不平。二爺對『我』不錯，可想不到大家夥兒。所以你看，二爺來的小，四爺來的大。四爺不管我的腿，可是管我的心……」王五得出的結論是：「二爺待我不錯，四爺呢，簡直是我的朋友。」王五的這些話，無疑地是融入了老舍對兩種人物性格表徵、兩種文化精神現象的探尋和把握：傳統派的美德歸結為面對下層民瘼產生真誠的悲憫體恤，並且也僅限於此，他們在倫理道德上是完善的，可是，沒有並且也不可能對改造舊秩序做出什麼；而革命者呢，他們志在搗毀整個不公正的社會，且將其付之於行動，這是應該讚賞的，但是，他們在全盤否定了舊秩序的同時，也連帶著踏倒了傳統的道德標尺（就像白李在多熱的天裡也照樣叫車伕拉上他飛跑那樣），又不可能在短時間內重新確立起嶄新的倫理規範，這就不能不引起人們一些詫異和憂慮。當時，〈黑白李〉作者的社會位置和思想感情，大抵還屬於黑李的群體，但是，可以看出，他對傳統文化精神中的某些落伍因素，已然開始失望，而對新型的時代風格則既有誠懇的憧憬也有些許的微辭。老舍自己評價過筆下人物黑李的死，說：「我到底看明白了，黑李該死，而且那麼死最上算。」（《老舍選集・自序》）他的話是否帶有這樣的含義呢：傳統美好事物有必要為新生美好事物的出現和成長讓路、鋪路。

傳統文化裡，不乏落伍的、缺乏競爭力的東西，在大變異、大動盪的歲月裡，它很可能經受不起劈頭而來的風狂雨暴。老舍關切於每一項古國傳統的式微，關切於傳統式微過程中傳統持有者的心理軌跡，並且在他的小說中，予以真實的、形象的記錄。〈新韓穆烈德〉和〈老字號〉，是兩篇反映中國傳統手工業和傳統商業經營方式面臨滅頂災難的作品。〈新韓穆烈德〉中的田家，廿年來一直就是鮮果行中的大户，家裡人「老的小的，姑娘媳婦，一天到晚不識閒」地勞作，加上田老闆能操持，他手下的夥計們肯賣力氣，擁有兩處果店、一所棧房、五間冰窖的生意，總是那麼紅紅火火的。可是近一二年間，情勢陡轉，「論箱的來洋貨」，東洋桔子，高麗蘋果，把他們「頂得出不來氣」，再能幹的田老闆也沒有一點還手的力氣了，他的客棧和一處果店已被迫出了手，另一處果店也是大半天進不了一個買主。「事實是可怕的，家裡那群，當夥計的那群，山上種果子的那群，都走到了路盡頭！」小說既描繪出了外國經濟侵略日甚之時民族舊式工商業陷入困頓的慘狀，也沒有忘記筆錄下中國商家被惡劣世風左右，只好放棄傳統誠信作風的情形，用田老闆的話說，為了「弄點錢來，我也怎麼缺德怎辦，拿日本桔子充福桔，用糖精熬山裡紅湯，怎麼賤怎賣」，「連坑帶騙，給小分量，用報紙打包……」。在傳統中國人的眼裡，民族誠信習尚的失落，是比傳統工商業的凋敝讓人更揪心的事情。如果說，〈新韓穆烈德〉是面對外國經濟重壓時刻國人發出的嘆息，那麼，〈老字號〉就已經是在民族商業內部競爭擂台上的一場惡戰了。作品中的「三合祥」，是多少年來「永遠那麼官樣大氣」的商家老字號，最後一段時間，在店內，也出現了兩類經營者代表著的兩種營銷作風，走馬燈般地變換和較量。以錢掌櫃和大徒弟辛德治為一方，既固守著誠信待客的老派風度，同時也匱乏積極進取的精神，他們講的是「老手，老字號，老規矩」，把維繫「君子之風」和「光榮的歷史」看得頂要緊，在他們手裡，「三合祥沒打過價錢，抹過零頭，或是張貼廣告，或者減價半月」；以周掌櫃為代表的另一方可是與之完全不一樣，他們以欺詐為手段，惟利是圖，一旦出馬主事，便叫三合祥面目全非，這一派作買賣就像「變戲法」，「門前紮起血絲胡拉的一座彩牌，『大減價』每個字有五尺見方，兩盞煤氣燈，把人們照得臉上發綠……門口一檔子洋鼓洋號，從天亮吹到三更」，他們擅長拿著假貨充真貨賣，在世面上抵制日貨最嚴的時候，還敢把日貨隨口說成是「德國貨、國貨、英國貨」，去賺大筆的錢；為牟暴利，他們連把三合祥老字號「改成蹦蹦戲的棚子」的念頭都有過！在三合祥這間不算很大的店鋪裡，錢掌櫃和周掌櫃，是有你無我的關係，後來，周掌櫃到更便於他施展的「天成」商號高就去了，錢掌櫃回到了三合祥，老規矩雖得以全面恢復，生意卻旋即重蹈蕭條，「過了一年，三合祥倒給天成了。」這篇小說，直至發表了許多年後的今天，依然能勾起讀者灼熱的憂思，在以商品經濟槓桿全面啟動社會發展，「商場如戰場」的道理愈來愈為人們所接受的情況下，最叫人難以理解的倒是，歷史前進了，道德就得倒退嗎？作家於半個世紀之前，就曾站在歷史主義判斷與道德主義判斷不同向的路標跟前，躑躅彷徨過。

問世於一九三五年初秋的〈斷魂槍〉，在老舍畢生寫下的短篇小說中間，也數得上是扛鼎之作了。作品中寫的是一位武藝非凡的國術大師，在經歷了聲名赫赫的前半生之後，默默地，同時也是毅然決然地，讓自我以及一身絕技淡出人世、淡出歷史的故事。大師名叫沙子龍，自幼習得了一套「五虎斷魂槍」的武功，威震江湖長達二十載，「神槍沙子龍」的鑣局，名播遐邇，沒遇見過敵手。可是，靠刀槍棍棒掃蕩一切的時代，在他的眼前無可如何地迅速退去，火槍火炮等現代武器不由分說地佔有了一切生死之戰的決定權，「他的世界已被狂風吹了走」。這一日，他手下的年輕夥計王三勝，在土地廟前拉開場子，要「以武會友」，並且以「神槍沙子龍是我師傅」相標榜，引出一位頗有幾手真功夫的孫老者，孫輕易地勝了王，隨即誠摯地表達希望向沙子龍求學「斷魂槍」的心願。王引領他到沙子龍跟前，沙卻百般推託，先是說把武藝「早忘乾淨了」，後來則斷然表示了自已的態度：「那條槍和那套槍都跟我入棺材，一齊入棺材！」孫老者無奈，悻悻地走了，王三勝們也從此看不起沙子龍了，但是，沙子龍那套絕頂威嚴的槍上功夫，其實還在他的身上——

夜靜人稀，沙子龍關好了小門，一氣把六十四槍刺下來；而後，拄著槍，望天上的群星，想起當年在野店荒林的威風。嘆一口氣，用手指慢慢摸著涼滑的槍身，又微微一笑，「不傳！不傳！」

〈斷魂槍〉小說，只有寥寥五千餘字，其中所潛藏的思想文化寓意，卻是讓許多評論者都感到深難測底的。初讀時，人們不能不感慨於「許多好技術，就因個人的保守，而失傳了」（〈人物、語言及其他〉）這樣一種表層的領會，似乎我們民族許多久來相襲承的寶貴文化，只是喪失在了某些人的自我保守和封閉上頭；進一步尋味，則又不難體悟到，沙子龍式的保守，責任當不在其個人，是那作品中已經勾勒出來的時代特徵——「今天是火車，快槍，通商與恐怖」——無可逆轉地強行劫奪了「斷魂槍」存在的全部實用價值，精湛絕倫的古國傳統武術，在現代人類的武器、戰法經歷了飛躍性的全盤改造之後，固有的權威已被徹底否定，世代流傳的草莽傳奇也只好就此匆匆收尾，轉瞬間即會煙消雲散，這，本不過是在無數新舊文化折衝、交替中，尋尋常常的一例具體現象而已，雖然它是那麼地令人痛惜和傷情；假如我們再深入地探問究裡，則會想見，同是新舊文化的折衝、交替，像〈新韓穆烈德〉中的田老闆和〈老字號〉中的錢老闆們，不是都做過本能的頑強抗爭麼，而「斷魂槍」法的主人沙子龍，一點也看不出他哪怕起碼是在心勁兒上的抗爭，他好像早就心寬氣宏地接納了那命運的陡變，作家構思與運筆的精妙之處，也許恰在此處，從沙子龍口中連連喊出的「不傳」，明示著讀者，他業已參透一切並重新拿定了方寸，絕不去跟迎面壓過來的時勢較真用氣，絕不發洩任何心中不悦，這可就不是常人所能修養到的境界了；當我們捕捉到了這條思路，再把尋覓的眼光略微放遠一點兒，便可以恍然想到，我們的古老民族確曾有著為數不多的文化人，他們面臨眼前文化百相的風雲翻覆，胸中雖鬱結過層層疊疊的文化塊壘，並在偌長的時間裡孜孜求索，但是，他們畢竟依賴於個人的悟性，艱難地跨越了某道心理極限，逐漸獲取了一雙冷眼，一份靜心，進而試圖借用一副歷史老人的心腸，來領略和透視大千文化的嬗替蜕變。沙子龍，可能就是作家比照這種心態，塑造出來的一位甘為舊有美質文化而殉道的末路英豪，他決計要剛毅地迎納現實的轟擊和毀滅，走上與心中的完美事物（雖然是歷史性的）共相廝守的終極之路，而把不盡的哀傷、悲涼，悉數留給未達到相應頓悟的芸芸世人。

人們不禁要問，鐫寫出了非常人物沙子龍形象的老舍本人，是否也有沙子龍式的「不傳」心理呢？沙子龍「不傳」的，是那套「五虎斷魂槍」絕技，而作家老舍如若也有所「不傳」的話，又是些什麼呢？大家都曉得，從滿族的傳統文化，到中華民族的傳統文化，老舍心中裝著的「絕活兒」，確有很多。

——〈斷魂槍〉以及〈新韓穆烈德〉、〈老字號〉等小說，表達了老舍對民族精神走勢的另一種感觸。

在討論反映民族文化精神演變的中短篇小說時，我們也注意到，老舍常常把有關文化的觀察思考，與其他一些各自有別的作品題旨交織著來寫。作家從紛繁雜亂的生活裡面，擷取最能體現國民性格的人物、事件加以剖視，也順勢達到了廣泛揭櫫社會矛盾以及表現個人情感的目的。〈新韓穆烈德〉中描寫的民族經濟遭受西方殖民主義經濟大舉擠壓的慘景；〈哀啟〉中描寫的來自第三國的「亡國奴」們藉軍國主義主子淫威欺凌中國人的暴行；〈抓藥〉中描寫的日本兵在中國耀武揚威而國中百姓動輒遭到迫害的場面；〈黑白李〉中描寫的青年知識分子立志投身革命的人生抉擇；〈柳屯的〉中描寫的西方教會勢力已滲入中國農村生活的情狀等等，無不具有其相應的社會學認識價值。

向城市「苦人們」身上聚焦

我們再來檢讀老舍同一時期中短篇小說的第二主題：對窮苦市民命運的摹寫。

老舍出身在昔日北京城的貧寒人家，直到十九歲師範畢業並獲得了教職之前，其缺吃少穿的窘迫生活，都與都市底層貧民們一樣；有了工作以後，他的社會地位和經濟地位，雖然較比那些苦命的親友們明顯地有所不同了，可是，他的牽念，他的目光，乃至他的情感，卻從來沒有離開過自幼唇齒相依的那個社會階層。隨著人生閱歷的增長，作家日益明瞭，自己曾作為一個難得的特例，在童年時代遇上了世間少有的慈善家劉壽綿，進而從根本上改變了一生的命運走向，但是，包括許多親戚朋友在內的絕大多數貧苦百姓，他們是不可能碰上類似的幸運機遇的。

三〇年代，各種內外矛盾的激化，將中國社會的固有疾患引入膏肓，導致民眾的貧困化愈演愈烈。都市赤貧人口無休止地猛增著，一張張密不容脫的窮困巨網，將隨時增多的「苦人們」，驅趕到了嚴重的饑饉寒號之中，驅趕向死亡的臨界點。作家老舍，魂縈夢繫著貧苦同胞終年拚死掙扎的慘狀，如鯁在喉，不吐不快，深感有責任為他們伸張道義，要把他們對黑暗現實的憤懣與控訴，用文學形式宣洩出來。這一時期，正當中國左翼文學迅速崛起，以作品來展現大眾的苦難命運，成了一些激進派作者筆下習見的內容，文壇此種創作趨勢的形成，也從客觀上激發了本來就具備下層百姓心態的老舍，將個人的創作視線，日益明確地向城市裡的「苦人們」身上聚攏。老舍在他起初創作於英國的長篇小說中，雖然也涉及到了北京貧民生活的某些側面，畢竟那種描寫還是片斷的和不夠充分的，現在，他要專心致志地寫這方面的題材了。只有透過這類創作，老舍才得以把最深切的同情，傾注到他所熟悉的「一天到晚為嘴奔命」的人們中間。都市貧民們，永遠需要耗盡全力地去換取最起碼的溫飽條件，以維持存活，老舍理解這一點，也能夠在他的相應作品中，如實地描述主人公們的這種生存情狀。

一九三三年十月發表的短篇〈微神〉，是一個以愛情故事為依託，反映苦難人生的作品，寫了一對青年男女原本懷有的純真戀情，被迎頭出現的貧困環境徹底毀滅的悲劇。小說裡面的「她」，原來是一個大户人家的女兒，「我」與「她」的彼此傾慕已有多年；在「我」出國幾年期間，「她」不能不兩度嫁人，又兩度被拋棄，同時，「她」的家道也急速衰敗了，待到「我」返回時，「她」為了養活父親和自己，已淪為暗娼；一往情深的「我」，仍願意娶「她」，而「她」卻已經木然。不久後，「她」就被生活折磨死了；「我」整日纏綿於這段戀情，終於在夢中重又與「她」的亡靈相會，彼此間通過交談，有了最後一次心和心的溝通——「她」說出了久藏心田的話，之所以要出賣肉體，既是為滿足生命存活的需要，也是為了「拿肉體掙來的茶飯營養著」與「我」的那份情感。小說的著力之處，不在於一般性地去描繪男女戀情遭到摧殘的曲折經過，而是要透過美好至上的戀情終被損傷到了極點的情節，來襯托貧困這隻魔掌的冷酷殘忍。好端端一位純潔少女，在沒有多久的時日裡，被侮辱、被損害、被戕殺，只是因為她的家境敗落了，因為她窮！作家自來就掂得出，也寫得出，一個「窮」字的真實分量。

〈柳家大院〉裡被迫上吊的王家小媳婦，也是被貧窮所絞殺的。娘家窮，把她賣給了婆家，代價是「一百塊的彩禮」，嫁過來後，因為公公和丈夫「爺兒倆大概再有一年也還不清這筆虧空，所以老拿小媳婦出氣」，僅僅十七歲的她，沒任何錯處，一天也得挨上多少頓狠揍，百般無奈，不能不靠一死來了卻活地獄式的悲苦。她死了，娘家跟婆家新一輪的錢財糾葛又開始了，雙方都窮，都想從她的這條命裡多撈點，少賠點。柳家大院裡發生的這幕慘劇是苦痛至極的，同院住著的那位賣卜者，目睹了慘劇之後，頓生憤憤不平，其實，他自己很快就找到了造成這齣悲劇的根本原因，那就是：「腰裡沒錢心似鐵」。處在社會最底層的人們，貧窮，制約了他們的一切命運過程和心理過程。

老舍願為一切被不公正世道侮辱和損害的「小人物」鳴不平，越是那些為社會上的體面人們所輕視、蔑視的苦人兒，作家越是勇於秉筆直書他們慘淡的命運和哀怨的心靈。問世於一九三五年四月的中篇小說〈月牙兒〉，是他創作的又一部以妓女生涯作題材的文學名篇，講述了母女兩代人為了活命而先後淪落風塵的故事。女主人公七歲上死了父親，家中能換點錢的什物漸漸地典當一空，寡母便拚命替人家洗補衣裳，還是養不活自己和女兒，母親只好重新嫁了人。沒幾年，丈夫又失蹤了，母親於是橫下一條心，走上了世間留給她的惟一活路：賣淫。這時候，作女兒的，已經小學畢業，如果願意跟媽媽在一起，就得隨著她一樣地去賣淫，如果不願意，就必須眼看著母親再度改嫁，自己得去自謀生路，自尊而倔強的女兒選擇了後者，她一心想要憑藉吃苦耐勞，逃出與母親一樣的可怕命運。她在學校裡做了一段抄寫員工作，沒多久即被辭退，一個「熱心」要幫她找工作的男青年乘虛而來，騙得了她的好感並輕易佔有了她，她正沉浸在春夢似的幻想中間，卻發現男的原來是個有婦之夫。善良的她，不願去和男人的妻子爭奪他，便悄悄離去，重新四處謀生，在應聘成為飯館女招待之後，她一度慶幸可以自食其力了，隨即她就明白過來，要想在那裡長期做下去，非得心甘情願給客人們當玩物不可，她受不了，辭了職。這一來，她再也沒找到足以糊口的事兒，慢慢地，她餓到了極點，終於憑著最後一絲求生本能，想開了，不必「為誰負著什麼道德責任」，因為「肚子餓是最大的真理」，她讓自己的肉體「上了市」。在她痛苦萬狀地操起了母親的暗娼「舊業」之後，已經老得不像樣的母親找到她，她用當年母親養活她的辦法養活起母親來，這更教她痛徹地認清楚：在那樣的世道底下，「女人的職業是世襲的，是專門的！」「什麼母女不母女，什麼體面不體面，錢是無情的。」作家摒棄世俗偏見，站在社會最下層地位卑微者們的立場上，向作品中描繪的母女倆，投注了無保留的悲憐之情，指出她們的相繼淪落，責任全然不在她們的個人道德方面，罪魁是那個吃人的社會。

老舍寫窮苦人的命運，構思及運筆，盡忠實於自己對民眾生存實況近距離的觀察體認，而不是像某些出身於社會中上層的激進作家那樣，習慣於居高臨下，從道聽途說得來的零散故事間尋創意，再參考一些政治教科書的觀點，來確定人物的形象特徵和命運走勢。所以，老舍寫苦命人的作品，既能免除無端的想像，予以準確、現實的把握，又能跳出一切不必要的選題禁區，寫好那些尋常情況下很難進入作家視線的人物類型。像城市人力車伕那樣的下層勞動者形象，是當時許多意在描寫社會現實的作家都爭相將其納入筆下的，這不僅因為寫作者無論來自何等階層，都有機會跟車伕們打交道，也因為人力車伕們從表面上看去，大概可以算是都市下層個體勞動者中最不易被人看出有「道德」嫌疑和「立場」失誤的。老舍也極熟悉人力車伕，多次熱衷地寫過他們的生活命運，專門寫車伕題材的長篇小說《駱駝祥子》，還是他最卓著的創作成果之一；但是，我們也注意到了，老舍也敢於和善於在那些別的作家不大涉筆的領域中間及人物身上，寫出反映下層人苦難的深刻作品。〈也是三角〉，寫了個不易為人們想得到的故事：從戰場上潰退下來的兩個窮兵，囊中錢財無多，又想解決成家以至性慾問題，只能通過託人「拉縴」，倆男人合娶了一個老婆。假如人們首先只是聽講起這個故事的梗概，大多可能要把辦出這等事情的兩個潰兵想得很惡很壞，可是讀了作品，你才知道，在作者的筆下，他們也具有著常人的心靈和道德感，也同樣是在苦難人生的挾迫下，才滿懷忐忑地走進這樁「極難堪」的婚姻中來的。老舍寫作品，歷來較少涉及「性慾」的話題，在為數不太多的例外作品中，也多是把性慾，作為窮苦人在貧寒之外還要受到的另一重生命重負來墊寫的。〈上任〉一篇，講述的是濟南城裡的一個小小稽察長，尤老二，在上任沒幾天後又主動卸了任的經歷，此人以往曾和城外千佛山上的「反動派」們有著較深的過從，當了稽察長，也沒打算跟他們結對頭，心裡最惦記的，不過是如何能把每月的「八十元辦公費」更多一點地挪為己有，但是既做了這一行，就得奉命去捉拿本來「都是朋友」的「反動分子」，到了真跟該捉拿的對手撞迎了面，他不敢，也不忍心下黑手，反倒一回回地把他們放回山上，還得自己貼上送人的路費。結果是，心懷矛盾的尤老二，聽了「反動分子」的勸說，擱下了公職，又重新賦閒。雖說這個尤老二，還算不得是城市裡頭地位最卑賤的人，但是，其家境不寬裕還是顯見的，對這麼一個有著複雜社會屬性的人物，老舍照樣把他看成一個被動地存活於世間的小人物，加以耐心勾畫，寫出來他那下層人的思維和情感；寫出他被利益所惑的上任以及為義氣驅使的卸任。（關於〈上任〉，讀者大概還可以有第二種、第三種的解讀，比如說作品是著意揭露「警匪一家」，是講述小官吏的貪婪等等，不過，筆者覺得，把尤老二看成是作家塑造的社會下層人物系列中的一員，更適當些。）當然，我們知道，尤老二畢竟不是下層人中間受苦受難的典型，他的生計問題並不過於嚴峻，我們在這裡所要印證的，不過是老舍在表現下層人物社會生活時，縱使是像稽察長這類不大

「乾淨」的角色，他也絲毫不迴避，不溢惡。作家願意本色地摹繪出社會上所有被損害者真實的遭遇和心境。

舊時代的警察，從根本的政治歸屬上去看，是維護尚存社會制度的工具，這決定了他們總的社會形象挺糟糕，民衆往往不喜歡他們，甚至躲避他們、厭惡他們，也是自然的。可是，不屑説，這支隊伍裡最下等的人員，全都必然地出自社會上的貧寒階層，就他們中絕大多數的個人來講，「時運」也都是頂不濟的。名作家老舍，肯於給這樣的人立傳，寫出他們原本純樸的人性在外界傾軋下產生的扭曲，寫出他們為求温飽所承受的異樣的痛苦艱辛。他在一九三七年夏季，發表了中篇小説〈我這一輩子〉，主人公就是一位在城市裡當了大半生下層巡警的苦命人。這位老警察，「幼年讀過書」，有點文化，少年時進店鋪學過徒，掌握了做裱糊匠的手藝，也打下了作事任勞任怨的底子，隨著年頭「大改良」，要他這門手藝的沒了飯吃，加上妻子突然間跟外人私奔了，留下的一對小兒女全得靠他來哺養，他差點被逼瘋了。為了在街坊們跟前給丟了面子的自己找回名譽，他改行當了招募警。這種警察行當中間的人下人，不管白天黑夜冬夏雨雪，都得外出巡街站崗，每月掙來的六塊錢，刨去了伙食費和人情公議花費之外，淨剩下來養活家小的，也就是兩塊上下錢。跟每個下等巡警一樣，「他委屈，可不敢抱怨；他勞苦，可不敢偷閒，他知道自己在這裡混不出什麼，而不敢冒險擱下差事。這點差事扔了可惜，作著又沒勁！」他緊縮自己的吃食，堅持不續娶，供兒子去讀書，沒想到兒子大了，還是不能逃脱當巡警的命運，他那長到了十八九的女兒，只能門當户對地嫁給巡警。他心裡「堵上個大疙瘩」：「一個人當巡警，子孫萬代全得當巡警，彷彿掉在了巡警陣裡似的。」他快到五十歲的時候，憑新上任局長一句話，就把包括他在內的「有鬍子」的老巡警，全給「刷下來了」。他在巡警隊伍裡服務了二十年，「一長鬍子，就算完事，一個銅子的卹金養老金也沒有……叫人家一腳踢出來，像踢開一塊礙事的磚頭似的。」隨後，他去煤礦作過衛生處主任，升過礦村的警察分所所長，由於年老和辦事太認真，又被人頂下來，不得已，重新到外省去當鹽務緝私隊的隊兵。待到小孫子剛出生，他的兒子又病死了，五十多歲的他，只好返回家中，靠看守房子、給泥水匠當小工，去給小孫子換點粥吃。此刻的他，「眼前時常發黑」，「彷彿已摸到了死」。小說中寫的，是一位善良、本分的老巡警，他入警察行幾十年，從沒做過倚勢欺人、坑蒙霸道之類的壞事，偶爾雖也要點小聰明，不過都是為了保全性命或者顧及家小，並沒有超出「窮人的狡猾也是正義」（〈我怎樣寫《老張的哲學》〉）的界限。這部小說，通篇貫穿著殊為痛楚的筆調，又一位都市苦命人的身世，被描寫得沉重非常。

讀者會注意到，這部作品裡面關於巡警的兒子還得當巡警，他的女兒也得嫁給巡警的描寫，是和〈月牙兒〉裡面暗娼的女兒還得作暗娼的情形一致的。此種情節設計方式，在老舍一生的創作中，還有一些。這不意味著作者有類似宿命的觀念，該筆法的運用，不但在於證實貧苦市民謀生空間的狹窄，也在於要說明這類悲苦命運在都市社會內存在的普遍性。

老舍在同一系列的作品中，突出強調了下層人們的慘痛命運，既是普遍的，也是必然的和難以抗拒的。作家所習慣描寫的城市下層人，都不是產業工人，而基本上是些散在的個體勞動者，他們每每只能憑藉個人的微弱力量與鐵桶一般密閉的苦難命運抗衡，幾乎無一例外地，必然要經歷一個由拚命奮鬥跌落到痛苦掙扎，再由痛苦掙扎跌落到徹底幻滅的過程。〈月牙兒〉和〈我這一輩子〉的兩位主人公，一女一男，一個是年輕的暗娼，一個是年邁的警察，彼此走過了極度相像的人生道路，正是互證了，在命運凶神的威懾之下，他們個人的孤單羸弱。前者在離開母親之前，就憎惡母親所從事的賣淫業，雖然已經明知「我們身上沒有別的，只有一張嘴。為這張嘴，我們得把其餘的一切的東西都賣了」，她還是拒絕走那「唯一的」路，她越是決意不向那注定了的命運低頭，越是實實在在地感到，媽媽的路「在不很遠的地方等著我呢」，以至於最終她被厄運完全俘獲時，不能不一敗塗地地讓步於那早已追趕她許久的「道理」：「若真掙不上飯吃，女人得承認自己是女人，得賣肉！」後者，年輕時聰明、漂亮、能幹，自恃是個「很精明的人」，當了巡警後，也對家人的溫飽和個人的升遷，寄託著不小的企盼，隨著苦難的無休止延伸，他「明白過來，原來差事不是給本事預備著的」，多少年來坦誠、勤懇，再加上受夠了的冤枉、折磨，換回來的，不過是「收不住腳」地「走下坡路」，「才五十歲，已走到了絕路。」城市貧民們愈奮愈陷、愈陷愈慘的悲劇命運，因為有了老舍這些充滿說服力的作品，一再體現出了它那客觀鐵定的不可避免性。

都市窮苦人們的命運悲劇，來自黑暗的社會制度。這一點，是所有讀了老舍該系列小說的人，都能準確獲得的認識。在〈微神〉、〈月牙兒〉、〈我這一輩子〉中間，作者幾乎無意於塑造引發相關悲劇的具體惡人形象，主人公們的災難性生活還是在整個社會陰影的籠罩下，順理成章地出現了；至於〈柳家大院〉、〈也是三角〉、〈哀啟〉等，雖則通過或深或淺的落墨，交代了個中悲劇的直接責任人，讀者仍然不難看到，這些個人的罪惡行為畢竟還是社會現實的衍生物，人吃人的社會，以及支持著它存在的制度，才是導致所有世間類似悲劇循環上演的終極原因。〈月牙兒〉的女主人公，後來被不抓正式妓女而專掃「暗門子」的地方官投入了監獄，心裡反倒踏實了，坦然了，她說：「獄裡是個好地方，他使人堅信人類的沒有起色；在我作夢的時候都見不到這樣醜惡的玩藝。自從我進來，我就不想再出去，在我的經驗中，世界比這兒並強不了許多。」獄外與獄內，在受盡苦難摧殘的人們眼裡，是沒有區別的；世間跟牢獄，原本就是一式一樣的暗無天日。

苦人們也是人，屢遭凍餒和凌辱的他們，往往在默默忍受的同時，不斷地自問：「憑什麼呢？」」（〈柳家大院〉）「我招誰惹誰了？！」（〈歪毛兒〉）「上哪兒講理去呢？」（〈我這一輩子〉）「憑什麼沒有我們的吃食呢？」（〈月牙兒〉）到了世上連最起碼最微弱的公正與人道也不復存在的時候，他們的胸中，也會迸發出強烈的憤恨。〈我這一輩子〉裡頭寫到，城中曾發生過一場士兵譁變引起的搶劫和火災，譁變過後，當局為了平息混亂局面，竟捉拿了一個無辜的孩子來「正法」示衆，其殘忍景象令人髮指；小說主人公身為維護社會秩序的警察，既沒有能力去制止兵亂，也不敢挺身保護弱小的被害者，他只能咬著牙在心底裡痛罵：「我是不平！我是不平！……想想看，把整串的金銀鐲子提回營去，而後出來殺個拾了雙破鞋的孩子，還說就地正『法』呢！天下要是有這個『法』，我×『法』的親娘祖奶奶！」作家老舍沒有強求作品中所有的被侮辱被損害者，都將自己的不平與憤怒，化作反抗的心理和舉動，在當時，希望社會上為各自生存而奔忙的苦人們都具備一定的革命意識，顯然是不現實的。不過，老舍也絕不想去充當向苦命人散布盲目隱忍觀念的神父、牧師，他同情身陷苦難中人們的罵世態度，也願意像〈我這一輩子〉結尾一段那樣，代他們喊出心中的最後企盼：「我的眼前時常發黑，我彷彿已摸到了死，哼！我還笑，笑我一輩子的聰明本事，笑這出奇不公正的世界，希望等我笑到末一聲，這世界就換個樣兒吧！」作家甚至於也不反對窮苦人在遭到戕害又無處申冤的關頭，採取拚死反擊的行為。短篇小說〈哀啟〉中貧苦的人力車伕老馮，在年僅八歲的獨生子大利被綁匪們搶去之後，到處求助，想湊足對方要敲詐的錢數，再平平安安地贖回孩子，直至他親眼看見兒子被匪徒們凶殘地殺害，才幡然警醒，只有「刀是正氣的唇舌」，並把仇恨化作了以牙還牙的復仇之舉。手刃了十惡不赦的仇敵，他把切骨銘心的體會，講給關心和保護自己的劉巡長：「咱們要是早就硬硬的，大利還死不了呢！」作品的題意是明朗的，它在老舍的作品中，第一次公然提示人們：苦掙苦熬，逆來順受，只會引來更巨大的災禍，放棄任何幻想之後的反抗，那怕是個體的反抗，也比服服貼貼地叫凶險的社會給吞噬掉，要強些。三〇年代中期的老舍，關懷著苦難的民衆，卻又沒有能力給他們指出擺脱厄運的正確道路。他到底也只是一位作家，他為讀者們提供的，已經很夠了，我們不該苛求於他。

老舍寫城市下層社會的苦難，不單曲盡人們的悲慘經歷，更重要的，是能夠真正步入這夥兒苦人們的心靈深處，去體會他們特有的情感波動，展現他們輕易不願示人的瘢痕縱橫的精神創傷。作品中俯拾皆是的心理刻畫，再清晰不過地説明，作家的思想感情，早就達到了與作品中間人物思想感情的密切交織和互相透射。「媽媽的手起了層鱗，叫他給搓搓背頂解癢癢了。可是我不敢常勞動她，她的手是洗粗了的。她瘦，是被臭襪子薰的常不吃飯。」這段〈月牙兒〉女主人公兒時的心理體驗，就是老舍兒時切身記憶的翻版②，所以才來得如此精確和細膩；再翻開〈我這一輩子〉，我們為作家一再將老巡警的微妙心跡探摸得那麼道地而感到驚異，你瞧，他在初作巡警之時，內心的隱隱痛楚在於：

我的嘴老不肯閒著，對什麼事我都有一片說詞，對什麼人我都想很恰當地起個外號。我受了報應：第一件事，我丟了老婆，把我的嘴封起來一二年！第二件是我當了巡警。在我還沒當上這個差事的時候，我管巡警叫作「馬路行走」，「避風閣大學士」和「臭腳巡」。這些無非都是說巡警們的差事只是站馬路，無事忙，跑臭腳。哼！我自己當上「臭腳巡」了！生命簡直就是自己和自己開玩笑，一點不假！我自己打了自己的嘴巴，可並不因為我作了什麼缺德的事；至多也不過愛多說幾句玩笑話罷了。在這裡，我認識了生命的嚴肅，連句玩笑話都說不得的！

而當上巡警沒多久，他又產生了新的疑惑：

記得在哪兒看見過這麼一句：食不飽，力不足。不管這句在原地方講的是什麼吧，拿來形容巡警是沒有多大錯兒的。最可憐，又可笑的是我們既吃不飽，還得挺著勁兒，站在街上得像個樣子！要飯的花子有時不餓也得彎著腰，假充餓了三天三夜；反之，巡警卻不飽也得鼓起肚子，假裝剛吃完三大碗雞絲麵似的。花子裝餓倒有點道理，我可就是想不出巡警假裝酒足飯飽有什麼道理來，我只覺得這真可笑。

這些必須要經過切膚感受和反覆捉摸才會有的生命體驗，恐怕真該說是除了確實作過舊時巡警的人之外，很難為他人獲取。作家老舍能夠把它想得如此明細，寫得這般紮實，決不是一句「想像力豐富」解釋得了的。只有和被塑造人物間取得了休戚與共的心靈溝通，才能摘來這樣富有心理刻寫力度的語言。老舍說過的一段話，有助於人們對這一點的理解：「我自己是寒苦出身，所以對苦人有很深的同情。我的職業雖使我老在知識分子圈子裡轉，可是我的朋友並不都是教授和學者。打拳的、賣唱的、洋車伕，也是我的朋友。與苦人們來往，我並不只和他們坐坐茶館，偷偷的把他們的動作與談論用小本兒記下來。我沒作過那樣的事。反之，在我與他們來往的時候，我並沒有『處心積慮』的要觀察什麼的念頭，而只是要交朋友。……這樣，我理會了他們的心態，而不是僅僅知道他們的生活狀況。」（《老舍選集．自序》）

老舍挑明了他跟苦人們之間固有的朋友關係，然而，還有一層進一步的關係，他沒有道破，那就是，作家寫貧苦市民命運寫得最成功的作品，其中主人公的原型，常常就取自於和老舍最為熟近的本民族的親友和同胞。

〈微神〉的故事本身，緣起於老舍自己的初戀。這是羅常培所撰〈我與老舍〉一文提到的。羅文在憶及當年與老舍在北京雷神廟的幾次見面時，寫道：「假如我再洩露一個祕密，我還可以告訴你，他後來所寫的〈微神〉，就是他自己初戀的影兒。這一點靈感的嫩芽，也是由雷神廟的一夕談培養出來的。有一次我從騾馬市趕回北城。路過教育會想進去看看他，順便也叫車伕歇歇腳，恰好他有寫給我的一封信還沒有發，信中有一首詠梅花詩，字裡行間表現著內心的苦悶。……從這首詩談起，他告訴我兒時所眷戀的對象和當時情感動盪的狀況，我還一度自告奮勇去伐柯，到了那兒因為那位小姐的父親當了和尚，累到女兒也做了帶髮修行的優婆夷！以致這段姻緣未能締結——雖然她的結局並不像小說描寫得那麼壞。」羅常培在這裡講到的小姐，即劉壽綿的女兒。於是，我們知道了，〈微神〉中女主人公起初的形象原型，是老舍的戀人——一位滿族姑娘，老舍首先是比照自己與她初戀時的情感狀況，來投入這一作品創意的。實際上的劉家小姐，日後是出家修行去了，而不是淪為妓女，那麼，作家何以能夠從自身的戀愛經歷起步構思，又做出了這種讓一般人難以思議的情節推展呢？說到這一點，我們大約又得稍稍繞開問題本身，來講講當時北平滿人們的社會處境了。自打民國十七年（一九二八）旗署被最終裁撤後，北平旗族徹底喪失了一切依靠，除[illegible]有史以來生計最為困厄的階段，加之社會上對滿人的歧視亦空前地深重和普遍，旗族[illegible]展到了無以復加的地步。旗人女子，從前多是頗有教養和極顧體面的，這時被[illegible]去有的人自走了絕路，餘下的某些人只好低頭認命，跌落進賣淫業。據[illegible]

的《社會學界》所載〈北平一千二百貧户之研究〉報告：「平內暗娼頗多，東北城一帶尤甚，且操斯業者，類皆青年貌美，態度大方。其營業情形分兩種，有專以酬應商行經理及青年浪子者，有供應普通人之巡樂者。此項人口，以滿族為多……」③從這裡，我們對前面的問題已經得到了答案，老舍在故都北平有著衆多的滿族親朋和熟人，其中的下層女子，無奈走上這條難堪的謀生道路的，大概不會沒有。作家從未蔑視過因貧困所迫而潦倒淪落的同胞，相反，他時常以榮辱與共的情感，注視和憫恤著這些人的不幸，進而透過文學的描寫，為其鳴冤。〈微神〉中的故事，由作者個人初戀的情感體驗落筆，直寫到他最關切的社會現實和最痛惜的那一類人的悲慘命運，是順理成章的。作家在構思這篇小說時，想必思量過，若如實地敘寫與一位後來出家女子的戀情，它的感染力，將遠遠不及把貧寒女性淪為暗娼的內容收入作品裡來得那麼強烈。藉於此，老舍不但一吐了當年失戀帶給個人的悲哀，更抒發了對族人眼下生計窘況的深度憂傷，這在情節構思上，可謂是再造生面，天外見天了。

寫於〈微神〉之後的〈月牙兒〉，從題材選擇上講，比〈微神〉更深入了一層，它已離開愛情之類的故事鋪墊，專寫城市貧民女性潦落成為暗娼的悲苦情形。不過，該作品中有一點，卻和〈微神〉相似，即作者仍然向所塑造的人物身上，傾注帶有自家生活印跡的描寫，比如前面已經提過的，把自己幼時對母親勞作形象的記憶，加諸於作品女主人公對母親的記憶中。這就讓讀者聯想到，作家依然是把作品中可憐的母女倆，當作自家人來看待的。除了當時滿族貧苦女子被迫淪為娼妓已形成一定局面之外，讓我們依稀辨出小說裡母女們民族歸屬的痕跡，還有一些，例如這家人對女孩子的讀書學文化也那麼講求，又例如她們在跨進賣淫行業之前奈於體面而反覆受到心理熬煎等。

〈我這一輩子〉的一開頭，主人公就自鳴得意地拿自己的本事跟「老年間衙門裡」的「筆帖式」相比較，說：「我實在相信我可以作個很好的『筆帖式』。」所謂「筆帖式」，乃滿語的譯音，是清代公職人員中間類似文書、譯員的職務，有清一代，此職向由滿洲旗人或者蒙古旗人來擔當。瞭解這一層的讀者，很容易猜想到，作家實際上是在巧妙地暗示這位老巡警有著旗人身分。④這樣的猜想，終於由老舍家屬的文章得到了證實：這位老巡警的原型，「他叫馬海亭……正黃旗人」，「是老舍先生母親的娘家人，是他大舅的二兒子。老舍先生叫他『二哥』。他比老舍大十四五歲。」他「當過糊棚匠，當過巡警，到過門頭溝煤礦，到過河南。他的媳婦的確跟別人跑了。」⑤這樣，老舍筆下成功塑造出來的又一位城市貧民代表人物，其原型所具有的滿族人身分以及老舍自家人的身分，被確鑿地認定下來。（由作家的二哥「媳婦的確跟別人跑了」這件事實出發，同樣可以認定，長篇小說《離婚》中的丁二爺和短篇小說〈熱包子〉中的小邱，在做形象設計時，也都藉助了馬海亭這個現實中的原型，因為他們在作品中間均有相仿的經歷。）

老舍出自寒門，對社會下層熟悉，這是他長於表現城市貧民生活的顯見原因；而老舍出自滿族，他對本民族同胞、本家族親人的命運抱有更其深沉的關愛，責無旁貸地要為這些苦命人充當文學上的忠誠代言者，則是作家擅長推出這類題材優秀作品的潛在動力。

後起的文藝，最需要技巧

中國的書面文學歷史，可以追溯到先秦時期，而小說這種文學形式在我國文壇上的出現，則是較為晚近的事情。明、清之際，一批成就斐然的長篇小說相繼問世，才使小說作為一種體裁，逐步取得了文學創作中的「合法」而醒目的地位。此前唐代傳奇式的短篇小說，在寫作上雖然也取得了若干佳績，卻還遠不能夠與明、清長篇小說的成就相比擬。中國小說創作的局面，主要地還是由長篇作品率先「攻」下來的。老舍起初進入小說創作領域時，是否是受到了這種傳統的影響呢，他一上手就看準了長篇的樣式，而對寫中短篇，則沒有表現出太高的興致。

〈五九〉、〈熱包子〉、〈愛的小鬼〉、〈同盟〉和〈抱孫〉等短篇作品，都寫於老舍來到濟南後不久，可以看作是作家由專寫長篇小說向兼寫短篇小說過渡的試筆之作。我們從老舍日後的自我批評中瞭解到，當時的他，對寫短篇是怎樣地不以為然：「湊字數」，是他交給短篇小說的任務；「隨便寫些笑話就是短篇」，是他對短篇小說的基本看法。所以，這批作品在發表的時候，明顯帶有速寫或者笑話的樣子，不像是全力投入的藝術製作。

當老舍漸感短篇小說也將成為他必須長時間致力的樣式時，開始用心琢磨起寫過的一些東西，認識也隨之產生顯著變化，他領悟到，自己以往只看重長篇而瞧不起短篇，在寫短篇方面缺乏經驗，在藝術上是要吃虧的：「短篇想要見好，非拚命去作不可。長篇有偷手。寫長篇，全篇中有幾段好的，每段中有幾句精彩的，便可以立得住。」「世上允許很不完整的長篇存在，對短篇便不很客氣。這樣，我沒有一點寫短篇的經驗，而硬寫成五六本長的作品；從技巧上說，我的進步遲緩是必然的。短篇小說是後起的文藝，最需要技巧，它差不多是仗著技巧而成為一個獨立的體裁。」（〈我怎樣寫短篇小說〉）這些經驗之談，來源於自身的教訓，是有獨到見地的，其價值在於能夠鞭策作家，切不可再慢待短篇小說的運作，必得使出比寫長篇更大的氣力去作，才會把短篇寫好。

大約從一九三三年夏天發表的〈大悲寺外〉起始，老舍對短篇（也包括中篇）小說的創作，明顯地認真起來。〈大悲寺外〉一篇，不管是在整體的謀篇和蘊意的提煉方面，還是在人物的鏤刻和氣氛的營造方面，抑或是在哲理的滲透和象徵的啟用方面，都給讀者一種全新的閱讀享受。作家把短篇寫出別致的韻味來了。由是，老舍在短篇及中篇小說的寫作上，心血下得愈來愈多，佳作推出得也愈來愈頻繁。

為了增強作品的藝術表現力，老舍在自己的幾個中短篇小說中，嘗試著引入某些詩歌創作的筆法。〈微神〉是這一嘗試的濫觴之作，大膽地使用了朦朧詩般的意境設置。作品寫一位失戀男青年對故去戀人揮之不去的哀思，寫因這種哀思過於強烈而導致了一場夢境中的戚戚尋覓，夢境是由哀思釀成的，夢境的本身亦體現為頑豔及奇詭氛圍的渲染，作者調動了斑駁陸離的光譜色彩，讓既似自然景物又似心底折射影像的幻覺圖畫交替隱現，在撲朔之間，叫讀者去充分地體會人鬼兩隔的無奈，以及生者縱身冥冥間的無倚和無助。小說裡的每道景物，譬如「海棠花」、「三月蘭」、「白小山羊」以及「櫻桃」等等，差不多都暗含一定的寓意，象徵著戀人之間特定的情感與事件；尤其是其中讓人印象最深的「繡著白花的小綠拖鞋」，構成了少女和愛戀的雙重象徵性質，它在不同情景下的複沓映現，給讀者留下的心理震顫是持久的。這篇作品，完全可以當作一首動人靈台的散文詩來品讀，中間除寫夢幻者與夢中人交談的一部分略嫌直白而外，整個作品，融哀思於詩情之內，揚淒切於景物之表，文格冰潔，氣骨清澈，令人在卒讀過後，產生出難以釋卷的心情。「微神」，據認為，寄有英文「vision」的辭意⑥，譯成漢語，即為「幻想」或者「夢想」，如從英文的原義來解釋，這篇小說確是描寫夢幻情境的優秀作品；而更其佳妙的還有，「微神」二字的漢文設字，在這裡也有它的可資探考想像之處，比如說，它是否會有「微賤之神」或者「微茫的神色」這樣的意思呢？亦難確知。

〈月牙兒〉和〈陽光〉兩個中篇，也都頗可稱為詩體小說。特別是〈月牙兒〉，通篇看去，簡直就像一首迴腸九轉的悲情敘事長詩。老舍在寫這部小說以前，並沒有寫過敘事詩，也不曾有人把他看作詩人。然而，所有〈月牙兒〉的讀者，從他們接觸到這部作品後，都不再會懷疑，老舍所具備的詩人修養是全面的。作家是將焚毀於戰亂的長篇小說《大明湖》中間的一部分情節，單獨摘下，重新結構成為〈月牙兒〉的，動筆之前，他就決定了要取法於詩歌的某些創作規律。「我之所以敢大膽的試用近似散文詩的筆法寫〈月牙兒〉者，正因為我對故事人物因已寫過一遍而非常的熟悉，可以從容不迫的在文字上多下功夫。」（《老舍選集．自序》）在這部作品中，作者的筆峰，始終緊緊追蹤著女主人公的心理歷程，同時，也從容地借鑑詩歌藝術的數種手段，將柔美的抒情、哀婉的意境、洗練的語句、短峭的章節乃至於出色的象徵，齊熔一爐，多側面相互依助地摹寫出純潔與善良的少女人格，在與黑暗世界的慘烈抗爭中，是如何一步步地被蠶食、被葬埋的，這個悲劇故事，被寫得如泣如歌，催人淚下。小說最具魅力的藝術處理，莫過於對那一彎「月牙兒」的多處繪寫，女主人公每逢內心陷入愁苦之際，便能夠在暗夜的天邊看到它，它是「帶著點寒氣的一鉤兒淺金」，「它一次一次的在我記憶的碧雲上斜掛著」，它總是「無倚無靠的在灰藍的天上掛著，光兒微弱，不大會兒便被黑暗包住」。「月牙兒」在小說裡，儘管是一種被動的存在，卻與一個不可或缺的角色相仿，在女主人公孤寂無援的時刻，「月牙兒」是惟一可以傾聽她的心聲的朋友；在她苦苦掙扎、拒不向命運屈服的時刻，「月牙兒」又成了她慘淡前景的徵兆；在她徹底被厄運擊毀的時刻，「月牙兒」則是她輾轉煎熬的見證。作家極具匠心地取用「月牙兒」的特殊形象介入作品，還在於可以於不同的故事發展階段，分別用它來映襯出女主人公心地的純潔、善良，性情的倔強、狷介，處境的孑然、寡弱……老舍作為一位當之無愧的平民文學大家，真正能夠明晰地掃描出社會最底層被侮辱被損害者的心靈圖像，「月牙兒」，這一盡可以激發世間讀者相似情感反響的自然景物，在這裡被作家捕捉住了，運用活了。人們為此而嘆服，是老舍慧眼獨具，首先發現了自然界的「月牙兒」和人世間的淪落女子，她們彼此，有著那麼多的共性。

將詩歌創作中的一些技藝引進小說寫作，是老舍意在強化中短篇小說表現力的突出嘗試，這種嘗試獲得了上述可喜的收穫，也證實了他具有多方面的文學天分和值得尊重的藝術探索精神。然而，嘗試終歸是嘗試，老舍文學創作的整體風格取向，畢竟還在於素樸的現實主義一途。他必須在自己已經確定的主要藝術路數之間，繼續做漫長而艱苦的跋涉。

從〈柳家大院〉、〈鐵牛和病鴨〉、〈老字號〉……到〈我這一輩子〉，老舍將原來就相當擅長的白描敘事方式，錘煉到了新的高水準。中篇〈我這一輩子〉，其基本的藝術優勢，就建築在渾圓天成的自然表述上頭，讀起來，很像是在與一位飽經人世滄桑的老者促膝而坐，聽他時而娓娓、時而憤憤地回憶如煙的往事。生活中的一切樸質和粗礪，辛酸和愁悶，均從極富老者個性的話語間，錯雜湧出，形成其特有的文學感染力。這樣一部平民小人物的「自傳」，不可能有大起大伏的情節波瀾和疾雨狂風式的事件變幻，但是，它依賴第一人稱的表述角度，本色當行的敘事路子，構建了受眾跟講述人間相互的親切感和信任度，欣賞者情願隨著那平易的傾談，去領略故事主人公一生走過的溝溝坎坎，品味他長期疊積在胸的酸甜苦辣：

你瞧，在大清國的時候，凡事都有個準譜兒；該穿藍布大褂的就得穿藍布大褂，有錢的也不行。這個，大概就應叫作專制吧！一到民國來，宅門裡可有了自由，只要有錢，你愛穿什麼，吃什麼，戴什麼，都可以，沒人敢管你。所以，為爭自由，得拚命的去摟錢；摟錢也自由，因為民國沒有御史。……我準知道宅門裡的姨太太擦五十塊錢一小盒的香粉，是由什麼巴黎來的；……我的鄰居李四，把個胖小子賣了，才得到四十塊錢，足見這香粉貴到什麼地步了。

這俗白到家的每一字每一句，不容懷疑地是出自老巡警之口，講述人也沒有一絲一毫要想開導誰教育誰的意思，他講他的，你掂量你的，他的話落了地，你這邊也差不多已經咂摸出滋味了。老舍的白描，看似簡單，卻能產生這麼強的藝術效力。

幽默詼諧的格調，在老舍這一時期的中短篇小說裡，得到了日益有效的控制。他記住了不能再把小說當笑話來寫，也就不再向作品中隨意投放無謂的笑料了（有時想寫個以諧謔為主的作品，他多將其當作雜文、隨筆來處理）。寫小說遇上確該幽默的地方，他仍舊不含糊地展示這方面的才能，好叫作品延伸題旨，平添理趣。而在另一類命意嚴肅的作品中，他連一星半點兒的詼諧調侃也不許它露頭，為的是維護作品既定的藝術追求。總的看上去，在審視民族精神、國民性格的小說中，他用幽默手段還稍多一些，仍舊在一定程度上保持了設身於民衆中間，以温熱心腸去指摘他們缺點的態度；而在狀寫城市貧民悲慘命運的作品中，則對幽默約束得極嚴格。〈微神〉、〈月牙兒〉之類寫貧苦女性淪為娼妓的小說，看不到幽默的任何位置，即使像〈我這一輩子〉，寫的就是一生習慣於笑傲濁世的老巡警，也沒讓與主題不相干的插科打諢佔得立錐之地，其中的所有幽默，都被塗上了一抹冷色，浸著血淚伴著泣咽出現，叫人讀來笑眉還未舒開，已得悟複雜艱澀的人生幽微。這一時期的小說，幽默向諷刺衍化的跡象，十分明朗。為了提高作品的藝術表現力，老舍在中短篇小說寫作探索中，不斷強化著自覺意識，完成了將原有的喜劇、鬧劇風格，逐漸向悲劇或喜悲劇風格的轉化過程。這種轉化，是跟創作題旨上面的第一主題向第二主題次第過渡同步出現的。

中短篇小說，篇幅有限，在有限的篇幅間，是否可以容納更多一些的思想和蘊意？老舍把這個題目，也當作提高小說寫作技藝的重要任務來對待。他有意地讓某些作品帶著其固有的多意性出現，以延展小說多向的社會穿透力。比如前面談到的〈上任〉，繪神繪相地寫了尤老二從當上緝察長到辭去這個職務短暫而曲折的經歷，卻偏不留下任何作者的褒貶意向，不同讀者在理解上發生的歧義，甚至一位讀者在每回閱讀後產生的不同體驗，就是來自作品多稜的文學質感。再如，讀〈黑白李〉，很難一下子說得清楚小說寫作者是更贊成黑李呢還是更贊成白李；讀〈也是三角〉，不易明確把握作者對兩個潰兵的態度到底是同情呢還是不無鞭撻；讀〈抓藥〉，究竟作品的主要批判矛頭是向著非人道的政治現實呢還是向著喪失職業道德的「批評家」……所有類似的讀後感觸，都證實了作品通過其多意性所獲得的吸引力。老舍還善於在構造小說時，運用「時空餘地」，來達到充實作品內涵的目的。〈柳屯的〉對發生在故鄉的故事，取斷續記述的方式，每次新的情節出現，都與此前的敘說間有著較大跳躍，作品只提供簡短幾句的解說，便替代了許多過程，不僅約束了筆墨，還推動著讀者也進入藝術思維狀態，生出填補故事情節的聯翩浮想。〈斷魂槍〉在這方面的創造更其精妙，作品要講的故事小而又小，而它所倚重的社會、歷史和文化背景卻極為博大，為了預先給讀者一個開闊的時空座標，作品一開端，就出現了一短一長兩個涵義十足的自然段：

沙子龍的鏢局已改成客棧。

東方的大夢沒法子不醒了。炮聲壓下去馬來與印度野林中的虎嘯。半醒的人們，揉著眼，禱告著祖先與神靈；不大會兒，失去了國土、自由與主權。門外立著不同面色的人，槍口還熱著。他們的長矛毒弩，花蛇斑彩的厚盾，都有什麼用呢；連祖先和祖先的神明全不靈了啊！龍旗的中國也不再神祕，有了火車呀，穿墳過墓破壞著風水。棗紅色多穗的鏢旗，綠鯊皮鞘的鋼刀，響著串鈴的口馬，江湖上的智慧與黑話，義氣與聲名，連沙子龍，他的武藝、事業，都夢似的變成昨夜的。今天是火車，快槍，通商與恐怖。聽說，有人還要殺下皇帝的頭呢！

有了這般言簡意賅、大氣包舉的鋪墊，作家便得以在隨後放開膽子，用洗練精到的筆墨，來講述沙子龍拒傳「五虎斷魂槍」的故事了，因為，沙子龍的一舉一動，已找到了富有縱深時態和廣袤空間的根基依託，使大時代中間一個典型化的小情景，被無可搖撼地支撐起來，意義鮮明地放大開來。這種寫作技法，讓短篇作品顯示出了「秤砣雖小墜千斤」的力度。

藝術氛圍的營造，也體現了老舍中短篇小說的創作技巧。對不同主題的作品，作家施以不同的表達方式，賦予它們截然不同的風格。〈大悲寺外〉的蕭清和神祕；〈微神〉的迷茫和幽渺；〈月牙兒〉的淒楚和空寂；〈我這一輩子〉的蒼涼和樸野；〈斷魂槍〉的傳奇和雋永，各自呈現著不可置換的個性。有時，為了追求一種特殊的意境，老舍也能操起一項看上去本不屬於他的技藝：短篇小說〈丁〉，寫一位年輕的窮職員在海濱消夏時的心緒，就啟用了「意識流」式的現代派創作手段。這種離開常態的表現方法，還有多種，例如〈毛毛蟲〉，三千多字的作品，竟一段呵成，不另起行，為的是便於體現主人公「毛毛蟲」在一夫多妻家庭中生活的局促情態。

由於重視了中短篇的寫作技藝，老舍對小說語言的提煉也愈加上心。早期長篇作品中有時出現的不分人物差別，讓他們皆操同一種言談的情況，已經不見了，代之而來的，則是叫作品中有著不同出身和修養的人物，從語言分寸上也能區分出或著或微的差異。〈微神〉和〈月牙兒〉，都寫的是暗娼題材，都融入了詩歌的寫法，可是，因為兩篇中間的兩個敘事者「我」，一個是知識分子，一個是平民少女，其語言就有顯見不同。在借助對話語言刻畫人物形象方面，作家增長了選擇三言五語將人物窮形盡相的本領，如〈馬褲先生〉、〈裕興池裡〉等，差不多只靠著富有個性色彩的人物聲口塑造栩栩如生的形象。這一時期通過小說創作實踐而持續攀升著的語言技能，為作家下一個寫作階段順利地跨入話劇創作領域，打下了可靠的基礎。

寫長篇的名家，寫起中短篇寫得上了癮。一些已寫和未寫的長篇，逕直變成了中短篇。〈月牙兒〉，是從長篇《大明湖》中抽出來重寫的一個片段；曾經構思好了的一份腹稿——假使寫成大約可得十萬字的——長篇《二拳師》，被刊物編輯催稿催的，也濃縮成了五千字的〈斷魂槍〉。這兩個作品倍獲好評，使作者看到「材料受了損失，而藝術佔了便宜」的事實。他笑著說：「文藝並非肥豬，塊兒越大越好。」並且要求自己，就該以「楞吃仙桃一口，不吃爛杏一筐」（〈我怎樣寫短篇小說〉）的寫作態度，去對待小說創作中的長短關係。

不過，作家寫於同一時期的幾十個中短篇小說，還遠不是肩膀一般齊的佳作。凡是因為趕時間或者過於信任材料而忽略了藝術的作品，均留下了這樣那樣的遺憾。為此，老舍「自己覺得很對不起文藝」，可是，他又稍加辯解：「錢和朋友也是不可得罪的。」他所講的「錢」，是指當時尚屬微薄的稿酬，「朋友」，則指的是向他輪番催稿的刊物編輯們。

酷愛藝術的老舍，沒法為了這種「酷愛」而叫一家人不吃飯，也不能為了這種「酷愛」而疏遠了朋友。

①這一時期的有些作品，在體裁上尚難界定屬於雜文還是小說，例如曾經收進《老舍幽默詩文集》中間的〈討論〉、〈不遠千里而來〉、〈辭工〉、〈開市大吉〉等等，不下十數篇，故事性比較強，小說筆法也相當明顯。但考慮到作家自己當初同意將這些作品算作「幽默詩文」，而不是收入小說集內，我們就沒有把它們統計到小說作品的篇數中來。

②一九四三年，老舍在〈我的母親〉一文中，追憶自己童年時期的情景，說：「為我們的衣食，母親要給人家洗衣服，縫補或裁縫衣裳。在我的記憶中，她的手終年是鮮紅微腫的。白天，她洗衣服，洗一兩大綠瓦盆。她作事永遠絲毫也不敷衍，就是屠戶們送來的黑如鐵的布襪，她也給洗得雪白。

③轉引自定宜莊《北京滿族志稿》（未正式發表）。

④參見拙作〈老舍創作個性中的滿族素質〉，《社會科學戰線》，一九八四年第四期。

⑤舒乙：〈有人味的爪牙——老舍筆下的巡警形象〉，載《中國現代文學叢刊》，一九九三年第二期。

⑥首先提出這一看法的，是日本學者伊藤敬一教授，參見〈〈微神〉小議〉，載《民族文學研究》，一九八六年第四期。

第十章　庶民文學的現代經典
——長篇小說《駱駝祥子》

個人奮鬥「比登天還難」

一九三六年，老舍的寫作生涯滿了十個年頭。這一年夏天，他如願以償，辭退了幾年來想甩而沒能甩掉的教職，成了一名「職業寫家」。經過了整整十年的創作摸索，他在文學思想和藝術造詣上成熟起來。彷彿是為了全面展示一下自己此刻積蓄的文學潛能有何等的巨大，他向世間奉獻了長篇小說《駱駝祥子》。

這年春天，同在山東大學任教的一位友人，來他家閒談，講起在北京時曾用過一個人力車伕，那人買了車子，又賣掉，前後三起三落，到末了還是受窮。老舍當即獲得了靈感，表示「這頗可以寫一篇小說。」（〈我怎樣寫《駱駝祥子》〉）友人見他動了心，又補充說到另一項軼聞：有個車伕被軍隊抓了去，趁軍隊轉移，從中偷偷牽回來三匹駱駝，因禍得福。

「北平」、「車伕」和「駱駝」……在老舍的腦海裡翻騰開了。除了對駱駝他不是太摸門兒，北平跟車伕，可是他一向就瞭如指掌的。北平城，那是他的人生與創作之基：「我生在北平，那裡的人、事、風景、味道，和賣酸梅湯、杏仁茶的吆喝聲，我全熟悉。一閉眼我的北平就完整的，像一張色彩鮮明的圖畫浮立在我的心中。我敢放膽的描畫它。它是一條清溪，我每一探手，就摸上條活潑潑的魚兒來。」（〈三年寫作自述〉）至於人力車伕，即俗稱所謂「拉洋車的」，在老舍早年抬頭不見低頭見的親戚、朋友和鄰居裡邊，真是多得不勝枚舉，他已然「積了十幾年對洋車伕的觀察」（〈三年寫作自述〉），既瞭解他們的命運，也瞭解他們的心路；老舍寫過的作品，像《老張的哲學》、《趙子曰》、〈黑白李〉、〈眼鏡〉、〈柳家大院〉、〈也是三角〉、〈哀啟〉，已經或配角兒或主角兒地出現過他們的身影。

這正是作家將寫作的題材範圍逐漸向貧苦百姓身上歸攏的時候，他的心，他的筆，越來越自覺地瞄準了都市裡頭的那群「苦人兒」。雖然差不多是在同時，他有關知識階層精神走向的思考和創作仍未中止，長篇小說《選民》（即《文博士》）的撰寫尚在進行，但是，兩相比照，能明顯地看出來，作者還是將這次寫北平人力車伕的創作活動，當成了頂要緊的一宗事情。為了寫好這部書稿，他「入了迷似的去搜集材料」（〈我怎樣寫《駱駝祥子》〉），通過信函、親訪等途徑，向生活在北平的朋友、同窗，社會學和方言學專家們討教，向拉過洋車的哥哥、表哥討教，所調查的內容，已不只是車伕們一般的生活、勞作情形，還包括著有關洋車本身的知識、北平各「派」洋車伕在體力、活兒路、作派、氣質、精神上的異同，乃至於作品中將要涉及到的駱駝的生活習性，等等。也許跟這次過細的調查研究不無關係，老舍進而還注意到：「巡警和洋車是大城市裡頭給苦人們安好的兩條火車道。大字不識而什麼手藝也沒有的，只好去拉車……識幾個字而好體面的；有手藝而掙不上飯的，只好去當巡警」。於是，他在計畫寫北平洋車伕長篇的同時，又就手套寫了另一部關於北平巡警生活的中篇，即〈我這一輩子〉。

老舍於這一年七月中旬由山東大學辭職，旋即開始把關於洋車伕的作品寫到紙上。剛過了兩個月，這部題為「駱駝祥子」的長篇小說，其開頭部分，就在上海的《宇宙風》雜誌上，跟讀者見了面！出手之速，叫多少知道一些他這次寫作眉目的人們感到驚奇。「當發表第一段的時候，全部還沒有寫完，可是通篇的故事與字數已大概的有了準譜兒」（〈我怎樣寫《駱駝祥子》〉）。這種邊寫邊交刊物連載的辦法，老舍從前不大願取，原因是它容易造成篇章和藝術上的參差失控，可是，這一回是個極特別的例外，他不單主動採取了這種方式，還把作品寫得神完氣滿，足見有了前期充分的準備，他已做到成竹在胸。

《駱駝祥子》全稿殺青時，老舍的興奮已溢於言表，他告訴《宇宙風》的編輯：「這是一本最使我滿意的作品」（〈我怎樣寫《駱駝祥子》〉），「是我的重頭戲，好比譚叫天唱〈定軍山〉」①。

這部小說，如實地展現了都市人力車伕的悲劇人生。主人公祥子，是個從鄉間來北平城掙飯吃的青年人，因為沒有任何手藝，只能從人力車廠裡租輛車子拉活兒。憑著賣力氣拉車先糊口再發家，是他惟一的志向。他身體棒，心氣足，幹活實在，苦拚了三年，到底攢夠了錢，買得了一輛屬於自己的新車。可是，新車沒到手幾天，就在一回拉客人出城的時候，被軍閥手下的亂兵給奪了去，他也被抓了差。祥子趁夜晚逃出來返回市內，又開始從頭做起，為宅門裡拉包月。他繼續苦苦地拉車、攢錢，到了再一次快要能夠買得起新車的時候，他的錢，又讓藉辦案之名假公濟私的偵探給訛詐光了。緊接著，祥子落入了車廠主劉四之女虎妞設下的圈套，無奈之下娶了這個比他大出十五六歲的老姑娘。由虎妞出錢，祥子又買了車子，不久，虎妞難產死亡，為料理後事，祥子再度賣掉了自己的車。如此三起三落的厄運夾擊，和種種不期而遇的坎坷折磨，把祥子拖垮了，他喪失了健壯的身體，也喪失了要強的精神，幾年間便從一個出人頭地的「高等車伕」，滑落成了「下三爛」的街頭流民。

都市貧民是否可以依賴自己的奮發勞作，擺脫悲苦人生的控制和蹂躪，這在現代社會裡，是個相當嚴肅的題目。小說《駱駝祥子》，首先即照準這一題目，做了深入的開掘。祥子進入北平之際，本是個身強力壯、無親無故、沒有任何拖累的勞動者，他認定了「拉車是件最容易掙錢的事」，全身心地投入進去，以為自己只要誠實勞動、多掙少花，就能一步一個腳印地走向自立和富有，每過兩三年填置一輛新車，並且「一輛、兩輛……他也可以開車廠子了！」然而，他以實打實的血汗付出，支撐著的，卻是個虛空的幻想，一遍接著一遍，不是車子被亂兵搶去，就是錢被偵探訛走，他弄不清為什麼自己一向咬緊牙關拚命幹，結果卻是這樣背運，他總是既淒苦又懵懂地發問：「憑什麼？」「我招誰惹誰了？！」他絕不會想得到自己所遇到的纍纍打擊，都是客觀社會對他的必然捉弄，起初遭到損害，他還頑強地要求個人從災難中自拔，巴望著能以堅忍的努力最終掙脫命運的羈鎖。其實，亂兵搶他的車，偵探訛他的錢，都不是偶然間發生在他身上的事件，而是受當時軍閥混戰和吏政黑暗的大局面所決定的常態事相，像他這樣的城市底層小人物，本來就隨時處在不公正社會的有效傷害範圍之內。訛祥子錢的孫偵探，一面做著壞事，一面還沒忘了叫倒霉的祥子弄個明白，他告訴祥子：「你誰也沒招，就是碰在點子上了！人就是得胎裡富，咱們都是底上的。什麼也別再說了！」可惜的是，老實憨厚的祥子當時正在氣頭上，弄不懂他的話。至於祥子遭到的第三回經濟打擊，看上去像是來自虎妞強加到他頭上的蹩腳家庭，實質說來，仍是個社會性的悲劇，當時他們的家庭已在經濟上弱不禁風，虎妞一死，祥子只能眼睜睜地賣掉僅有的一輛車，換點錢來給她發喪，祥子從此更深地墮入赤貧階層，可見再苦爭苦熬的城市貧民，也是連任何一點日常生活中的意外事件都承受不起的。

作家不但詳描盡寫了主人公祥子的慘痛遭際，又圍繞祥子的故事，帶寫出來與他身分相近的許多街頭人力車伕，以及與這些車伕相依度日的其他苦人們的不堪境況。像祥子時常遇到的那位老年車伕，家貧如洗，兒子去當兵，一去不返，兒媳又改嫁了，他只能拖著老邁瘦弱的身體，由十一二歲的孫子小馬幫扶著，每天上街拉車，寒冬季節掙不到錢，爺孫們隨時可能凍死在户外。這位老者和他的孫子，雖説拉的是自己的車，時運卻比祥子更不濟，即使是不擅長思忖世事的祥子，也從小馬的身上，看見了自己的過去，從小馬爺爺的身上，看到了自己的將來。「窮人的命，他似乎看明白了，是棗核兒兩頭尖，幼小的時候能不餓死，萬幸；到老了能不餓死，很難。」後來，小馬病了，沒錢買藥，就死在了爺爺的懷裡頭！小説後半段，祥子愛過一個年輕女子——小福子，她的淒苦故事，則更是對作品裡面祥子等車伕們的悲劇的有力補強，她是人力車伕二強子的女兒，二強子靠拉車養不起一大家子人，於是常藉酒澆愁，以至酒後使氣，踹死了自己的老婆；小福子先前由二強子作主，嫁了一個軍官，為得是用男方給的錢為父親買來一輛車子，過了一段時間，軍官所在部隊調遣別處，把她拋棄了，她只好回到娘家，伺候父親、照顧兩個幼小的弟弟，面對著「醉貓似的爸爸」以及「兩個餓得像老鼠似的弟弟」，小福子知道，惟一的辦法是「她得賣了自己的肉」，她先作了暗娼，後來因為連作暗娼生意的地方也沒有了，只好去到下等妓院「白房子」裡公開賣淫，最終，被折磨得上了吊。小説裡，藉著一位窮苦老人之口，道出了「咱們賣汗，咱們的女人賣肉」，這樣蘸滿了酸楚的生命控訴！作品以祥子為中心，鋪述的每一段貧苦人生故事，都交織在一起，證實了，都市底層的貧民們，無論老少，無論男女，怎樣要強，怎樣奮鬥，終究都逃不出貧困乃至死亡巨網的籠蓋。似這樣，老舍以現實主義的創作態度，真切地刻畫出下層貧民在不公道的社會中的極度窘迫。他告訴讀者，社會間一旦失落了正義與公道，貧富的差異，便自然構成不可逾越的人生鴻溝，一切人跟人之間最不合理最不平等的現象，均會隨之產生和擴大。從這樣的認識出發去看世界，即使是像自然界裡的一場伏天暴雨吧，也會顯出它對都市中不同人群的兩面性：「雨後，詩人們吟詠著荷珠與雙虹；窮人家，大人病了，便全家挨了餓。一場雨，也許多添幾個妓女和小賊，多有些人下到監獄去；大人病了，兒女們作賊作娼也比餓著強！雨下給富人，也下給窮人；下給義人，也下給不義的人。其實，雨並不公道，因為下落在一個沒有公道的世界上。」在連風雨等自然現象都會不留情面地施虐於窮人的世界裡，下層百姓中的任何一個人，想從厄運中跳脫出來，談何容易！

在當時的世道下，祥子式的奮鬥與掙扎之所以會徹底破滅，不但在於他的幻想不切實際，還在於他那一切堪稱酷烈的苦鬥，都只是個人的行動。人力車伕，這種城市街頭的個體勞動者，其勞動方式決定了他們中的每個人，都必然要帶著一副小生產者的狹隘心胸面對生活。祥子為自己選定的擺脫苦難的道路，只能是孤軍奮戰；他的全部資本，不過是一己的年輕力壯與要強爭勝。祥子不曾希望得到，也不可能得到外力的支持和援助。最初拉活兒的時候，他就咬定，只要「有自己的力氣與洋車，睜開眼就可以有飯吃」，所以，除了拉車，他杜絕一切嗜好，連跟別人多說一兩句話的興趣也沒有。等到用三年血汗換來的頭一輛新車被搶走之後，他仍不懷疑以前的奮鬥方式，而是更鐵了心地，去為掙得第二輛車子拚命，甚至「有許多次，他搶上買賣就跑，背後跟著一片罵聲」，他都在所不惜。搶奪過來別人手中的活兒，與搶奪別人的飯碗差不多，他雖有一份內心的歉疚，可也準備好了安慰自己的理由：「我要不是為買車，絕不能這麼不要臉！」這就尤其反映出小生產者在爭取自身生存利益時，彼此之間必然會產生的心理隔閡。書中就此寫道：「同是在地獄裡，可是層次不同。他們想不到大家須立在一塊兒，而是各走各的路，個人的希望與努力蒙住了各個人的眼，每個人都覺得赤手空拳可以成家立業，在黑暗中各自去摸索個人的路。祥子不想別人，他只想著自己的錢與將來的成功。」幾次三番的落敗，連同周圍許多人力車伕這樣那樣的慘痛下場，都沒能叫祥子看清自己的失誤在於個人奮鬥的道路走不通，他僅存的思想能力，只能教他服服貼貼地「認了命」。這位小說主人公的人生慘劇，首先當然是來自他所生活的黑暗時代，同時，應當說，與其社會位置、思想水平帶給他自身的局限，也是直接相關的。

「你想獨自混好？」老人評斷著祥子的話：「誰不是那麼想呢？可是誰又混好了呢？當初，我的身子骨兒好，心眼好，一直混到如今了，我落到現在的樣兒！身子好？鐵打的人也逃不出去咱們這個天羅地網。心眼好？有什麼用呢！善有善報，惡有惡報，並沒有這麼八宗事！我當年輕的時候，真叫作熱心腸，拿別人的事當自己的作。有用沒有？沒有！我還救過人呢，跳河的、上吊的，我都救過，有報應沒有？沒有！告訴你，我不定哪天就凍死，我算是明白了，幹苦活兒的打算獨自混好，比登天還難。一個人能有什麼蹦兒？看見螞蚱吧？獨自一個也蹦得怪遠的，可是教個小孩逮住，用線兒拴上，連飛也飛不起來。趕到成了群，打成陣，哼，一陣就把整頃的莊稼吃淨，誰也沒法兒治它們！你說是不是？我的心眼倒好呢，連個小孫子都守不住。他病了，我沒錢給他買好藥，眼看著他死在我的懷裡！甭說了，什麼也甭說了！……」

這是那位當過車伕的老者——小馬的爺爺，用畢生的辛酸經驗，來開導祥子的一段話，該看作是小說中極要緊的一處表述。老者毫不含糊地否定了都市底層苦人兒中的隨便哪一個，想要憑著身強力壯和心眼兒好，獨自闖出一條生路來的任何可能性。這也正是小說作者意欲向讀者們著重強調的社會認知。儘管書裡的這位老者已然隱約地看到，窮人們的惟一希望，在於「成了群，打成陣」就「誰也沒法兒治」，但是，他是絕對不可能再稍稍地前進一步，發現一種教窮人們聯合起來鬥爭的正當方式。我們甚至不須隱諱，抑或就是作家老舍自己，在寫《駱駝祥子》這部傑作的時候，也不可能清醒地認準，贏得社會解放和窮人翻身的正確之路究竟在哪裡。

作家眼光的這一局囿，並沒有從根本上妨礙《駱駝祥子》的成功。在小說的創作初衷裡，原本就不包括為貧苦百姓「指引革命道路」的任務。老舍熟悉都市貧民階層的社會地位，他用自己的心靈去傾聽他們的悲號，理解他們的追求，也看得出他們一代代循環往復選擇著的獨自掙扎的人生道路，是怎樣的不可靠、不足取，他願意透過自己筆下的作品，表達對他們的同情與體認，並且告訴他們，再莫要從個人奮鬥的方向上尋求出路了。

處在城市生活最下層的祥子和他的洋車伙夥伴們，既是被盤剝被凌辱的一群，又是各自小本經營的個體勞動者；這種人，時常散見於為各種社會浪潮不易沖刷到的社會角落裡，猶如顆顆砂粒，很難聚抱成團。從本質上講，他們在城鄉勞苦大衆中間，是屬於離革命運動間距最遠的一夥，即便是革命時代真的來臨，這個階層也不會成為革命的中堅力量。他們的解放，尚有待於整個社會解放的最終實現。不論老舍寫作《駱駝祥子》的時候，其思想處在怎麼樣的層面，他都沒有必要去講解這樣的社會哲理。《駱駝祥子》出現於文壇的意義，在於和盤托出了長久以來都市貧民悲劇最為恆見的真實原貌，繼而有可能喚起全社會的讀者——當然也包括革命人士與社會學家們——的深度關懷。我們不該僅憑作品沒有展示正確的社會理想與道路這一點，就抱怨作家有意想要逃避政治或者淡化革命，老舍觀察和反映社會的著眼點和落腳點，與我們今天的習慣性思維有所不同。何況，好的文學作品本身，不必一定就得是革命的教科書。

一部《駱駝祥子》，以主人公祥子苦苦奮鬥掙扎終致徹底敗落，並且他的精神也完全垮下來，而告結篇。祥子周邊乃至內心最後能夠感受到的一點光照，也被無情地掩滅了。這無情，並非作家之文筆使然，它來自冷酷世界的自身。老舍太憐愛他的貧民同胞們，也太痛恨戕害貧民同胞們的世道了，他必須無條件地忠實於自己多年來的社會體驗，忠實於現實主義的創作思想，他用《紅樓夢》作者「懸崖撒手」式的寫作路子，力透紙背地寫出祥子的最終「無望」。由此，老舍以一位庶民作家的身分，對自己命運相繫的社會階層，獻上了無上的忠誠。

中國市俗的欣賞趣味，每每樂於在一齣大悲劇的結尾，見到一個哪怕是十分牽強的「大團圓」。而祥子，在最後一次得到善良的曹先生關照之後，曾是那麼欣喜若狂地到處尋找他的心上人小福子，也給安排類似的「大團圓」留下了餘地。小說的許多讀者，到此也免不了會生出幾分願意看到遍體鱗傷的祥子就此否極泰來的期待。然而，作品並沒有迎合這種廉價願望，祥子千難萬難找到了小福子賣淫的「白房子」，小福子卻已死去數日，他連個屍首也沒能見著！作者這樣拗著市俗讀者的接受習性而寫，是有其一定的冒險性的。但是，老舍沒有動搖，——或者可以說，他不肯向黑暗的社會妥協半分。這位一向注意切近大衆藝術心理的作家，此時竟這樣頑強地固守了現實主義的創作營壘，表示了對舊世界最大的輕蔑和凜然的決絕。

這部小說發表之後不久，在美國，首先出現了它的譯著版本。原來，那裡的譯者和讀者，也有著和中國平民相近的庸俗趣味，譯著中，小福子真的被篡改成了沒有死，故事結局，也真的就換成了祥子和小福子的「大團圓」。不過，作家老舍得知以後，曾經一再地表示了他強烈的不滿。

《駱駝祥子》中完整的悲劇意蘊，對現代庶民文學的創作格調，是一次劃時代的提升。

「文化之城」的「走獸」

假如只是注意到了《駱駝祥子》所呈現的洋車伕的慘烈奮鬥史，至多我們也不過體會到了作品的一半思想涵量。因為，在敘說祥子遭受社會不公正待遇的故事中間，還包裹著一部祥子的心靈史。這部心靈史，錄下了主人公精神世界次第出現的困惑、無奈、痛徹、麻木、疲憊、崩潰，直抵「哀莫大於心死」的生命真諦。

前面一章談到過，老舍在山東時期創作的中短篇小說作品，形成了兩大主題：第一主題——關注古國「老」民族的精神蛻變，第二主題——關注都市下層「苦人們」的悲慘命運。他的中短篇小說，或分或合，基本上都是圍繞著這兩個主題展開的。從文化精神及倫理道德層面解剖和觀照人生，業已成為他獨樹一格的創作優長，不僅有一系列中短篇小說作品證實了這一點，陸續發表的長篇小說《貓城記》、《離婚》、《牛天賜傳》，也都是例證。《駱駝祥子》，乍一從題材外殼上看，似乎與已問世的幾部長篇不同，它描述的，是十分顯見的「苦人兒」悲劇故事；然而，穿透故事表層，不難發現，這部長篇，其實並不像〈月牙兒〉和〈我這一輩子〉似的，較為純粹地摹寫社會底層人們在飢寒凍餒下的生計無著，《駱駝祥子》是把作家筆下逐漸沉澱成型了的兩大主題揉為一體，在寫出主人公祥子個人奮鬥終致慘敗的同時，又將筆鋒直觸祥子的內心，細緻入微地追蹤捕捉著，這個本來異常淳樸的青年，是怎樣被社會逼迫和誘使，一步步向市俗觀念的骯髒泥淖中跌落下去的過程。

寫作《駱駝祥子》的時候，老舍還寫著另一部小長篇《文博士》。後者仍是一部典型的審視精神文化的作品，講述一個留美歸國的教育學博士，在濟南城裡四下活動，以求混得優厚的職位和相應的上流身分，作品揭露了知識階層中私慾如壑的人物，熱衷於委身權勢豪門的卑微行徑，對主人公的骯髒靈魂，有著諸多鞭辟近裡的勾畫。於是，讀者可以看到，從《貓城記》，到《離婚》和《牛天賜傳》，再到《文博士》，老舍來山東之後寫出的長篇小說，在全面省視都市精神文化的幾個方向上，都已有了顯著的成果，而唯獨在剖析底層貧民的精神走勢上，尚需一部作品予以填補。老舍顯然想到了這一點，他寫出《駱駝祥子》，使問題得到了完滿解決。

讀過《駱駝祥子》的人會感到，小說開篇時的祥子與結束時的祥子，靈魂上簡直判若兩人。然而，由於有著作品紮紮實實、入情入理、層層遞進的描述，讀者已無法懷疑其結局的真實。小說像一部靈魂掃描儀，為祥子這位起初心地相當純正的青年，做了全套的心理疾患衍變記錄，讓人們看清了，最後那個在精神上已一敗塗地的祥子，完全是被他所處的社會環境推搡著、擠壓著，走到了靈魂總崩潰的地步。

我們自可以順著心路歷程，重新檢視一下祥子的前後變化——

初到北平城裡拉車的祥子，「確乎有點像一棵樹，堅壯，沉默，而又有生氣」，他不吃煙，不喝酒，不賭錢，不讓自己沾染上一丁點兒「不要強」的惡習，而「覺得用力拉車去掙口飯吃，是天下最有骨氣的事」。那時，他的身與心，都是健康的。

第一次丟掉了自己苦熬掙來的新車，「祥子落了淚！他不但恨那些兵，而且恨世上的一切了。」他從亂兵營裡逃脫之時，順手牽回了那裡的三匹駱駝。這是祥子純淨心靈受到的第一次玷污。他的車是用血汗換來的，駱駝卻不是；雖然「兵災之後，什麼事兒也不能按常理說」，可祥子到底是頭一回由個人的勞動所得之外，「和偷也差不遠」地撈到了一定的補償。有了這個經歷，再回到城裡拉活兒的他，就變得「只看見錢……不管是和誰搶生意；他只管拉上買賣，不管別的，像一隻餓瘋的野獸。」產生盲目敵視和報復整個社會的心理，是他心靈下滑的頭一步。

繼而，到楊宅拉包月，祥子見識了楊先生、二位太太與僕人張媽間「雄壯」的對罵，使他這個「最忌諱隨便罵街」的人，懂得了破口就罵，才是城市裡人跟人的「禮尚往來」。這又使他開始體察和領會小市民階層獨特的處世方式。

隨後，既老且醜的虎妞，趁祥子從楊宅辭了事回到車廠子心裡不痛快，軟硬兼施地誘他成姦，「把他由鄉下帶來的那點兒清涼勁兒毀盡了」，使他「心裡也彷彿多了一個黑點兒，永遠不能再洗去。」祥子一方面本著正派的觀念，悔恨自己「成了個偷娘們的人」，感覺上「彷彿是碰到蛛網上的一個小蟲，想掙扎已來不及了」，另一方面，心裡又時時萌生著仍然「很願試試的大膽與迷惑」。他原來持有的淳樸的倫理道德觀，於此日見蝕落。

這時，大學教員曹先生雇他去拉包月。曹家人善待他，教他那顆正在下滑的心靈得到了一度的扶救，他也將心換心，誠懇地為曹先生做事。一次，趕夜路摔壞了曹先生和車子，他執意要辭事、讓工錢，「好保住臉面」。是聽了尤為世故的曹府女傭高媽的開導，祥子才收起「牛勁」，讓「生活又合了轍」。不想，曹先生因在學校裡秉公治學得罪了個學生，被誣告到上頭，遭到偵探的滋擾，也連累著祥子被訛去了再次辛苦攢下的買車錢。這回，祥子不僅對坑害自己的偵探感到憤慨，還在曹先生囑他代為看家的時候，動過將曹家的東西捎走幾件來償還自己損失的念頭。曹家當時沒有人，而祥子的血汗錢，又是因曹先生而丟掉的，他這麼想，跟前一次丟了新車卻牽回駱駝，不過是一種邏輯的順勢推進罷了。這說明，他已不再擁有從前那種實打實的憨厚。

祥子不無艱難地戰勝了要取走曹宅物品的邪念，沒有做出對不起曹先生的事，他卻無力擺脫虎妞在他前方鋪就的一張「絶户網」。他又一次被迫回到車廠子，虎妞以懷上了他的孩子相威脅，逼他一道去跟車廠主、虎妞的父親劉四攤牌，結果是祥子和虎妞在劉四斷然反對的情況下成了婚。婚後，祥子才發覺，所謂「懷孕」，不過是虎妞這個「女妖」騙取他就範的一個小計謀。他渾渾噩噩地，被領進了一個令他生厭生畏的家庭，虎妞不讓他再去拉車，而只叫他整天陪在身邊，吸他的「精血」。祥子陡然丟失了自由人的地位，丟失了健壯的體魄，也丟失了獨立的人格，他的道德精神受到了滅頂般的轟擊，感到自己再也見不得人了。他曾經茫然走進澡堂子洗澡，想要洗淨虎妞給他帶來的那點污穢，可是，他的心靈卻加倍受著熬煎，「他怕大家看他的赤身！」

後來，劉四變賣了車廠，攜款他往，虎妞想依靠父親的豐厚積蓄來過好日子的算盤落了空，她只好拿出自己所剩無多的錢，交給祥子重新買車拉活兒。這時的祥子，早就沒了從前的心氣兒與精力。他被暴雨激病元氣大傷，而後不久虎妞又死了，他的家不再像個家，人也不再像個人了。他對小福子萌生了好感，因為沒法養活她那一家子人，只能狠心丟下這段情，到夏宅去拉包月。暗娼出身的夏太太，輕易地誘他上鉤，還把性病傳給他。原先曾經是極要強極顧臉面的祥子，到了這會兒，卻把這件平日最覺得可恥的事情，「打著哈哈似的洩露給大家」。生活的醜惡，教他看輕了生命，也看輕了羞恥。他從此吸煙、喝酒、偷懶、打架、撒無賴。當他得知自個兒一直暗戀著的小福子已經尋了短見，就更是變本加厲地放任自己，作踐自己，甚而墮落到為了損人利己，出賣人命騙得金錢。

小說最後，祥子潦倒到陪著人家遊街送殯以討取一點兒吃食的光景。作家慨然寫下：

> 體面的，要強的，好夢想的，利己的，個人的，健壯的，偉大的，祥子，不知陪著人家

送了多少回殯，不知道何時何地會埋起他自己來，埋起這墮落的，自私的，不幸的，社會病胎裡的產兒，個人主義的末路鬼！

祥子的悲劇是雙重的：第一重悲劇是外在的，即在與貧窮作戰中，他敗得相當慘；而第二重悲劇則是內在的，即與自己靈魂深處逐漸滋生蔓延的卑微醜陋品質作戰，他敗得更慘。第一重悲劇，只是叫他那個人奮鬥、勞動致富的夢想化作了泡影，第二重悲劇，則直叫他的人性瓦解殆盡。從特定的角度看，祥子的後一重悲劇，是前一重悲劇的產物。個人奮鬥一遍遍地歸於慘敗，傷透了他的心，他欲將自己的報復心理作用於外部世界，而效果微乎其微；失衡的精神便引導著這種破壞性心理做逆向運轉，去作用於自我的靈魂戕害，其效果，卻是異常充分的。正如作品中所說的：「為個人努力的也知道怎樣毀滅個人，這是個人主義的兩端。」

其實，祥子的精神崩潰，還有更其深入的某些原因。譬如，虎妞強加給他的畸形婚姻，就對祥子的心靈，有著根本性的破壞。祥子本是個健壯的青年男性，存有不容忽略的七情六慾。起初，為了掙錢買車，他竭力排除個人的一切其他慾念，全身心地投入苦鬥。可是，那輛拚命幹了幾年才掙到手的新車白白丟了，進入楊宅拉包月又遭人慢待而被迫憤然離開，使他深深陷進了苦悶失落，這時，在他面前，突然間出現了虎妞為他「好心好意」擺下的酒菜，不啻是對他脆弱的心理防線一次強蠻的突破，他一時無法自控，幾乎是沒做什麼抵抗，就在內心「慌亂」當中與虎妞發生了兩性關係。這就埋下了祥子後來必須得跟虎妞結婚的「禍根」。作品無意於譴責祥子的最初失足，因為它的作者歷來就能夠準確地注意到，身處社會底層的人們，多要「受到性慾與窮困的兩重壓迫」（〈我怎樣寫《大明湖》〉），故而常常把貧困男女湧動於衷的性慾，也看成是他們所遭受的人生苦難的一部分。祥子是個專靠出賣體力掙錢的人力車伕，沒有充沛的體力，就不可能每日裡拉著客人滿街奔走；體力，是他謀生的全部本錢。而在人力車伕們的觀念裡，總是將人的性活動與保有體力，看成是難以兩全的一對矛盾，祥子聽到過車伕夥伴的善意忠告：「幹咱們這一行兒的，別成家，真的！」他於是「曉得一個賣力氣的漢子應當怎樣保護身體」。與虎妞成了家，他由心裡泛起陣陣恐懼：人到中年才得到配偶的虎妞，有著過人的性要求，她「要一刻不離的守著他……把他所有的力量吸盡。」出自性恐懼的心理反彈，成了導致祥子心神交瘁的另一個重要因素。何況，祥子從前是個頂要面子的人，他持有的婚姻觀念接近於傳統，希望能在成家的時候，「娶個年輕力壯，吃得苦，能洗能作的姑娘」作內助。而落在他頭上的虎妞，偏偏是個年紀比他大出十幾歲、醜陋難看、性情乖張的老姑娘；祥子還沒與她結合，就對她極其厭惡，到祥子走進這樣一個家庭之後，他對家庭的反感便愈加嚴重，在人前再也抬不起頭來的心理也愈加強烈，這同樣成了他迅速墮落的心理基因。

祥子初來城裡的時候已有十八歲，按說，如果他真的是在小農意識佔絕對地位的農民中間長大的話，應該對都市社會種種不良的精神現象，有一定的心理承受力才對。但是，當時的祥子，顯然缺乏這種起碼的承受力，他單純得叫人感嘆，也叫人揪心。假使祥子剛到北平來的時候，就能比較地世故一些，油滑一些，也許後來的許多故事都不易發生。這就讓我們想到這樣一個問題：祥子原來真的是個地道的農民嗎？

一個與作家的社會人文位置相關的問題，在這裡又一次被提出來：小說裡的男主人公——祥子，是否也帶有故都中間特別的一批人——旗人的特徵②？其回答應當是肯定的。這可由作品中反映的以下事項得到支持：⑴是祥子的名字；由在作品裡一出現，「他就是『祥子』」，彷彿根本就沒有個姓」，而且，「有姓無姓，他自己也並不在乎。」這種情況，在漢族人中間很少見，也很難思議，而從清代中後期直到民國早期，在陸續改用漢字姓的北京（北平）旗人中間，卻是司空見慣的事情。先前，滿洲旗人各自擁有的滿語姓氏，就不輕易示人，常常是只有家族內部的人自己才知道，在滿姓改作漢字姓之後，許多人家仍舊保持著這種對外示名不示姓的習慣。那時，北京（北平）的市井風俗，對旗人男性，也常以其兩個字名字的前一個字來作為代稱，在對方年輕或者身分較低的時候，習慣於稱之為「×（即兩字名的前一個字）子」，而在對方年長或者身分較高的時候，則習慣於稱之為「×爺」。⑵是祥子的語言；雖說他是個不大好說話的人，但每一開口，卻總是一口明顯的「京片子」味兒，而不是京外或者京郊農民的言談和腔調，這證實了他在語言文化的歸屬上，跟故都以內的老住户們，原本就具有某種一致性（老舍寫這部作品時，已注意到了讓不同原籍的人物說不同方言，譬如：天津人楊太太嘴裡的「怎嗎札？」等等）。⑶是祥子愛清潔、好義、講禮貌的性格；在潦倒墮落之前，他曾經是特別地好乾淨，不管是在車廠子裡還是到宅門兒裡，總是眼勤手勤地主動打掃各處，「而忘了車伕並不兼管打雜」，這種「潔癖」式的窮人，在任何地方的農民中間都不易見到，而在當時的旗族中間卻多得很。祥子起先又具備待人處世古道俠腸的一面，他肯於自己掏錢，給凍餒將死的老車伕祖孫買包子吃；摔壞了曹先生的車，立即想到該賠人家等等，都體現出一種比人們常見的小農或者小市民們更近於古典的精神特點。還有，初來城裡，他甚至於「最忌諱隨便罵街」，這也並不是一般農民的特點，據京城老年人講，只有傳統的旗人，才頂不習慣張口就罵人，他們之間產生了齟齬，有的竟只能以當面說一句「我實在地恨您」來發洩。⑷是祥子的煢煢孑立的處境；他從開頭到結尾，一直「就沒有知己的朋友，所以才有苦無處去訴」。在民國初年的故都生活中，哪種人才有可能這般遭世間冷遇呢，恐怕也只有旗人了。

說祥子很像是旗人出身，從上述諸項中間均可得到印證。然而，一個突出的障礙卻在於：祥子十八歲以前不是城裡人，他「生長在鄉間」，有這一條，似乎是又難以解釋他何以可能是旗人了。其實，即便祥子是生長於鄉間，也依舊不能排除他是個旗人的可能性，因為，有清一代的京旗滿族，並不都駐紮在京師的城圈裡，在城外鄉間駐紮的，還有成規模、成建制的三支旗兵部隊及其家眷，即所謂「外三營」——火器營、健鋭營、圓明園。其中的火器營和健鋭營，屬於作戰的機動隊，分別駐紮在京西的藍靛廠和香山腳下，而圓明園旗兵則是長期護衛皇家園林的部隊，其位置也在京師西北郊。外三營的旗兵及其家小，因為世居郊外，與京師城內的市井習氣彼此阻斷，故而直至清末民初，仍較少受到荒嬉怠惰之風的侵蝕，較好地保持了純樸、倔強和勇武的傳統。③清廷垮台後，外三營的許多旗人，只好就地改事農耕，他們本來就缺少稼穡技能，加上軍閥連年混戰引起的掠奪和摧殘，不少人在田地間謀不出生路，就只好丟掉土地，投奔到了城裡來。祥子「失去了父母（他們會不會是死於戰亂？——引者）與幾畝薄田，十八歲的時候便跑到城裡來」，與這一歷史現象正相吻合。假若這種分析有些道理的話，那麼，順理成章地獲得相互證實的，還有以下兩點：其一，祥子因為自小在京西地區的旗人居住地長大，所以才對該方向上的若干地名以及走行路線，特別熟悉，為了從被亂兵擄去的地方跑回城裡，「一閉眼，他就有了個地圖」。其二，他雖然生長在京外鄉間，對在那裡長期居留並且從事農業勞動，卻本能地不感興趣；相反，他把古城北平當成「他的唯一的朋友」；進城後，一度被抓到遠郊去，他仍「渴想」著這座「沒有父母兄弟，沒有本家親戚」的故都，認定「全個城都是他的家」。後來，每逢在城裡實在困厄到了極點的時刻，他也總是明確地提醒自己：「再分能在北平，還是在北平！」以至「他不能走，他願死在這兒。」可見，祥子從其心理和文化（雖然他並沒有太高的文化）上講，是絕對屬於這座古城的。

如果他不是旗人，大約是難有這份歸屬感的。

從以上的一系列尋繹裡，我們再次得見老舍以滿人作為作品主角兒而又不願意明說的情形。發現這一點，並不是我們的最終目的。作家如果只是想寫寫北平下層的旗人洋車伕，自不必繞這麼大的一個彎子，非教小說的主人公從鄉間走來不可。可以想見的是，作家的用意，還包括下面一層：他是想要藉祥子的心理變異，思考一下由昔至今，旗族下層人等的精神與心理演變的規律。

且容我們再來對作品中的「劉四—虎妞」和「二強子—小福子」兩家，做些族屬方面的觀察。劉四，據小說中介紹，「年輕的時候他當過庫兵」，那時節該是清末，管錢糧倉庫的庫兵，當然只能是旗人；虎妞是他的女兒，也出不了旗人圈兒，她那豪橫、爽利的性情，也是旗人女性中常有的樣子④；二強子，從名字上看，又是個沒有姓氏而且在名後綴個「子」字的男性旗人，他的行為也很有旗人的特徵：「在他醉了的時候，他一點情理不講。在他清醒的時候，他頂愛體面。因為愛體面，他往往擺起臭架子，事事都有個譜兒」；而其女兒小福子被軍人騙婚而後拋棄的經歷，在民國前期，也曾經是生活無著的旗族年輕女子們最典型的遭遇⑤。

這樣從擴寬的視角上想，我們找到了祥子與劉四、虎妞、二強子們在精神上的對應關係。初來北平時的祥子，大致是代表著原初的本色的旗人精神，這種精神重倫理、尚淳樸，而且還保有創造型的心態，願以辛勤勞作來開闢新的生活；而劉四、虎妞、二強子們呢，則代表著徹底市俗化了的旗人精神，它的基本特點，是輕道德、賤創造，在沒落的消費型的心態上面，建立起來扭曲的人生價值觀。祥子最初是跟他們那一套格格不入的，而後來，則亦步亦趨地為他們的價值觀念所俘獲，終於，將心靈的潔淨變為骯髒，將品格的淳厚變為「精明」了。祥子在短暫幾年間完成的心靈蛻化，恰好濃縮進去了旗人精神文化長久以來不斷由本元類型向市俗類型演進的大趨勢。

祥子在這部小說裡，是又一個「牛天賜」，心不由己、近墨者黑——是他們共同的人生軌道，二人的不同點，僅在於後者從一降生便落入了畸形的精神文化中，而祥子是從十八歲開始，才面對強大的異己精神力量。儘管祥子已有過十八年相當純正的心靈模塑，一旦遇到汪洋般湧來的市俗文化裹挾，他也只能一籌莫展地敗下陣來。由此，可見出老舍對瀰漫於都市底層的蠻悍的市俗精神力量的估計與憂慮。

當然，小說提供的思考，不只停留於潛在的滿族的精神文化層面上，它已具備普遍的社會文化意義。任何一個現存的民族，都經歷過自己精神上的純真時期，也都難免要面對繼起的心靈走失階段。憂思於此，正是一種成熟。老舍的非凡之處，在於他能夠洞察自己民族絲絲縷縷的文化變異，並且將它盡可能清晰地投影於古國多民族的精神文化之屏，教來自任何一個方位的民族，都能從中觀摩到自我的昨天、今天和明天。作家從歷史的特殊性出發，透過文學描述，觸及了歷史的一般規律，從而擴充了作品的現實主義含量。

曹先生和阮明，在《駱駝祥子》裡，是被襯寫著的一對人物。他倆身上都沒有滿人的痕跡。曹先生為人正派，處世傳統，頗近似〈黑白李〉中的黑李。可是，他的品德以及才學，不但不能濟世，連祥子也搭救不了，所以不能不說是軟弱的。而阮明其人，則一點也不傳統，更不善良，他在偽裝革命時，內心陰暗，手段又足以惑世，是個將世俗觀念中最見不得人的東西發揮到了極致的人。這兩個人物在小說中的對比存在，對強化小說的主題，起到了很好的烘托作用，使讀者在祥子的精神悲劇之外，深入一層地體驗到，在不同的社會範疇裡，美好的道德傳統在醜陋的市俗文化面前，都隨時可能陷進無奈。至於最後祥子為了金錢而出賣了阮明，只能解釋為祥子的墮落程度居然也不比阮明差多少。

由清末到民國，北京（北平）衆多的下層旗人在貧困線上苦苦熬煎。對這些人來講，來自四周的最激烈的批評，莫過於說他們是由於輕視勞動、不爭氣而自取絕路。作家老舍以這部小說告訴人們，他的窮苦同胞即便如祥子者，艱苦勞作，立志自食其力，把拉車掙飯當成「最有骨氣的事」來做，也照例難有好的結局。祥子苦掙苦拚攢小錢的個人奮鬥方式早已為社會所不容，他的那種講體面、重自尊的旗人式的人生價值觀，也必然要引領著他到處碰壁，直到體面的徹底淪喪，人性的徹底蛻去。讀者注意到，在祥子們的腳下，是永遠也繞不出來的「羅圈胡同」——「無論走哪一頭兒，結果都是一樣的。」

祥子靈魂悲劇的成因複雜而錯綜，既有客觀的，也有主觀的；既有社會的，又有性格的；既有歷史的，還有民族的。而這一切，最終都化作一種相互折衝的文化力量，作用於他的心理和人格之上。祥子愛北平，「他不能離開這個熱鬧可愛的地方」，可是到頭來，他也正是被這個「首善之區」可怕的市俗文化給吞噬掉了，他「還在那個文化之城，可是變成了走獸」。

老舍寫《駱駝祥子》，切入點是城市貧民的生計，落腳點則是下層市民的心靈歸宿。他的注意力，仍舊沒有離開文化的批判。雖然文化的批判在這裡還不足以解決全部問題，作者也無以旁騖。他只是說：「愚蠢與殘忍是這裡的一些現象；所以愚蠢，所以殘忍，卻另有原因。」

「職業寫家」的藝術標誌

老舍看重《駱駝祥子》一書的創作，他說過：「《駱駝祥子》是我作職業寫家的第一炮。這一炮要是放響了，我就可以放膽地作下去。」（〈我怎樣寫《駱駝祥子》〉）這部作品沒有辜負他的重託，全面體現了老舍三〇年代創作的最高藝術水準，很為這位「職業寫家」爭光。

對人物形象的成功塑造，是這部長篇最令人讚嘆的實績。祥子，這個步入了都市下層而後迅速消蝕於其間的青年男子，起先是何等的正直善良，何等的教人同情，結果，又是那麼的醜陋猥瑣，那麼的令人生厭，其性格與靈魂的全方位大跨度滑降，都曾藉助於小說裡確當傳神的筆墨，得以充分體現。在故事發展中，祥子始終不擅言談，很像他自己攢錢用的「悶葫蘆罐」，這就更是要求作家，必須啟用大量的行為和心理描繪，去形象地把握與展示他在悲劇命運之下的人性扭曲過程。老舍不願單靠「浮現在衣冠上的」或是「表現在言語與姿態上的」枝枝末末，來裝扮起一個僅從外表看去帶有洋車伕特徵的祥子形象，他的預定意向，在於要「由車伕的內心狀態觀察到地獄究竟是什麼樣子」，要讓「筆尖上能滴出血與淚來」（〈我怎樣寫《駱駝祥子》〉）。所以，祥子在故事演進中的每一項能動的抑或是無奈的作為，都被賦予了一個統一的意義，即他無法避免的要朝著那惟一的方向——慘酷的心靈牢獄走去。正是如此，老舍筆下的祥子，城市底層人物中血肉豐沛的「這一個」，才以其所獨具的社會意蘊與文化涵蓋，成為了中國現代文學寶庫中一個格外引人矚目的藝術典型。

虎妞，是小說裡面另一個使讀者一朝過目便長久難忘的藝術形象。祥子不斷蹈入更深重的災難乃至迷失人性，與她直接相關，是顯而易見的，同時，虎妞自己也是遭受到社會無情傷害的一個犧牲品。由於長期以來一直幫著父親——「土混混」劉四經營車廠子，她早就失掉了青春年華，也跟著養成了一身男性化的「光棍」氣，已經三十七八歲了，還未出嫁。她終於選中年輕、憨直的窮車伕祥子做自己的配偶，不僅僅是出於過盛的性慾望，也證實著在她的內心，依然存有一些美好的情感追求。她的年齡，比祥子要大出十好幾歲，又長得醜，祥子不可能愛她，甚至對她一直有反感，但是，如從虎妞這方面來看，老和醜都不是她的錯處，也不應該成為阻止她追求愛和正當家庭生活的障礙。她憑藉多年在街面上闖生活積下的本事，靠哄騙的手法才與祥子成了親，也是出於下策。此人有不少顯見的人格缺損，粗俗，好享受，但是，她對待祥子的本意，並不是恨，而是愛，只是她表達愛的方式，已經被鄙俗觀念弄得畸變異常了。她口口聲聲挖苦祥子：「你不是娶媳婦呢，是娶那點錢，對不對？」卻還不是個在錢上跟祥子斤斤計較的人，她真正關心的，是「咱倆誰該聽誰的？」也就是他對祥子的人身控制權。這當然也是因為她過於老和醜，得提防著祥子隨時可能甩了她。特別的人生經歷，鑄就了虎妞怪僻的性情，這性情又把她領上了最終連自己的丈夫也不可能對她產生愛意的絕路。她曾以市井間的處世法則，向祥子撒下一張「絕户網」，殊不知，冷酷的社會也同樣在向她悄沒聲地撒下另一張相似的網。結婚後，她自鳴得意，要「憑心路吃飯」，一度幻想著，把手頭帶出來的私房錢花得差不多了，再去向有錢的父親劉四「服個軟」，就又能「挺起胸脯」過日子了，可終究沒能算計過她父親，劉四賣掉車廠捲著錢溜了，虎妞得知後立刻絕望了。她的結局是，高齡分娩引發了難產，「蝦蟆大仙」裝神弄鬼，坑走了她身邊僅餘的七八塊錢，她和未能出生的嬰兒一道，淒慘地死了。老舍寫虎妞，不曾參照任何社會學或政治學讀本上面類型人物的既有定位，他完全依據個人對都市「下九流」社會敏銳而豐富的感性體驗，把一個從小就在市俗精神文化湯水中「泡」大的市井女子，連同那鍋原汁原味的老湯，一股腦兒地端到了讀者眼前。惟其如是，虎妞形象才得以從她的那一方天地之間，活脱脱地站起身，潑辣辣地走出人群。由於虎妞的性格跟祥子大不一樣，作者刻畫她，最主要的手段，是調用她有聲有色的個性語言，往往是通過某個場合下虎妞的寥寥數語，就可以叫她形立神隨，活現紙上。凡讀過《駱駝祥子》的人，哪個不能多少記得幾句虎妞的言談——她第一次在小說裡亮相，是祥子頭回遭難後從城外返歸車廠，虎妞正吃飯，撂下筷子就是一句：「祥子！你讓狼叼了去，還是上非洲挖金礦去了？」話一出口，又脆又狠，既屬於她的獨特口吻，也把她對祥子暗地裡的關切全囊括進去了；她誘使祥子發生了兩性關係之後不久，追到曹宅去找祥子，她指自己事先塞了枕頭的肚子，張嘴便是一串連珠炮：「我有啦！」「這個！」「你打主意吧！」其心計的狡獪和口齒的剛利，盡在三句短語之內；趕到在劉四的生日席間，與父親攤牌的時候，她的話語簡直比刀子還快：「我不要臉？別教我往外說你的事兒。你什麼屎沒拉過？我這才是頭一回，還都是你的錯兒：男大當娶，女大當聘，你六十九了，白活！這不是當著大衆……咱們弄清楚了頂好，心明眼亮！就著這個喜棚，你再辦一通事得了！」把一個守了多年「女兒寡」，到底抓著機會能將滿腔憤懣衝口而出的老姑娘心態，宣洩得酣暢淋漓。虎妞的藝術形象是多稜多義的，她的性格中間，潑辣、豪橫、乖戾、狡黠諸點都頗突出，也不無率直、苦澀和堪憐的地方。為祥子計，讀者對她的憎惡會多一些；而從她自身的命運著眼，她的苦其實也是汁濃味重的。

小說中除了祥子和虎妞之外，其他的人物形象，亦被刻繪得相當真確。為了展現貧民命運之種種，作家勾畫了小福子、二強子、小馬爺爺等人物的生存和心理情狀，而在體現北平社會下層精神文化現象的敘事鏈條上，曹先生、阮明、高媽、夏太太以及「蝦蟆大仙」等人物，也都各自做到了曲盡其能，面目宛然。一部《駱駝祥子》，讓讀者更加深刻地感受到，老舍寫起北平城裡形形色色的庶民人物來，真有探囊取物般地輕便。

老舍不單極為熟習和善於塑造北平的各類人物形象，對當地的百業勞作、社會禮俗、風光氣候諸項，也都做到了濫熟在心、狀寫自若。小說寫的是都市洋車伕的故事，必然要涉及大量有關車伕們勞動和生活的內容，《駱駝祥子》在涵納這一內容方面，其真實、精細和完整程度，足以超過一份上乘的社會學調查報告，人們不由得要生出喟嘆，在同時代的作家中，老舍委實算得上最摸得透人力車伕行當底細的一位！作品裡，劉四作壽的場面和禮法，相當具體地反映了舊時北平人的壽誕禮俗，既在小說中成其為一個必需的情節單元，又有著不容忽視的民俗學資料價值。隨著故事的鋪展，作品對故都城外的拂曉景色、城內夏日瞬息萬變的天氣，以及大雜院裡多户混居的凌亂不堪、祈福進香時節老城四處的熱鬧火熾……均有著運筆樸實、色彩濃重的展示，尤其是在第十八節，作者大段地描繪了令人窒息的酷暑以及旋即驟降暴雨的過程，堪稱是對北平盛夏之際天氣現象極其精彩老到的捕捉和摹寫。無怪人們好把老舍的作品，當做體現舊京風物習俗的百科全書，《駱駝祥子》就有這樣的特點。

在老舍迄已完成的長篇小說中，《駱駝祥子》的語言，是尤其受到重視的，也是值得分外稱道的。作家在這部作品的寫作中間，表現了對北京口語無條件的信任感和異乎尋常的駕馭能力，無論是出自於各類人物之口的駁雜言談，還是用於講述故事的敘事語句，多以正在流行著的北平下層口語做基準。作者就此介紹過，在寫《駱駝祥子》之前，「好友顧石君先生供給了我許多北平口語中的字和詞。在平日，我總以為這些詞彙是有音無字的，所以往往因寫不出而割愛。現在，有了顧先生的幫助，我的筆就豐富了許多，而可以從容調動口語，給平易的文字添上些親切、新鮮、恰當、活潑的味兒。因此，《祥子》可以朗誦，它的言語是活的。」（〈我怎樣寫《駱駝祥子》〉）的確，我們閱讀這部小說，會時時感到老舍的這一自我評價，絕無虛枉之意：

……這麼一想，他給自己另畫出一條路來，在這條路上的祥子，與以前他所希望的完全不同了。這是個見人就交朋友，而處處佔便宜，喝別人的茶，吸別人的煙，借了錢不還，見汽車不躲，是個地方就撒尿，成天際和巡警們耍骨頭，拉到「區」裡去住兩天也不算什麼。

是的，這樣的車伕也活著，也快樂，至少是比祥子快樂。好吧，老實，規矩，要強，既然都沒用，變成這樣的無賴也不錯。不但是不錯，祥子想，而且是有些英雄好漢的氣概，天不怕，地不怕，絕對不低著頭吃啞吧虧。對了，應當這麼辦！壞嘎嘎是由好人削成的。

老舍的文學語言，從一九二六年摸索著寫下《老張的哲學》起，到其後十年《駱駝祥子》的問世，終於達到了第一次前所未有的確切定型。他越來越自覺地積累和提煉自幼熟悉的北京方言，到底構建起了自己特殊的語言體系和語言風格。這一體系和風格，在現代文學發展階段老舍藉以成就自我的諸條件中，當為最重要的條件之一。文壇內外，至此一致公認，最擅長以京味兒語言寫小說者，已非他莫屬。不過，他的這一創作優勢，也在無意間裹進了新的潛在的弱點，《駱駝祥子》的語言，從體現十足的北京話韻味這一點說來，幾乎做到了登峰造極，但也因為其中有些辭彙過於地域化和土語化，教北京之外的讀者們感到有些費解（例如上面引文中的「嘎嘎」，本是北京市井間兒童遊戲時使用的一種兩頭尖、中間粗的木製玩具，外埠讀者就未必都能明白）。直到相當長的一段時間之後，老舍才注意到這一點並著力加以解決。

北京下層百姓的日常口語，除了帶有少量的地方性土語辭彙外，總的來說，有著澄澈、簡捷、明快的特性，用這種語言寫作，本身就便於使作品親近社會上廣大的庶民讀者。如果說在此之前，老舍寫作中還偶爾出現藉助於某個文言辭彙來救急的情形，那麼，《駱駝祥子》則是對這一其實並不總能被讀者察覺的小毛病的徹底超越。據一項由語言學者所做的統計可以得知，決計完全依賴北平大白話來寫北平庶民生活的作者，在這部總字數為一〇七、三六〇個字的小說中，只選用了二、四一三個不同的單字，大大少於常見小說的單字用字數量，而其中又有六二一個極常用的單字因被頻繁使用，已經涵蓋了作品總字數的九十%，「也就是說，學會六二一字的小學生可以閱讀《駱駝祥子》的九十%」。⑥這樣，《駱駝祥子》在遣詞用字方面，就具備了受到大衆喜好的自身優勢。

「五四」新文學運動出現以來，白話文學作品佳作迭起。這中間，用北京話完成的創作，也有不少。老舍從登上文壇以來，不間斷地探索著用北京話寫作的路子，《駱駝祥子》的推出，使運用北京話寫小說的水準，獲得了大幅度的上揚。周作人曾在所作《駱駝祥子》日文本序言中指出：「至老舍出，更加重北京話的分子，故其著作正可與《紅樓》、《兒女》相比，其情形正同，非是偶然也。」⑦把老舍的《駱駝祥子》在京語運用上的成就，與曹雪芹的《紅樓夢》、文康的《兒女英雄傳》相提並論，確是切中了關鍵的，這個關鍵，就是滿族作家在民族文學發展中一貫堅持的對北京語言的眷戀和砥礪。

《駱駝祥子》的作品結構，也是相當講究的。在總體上，小說設置了縱、橫兩套投影系統。從縱向上看，它以祥子進入到北平城之後三起三落的人生經歷做線索，先寫祥子在與外部社會的交往中，經濟上遭到的連續打擊，而後，將祥子的個人悲劇引向家庭和情感生活方面，逐漸映現出他在心靈上由被動受污到自甘墮落的軌跡，構成一部祥子全身心的「奮鬥—幻滅史」；而從橫向上看，以祥子為小說的基本軸心，向四周層層擴展，連帶寫出來北平貧民階層乃至市俗社會的一系列的人物形象和精神現象，組成一種彼此互補、天衣無縫的藝術張力，強化著主人公祥子身、心雙重悲劇的厚重感和社會意義。在每個具體的情節單元的處理上，作品又做到了既不蔓不枝又張弛有度。祥子先後到三個宅門裡拉過包月，其間發生的大事小情，都關乎祥子的生存和前途，作者用墨的輕重、寬窄卻大不相等，均以服從於小說的預定主題為要。在劉四的壽筵上，劉四和虎妞的吵鬧愈演愈烈，恰在同時，一夥前來拜壽的親友，卻見怪不怪、處之泰然地在旁邊照打他們的牌，一動一靜，一鬧一穩，形成了強烈的對比，恰如其分地反襯出劉四父女間的這場火併，與「下九流」社會的「遊戲法則」是何等的合拍。

曾以「幽默作家」著稱的老舍，寫《駱駝祥子》時候，既沒有一味地戀棧於幽默，也沒有盲目地排除幽默。這固然與這部長篇作品的題材有關（他的同時期的另外一些作品，寫貧民悲慘命運的多遠離幽默，而審視社會精神文化現實的多啟用幽默，《駱駝祥子》在選題上屬於二者兼而有之），也顯示了作家在思想和藝術上已步入成熟期。祥子在小說前半部，是個頗教人們同情的人物，作家向他傾注的多是真誠的注視和殷憂，並不需要幽默；到了小說的後半部，祥子的精神無可如何地滑落下去，作家又抱著冷峻的眼光去跟蹤他、思考他，仍然沒有必要輕易地施以幽默，這是一位作家的良知使然。但是，對一些作用於祥子的社會負面影響，老舍卻完全沒必要那麼客氣，他對這類出自事實本身的可笑之處，當然要還以顏色：

楊宅用人，向來是三五天一換的，先生與太太們總以為僕人就是家奴，非把窮人的命要了，不足以對得起那點工錢。只有這個張媽，已經跟了他們五六年，唯一的原因是她敢破口就罵，不論先生，哪管太太，招惱了她就是一頓。以楊先生的海式咒罵的毒辣，以楊太太天津口的雄壯，以二太太的蘇州調的流利，他們素來是所向無敵的；及至遇到張媽的蠻悍，他們開始感到一種禮尚往來，英雄遇上了好漢的意味，所以頗能賞識她，把她收作了親軍。

在這裡，老舍還是那個人們熟識的「幽默作家」。

《駱駝祥子》，在老舍的文學生涯中，是一部集多項藝術優勢於一身的優秀作品，也是一部使老舍最終確定下小說創作道路和藝術風格的代表性作品。在此之前，醉心於新文學探索的老舍，曾經鍥而不舍地對多種小說寫法做過大膽嘗試。像〈微神〉、〈月牙兒〉、〈斷魂槍〉、〈陽光〉等，都在小說寫作的形式方面，達到了相當精美和完善的程度。然而，總的說來，老舍個人的稟性、氣質以及文學觀念、寫作態度和價值取向，則更傾向於本色的現實主義創作精髓。《駱駝祥子》是這種創作精髓以及與之相關聯的多重創作手段相互作用、相互依賴產下的「優生兒」，這一作品的降生，使作家老舍第一次如此清晰地發現了自我，確立了自我。他後來明明白白地告訴外界：「我走過兩條創作道路。〈月牙兒〉和《駱駝祥子》各代表了其中一條。我放棄了第一條道路，而採取了第二條。」⑧

因為有了《駱駝祥子》，三〇年代中期的中國文壇（包括其中處於不同政治態度和藝術派別的作家、批評家）也重新發現了老舍。老舍由此奠定了中國新文學最優秀作家之一的位置，成為了現代文學中描繪都市貧民命運的傑出代表，其作品深廣的人民性同時得到了普遍的認定。長篇小說《駱駝祥子》，這部東方現代庶民文學永不褪色的經典之作，與茅盾的《子夜》、巴金的《家》鼎足而三，共同托起了中國現代長篇小說藝術殿堂的宏偉拱頂。

---

①轉引自亢德：〈本刊一年〉，載《宇宙風》，第二十五期，一九三六年九月。

②最早提出這一看法的，是日本學者日下恆夫，參見日本《老舍小說全集第五卷〈解說〉》，學研社一九八一年版。

③參見金啟孮：《北京郊區的滿族》中的第一部分——「營房裡的滿族」，內蒙古大學出版社一九八九年版。

④吳小美、魏韶華合著的《老舍的小說世界與東西方文化》一書中，曾提出過這個看法，參見該書第一九〇頁，蘭州大學出版社一九九二年版。

⑤參見金啟孮：《北京郊區的滿族》，第七八至七九頁，內蒙古大學出版社一九八九年版。

⑥此項統計，見諸〈利用微型電子計算機對《駱駝祥子》進行語言自動處理〉一文，作者為黃俊傑、張普、楊建霑、段興燦。該文係一九八四年在青島舉行的「全國第二屆老舍學術討論會」學術交流論文。

⑦知堂（周作人）：《萬人文庫·十月文園》，一九四二年十月。轉引自曾廣燦編著：《老舍研究縱覽》，天津教育出版社一九八七年版。

⑧轉引自〔前蘇聯〕費德林：《老舍及其創作》，原文為蘇聯進步出版社《老舍選集》的前言；中譯文由耿學禮譯，李成果校，收入舒濟編《老舍和朋友們》，「生活·讀書·新知」三聯書店一九九一年版。

第十一章　八方風雨振襟懷

受命於危難

一九三七年十一月，老舍提著一只小提箱，隻身流亡到了漢口。他的心，時時難以平靜。離開濟南前夕不堪回首的一幕幕，猶在眼前浮現：「當學校初一停課，學生們來告別的時候，我的淚幾乎終日在眼圈裡轉。『先生！我們去流亡！』出自那些年輕的朋友之口，多麼痛心呢！有家，歸不得。學校，難以存身。家在北，而身向南，前途茫茫，確切可靠的事只有沿途都有敵人的轟炸和掃射！啊，不久就輪到了我，我也必得走出去呀！妻小沒法出來，我得向他們告別！我是家長，現在得把她們交給命運。我自己呢，誰知道能走到哪裡去呢！我只是一個影子，對家屬全沒了作用，而自己也不知道自己的明天如何。」（〈一封信〉）

在漢口，他落腳在中學時期的同學白某家中。必須馬上考慮的，是個人的生計問題。離家之時，他將絕大部分的積蓄都留給了妻子，為得是讓她日後用以奉養婆母和撫養孩子們。隨身帶出來的五十塊錢，已差不多快花光了。只能把希望放在繼續寫東西上面，他鼓勵自己：只要勤動筆，就有飯吃。然而，此刻的他，每一想起國事、家事，想起自己該當報國又一時苦無路徑，便心潮跌宕，由口中不斷吟出的，盡是些悲愴傷痛、壯懷激烈的詩句：

弱女癡兒不解哀，牽衣問父去何來？話因傷別潸成淚，血若停留定是灰！
已見鄉關淪水火，更堪江海逐風雷！徘徊未忍道珍重，暮雁聲低切切催！

——〈流亡〉

黃鶴樓頭莫訴哀，酒酣風勁壯心來；煙波自古留餘恨，烽火從今燃地灰；
如此江山空暮雨，有誰文筆奮雲雷？奇師指日收河北，七步詩成戰鼓催。

——〈自勵〉

漢口的初冬，已顯出來幾分寒意。來這裡雖說時間很短，他已對漢口的嘈雜混亂、缺乏文化氣氛等，印象欠佳。加之戰局仍在惡化，剛到漢口只幾天，蘇州又失守，國民政府下令移都重慶，也鬧得武漢三鎮人心惶惶。老舍計畫盡快他往。他拍電報給在長沙的好友趙水澄，詢問可否前去投奔，獲得了肯定的回音。就在準備起身的時候，任教於武昌華中大學的好友游國恩攔住了他。——這一攔，使老舍繼續留在了武漢，也因而使他隨後的人生道路出現了重大轉折。

游教授接他到自己家住下來，並願意約他在華中大學教幾點鐘書。後一項計畫沒能實現，因為學校裡時常遭受敵機空襲，教學已不正常。

在游國恩家未住穩，老舍到了武漢的消息已在當地傳開。抗日名將馮玉祥將軍得知以後，馬上誠邀老舍到自己位於武昌千家街福音堂的公館裡去住。馮將軍一九三二年住在泰山的時候，就因傾慕老舍的文品和人品，約請在濟南的老舍前去會面。老舍很可能是出於當時不情願接近上層軍人的心理，沒有赴約。這一次，老舍卻痛痛快快地應邀而至，此刻的他，希望能透過馮的幫助，為抗日救亡做些事情，何況，他已瞭解到，自己的舊日好友何容、老向等，也都在馮將軍的邀請之中，他們還打算到馮公館去創辦一個宣傳抗日的通俗文藝刊物呢。

馮玉祥請來了老舍，又聽這位大作家表達了投身抗敵文藝活動的強烈欲望，特別興奮，揮筆寫了一首「丘八」味兒十足的詩，贈給老舍：「老舍先生到武漢，提只提箱赴國難；妻子兒女全不顧，蹈湯赴火為抗戰！老舍先生不顧家，提個小箱子攆中華；滿腔熱血有如此，全民團結筆生花！」

感動於馮玉祥的真誠，老舍留居在馮公館。馮玉祥請他為宣傳抗戰寫些通俗文藝作品，老舍覺得這正與自己的想法不謀而合，便欣然開始構思和創作。此前，老舍主要是以小說創作著稱於文壇的，到了眼下這種亟須盡快動員全體國民投入抗日戰爭的關頭，小說的社會效應似乎就顯得過緩了，廣大的下層百姓能直接接受小說形式的畢竟不多。憑著長期的民間文藝習養，老舍毫不猶豫地將創作重心轉向了曲藝，把它作為救亡文藝宣傳的第一手段。自幼，他就偏愛京城旗族人人喜好的大鼓兒、單弦、評書、相聲……即便是成了名作家、當了大學教授之後，他照舊樂此不疲。在山東的時候，他得空兒常去公園裡欣賞「撂地」的相聲表演，在開始醞釀用曲藝形式為宣傳抗日盡一份力的時候，又專門向鼓書名家白雲鵬、張小軒們求教過鼓詞的寫法，他還委託親友代他廣為搜求過流傳於北平的民間曲藝段子。他對舊曲藝的熟悉程度，在現代作家中庶可稱為最突出者，以至於他的有些自由體詩作，像〈救國難歌〉等，本身就十分接近於曲藝說唱的章法樣式。老舍太瞭解民間曲藝在老百姓中間的影響力了，當此國難日重之際，他便首先想到，如能利用這種通俗的文藝方式，將極有利於宣傳和普及救國的道理。

這段日子，老舍結識了由北方逃亡來武漢的鼓書藝人富少舫（藝名「山藥蛋」）和董蓮枝，彼此交談中，老舍發現二人頗具愛國氣節，願意上演宣傳救亡的新段子，寧可為了表演這類內容而在生意上受點兒損失也在所不惜。他們的態度，激發了老舍的熱情，他一面向二人學習京韻大鼓和梨花大鼓的唱腔，一面為他們編寫新唱詞兒。這樣，〈張忠定計〉、〈王小趕驢〉、〈游擊戰〉等與時事密切相關的鼓書段子，接二連三地問世了。與此同時，幾位正在馮公館裡畫抗日宣傳畫的畫家聞訊而來，請老舍參照「拉大片」（即「拉洋片」）的套路，為他們的畫每張配作一首歌，老舍也沒讓他們失望。緊接著，老舍又遇上了三位來自河南專唱墜子的流浪藝人，特意為他們寫了一段演說抗日故事的韻文，長達三千多句，墜子藝人們隨即將它配上了弦板曲調，背得飛熟之後，便到各地演唱去了。

名作家老舍在精神抖擻、有板有眼地創編曲藝新段子，這件事引來了衆人的好奇心。作家自己卻極坦然，他認為：「在戰爭中，大炮有用，刺刀也有用，同樣的，在抗戰中，寫小說戲劇有用，寫鼓詞小曲也有用。我的筆須是炮，也須是刺刀。我不管什麼是大手筆，什麼是小手筆；只要是有實際的功用與效果的，我就肯去學習，去試作。我以為，在抗戰中，我不僅應當是個作者，也應當是個最關心戰爭的國民；我是個國民，我就該盡力於抗戰；我不會放槍，好，讓我用筆代替槍吧。既願以筆代槍，那就寫什麼都好；我不應因寫了鼓詞與小曲而覺得有失身分。」（〈八方風雨〉）

一九三八年一月，以淺顯通俗為特色的抗日文學月刊《抗到底》，在馮玉祥的支持下創辦起來。何容、老向作編輯，老舍是最主要的撰稿人之一。老舍不但將自己隨時寫出的曲藝、戲劇和雜文作品發表在上頭，還把來武漢之後動筆的長篇小說《蛻》交該刊連載。《蛻》是老舍以抗戰為題材創作的第一部長篇小說，敘述了愛國學生們投身抗日活動的故事。作品採用邊寫邊載的方式，至一九三九年三月《抗到底》被當局列入「黑名單」停刊為止，已發表了十多萬字。與《抗到底》的命運一樣，《蛻》也成了一部未能終篇的作品。

自從中華全民抗戰爆發以來，特別是自從老舍南下武漢之後，他的文學創作活動出現了根本性變化。以前，他曾孜孜以求作品的藝術品格，並且推出了《二馬》、《離婚》、《駱駝祥子》等足以傳世的藝術珍品，此時，他卻毅然地一改舊觀，不再流連於藝術之神的聖美殿堂，甘願躬下身去，大寫特寫不很講究藝術質地的文學「宣傳品」了。在這一顯見變化背後，隱藏著異常厚重的人生底蘊！在中華民族面對生死存亡巨大危機、「每個人都被迫發出最後吼聲」的關頭，老舍，這塊中華民族的真金子，這位具備非凡愛國情操的大作家、文化人，是責無旁貸地要挺身站到抗敵第一線上去的。如果說在這之前，老舍還囿於某種舊式旗人的心理失衡感，對社會政治採取顧左右而言他的旁觀立場，那麼，在強寇迫近、家國瀕危之際，他的全部良知都在命令著他的心與身，放棄一切個人的情緒，以中華民族的最高利益為重，以筆為槍，衝上前去！

由初到武漢起，直到抗戰的各個階段，老舍撰寫發表了大量的文藝短論以及雜文、隨筆、書信，反覆闡發自己所堅決恪守的「文藝應該效力於抗戰」的觀念：

> 今天的一個藝術家必須以他的國民的資格去效勞國家，否則他既已不算是個國民，還說什麼藝術不藝術呢？最高偉的藝術家也往往是英雄，翻開歷史，便能看到。藝術家的心是時代的心，把時代忘了的，那心便是一塊頑石……
>
> ——〈藝術家也要殺上前去〉

在抗戰時期已無個人可言，個人寫作的榮譽應當改作服從——服從時代與社會的緊急命令——與服務——供給目前所需——的榮譽，證明我們是千萬戰士中的一員，而不是單單給自己找什麼利益。

——〈寫家們聯合起來〉

我覺得我的一段鼓詞設若能鼓勵一些人去拚命抗戰，就算盡了我的微薄的力量。假如我本來有成為莎士比亞的本事，而因為亂寫粗製，耽誤了一個中國的莎士比亞，我一點也不後悔傷心。是的，偉大作品的感動力強，收效必大，我知道。可是，在今日的抗戰軍民中，只略識之無，而想念書看報的正不知有多少萬；能注意到他們，也不算錯誤。

——〈又一封信〉

說句老實話，抗戰以來的文藝，無論在哪一方面，都有點抗戰八股的味道。可是細心一想呢，抗戰八股總比功名八股要有些用處，有些心肝。由抗戰八股一變為通俗八股，看起來是黃鼠狼下刺蝟，一輩不如一輩了，可是，他的熱情與居心，恐怕絕非「文藝不得抗戰」與「文藝不得宣傳」的理論者所夢想得到的吧。

——〈製作通俗文藝的苦痛〉

老舍毫不隱諱以文藝去為民族戰爭服務，勢必會相應地削弱藝術本身的價值，他也確知，正處在非常時期的國家和民族，絕不需要偏離民族大義、「裝聾賣傻」的文藝。從前，在大學教書的時候，他本人曾真誠地宣揚過讓文學擺脱「道」的束縛而成為「無所為無所求的藝術」的觀念，現在，民族臨難，國家將亡，他已顧不得這許多了。他不再僅僅是個藝術的衛士，他要求自我，首先作個民族的衛士！

老舍這時贊成以文藝為時事政治的需要服務，也還是有他所看重的特殊前提的。這個前提，就是當時的新文藝，已從「社會革命的武器」，「變成了民族革命，抵禦侵略的武器」（〈八方風雨〉）了。他一向對國人之間的矛盾、爭鬥不感興趣，對以作品來狀寫這種矛盾、爭鬥也不熱衷。如果文藝在必不可免的情形底下該當為一定的時事政治服務的話，他還是只能允許自己心愛的文藝去為民族的生存服務。

一九三七年下半年，日本侵華武裝力量瘋狂地攻伐中國的許多大中城市，北平、上海、南京、濟南等地陸續淪陷。跟老舍到武漢的時間差不多，一大批原在華北、華東的作家，相繼流亡到了武漢。一時間，武漢成了中國文學名人的密集地區。這時的中國，第二次國共合作的大局剛剛奠定，兩黨都有將文藝界攏為一體，以推動聯合抗日形勢向縱深發展的願望。一九三八年年初，統一組建「中華全國文藝界抗敵協會」的籌備工作，在武漢三鎮緊張地運作起來。老舍因為被游國恩挽留下來，也被邀請加入了這個抗日社會團體的籌建活動。從有關資料看，這一年的一月間，為商議籌備「中華全國文藝界抗敵協會」事，在武漢一部分作家曾兩次聚餐碰頭，第一次在蜀珍酒家，老舍沒有參加，第二次在普海春飯店，老舍已在其內了。這一點小小的史實可以説明，作為中華全國文藝界抗敵協會兩大政治背景的國民黨和共產黨雙方，在最初動議創辦這個團體的時候，都還沒有把老舍看作是未來這個團體的主要負責人選。

可是，在兩三個月的籌備過程中，一個實在的問題，越來越尖鋭地擺到了大家面前：國共兩黨，都不願意輕易放棄這個將在整個抗戰時期產生較大社會影響的文化團體的控制權，國民黨方面既難以推舉出乎衆望的作家來作它的最高負責人，同時又絕對不肯接受共產黨一方可能推薦的任何左翼作家人選。為了防止這一團體從一開始問世就面臨分裂，中共方面在周恩來的建議下，率先提出了請沒有黨派色彩的老舍來出任其最主要負責人的方案，很快，得到了國民黨方面的呼應。

老舍歷來無黨無派，這是誰都看得清楚的；他的作品寫得好，是文壇上已有定評的；他的人品亦無可挑剔，這在大家的眼裡，看法也是一致的。同時，他那熱誠、真摯、人緣特別好而且肯於為社會奉獻自我的精神範型，也將有利於文藝界抗敵協會內外的大團結。

在老舍身上，不分政治、思想和藝術畛域，終於出現了難得的衆望所歸。

一九三八年三月二十七日，中華全國文藝界抗敵協會在漢口正式宣告成立。這在中國的現代史上，是文學界衆多傑出代表人物的首次盛大聚會。會議由上午延續到中午又延續到下午，由總商會的禮堂開到了普海春飯店的餐廳中。日寇的轟炸機在會議進行著的一大半時間裡，盤旋於城市上空，投下了顆顆罪惡的炸彈，不但絲毫未能動搖與會者的堅定果敢，反倒烘托了大會的莊嚴與熾烈。有血性的中國文人們，生死與共，向世界展示了他們的整體威嚴。

參加這次成立大會的，有各派作家一百餘人。邵力子主持大會，王平陵報告籌備經過，方治、鹿地亙（日本作家）、周恩來、郭沫若、馮玉祥、張道藩等先後講話。老舍為大家宣讀了預先由他和吳組緗合作擬訂的〈中華全國文藝界抗敵協會宣言〉草案。大會經過投票，選舉出老舍、郭沫若、茅盾、馮玉祥、邵力子、巴金、夏衍、郁達夫、胡風、田漢、朱自清、樓適夷、張恨水、陳銘樞、穆木天、張道藩、華林、姚蓬子、王平陵等四十五人為理事，周恩來、于右任、葉楚傖等為名譽理事。老舍在當選的理事中，得票數最高。

老舍這一天異常激動。他不但第一次結識了久已神交的那麼多位文壇宿將，而且深深地被作家朋友們高昂的抗敵熱情所打動，更為文藝界在同仇敵愾基礎上形成的空前團結所振奮。在會議進行的間隙，他主動地為大家朗誦了一首題為〈賀全國文藝界抗敵協會成立〉的七律：「三月鶯花黃鶴樓，騷人無復舊風流。忍聽楊柳大堤曲，誓雪江山半壁仇！李杜光芒齊萬丈，乾坤血淚共千秋。凱歌明日春潮急，洗筆攜來東海頭。」郁達夫聞之，頗受感召，當即以〈因用老舍韻賦呈在座諸公〉題，唱和一首：「明月清風庾亮樓，山河舉目涕新流。一成有待收斯地，三戶無妨復楚仇。報國文章尊李杜，攘夷大義著春秋。相期各奮如椽筆，草檄教低魏武頭！」他們的詩作，博得與會者的齊聲喝彩，一時被傳為佳話。

四月一日，〈中華全國文藝界抗敵協會宣言〉公諸報端。其中寫道：「今日最偉大的行動，是協力抗日，重整山河。在這偉大的事業與行動中，我們文藝工作者自然須負起自己的責任，而我們又必須在分工合作，各盡所長的原則下，傾盡個人的心血，完成這神聖的使命。為了這個，我們必須聯合起來。」

同一天老舍發表了自己的〈入會誓詞〉。他以赤子般的心，誠懇地表達：「我是文藝界的一名小卒，十幾年來日日操勞在書桌上與小凳之間，筆是槍，把熱血撒在紙上。可以自傲的地方，只是我的勤苦；小卒心中沒有大將的韜略，可是小卒該作的一切，我確是作到了。以前如是，現在如是，希望將來也如是。在我入墓的那一天，我願有人贈我一塊短碑，刻上：文藝界盡責的小卒，睡在這裡。」他已經下定決心，要用「小卒」般的鐵血精神，一往無前，即便是為了抗敵文藝工作而以身殉之，也絕不懊悔。

四月四日，「文協」召開第一屆理事會議。老舍、胡風、郁達夫、樓適夷、王平陵等十五人，被推舉為常務理事。會議同時決定，「文協」不設理事長或主席之類的最高職務，由理事會確定組成的總務組、組織組、研究組、出版組，來分頭負責實施協會的各項工作。這樣，就實質而言，總務組的組長，便是全面負責協會對外聯絡事務的最重要人物，和理事長差不多了。業經事前醞釀，大家公推老舍擔當總務組組長一職。老舍發自內心地感激大家，也生怕「自己在文藝界的資望既不夠，而且沒有辦事的能力」（〈八方風雨〉），影響了大家的事情，他以「我是老幾，我不能主持」，來表示他的推辭之意。結果，與會理事們無論如何不肯放過他，有的人甚至聲明，如果老舍不出任總務組長，他們也就不做了。為了避免僵局，老舍只好點頭依了衆人。

同意出任「文協」的總務組長，是老舍人生的又一次重大轉折。

老舍當時實在想像不到，由於他的勤懇精神和出色實績，此後七年間，他在逐年舉行的理事會上，連選連任，一直到抗戰勝利，整整做了七屆的總務組長（後改稱總務部主任）！

中華全國文藝界抗敵協會，據日後許許多多曾經參與其間的作家們稱，實際上，就是抗日戰爭期間的「中國文聯」或者「中國作協」。老舍身為該組織的最主要最關鍵的負責人，其身分的重要，是不言而喻的。「時勢造英雄」的民族古訓，在這一時期的老舍身上再次應驗，他被客觀局勢推上了一個自己從未期冀過的位置，不得不抖擻精神，施展出渾身解數，全身心地擔起這一職責。

他的職責不僅要求他捨己從公，把一個「寫家」最可寶貴的時間和精力無償地捐獻給社會，還要求他進一步修正和擴大自己的交際範圍。他明白，再也不能以個人好惡，作為衡量人、結交人的基本尺度了，再也不能以身處社會一隅的旁觀者身分來面對不感興趣和不熟悉的一切了，為了文藝界的抗敵大業，他須將交友的視線放寬，熱情地團結所有心存愛國志向的文化人，一道謀救亡圖存的民族大計。雖然，他還是像從前一樣，不願被輕易裹挾到任何的政治派別中間去，他可又得為了抗日，去跟各式各樣的文化人士乃至政治人物，耐心地打交道。

一向以作家、教授形象為世間所注意的老舍，其實蘊蓄著相當大的社會活動能量。這種能量，此時為新的非常形勢，以及高度的正義感、使命感所激活，如同火山迸發般地表現出來。人們看到，在老舍就任「文協」總務組組長之後的一個月，也就是一九三八年五月這一個月間，他所做出的事情包括有：⑴參加第二、第三次理事會；⑵在剛剛創刊的「文協」會刊上陸續發表了五份《會務報告》，向會員匯報「文協」各項工作運作情況；⑶前後兩次主持「文協」召開的「怎樣編製士兵通俗讀物座談會」；⑷代表「文協」，兩次參加「全國音樂、電影、戲劇、美術、文藝各抗敵協會聯合會」籌備會；⑸在「新歌劇改進諸問題座談會」上發言；⑹與茅盾、郁達夫、夏衍、馮乃超、王平陵、胡風、丁玲、舒群等十數位作家一起，簽名發出〈給周作人的一封公開信〉，譴責周背叛民族、屈膝事敵的無恥行徑；⑺發表各種樣式的具有抗敵內容的文藝作品凡十三篇，其中包括有大鼓詞〈王小趕驢〉、小說〈人同此心〉和〈兄妹從軍〉、新詩〈流離〉、散文〈記文協成立大會〉、京劇劇本〈烈婦殉國〉，以及文藝論文〈通俗文藝散談〉、〈談通俗文藝〉、〈話劇中的表情〉等。一個嶄新的、狂熱地獻身工作的老舍，出現在了人們面前。

擎起「國家至上」的旗幟

中華全國文藝界抗敵協會在當時的基本任務是：團結一切的愛國作家，對民眾大力宣傳抗戰（即所謂「文章下鄉」），向投入抗戰的各路中國軍隊供給文藝讀物（即所謂「文章入伍」），指導青年的寫作活動（訓練文藝新軍）等。「文協」總務組長（總務部主任）的責任，則是要負責出面為協會籌措活動經費；根據形勢需求主辦文藝界各種主題的座談會、聯誼會；參與組織「文協」在全國各地的分會和通訊處，組織作家戰地慰問團；舉辦通俗文藝講習班；為抗戰募捐獻金；援助貧病作家和保障作家的基本生活條件及人身自由等等。

自「文協」成立之日起，便形成了一條慣例，即只在其中設一名專職幹事，除了這位專職幹事每月能從協會領取少量的勞務報酬外，包括老舍及各個組（部）的正、副組長（部主任），工作全都屬於義務性質，不拿會裡一分一釐的回報。老舍由於分管的工作線頭最多、任務最重，所以自掏腰包的情形也就最為常見，連日常與各地分會以及作家們通信，也是由他自費購買信封和郵票。人們從未發現老舍對此說過什麼。

一九三八年七月底，戰事進一步惡化，為保全組織，「文協」理事會決定將總會會址遷往重慶。三十日，老舍與何容、老向等幾名協會工作人員，搭乘長江上的輪船離開漢口，中途在宜昌逗留一個星期，至八月十四日，抵達作為戰時陪都的重慶。此後，除短期外出，老舍一直在重慶居留到抗戰勝利後的一九四六年。

「文協」創辦的時候，國民黨中央以及政府的宣傳部、政治部、教育部，都曾承諾每月定期撥發給「文協」工作經費，然而，這個承諾在實際上卻難以兌現。負責為「文協」籌措經費的總務組組長老舍，不得不常去政府有關部門執理坐索，但還是往往空手而回。後來，老舍被逼無奈，只好採取托缽告貸的方式，出面去找邵力子、馮玉祥、陳立夫、張道藩等黨政要員們，向他們私人借錢，聲明只要「文協」經費發下來就還，發不下來就不還了。七年間，「文協」始終是在活動經費捉襟見肘的狀況下，頑強運轉，這種情形，實在是展現著老舍式的堅韌性格。

在武漢，「文協」初建，聲勢頗大，作家們的心氣也都相當高漲，做了不少挺有影響的事情。來到重慶之後，全國範圍內的中日戰爭對峙進入艱苦的相持階段，國共兩黨關係也日見錯綜與磨擦，加之作家們為自己的生計和政見所左右，各奔東西，「文協」逐漸減少了當初的整體活躍態勢。

困難不可謂不大，老舍和他的作為「文協」中堅的同仁們，依舊要搬開障礙排除紛擾，憑著心頭永不止熄的愛國烈焰，把抗敵文藝事業辦得紅紅火火。

一九三八年八月，老舍剛到重慶，就推出了他的第一部抗戰文藝作品集《三四一》，其中有鼓詞三段，京劇四齣，以及通俗小說一篇。這些「用舊瓶裝新酒的辦法寫成」的作品，披露了老舍竭盡努力、率先垂範，為動員全民投入抗戰而寫作的真誠心跡。隨後幾個月，他又連續主持了若干期「通俗文藝講習班」，親自給文學青年們傳授用通俗文藝形式為抗戰服務的知識和技法。

他向這時已經來渝的曲藝名家「山藥蛋」（富少舫），一字一句地從頭學唱劉（寶全）派大鼓〈白帝城〉，為的是仔細揣摩鼓詞寫作的規範和奧祕。他也把自己所寫下的〈新拴娃娃〉、〈文盲自嘆〉、〈陪都巡禮〉、〈王小趕驢〉等新段子，交由「山藥蛋」和他的養女富貴花，以及董蓮枝等鼓書藝人，在重慶的曲藝場子裡反覆表演。他又帶著一些文學青年，去現場聽鼓書演唱，邊聽邊講解，以提高他們編寫曲藝作品的能力。老舍還在報刊上發表文章，說明自己關於「在抗戰期間，應把一切可以用的力量拿出來，新詩舊詩大鼓書……各盡其力」的文藝主張（〈答客問〉）。可以說，抗戰期間，在利用曲藝形式對大眾進行宣傳方面，老舍的確是首屈一指的功臣。

在抗戰初期的一九三七至一九三九年間，老舍曾專心於曲藝以及通俗京劇的創作。他對利用這類民間文藝樣式鼓動民眾的抗戰熱情，寄以厚望。每當他看到自己的努力有了哪怕是一點點效應，便格外的興奮。在〈這一年的筆〉一文裡，他記下了這樣一件事：「一天，見到一個傷兵，他念過我的鼓詞。他已割下一條腿。他是誰？沒人知道。他死，入無名英雄墓。他活，一個無名的跛子。他讀過我的鼓詞，而且還讀給別的兄弟們聽，這就夠了，只求多有些無名英雄們能讀到我的作品，能給他們一些安慰，好；一些激勵，也好。我設若因此而被擱在藝術之神的寺外，而老去伺候無名英雄們，我就滿意，因為我的筆並未落空。」

過了一段時間，老舍在全面考察通俗文藝運動整體收效的時候，開始正視事情的另一面：他和他的文藝界朋友們用了那麼大的力氣寫出的通俗文藝作品，並沒能收到預期的較大社會效益。他發現，通俗文藝運動「在實施方面，總是枝枝節節沒有風起雲湧的現象。」若究其原因，則在於這類作品由於不能得到有關當局的重視和鼓勵，沒有強有力的經費支持，終難真正成批量地被送往鄉間和軍隊。老舍痛切指出：「沒有政治力量在它的後邊，它只能是一種文藝運動，一種沒有什麼實效的運動而已。」然而，老舍絕無後悔之意，他認為，這次文藝通俗運動，還是有它的積極結果，「與其說是文藝真深入了民間與軍隊，倒不如說是文藝本身得到新的力量，而且產生了新的風格。」（〈八方風雨〉）

抗戰前期，中國文壇在老舍熱情倡導和踴躍參與下形成的這次通俗文藝運動，雖然未能充分達到預期目的，它自身的意義和價值，它對日後的積極影響，卻是不容低估的。

一九三九年春，老舍開始嘗試話劇寫作。這一階段，他在「文協」的工作依然繁忙，只能擠出一段段的時間用在創作上。曲藝作品既然不容易取得理想的社會效果，就不妨再試試有可能直接與大後方觀衆見面的話劇。從這一年五月裡為了給「文協」籌款寫出《殘霧》算起，到一九四三年七月，他又或獨立或與他人合作，完成了《國家至上》等總共九部話劇劇本。

老舍寫話劇，經歷了一個逐步摸索的過程。抗戰前他沒有產生過寫戲的念頭；抗戰初期，他在大量寫作曲藝作品同時，寫過四齣淺顯通俗的京劇劇本。因為各種條件的限制，四齣京劇都沒獲得排演。戰時的大後方文藝舞台，京劇沒有太大的市場，卻對話劇情有獨鍾，老舍也「見獵心喜」地要「碰一碰」。果然，他五年間寫的九部話劇，有七部被正式上演。

揭露大後方官僚腐敗、世風醜陋的《殘霧》，雖在藝術上尚有諸多不足，卻因其所具有的傳神刻畫和犀利筆調，在山城重慶的舞台上一炮打響，一些要求抗戰，不滿大後方社會現實的青年觀衆，從很遠的地方趕來看這個戲。政府當局對此劇的主題相當顧忌，授意將這齣戲列入了禁演劇目，遂使該劇的演出半途中止。

《國家至上》上演後的社會反響程度，又遠在《殘霧》之上。這部描寫回、漢兩族同胞捐棄心理隔膜共事抗戰的話劇，是應回教救國協會之約，由老舍特邀劇作家宋之的，二人合作寫成的。該劇在重慶兩度上演，並在昆明、成都、大理、蘭州、西安、桂林、香港、西康等地連演不衰，不僅使許許多多回教群衆深受感動，也博得包括漢族在內的各兄弟民族觀衆的交口稱讚。「在重慶上演，由張瑞芳女士擔任女主角；回教的朋友們看過戲之後，甚至把她喚作『我們的張瑞芳』了！」（〈閒話我的七個話劇〉）老舍一九四一年到雲南時，有一位八十多歲的回族老人，聽説《國家至上》的作者來了，表示一定要看看他，還請求老舍寫幾個字給他做紀念。

「國家至上」，是老舍一以貫之的社會理想，更是他在抗日戰爭期間戮力追求的精神要義。早年，他身為一個滿族人，親身感觸過國內的民族歧視，很希望各民族能在「國家至上」的原則下，達成兄弟般的親密關係；自幼及長，他作為一個中國人，更是對每每外辱臨頭而國人缺乏國民意識的現實慨嘆萬千，盼望著全體中國人都能樹立起「國家至上」的現代人國家觀念，讓中華揚眉吐氣於世界。正是秉承這一基本思考，「國家至上」，幾乎成了老舍在抗戰期間寫下的各類文藝作品中最突出和最普遍的思想主題。他在作品中，堅持不懈地鞭撻漢奸、賣國賊等民族敗類的醜惡嘴臉，批判大敵當前，或者麻木不仁，或者糾纏於個人恩怨的種種不良存在，歌頌為了國家的最高利益勇於放棄私怨，精誠團結，以及凜然滅親，大義報國的豪邁之舉。在《大地龍蛇》中，老舍借劇裡人物之口，高喊出「為中華打仗，不分漢滿蒙回藏」的心聲，期待著中華民族一齊努力，建立「一個活活潑潑，清清醒醒，堂堂正正，和和平平，文文雅雅的中國」。他還在一九四〇年一月，發表了一首題為〈蒙古青年進行曲〉的新詩，其中著意謳歌的，也是不分任何具體民族的中國人，都要為「國家至上」的神聖理想而征戰的美好情感：「馬上如飛，越過瀚海，壯氣無邊！／蒙古青年是中華民族的青年！／國仇必報，不准敵人侵入漢北，也不准他犯到海南！／五旗一家，同苦共甘。」「守住我們的家園，成吉思汗的家園！／展開我們的旗幟，蒙古青年！／叫長城南北，都鞏似陰山，／中華民族萬年萬萬年！」。

在抗戰期間，堅持「國家至上」原則的「文協」負責人老舍，總免不了要面對國共兩黨時而微妙難言、時而劍拔弩張的關係，也免不了要承受兩黨各自對他施加的影響。為了維護自己多年來擇定的獨善其身的政治立場，他向世間不斷地發出自己的鄭重宣告：「我不是國民黨，也不是共產黨，誰真正抗戰，我就跟誰走，我就是一個抗戰派！」①善於交友，此時因工作需要也必須大量交友的老舍，其身邊，左、中、右派的朋友都聚集著不少，他在結交朋友的時候所堅持的，還是往日那種不以政治立場畫線，而主要以人品優劣來取人的準則。隨著時間的推移及彼此間接觸次數的增多，他對作為中國共產黨領袖人物之一的周恩來，產生了相當完美的印象，也愈來愈為後者的才幹和魅力所傾倒。

一九三九年六月底，根據「文協」的安排，以其代表的身分，老舍參加了全國慰勞總會慰勞團的北路分團，歷時五個月，行程近二萬華里，先後途經成都、綿陽、劍閣、廣元、沔陽、漢中、西安、洛陽、南陽、老河口、襄樊、內鄉、臨潼、黃陵、宜川、興集、延安、綏德、榆林、平涼、蘭州、西寧、武威、吳忠、石嘴山、渡口堂、陝壩、五原、臨河、中寧、固原、彬縣、安雞、廟台子、寧羌等地，「宣慰」各處抗日軍民。這個慰勞團，是由政府有關方面組建的，團內惟有老舍一人，是無黨無派的文化人。在組團的時候，老舍曾有意邀請在他看來「最富正義感」和「重氣節」的作家張恨水與其同行，卻因張筆債太多而未果。老舍在將近半年的漫長行程中，雖身處慰勞團內，卻對團內諸公視若路人，從他隨後寫下的各類記行作品中，人們甚至無法明確得知他此次遠足的具體任務是什麼，以及同行人有哪些。可見老舍置身其間是不很情願的。他並不願意被裹在這夥人中間，更不願意被外界誤認為他和那些人屬於同一類型。這次慰勞活動的路線，兩度經過延安。在那裡，他向邊區文藝界的同行們做了有關抗戰開始以來全國文藝發展形勢的報告，而且還第一次見到了毛澤東。當延安《中國青年》雜誌社向他徵求題字的時候，他以遒勁的筆跡，寫下了「以全力打擊敵人！」，他的心，依然是特別地矚望著國共兩黨能夠以民族大義為重，精誠團結以禦強敵。

在這次的慰勞途中，老舍本人有三回險些遇難。第一回是在河南陝縣，敵機投下炸彈，炸死炸傷了他身旁的不少人，他僥倖沒有受到波及；第二回是在陝西黃龍，行車時突逢橋斷，車被路邊樹幹勉強撐住，才未翻進山澗；第三回在去宜川的路上，山洪陡至，翻滾的狂浪已淹過了老舍所騎騾子的鞍座，騾子終於掙扎著逃脫了險境。

回到重慶之後，老舍及時發表了一些與此行相關的札記和書信，包括〈歸自西北〉、〈西北歸來〉以及〈與周揚的通信〉、〈致榆林的文藝界朋友們〉等，從一九四〇年二月起，他用了大約一年時間，撰寫並分章陸續發表自由體長詩〈劍北篇〉。從這些文章和詩歌看，平生頭一次涉足祖國大西北的老舍，最為關切的，還是當地的風土文化，他真摯地抒寫了個人對西北地區山川文物的眷戀，向社會發出了加強西北地區文化建設的呼籲。他的呼籲，在有心人中間引來了反響，重慶的《新華日報》刊出社論，肯定了老舍意見的合理性。

一心一意為民族為國家奔忙呼號的老舍，終歸還只是個善良單純的文化人。他對政治的一味避讓，有時竟適得其反，政治總是在不依不饒地找他的麻煩。就在他參加北路慰勞活動的前後，國民黨右翼勢力開始密切地注意他。一九三九年，國民政府軍事委員會調查室在一份加密的《異黨活動情報滙編》中，提出所謂「老舍、宋之的……著名左翼作家組織文藝協會慰勞團已赴北戰場勞軍，彼輩此行恐與延安中共中央發生其他作用。」②同一年，身為國民黨中央宣傳部長的張道藩也有「老舍叫共產黨包圍了」的說法。老舍對被捲入黨際矛盾深感煩惱，不得不給張道藩發了一封措辭坦率、態度明朗的信，指出：「現在是團結抗戰的時候，大敵當前，我們的一切都是為了抗戰。凡是抗戰的人我都歡迎，不抗戰、假抗戰的不管什麼人我都反對。你的說法是在分裂抗日戰爭，有利於敵人，不利於抗戰。」③

「文章爲命酒爲魂」

半老無官誠快事，文章為命酒為魂。深情每視花常好，淺醉惟知詩至尊！送雨風來吟柳岸，借書人去掩柴門。莊生蝴蝶原遊戲，茅屋孤燈照夢痕。

中年無望返青春，且作江湖流浪人；貧未虧心眉不鎖，錢多買酒友相親。文驚俗子千銖貴，詩寫幽情半日新。若許太平魚米賤，乾坤為宅置閒身。

上面的詩，是老舍一九四三年在所發表的〈舊詩與貧血〉一文中抄錄自作四首〈村居〉詩中的兩首，是他抗戰時期耿耿心志的一種精微表達。

當時，老舍已連任數屆中華全國文藝界抗敵協會的總務部主任，赫赫名聲早就遠播域內。然而，他還是他，仍踏踏實實、一如既往地為國為民，盡著一份較許多人更重的個人義務。他對諸如「抗戰大員」趁機大發國難財的行徑嗤之以鼻。

早在山東時期，他即因為連續數年不停的教書寫書，弄得身體很糟；抗戰初期，他又振作精神，熱誠地投入抗敵作品的寫作，還為「文協」的組織工作日夜操勞，精力消耗愈發地加了倍，體質也每下愈況。

不十分瞭解情況的人也許會猜測，曾經有過那麼多宏篇巨作的老舍，其版稅、稿酬一定相當可觀，即使是在戰時，生活也一定很過得去。他們想錯了。戰前的一些積蓄，老舍已叫妻子帶回北平養活老小去了；他隻身南下以來，雖說以往的某些作品仍時而有被出版公司再版者，卻是或者不向他付酬，或者付酬極低，至於新寫的宣傳抗戰的作品，更是常常拿不到稿費。一九四三年寫完十萬餘字的長篇小説《火葬》之後，老舍自己算了一筆賬，買紙、墨、筆和請人謄寫文稿副本的花費，多到讓他自己吃一驚的地步。他説：「下了這麼大的本錢，我敢輕於去丟掉麼？我知道它不好，可是沒法子不厚顏去發表。……假如社會上還需要文藝，大家就須把文藝作家看成是個也非吃飯喝茶不可的動物。」（〈我怎樣寫《火葬》〉）「大作家」老舍，不能不像在大後方苦苦堅持寫作的多數文人一樣，年復一年地過著極其清貧的日子。

由於勞累過度、營養不良而導致貧血，一九四〇年年底，他在趕寫話劇《面子問題》的時候，患上了嚴重的頭暈症。這個病，如影隨形地一直跟了他好幾年時間，尤其是每當研好墨，提起筆，

「不留神，猛一抬頭，或猛一低頭，眼前就黑那麼一下，老使人有『又要停電』之感！」（〈文牛〉）後來，加上瘧疾、胃下垂和闌尾炎等病痛，與頭暈症一齊來折磨他，寫作起來就更困難了。但是，早已立志獻身文學，此時又決計獻身於抗戰的他，從未想過要擱筆，他以「文章為命」，只要還有握得起一支筆的力氣，就總是寫個不休。

抗戰八年間，老舍這位一直主持著「文協」的大忙人，其創作總量實在驚人：

●通俗文藝作品集《三四一》，其中包含鼓詞三段：〈王小趕驢〉、〈張忠定計〉和〈打小日本〉；京劇四部：〈新刺虎〉、〈忠烈圖〉、〈王家鎮〉和〈薛二娘〉；通俗小說一篇：〈兄妹從軍〉。

●話劇九部，其中個人完成的六部：〈殘霧〉、〈張自忠〉、〈面子問題〉、〈大地龍蛇〉、〈歸去來兮〉和〈誰先到了重慶〉；與別人合作的三部：〈國家至上〉、〈王老虎〉和〈桃李春風〉。

●長詩一部：〈劍北篇〉。

●中短篇小說集三部（其中部分作品不是該時期所作）：〈火車集〉、〈貧血集〉和《東海巴山集〉。

●長篇小說三部：《火葬》和《四世同堂》三部曲的第一部《惶惑》、第二部《偷生》；長篇小說未完成稿二部：《蛻》和《民主世界》。

●其他未收入集子的曲藝作品、雜文、散文、詩歌、評論、札記、報告和公開發表的信件等，大約三百幾十種。

老舍在時間緊張、貧病交加、精力不濟的情況下，取得如此令人目眩的創作成就，不是件輕鬆的事情。他是用一種宗教徒式的精神，將自己天天毫不放鬆地「釘在時間的十字架上」（〈過年〉），並且心裡明白，所寫出的有些作品，簡直就是「由夾棍夾出來的血！」（〈我怎樣寫《火葬》〉）他時時在激勵自己：「餓死事小，文章事大。假如不幸而人文共亡，我也不多說什麼。活著，我就寫作；死了，萬事皆休，咱們各憑良心吧。」（〈病〉）

老舍的妻子、兒女，直到一九四三年初冬，才得以輾轉上千里，前來和他重新團聚。此前，他在一九三九年，便遷到離重慶市區約五十公里的北碚去居住。在從武漢到重慶再到北碚的大多數時間裡，老舍一直過著獨自漂泊的生活，居所常變換，飲食不確定，連作息也常常是受到外界干擾的。他完全沒了個人的私生活，在夜以繼日的勞碌中，思念著遠在北方淪陷區的家人——老母、妻子和兒女們。酒，成了他生活中常有的夥伴。舊雨新知彼此相會，他和朋友們把盞對酌；沒有朋友的時候，他也時不時自己喝上幾口悶酒。雖然他並不相信「李白斗酒詩百篇」的傳說，而且從親身經歷中，也證實了多飲些酒不能幫助寫作在質與量上獲取成功，但是，他還是喜歡用「文章為命酒為魂」來自勵自況。

關於酒，有智者言說，它既有著水的形象，又有著火的性情。老舍又何嘗不是這樣！外圓內方，外柔內剛，是真正瞭解老舍的朋友們，對他最突出的認識。外圓與外柔，使他能夠在「文協」的崗位上廣泛地結交不同資歷、不同派別的各路朋友，調動大家的熱情共襄大業，把抗戰文藝活動開展得有聲有色；內方與內剛，則體現為他那處世方正不阿的人格和時刻堅持的「國家至上」準則，有了這一條，朋友們才更加貼近他，愛戴他，尊重他。

在抗戰時期，老舍以其人格風範，成了文壇上眾心所向的領軍人物。人們敬佩他活得真實。為了鼓動群眾、宣傳抗戰，他從不刻意追求，甚至有時簡直是一點兒不顧及所謂「名人」的形象，敢於在大庭廣眾之前，粉墨登場，演一些最通俗不過的「小玩藝兒」：在武漢，慰問馮玉祥部下西北軍抗日將士時，老舍勾白了鼻子，紮起小翹辮兒，與曲藝藝人富少舫一起，表演雙簧節目；在北碚的募款勞軍晚會上，他又自告奮勇，拉上作家梁實秋作搭檔，墊場演出對口相聲，二人在場上所做的即興藝術處理，特別風趣，使台下的喝彩聲歷久不絕。還有一回，在「文協」的會議召開之前，老舍先坐定於一張小圓桌前，向身旁的人們介紹自己剛剛脫稿的一齣新編京劇《忠烈圖》，說著說著便高聲叫唱起來，還禁不住動容地自嘆：「多悲！」他的這種沉醉於藝術的真情，打動過許多人的心。他還保有一顆不泯的童心，在重慶，在北碚，他不僅是最受作家、學者們歡迎的人，像作家冰心的兒女、教授馬宗融的女兒、學者趙水澄的兒子，也都最珍惜跟他在一起的快樂時光。

他珍視友誼。對朋友，他不管對方的年齡長幼，身分高下，都能跟你情感交匯到一處，甚至能夠真誠到捧出一片心來讓你瞧的程度。在艱苦的工作和寫作之餘，他把會晤朋友，當成最快慰的事情，朋友來他這裡，他的錢袋兒再拮据，也照樣是要拉上對方去「喝兩盅」的，付賬時，總是他搶在頭裡：「我比你寬裕些，我來！」有時連朋友也能看出來，他是在「破產請客」。他若去訪朋友，又總忘不了盡其所能地捎上些吃食或者用品，在一篇小短文中，他曾戲說自己去一位朋友家，只帶了「幾個比醋還酸的桃子……好搭訕著騙頓飯吃」（〈吳組緗先生的豬〉），害得那位友人過了幾十年，還要在有關文章中為他「正名」，說：「實際是，他每次來我家，因熟知當時我們手頭困難，又多病，他多是買了豐富的肉、菜帶了來，讓我們全家趁此打一次『牙祭』。」④文學青年曾克，隻身來在霧都重慶謀職，老舍像愛護晚輩一樣地教她寫東西，看她連最簡單的行裝也沒有，就把自己正在用的一條俄國毛毯送給她，她表示不能要，老舍便沉下了臉，逼著她收下。老朋友羅常培、趙水澄等來老舍這裡作客，是他最開懷的時刻，他能拋掉一切煩燥，跟他們用旗人式的幽默互相打趣。

然而，老舍在重慶時期最要好的密友，還不是文化圈兒裡的作家、文人們，倒要數曲藝圈裡的那位富少舫（「山藥蛋」）。許多與老舍在重慶有過交往的人，都看得出來，他們二人的友情絕非一般，這二人，一個是鼎鼎大名的文壇高士，一個則是說唱鼓書的下層藝人，但是，在他們相互間的所有接觸中，不但老舍不拿一點兒高出富少舫的派頭，富少舫也從沒有低老舍一等的感覺，他們親密無間得好似一家人，老舍多次為富少舫和他的養女富貴花寫鼓書新詞兒，教富貴花學文化，連富家兩口子有了口角，也是由老舍出面排解，到了富家人有可能遭到黑社會坑害的關口，老舍更是挺身而出地維護他們；自然，趕上老舍真遇著難處的時候，他也是頭一個想到該讓富少舫來幫自己的忙，一九四三年老舍正在北碚住醫院做闌尾手術，忽然得知胡絜青帶著孩子們由北平千里迢迢來到了重慶，一時難以前去迎接，他馬上教人捎話給妻子：有什麼難處，盡可以去找富少舫！一位跟老舍、富少舫都熟識的旁觀者，就此寫道：「從他們二人間，我窺到了老舍的一個極為重要的祕密，一個極為重要而又珍貴的祕密：他對舊社會底層人物的感情，他不是同情，而是具有親如兄弟的感情。」⑤這個窺得，固然很重要，但是還不能說是很完全，二人相親相近的另外一點實質性原因，在於富少舫一家也是來自北方的滿族下層市民，老舍與他們，本來就具有深一層的感情紐帶在彼此維繫著，為了推動中華抗戰，他們更覺得該結成心碰著心的關係。

老舍愛朋友，朋友們也都愛他。一九四一年，他的頭暈病由春至夏不見好轉，遠在昆明西南聯大的一批以羅常培為代表的教授朋友惦念著他，聯袂前來，盛情相邀，希望他去雲南講學，外帶散心。老舍申明，此行除交通便利及珍貴的友情外，他不取任何其他報酬，對方答應了，老舍便於八月底愉快地上了路。在雲南逗留兩個半月，他做學術演講，寫話劇劇本，還擠時間去遊歷了蒼山洱海。此行期間，從學貫中西的「翰林學士」，到熱情洋溢的年輕研究生，從身懷絕技的古琴演奏家，到整天駕車馳驅於崇山峻嶺間的長途汽車司機，他又交下了一大批朋友。拉老舍去大理的司機，是一個年僅二十三歲的汽車隊長，當他得知老舍是位有名的「寫家」以後，便一路上總纏著老舍說：「給我寫幾句！」幾個月後，老舍真的以他為對象，在《中央日報》上發表了一篇文章，題目是〈悼趙玉山司機師〉——年輕的汽車隊長在老舍離開雲南之後不久，執行出車任務，從海拔千米的山巔跌落進了水流湍急的瀾滄江。老舍在悼文中深情地講：「在抗戰的今日，凡是為抗戰捨掉自己性命的，便是延續了國家的生命；趙君死得太早了，可他將隨著中華民族的勝利與復興而不朽！」

老舍歌頌他人的犧牲精神，他自己也同樣時時準備著為國家為民族捨己捐軀。一九四四年，日軍從南面進攻，打到了貴州的獨山、都勻，弄得重慶人心不穩，有些人已經準備再逃難。人們問老舍打算怎樣，他堅定地回答：「我早已下定決心，如果日寇從南邊打來，我就向北邊走，那裡有嘉陵江，滔滔江水便是我的歸宿！我絕不落在日寇手裡，寧死不屈！」⑥這種回答，一時引來不少朋友的關切，老舍告訴他們：「跳江之計是句實談，也是句實話。假如不幸敵人真攻進來，我們有什麼地方、方法可跑呢？……不用再跑了，坐等為妙；嘉陵江又近又沒蓋兒！」⑦看來，老舍是抱定了自己的主意，一旦強敵臨頭，便捨身取義，凜然赴死。氣節要比生命更要緊，這一點，在老舍心頭的價值天平上，從未有過變動。

老舍的情操和氣節，是自幼養成的。他總是異常看重這些日久積澱下來的人生觀念，每每感念教他養成這些觀念的前輩。抗戰期間，他畢生尊敬的兩位老人——劉大叔、母親——先後在遙遠的北平辭世，在已度過了「不惑之年」的老舍心海中，捲起情感的巨瀾。他寫下〈宗月大師〉和〈我的母親〉等散文，抒發個人深深的緬懷之意。在一九四○年年初發表的〈宗月大師〉中，他寫道：「沒有他，我也許一輩子也不會入學讀書。沒有他，我也許永遠想不起幫助別人有什麼樂趣與意義。他是不是真的成了佛？我不知道。但是，我的確相信他的居心與言行是與佛相近似的。我在精神上物質上都受到過他的好處，現在我的確願意他真的成了佛，並且盼望他以佛心引領我向善，正像在三十五年前，他拉著我去入私塾那樣！」一九四三年發表〈我的母親〉，老舍重新回憶家史中最令他難以忘懷的那段往事：「皇上跑了，丈夫死了，鬼子來了，滿城是血光火焰，可是母親不怕，她要在刺刀下，饑荒中，保護著兒女。」他向世人證實：「在這種時候，母親的心橫起來，她不慌不哭，要從無辦法中想出辦法來。她的淚會往心中落！這點軟而硬的個性，也傳給了我。我對一切人與事，都取和平的態度，把吃虧看作當然的。但是，在作人上，我有一定的宗旨和基本的法則，什麼事都可將就，而不能超過自己畫好的界限……正像我的母親。」

人的一生步履，常常很像是對他影響最大的已故前人生命的延續，連許多傑出的人物也是這樣。母親、劉壽綿大叔等人當初默默地用行動向老舍宣示的人生模式，居然那樣鮮明地體現在了老舍生命的各個階段，不能不說是很耐人尋味的。老舍在抗戰時期，堅持自己捨己從衆、行俠執義的風格，不僅多次率先垂範地組織和參與為抗日將士和貧病作家募捐，積極介入對遭受緝捕陷害作家的營救活動，還在日常生活裡，一再地以「多餘」為藉口，把自己的各種生活用品：被毯、大衣、毛衣、毛褲、臉盆、毛巾，大撒手地送給需要它的人們，至於他個人，則常年身著一套「斯文掃地」的灰布衣裳，過著「一身之外無長物」的日子。你說他生性就能湊合吧，並不是，他與許多滿族人一樣，「自幼就好潔淨，雖在病中也不肯不洗手洗臉，衣服不怕破爛，只怕髒。」他曾顯露過自己的一點不情願：「抗戰中，我連好清潔的習慣也不能保持了，很難過。」（〈自述〉）在艱苦的抗戰時期，他把從母親那裡繼承來的滿人愛好自然、喜歡花草的習性，因地制宜地保持下來，有人注意到，在他寫作的破書桌上面，常有個不拘檔次的小瓶子，裡頭總要插著點兒小花兒、小草兒，或者小片竹葉兒。

「身無長物」而又樂善好施的老舍，也遭到過暗箭中傷。他的妻子兒女來到重慶後，便有人造謠，說她們從北平帶來了「兩大箱幾百幅」齊白石的畫，老舍因此發了大財！老舍看穿了這是針對「文協」「保證作家生活運動」的，他將一篇雜文〈假若我有一箱子畫〉發表出來，嬉笑怒罵地回擊了無恥濫言。一九四五年抗戰勝利前夕，又有人藉另一個同名同姓「舒舍予」購買了黃金一百五十兩的事情，大作文章，老舍再次公開闢謠，鄭重聲明：「文協」用作作家救濟費的錢，寧可放在銀行裡貶值，也絕不會動用來買黃金的。

老舍在抗戰時期，吃了多少苦，受了多少累，擔了多少不是，創建了多少功績，和他一同堅持抗敵文藝活動的文藝家們人人心裡都有數。一九四四年四月十七日，由邵力子、郭沫若、沈雁冰、姚篷子、陽翰笙、吳組緗、何容、曹靖華、宋之的、馮雪峰、臧克家、姚雪垠、趙清閣、富少舫等二十九位文化界知名人士聯合發起的「老舍先生創作生活廿年紀念會」，在重慶百齡餐廳舉行，中外各方面的與會者，達三百餘人。會上，茅盾代表「文協」致辭，郭沫若、黃炎培、梅貽琦、鄧初民、沈鈞儒、董必武等相繼發言，高度評價老舍不朽的文學成就和戰時為「文協」所做出的卓越奉獻。輪到老舍本人致謝辭，他早已感動得泣不成聲，而只能斷斷續續地說：「二十年雖歷盡辛苦，得來不容易，今天承諸友厚愛，我敬謹接受並致謝意，此後當更堅守崗位，專心一志地寫下去。」這一天，回教協會等社會團體和個人向紀念會發來了賀電，在北碚、成都、昆明等地的「文協」分會，也在當地舉辦相同題目的紀念活動；重慶的《新華日報》、《掃蕩報》、《大公報》、《抗戰文藝》；成都的《華西日報》，昆明的《新蜀報》，或闢出專欄，登載紀念老舍從事文學活動二十周年的文章。在大量發表於報端的各類文章中間，郭沫若、茅盾、胡風等人的詩文最為引人矚目。在一首詩歌中，大詩家郭沫若情真意切地唱道：「我愛舒夫子，文章一代宗。交遊肝膽露，富貴馬牛風。脱俗非關隱，逃名豈為窮！國家恆至上，德業善持中。寸楷含幽默，片言振聵聾……」⑧茅盾文章的題目是〈光輝工作二十年的老舍先生〉，其中著重指出了老舍在中華全國文藝界抗敵協會工作中的巨大影響：「如果沒有老舍先生的任勞任怨，這一件大事——抗戰的文藝界的大團結，恐怕是不能那樣順利迅速地完成，而且恐怕也不能艱難困苦地支撐到今天了。這不是我個人的私言，也是文藝界同人的公論。」⑨而胡風，則更側重在高尚性情和純正人品方面，對老舍表示了由衷的敬意：「舍予是經過了生活底甜酸苦辣的，深通人情世故的人，但是，他的『真』不但沒有被這些所湮沒，反而顯得更突出，更難能而且可愛。所以他的真不是憨直，不是忘形，而是被複雜的枝葉所襯托著的果子。他底客客氣氣，談笑風生裡面，常常要跳出不知道是真話還是笑話的那一種幽默。現在大概大家都懂得那裡面閃耀他底對生活的真意，但他有時卻要為國事，為公共事業，為友情傷心墮淚，這恐怕是很少為人知道的。……他在對人對事上非常持重，總希望能取得面面周到的結果，但他卻堅守著一定的限度，那就是為民族解放的文藝界團結的立場。如果越過了這個限度，無論對手是地位怎樣高的或計謀怎樣巧妙的，他也要直言不諱，守正不移。這絕不是一個深於世故的中年人能夠容易做到的。」⑩

大家的評價發自肺腑。它證實了以老舍為運作中心的中華抗戰文壇，人們彼此間是肝膽相照的。老舍極具吸引力的人格，是促成這種精誠團結的強有力的黏合劑。

一九四五年八月，日本軍國主義政府宣佈無條件投降，中國億萬軍民為之奮鬥了八度寒暑的民族解放戰爭終告勝利。老舍這時正在奮筆創作他「從事抗戰文藝的一個較大的紀念品」——總規模將達一百萬字的三部曲長篇小說《四世同堂》，第一部已出手，第二部也接近於完成。得知全民抗戰最後勝利的消息，正在伏案寫作的他，長長地舒了一口氣。

老舍，這位曾向中華民族全民抗戰輸送了巨大心血的文化人，從來也沒有期待過在勝利的那一天，能夠換回什麼個人利益。以他的心意，「文協」既是抗敵協會，理當以抗戰始，以抗戰終。抗戰一經宣告勝利，他便由北碚來到重慶，想結束「文協」各項會務，宣告解散，自己也好重回書桌旁，踏下心繼續文學創作。但是，文藝界的朋友們，都捨不得取消他們團結戰鬥的團體，希望改組一下，成為永久的文藝協會。

老舍沒有阻止大家的熱心，但是，他真的由心裡感到，自己在國家與民族將亡時刻該盡的一份社會責任，已然盡過了。

投身抗戰的大後方人士，紛紛在計議著各自的「復員」方式。一不營商、二不求官的老舍，不急於擠車擠船離開重慶。他的胸中，重新燃起對故鄉北平的思念，同時，又在琢磨，是不是還須重操舊業，邊教書邊寫作？他沒有馬上行動，因為《四世同堂》還遠未撰罷。

一首〈鄉思〉，反映了老舍此刻的心境：

茫茫何處話桑麻？破碎山河破碎家；一代文章千古事，餘年心願半庭花！西風碧海珊瑚冷，北岳霜天羚角斜；無限鄉思秋日晚，夕陽白髮待歸鴉！

①轉引自馬小彌：〈試論老舍對抗戰文藝的貢獻〉，載《老舍研究論文集》，第六十七頁，山東人民出版社一九八三年版。

②原件的影印件被收入大型畫集《老舍》第一二二頁；該畫集由舒濟、舒乙、金宏編著，北京燕山出版社一九九七年版。

③⑥轉引自蕭伯青：〈老舍在武漢、重慶、北碚〉，載《新文學史料》，一九七九年第二期。

④吳組緗：〈老舍幽默詩文集·序〉，載《十月》，一九八二年第五期。

⑤田仲濟：〈回憶老舍同志〉，載《新文學史料》，一九八一年第一期。

⑦出自老舍致王冶秋一封信。轉引自舒乙：〈再談老舍之死〉，載《老舍自傳》，第二六九頁，江蘇文藝出版社一九九五年版。

⑧詩題為〈民國三十三年春奉賀舍予兄創作廿周年〉，原載昆明《掃蕩報》，一九四四年四月十六日。

⑨原載重慶《新華日報》，一九四四年四月十七日「新華副刊」。

⑩這篇文章的題目是〈在文協第六屆年會的時候祝老舍先生創作二十年〉，原載重慶《新華日報》，一九四四年四月十七日。

第十二章 「殺上前去」的文藝

舊瓶裝新酒

作家老舍自為文以來，就逐漸形成了一個明確的看法，即文學創作的最高境界，是要能夠寫出像但丁〈神曲〉那樣的，直抵人們「靈的生活」的文學——「靈的文學」。他指出，中國歷來的文學，對人的靈魂範疇開鑿得過於淺近，甚至於有的作品完全沒有去觸及，更沒能負起「勸惡改善」的責任，這樣，又「怎能令人走上正軌，做個好國民？」他嘆息道：「就我研究文學的經驗看來，中國確實找不出一部有『靈魂』的偉大傑作，誠屬一大缺憾！」（〈靈的文學與佛教〉）老舍清晰地表達出這項意見，是在抗日戰爭中間。返觀他自己的創作，也許，只有《駱駝祥子》那樣的戰前作品，才算得上是作者向著創作「靈的文學」邁進的堅實步伐。

然而，也恰恰就是在抗戰時期，老舍不得不較長時間中止自己對高境界「靈的文學」的探索。他主動地冷卻、封存了對純文學的創作，改弦易轍，毅然換上撰寫戰時文藝的另一支筆。

是國家、民族的危亡，是愛國作家的良知，召喚他以及一切文藝家，及時完成這一換筆過程：「出來吧，藝術家們！……大時代不許你們『悠然見南山』，得殺上前去啊！」（〈文藝家也要殺上前去〉）他毫無二話地服從了大時代的召喚。

在文藝界內部把「文章下鄉」和「文章入伍」口號喊得震天響的時候，老舍告誡自己：「不能『天橋的把戲只說不練』①，必須厲兵秣馬，迅即上陣。他清楚，一旦中止了既往的純文學創作，投身於滿足最普遍的、文化水準相當低下的大眾所需要的通俗文藝寫作，個人「必須為它去犧牲——犧牲了文藝，犧牲了自己的趣味、名譽、時間與力氣！」但是，轉而思考，他又決心堅決捐棄個人的一端：「犧牲了文藝，在我，是多麼狠心的事呢！可是，多少萬同胞已犧牲了他們的生命啊！」（〈創作通俗文學的苦痛〉）

他用心分析了民眾的文化基礎、接受能力和欣賞水平，認為，既然要用文藝去動員民眾投入抗戰，就得一切從民眾實際情況出發，捨掉自己習慣運用而民眾卻難以接受的各種方式、手法甚至辭彙，在專給他們寫作的通俗文藝中間，「不准用典，不准用生字，不准細細描寫心理，不准在景物上費詞藻……再進一步，於這些『不准』而外，你得有民間的典故，懦則武大郎，勇則老黃忠。你得有熟字，能把『帝國主義』說明白，而躲著『帝國主義』。」（同上）這樣，他擇定了一條最通俗不過的創作路線。

老舍從民間下層走來，瞭解大眾所喜聞樂見的藝術形式都有哪一些。他讓自己重新習練符合大眾口味兒的「十八般武藝」，用民間文藝的「舊瓶」，裝進宣傳抗戰的「新酒」，好教人們從傳統的文藝樣式裡頭，獲取救亡圖存、殺敵報國的精神動力。他不單注意到了通俗文藝的舊形式，也想到了，在用舊形式說唱新故事的時候，盛故事的套子，也應當選用老的，連為了誘導民心所闡發的倫理觀念，都不可以過分地新鮮時髦，因為——「真敢拚命的還不是士兵與民眾？假若他們素日沒有那些見義勇為，俠腸義膽等舊道德思想在心中，恐怕就不會這麼捨身成仁了。」老舍為此肯定地講：「不要以為太遷就民眾是污辱民眾，你當因尊重民眾而不自居高明。」（同上）

老舍把這些認識，盡可能兌現在通俗文藝的寫作實踐中。

在編寫曲藝作品前，他先研究了自己所熟知的幾種北方曲藝在用於抗戰宣傳時的所長及所短，得出結論：大鼓書，是「在這短短三十來年的變動中，能日見崢嶸者」（〈關於大鼓書詞〉），而在大鼓書裡，又尤以音調高亢、富於刺激性、便於演唱可歌可泣故事的京音大鼓②，最能適應編演抗戰題材作品的需要。所以，老舍特別上心地學習寫京音大鼓，也積極地向京音大鼓演唱藝人「山藥蛋」、董蓮枝、富貴花等，提供自己不斷寫就的唱詞。

以老舍在一九三八年五月寫的鼓詞〈王小趕驢〉為例，我們可以看到，作者所取，一如鼓詞唱、敘之舊法。他在讓演員以韻語開唱長篇故事的前頭，楔入一段念説式的前贊詞，既合乎聽衆的欣賞習慣，也為進入唱詞正文的演唱烘托起必要的情緒：

剛才「大山藥」唱了一段「奉天大鼓」。唱的真是字正腔圓。我們的東北四省，在六年前被日本鬼子搶去，東北同胞受盡痛苦。適才一聽到奉天的音調，真使我們傷心落淚！我們必須收復失地，打倒暴日，才算是有心胸，有血性。他唱完啦，沒有他的事；換上學徒來，伺候諸位一場京音大鼓。這玩藝兒在平津一帶最為時行，可是而今北平天津也在敵人的手裡。因此學徒今天想唱一段愛國殺敵的節目，好教大家不忘國恥，共雪國仇。唱得好與不好，還請諸君原諒。閒言少敘，就請他們二位幫我個絲弦，敬獻一段〈王小趕驢〉。（此係示例，宜隨地隨時改變。）

中華自古重忠良，為國捐軀美名揚。
英雄好漢原無種，要有心胸赴戰場。

殘詞念罷且不表，單表王小好兒郎。
生在平西磨石口，趕驢為業腿腳忙……

這是一部表述農民青年王小拋家捨業、殺敵救國的長篇唱詞，從整個作品中，看得出老舍處處摹擬傳統鼓書表現方式的良苦用心。

除大量寫作京音大鼓之外，老舍利用曲藝宣傳抗敵，還寫過「拉大片」（又稱為「西洋景」、「拉洋片」）、「得勝歌詞」、河南墜子、相聲等，也都力爭發散出這些民間藝術樣式的「原汁原味」。譬如，有一張「拉大片」的唱詞，是這麼寫的：「往裡瞧來往裡觀，日本鬼子太欺咱。強姦婦女大街上，男人捆在電線桿。鞭子抽來刺刀砍，鮮血直流屍不全。房子燒完錢搶去，大箱小櫃往外搬。同胞若再不還手，眼看絕種快殺完。我們都是男兒漢，誰不報仇誰漢奸！」形式、格調等，都與市井之間流傳的大白話順口溜不相上下，一點兒也不拿腔作調，普普通通的街頭老百姓一聽就懂。一位文學修養極高的大作家能「返樸歸真」到這樣的地步，看似簡單，其實是挺不容易的。

老舍在成功地寫出來一批「抗戰鼓詞」之後，不少方面都來向他約稿。他「不想抱著一樣死啃」，願意再調換一下胃口，所以又開始寫「抗戰京劇」。四齣戲在幾個月之間先後拿了出來，這些戲裡的故事，都發生在北方的鄉間，情節也都不很複雜：《新刺虎》，演的是抗日家屬康氏在日寇進村之際，設計灌醉敵人然後將其斬殺的故事；《忠烈圖》，表現了抗日烈士陳自勵的兄長陳自修、妻子陳寡婦、僕人劉忠等繼其遺志，在強敵進犯時奮起抗爭，陳自修誘敵進入我方包圍著圈而壯烈犧牲，陳寡婦捨己破敵，說服了「山大王」趙虎等一同投入戰鬥，終將敵寇一舉殲滅的事蹟；《薛二娘》（又名《烈婦殉國》），彰揚了一位平凡而剛烈的農家婦女薛二娘，在丈夫劉璃球賣身投敵當漢奸的情況下，掩護抗日戰士及其家屬逃脫虎口，自己卻橫眉赴死的大無畏精神；《王家鎮》，則展現了北方一個小村鎮包括農户、商人和士紳在內，都能聽從抗日「宣傳員」的思想輸導，同仇敵愾習武殺敵的場景。在這四齣「抗戰京劇」裡，老舍挪用了全套的傳統京劇既定的表現程式，不但按人物的不同身分、性格，為他們設計了生、旦、淨、丑角色行當，依「西皮」、「二黃」的不同唱腔需要填寫了絲絲入扣的唱詞，連人物上場時口誦的「定場詩」以及場上人物的彼此對白等，都照搬舊戲套路。他就這些講解道：「『大事不好了』，必繼以『何事驚慌』。聽慣了的就悦耳，耳順則精通；為求共感，不必立異。」（《忠烈圖．小引》）

不言而喻，假如老舍沒有早先濡染的舊曲藝、舊京劇欣賞嗜好，沒有從這些嗜好中間積累起的廣博的相關知識，他是不可能在全民抗戰初起之時，及時寫出這樣一些「舊瓶裝新酒」式的通俗文藝作品的。老舍從沒想過自己也會有寫這類作品的可能，他是由蜚聲文壇的著名小説家，一躍而進入這種通俗文藝創作領域的，本來，他完全有能力從自己的藝術修養出發，對舊的曲藝、京戲形式，做些必要的加工改造，可是，他沒有這樣辦。他知道，在「激發民衆抗戰熱情」的總需要底下，只有先迎合大衆業已形成的欣賞格式，才能使這種宣傳切實奏效。這可不是提高民衆藝術鑑賞水平的時候。

抗戰時期，詩歌成了動員大衆投入民族解放戰爭的一件有利武器。老舍也寫了不少詩。他的詩，雅則極雅——如抒寫心志的一些近體格律詩；俗則極俗——如面向大衆的一些宣傳詩。老舍寫的抗日宣傳詩，也是預先就瞄準了大衆的接受胃口。一九三八年寫的〈丈夫去當兵〉，是一首口語化、民歌體的作品，經作曲家張曙編配了曲譜，成了在抗敵民衆中廣為流行的歌曲之一：

丈夫去當兵，
老婆叫一聲：
毛兒的爹你等等我，
為妻的將你送一程。
你去投軍打日本，
心高膽大好光榮；
男兒本該為國死，
莫念妻子小嬌身！
……

從這首詩裡，人們還可以隱約找得見昔日在八旗駐防地域裡流行過的妻子送郎參戰殺敵小調的影子。那種小調，對老舍來説並不陌生，他只須借鑑原有的範式，改寫出宣傳抗日殺敵的內容就可以了。

為了把抗日意識灌輸給孩子們，老舍比照舊時北京最流行的市井兒歌的模子，填寫了〈童謠二則〉。其中一首唱道：「小小子，／坐門椿，／哭著喊著要刀槍。／要刀槍幹什麼呀？／練刀，抵抗；／練槍，好放；／明兒個早上起來打勝仗！」這首兒歌，即是從下面一首不知唱過多少代的舊兒歌脱胎而來的：「小小子，／坐門墩兒，／哭著喊著要媳婦兒。／要媳婦幹什麼呀？／點燈，説話兒；／吹燈，作伴兒；／明兒個早起來梳小辮兒。」

到一九三九年春夏季，老舍因為開始將精力轉向了話劇創作，寫作通俗抗戰文藝作品遂初步告一段落。不過，他參加了北路慰勞團從祖國西北地區返回重慶之後，又動起創作一部較大規模通俗作品的腦筋。這回他要寫的，是長詩〈劍北篇〉。

西北之旅，老舍見聞頗繁，心頭積下的所思所感也不少。可是，慰勞團每到一地往往很快就離去，來不及採訪到更具體翔實的事件與故事，要寫成有明確情節的敘事作品，有些困難。作家經考慮，選擇了多章式記遊長詩的體裁，他要將自己的西北之行，用詩歌語言分段記錄、描繪下來，最初的計畫，是要寫三十餘章，總規模大約須超過六千行。

老舍愛做文學試驗的精神又一次體現出來。他想讓這部長詩，盡可能充分展示通俗的風格和民族的樣式，便為這次寫作實踐確定了這樣的苛刻原則：「……用我所慣用的白話，但在必不得已時也借用舊體詩或通俗文藝中的詞彙，句法長短不定，但句句要有韻，句句要好聽，希望通體都能朗誦。」老舍知道，老百姓讀詩，一要淺白，二要合轍押韻，才能感覺到朗朗上口，才會喜歡它。

〈劍北篇〉，一九四〇年二月份動筆，寫作中間曾闢出兩個月趕寫別的作品，至當年十一月，這部長詩寫得了二十七章，三千多行。其後，作者因患病只好輟筆，至一九四一年底，感覺已無再續寫的可能，便將已寫成的部分結集出版了。總結這次寫作，老舍脫口而出的經驗與教訓，是「俗更難」（〈劍北篇附錄：致友人函〉）。既要句句用韻，又要寫得通俗淺顯，「去找那麼多有詩意的俗字」，就成了大難題。

老舍畢竟還是拿出來了這樣一部長詩。他那不畏崎嶇，反覆探索民族樣式通俗文藝的魄力和意志，教讀者們沒法不折服！

愛國與抗日，仍是〈劍北篇〉的鮮明主題。不過，比較起他前此創作的通俗文藝作品來，這部長詩的蘊涵卻厚重了許多。

詩作歌頌民族救亡運動和民族解放戰爭。在長詩〈小引〉中，開章明義：「在中華復興的大路上，／我四過西安，三宿平涼，……／在城鎮，在塞外，在村莊，／中華兒女都高唱著奮起救亡：／用頭顱與熱血保衛希望，／今日的長城建在人心上！」是全國處處燃燒的抗敵怒火，燃旺了老舍的詩心，他用數千行的跌宕詩句，來表達與全國軍民一致的熾熱民族情感。

西北之行，途經長江、黃河、中條山、終南山、華山……，「國破山河在」，中華大地的千山萬水，無不喚起老舍的愛國情愫，他恨不能為祖國的每一片山水，都奉獻一首高亢的歌吟，就像他在面對長江夔門所唱出的一樣：「啊，那雄奇偉大的夔門：／似巨鯨之口，山是牙，石是唇，／漱蕩，控制，吞吐，激噴，／使往來的舟艇似毛羽的旋轉升沉，／使東海的黃水掙扎呻吟：／驚濤為鎖，峭壁為門，／任他萬馬千軍，／就是啼猿飛鳥也喪膽驚心！」（〈劍門——廣元〉）

姜維碑、武侯墓、留侯祠、周公祠、關羽廟、龍門佛洞、大晉古碑、白馬寺、臥龍崗、鴻門、黃帝陵、扶蘇墓、蒙恬戰場……文明之邦的系列古蹟，都在老舍此行的沿途。他每到一地，必滿懷景仰地予以憑弔，禮讚中華世代不朽的民族精魂，頌揚偉大民族在抗日鬥爭中繼續湧動的剛勁血脈：「起來！從黃帝的園陵，／到孔孟的聖境，／沒有恥辱，不要消停，／只有勝利才是和平！／黃的飛沙，黃的身影，／殺聲像黃海止在沸騰！／這金子作的黃土，慈祥而神聖，／為它去戰，去殺，去犧牲，／保全住黃土，保全住文明，／保全住黃土才解除了苦痛！」（〈潼關〉）

託足於孕育了中華傳統文化的大地，老舍的思索延伸到歷史的縱深，他用歌者的熱忱，祝禱心愛的民族在神聖戰爭中不僅要擊潰頑敵，也要迎來自我心靈上的新生：「啊，只有歷史的新生，才能解除山川的潦倒；／我們要新的力量，像風狂雨暴，／把恥辱洗刷，把因循清掃，／以至大至剛敵對著卑污紛擾，／浩浩蕩蕩，不屈不撓，／是寶劍與鋼刀，／斬斷了私邪與淫暴！」（〈臨

潼——終南山〉）

老舍在長詩中，還就組織民兵以加強國民意識、開發西北地區資源以強健綜合國力等方面的問題，慨陳己見。

一部〈劍北篇〉，證實了前去西北慰問抗戰軍民的老舍，同時也把此行當成了一次嚴肅的文化與社會考察。他第一次將自己的足跡印在祖國西北地區的遼闊土地上，就把心中被激發出來的真誠歌唱，捧還給了這片深情的國土。從這個意義上說，〈劍北篇〉既是頌讚祖國大好河山的歌，又是頌讚民族傳統文化的歌，既是一曲期盼中華民族振翅高翔之歌，又是一曲鼓舞古國文化嬗變壯大之歌。

〈劍北篇〉是文學史上罕見的長篇記遊詩。記遊詩雖與一般意義的敘事詩有所不同，畢竟還屬於記述性的詩體。中國自古號稱詩歌之邦，如果細想一想，長篇記述性的詩歌卻在古代詩史中並不多有。清代旗族文化人創製的能配曲演唱的「子弟書」，從文體上看，倒可算作對長久以來缺乏大部頭記述性詩作的一次規模性的改造。老舍不是一位詩作很多的作家，但是，他寫出了〈劍北篇〉這樣的長篇記述性詩作，而且寫得相當俗白曉暢，這也跟他從小受到的民族文化習養分不開。〈劍北篇〉諸章，多用將記遊、繪景與抒情結合的方式寫成，但混雜在其中的個別章節，例如〈豫西〉，就稱得上是一首典型的敘事詩。該詩一百一十四行，由握別潼關將士踏上虞虢古地說起，先描寫了當年匪跡斑斑的豫西地方，如今連強人們也都紛紛投軍報國的新氣象，繼而狀寫了「男人去打，女人種地，／連孩子們也快樂的戴上了草笠」的田間忙碌場面，隨後，作者筆鋒急轉，寫了一次驟然降臨的敵機轟炸。詩中如實記錄了作者親眼目擊的以下過程：

一會兒，那毒狠的銀鷹已到河堤，
安閒的旋轉，忽高忽低，
分開，集合，合而復離，
最後，以恐怖的呼嘯，顯出毒狠的得意，
準確的把炸彈投在空地。
十齡的小兒被碎片殃及，
短短的白褌已如血洗。
白髮的老人，是祖，是父？將他背起，
老人無言，孩子低泣，
默默的，緩緩的，在大家的憤怒裡，
走向綠蔭中短短的草籬，
啊，走向永遠的血的記憶！
這默默的老人，是作生意？
還是種著薄薄的幾畝田地？
要不是這橫禍奇襲，
也許一輩子不曉得國事的危急？
今天，默默的把孫子背起，
默默的他可認識了誰是仇敵！

這樣載情載嘆、可歌可誦的敘事詩篇，理當地要收進中國現代詩歌創作的寶典之內。

話劇：從戰時宣傳入手

話劇寫作，是抗日戰爭時期老舍文學創作的重要組成部分。由一九三九年至一九四三年期間，他好似特別地迷上了話劇寫作，五年間，獨立完成或與他人合作，完成了九部多幕話劇的文學劇本。這九部劇作是：四幕劇《殘霧》（一九三九年）、四幕劇《國家至上》（一九四〇年，與宋之的合作）、四幕劇《張自忠》（一九四一年）、三幕劇《面子問題》（一九四一年）、三幕劇《大地龍蛇》（一九四一年）、五幕劇《歸去來兮》（一九四二年）、四幕劇《誰先到了重慶》（一九四三年）、四幕劇《王老虎》（又名《虎嘯》，與蕭亦五、趙清閣合作，一九四三年）和四幕劇《桃李春風》（又名《金聲玉振》，與趙清閣合作，一九四三年）。

老舍對文藝的不同樣式，均有著願意上手試一試的興頭。這是他置身話劇寫作的原因之一。更重要的動因，則在於他看準了話劇這種藝術形式，「在抗戰宣傳上有突出的功效」（〈寫給導演者〉）。當他歸結過了寫作「抗戰曲藝」和「抗戰京劇」的經驗教訓之後，沒有及早車轉身子回到自己熟悉的小說創作中去，而是一頭栽進了陌生的話劇寫作中間，蓋為話劇比小說更適宜於戰時宣傳需要使然。

九部話劇，故事取材各自有別，所描繪的社會斷面也彼此迥異，事件有的發生在作為戰時陪都的重慶；有的發生在不斷遭到日寇蠶食的北方城鄉；有的發生在淪陷區北平的市民當中；有的發生在浴血殺敵的反侵略戰場之上，其中涉及到的人物衆多，官僚政客、民間士紳、抗日將領、下級官兵、商賈、教員、莊稼漢、武術師、家庭婦女、漢奸、間諜……在這些戲裡，都有各盡其情的表現。然而，有一點則是共通的，即所有這些戲所依託著的，都是中華民族的抗戰大背景。老舍讓每個劇中人物的命運，都與民族的大事變相互接軌，既寫出一些中國人純正高貴的民族氣節，也寫出另一些中國人不齒於國家的醜陋靈魂；既寫出某些彷徨者的翻然圖新，也寫出某些卑微者的自暴自棄。「國家至上」，不但是這些劇作中間一部具體作品的題目，也可說是貫徹於每部劇作的一個總題義。

在九部話劇中最先問世的《殘霧》，是一部諷刺劇。劇中突出地刻畫了在大後方重慶，位居政府要職的官僚——洗局長，由貪婪、好色而墮入漢奸泥坑的經過。與重慶上流社會不少有身分的官員一樣，洗局長衣冠楚楚，胸佩徽章，整天忙碌不停，加上他又習慣於把「國難時期」啦，「我現在只有國，沒有家」呀之類的表白，總掛在嘴邊上，所以在政界騙到了一份「精明剛正的名聲」。其實，他是個備齊了成套假仁假義而滿腦子又塞滿男盜女娼的偽君子，乘逃難女子朱玉明之母病重無力就醫之危，他假意伸出援手，隨即顯露猙獰真相，威逼朱以身付酬，給他當小老婆。他的朋友、一心欲作漢奸的楊茂臣，向他散播應該利用抗戰大撈一通私利的言論，他極力誇獎：「見地很對！很對！」果然，當暗地為日本軍方服務的女間諜徐芳蜜向他施以色情利誘之際，他雖已看清對方的真實身分，還是照樣高呼著「我死在你的懷裡也要含著笑的！」順順當當地，就與徐某做起了以情報換取女色的交易。劇作不單揭發了抗戰時期洗局長的個人醜行，還圍繞著他和他的惡棍朋友楊茂臣，勾勒出寄生於陪都社會間一批民族敗類的嘴臉。這夥人喪盡了中國人的心腸，對烽火連天、民族瀕危的現實置若罔聞，每以譏笑愛國者為能事，說什麼「趕明兒個麻將也改成抗戰麻將，才笑話呢！」他們毫無人味兒：外頭敵機空襲，屋裡照樣大賭麻將牌，炸彈炸飛過來一條女人的腿，絲襪裡掖著「三十元法幣」，「你看他們這個跳呀，這個喊呀……他們足吃足喝了一大頓！」這樣的中國人，恰是萌生漢奸的土壤，他們動不動就要發牢騷：「抗戰而得不到利益，食不飽，力不足，也就難怪我——」小官僚們想靠賣國發跡；大官僚們因利害所繫，成了漢奸、敵特的保護傘。戲的結尾意味深長：因為投敵之事被曝了光，洗局長和引他上鉤的間諜徐芳蜜，被軍警明令逮捕，到了最後關頭，突然來了個耀武揚威的大宅子衛兵，公然要帶了「徐小姐」去陪他家太太吃飯，於是，洗被押走，徐則在衆目睽睽之下，作更高級人物家裡的座上客去了。這一怪異現象，出現在民族戰爭期間的臨時國都，豈不叫人目瞪口呆！從前喜好在作品中展現溫情與幽默的老舍，這一回可是十成十地在諷刺，諷刺得犀利老辣，絕不容情。

《殘霧》是受「文協」之託，為籌款而短時間趕寫出來的。此前老舍沒寫過成本的話劇，對話劇的一些基本創作原則還所知不足。何況又屬於趕任務，也來不及細細打磨。這就帶來了〈殘霧〉的若干不足：例如情節鬆馳；人物上下場缺少精密安排；對話也過於地冗繁、堆砌等等。不過，劇本還是很快就被搬上了舞台，並以其「諷刺趣劇」的鮮朗風格，受到了觀衆歡迎。老舍也由此而被朋友封為「劇作家」了。他知道這齣戲寫得不怎麼高明，說：「《殘霧》，只寫了半個月。不會煮飯的人能煮得很快，因為飯還沒熟就撈出來了！」（〈閒話我的七個話劇〉）

《國家至上》是繼《殘霧》之後，老舍寫的第二部話劇。封他為「劇作家」的回族教授馬宗融，代表回教救國協會，囑他寫一齣表現回教群衆抗日報國的戲。老舍沒遲疑就應允了，他很高興有機會寫這種題材的戲。為了寫好這齣戲，也為了透過寫戲學寫戲，他約請劇作家宋之的合作。二人一致的願望，是要寫出一部宣傳回民愛國、宣傳中華全民團結抗戰的好戲。

回族，是中華多民族大家庭的重要成員，是個全民信奉伊斯蘭教的民族，他們的居住地，遍布於由北到南的國內許多地方。老舍生在舊北京的下層，那裡的滿族與回族，有著長期密切的民間往來。老舍從來就對回族同胞，有著深情的關注，並在彼此同情和理解的基礎上，與一些回族人士交上了親密的朋友。老舍明瞭，因為信仰、心理和習俗上的多種原因，回、漢兩個民族之間，一向有些隔閡，即便是到了抗戰爆發之後，他們各自雖都存有崇高的愛國救國之志，卻常常奈於既往的芥蒂，妨礙了精誠一致地抗擊外侮。為此，要寫一部激勵回、漢群衆同心禦敵的劇作，無疑是必要的。老舍也知道，國內的民族關係問題，是個相當敏感的問題，寫作時如果處理不當，就會適得其反，造成相互間新的不愉快。老舍與他的合作者宋之的，為設計劇情，煞費苦心，終於找到了以寫回族內部團結過程為主、寫回、漢之間團結過程為輔的故事布局方式。

《國家至上》的主人公張老師，是生活在北方鄉鎮裡的一位回族老拳師。他正直、剛毅、倔強，有一身過人的武功，也有一顆拳拳報國之心。出於歷史的緣故，他對漢族人戒心頗重，自己的結拜兄弟、教育家黃子清，兼收了回、漢兩族學生，他便執意用氣，造成兄弟間失和多年。日本軍隊節節逼近了他的家鄉，他聽信小人金四把的挑唆，不但依然故我，拒絕與黃子清和好，而且不願意跟漢族鄉親們一道籌畫禦敵之策。結果，殘酷的事實擺在了他的眼前：敵寇濫炸清真寺，回族老幼到處遭到殺戮，他自己也被炸傷。在他苦悶之時，老兄弟黃子清主動捐棄前嫌，為他送來極珍貴的醫傷良藥，漢族的縣長和民衆也向他敞開熱誠的胸懷，歡迎他聯手破敵。日軍迫近，張老師慷慨請纓，衝向沙場，喋血作戰，在最危急的關頭，他得到了漢族同胞的及時救助，大家合力一處，禦敵成功。戰鬥過後，身負重傷的張老師猛然醒悟，原來一直煽動他不要跟漢人來往的金四把，竟是日軍的一名奸細。他在臨終時，親手擊斃了金四把，用最後的氣力，道出了金石般擲地有聲的話語：「我快死了，我明白了！回漢得合作……」

這部話劇，準確把握了回族同胞的心理特徵和行為方式，歌頌了他們憎愛分明、勇於為國為民壯烈捐軀的精神風範。作品上演伊始，就得到了回教群衆的普遍首肯和讚譽。劇作反覆張揚「國家至上」、「我們都是中國人」的國民意識，更引發了各族廣大觀衆的情感共振。這部戲，直面現實，不迴避題材「禁區」，是一部在國家危急關頭，真切反映國內不同民族間打通心理隔膜、共圖中華生存的戲劇佳作。即便是檢閱於中華文學史的漫漫長編，這樣疾呼民族團結的積極作品，也是向無先例的。——老舍能寫出這樣的好作品，當然不是偶然的，他歷來傾心關切中國各族人民的關係，他是藉回、漢團結抗敵的故事，一抒心底鬱積多年的情感！藉此，他開始得以逐漸向比較明確地表現滿族與兄弟民族關係的題材靠攏。

《殘霧》和《國家至上》，都是應時受命之作。它們的推出，引來了又一些帶著題目找來的話劇稿約，熱心腸的老舍，繼續實行來者不拒、如數踐約的方針。於是，便又有了《張自忠》和《大地龍蛇》。

抗日名將張自忠殉國之後，軍界友人鼓動老舍寫個展現烈士業績的劇本，並提供給他了一些張將軍的生平資料。這個題材對於老舍來說，比《國家至上》還要難寫，作者從來就不熟悉軍營裡和戰場上的情況，雖說張自忠生前個人沉浮的不少事實很有「戲」，由於牽扯當局內部糾葛，沒法明明白白地寫出來。當老舍想到「表揚忠烈」是「文人的責任」，他立即放下手裡正寫著的東西，投入了話劇《張自忠》的創作。老舍說這部戲是一齣「歷史劇」，因為得從真人真事出發來構造故事。他儘量躲開自己不熟悉的戰爭與軍事，將作品重心，放在謳歌張將軍一心殺敵救國的磊落胸懷上面；放在強調只有軍民一致打擊暴敵，中國才有出路的信念上面。考慮到烘托張自忠愛國精神的需要，作者虛擬了一個叫作「墨子莊」的角色，讓他來代表長期以來意欲遮蓋張自忠的那些「黑影」，體現干擾張自忠獻身抗戰的恐日、降日情緒。《張自忠》的寫作，在三個月內五易其稿，不可謂不費心，但是，最終還是因為作者對軍旅生活的陌生，尤其是因為圍繞主人公難以營造起統制全盤的精彩的戲劇衝突，而使整個劇作流於平泛。雖然戲寫得不大成功，老舍通過劇中民族英雄張自忠講出的那句話：「抗戰就是民族良心的試金石！」卻深深地烙進了讀者和觀眾的心田。同時，人們也不難通過這部劇作，瞭解到老舍心目中理想的國家軍隊與民族英雄應當是何等樣子。

至於話劇《大地龍蛇》的寫作，簡直可以說是從最初創意，就孕育著作品失敗的因子。東方文化協會，來懇請老舍以「東方文化」為題作一本話劇。顯然是「東方文化」四個字，勾起了老舍的纍纍遐思，他二話沒說，就接過來了這個題目。打從邁上文壇即特別關心民族精神文化走勢的作家，認為：「在抗戰時期，來檢討文化，正是好時候，因為我們既不惜最大的犧牲去保存文化，則文化的力量如何，都須檢討。我們必須看到它的過去、現在與將來。」他希望以抗戰為機遇，給民族文化照一照「愛克斯光」（《大地龍蛇．序》）。可是，畢竟這個「東方文化」的題目，過於地大而虛幻了，它害得老舍幾經苦苦捉摸，也捕捉不到一個能夠形象地包容得下這個題目的故事來。全仗著老舍太偏愛於這個題目，他到底還是將這個戲吃力地寫了出來。

這齣演示和剖析「東方文化」的話劇，取了一個書香門第的趙姓家庭為背景，寫出了這一家人在抗戰期間及勝利之後若干年間的生活和思想。劇中的主要人物，父親趙庠琛、母親趙老太太、大兒子趙立真、二兒子趙興邦、小女兒趙素淵，以及小女兒起先的男友封海雲，在戲剛開場時，分別代表著某種抽象的文化觀念：趙庠琛體現著中國傳統的「耕讀文化」，他重氣節、愛和平，主張作人「應當由修身齊家起首」，不太願意為了全民族的解放，奮起投身積極的社會鬥爭；趙老太太是典型的東方婦女，一心督促兩個兒子早日成家，好叫全家過上和和美美的小康生活；趙立真身為動物學家，堅信「科學昌明了，世界上就根本不會有炸彈」，立志從科學的道路上，「給這個不明不白不清醒的人類找出真理來」；趙興邦，是一位有理想肯實踐的愛國青年，他勇於迎著抗戰的炮火硝煙衝向前方，不僅是為了救國，也是為了將民族的傳統文化「更改善一些，更提高一些」，使之成為「剛性的」新文化；趙素淵天真、浪漫，想要追求個性的抒發，又缺乏辨明生活道路及世間真偽的頭腦；封海雲，則是個「漂亮，空洞，什麼也會，什麼也不會」的浪蕩種兒，他對所謂「文化」的理解，就是一邊看戲、跳舞，一邊搶購囤積點兒戰時短缺的商品、物資，好伺機往自己口袋裡摟錢。隨著劇情發展，趙興邦的道路，得到了家裡人們的認同，父親不顧年邁出門為抗戰作事去了，哥哥一肩雙擔，邊堅持科研邊照顧老母，妹妹在認清人生意義之後，切斷了與無聊男友的交往，也投入了抗戰前方的服務工作；只有封海雲執迷不悟，落了個破敗潦倒的下場。《大地龍蛇》究其實質，是要呼喚古老的東方民族，在非常的戰爭時期，通過自我的批判和矯正，尋求精神文化的遞嬗與新生。作者的創作動機，是真誠的、合理的。但是，戲劇終歸是戲劇，而不是文化論文，讓劇中人物都直接了當地充當理念的化身，其結果，並不能幫助作品的欣賞者們，完滿地達到對各種理念有效的辨察和抉擇，反而還會削弱戲劇的內在魅力。難怪，《大地龍蛇》一脫稿，作者就已經在自省這方面的教訓了。

作家老舍可不是個文學新手，他在創作之初，已預感到了《大地龍蛇》這部作品的先天不足，是要帶給作品較大損傷的，而他仍願勉為其難地去完成它，其中很可能別有因由。細讀劇本，我們猜測，大約還有一層意蘊，暗收在作品中間。劇中，趙興邦曾赴祖國北方的綏遠抗日戰場參戰，他向家人回憶起自己與戰友們協力奪得的勝利時，特意點到了：「我可以教你們看清楚，我們的百姓，而且是漢滿蒙回藏各處的百姓，怎樣萬衆一心地打敗了敵人！」劇作者老舍在此處，精心安排了一個倒敘的場次，真的讓各民族的抗日勇士悉數登場，其中有漢族戰士李漢雄、蒙古兵巴顏圖、回教兵穆沙、藏族高僧羅桑旺贊、朝鮮義勇兵朴繼周，甚至還有印度醫生竺法救、日本籍的國際主義者馬志遠、華僑記者林祖榮……作者讓這些抗日志士，齊聲高唱他們豪邁的戰歌，其中也有「為中華打仗，／不分漢滿蒙回藏！／為中華復興，／大家永遠攜手行」的歌詞。這裡，會引起人們注意的是，老舍一再提到了「漢滿蒙回藏」，怎麼獨獨沒有讓他自己所隸屬的民族——滿族人的代表，出現在舞台上呢？這個問題一經想到，答案也就呼之欲出了：趙興邦，這個戲裡的中心人物，看來就是老舍想提示人們注意到的那個「滿」人的代表了。你看，他姓趙，恰合滿族主要姓氏之一（滿人用漢字姓的趙姓，滿姓舊譜稱「伊爾根覺羅」，若直譯為漢語，是「民衆姓氏」之義，亦含有滿人「最常見之姓氏」的寓意）；而且，老舍在這裡，還留下了一些相應的暗示：⑴劇中證實，趙家祖籍在北方淪陷區，趙庠琛是在「宦遊二十年」後隱退到重慶來的；⑵在該劇本〈序〉中，作者曾不無用意地寫道：「就以我們的服裝說吧，旗袍是旗人的袍式，可是大家今天都穿它。」說者有意，聽者不應當無心，老舍如此留戀這個話劇題材，不單是「文化」，還因為有「民族」的因素潛在其中，也教他分外掛心！既然是寫的是「東方文化」，老舍就不會像世間有些人那樣茫然地忘卻了中國文化是多民族共同締造的，也不會忘了華僑、印度人、朝鮮人乃至於日本人，都是「東方文化」的創造者。在《大地龍蛇》末尾一幕，老舍啟用幻想方式，寫了抗戰勝利後的二十世紀六〇年代，在中國亮麗明媚的海濱城市青島，愛好和平的國內國際諸民族代表，歡聚一起慶祝「和平節」，人們齊聲歡唱：「……從印度接來佛法，放大了愛的光明，從西域傳來可蘭，發揚了清真潔淨；無為的老莊，濟世的孔孟，多一分真理，便多一分人生，多一份慈善，便多一分和平；道理相融，滲入人生，善為至寶，何必相爭？我們的心地和平，我們建造了和平，和平！和平！和平！」可見，老舍在艱苦卓絕的民族戰爭時期，所時時魂牽夢縈、祝禱祈盼的，正是各個兄弟民族之間溝通良善、和平相依的「東方文化」勝景。

作為一位少數民族出身的作家和文化人，老舍利用創作《國家至上》和《大地龍蛇》的機會，又一次懇切委婉地宣示了自己渴望多民族相互依存、繁榮與共的民族觀。——假如我們還沒有忘記的話，大約在此前十年，在長篇小說《小坡的生日》裡，他不是已經做過一次初步的表達嗎？

老舍在抗戰期間寫了九部話劇，《殘霧》、《國家至上》、《張自忠》和《大地龍蛇》，按寫作順序，分別是其中第一、二、三部和第五部。這個現象，可以教我們生出兩點想法。首先，是老舍初涉話劇創作領域，確係應外界要求而為之，不完全是他的主動行為；其次，則是由此免不了會對他自己主動要寫的第一部——總序列是在抗戰期間的第四部——話劇作品，《面子問題》，產生出一些特別的注目。再進一步看呢，《面子問題》委實有點兒與衆不同，它不僅是老舍自己主動要寫的頭一部話劇，就其表現內容而言，也與作者同一時期創作的另外八部話劇，有著一定間距。這部劇作，描寫的是戰時陪都政府裡一個下層偏高的官吏，佟景銘祕書，他為了在官場上、生活裡頑強地維護個人的「面子」，所鬧出來的種種令人啼笑皆非的故事。劇作只遠遠地為這個故事罩上一個抗戰時期的大背景，個中情節，跟抗戰鬥爭卻不十分搭界。也許就因為這個，該劇顯得「分量太輕，壓不住台。」（〈習作二十年〉）這齣戲「極用力的描寫心理的變化」，全然不是一齣動作戲，倒好像是對話體的心理小說，似乎是「只能在客廳裡朗誦，不宜搬上舞台。」（〈閒話我的七個話劇〉）

鑑於《面子問題》的特異之處，我們不能不對該劇的思想內容和創作動機，做出稍多些的探察。而最終我們得到的理解是：這齣戲，是一部暗地裡在針砭滿族人性格缺陷的輕喜劇。

之所以能產生這樣的認識，首先仍然是從話劇主人公佟景銘的姓氏獲得的啟發。中國的佟姓，多分布在北方，近代以來的漢族人冠此姓者極少，而滿族人姓佟的卻很多，它是由滿族舊姓中間的「佟佳」氏演變而來的。③在京城滿人那裡，自清初以來，即有傳播很廣的「滿族八大姓」之說，就是把「佟、關、馬、索、齊、富、南、郎」，看作滿族內部冠用率最集中的八個姓氏。④老舍既然是對滿族市俗文化具有豐沛的修養者，他必會曉得「佟」姓因處於「滿族八大姓」之首，而具有的民族的指代意義。我們在前面已經幾次談到，老舍為他作品中的人物冠姓命名，常常是暗含用意在其中的，《面子問題》中的佟景銘，恰是這類現象的又一實證。

佟景銘，不但有個滿人的典型姓氏，話劇裡面，對他須臾不願割捨了自身作人原則——一切為了維護個人「面子」——所做的令人驚訝的描繪，也是尤其能夠切中相當一部分滿族人的性格要害的。我們無須在這裡，詳細說明滿族人是怎樣通過長期的生活習染，形成了這樣一種特殊性格，因為，說滿人普遍具有「好面子」的特點，早就在比較瞭解滿人的各地社區之間，成了一樁不爭的共識。舊時的滿人，大多講體面、重尊嚴、尚榮譽、護名聲，在他們一生所依附的觀念形態中，最看得要緊的，往往就是榮辱觀。當然，這種特別受到重視的榮辱觀，在不同滿人當中的體現，是有差別的，有些人注重的是大氣節，而另一些人，則要把它無謂地貫穿到生活中的所有瑣事縟節裡頭。《面子問題》裡的佟祕書，顯然屬於後者，他的可笑與可悲之處，就在於他根本無視歷史已發展到了中華全民奮起抗戰的非常時期，不是把國家民族的尊嚴放在心頭，每日裡仍舊斤斤計較於個人的臉面是否有光彩：工友用一隻手遞給他信，他會感到丟了尊嚴而動肝火；比他身分低的醫生，為他看病來晚了一會兒，他會覺得受了侮辱而大發雷霆；他最不能容忍的，是「作了二十多年官」，總在秘書的職位上，會被大家瞧不起，所以對身邊人們的每項反應，都疑神疑鬼地亂猜測。按說，人活在世上，喪失了自尊心和廉恥感，是很糟糕的事，可是，像佟秘書似的，置民族的尊嚴於腦後，只顧修飾個人的毛羽以求炫目於世間，也同樣是絕不足取的。中國的傳統，歷來有提倡講「面子」的成分，但細觀那種提倡，其間只有少部分是屬於倫理性的，更常見的，則是在講面子後面伴隨著的固有的功利目的，也就是說，人們彼此誇耀「面子」，是為了用它來換取這樣那樣的生存利益，在利益與「面子」相互抵觸的時刻，讓「面子」服從於利益，則常被看作是天經地義的。《面子問題》中的于建峰科長，就是一例，他「深知面子的重要，但絕不為面子所犧牲」；方心正夫婦倆又是一例，他們「努力保持面子」，不過是為了在美妙的光暈底下，騙得本不屬於自己的東西。然而，佟景銘式的（也可以說某些滿人式的）「面子」觀，與于建峰和方心正夫婦的「面子」觀頗為異樣，他一向不肯拿自己的「身分、地位」作籌碼換取實利，口口聲聲「我是世家出身，絕不能作買賣」。他那份不摻雜經濟目的的虛榮心，到故事結尾，表現到了極致：獲悉自己被免了職，此公首先不是擔憂本人及一家老小的生活會怎麼樣，而是覺得既然「沒有了名聲，什麼也沒有了」，就只能為了臉面而自殺了；他甚至還能相當「理智」地跟醫生討論，採用怎樣的辦法自殺「才會更體面一些?」老舍以這樣的生命特例，教人們看到，自己同胞中一些人愈演愈烈的好「面子」、尚虛榮，已經發展到了令人何等尷尬的狀態。人的自尊意識，一旦「熟化」（異化）到了此種無聊、無奈和無意義的狀態，便實實在在地成了人生和時代的贅疣！

劇作《面子問題》，雖問世於抗戰時期，就其主旨來說，卻不像是一齣鋒芒外向的抗戰宣傳劇。它很像是老舍經過了較長久的感觸與構思之後的一部小說腹稿，到了抗戰時期，受到新的條件催發，而終以話劇形式而推了出來。這裡所說的新條件，不僅是現實中確有佟景銘們棄國家尊嚴、顧一己「面子」的現象，就連老舍個人，當時也對「面子問題」有了新的心理體驗。此時的老舍，棄置了戰前大學教授、名作家的身分，在民族戰爭的大時代，甘當一名普通的文藝宣傳員，寫了許多最通俗不過的曲藝小段子，甚至在大庭廣衆面前，去演出「不登大雅」的雙簧、相聲，不僅引起了人們的好奇和議論，他個人自幼建立起來的自尊心，也不可能不受到某些外人不易察覺的挑戰。但是，他從國家、民族大義出發，鬥敗了無謂的「面子」觀，也加深理解了什麼才是人的更具價值的尊嚴和體面。他寫《面子問題》，要表達的，就是自己對人生種種無價值的虛榮，一種果斷的反撥和離叛。自然，作者諷刺佟景銘時的心情，與嘲弄洗局長時的心情，不可同日而語，所以，老舍才願意把《面子問題》寫成一齣「喜劇」，而不是一齣「鬧劇」（〈閒話我的七個話劇〉）。老舍對同胞們久已養成的精神疾患，即使是體現在國難期間的「死要面子活受罪」吧，也還是採取著半是數落、半是調侃的比較寬容的態度，當中仍然存有一份規箴的溫熱。

至於《歸去來兮》、《誰先到了重慶》、《王老虎》和《桃李春風》，故事類型各不雷同，卻都屬於抗戰宣傳劇的範疇。《歸去來兮》，寫的是面對抗戰，在喬、呂兩個相關家庭中不同人物的心態與道路，其中既對比著展示了奸商的無恥和愛國藝術家的堅貞，也利用互襯筆法，刻畫了烈士遺屬的復仇欲望和「罕默列特」（哈姆雷特）式青年的動搖徘徊。讓猶疑彷徨者振作精神；教靈魂失落者「歸去來兮」，是這部劇作的突出主題。《誰先到了重慶》，是一部以淪陷區北平為故事發生地的作品，歌頌了故都志士身陷魔掌心繫中華，敢於憑一腔熱血與暴敵作殊死抗爭的意志。該劇看上去很像是作者後來所撰三部曲長篇小說《四世同堂》的一個毛坯，劇中的吳鳳鳴、管一飛、董志英等人物，就其各自的性格、作為而言，與《四世同堂》中的錢詩人、冠曉荷、冠招弟等，具有比較顯見的對應關係。這齣戲裡有個貫穿前後的人物名叫章仲簫，被老舍寫得十分出彩——並不是因為他特別地可愛或者可憎，而是因為他那酷愛北平文化而又忘掉了區分敵我營壘的迂闊性格，和成事不足而敗事有餘的幫閒作為，被勾勒得鮮活靈動，使人再次領略到老舍對北平市民精神現象的精妙把握。《王老虎》，講述了一個極普通的北方莊稼漢，是如何一步步地成長為一名光榮、堅毅的抗日軍人的經歷，其可貴處，在於體現了人性轉化中外界條件的重要，這亦可理解成作者在強調向民眾灌輸抗戰思想的重要意義。《桃李春風》，是讚揚為人師者氣節和操守的作品，塑造了具有純正心志的教育職業者「貧賤不能移，富貴不能淫，威武不能屈」的形象，其中有些情節，是相當打動人的。

老舍在抗戰時期寫的九部話劇，總的講都屬於戰時「宣傳劇」；這些劇作，或倉促上手，或應命而為，往往難以做出反覆精細的加工打磨。況且，老舍原本是以寫小說見長，最初轉向話劇創作領域，對該行當的藝術規律還缺少足夠的鑽研揣摩，難免較多依賴小說寫作的既有經驗，來應付話劇的寫作。於是，這些宣傳劇，比起戰前的小說作品，在藝術質量上，自然也只能是等而下之。好在，老舍有邊寫作邊檢討總結的習慣，他看到了自己寫話劇的弱勢，在於還「不明白舞台的訣竅，所以總要不來那些戲劇的花樣。」作為一位根柢紮實的作家，老舍深諳不管寫什麼體裁的作品，都須走出自己的路，生發出獨特的藝術個性，所以，在看到了自己在話劇創作方面的不足之後，老舍並沒有盲目尾隨和因襲別人的成功套路，他不願因為過分賣弄劇作技巧，過多地在劇作中設置與本人藝術風格不相稱的戲劇衝突，而丟掉或削弱了自己語言靈動、文字恰切以及刻繪人物準確的原有創作優長。他感慨地指出：「劇本是多麼難寫的東西啊！動作少，失之呆滯；動作多，失之蕪亂。文字好，話劇不真；文字劣，又不甘心。顧舞台，失了文藝性；顧文藝，丟了舞台。」（〈閒話我的七個話劇〉）他敏銳地發現了這些矛盾，面對這些矛盾而苦苦思索。請別忘記了老舍此時的苦惱，大約二十年後，他終於透過劇作《茶館》那樣的極度藝術成功，證實他能夠從自我的藝術個性出發，對經歷過的創作苦惱，完成超水平的能動跨越。矛盾與苦惱，在老舍這裡，到底還是被打造成了具有強勁反彈力的藝術助跑器。

小說：由《蛻》到《火葬》

一九三七年抗戰爆發之後，至一九三八年年底，老舍配合著民族反侵略戰爭的初起，寫過長短不等的一部分小說。其後，他的小說創作活動，中止了差不多五年時間。直到一九四三年年初，人們才又讀到了他陸續創作、發表的中短篇和長篇小說作品。抗戰時期一前一後兩個階段發表的這些中短篇小說，約有十篇，多被收入《火車集》和《貧血集》裡。《蛻》，是他於抗戰剛開始時撰寫的一部長篇，沒能寫完，只能歸入他一生中若干部未完成的長篇小說之列；而《火葬》，則是一九四三年年底脫稿、一九四四年發表的一部完整的長篇小說。

抗戰時期老舍最重要的小說作品，當屬繼《火葬》之後創作的《四世同堂》三部曲（到抗戰勝利之際還遠未寫畢）。為了評述方便起見，我們將在本書隨後設專章對《四世同堂》予以討論。這一小節所談及的，是由《蛻》到《火葬》之間的小說作品。

一九三八年初在武漢命筆的《蛻》，以在時間上極為迅速的文學反饋方式，講述了一九三七年下半年北平失守之後，發生在某省會城市陰城（看上去頗像是濟南）的一段故事。來自北平的五個流亡學生——厲樹人、金山、易風、曲時人、平牧乾，出於絕不甘心作亡國奴的強烈意志，變賣了身邊僅有的行李物品，購得一部分慰問品，前去陰城火車站，慰勞從前線撤下來的傷兵，這些熱血青年想像不到，該城警方竟將他們無理拘押起來。小說從這裡開篇，描寫了青年學生們在陰城令人感到忿忿的遭遇，講述了他們中的多數人衝破艱難投軍報國，也有個別人留在了陰城，為翦滅漢奸而勇敢工作的經歷。從作品已寫出的十多萬字看，主要情節還沒有展開，全部創作意向也只是剛露痕跡。不過，讀者依然可以從中清晰地感受到老舍所展示的濃重的憂國、愛國情緒。在這座「距血染的天津只有七百里之遙」的陰城，面對日本侵略軍咄咄逼近的攻擊趨勢，有人迷惘，有人恐懼，有人作壁上觀，有人搶發國難財，還有人準備要搶在陰城政府的前面，「替日本人把太陽旗插在陰城的城頭上」……作者以沉重的心情，凝視陰城作為一座中國的重要城池，在這歷史驟變時期整合性的心理走向和行為反應。他捕捉住陷落敵手前夕城中許多人的張惶迷亂，將其曝曬於光天化日之下：

平津失陷的消息來到，陰城偷偷的哆嗦一下。哆嗦只能把身上斂縮。陰城要像刺蝟似的縮成一團；不，縮成一個小豆，好藏在什麼安穩地帶，或滾到遠方，避免敵人的炮火。有錢的趕緊去到銀行，驚惴不定的簽了支票，取出法幣，塞圓了皮包，緊抱在胸前。……火車站擠滿了人，踩死了小孩；買了票的平民沒有車坐，無票而有勢力的上了車而把車門鎖上。……國事的危急全表現在幾家報紙的特號字的標題上。城裡空了許多，連天空的塵霧都小了一圈。那負著保衛國土之責實在沒法逃脫的人們，都無可奈何的多吃頓好飯，多喝半斤黃酒，多洗洗澡，多聽聽戲；茶館酒肆與妓院戲園反顯得繁榮，活一天是一天，且現賺個快活。

讀到老舍的這番描寫，我們會記起他的《貓城記》，在那部虛擬式的作品裡，作家就曾有過不少類似的刻畫，而這次作品所狀寫的，卻是來自老舍的親身見聞。作家一如既往，用自己的眼和心，死死盯著國難當頭的國民心理及其表現，他希望讀者都能牢記我們民族每一幕的不體面。但是，《蛻》較之於當初的《貓城記》，也已經有了明確的不同，這部脫胎於社會現實的小說，既以低沉的筆調，記錄了陰城戰前的種種不堪，也滿腔期冀地，展現了一部分有民族良知的陰城兒女的奮起救亡。讀者看到，同樣是在這座城市裡，實實在在地，有些人正祕密組織起來，要為祖國和民族的生存而戰鬥。寫《蛻》時的老舍，比起寫《貓城記》時的老舍，信心上前進了一大步。這是老舍親自投身於大時代鬥爭中間的收穫。

老舍利用他的長篇小說《蛻》，對國人面對國難做出的愛憎抉擇，做了冷靜的劃分。作品在厲樹人等五名流亡學生，與陰城閒適子弟洗桂秋的對照中，凸現了處在同一歷史背景下同齡人之間鮮明的立場分野。五位愛國青年，身無分文，心繫天下，一心要以僅存的生命報效國家；可是，在貴族氣十足的洗桂秋思想中，「救國等名詞是凡庸，為國捨身是偏狹……國家滅亡，也許正是真正和平的實現。」民族戰爭的現實是無情的，它教老舍將往日的人生價值系統，做了一些新的調適。他已不再比較多地看重人的文化修養怎樣，而寧肯單獨調用愛國與否的尺度，來衡量一個人作為國民是不是合乎標準。厲樹人講：「一個殉國的壯士，哪怕他一個字不識呢，是和聖人有同等價值的。」這標示了作者的思想傾向。作者甚至於還在小說中間闡明，民族戰爭時代的英雄，就應當是「只計邪正，不計成敗的人。」老舍從「七七事變」剛一爆發，就經歷過煉獄般的心理跌宕，他由「一個讀書人最珍貴的東西是他的一點氣節」（〈八方風雨〉）的基本認識出發，斷然決定自己必須提早離濟南出走，以免叫敵人捉去「而被逼著作漢奸」，他不能容許自己失去起碼的國民精神和文人節操。他在寫於抗戰期間的通俗文藝和話劇作品裡，對於國民個人面對民族和國家大義的不同言行，不斷有所挖掘；這種挖掘來得最有力的，還是他的小說。在《蛻》這部抗戰早期小說創作中間，他第一次對民族罪人們的精神成因做出探究，指出：「漢奸有許多種。要想找到他們共同的心理根據，恐怕『怕吃虧』是首當被薦舉出來的吧。怕丟錢，怕丟東西，怕丟地位，怕丟生命；好漢不吃眼前虧，且先叫膝蓋軟一點吧。」洗桂秋就是有這樣特點的人物，他總是「怕離開家，怕麻煩，怕勞動，怕丟了書籍」，這就讓讀者生出猜想，他是不是會在日後被裹挾著走上有負民族和國家的骯髒道路。對民族敗類心理狀態的探究，後來漸成老舍抗戰時期小說創作的著力點之一。

抗戰前期老舍的短篇小說，都是在一九三八年內寫成的。〈浴奴〉和〈人同此心〉，敘述了敵佔區北平下層百姓英勇除暴的故事。前一篇小說的主角，是一位丈夫戰死在前線上的貧民婦女，生活無著，她被拐領到浴池裡作侍浴女，正遇見前來洗浴的日本人，她果斷地「惡虎撲食似的下去，雙手找到日本鬼的喉」，將其掐死，而後，高呼「今天我也殺死他們一個！」縱身墜樓自盡。後一篇小說，主動向侵略軍報仇血恨者，已不僅僅是一兩個與敵人有著個人冤仇的市民，正在讀書的青年學子、胡同口縫窮的老婆婆、街上拉洋車的小伙子，他們都不肯在外寇統治下作令人羞愧的「行屍走肉」，而是心照不宣，相互很默契地配合起來行動，大家的目的只有一個，就是殺滅賊寇，讓「精神與正義和平永在人間」。這兩篇作品，主題單一而鮮明，全力地鼓動國民振作精神，奮起復仇。〈一封家信〉寫了一個愛國的小職員——老范，因不甘心在北平當「亡城裡的一個困獸」，咬緊牙關離妻別子，逃出淪陷區，來到武昌的抗敵軍事機關工作，不幸還是在敵機轟炸中喪生，小說意在指明，愛國是一件極高尚的事情，要愛國，就必須經得起捨家乃至於捨命的考驗。〈一塊豬肝〉講述了昔日的一對戀人，在抗戰初起之際，由於人格的差異，走向了不同的社會道路，男的自視高貴而不願做有利於抗敵的事，還把女方投身傷兵救護工作，污蔑成「婦人之仁」，小說的題目「一塊豬肝」，雖來自於作品中的女看護員正在為傷員求購豬肝以便補血一事，卻也弦外有音地嘲諷了小說中男主人公的心肝，比起能為傷員們補血的一塊豬肝，還遠遠遜色。〈敵與友〉，也許在這些短篇中，是更耐人尋味的一篇，它描寫了中國北方一河相隔的兩個小村莊，張村和李村，多年來一直互相械鬥打冤家，結下了極深的世仇，日本侵略軍殺來，他們之間甚至仍不能放棄彼此的恩怨，「他們很恨日本鬼子，也不怕為打日本鬼子而喪命。可是，這得有一個先決的問題，張村的民意以為在打日本之前，須先滅了李村；李村的民意以為須先殺盡了張村的仇敵，而後再去抗日。」讀了這篇作品，人們或許要聯想到此前當局「攘外必先安內」的方針，聯想到抗戰爆發後國內仍黨爭綿延的現實。老舍會不會是在這篇小說中，影射這種他所不願看到的現實呢？作者寫於抗戰時期的其他的所有短篇小說，均被他收進了先後結集的《火車集》和《貧血集》兩個小說集內，而獨獨沒有收這篇寫得相當精彩的〈敵與友〉，這個情況，似乎也證實了一點什麼。無論怎樣想，今天的我們，已無必要盲目指摘當年的愛國作家，他在民族危亡時刻堅持「國家至上」的原則，畢竟心頭是極其熱誠的。〈敵與友〉小說結尾，分別出身於兩個村的抗戰軍人，放棄個人仇隙，在抵禦日軍的戰鬥中，互相搭救了對方的性命，這事使兩個村的人們都為之受到感化，他們認識清楚了：「為私仇而不去打日本，咱們的祖墳就都保不住了！」而後，張村人和李村人精誠團結地殺向了抗擊外國強盜的沙場。

如果說老舍完成於抗戰之初的小說，從創作主題上看還比較地單一和淺露，那麼，到了抗戰後期——一九四三年——他重新開始作小說的時候，我們注意到，由於作者對許多現實問題已加深了咀嚼，小說的意蘊也隨之得到了顯著的昇華。〈戀〉和〈一筒炮台煙〉都是圍繞著國人操守問題展開故事的。〈戀〉的主人公莊亦雅，是濟南城裡一位文物愛好者，以「收藏山東小名家的專家」而知名，戰前一直覬覦他手中一幅名畫的奸商楊可昌，多次努力未能得手，就在日本人佔領當地之後，狐假虎威地來恫嚇莊亦雅，要麼得去當漢奸，作日偽的教育局長，要麼則由日本人沒收他的全部文物收藏，同時還會殺了他；莊亦雅本來是斷然表示「不能給東洋人作事」的，可是，當他聽說如果自己就範於侵略者手下，不但「可以保存這點世上無雙的收藏」，日本人還有可能另外送給他「許多好東西」，便在痛苦思忖了片刻之後，「眼中含著淚，點了點頭」。小說最末一句話是：「戀什麼就死在什麼上。」這句給莊亦雅作結論的話，浸透了作者沉重的慨嘆。民族的舊有文物，本來是民族文化的一項寶貴的外化物，但是，迷戀文物到了可以拿民族的氣節和操守來作交易，這種「文物愛好」，則不啻變成了鋪向附逆道路的可恥踏板。中華先人們早就有「玩物喪志」的誡訓，文物收藏家莊亦雅的投敵過程，不幸是在人生的關鍵步履中，應驗了這一可怕的讖語。〈一筒炮台煙〉，講的是年輕的大學講師闞進一，堅持「國難時期，一切從簡」的生活準則，於困頓中頑強地恪守著高尚的節操。他的妻子臨產，家中的積蓄遠不夠支付住醫院接生的花銷，正在為難時，一位曾經受益於闞進一的朋友，給他送來了一份謝禮，是「一筒炮台煙」；過後才發現，香煙包裝筒裡裝的，是三千元現金，這筆錢，被闞進一隨手就送給一位家人得了急症需要用錢的學生，闞妻大為不滿，他卻安慰妻子：「無論怎樣，咱們的兒女必要生得乾淨！」小說沒有觸及抗戰時期尖銳的敵我鬥爭，但是，它發表在抗戰最艱苦的年月，無疑，裡面著重刻畫的闞進一式的士人氣節，是不難被讀者思量和感佩的。人生在世，小到是否無端揣起幾千元錢的昧心收入，大到面對暴敵是否曲膝求饒，都跟一個人的氣節修養密切相關。而氣節這種東西，總是要由小處加以珍惜和衛護，才能夠完整地保持住。〈一筒炮台煙〉的啟示，大概就在這兒。老舍身處艱苦卓絕的民族戰亂年代，事關一個人的處世氣節問題，他見得很多，想得很多，寫得也很多。他希望通過嚴峻的戰爭洗禮，使中華的文化精神更其淨化、壯健起來，其中，就包括著要引導國人，都能挺直腰板，建立起超越一般市俗價值的氣節觀念。在這一階段寫的短篇小說中，〈八太爺〉是在藝術上頗為突出的一篇，筆調有些近似先前寫的〈上任〉。這篇小說，塑造了一個渾渾噩噩、粗魯無知的年輕農民王二鐵形象，他從自己僅有的一點點民間文化薰染中，知道了清末京城裡出過一個讓軍民官吏一概聞之喪膽的「英雄」康小八，就盲目地效法，他賣掉了家裡的地產房產，買了手槍，由北平以北的昌平農村來到城裡，一天到晚橫衝直撞，儼然「康八太爺」再世。北平被日本軍隊強佔之後，「他不明白大家的憤怒、驚疑、吼叫、痛苦、咒罵都是為了什麼」，只為自己的威風叫日本人壓下去了而不滿，他孤身襲擊侵略者，殺死了六個敵人，而後又被對方的許多把刺刀一齊捅死，臨了，他還遺憾著，沒有能像康八太爺那樣，被敵人「拖到菜市口」當衆凌遲，好引來大家的一通喝彩。〈八太爺〉發表於一九四三年六月，只比話劇〈王老虎〉遲發表兩個月，把這兩個作品聯繫起來，可以看出，老舍這段時間是在思考對農民們的觀念疏導問題，王老虎因為有社會性的積極啟動而成了一名抗日英雄，王二鐵呢，則是因為沒有得到過時代的有益誘導，而只能是個落了伍的莽撞的「綠林好漢」。

〈不成問題的問題〉也創作於一九四三年，是作者在抗戰期間推出的惟一的中篇小說。它是又一個倚著抗戰為時代背景，而在內容上沒有直接涉及抗戰的作品。故事發生在離陪都重慶三十多公里、地處嘉陵江邊的樹華農場，這座農場像「亂世的桃源」一樣，山青水秀，果木蔥鬱，禽畜成群。可是，創辦三年之後，虧損嚴重，責任只在於主持農場的主任丁務源，他對生產一竅不通，對職工疏於管理，對股東們則採取以人情、實惠封住嘴的辦法敷衍搪塞；他管轄的農場，在人事上大搞裙帶關係，職員和園丁們人人工作懈怠，營私、貪污之風盛行；他不計經濟效益，甚至容許專靠招搖過市的無恥文人秦妙齋等人，長年在農場白吃白喝，還無端霸佔農場一些最好的房間。他們胡作非為，終遭到股東們的反感，派來了在國外學過園藝學、善管理、能吃苦的新任主任尤大興，接管農場。尤大興有一身過人的才能，卻不懂得逢迎交際那一套，上任後剛把農場的管理和經營引上正軌，就被丁務源、秦妙齋等人利用卑鄙手段趕出了農場。丁務源重新上台，「樹華農場恢復了舊態，每個人都感到滿意。」那些經過尤大興工作期間培植的果樹，多結了三倍的果實，然而，「果子結得越多，農場也不知怎麼越賠錢。」這篇小說，在當時，觸及到了一個較深層的社會問題。作家以其逼真的筆墨，第一次將對國人精神疾患的思考，與現代企業管理中間的一系列本質性現象掛鈎，表達對民族未來經濟發展中間人的素質的關注。身處戰亂之中的老舍，已經注意到，中國的根本出路在於日後的經濟起飛，而傳統的民族劣根性，很可能會成為在經濟發展、企業管理中間最嚴重的掣肘力量，如不掃除國人習以為常的人情裙帶、塞責敷衍、虛誇矯飾、貪婪怠惰，以及專好在暗地裡使小動作等等弊病，不能使現代的科學管理方法以及人文精神成為主宰，中國自己的民族企業就將面臨著潛在的大危機。〈不成問題的問題〉，在老舍的抗戰時期創作中，可算是又一個特例，它跳出了戰時文藝的一般範疇，具有鮮明的前瞻性。或者我們還可以換一種說法，這篇小說，在其發表了幾十年之後——中國經濟真的走向了大發展的今天，仍然保有其深刻的現實意義。

長篇小說《火葬》的寫作，是作者經過了一番思想準備的。這是一部「關心戰爭」的作品，所要寫的，是一個虛擬的北方小城市，在抗戰鬥爭白熱化階段，敵我雙方拉鋸式對抗的過程。這當然又是擺在老舍面前的一大塊硬骨頭。他知道，自己並沒有在任何淪陷過的地方住過，沒有過任何親歷戰火的感受，所以很難駕馭得住這一題材。但是，他還是主動地要去啃這塊硬骨頭。「失敗，」老舍說，「我不怕。今天我不去試寫我不知道的東西，我就永遠不會知道它了。什麼比戰爭更大呢？它使肥沃的田畝變成荒地，使黃河改了道，使城市變為廢墟，使弱女變成健男兒，使書生變為戰士，使肉體與鋼鐵相抗。最要緊的，它使理想與妄想成為死敵。我們不從這裡學習，認識，我們算幹麼的呢？寫失敗一本書事小，讓世界上最大的事溜過去才是大事。」（〈我怎樣寫《火葬》〉）由這些表白中，讀者不難看到作者要以文學來報效抗日戰爭的真誠心靈和宏大志願。《火葬》以熾烈的情感，頌讚了中華民族的神聖抗戰。在北方一座小城市——文城——失陷之前，城中就活躍著以唐連長為首的一支抗日武裝，他們配合著以守土為職責的縣長和縣政府，鼓舞民眾一道禦敵。在敵強我弱的戰鬥中，唐連長和他的戰士們，個個英勇搏殺，實現了誓言，為國為民流盡了最後的鮮血。侵略者佔領了文城，中國的抗日軍民一刻也沒有停止反擊，不久，石隊長率領的便衣隊，又奉命潛入文城，執行裡應外合的殲敵方案。石隊長，是繼唐連長之後又一位得到了文城人民衷心支持的抗日英雄，他機智地潛入漢奸維持會長的家中，假充雇工，隨時組織、聯絡分布在城內各處的便衣隊員，準備突襲日寇。後來，因情況忽變，上級命石隊長率便衣隊撤出火線，但是條件已不允許他們平安離開，石隊長和他的隊員們，被迫與數倍於己的敵人展開激烈巷戰。在大量殺傷敵人機動力量後，石隊長被敵軍追圍到一所城郊民房當中，他在打盡了最後的彈藥之後，毅然放火自焚，為自己，也為民族的不屈精神，舉行了輝煌的火葬。除了唐連長、石隊長之外，小說還對丁副隊長、老鄭、王夢蓮、私塾先生等愛國軍民中的代表人物，做了具體的描述。文城，只是一座中國大地上普普通通的小城市，這裡燃起的抗敵烽火，發自人民內心對侵略軍的刻骨仇恨，集中顯現了中華民族志士仁人用血肉構築新長城的堅強意念。火，各種各樣的火，在作品中一再地被點燃，有時是去焚燒侵略軍的牢獄，有時是在焚燒漢奸們的宅第，有時是居民自燃住房，表達對暴敵進犯的抗議，有時，則又是民族勇士慷慨自焚，以完成充滿正氣的人生追求，一把把衝天而起的烈火，映射出來了民族抗戰的莊嚴與酷烈，也展示了作家希望中華在血與火的洗禮中，重塑民族真精神的激情。

《火葬》還用作品中的藝術形象告訴人們，「在戰爭中敷衍與怯懦怎麼恰好是自取滅亡。」（〈我怎樣寫《火葬》〉）老舍珍惜正義，歌頌氣節，也用極其憎惡的態度，把形形色色的民族罪人拉來示衆。小説寫了兩類漢奸，前一類，是劉二狗式的，此人一貫心地萎瑣，好逸惡勞，專幹損人利己的勾當，日本人一到，他就主動湊過去效勞，他活在世上似乎天生是為當漢奸預備著的，正像作品所説：「文城沒有漢奸便罷；假若有，劉二狗必定是一個！」作者寫劉二狗的劣跡時對他多有嘲弄，把他的可恥下場，處理成被同夥掐死；但是，就整部《火葬》看，老舍要經意剖析的，還不是劉二狗這一種敗類，而是作品中的另外一種漢奸——王舉人。以往在文城，王舉人是最體面的人物，「既是舉人公，又作過京官，還有房子有地。」他平日總以知書達禮的讀書人自傲，口中不是詩云，便是子曰，誰也料不到日本軍隊一到，他竟在很短的時間裡，給敵人作了文城的維持會長！這著實叫許多崇拜過他的人目瞪口呆。王舉人的附逆，也和老舍在《蛻》中所分析的漢奸們一樣，是因為「怕吃虧」，他雖熟讀過聖賢經典，骨子裡卻沒有褪淨庸俗的商人習氣，到了人生的緊要關頭，「他的子曰詩云就一齊引退，而讓位給兩個銅板比一個多……的考慮與計算了。」他懼怕戰爭會毀了自家的地畝、股票、房產，懼怕因拒絕出任偽職將開罪於日本人，進而遭到迫害，就委曲求全，當上了人所不齒的維持會長，「為日本人批准一切殺人放火的事」。民族大義與個人私利的正當位置，被飽學之士王舉人完全顛倒了，根源就在於膽怯。心理上的怯懦，使他在事敵方面採用防守式，而不是像劉二狗那樣採用進取式；心理上的怯懦，又讓他不敢全心事敵，他一邊替侵略者做壞事，另一邊又在背地裡，向撤出了文城的中國方面縣政府悄悄繳納稅賦，爭取在文城光復之後，為自己留條後路。然而，王舉人的一切「計算」，都屬於徒勞，他不但自絕於文城人民，連愛女夢蓮也堅決地跟他脫離了父女關係；後來，跟他一同當漢奸的同夥為攫獲私利，向日本當局密告他有「通敵」嫌疑，他被下了大獄，死在敵我激戰的混亂之中。老舍緊緊捕捉著漢奸王舉人的卑微脈息，將他從畏敵到降敵的心理路程描畫出來，藉以警告人們，要提防那種表面道貌岸然而內心極度自私、怯懦者，有可能會在性命與財產攸關之際，叛賣祖國。應當說，《火葬》中對王舉人的形象塑造，是成功的。

長篇小說《火葬》的結構設計也有特點。老舍再次做到了「把故事看成一個球，從任何地方起始它總是滾動的。」（〈我怎樣寫《二馬》〉）多條情節線索，被作者從容調度，使整部作品的脈絡衍進既參差錯落又伸縮有序，令人讀來饒有興致。

《火葬》雖說在整體上有欠成功，它畢竟是將老舍又帶回了在藝術上大有用武之地的長篇小說領域，這部作品，為老舍在抗戰期間優先考慮作品的宣傳作用，寫作大量「殺上前去」的文藝，畫了一個落點不俗的句號。老舍要啟用藝術之筆來全面展現抗戰時期民族歷史圖像的強烈願望，到他寫作下一部作品——《四世同堂》的時候，一切條件都成熟了。

---

①轉引自王行之：〈老舍夫人談老舍〉，載《老舍研究資料》，曾廣燦、吳懷斌編，北京十月文藝出版社一九八五年版，第三二一頁。

②即現時曲藝舞台上的「京韻大鼓」。

③可參見田海英著《認祖歸宗——中國百家姓尋根》一書，該書中在對「佟」姓姓源的解說中指出：佟姓是「歷史上的女真族，即後來的滿族姓氏，也有『在旗』的漢人用此姓。據《滿洲氏族譜》所載：原姓佟佳氏，世居東北木蟲江；元明之際，稱為佟佳江或佟家江，在遼寧省境內，是鴨綠江支流之一。傳說其先祖始於十六國時的北燕。據《北燕錄》所載，有遼東佟萬，以文章知名。史傳『佟』字始於宋金時期，金國為女真所建，至滿洲又稱後金。」花城出版社一九九三年版，第三五四頁。

④參見金啟孮：〈滿族的哈喇（hala）和冠姓〉，載《愛新覺羅氏三代滿學論集》，第一九〇頁，遠方出版社一九九六年版。

第十三章　民族屈辱史・文化殷鑑錄

——長篇小說《四世同堂》

雙重主題的緊密絞結

《火葬》的創作未能盡如人意，卻為老舍筆下隨後問世的又一部作品，在創作上做了能動的鋪墊。這部作品，就是在思想上藝術上均較之於《火葬》有了大幅度超越的長篇小說《四世同堂》。《四世同堂》，由〈惶惑〉、〈偷生〉和〈饑荒〉三部曲組成，是老舍整個創作生涯中又一部特別重要的藝術製作。

《四世同堂》以抗日戰爭為時代背景，作品以異常闊大的內容涵蓋，講述了由北平淪陷，到日本軍國主義者徹底戰敗投降，整整八年間，發生在這座歷史名城裡面樁樁件件令人哀傷、激憤的故事。作家重點選取了北平城中一條叫作「小羊圈」的偏僻小胡同，飽含愛憎地，書寫了住在其中的祁家、錢家、冠家等等十幾户身分不同的居民，在民族危亡時期的命運和遭遇。

在中國的現代文學史上，曾經及時地產生過一批反映抗日戰爭歷史的優秀文學作品。不過，當人們在幾十年後重新回眸檢讀它們的時候，似乎才發現，這些作品中的絕大多數，都是從敵我尖銳對壘的角度來展現民族鬥爭的，它們或者著意描繪中國軍民在戰場上喋血奮戰的壯烈行為，或者圍繞戰時政治、軍事的某些焦點，勾畫戰略與戰役態勢的此消彼長。老舍創作的《四世同堂》，在選題與立意方面，跟上述創作截然不同，這是一部意在全力反映戰爭期間淪陷區平民生活場景和心理歷程的作品。老舍寫這部小說，想要追求的是，依託自己作為一位愛國文化人的全部哲思，特立獨行地，去和盤記錄下中華民族在遭到外寇奴役之時的屈辱情狀，去盡力發掘包藏在民族屈辱底下的文化教訓。

牢牢銘記民族曾經有過的被征服經歷，與深切反思被征服狀態下的國民心理弱勢，是長篇小說《四世同堂》中彼此緊密絞結著的雙重主題。

抗戰剛剛爆發，北平即告陷落。這座古都中千千萬萬的中華子民，毫無心理準備地困在了城內，眼睜睜地看見「太陽旗」當頭升起，並且在這面惱人的旗幟下，作了羞於啟齒的「亡國奴」，天天，月月，年年，他們都得在暴敵的刺刀縫隙間，低頭順目、含悲銜恥地討生活。作品藉助被征服、被奴役的北平市民生活視角，真切再現了外侮臨頭之際冷酷的社會現狀，將這一遭詛咒的歷史變遷帶給人們的損傷、摧殘，秉筆直錄。在北平城西北角的小羊圈胡同裡頭，差不多每日每時都在上演著大大小小的慘劇，善良無辜的市民們，沒有一家人能夠在身陷敵寇魔掌的歲月裡倖免於難：正直而避世的老詩人錢默吟，會被突然投入監牢受到拷打；長年在街頭賣苦力掙錢的人力車伕小崔，平白無故地引來日本憲兵懷疑而被橫蠻地逮走，當即被斬首於街市，還要將他的人頭高懸示衆；小崔的年輕遺孀，在他死後，就得面對著墮入風塵的危機；平日裡完全沉溺於藝術氛圍的京戲票友小文夫婦，正在專心演出，剎那間，便慘死於黑洞洞的槍口之下；剃頭匠孫七原本十分健壯，只因被迫食用配給的「共和麵」，染上了腹瀉，被當局硬說成是「傳染病人」，拉到郊外就活活地給埋掉；一貫熱心於為鄰里辦事兒的長者李四爺，在替大夥兒去跟敵人周旋時，橫遭暴打，含恨辭世；多年來堅持誠信經商的布店老闆祁天佑，被逼穿上帶有「奸商」字樣的坎肩遊街受辱，不能不投河自盡；活潑可愛的幼女小妞子，在侵略者一手製造的大饑荒中，餒餓數日後默默夭折……讀者看得到，僅在城中一條頂不起眼兒的小胡同裡，平民百姓就要罹臨如此之多的災難，就全北平來講，日本侵略者對廣大市民犯下的滔天罪行，也就可以想見了。

連續八年的「亡國奴」處境，給北平廣大市民帶來的，是一場空前的劫難。城市，為強敵所佔據，市民們的命運再也不可能由他們自己來操縱，「征服者是狼，被征服的是一群各自逃命的羊！」佔領軍充分表現了他們像「吃茶與插花那麼講究」的殺人藝術，生活在喪失主權的故都裡，市民與死亡成了「近鄰」。一條條性命，無聲無息地慘別於人寰，小說中翻來覆去予以攝取的，竟是為男女老幼被難者們出殯的場面！那些勉強活下來的人們，只要還記得自己是個中國人的，便要受到永無休止的心靈煎熬，「像大家都犯了什麼罪，在監獄裡不期而遇的那樣。」人們的生存，成了一種「吃累」，沒了趣味和希望，「可是還沒法不活下去。」在他們勉強維持存活的同時，誰又能逆料到自己隨後會不會也陡遭凶險！

從前，在北平這座數代古都和文化名城裡，許多人每以生活得體面、優雅、適意而誇耀，他們的祖輩曾經環繞在「天子腳下」，家族世居之地乃是舉國「首善之區」，足以叫他們傲視天下。到了外寇將冷冰冰的刀槍驟然間架在了他們眼前的時刻，一切既往的尊驕與閒適，都從他們的臉上迅速飄散了。「北平的人已和北平失去了往日的關係；北平已不是北平人的北平了。在蒼松與金瓦的上面，懸著的是日本旗！」沉甸甸的屈辱，在人們乍一成了「亡國奴」的時刻，是他們心間揮之不去的惟一感受。《四世同堂》的作者，緊緊追蹤並且具體摹繪出北平市民，較之於其他地方的百姓更難平復的這份心底恥辱感，他們即便是不得不被動順應已被征服的淒楚現實，也絕不願意讓世間看到他們已向恥辱讓了步。小說描寫了在北平陷落之後不久，由侵略者當局授意，漢奸團體強迫全市中小學生到街頭遊行，「慶祝保定陷落」，這是一件叫每個有榮辱感的中國人——即便是涉世不深的中小學生們——都極感痛心的事，堂堂的中國人，怎麼可以「自己慶祝亡國」！這是什麼樣的場面哪：被驅趕上街的學生們，「低著頭，含著淚，把小的紙旗倒提著，他們排著隊，像送父母的葬似的，」完成了這次「嚴肅的、悲哀的、含淚的大遊行。」從孩子們的舉止之間，透露出來的，是北平百姓，無分長幼，一致的羞愧和激憤之情。

侵略者對北平市民的橫蠻凌辱，多種多樣。他們一而再、再而三地組織市民參加「慶祝」中國城市太原、南京、廣州等地陷落的遊行，意在將人們心間尚屬可貴的恥辱感引向麻木；他們向經過審查的市民，簽發所謂「良民證」，好讓大家泯滅中國人的心理意識；他們不斷向居民橫徵暴斂，今天強迫「獻鐵」，明天強迫「獻銅」，後來甚至於要強迫人們「獻出」已沏泡過的茶葉和香煙盒裡的錫紙，這些物品，全部都要被用在與打仗有關的地方，有良心的北平市民們，沒有能力抗拒這些徵斂，當「獻」過各類物品之後，又要陷入深深的自責：他們這樣做，等於是在支援侵略者攻擊自己的國土，屠殺自己的同胞！為了配合不義的「聖戰」，北平的日本佔領軍還一步步地推行著他們的罪惡計畫，將市內諸商家出售的種種物資巧取豪奪到手，把供應給市民們的糧食，完全改換成由「三四十種貓不聞狗不舔的廢物混同成的」所謂的「共和麵」……八年之間，北平市民遇到的禍患，罄竹難書。

按照習見的寫作模式，在大量列舉了侵略者令人髮指的暴行和劣跡之後，作品是該要虎虎生風地展現被征服者的覺醒與抗爭了。然而，老舍可並不打算用這種方式來處理他的《四世同堂》。小說裡面，從肉體到靈魂均已倍受外寇摧殘的北平市民，除了只有極少數人，例如汽車司機錢仲石、老詩人錢默吟，以及大學生祁瑞全等，較早地自覺投身於殺敵救亡的火熱鬥爭中，絕大多數的城內居民，非但沒有盡快加入戰鬥，反倒在慘淡的現實跟前，惶惑、猶疑、徘徊，以至於退縮、苟且……不能不教讀者感到難捱的壓抑。假如人們能夠耐心地讀下去，便會漸漸覺察，作家老舍是慧眼獨具的，也是很負責的，他透過自己那桿冷峻的筆，所反映的，絕對是大多數被征服者的真實心理！北平人，身為中國人中最有傳統文化修養的一群，他們，無論怎樣地浩劫加身，災獄臨頭，也必然服從於他們固有的「國民性」。

從早期創作活動開始，老舍就鍥而不舍地堅持著啟蒙主義的文學原則，在寫作長篇小說《四世同堂》時，他再一次找到了自己的用武之地。他支起一部診斷精神文化的「愛克斯光」機，用心檢視中華「老」民族慘遭外敵征服之際的心理堂奧。因為他懂得，如若不能打心靈深處探明造成「老」民族被動挨打的潛在原因，中華的手腳，就將長久地被捆綁著，中華的百姓，就將越來越「適合於」給他人當奴隸。

「啟蒙」與「救亡」，這兩項中國現代思想界（包括現代文學界）最基本的也是最光榮、最艱巨的任務，在作家老舍筆下，被如此這般地協調起來。

瞧一眼《四世同堂》中的北平人吧，他們的作為，令人汗顏，更令人深省——

他們是酷愛和平的人，但是，對世上存在著戰爭危害和侵略狂人卻盲然無所知。祖國東北已淪喪了好幾年，日本人又把戰火燒向了京畿蘆溝橋畔，小羊圈胡同裡的老住户們，還是沒能從太平歲月的懵懂感覺中走出來。爺爺祁老人和他的孫子媳婦韻梅，就是兩個怎麼也弄不清楚侵略者為什麼要平白無故闖進自己家園的人。韻梅講：「我就不明白日本鬼子要幹什麼！咱們管保誰也沒得罪過他們，大家夥平平安安的過日子，不比拿刀動杖的強？我猜呀，日本鬼子準是天生的好找彆扭，您說是不是？」老人憑他一生的經驗，做出了比孫子媳婦並不高明的回答：「自從我小時候，咱咱們就受小日本的欺侮，我簡直想不出道理來！得啦，就盼著這一回別把事情鬧大了！日本人愛佔小便宜，說不定這回是看上了蘆溝橋！」他想，只要把蘆溝橋上沒用的石頭獅子送給侵略軍一些，事態便會平息。在「首善之區」住慣了的市民，善良到連外敵侵略到底是怎麼回事，都找不到答案，就更不用說還會有什麼奮起反擊的意識了。他們從一開頭就幻想著「別把事情鬧大了」，而憑著陳年的老辦法，應付戰亂的全部準備，也不過是「用裝滿石頭的破缸頂上大門」，再「存上三個月的糧食和鹹菜」。消極避禍，息事寧人，出自古國傳統的人生哲學，中國人的老祖宗們，幾千年來差不多就是這麼窩窩囊囊地做下來了。人們求穩，畏亂，到禍患猛然出現，也不具備辨認其根源與本質的能力，勢所必然地，要將命運交與「莫須有」的上蒼！

由於時常是在張慌失措中陷入戰亂，在侵略者輕易得手後，百姓們有如一盤散沙似地被強敵所囊控的局面，就在所難免。對性命的一味眷戀，導致了許多人，不惜一切代價躲避死亡，平日標榜的「士可殺，不可辱」，只有個別的剛烈者才肯實踐，芸芸之衆，則不免要爭先恐後遁入「好死不如賴活」的低質量生存狀態。小羊圈胡同的居民，有幾個不是將「忍」字死死地掛在嘴邊的：「咱們還是老老實實的過日子，別惹事！反正天下總會有太平的時候！日本人厲害呀，架不住咱們能忍啊！」他們以絕不招惹是非，作為避敵消災「最大的智慧」和「最有用的武器」。北平剛陷落，這條胡同裡便有「李四爺立在槐蔭下，聲音淒慘的對大家說：『預備下一塊白布吧！萬一非掛旗不可，到時候用胭脂塗個紅球就行！庚子年，我們可是掛過！』」敵偽的「便衣」們衝進各家清查戶籍，七十多歲的祁老人會滿臉堆笑地「領受」他們訓斥，「便衣」走了，老人望著人家的背影，還要陪上一陣兒笑容，「好像便衣的餘威未盡，而老人的謙卑是無限的。」「惶惑」和「偷生」，這三部曲中前兩部的書名，也恰切地對應著北平多數市民在城池陷落後的心理軌跡。曾經是那麼在乎面子的北平人，太平時節當夠了「順民」不算，外族入侵之後，還要繼續甘當「順民」，而且是更加「夠格」的「順民」。

在中華文化體系中極具典範意義的北平文化，照老舍看來，美且美矣，卻是一種「熟到了稀爛」的文化。就因為它「過熟」，才喪失了原本應有的的陽剛氣質，空留下了一派淒清柔麗的，使人骨酥志短的「美」。最是那夥用柔性文化精神滋養大了的北平人，哪怕是在頂殘酷的年頭呢，也「會麻木不仁的把驚魂奪魄的事情與刺激放在一旁，而專注意到吃喝拉撒中的小節目上去。」在這座跟人間活地獄相去無多的北平城，侵略者為了粉飾太平，宣傳「德政」，在北海組織了一場新年滑冰大會，作品寫道，「沒有多少臉皮」而又能夠「把屈辱叫作享受」的市民們，從四處絡繹而至，趁著「今天不收門票」，趕來「看升平的景象」，能把個偌大的北海園子擠得滿滿的！越是「熟透了」的北平人，此時此刻，越是需要用玩玩樂樂來麻痺靈魂、填補空虛，顯示「高雅」，而渾然不顧「這全部的美麗都被日本人的血手握著，它是美妙絕倫的俘獲品……紀念著暴力的勝利。」

老舍對故土北平的赤誠愛戴，是毋庸懷疑的。而今，在這麼熱愛北平的作家筆下，居然寫出了如此冰冷的事實——「北平人倒有百分之九十九是不抵抗的」，當中的憂傷與憤懣，豈能不引發我們的細細回味？作者大約是噙著淚水，在訴說，在發問：「這個文化也許很不錯，但是它有著顯然的缺陷，就是，它很容易受暴徒的蹂躪，以至於滅亡。會引來滅亡的，不論是什麼東西或道理，總是該及時矯正的。北平已經亡了，矯正是否來得及呢？」

老舍最瞭解北平文化的底細，即使是這座城已然亡於敵手，作家也照舊摸得準北平人的脈象會是什麼樣。別看北平城做過幾百年的「帝王之都」，「連走卒小販全另有風度」，然而，認真尋訪一下，就會知道，他們中好多人，可是連一點「國民意識」也談不上。就說小羊圈胡同裡的高齡長者、「四世同堂」之家的祁老人吧，城教敵人給佔了，鄰里們屢遭劫難，他自個兒家裡也一天天失去穩定，他都可以不往心裡去，獨獨「只怕慶不了八十大壽」。孫子媳婦韻梅，頗能得其「真傳」，在禍患頻仍之際，她極力主張得給爺爺如期作壽，明明白白告訴自己的丈夫、祁老人的長孫祁瑞宣：「別管天下怎麼亂，咱們北平人絕不能忘了禮節！」瑞宣本是個最講孝道的人，聽了這話，心裡也覺得很不對勁兒：「他有點討厭北平人了，別管天下怎麼亂……嘔，作了亡國奴還要慶壽！」國家，這個所有現代民族都特別加以珍視的神聖概念，在我們這個「老」民族的男女老少心中，還遠未佔得應有的位置，這亦不能不說是泱泱中華的大悲哀。

與國家意識相當薄弱正好相反，中國人的家庭觀念，可是出奇地強烈。我們這個東方古國的傳統文化心態，歷來強調家庭這一社會基本組織形式的特殊地位。以至於在這片土地上，世世代代個人的幾乎全部行為與選擇，都必須從屬於家庭的存在，隨時都要以家庭利益為轉移、調整；而比家庭要龐大得多的社會，又只能以無數個散在的家庭，做它的基本支撐點，將社會文化的每一縷根鬚，都順勢埋入家庭需求的土壤之中。在這樣的關係序列裡邊，每個具體國民的個性也罷，全社會的共同利益也罷，都被無可奈何地溶釋於家庭的欲望之下。戀家護家，成了在家庭宗法制度束縛下人們最突出的觀念情結。老舍的《四世同堂》，對這種中國獨有的社會文化現象，做了超出尋常的大開大闔的形象性展示，視其意義，已不在於一般地反映國民的生活圖像和心理積澱，而是為了凸顯傳統的家庭觀念，給被征服狀態下的中華，帶來了一些怎樣的消極影響。小說中刻繪最多的，是住在小羊圈胡同五號的祁家，這個家庭，擁有令中國人（尤其是北平人）最為豔羨的一項「光榮」——四世同堂，年逾古稀的祁老人，與他的兒子天佑、兒媳天佑太太，長孫瑞宣、長孫媳婦韻梅、次孫瑞豐、次孫媳婦菊子、三孫瑞全，以及重孫小順子、重孫女小妞子，合居一處，朝夕廝守。祁老人一想到自己從青年時期便艱辛創業，到老來終於看到了子孫多輩承歡膝下，就有一種無限的自足感。他希望家中一代代都能做到父慈子孝，手足相親，不願看到大家族內任何一個環節，在形式上或者心理上有鬆動。實際上，他家每一代人，甚至每一個人，都在思想和行為上隸屬於自己的時代和環境，「在這樣一個四世同堂的家庭裡，文化是有許多層次的，像一塊千層糕。」戰前，這家人的生活是超穩定的，「每個人都忠於他的時代，同時又不激烈的拒絕別人的時代，他們把不同的時代揉到了一塊」，「都順從著歷史，同時似乎又抗拒著歷史。他們各有各的文化，而又彼此寬容，彼此體諒。他們都往前走又像都往後退。」不料，戰亂和城市陷落，將他們的「光榮」化作齏粉：不僅瑞全率先衝出祁家小院與北平城，投身於抗日鬥爭，瑞豐兩口子也在私慾驅使下，從家中分裂開來，過他們賣身投靠、醉生夢死的「新」生活去了。這首一輪的家庭變異，是由時局驟變引發的家庭成員思想離析，繼而導致的「生離」。隨後，「死別」也找上祁家的門來，本來有可能較早去世的年邁的祁老人，和多病的天佑太太倒是堅持活了下來，無病的天佑，和年幼的小妞子，卻死在了侵略者製造的慘劇當中，同時，「自作孽不可活」的瑞豐，也一命嗚乎。這第二輪的變異，則直叫四世同堂之家趨於瓦解。一起起的生離死別，使他們的「大家長」祁老人心驚、心碎、心冷……

祁家「四世同堂」的「光榮」中止於國破城殘的歲月，是歷史的必然。值得人們思考的，倒是這個大家庭中的成員們對家對國的不同態度。在祁老人的腦子裡，時時守望一生血汗換回的這個家庭，是他惟一的念想，國將不國，在他來說猶在其次。他調動自己全副的老精神，敷衍外來力量對家庭的挑釁，到了任何敷衍都無濟於事，家庭的存亡迫在眉睫的關頭，他也會被激怒，也敢挺出胸膛，迎向敵人的槍口。他的所有表現，都是受「家本位」意識驅遣著的，即或是奮起一爭，也與國家利益無涉。果然，千難萬難，終於盼來了抗戰結束，祁老人心裡登時泛起的新夢想，還是「四世同堂」，這個光榮的夢沒能在他的眼前落實下來，他又把實現它的希望寄託到了重孫小順子那一輩人的身上！——北平陷落了八年，淒風血雨無其數，祁老人的心思可是萬變未離其宗，他已成了一尊「家神」，一尊家族觀念之神！祁老人的兒子天佑，五十多歲的人了，是一家布店的老闆，因父親尚且健在，他便只能在大家庭中甘當附庸，他捨己從家的突出特點，就是會把一切「委屈放在肚子裡，而把孝心，像一件新袍子似的，露在外面」，以至於到頭來默默地自溺於水，堪稱是又一路戀家護家的模範。祁老人孫輩的三兄弟，因所受時代影響不同，處在家中的地位各異，對家和國的態度也各歸其類。老大瑞宣，是新舊觀念裂變時代造就的文化混合體，作為現代中國知識分子，他愛國，深知「天下興亡，匹夫有責」，國難當頭，他既不是畏懼犧牲的膽小鬼，也不是拔一毛而不為的慳吝人，但是，他又兼而屬於受過傳統意識薰陶的一代人，尤其是在自己的大家庭中，身為「長孫」，他以為，不能迴避傳統文化給這一「角色」規定的責任。八年間的大半時間，他都苦苦徘徊在「忠孝難能兩全」的心靈岔路口，家族利益捆定他，留在城中，苟且偷生，掙錢、養家，盡孝道，國家觀念又召喚他，擺脫「亡國奴」的屈辱身分，投入血與火的鬥爭，為救國救民，與暴敵以死相拚。儘管到了後期，瑞宣也在城中參加了一些祕密的抗日工作，精神得到了某些昇華，但是，讀者還是看得出，他，終歸是「腳踏兩條船」的矛盾人物。老二瑞豐，與哥哥迥異，他是個極膚淺的傢伙，膚淺到了既不愛國又不顧家，不單是民族肌體上的贅疣，還是祁家小院中的逆子，於國於家，都是於事無補的一宗多餘東西。他的性格，來源於新舊時代的「兩不靠」。老三瑞全在家、國問題上，是個能夠丟掉不必要的傳統負荷的新人，「他把中國幾千年來視為最神聖的家庭，只當作一種生活的關係。到國家在呼救的時候，沒有任何障礙能攔阻得住他應聲而至；像個羽毛已成的小鳥，他會毫無棧戀的離巢飛去。」北平亡城後，他立刻放棄要畢業的大學生活，離家遠去，獻身抗戰，成了「祁家的，也是民族的，英雄」。我們也不能忽視祁家小院裡的兩位婦人——天佑太太和韻梅——的存在，前者長年病痛纏身，仍數次掙扎著起來持家，後者賢慧而剛強，吃虧、受累以至為了一家人的存活在街頭挨皮鞭抽打，也絕沒二話，她們，也都是家庭和家庭觀念的忠誠衛士，也都是難能遠眺到國家大事的「近視眼」。

祁家人就總體上講，是以家庭觀念壓抑著國家觀念。北平城中的廣大市民，也大致相類似。日本侵略者變化各種手段欺侮他們，誰又能不厭惡和憎恨敵人呢。可是，平頭百姓們個個擔著沉重的家庭責任，都不得不把維持家庭的苟安，放到記掛國事的前頭，家庭擔子已壓彎了他們的脊樑，使他們瞻前顧後，縮頭保家，「好像牆陰裡的一根小草似的，不管環境如何，也要努力吐個穗兒，結幾個子粒。」小羊圈胡同的小崔、小文、李四大爺和孫七，都是臨死才猛然醒悟了「國破，家就必亡」的鐵定現實，雖然他們各自都做了最後的慘烈反抗，但是，畢竟是太晚了一點兒。相比較，性格豪橫的棚匠劉師傅，屬於這些人中的特例，他在經過了一番思想矛盾之後，毅然離家到城外尋求與敵人刀光劍影的搏殺去了。劉師傅的形象，在衆人間尤其受到注目，他不是作品中的主要人物，但是，他能放棄尚屬穩定的市民生活，置身殺敵第一線，實屬難能可貴，因為，比起瑞全，他還多著一個撓頭的問題——他有靠他養活的妻子；比起錢默吟，他又不是被逼到了家破人亡的程度，才選擇了戰鬥的。

傳統文化的保守性，決定了絕大多數市民群衆在被征服狀態下，必取因循、退讓、怯懦、敷衍的守勢。同時，民族的文化劣根性中，也不斷滋生著一些更為可怕的毒菌，也教世間平添齷齪。侵略者每佔領中國一處城鄉，都會不期然地得到中華民族中間的渣滓——漢奸們的配合，使敵人更加張狂，也使人民的災難更加深重。《四世同堂》裡，就有為數不少的漢奸身影：冠曉荷、大赤包、藍東陽、祁瑞豐、胖菊子、冠招弟、李空山、高亦陀、牛教授……像冠曉荷那樣，「在相貌、言談舉止、嗜好、志願、心理，各項中，」都是那麼天然地「成熟、得體」的漢奸胚子，幾年裡不懈地追求賣身投靠，居然怎麼也實現不了宿願，可見，類似人物在當時的北平，會有多少！老舍不光寫出這類人物之夥，還要寫出憑什麼會有這樣多的漢奸、敗類。他仍然是專門從文化上去查找原因。在中國漫長的封建時代，升官而後發財，始終是引來廣泛羨慕和效仿的，人們盲目俯首於官服加身的掌權者，而無心注意他們的權柄是否來自不正當的攀援和交易。於是，在正常情況下，也就少不了不惜一切代價的趨炎附勢，若趕上改朝換代，以道德的淪喪換取身分的抬升，更成了時尚。即使是外寇入主，這種醜劇，也會累演不衰。小羊圈胡同裡的冠曉荷，就是吃準了這條「歷史規律」的，日本軍隊進了北平，城裡人心惶惶，他卻是那麼亢奮，覺得盼來了千載難逢的機遇：「日本人一時絕難派遣成千上萬的官吏來，而必然要用些不抗日的人們去作事。那麼，他便最有資格去作事，因為憑良心說，他向來沒有存過絲毫的抗日的心思。」他頗有幾分儒雅風度，且善於面對侵略者，「把臉上的笑意一直運送到腳指頭尖上，全身像剛發青的春柳似的，柔媚的給他們鞠躬。」可是，他使盡全身解數，「鑽天覓縫的去巴結日本人」，還是竹籃打水一場空，他弄不懂毛病出在哪裡，只能低聲叫罵：「白亡了會子國，他媽的連個官兒也作不上，邪！」冠曉荷沒撈著官當，他的太太大赤包，可比他官運來得快，這位悍婦的專長，是比她的男人更敢於「戲弄文化」，她活像一輛「會思想的坦克車」，將全部的無恥欲念「整出整入」，更能適應、更能贏得那個無恥的時代，她靠拉攏敵偽特高科長，弄了個「北平妓女檢查所所長」職銜，一上手就大肆搜刮錢財，向日本侵略當局頻頻獻媚。藍東陽，是比冠氏夫婦在文化層次上更為等而下之的一個漢奸，「他醜，他髒，他無恥，他狠毒，他是人中的垃圾，而是日本人的寶貝。」這麼一個無文化、反文化的潑皮惡棍，恰恰在淪陷的北平，開闢了一個「藍東陽的時代」！祁瑞豐的墮落，是從無聊、淺薄和不要強，沒出息起始的，任何蠅頭小利都能勾起他垂涎三尺，任何一點危險都會嚇得他望風而逃，一來二去，他滾進冠曉荷一夥，也滾進無以自拔的深淵，為了一心給日本人當小特務，他丟了命。《四世同堂》描寫的這批漢奸，多不是身分太高的人物，老舍指出，凡是由城市中下層產生的漢奸，幾乎都「沒有品行，沒有學識，在國家太平的時候，永遠沒有希望得到什麼優越的地位；現在，他們專靠鑽營與無恥，從日本人或大漢奸的手裡得到了意外的騰達」。

小說裡，志在剷奸除害、去舊布新的老詩人錢默吟，對他的知音祁瑞宣，講過一席寓意透闢的話：

> 這次的抗戰應當是中華民族的大掃除，一方面須趕走敵人，一方面也該掃除清了自己的垃圾。我們的傳統的升官發財的觀念，封建的思想——就是一方面想作高官，一方面又甘心作奴隸——家庭制度，教育方法，和苟且偷安的習慣，都是民族的遺傳病。這些病，在國家太平的時候，會使歷史無聲無色的，平凡的，像一條老牛似的往前慢慢的蹭；我們的歷史上沒有多少照耀全世界的發明與貢獻。及至國家遇到危難，這些病就像三期梅毒似的，一下子潰爛到底。

這席話，應視為老舍的心音，它來自數年的思考，定型於全民抗戰的烽火硝煙之中。作家多麼希望，透過偉大的抗日戰爭，為「老」民族的心態和精神，做一次深入的檢討，再做一次莊重的洗禮，將中華民族的文化史，掀開嶄新的一頁，把一切保守的、愚弱的、可鄙的民族性格，蕩滌乾淨，建立起足以引導每個國民的靈魂走向剛健、壯美境界的精神文化系統。

《四世同堂》在老舍的創作中，呈現出空前的文化批判的廣度和力度。作家猶未止步，他把自己全新的文化思辯，也注入作品。在記錄了被征服者的屈辱歷史之後，小說明確反映了人民雖緩慢卻紮實的覺醒趨勢。小羊圈胡同的住户，除了詩人錢默吟和大學生祁瑞全較早告別被動捱打的「亡國奴」生活，用自己的方式主動對敵宣戰，多數的人，都是經過了痛苦的退避和抉擇之後，才挺直了腰桿的。棚匠劉師傅幾度被逼，無地自容，切感留在亡城內只有同羞辱為伴，於是別家捨妻出城抗敵；冠家姨太太尤桐芳，自小生長在東北淪陷區，早就仇恨日本人，而只有到了在冠家實在無以立足，才看準了個人悲劇的來源，下了決心，要投出與強盜、漢奸同歸於盡的手榴彈；剃頭匠孫七性情懦弱，起先連去為朋友小崔收屍都兩腿發軟，經過多次殘酷事件的磨練，到了叫敵人拉去活埋的當口兒，他已不再惜命，而以親手葬埋漢奸冠曉荷為快；李四爺，一向反對動武，以平民式的和平態度，安全度過了一生中無數坎坷風浪，北平及小羊圈胡同居民在淪陷後不斷出現的死亡慘景，使他漸漸偏離自己的處世哲學，終於，在遭到日本憲兵欺侮時，「他從容不迫，一聲沒吭，照著日本人的臉上就是一下子……把所有的勁兒都用在拳頭上了。」白巡長，給各類政權作了半輩子「爪牙」，練得了既能悄悄幫助百姓，又能見風使舵不得罪當局的本事，可是，在他的管片內，善良的鄰里接二連三遭魚肉，他已無力救助，良心大受損傷，結果，因年紀偏大，他被撤了差，丟了平日昧著良心才維持下的飯碗，任何希望也就都破滅了，他把菜刀往身上一掖，就去找日本人拚命；甚至於連始終沒有偏離家庭觀念的祁老人，幾度退讓幾度遭殃，也真切地看到了再軟弱下去會連個家也保不住，於是，也敢於當面斥責橫行的特務，敢於抱起夭折的從孫女，去日本人的門前示威了。從忍氣吞聲，到暗自憤懣，再到認清不抵抗只有死路一條，最終到將滿腔仇恨化作復仇的行動，在亡城絕大多數平民們那裡，均有個漫長的過程。這個過程，疊映出了亡城北平的「平民心史」，它會讓耐心閱讀它的人們，從殷切的反思間領取教訓，從長久的期冀裡望見晨曦。

寫《四世同堂》的老舍，由於在作品中刻畫了人民的覺悟和反抗，比起寫《貓城記》時的老舍，顯見地前進了一步。作家在民族的解放鬥爭中，首先是自己獲得了教育。他堅持用文化的眼光看中華，也確確實實，找尋到了包藏在中華傳統裡面的精神生長點。

作家在這部長篇作品中，透過衆多人物的所作所為，將中國人的精神文化，鮮明地區分為不同的類型。舊有的文人文化，在老舍看來，優劣參差，良莠互見，已到了必須對其做出嚴格辨別和揚棄的時候。錢默吟和祁瑞宣們一向堅持的操守與骨氣，固然是應當大加提倡的，但是，大敵當前的時刻，又一定得將他們從前獨善其身的方式，加以能動的改造，使之嬗更為徹底服從於民族大義的新風骨、新姿態；文化人，應當勇於告別書齋裡的靜謐生活，將一己的拒不附逆，熔鑄到全民的血火抗爭中，才能迎來中華新型文化人至美至義的遠大前程。為了讓過於成熟的文人文化重新塑造起剛勁的性格，老舍提出了「我們須暫時都變成獵人，敢冒險，敢放槍」的改造途徑，他借書中錢默吟的話語，說出來：「詩人與獵户合併一處，我們才會產生一種新的文化，它既愛好和平，而在必要的時候又會英勇剛毅，肯為和平與真理去犧牲。」為了更直觀地展示「獵人」文化的實質，作者也具體地勾畫了一些這類文化的代表人物。例如錢默吟的次子錢仲石，他是個「不愛線裝書，也不愛洋裝書」的青年，是一名汽車司機，北平初陷魔掌，他就義無反顧地與家人作了訣別，在南口，將一輛載有三十多個日本兵的汽車，開進山澗，與仇敵同歸於盡；又如，錢默吟的親家金四爺，「他的腦子裡沒有一個方塊字」，年近花甲了「還像黃牛那麼結實」，遇到錢默吟被冠家陷害，繫獄慘遭毒打這樣的不平之事，別人都不敢把對無恥告密者的厭惡化作復仇行動，他可是沒有半點膽怯，背上奄奄一息的錢默吟，就大步闖進冠家，用鐵拳痛毆了怙惡不悛的冠曉荷；還有，在城外替祁家看守墳地的農人常二爺，只因進城時，教日本人罰了跪，便一病不起，他的那顆作為中國人的心，受了莫大傷害，在快斷氣的時刻，他切切叮嚀兒子大牛兒，有骨頭的話，就得報仇，大牛兒沒有忘了父親的遺言，把敵人騙到家裡，放了一把沖天大火……從這些人物的身上，讀者可以理解了，老舍所指的「獵人」文化，其實就是一種中華民族的初民精神，處在這種精神狀態裡的人們，未必要念過多少書、識得多少字，但是，他們一定是頂具備正義感，頂具備孔武氣質，也頂擅長於以牙還牙以眼還眼地懲治惡人、維護自我權益的。當然，作家並不是一味地希望我們的民族，都退回到原始的「獵人」時代，他熱烈呼喚著的，是高級的「詩人」文化，和原始的「獵人」精神的重新組構與協調劃一；書中提示，只有像錢默吟一樣，由傳統的善良、正直的文化人，一躍而蛻變成為民族的時代的鬥士，才算是真的完成了一代文化人的使命，「替一部文化史作正面的證據」。在一整個民族被侵略者壓得喘不過氣來的時候，作家也感到，無須隱瞞他該當提醒人們的主要一點，也就是，寧肯暫時放棄儒雅，也不可長久地遠離反抗。小說中李四爺說過：「咱們要是都像人家錢二少（指錢仲石，——引者注），別說小日本，就是大日本也不敢跟咱們刺毛啊！」祁瑞宣也想到了：「在戰時，血就是花，壯烈的犧牲便是美！」這些話，都體現了老舍當時的思想傾向。

老舍既在作品中，情感激越地表達了與侵略者的不共戴天，也從文化觀察的基本責任出發，對中外不同的民族性格，做出清醒的辨識。在祁瑞宣任職的學校，有個日本教官叫山木的，平時並不多事，給人一種反戰假象，突然有一天，他召集師生訓話，告訴大家，他的兒子戰死在了中國戰場上，他感到「光榮」，他「不敢落淚，一個日本人是不應當為英雄的殉職落淚的！」戰爭中期，小羊圈胡同錢默吟的舊宅，住進了兩家日本商人，隨著戰局演變，兩個男主人都被拉去當砲灰，戰死後，他們的女人又被徵召作了營妓，面對這一切，兩家日本人不僅沒有哭天抹淚，反倒一再「機械的，莊嚴的」接受命運。這些細節，表現了戰時的日本人，在心理上行動上，都能盲目趨從於所謂「民族整體意志」，它由一個特殊的角度，反映了日本人比中國人更多地具有國家觀念，從而也更易於在罪惡的國家政治下邊，成為「好戰狂」的客觀事實。不同民族的心態，都是其成員自幼養成的，在這條胡同裡，日本小孩彼此打架，即使打得頭破血出，也不在乎，而「小順子，一個中國孩子，遇到危險只會喊媽！」小說寫道，小羊圈胡同的中國居民，先後死了不少，「哪一回死亡，大家不是哭得天昏地暗呢？」而外國人，「一百個倒有九十九個是崇拜——也許崇拜的程度有多有少——武力的。」所以，老舍告誡自己的同胞，一個民族假若失去了冒險精神和英雄氣概，就只好隨時隨處充當他人欺侮的對象。

《四世同堂》作品的優勢，在於它的文化審視。當我們的人民聽慣了「經濟落後，一個民族就要被動挨打」的道理時，也別忘了，文化的保守，精神的羸弱，同樣是要讓一個民族被動挨打的！老舍的這部長篇小說，為我們和我們的子孫，在這方面提供了足夠的殷鑑。

民族文化的問題，教老舍這位飽含愛國激情的中國文化人，寢食難安，坐立不穩。似一片規箴，他向自己的祖國，自己的讀者，獻上了這部長篇創作。今天，人們在充分珍惜老舍的這份深切情感和神聖憂思的同時，有理由從他的這部作品中，指出作家在寫作這部小說時尚存的思想弱點，仍舊在於他撇開了政治、經濟、社會、歷史諸方面的錯綜因素，單純宣傳著他所傾向的文化決定論觀點。所有現存的人，或者現存的民族，都絕不會僅只是文化的規定物，他，或者他們，也同樣是受到身置其境的整套政治狀況、經濟狀況、社會狀況和歷史狀況制約的人，或者民族。民族的文化，說到底，應是一種反映該民族經濟地位、政治格局、社會階段、歷史走向的綜合性的意識形態，應是經濟基礎以及政治、社會、歷史各項關係的多稜折光鏡。《四世同堂》的作者，把文化，當作了形成人以及民族精神結局乃至命運結局的終極原因，力求以文化為起點和終點，去闡釋中國的經濟、政治、社會、歷史的發展情勢，結果，是片面地誇大了文化的作用，導致了在某些問題上邊本末間的倒置；至於他要用精神文化自身來尋繹文化的得失，也就更是難免要蹈入在虛無間循環追索的怪圈兒。祁瑞宣不是繞進過這樣的窘境麼：「他難過，可是沒有矯正自己的辦法；一個手指怎能撥轉得動幾千年的文化呢？」其中的教訓，即在於試圖以文化的武器來全面改造文化，必然是此題無解。

老舍重視民族文化的自我檢討，是正確的，值得尊重的。而沒有節制地渲染文化的極端作用力，則不可不說是他的思想閃失。

得來不易的藝術巨構

《四世同堂》的寫作，是從一九四四年一月開始的。這部長篇小說的創意，來自一種特出的啟發。前一年的十一月中旬，胡絜青攜二女一子，由淪陷區北平輾轉南下，來到重慶，與老舍團聚。自從一九三七年濟南一別，胡絜青受老舍囑託，帶三個孩子返回敵佔區北平，伺奉老舍年邁的母親。至一九四二年，老人病故，胡絜青幾乎耗去了一年時間，小心翼翼地籌措於亡城，出生入死地奔波於路上，終於帶著孩子們，回到了老舍身邊。她來自已經陷落數年的北平，親身嘗到過國亡家破的慘痛滋味，不僅她個人在作教員的生活中倍感傷心，連孩子們也都受了許多罪：在學校裡要被日本學生欺負，回家了，又得吃無法下嚥的「共和麵」。為了不讓侵略者知道她們跟老舍的關係，舒濟化名胡小濟，舒乙化名胡小乙……人間活地獄的情狀，是她們一生一世也忘不了的。來在重慶之後，老舍的友人們紛紛前來慰問，並且不厭其細地，向胡絜青打聽故都北平這幾年間所發生的一切——

每當這時候，老舍就點著一根煙，皺著眉頭，靜靜地坐在一邊陪著聽。兩三個月的時間，我把四五年間所見、所聞，以及我的感想和憤慨，對著一批一批來訪的朋友們反覆說了幾遍。慢慢地，朋友們之間這方面的話題談得不多了，老舍卻開始忙碌起來。他仔細地詢問日本侵略者在北京的所作所為，市民的反應如何，挨個兒地和我漫談北京親友和一切熟人的詳細情況。我說某家死了人，大家怎樣熱心地去幫忙，他就把那家辦喪事的一些細節繪聲繪色地補充上去；我說某人當了漢奸，他就把那個人吃什麼，穿什麼，見了什麼人說什麼的神情，一一表演給我看，好像他也在淪陷區的北京住了四五年似的。我佩服他對北京和北京人的了解，那麼深，那麼細，那麼真。這種漫無邊際的漫談，又談了很久，終於，有一天他對我說：「謝謝你，你這回九死一生地從北京來，給我帶來了一部長篇小說，我從來未寫過的大部頭。」①

老舍終於吐露的這一創作構想，就是要寫《四世同堂》。抗戰爆發以來，老舍身在南國，心繫故園，北平城，和那座城中的父老鄉親，從沒有釋懷。胡絜青的述說，像一束強光，重新照亮了他心中那塊最熟知最動情的題材領地，他為妻子的敘述做補充，甚至加上動作、神情地做表演，都是一種溫習，一種強化，一種回歸自信的步履。抓住了北平，他明白，就是抓住了成功。在這以前，他為了不辜負全民抗戰的大時代，在心裡尚無充分底數的情形下，已寫起了長篇《火葬》，到胡絜青來到重慶並給他以新靈感時，那部小說已屆收筆。也許可以這樣講：假如夫人早從北方趕來半年，大約是不會有《火葬》的。

老舍從來沒有做出過這樣大的創作計畫，一開始，他就確定了，這部長篇將由三部曲組成，總共分為一百段，每段約寫萬字上下，整部小說寫完了，將有一百萬字的規模。他決心「照計行事」，力求用兩年左右完成。

抗戰後期，他在「精神上、物質上、身體上，都有苦痛」，動筆不久，就體會出，「在這年月而要安心寫百萬字的長篇，簡直有點不知好歹。」（《四世同堂．序》）可是，抗戰、北平、民族、文化……這些不斷湧上心頭的概念，鞭策著他，不辭辛苦地寫呀，寫。

至一九四四年年終，他剛寫得了三十萬字，連第一部〈惶惑〉還沒能完卷。這一年，「是戰局最黑暗的時候，中原，廣西，我們屢敗，敵人一直攻進了貴州。這使我憂慮，也極不放心由桂林逃出來的文友的安全。憂慮與關切也減低了我寫作的效率。」（〈八方風雨〉）眼瞧著這種不能令人滿意的寫作速度，作家甚至「不敢保證能把它寫完」。

一九四五年冬，即抗戰勝利這一年的歲末，《四世同堂》已「寫了三分之二」，也就是說第二部〈偷生〉亦出手了。為了讓第三部〈饑荒〉早日問世，他公開發表了一篇題為〈磕頭了〉的文章，聲言自己正趕寫著一部相當大的長篇小說，只好懇求：「朋友們，幫幫我的忙吧，別再向我索要小文！」

不料，剛「磕了頭」，他便接到邀請，於一九四六年三月離華赴美講學。於是，小說的第三部，也就只能攜帶著到大洋彼岸去寫了。

又過了差不多一年半，至一九四八年下半年，三部曲、一百段、近百萬字的《四世同堂》，到底全部撰罷了。雖然比原計畫多用了三年時間，作家畢竟是憑著極大的毅力，完成了宏願！

這是老舍一生中間，花費力氣最多、寫作時間最多、情節容量最多、描繪人物形象也最多的，一部長篇巨作。

作品架構恢弘，布局勻稱，聚散適度，氣骨凝重，在老舍的小說創作中，開闢了一方全新天地。作家為我們鋪開的，是一幅超大規模的藝術畫卷，上面精描細繪著北平城在陷入敵手期間所特有的世相百態，它以主人公們定居於此的小羊圈胡同為透視中心，既逐門逐户地挖掘出平民百姓淒苦屈辱的生活真實，令人窺視到他們那搖曳漸變的心靈畫面，又借助於不時拉開的長鏡頭，將讀者的視線，引向城內外、國內外，使我們看得見中華民族和整個人類反法西斯鬥爭的總趨向，從而更有意義地反現出，這座在戰爭與文化切割點上的東方古城，所具備的特殊審視價值。

第一部〈惶惑〉，用了三十四段的篇幅，僅寫了北平陷落後由夏至冬短短幾個月的事態變化，卻為全書主題的延展，做了開闊而又紮實的鋪墊。它由小羊圈胡同的祁家寫起，一開頭，就點出北平人是何等缺乏對戰亂的心理準備；這一部故事的重心，在於錢家由書香門第到家破人亡一落千丈的遭遇，由錢家的變故放射開來，帶出了冠家的投敵、祁家的分裂、衆鄰居的忐忑和退縮，也引出了老詩人錢默吟的棄家復仇。寫出巨大災禍突降之際，民衆心頭由麻木而失衡，又很快演化為惶惶不可終日，是第一部的潛在著力之點。到了第二部〈偷生〉（計三十三段），錢家業已經歷過的災難，疫病般地擴散開來，而居民們的覺悟速度，卻遠遠不及災難蔓延得快，幾年間，雖接連有小崔之死、天佑之死、小文之死、桐芳之死……更多的百姓，還是被籠罩在一派「偷生」的毒靄之下。第三部〈饑荒〉（計三十三段），描寫了越臨近戰爭末尾，敵人的瘋狂越加劇，民衆的苦難也越深重，敵我矛盾空前尖銳，人們的反抗精神一層層地升騰起來，然而，在作惡多端的侵略者終於宣布投降的這一天，祁家第四代的小妞子也餓死了，小說結束時，喜與悲同步降臨於居全書軸心位置的祁家，更教人們在迎接勝利的時候，不敢輕易忘掉那段異乎尋常的屈辱史。百萬字的《四世同堂》，對故事總體的編排，精當縝密，巨細情節如經絲、緯線縱橫交織，落墨緩急有致，無一處不見作者匠心。

小說裡最使人拍案稱奇的地方，是其狀寫人物的功力之深之妙。圍繞著這條並不寬敞的小羊圈胡同，經由老舍筆下，走出來一百幾十號不同身分、不同音容、不同性情、不同心跡、不同選擇、不同命運的人物，他們當中，有教師、詩人、店鋪老闆、大學生、洋車伕、剃頭匠、糊棚師傅、巡片兒警察、戲曲票友、守墳的農人、「窩脖兒的」、「吃瓦片兒的」、串街放留聲機的、撂地說相聲的、欺世庸醫、僞官吏、漢奸、特務、賦閒者、吸毒者、姨太太、耄耋老人、學齡前幼童、使館雜役、日本老婦、英國學究……這些人物，不僅使老舍以往作品中間的人物系列得到了有效擴充，也極大地豐富了中國現代文學寶庫中的形象畫廊。置身這百人百面的人群之間，讀者再一次感到，老舍對舊京三教九流、七十二行人等的瞭如指掌，以及再現他們的神來之功。難怪常有論者，願將《四世同堂》的系列人物刻畫，與前輩旗人作家曹雪芹在其《紅樓夢》中達到的高度成就，做出適當比擬。

《四世同堂》中出場的有名有姓的人物，約有六十人，其中大多數都是形神兼備、血肉豐滿的。老舍既要透過這部小說省視民族文化，在繪寫人物的時候，就特別地注意到了不僅要讓他們個個的行為舉止緊扣身分，也要把他們每個人的心理狀況發掘得入情入理、細膩準確，使他們站到讀者跟前，又有鮮明個性，又有精神蘊含。

祁瑞宣，是作品裡的主要人物，一位善良、正直、文雅、愛國心很強，同時又被大家庭中的責任束縛住了手腳的的知識分子。他受過現代教育，明瞭自己作為中國人，理應在國難時刻以死報效；而且，他頭腦清醒，長於心靈反思，不但對周圍所有人，連對自己的精神弱點也同樣不肯疏忽和原諒；但是，他又處在了一個傳統威嚴遠未退去的社會之中，舊禮法所確切規定的孝悌原則，對他仍有很大的心理制約作用，使他須臾不敢因國事而放棄了對家庭應盡的義務。作家把握了瑞宣「好像是新舊文化中的鐘擺」的性格特徵，隨故事發展，愈來愈深入細緻地展示他比起別人受到深一層熬煎的心理圖像。北平剛被佔領，他就意識到了自己已經嚴重陷入兩難境地，「他的知識告訴他那最高的責任，他的體諒又逼著他去顧慮那最迫切的問題。他想起文天祥、史可法，和許多許多的民族英雄，同時也想起杜甫在流離中的詩歌。」三弟瑞全決定出城去投軍殺敵，他支持弟弟，嘆著氣說：「只好你去盡忠，我來盡孝了！」那以後，他並沒因和弟弟有這種「分工」而稍稍感到心安，他不敢去自己任教的學校教課，怕學生們誤認為他作為老師，接受了「亡國奴」的身分，不得不到英國使館，另找一份讓心裡略微平靜些的工作。因為他在「英國府」工作，日本當局找上門來逮捕他、恫嚇他。屈辱的現實，成了他的思想煉獄。苦惱時刻，他想去北海或中山公園解悶，可是馬上就撤消了這個想法：「公園是給享受太平的人們預備著的，你沒有資格去！」幾年間，他不斷強化著自我的靈魂拷問，想起屈原來，他質問自己：「屈原至少有自殺的勇氣，你有嗎？」他不肯參加「慶祝」各地陷落的活動，一旦看見別人因參加這類活動臉上難堪，他會不由自主地警告自己：「凡是不肯離開北平的，遲早都得捨了廉恥！」他內心的懺悔意識好像是無盡的，他厭惡附逆投敵的冠家，但是，冠家二小姐因墮落而出醜，引來胡同裡居民們的拍手稱快，他卻想得到：「這並只不是冠家的羞恥，而是我們大家出了醜，因為冠家的人是活在我們中間的……」瑞宣雖然由衷敬佩錢詩人的報國壯舉，他個人，從固守一己節操，到拿出抗日行動，卻走過了相當漫長曲折的路。許多讀者都看出來，《四世同堂》中的瑞宣形象，與巴金所著《家》中的覺新，有異曲同工之妙，確有他們的道理。二人都是「四世同堂」家族的「長孫」，都是時代與文化岔路口上的尷尬人物，不過，他們之間的區別也頗明顯：覺新面臨的，是他那吃人的封建家庭；而瑞宣，則面臨著一整個民族的屈辱現狀，所以，後者敏於思而疏於行的形象，就更能體現出中國知識分子在國難之中的性格悲劇。

漢奸冠曉荷，也是一個被刻畫得活靈活現的人物。他原是軍閥混戰年代一個撈過不少油水的小官僚，已在家賦閒多年，官癮和貪欲像兩把火，一直焚燒著他的心，日本人來了，他恨不能一個箭步，衝上前去獻忠心。老舍寫到他的時候，不無輕蔑，卻又沒有將他完全漫畫化。他是在北平城的文化湯水裡滾過幾個過的，受到過教育，也有些聰明，他的卑劣與俗氣，並不全在外表上陳列著，而是在骨子裡頭暗藏著。「他是個很體面的蒼蠅……在找不到糞的時候，他會用腿玩弄自己的翅膀，或用頭輕輕的撞窗户紙玩，好像表示自己是普天下第一號的蒼蠅。」這個「第一蒼蠅」，有他的非同凡響之處，他告陰狀，出賣鄰居錢默吟，仍未能如願高升，他又冒著可能挨炸彈的風險，自覺地，前去參加天安門前「慶祝保定陷落」的集會，「台上的人不容易看清楚了他。他想往前挪一挪，按照舊戲中呈遞降表的人那樣打躬，報門而進，好引起台上的注意。」此舉遭到了巡警的攔阻和奚落，他還是「心到神知的，遠遠的，向上深深鞠了躬。」他的老婆大赤包捷足先登，當了個妓女檢查所所長，他一面圍前圍後獻慇勤，一面也為自己而備感失落，於是，他東拉西扯給自己弄了一大堆漢奸團體的「理事」、「幹事」頭銜，還執意將胡同中小小的「里長」職務搶到手，滿足虛榮心。大赤包貪贓過度惹禍進了大牢，死在了裡頭，他並不動心，繼續不屈不撓地追求他的幻夢，最令人驚訝的是，因大赤包案，日本人查抄了他的家，把他掃地出門，「曉荷的心彷彿停止了跳動。可是，像最有經驗的演員，能抱著病把戲演到完場，他還向三個人（指日本憲兵，——引者注）的背影深深的鞠了躬。」北平文化，落到漢奸冠曉荷的身上，實在成了一種「鞠躬文化」，當然，躬是要鞠給侵略者的。最後，冠曉荷也得了腸道病，被日本人推上汽車，拉去活埋，即便在奔向死亡途中，他還沒忘了向同行者吹噓：「日本朋友屢次對我說：冠先生——他們老稱呼我先生——你總得出來幫幫我們的忙啊！我微微那麼一笑，對他們說：『我老了，教我的女兒效勞吧，我得休息休息！』」這是個到死也沒有放棄「賣國憧憬」的民族敗類。其形象，給讀者的啟示起碼有兩點：⑴北平文化的漂亮皮毛，有時是會被人直接拿來用於附逆、媚敵的；⑵天良喪盡的漢奸賣國賊，也往往是些「耐力」十足的傢伙！

《四世同堂》中的人物形象，是琳琅滿目、斑斕多姿的。市井生活的濃烈氣息，加之特殊時代的風雨煙塵，作用於各色人物的舉止、談吐乃至一顰一笑之間，叫讀者過目不忘。尤其是一些頭一回出現在老舍筆端的來自特別生活類型的人物形象，更是留給了讀者回味綿長的藝術感受。小文，那位清代侯爺的後裔，住在小羊圈胡同中的一位京劇名票，就是給人們帶來這種新鮮感覺的人物。他「是中華民國元年元月元日降生在一座有花園亭榭的大宅之中的」，「假若他早生三二十年，他一定會承襲上一等侯爵，而坐著八人大轎去見皇帝的。」祖上的蔭庇，使他仍然擁有了「像一個太子那麼舒適」的童年，可是，坐吃山空，他的用金子堆起來的時光，已然「隨風而逝」，如同作個夢似的，他變成連一塊瓦都沒有了的窮人。幸好，他從小就聰穎過人，「什麼遊戲玩耍他都一看就成了專家」，早已練就的一身戲曲藝術專長救了他，他與妻子若霞一道，明裡號稱「票友」②，暗裡卻靠「拿黑杵」③維持生活。非同一般的血統，使他天生養成了有別於鄰里衆人的從容氣度，「不即不離的保持住自己的身分」，既不輕易巴結人，也肯於在別人遭難之時，傾囊予以相助。日本強盜進佔了北平，他清楚那是怎麼一回子事情，可是沒到影響著他的時候，他依然用聲腔弦管來排遣光陰，外表上，還是一臉令鄰居們「又羨慕，又厭惡」的「不動聲色」。不過，被動躲避沒有用，他們夫婦的安寧生活終於走到了頭，在一次堂會演出中，喝醉了酒的日本軍官，欲調戲若霞未遂，悍然開槍，將正演戲的若霞打死了，此刻的小文再也不是那個從容的、不動聲色的藝術家，他掄起木椅，向殺人的禽獸劈頭砸去，砸出了凶手的腦漿！結束了仇敵性命，「小文不能再動，幾隻手槍杵在他的身上，他笑了笑。他回頭看了看若霞：『霞，死吧，沒關係！』」他自己，也坦然地含笑赴死。個性濃烈、栩栩如生的小文形象，在小說中著墨並不很多，但是，這個形象，不單在老舍作品中前所未遇，在我國的現代文壇上，也屬於空谷足音。書中，作者曾就這個人物，有兩句意味深長的提示：「文侯爺（此處指小文本人，——引者注）不是旗人。但是，因為爵位的關係，他差不多自然而然的便承襲了旗人的那一部分文化。」順著這個提示，我們重新捋一遍小文的生平、習性與作派，果然能夠真真確確地看出，小文，不論他是否「在旗」，他可絕對是跟當時北平城若干旗族子弟毫無二致的「漂亮人物」。就說他和妻子若霞本該「下海」④掙錢，卻寧願號稱票友而拿黑杵來說，只有落魄而又極要臉面的旗人後代，才有這麼一股勁兒，面子，是他們生活中間頭一樁大事。你看，作品裡的小文，第一次令人意外地走進祁家小院，不就緣於祁天佑為自尊而死，他由此受到了震動嗎？小文最後的死，從心理上去分析，為尊嚴、為體面，仍然是佔了相當比重的。

老舍在《四世同堂》之前的那麼多創作中，欲言又止地表現著滿人生活。到了這部長篇，他明明白白地寫了小文，這個最能體現旗人文化的形象，卻又明明白白地，說他「不是旗人」。可見作家早年間的民族心理受傷之重，此刻欲描寫滿人形象的顧慮之深了。然則他又必須寫小文這一類人，那就不光是由於他的民族心理的強烈反作用，同時也有這部作品本身的需要在其中。要檢討北平人代表著的中國文化，老舍曉得，是斷斷不能割裂出去旗族那一部分的。旗族文化，早就在北平人的靈魂裡埋下了深根。《四世同堂》中的祁老人、祁瑞宣、錢默吟、常二爺乃至冠曉荷、祁瑞豐等人，身上不都可以找出旗人的或這種或那種、或濃或淡的特點來麼。這部小說的第一段，就說了：「（祁）老人自幼長在北平，耳習目染的和旗人學了許多規矩禮路……」也是這個意思。近年來，更時有論者試探著指出，小說中的核心家庭——「祁」家，其實就有「旗人」之家的含義。這種猜想，也不好說是空穴來風。僅以「四世同堂」觀念來講，傳統的滿人家族，不管是鄉間的，還是都市的，把它當成「祥瑞之徵兆」者，就遠多於漢族。

有趣的是，據老舍夫人介紹，老舍「在動筆寫這部小說之前，曾經描繪過……一張各家各戶的房屋居住圖，某個人物住的是東房還是西房，什麼門，什麼窗，哪裡有樹，哪裡有花，什麼花，他都標注得一清二楚。」⑤這很容易讓人想像，作家很可能曾經去過那個地方。果然，七〇年代後期，老舍家屬們找到了這個地方，它就是與《四世同堂》所描述的周邊、內裡環境幾乎完全一致的北京市西城區小楊家胡同，原名小羊圈胡同；而且，作品裡祁家所居小院，恰恰就是作家本人的出生地，和他童年、少年時代的居住地！⑥老舍把他近三十年來一直毫釐未能淡忘的故居，轉讓給了小說裡的祁家，甚至於連祁家在西北郊外的墳塋地，都跟老舍自家的祖墳位置相當。我們再沿著這個方向邁一小步，即會發現，祁家的長孫瑞宣，其作派、性情、風度，確有老舍自己的影子。老舍本人是在戰爭初起時，經過了思想上極痛苦的鬥爭和抉擇，離開家庭南下了，他也許會不止一遍地捫心自問，倘若自己的家庭負擔像瑞宣那麼沉重，自己還能夠一走了之麼？極而言之吧，作家老舍的一生，也頗有些像祁家瑞宣似的，處在多重文化的誘惑、撕扯之下，希望能向各個時代的有價值文化全方位負責而又做不到，活脱脱地也是一位旗族的「長孫」形象！

老舍在《四世同堂》的創作中，再次顯示了北平民俗文化寫作聖手的非凡功力。由於全書規模的闊大，這部小説比作者此前的所有作品，都包孕了更豐饒的風土民情涵量。北平底層社區的幾乎所有俚俗文化世相，如時令文化、壽誕文化、餐飲文化、服飾文化、起居文化、禮儀文化、交際文化、婚嫁文化、喪葬文化、商賈文化、旗人文化、「票友」文化、「外場」文化、「下九流」文化……分別透過各式各樣的俗人俗事俗場景，潑灑淋漓地表達出來。如有學人願彙編一部《舊京民俗文化辭典》的話，翻閱一下《四世同堂》，料想必會有大的收穫。

繼《離婚》和《駱駝祥子》之後，《四世同堂》的推出，為老舍藝術生涯又矗立起一座風光萬種的高峰。作品以洋洋近百萬字的雄闊外沿，以及其中處處精心打磨的情節細部，再加上通觀全局而無重大敗筆和明顯弱節的均衡之美，證實了老舍對超大型藝術形式的宏觀駕馭能力。作者本人，也對這次歷盡艱辛的創作活動，相當滿意，他曾將這部長篇看作是自己「從事抗戰文藝的一個較大的紀念品」（〈八方風雨〉），並且，他還説過：「就我個人而言，我自己非常喜歡這部小説，因為它是我從事寫作以來最長的，可能也是最好的一本書。」（〈致大衛·勞埃得的信，一九四八年四月二十二日〉）

可以理解的是，任何的、哪怕是出自巨匠之手的傑作，都不可能一無「非」處。小説《四世同堂》的藝術，也存有微疵。在正面人物錢默吟的形象塑造上，就依稀可辨作者把握不穩和概念化的刻寫傾向，這個被作者樹為文化史「正面的證據」的老詩人，戰前終日閉戶吟詩執藝，很有些士大夫的清高氣，形象也屬真實準確，但是，大禍患降臨他家，他憤然出走圖謀復仇之後，行動上就顯得令人難以捉摸，神祕地來，驀然地去，儼然一位俠界高人，這在被外寇嚴密控制的亡城北平，未免失真。這一不足，還得歸咎於作家叫生活視野局限了手腳，老舍對舊日北平城的三教九流，都有著過細的觀察記憶，獨獨沒能瞭解過戰時從事地下反抗活動的人士，他們是如何工作及生活的，所以，在衆多有血有肉的人物之中，反日鬥士錢默吟，就讓讀者看出了形象的貧血和蒼白。錢詩人刻畫得不夠成功，又在一定程度上，直接妨礙了書中要將「詩人」文化與「獵人」文化有機組合這一精闢思想的形象與完善的表達。此外，小說中對於一些略微次要些的反面角色，如漢奸藍東陽等人相貌舉止的描寫，也嫌太漫畫化，用墨欠收斂。

在這裡須附帶提及的，還有《四世同堂》這一大部頭作品本身的遭遇。三部曲的前兩部，〈惶惑〉和〈偷生〉，自寫成之日，分別在報章上連載，隨後，又都出版過單行本；第三部〈饑荒〉的命運，則不如前兩部，它是老舍在居留美國期間完成的，沒能及時出版中文單行本，只是在五〇年代初，由國內一家文藝刊物連載，發表到了全書第八十七段，即被中止。直到一九八〇年，三部曲合而為一的《四世同堂》，首次由北京一家出版社正式出版，——但是，它也只是共計八十七段。第八十八段至第一百段，隨著歲月的流逝，世事的變遷，已是無人知其下落了。所幸的是，老舍在美國寫出了《四世同堂》第三部全文之後，曾邀請美國朋友艾達·普魯伊特（Ida Pruitt）女士合作，將三部曲《四世同堂》全文，縮譯為英文，改書名為 *The Yellow Storm*（《黃色風暴》），於一九五一年，在美國公開出版過。*The Yellow Storm* 裡面，保留著《饑荒》結尾十三段的內容。為了補足《四世同堂》中文本的尚缺部分，翻譯家馬小彌女士——即抗戰時期老舍好友馬宗融之女——仿照老舍的筆調，把《四世同堂》最後的十三段，又從英文譯回了中文。這部藝術巨構的全書一百段，才得以渾然全貌，面向了中文讀者。雖說它已經過中文譯成英文時的壓縮，又經過英文譯回中文時的「再度創作」，與老舍的中文原作肯定有若干差異，但是，人們畢竟象徵性地擁有了老舍《四世同堂》的全部勞動果實！這是值得感慨，也值得高興的一件事。

①轉引自王行之：〈老舍夫人談老舍〉，載《老舍研究資料》，曾廣燦、吳懷斌編，北京十月文藝出版社一九八五年版，第三二〇頁。
②票友，是舊時對戲曲、曲藝界非職業演員的俗稱。清代制度規定，旗人不許成為專業演員。相傳，清廷曾向一部分八旗子弟發放「龍票」，以特准他們參加非營利性的演出活動，「票」字的這種含義由此而來。
③拿黑杵，人民文學出版社一九八三年版《老舍文集》第四卷（《四世同堂》第一部《惶惑》）第十六頁，有注釋：「舊社會的票友，私下接受的報酬稱『黑杵』」。
④下海，舊時戲曲、曲藝界的票友正式轉為職業性的營利的演員，俗稱「下海」。
⑤同①，第三二一頁。
⑥參見胡絜青、舒乙：〈記老舍誕生地〉，載《散記老舍》一書，北京十月文藝出版社一九八六年版。

第十四章　在太平洋彼岸

民間的文化使者

抗戰勝利後，老舍滯留重慶。一方面，他得有一段相對穩定的時間，完成《四世同堂》；另一方面，中華全國文藝界抗敵協會的善後事宜，也牽扯著他。

一九四五年十月，在絕大多數成員的要求下，「文協」決定易名為「中華全國文藝界協會」而繼續存在下去。這樣，老舍準備卸下「文協」職務的私意，就只能擱置下來了。

透過八年間空前的犧牲與卓絕的奮鬥，中華民族戰勝外侮，揚眉吐氣了。然而，戰亂的陰雲，卻又迅速聚集於神州上空。國共兩黨的矛盾已被推向前台。雖有重慶談判的實現，但是，和平還是內戰，兩條截然相反的道路，仍明朗地擺在國人面前。

一九四六年元旦，老舍在《中原．文藝雜誌．希望．文哨聯合特刊》上，發表了政論文〈我說〉，表明了個人呼籲和平、反對內戰的鮮明立場，他指出，「和平是活路，內戰是死路」，「武力可以征服別人，可也可以毀滅了自己，拉我們去打仗的，不管是誰，都是只看見征服，而沒有看見毀滅」，「我們不受別人支使去打內戰，我們才是真正的主人，而不甘心做炮灰的奴隸。」剛剛告別了動盪的抗戰生活，作家又陷入了對國事新的憂慮當中。這段時間，老舍還會同郭沫若、茅盾、葉聖陶等中國作家，致信美國作家賽珍珠並轉全美作家，認為美國軍隊有捲入中國內戰的可能，請求美國朋友盡力阻止這一事態發展；他還和郭沫若、茅盾、巴金等三十多位文化人一道，在〈陪都文藝界致政治協商會議各會員書〉上簽字，要求結束一黨專制，廢止黨化教育，以推進國家的民主進程。

一九四五年下半年，老舍曾有一部題為《民主世界》的長篇小說，在重慶《民心半月刊》上連載。該作品只發表了三節，不足一萬字，就停止了。看來作者並沒有把它寫下去。從這部長篇的開頭三節裡能看出來，抗戰甫畢，老舍已開始關切國家下一步的民主建設問題，他以戰時重慶郊外「金光鎮」為故事發生地，描繪了後方國統區內的一幕假「民主」鬧劇，作品以濃重的嘲諷格調，抨擊了官本位社會中，以官長意志為最高決策依據，進而施暴於民心的乖戾世風，體現了作者對踐踏民主的惡劣現實——「民主世界裡有不少的小流氓，他們的民主精神是欺壓良善」——深惡痛絕的心理反應。值得注意的是，小說在揭露國內違背民主現象所在多有的同時，也捎帶著表現出對英美式民主氣象的讚許：「在英美的民主世界裡，若是一位警長或郵局局長到一個小鎮上任去，或從一個小鎮被調走，大概他們只顧接事或辦交代，沒有別的可說。同時，那鎮上的人民，對他們或者也沒有歡迎與歡送的義務。他們辦事好呢，是理應如此；他們拿著薪俸，理當努力服務。他們辦不好呢，他們會得到懲戒，用不著人民給他們虛張聲勢。我們的金光鎮可不這樣，只要來一個小官，鎮上的公民就必須去歡迎，彷彿來到金光鎮上的官吏都是大聖大賢。等到他們離職的時候，公民們又必須去歡送，不管離職的人給地方上造了福，還是造了孽。」

經過抗戰，老舍對社會現實的介入意識明顯地增強了。這種意識，緣起於他對國民精神文化的思考，而又漸漸地在向政治領域滲透。

抗戰結束後，國際間的文化交流趨於正常。一九四六年一月，老舍與劇作家曹禺，受美國國務院邀請，將要赴美講學的消息，被公之於報端。隨後，人們還通過新聞媒介，得知，中華全國文藝界協會、張治中將軍與馮玉祥將軍、「文協」上海分會、大同出版公司、上海電影戲劇協會、美國駐華大使館等，分別在渝、申兩地，為老舍、曹禺出訪，相繼舉辦送別會或招待會。

對二人赴美，國內文化界普遍感到興奮。人們明白，老舍和曹禺將能充分代表中國現代正義和進步的文學事業，向太平洋彼岸各界展示自身的豐厚藝術實績，並將中國人民在連年抗戰中煥發起來的新的精神狀態一併介紹出去，使西方社會得以較為真切和全面地瞭解東方文化及社會的發展趨勢。中國的文藝界同人，是把二位作家，當作自己派往西方的民間文化使者來看待的。

老舍感激大家對他們的信任，他一再表示，一定不辱使命，到美國所要宣講的內容，包括有：中國人民的生存現狀和民主要求、中國新文藝的成就，以及抗戰時期的「文協」組織。曹禺曾在「文協」的送別酒會上說：「他們（指美國人——引者注）見到老舍先生就會明白中國作家的生活和環境」①，老舍會意一笑，坦言於朋友們，自己的確因為受到長年的「疲勞轟炸」，身體已經過於虛弱了，這次出訪，或許也可得到一點休息和調整。他把這一點附加的個人目的，戲稱為「放青兒」②。

一九四六年三月四日，乘坐美國「史各脱將軍號」運輸船，老舍與曹禺，離開上海。二十日，抵達美國西雅圖。

這次由美國國務院安排的訪問講學，定期一年。美方以極高的禮遇予以接待。在首都華盛頓，老舍二人曾在招待國賓的來禮士賓館下榻，這所賓館，還同時接待著英國首相邱吉爾。

老舍、曹禺一步步地實現著預先擬訂的講學與考察活動計畫，先後到了華盛頓、紐約、芝加哥、科羅拉多、新墨西哥、加利福尼亞等地，其間，還順訪了加拿大的維多利亞和魁北克。應華盛頓大學、丹佛大學、芝加哥大學、哥倫比亞大學、耶魯大學、天主教大學、費城國際學生總會、西雅圖西北部作家協會等學府及社團的約請，二人分別做了數次講課或演說。老舍所講的內容包括〈現代中國小說〉、〈中國抗戰文學〉、〈中國文學的歷史與現狀〉等等。

〈現代中國小說〉的英文演講稿，曾被美國《國家重建季刊》一九四六年七月號刊出。這篇演講稿，從中國的白話小說早期作品《三國演義》、《水滸傳》談起，涉及到中國新文學運動的勃興、外國文藝對中國小說創作的影響諸話題，進而闡述了演講者本人對中國現代文學成就的基本估價以及對其經驗的初步總結；老舍肯定了中國的「新小說努力擺脫多年來儒家道德的束縛，去反映國家面臨的急待解決的社會問題，甚至包括政治問題」的優良傾向，指明了外國文學對中國的新文學「影響特別大的是十九、二十世紀的俄國作家」，同時，高度評價了魯迅、郭沫若和茅盾等現代進步文學家對中國新文藝的特殊貢獻，介紹了中國作家在抗戰期間走到民衆中間「學到許多東西」之後，再創作出來「受廣大民衆和士兵歡迎的作品」，這樣一條推動文藝健康發展的新經驗。〈現代中國小說〉演講稿，體現了四〇年代中期老舍文藝觀念的新特點，它向中外讀者表明，經過了一番現實鬥爭磨練的作家老舍，對國內文壇上日益高揚的左翼情勢，是愈來愈感到親近了。身為來自中國民間的文化使者，老舍盡責地完成宣傳中國新文藝的任務。

老舍踏上這片「新大陸」的時候，已在當地享有相當高的知名度。此前不久，他的長篇名作《駱駝祥子》在美國被翻譯出版，書名為 *Rickshaw Boy*（即《人力車伕》），十分熱銷，還被美國「每月佳書俱樂部」列入了當年暢銷書的排行榜。不過，老舍對該書譯者伊文·金（Evan King）未經原作者許可，就將那部悲劇作品擅自改寫成「大團圓」的喜劇結尾，特別不滿，所以，不太願意時時被人們提及那部經過篡改的作品是他寫的。尤其是當他發覺自己在各地演講時，人們對他的興趣，多未超過對一個黃皮膚暢銷書作者的好奇心，他的不快，便更加劇烈地體現出來，而對繼續在各地演講，興致也隨之衰減下來。

這段時間，老舍和曹禺還對當時美國的文藝狀況，用心做了考察。他們大量觀摩了那裡的舞劇、廣播劇、音樂劇和話劇，發現只有百老匯的演技和設備，才是第一流的，很可惜，百老匯又因為過分看重了錢，作品的思想性和探索性都遠不能令人滿意。由此，老舍產生了一份自豪和遐思，他在當時寫給國內一位劇作家朋友的信裡，提到：「老實說，中國話劇，不論在劇本上還是在演技上，已具有很高的成就。自然我們還有許多缺陷，但是假若我們能有美國那樣的物質條件，與言論自由，我敢說：我們的話劇絕不弱於世界上任何人。」（〈致吳祖光·一九四六年六月五日〉）老舍為了探討美國文學傳統的形成，又擠出時間，著了迷似地閱讀了福克納等作家的作品。在考察的同時，他們也利用各種機會，結交美國的以及在美的各國作家、藝術家。老舍與美國著名作家斯諾、史沫特萊、賽珍珠以及德國戲劇大師布萊希特等等，都是從這時開始，建立起了相互間的真摯友誼。

隨著來美國時日的增多，老舍對這個國家的瞭解也加深了。初來時，他曾感到美國人非常熱情，和藹，活潑，可愛，因為「有一天在美國的街上，我向一位婦女問路，她立刻很清楚地告訴我，當我坐進汽車，關上車門，快要開車的時候，她還極懇切地囑咐司機，要司機好好替我開到目的地。」（《紐約書簡》）可是不久，他就遇到了截然相反的另一件事，街頭一位「鶴髮童顏、和藹可親的老頭兒」，施展技倆，從他的口袋裡，生生騙去了五十元美鈔③！他開始用冷靜的眼神注視這個光怪陸離的社會了。後來有幾件事，更教老舍心生憤慨：一次，他到美國西南部的新墨西哥，參觀政府為土著印地安人圈設的「保留地」，只見滿目蒼涼淒慘的景象，貧困的紅種人小孩兒，圍著客人們，兜售自製的土陶器皿，以便糊口度日；另一次，他和曹禺在一家大飯店請當地的黑人作家吃飯，不想，餐廳門前竟然高掛著「禁止黑人進餐」的牌子；還有一回，他在紐約某餐館就餐，眼看著一對黑人男女坐下來近半個小時，還是沒有一位服務生去理睬他們……從來就最厭惡民族歧視、種族迫害的老舍，簡直沒法容忍，他多次向周圍的人們，義憤填膺地談起這些事情。

老舍曾經對美國的民主和自由頗有好感，不但在來美之前的小說裡誇讚過英美式的民主精神，在來美之後也談到過，假如中國作家能獲得美國那樣的言論自由，藝術成就還會提高。然而，他來到美國之後，日益清楚地看到，這個「民主」的國家，原來是那麼熱衷於干預他國的內部事務，阻擋中國人民的民主進程。於是，老舍在一些場合，表示了他對美國政府的不滿情緒。當杜魯門總統派遣魏德邁將軍為特使到中國，名曰「進行實地調查」，實則干涉中國內政的時候，老舍利用和友人們聚會的機會，批評了美國政府的這一舉動。在另一次會議上，有個美國人向老舍提問說：「你們希望美國政府如何幫助中國？」老舍看出問話人的態度缺乏善意，立刻嚴肅地回答道：「你們美國軍隊應該趕快從中國退出！」這令對方相當尷尬。

美國國務院邀請老舍和曹禺訪美講學，與他們邀請許多較貧窮國度的知名人士來美國一樣，真實目的，在於向這些人展示美國高水準的生活方式，吸引他們長期留在美國工作和生活。老舍二人看出了對方的用意，他們不願走那條路。據曹禺後來回憶，老舍和他無時無刻不在懷念著祖國，「一到禮拜六，我們買回一瓶酒，兩杯下肚，兩人就唱起京劇來。老舍先生擅長京劇的鬚生和老旦，一唱起來，就似乎又生活在故國了。平時外出都講英語，只有回到自己的房間裡，說起祖國的話，暢談、交飲，真是盡興盡致，談到高興的時候，便常常痛罵美國社會生活中那些虛偽和殘酷的現狀。」④

一九四七年一月，曹禺告別老舍，回國了。老舍雖與曹禺一樣地思鄉，可是，考慮到暫且留下來，還可以贏得一段比較安定的時間，來寫完《四世同堂》的未竟部分，而且，他也期望能夠通過這次到美國的機會，多向海外讀者介紹一些自己的作品，便決定不跟曹禺一道歸國。當時，老舍決定在美多居留一段時日，是可以理解的，國內已是炮火遍地，硝煙滿天，他這樣一位無黨無派的作家，回來也不會有太多的事情可做。與朋友曹禺分手，讓他難過，他無法說出一句幽默的話，只是不聲不響地幫助曹禺整理行裝，臨了，他跟對方講，該是剩下自己一個人「苦寫」了！

《四世同堂》第三部〈饑荒〉的寫作，是在曹禺離美之前就開始了的。一九四六年秋天，老舍曾經到紐約州一處叫作「雅陀」的文化園區去寫東西。那是個專門提供給藝術家們寫作和休養的設施。來雅陀之前，他幾乎沒有得到什麼休憩，美國式的快節奏弄得他疲於奔命，「身心交敗」，想「剎車」都不成。到了雅陀，老舍恢復了生活習慣，黎明即起，先在百花盛開的林間打上一路太極拳，之後，躲進自己的平房工作間，安然著書。只有到了該進晚餐的時分，人們才能重新見到這位受人喜愛的東方人。他願意和來自各國的作家、藝術家廣泛結交，敘談中，也坦率地告訴大家，自己確是那個寫過《駱駝祥子》的中國「寫家」，不過，他對那部在當地暢銷的《人力車伕》的結尾，沒法負責！他的作品裡頭已經苦難到了頂點的下層市民，根本不可能有「大團圓」的命，他絕不能為了讓自己的作品迎合美國讀者的口味，多賣幾個錢，就由著譯者去胡改一通。

在雅陀，老舍與美國作家史沫特萊有過一段難忘的交往。史沫特萊是一位「烈性的女人」，對東方被壓迫民族和人民的解放鬥爭，卻充滿了「真純」的同情心，她到過中國，並且一如既往地樂於為中國人民做奉獻。當她從老舍口中得知，中國還有許多文藝家掙扎在貧困線上，馬上教老舍起草一封信，由她分寄給美國的進步作家們，結果，很快就收到了大家的捐款，計美金一千四百多元，史沫特萊又協助老舍，將這筆錢逕寄上海，由當時的「文協」負責人分發給貧困的文藝家們。為了反對美國派兵介入中國的內戰，史沫特萊時常到美軍退役士兵中去做宣傳，有時候，她也約上老舍一同去，請老舍向大家陳述中國的現實，以證明美國的亞洲政策是不得人心的。史沫特萊的熱心與意志，使老舍「感動、感激」（〈大地的女兒〉）。

老舍身在大洋彼岸，一顆心卻時時懸繫著祖國。多年來的實際社會生活，使他反對強權、渴望民主追求自由的精神，不斷有所生發，他雖然還在堅持無黨無派，獨立不倚的個人處世原則，心裡，卻巴望著祖國能夠早日走向民主、自由的道路。

一九四七至一九四九年間的絕大部分時間，老舍一直在美國「苦寫」。除了寫完《四世同堂》第三部〈饑荒〉，他又創作了一部大約十七萬字的長篇小說《鼓書藝人》。與此同時，老舍還戮力推進幾項對自己作品的翻譯工作，其中包括：與美國友人艾達·普魯伊特（Ida Pruitt）女士，合譯《四世同堂》（*The Yellow Storm*），請旅美作家郭鏡秋女士，翻譯《離婚》（*The Quest for Love of Lao Lee*）和《鼓書藝人》（*The Drums Singers*）。

關於長篇小說《離婚》的翻譯，還有過一場糾紛。譯過（或者可以說是「篡改過」）《駱駝祥子》的伊文·金，大概是嘗出了「甜頭」，在 *Rickshaw Boy* 出版後，又著手開始翻譯《離婚》（其譯作題為 *Divorce*），這次，他的翻譯，要比譯《駱駝祥子》時更離譜，也更不堪。他根本不懂，甚至也不屑於瞭解和體會原作體現的中國人的文化精神，把老舍在《離婚》原著中對老李等中國知識分子苦悶、彷徨心態的描述通盤刪掉，而代之以主人公老李剛跟鄰居馬少奶奶相識就上床一類的無聊情節。伊文·金正在譯寫 *Divorce*，老舍到了美國。老舍發現伊文·金故技重演，又是在預先不照會原著作人的情況下，隨意篡改作品，十分惱火，他斷然表示了對伊文·金此次翻譯工作的反對態度，親自撰文，將《離婚》這部作品的寫作意圖、故事梗概介紹給美國文學界與出版界，呼籲社會輿論制止伊文·金的不正當行為。可是，伊文·金非但不肯接受老舍的阻告，反倒擺出一付橫蠻的嘴臉，宣稱，如沒有他對原作的修改，作品將一錢不值，他甚至還通過律師來恫嚇老舍。為了堅決反擊伊文·金的流氓行徑，老舍一方面約請郭鏡秋加速翻譯《離婚》，以爭取趕在伊文·金之前，讓正確反映原作風貌的譯著面世，另一方面，也在美國作家賽珍珠（Pearl Buck）、他本人在美國的出版代理人大衛·勞埃得（David Lloyd）、在中國的出版代理人趙家璧等人的協助下，為捍衛自己的合法權益做了勇敢的鬥爭。「這場和沃得（即伊文·金，——引者注）較量的醜惡的奧林匹克競賽」（〈致大衛·勞埃得，一九四八年八月三日〉），終以原作者在道義上的勝利而告結束，伊文·金迫於老舍對其譯作的不承認，在他的譯作封面上，沒敢署上老舍本名，而只得變換手法，用了一個「古老的房子」的意譯來替代原作者，並註明是「伊文·金翻譯和改編」，同時，伊文·金還不得不在他的譯著「序文」中，寫上請老舍原諒的話。雖然郭鏡秋的譯本趕在伊文·金之前出版發行了，伊文·金也迫於種種壓力服了軟，不幸的是，由於忠實於原著的郭譯本缺乏足夠的經濟力量作宣傳，這本書在美國的銷路沒能打開。老舍由此再次加深了對美國式拜金主義風氣的認識。

因上述幾項作品的寫作、翻譯和出版事宜，老舍一直逗留在美國。出去日久，他對美國的一應生活方式，始終不能真正適應，孤單枯燥的個人處境，帶給他的，是日見嚴重的心緒不寧，以及滿腹的鬱悶、牢騷。一九四七年十一月二日，他在寄給國內一位友人的信中寫道：「……最壞的是心情。假如我是個翩翩少年，而且袋中有幾個冤孽錢，我大可去天天吃點好的，而後汽車兜風，舞場扭腚，樂不思蜀。但是，我是我，我討厭廣播的嘈雜，大腿戲的惡劣，與霓虹燈爵士樂的刺耳灼目。沒有享受，沒有朋友閒談，沒有茶喝。於是也就沒有詩興與文思……這是道地受洋罪！」（《海外書簡》）更其糟糕的是，壞心情帶出了一身病，腹瀉病時時跟他搗亂，痔瘡也不減輕，頭常常發昏，慢性風濕症弄得腿疼起來沒結沒完，到一九四九年四月，他終於不得不住進醫院，接受一次坐骨神經方面的大手術。

與此差不多同時，國內形勢已是瞬息萬變。老舍為這一變局感到欣慰，他向在美的外國友人，毫不掩飾地表達了對共產黨新政權的樂觀憧憬⑤，也在內心裡加重思考著返回祖國的有關問題。雖有英國方面在此前約他回「母校」倫敦大學東方學院重操教業的邀請，此時，他亦不再考慮「也許一咬牙上英國」去的可能了⑥。

一九四九年七月，在中華人民共和國誕生的前夜，中國文學藝術界聯合會第一次代表大會，在業已掌握在新政權手中的北京懷仁堂舉行。會上，周恩來向與會者興奮地表示：我們南北兩路文藝隊伍，大會師了，就是缺少我們的朋友——老舍，已經打電報邀他回來了⑦。

受周恩來之命，一個短時間內，先後有馮乃超、夏衍、郭沫若、蕭三、丁玲、茅盾、周揚、陽翰笙、曹禺、洪深、鄭振鐸等人，或聯名或單獨，致函、致電給在美國的老舍，敦請他及早返回新生的祖國，與大家一道，共襄文化繁榮大業。

盼到了這樣珍貴的函電，大洋彼岸的老舍萬分激動。他能體會到友人們馳召自己的一片真情。雖然他此時仍然僅是中國共產黨的同路和朋友，並不是其中的一員，他還是願意應召而往。他的家人，他的親友，他的人民，以及國內即將步入安定的新生活，都對他有著絕大的吸引力。

這時，老舍還沒法估計自己回到國內後確切的社會位置，從本能的心理習慣出發，他給留在美國的朋友撂下了這樣的話：自己「回國後要實行『三不主義』，就是一，不談政治；二，不開會；三，不演講。」⑧

拖著一副大手術過後尚未來得及充分休息復元的羸弱身軀，老舍於一九四九年十月十三日，由舊金山市登上「威爾遜總統號」輪船，越洋歸來。檀香山、橫濱、馬尼拉，而後抵香港，途中用了二十一天。太平洋上驟起的兩場颱風，使作家的腿病惡化，到香港的時候，他已寸步難行。幸虧有當年在山東任教時的老友、病理學家侯寶璋教授的全力接待和精心護理，二十四天之後，十一月二十八日，老舍得以重新上船，繞道台灣外海再經朝鮮仁川，輾轉顛簸，終在這一年的十二月九日，到達天津大沽口。

「海河上有許多冰塊，空中落著雪。離開華北已是十四年，忽然看到冰雪，與河岸上的黃土地，我的淚就不能不在眼中轉了。」（〈由三藩市到天津〉）再過幾天就將年滿五十一周歲的作家老舍，一顆遊子之心，在胸腔中突突跳動。

此前三年半，懷揣著一冊「民國」的護照，他離開南中國；今天，作為「人民共和國」的公民，他踏上飽經憂患的北中國大地。一去一歸，真個是「換了人間」。

《鼓書藝人》：思想藝術新趨向

在美國寫下的長篇小說《鼓書藝人》，是老舍的一部重要作品。它的主要存在意義，不在於文學價值上的突破，而在於它有如一塊路標，為我們指示著作家思想、藝術的轉軌方向。

如果只從小說所描寫的主人公類型來看，這次創作活動，顯然還和老舍以往的小說寫作保持著連貫性。擅長把握和狀寫城市下層人們生活、情感和命運的老舍，在這部作品中，寫的是曲藝（具體說，是演唱京韻大鼓的）藝人們的現實遭遇。書中講述了鼓書藝人方寶慶一家人，在日本侵略者攻佔了家鄉北平城以及大半個中國之際，背井離鄉，漂泊南下，來到戰時陪都重慶，連續數年間，靠賣藝度日的故事。寶慶是個有愛國意識的藝人，他「不願在飄著日本旗的城裡掙飯吃」，拿定主意，帶上哥哥寶森、妻子方二奶奶、女兒大鳳、養女兼藝徒秀蓮，全家五口，一路逃難到了大後方。這位德藝雙馨的鼓詞演員，有紮實的藝術修養，和足以養活一家幾口兒的真「玩藝兒」，在他身上，既具備不肯向邪惡勢力低頭的內在骨氣，也有比較靈活地周旋於社會的外場功夫。可是，厄運卻不停地跟蹤著寶慶和他的家人，他辛苦操持起來的書場，在日本飛機的轟炸下，毀於火海；逃到郊外鄉下，哥哥又被炸死；好不容易才擺脱掉軍閥王司令強娶秀蓮為妾的圖謀，大鳳卻被王司令的副官騙娶過去，不幾日便遭遺棄；寶慶最害怕的事情也發生了，能幫著他作藝養家的秀蓮，給特務糟蹋、玩弄之後，帶著身孕和羞恥回到家中……剛強的、明理的、隨時隨處逼迫自己硬著頭皮應對社會的寶慶，沒有受辱於日寇的統治下，卻在中國人自己管轄的土地上，碰得頭破血流。

《鼓書藝人》突出的立意之一，是要展現舊時代社會下層藝人們的苦難生涯。那年月的曲藝藝人，活在世上低人三分，但分有點其他活路的人家，都不願輕易染指其間，所以，作藝的人，或者由家人代代相繼，或者只能從貧困無助又有幾分藝術天資的寒門子女中填補；這些藝人，也許在經濟上較城市下層其他某些個體勞動者稍微來得寬裕一點，社會地位卻比一般的貧苦市民更為難堪。「他們是人生大舞台上，受人撥弄的木偶。」稍微有點來頭的人，都會漫不經心地騎到他們頭上要威風。藝人們順心也好，苦悶也罷，都得把個人情感深深埋下，將一副討世人歡心的面目盡可能地表現出來。寶慶歷經顛沛來到重慶之後，沒敢有一絲懈怠，立即抖擻精神四處奔走，以求擺平地面上所有的關係，「他鞠躬，誰到眼前就跟誰握手，滿臉堆笑，叫人生不起氣來，大事化小，小事化了。」辛辛苦苦建起了自己的書場，開鑼演出也挺轟動，他和家人不但沒能走上坦途，相反的，倒是蜂擁而至的地痞、惡少、特務，整天賴到他家，企圖調戲秀蓮，寶慶只好忍氣吞聲地應酬，「他要是給他們點厲害，場子裡演出的時候，就會來一大幫子，大鬧一通。砸上幾個茶壺茶碗，再衝電燈泡放上那麼一兩槍，那就齊了。鬧上這麼一回，他的買賣就算完了。」受著黑暗社會的無理欺壓，又淒苦無告，就是藝人們時時面對的現實。

小說證實，在不公正的社會裡，苦人兒一旦蹈入了作藝這行「賤業」，便會像鬼魂纏身似的，甩都甩不掉異常卑下的社會身分。任憑藝人和他們的家人怎樣加倍地小心翼翼，不肯就範於一口又一口黑洞洞的陷井，陷井卻總是密布於腳下，一不留神，便會禍患臨頭。對他們來說，遭到官僚、軍閥、地方惡勢力的盤剝、欺詐猶在其次，最叫人提心吊膽和不能忍受的，就是自己家的姑娘，在身心方面毫無安全可言。寶慶一向擔憂秀蓮和大鳳被人坑騙、作賤，尤其是對常要登台獻藝的秀蓮，恨不能寸步不離地守護左右；他不許秀蓮過多接近自甘墮落的女藝人寶珠，一再告誡秀蓮：「你不自輕自賤，人家就不能看輕你。」雖有寶慶如此盡心，秀蓮的周邊，卻早已布滿了誘惑和威逼著她走下坡路的因素：秀蓮看得明白，連寶珠的親生父母，都在慫恿他們的女兒，邊唱大鼓邊作暗娼；而自己，因為是個賣唱的「賤貨」，養母也一天到晚念叨著，要把她賣給有錢有勢的人家，去作姨太太；當她有機會上學讀書，自以為可以重新安排命運的時候，學校裡的同學——那幫軍閥的姘頭、黑市商人的女兒，用利箭般的惡毒語言傷害她，把她從學校裡羞辱出來，使她不得不認定，自己真的是「永無出頭之日」！「幹我們這行的，誰能清白得了」，這樣的話，成了女藝人們耳邊不斷轟響的咒語，她們的精神，有時會在頃刻之間一潰到底。

這部作品，在現代文學史上，是一部少有的描寫曲藝藝人命運的長篇小說。作者寫出了對社會底層演藝界人士深沉的憐憫與同情，也表現出了對他們足夠的尊重與理解。寶慶身在曲藝行內多年，待人處事總要信守行理行規，對同行，他不以班主身分相欺；對觀衆，總以最漂亮的「活兒」來服務，台上作藝與台下作人，是一式的嚴肅認真，算得上是藝界一傑。老舍對這個人物，寄以了全部的情感關注和心靈體認。然而，作者也寫到，由於社會偏見的作用，在寶慶自己家裡，也照樣存在著極端瞧不起藝人行的頑固觀念。寶慶太太方二奶奶，本身出生在藝人之家，年輕時也賣過藝，後來又嫁作藝人之婦，卻從內心十分厭惡作藝的養女，她一口咬定秀蓮「命中注定，要賣藝，還要賣身，她骨頭縫裡都下賤。」二奶奶的態度，真成了迫使秀蓮誤入歧路的原因之一。另外，寶慶的哥哥寶森（綽號「窩囊廢」），也是一個打心眼裡不待見賣藝行當的人，他的鼓書唱得比弟弟還好，又彈得一手好弦子，只因「看不起唱大鼓這一門賤業」，認為「拿彈彈唱唱去賣錢！丟人！」寧可閒著、餓著，也不肯「下海」從藝。作家尊重寶慶那樣的藝人，也同樣對二奶奶、「窩囊廢」等人的思維方式，給予充分理解，他讓讀者透過故事的鋪敘，看到這類人物頭腦中所形成的那套舊觀念，其實也是被社會不公正的現實逼出來的。

《鼓書藝人》的筆調並不激越，但是，比起老舍過去反映下層市民生活的許多作品，政治批判的矛頭卻要醒目得多。小說講述的是抗戰期間的事情，其中除了寫到日本飛機空襲所造成的災難外，並沒有過多地去控訴侵略者的罪行。作者調動大量筆墨，描寫了在大後方的市民群衆，特別是曲藝藝人們的慘淡生存狀態。藝人寶慶一家受到的傷害，除去他哥哥是死於日軍轟炸，其他的幾次：王司令逼娶秀蓮，以及陶副官與特務張文分別誘騙大鳳和秀蓮，都有顯見的政治背景，這些傢伙幹壞事，都毫不客氣地，以「跟政府的人打交道，最好留點神」相威脅。在他們製造的社會悲劇後面，赫然存在著專制制度的支持。這樣的文學表現方式，與老舍以往在創作中常將惡人的政治色彩弱化處理，很是不同。如就小說題材本身來看，藝人的故事，倒是並不比暗娼（〈月牙兒〉）、洋車伕（《駱駝祥子》）、巡警（《我這一輩子》）的故事，更多地需要涉及政治背景，而老舍在這裡，將自己長期以來遠離政治背景的筆，變換了運作角度，則不能不引起讀者的注意。

我們知道，抗戰勝利後，國內的社會力量出現了新的分化組合，要民主、要自由、反獨裁、反專制，成了中華大陸的人心所向，大勢所趨。遠在美國的作家老舍，感應著民族和時代的脈搏，也產生了要為祖國的社會進步鼓呼的願望。在剛剛寫完的《四世同堂》裡，他的思索重心，還放在牢記民族屈辱、檢討文化教訓上頭，那裡面，自然也包容著他對民族、社會進步的另一種殷切。但是，時代畢竟又向前跨越了一大步，老舍在文學思想上，也日益確切地接受了左翼創作原則的積極影響，他的筆下出現新變化，也就不是讓人難以捉摸的了。

作家不僅將起碼的政治批判納入《鼓書藝人》，還在小說中，破天荒地勾勒了社會的進步前景。寶慶、秀蓮等舊藝人，曾經有著跟祥子、小福子等苦人兒差不了很多的悲痛身世，不過，比祥子、小福子要幸運許多的是，在他們的眼前，已然出現了新生活的晨光，他們趕上了一個民主意識不斷高揚並且波及到整個社會方方面面的歷史時期。老舍真實地攝下了民主新思潮與這些舊藝人的邂逅和結合，令人信服地展示出作為「人下人」的鼓書藝人，也開始舉步走向全新人生的可喜鏡頭。寶慶屬於經歷過辛亥革命、民國創建等大事變的那一代人，雖說文化和身分都不太高，可是，也能在軍閥意欲霸佔自己養女的關鍵時刻，說出「現在買賣人口是犯法的，您不知道麼」這樣有分量的話來。國難當頭，他這個四處流浪、養活一家人尚且很困難的窮藝人，會時而想到，該用自己的鼓書演唱，為鼓動人們投身抗戰添些聲勢。最教他興奮的事，莫過於意外遇到了一位具有強烈民主精神的作家——孟良，後者與他一見如故，平等地交朋友，無償地為他填寫新唱詞，還激勵他和秀蓮，放棄藝人的自卑感，昂起頭作人，使寶慶和秀蓮父女，在思想深處獲取了民主思想的燭照。順應時代的精神風尚，寶慶和秀蓮從切身的苦難中，睜開眼睛看世界。踢開命運的羈絆，由自己主宰自己前程的意識，在他們的心頭徐徐湧動，越來越強烈，並很快化作行動。為了「讓全世界的人看看咱們中國唱大鼓的，也有一份愛國心」，他們撇開了低人三分的自賤心理，勇敢地加入抗日的團體，用宣傳抗敵的大鼓書，抓住聽衆的心，在博得人們歡呼喝彩的同時，他們胸中更高的自信心也升騰起來。寶慶連續參加抗日義演，踴躍地給前方受傷將士募捐，他已不再是須時刻陪著小心討生活的「賤業」藝人，在原本無人瞧得起自己的社會上，「成了受人尊敬的人物，可以跟新戲演員平起平坐了」。至於年輕的女藝人秀蓮，也從民主、自由的社會新思潮裡，找尋到了個性解放的方向，她不再懼怕養母要賣掉她的恐嚇，也不甘心就範於養父準備為自己挑個好男人的良苦用心，決心全憑自個兒作主，選擇終身的配偶。雖然寶慶和秀蓮二人的進步，還是初步的和較為淺表的，後來秀蓮遭到流氓成性的特務張文玩弄，與他們父女倆尚未充分提升的思想水平和認識能力，均有直接關係，但是，我們還是可以體會出，正、反兩方面的人生經驗，終會使這樣一些追求光明的舊藝人，在民主精神的導引下，成功地踏上思想蛻變的新岸。

孟良這個人物的登場，也使長篇小説《鼓書藝人》與老舍的既往作品區別開來。過去，老舍很少涉獵政治性較強的題材，即使不能不描寫到與革命相關的人物，那些形象，例如李景純（《趙子曰》）、小蠍和大鷹（《貓城記》）、白李（《黑白李》）等，作者雖有將他們朝正面角色方向塑造的願望，也還是心有餘而力不足，因對革命和革命者的過分陌生，總不免把他們寫得蒼白、模糊，或者隔膜。孟良的形象打破了這一局面，在《鼓書藝人》中，他不單是進步的作家和文化人，還是思想傾向相當明朗的民主鬥士。他是將寶慶、秀蓮及其一家從舊有的藝人生存軌道，帶向新生活、新視野的引路人。通過他的循循善誘，具有正義感和民族氣節的方寶慶，進一步懂得了，傳統的曲藝藝人，只要把自己的藝術跟時代的大需求結合到一起，「演的是獨角戲，但唱出的是千百萬人的聲音」，照樣可以為人民大衆的解放，做些光榮的貢獻；孟良對秀蓮的思想啟迪，是從喚醒她的婦女翻身意識入手的，他藉著教秀蓮讀書識字的機會，跟她談心，讓秀蓮逐漸認清：「女人是舊社會制度的犧牲品」，「女人自己起來反抗，可以消滅奴役婦女的舊勢力。」他從民主主義的理想出發，把救助曲藝藝人擺脱苦海視為己任，從根本上去開發藝人們爭取自身權益的鬥爭精神，他說：「要是我們不抗戰，今天早已經亡國了。陳規陋習也一樣。你不跟它鬥，它就會壓垮你。」作為堅持民主思想並努力付諸實踐的作家和戰士，孟良的言行不可避免地觸犯了當局，覺察到自己有被捕危險，他坦率地告訴寶慶：「我認為，與其犧牲在舊制度下，不如為新的理想而犧牲。」在監牢中，他被拷打得遍體鱗傷，仍不肯向惡勢力低頭。抗戰結束後，孟良才獲釋，他的骨頭更硬，頭腦更清醒，為民主而戰的鬥志也更為高昂：「我就要繼續工作下去。只要能贏來人民的解放，哪怕是把我的骨頭磨碎，拿去肥田，我也不怕。」老舍對孟良這位民主志士，從思想脈絡、精神氣質到言論行為的總體把握，都是準確而得體的。這説明，老舍不僅在自身民主意識的獲得上有了長足進步，與當時社會上的民主主義思想主潮達成了高度的吻合，即便是在如何正確地宣傳施行民主理想的實踐方面，也有了比較恰切的理解。

老舍從來就尊奉著一條樸樸實實的現實主義創作道路，他的作品，只有那些寫自己熟知內容的，才最具真實、鮮活的力度。《鼓書藝人》再次印證了這一點。作家的青少年時代，是在京城旗族全民嗜好曲藝藝術的風尚中潤染過的，對都市下層賣藝為生的人們——他們的命運、遭遇、情感、習性、作派——均不生疏。抗戰之前當大學教授和抗戰期間作「文協」負責人的時候，他都主動跟一些曲藝藝人保持密切的過從，從中，他能感受到別人難以找到的歡樂和愉悅。尤其是從武漢到重慶，連續六七年光景，他和滿族鼓書藝人富少舫（「山藥蛋」）一家的友誼，更達到了將心換心的莫逆程度。《鼓書藝人》這部作品，從較狹窄然而又並非沒有道理的角度講，也還帶有紀念作家本人與富少舫一家相互友誼的蘊涵。孟良這位進步作家在抗戰過程中走進方家生活中間的感人事蹟，與老舍走入富氏家庭並與他們同悲共喜的經歷，有著很多的相似之處。老舍曾經先向富少舫學唱舊式大鼓書，而後，慷慨無償地給富少舫及其養女富淑媛（藝名「富貴花」）撰寫鼓書新詞，他平易近人，多次勸解富家的家庭糾紛，在富家遭受社會不公平待遇之際勇於挺身而出，他不擺任何「名人」架子，教富淑媛學習文化，在他的引導下，富少舫由一名「不登大雅」的曲藝藝人，成了一位在大後方的曲壇乃至於藝術界饒有名氣的講唱「抗戰大鼓」的藝術家……小說《鼓書藝人》，把老舍的這些切身經歷，藉助書中的人物活動，活脫脫地搬了進來，我們在讀到孟良的一系列作為時，總要自然地回憶起作家個人的真實故事。這從又一條的線索啟示著我們，老舍的確是願意以孟良這一民主戰士的形象來自況的。

當然，小說畢竟不是回憶錄。《鼓書藝人》已遠遠突破了老舍與富家交往的故事原型。沒有必要一一對照故事原型與小說的各項不同，單從情節及人物設置上看，便有兩點值得注意：老舍沒有孟良的被捕經歷，富少舫也沒有一個「窩囊廢」式的兄長。老舍寫孟良的被捕，體現了自己此刻對於為民主而戰，必然要付出鮮血和犧牲的真切認識；而小說裡特意安排了「窩囊廢」這一角色，則另有意味。

老舍擅長掃描市民階層的精神文化圖像，而且，這種掃描又時常與他所熟識的旗人文化有關聯。方寶森（「窩囊廢」）的形象中，即藏有一種妙然天成的旗人文化調式。他「愛藝如命」，具備過人的曲藝表演天賦，可是決意不肯輕易「下海」，惟恐人們會因而把他看「賤」了，他的藝術，歷來只供自娛自樂，而不是「賣錢」的，情願讓外人笑自己是個「窩囊廢」，也不肯拉下臉兒來靠作藝掙錢。這類旗籍人物性格上的主要特徵，在於他們過分地注重「面子問題」，都市老派旗人中，有各種本事的不在少數，不過，他們的才能，特別是吹拉彈唱之類的才能，照老規矩，是不能隨便用來換飯吃的，哪管被當成「廢物」倒還可以忍受，在他們的判斷裡頭，「廢物」不過是「清高」的一種戲稱，二者相去並不很遙遠，若被世人貶斥為「沒出息」、「下賤」，則是比「窩囊」更見不得人、更等而下之的。此亦「餓死事小，失節事大」之謂也。老舍洞徹了這批旗族文化產兒的心態，也知道怎樣才能開啟他們的心靈，在他的筆下，孟良頭一次來方家，寶慶建議，讓他先教給哥哥寶森如何寫鼓詞的技藝，孟良卻執意要先向寶森學唱大鼓，「據他自己講，他可以一氣幹上五個鐘頭，再多都行。」這一點表示，立刻就使得「窩囊廢高了興。『我的時間全歸您安排，』他說，『您要是樂意，咱們就幹它個通宵。』」生怕有身分的文化人鄙視自己的藝人，一旦贏得了對方的尊重，他就會自信心倍增，掏出心來跟你交好，傾其所有來滿足你的願望，因為，他所特別珍惜的東西——尊嚴、體面——在一向不易獲得的情況下，由你鄭重地捧給了他，他感到了前所未有的精神滿足。方寶森性格中的這一要害，從他起初不願替弟弟去彈弦子伴奏，後來又欣然同意前往的經過，也可證實，弟弟懇求他，他不屑地反問：「我？……我——圖什麼呢？」寶慶知道他「圖」什麼，告訴他：「為了愛國，也給咱自個兒增光……咱們的名字會用大黑字體登在報上。明白嗎？會叫咱們『先生』……你準保喜歡。」果然，這把銹鎖被打開了，他立即就「樂意」給弟弟伴奏了。

方寶森是這樣，小說主人公方寶慶在需要尊嚴方面，也和哥哥差不了太多。他有家室拖累，還有這麼一個餓死也不肯「下海」的哥哥需要他養活，總得強打著精神去賣藝。哥哥死了，他肝腸寸斷地到墳前祭奠，對亡靈哭訴：「您不肯賣藝吃飯。我又是另一樣，我得靠作藝掙錢養家。外人看咱哥倆各不相同，可咱們不就這點差別嗎……」兄弟二人，一個拒不「下海」，一個苦苦地賣藝度日，他們的內心苦痛，原來是一致的。遇到難處，寶慶常憶起，自家的先人原不是賣藝為生的，雖然他已在這條人生道路上走了大半輩子，付出了那麼多的心血才把「玩藝兒」學得這麼地道，可是，仍然會不時泛起「洗手不幹了」的念頭。若趕上心氣好，寶慶又會向人們表露他的宏願，他打算存一筆錢，自費辦個藝校，經過他的親手調教，培養出一批不同於一般賣唱藝人的「出色的演員」，把鼓書演唱上提到較高的藝術檔次。可見，寶慶的心思，也始終是圍繞著如何才能使藝人走出卑微的心理層次和社會位置，使他們有效地提高社會形象的。寶慶的理想，並不是一團幻影，孟良要用知識和文化來武裝舊藝人，教他們學會操縱自身命運的計議，正是為寶慶的理想，鋪設了一條可行之橋。從這個意義上看，《鼓書藝人》小說，也包含著作家為民間藝術尋找出路，為舊有曲藝藝人提高精神素質、藝術水準和社會地位，提供思考的一片苦心。

老舍的創作之路，是與他的思想之路同步的。《鼓書藝人》雖然從選題上，與先前表現城市貧民命運以及審視民族文化精神的寫作路數，保持著一定的接續關係，然而，熟悉他的讀者不難發現，此老舍，已不能完全等同於從前的那個老舍了。作品的政治批判意識空前強化，說明老舍已立意要與若干年來只作政治浪潮「旁觀者」的自我揮手告別，寫出孟良這樣敢想敢為的民主鬥士形象，也無疑地體現了作家本人長久以來走過了孜孜求索的思想路途，終於放棄了不無溫情的自由文化人立場，而決計要成為一位具有鮮明革命傾向的民主主義作家了。

作者在大洋彼岸撰寫《鼓書藝人》的時候，中華民族兩種命運的決戰已度過了它的白熱化階段，民主的時代大潮，讓每個心懷光明追求的中國人感到振奮。「識時務者為俊傑」。假如我們不是從狹隘的功利含義上去體味這句中華古訓的話，老舍的《鼓書藝人》，可說是對這一古訓的恰當兑現。小説最後，寫到抗戰勝利了，孟良和寶慶，一對好友重逢在滔滔長江之畔，孟良指著大江，飽含深意地説：「看這條江水裡……有的魚會順著江水遊，有的魚就只知道躲在石頭縫裡，永遠一動也不動。」寶慶能聽懂孟良的這番話，我們也同樣能夠聽懂作家老舍的這片心聲。「順著江水遊」，跟著進步的潮流走，是老舍送給寶慶等藝人們的諄諄忠告，也是他，送給自己這位藝術家的可貴抉擇。

老舍希望自己能成為孟良式的民主戰士，這是我們的推斷。不過，縱觀作品對孟良的塑造，人們還是感覺到，這個人物的性格和思想仍有欠豐滿，在他身上，除去熱情地宣揚抗日，誠懇地引導曲藝藝人們改造舊觀念、改造舊文化，以及身陷囹圄依然堅持信念之外，還看不到別的更能顯示其投身民主鬥爭的作為，而且，他在小説裡出現，也往往是單純的説教多於具體的行動。這當然還是受了作者自身目力與經驗的限制造成的。

我們還注意到，老舍在寫作這樣一部在政治上較過去要激進一些的作品時，確有過某種遊移。他在一九四八年十一月十九日給出版代理人的信中，説道：「十分抱歉，我要放棄《鼓書藝人》的全部工作了。寫完十二章以後（約佔全書的一半），我發現它既不像我想像的那麼好，也不像我想像的那麼有意思。我想我最好還是別寫了。」（〈致大衛・勞埃得，第十九〉）因為老舍在美期間的其他相關資料是很缺乏的，我們今天已經難以揣測，作家當初究竟是出於什麼考慮，才申明準備「放棄《鼓書藝人》的全部工作」。從小説最後展現了一系列思想、藝術新趨向放眼，人們似乎有必要對老舍曾經產生過的這種念頭，問一問「為什麼」。

這部小說，終歸是寫完了。它為我們瞭解作家四〇年代晚期的精神及創作走勢，提供了一份價值獨特的研究依據。

《鼓書藝人》，直至一九五二年，才由美國一家出版公司首次出版英文版。而它的中文原作，不僅在相當長的時間內，既沒有能在中國也沒有能在美國或其他國家出版，連底稿也不翼而飛了！小說寫出後逾三十年，也就是一九八〇年，這部作品，才得以姍姍來遲地跟中文讀者們照面，——然而，那已不是老舍的本來手筆，而是翻譯家馬小彌根據郭鏡秋當年的英譯本，再仿照老舍筆法譯回中文來的。

---

①田本相：《曹禺評傳》，第二一〇頁，重慶出版社一九九三年版。

②參見舒乙：〈小星星〉，其中解釋說：「在北方，口內的牲口，像駱駝，春季以後，每年都要被趕到張家口外草原上去『放青兒』，讓它們去伸張筋骨，吃飽青嫩的鮮草，長膘換毛，養精蓄銳，準備回來大幹一場。」載《散記老舍》，第一一九頁，北京十月文藝出版社一九八六年版。

③參見喬志高：〈老舍在美國〉，載香港《明報》，一九七七年八月。

④同①，第二一四頁。

⑤參見石垣綾子：〈老舍——在美國生活的時期〉，文章中記錄了這樣的史實，一九四九年六月，在中國人民解放軍揮師克復上海的消息傳到美國後，老舍親自燒了飯菜，宴請作者等人，並向客人們說：「中國不久將獲新生了。」「上海這個城市過去是集犯罪、間諜、通貨膨脹等毒瘤於一身的地方，如今的上海，病巢正被一掃而空。就由此可知，共產黨完全可以掌握好、治理好全中國。」載《新文學史料》，一九九一年九月號。

⑥參見老舍一九四八年二月七日致友人何容（當時在台灣國語日報社工作）的信。該信影印件，載於畫傳《老

舍》第一六〇頁，其中談到：「英國又約我去回『母校』教書，也不容易決定去否。……看吧，假若移民局不肯留我，也許一咬牙上英國。」北京燕山出版社一九九七年版。

⑦參見臧克家：〈老舍永在〉，載《人民文學》，一九七八年第九期。

⑧同註③。

第十五章　活躍的「人民藝術家」

狂喜之下

一九四九年十二月十二日，老舍回到故鄉北京。這時他的家眷仍在重慶，他被暫且安排在北京飯店下榻。

回到北京的第二天，政務院總理周恩來接見了他。當時，共和國新政權剛剛誕生，周恩來的每一天，確實稱得上是「日理萬機」。可是，據說，「老朋友相見，暢敘了很久。」①這次會面，對老舍來說，肯定會感觸良多，周恩來及時與他會面這一舉動，確切無誤地向他傳遞了一個信息：共產黨，以及新的國家、新的政權，是伸出手來歡迎他的。早在抗戰時期，老舍即與周恩來建立了穩定的私交，在中國共產黨的高層領導人中間，可以說，真正跟老舍個人彼此夠得上朋友的，大概也只有周恩來一人。不論是以前，還是此刻，老舍認識共產黨，尊重共產黨，都與他對周恩來的認識和尊重分不開，與他折服於周恩來的人格魅力分不開。

一九五〇年一月四日，為慶賀共和國建立後的第一個新年，也為了歡迎在文藝界素享盛名的作家老舍由美國歸來，全國文聯在北京飯店舉行了聯歡茶會。老舍欣然赴會，與茅盾、周揚、田漢、洪深、曹禺、趙樹理、馮乃超、葉聖陶、歐陽予倩、艾青、連闊如等七十餘位舊雨新知團聚一堂。

在茅盾做了簡短致詞之後，老舍發表了熱情洋溢的談話，他敞開襟懷，向朋友們傾吐了幾年來的思念，表述了因未能與大家一道經歷祖國解放戰爭所產生的內疚，表示願意通過學習來充實自我，以期對新中國的建設做出貢獻。此刻，他分外興奮，回到祖國、回到北京、回到朋友們中間的喜悅，沖跑了幾年來滯留心頭的鬱鬱寡歡。聯歡會進行到餘興部分，他自告奮勇，為大家先唱了他剛剛創作的太平歌詞〈過新年〉，又唱了一段傳統京戲〈審李七〉。

這一年的二月，老舍被增補為中華全國文學藝術聯合會的全國委員會委員。

「我是剛入了國門，卻感到家一樣的溫暖！」「現在，我才又還原為人，在人的社會裡活著。」（〈由三藩市到天津〉）老舍表白的心聲，是素樸的，真實的。

四月初，胡絜青攜子女們由重慶北歸到京，老舍與家小團圓了。他們需要有個長期居住的處所。周恩來提出，可由有關部門為老舍安排到公有的大宅院去住，老舍謝絕了，他覺得，還是少給政府添麻煩，由自己買一處適當的住房為好。經周恩來同意，他以二百匹白布的價錢，在市內東城區迺茲府街豐盛胡同十號（後來更名為燈市西街豐富胡同十九號），購得一處小套院。

老舍和京城的小胡同頂有緣分，只要能住進小胡同的老式院落，他就開心。買這個小套院的時候，因為腿病，加上忙，他預先甚至沒能親眼前去看一看，是託朋友代買下來的。直到一家人搬進去，他才弄清「新家」是什麼樣兒。這是一處年深日久的老房舍，小套院原本就不算大，又分割成更小的街門院、外院和內院，外院僅有的兩間北房，構成內院的南牆，內院實際上是個只有北房和東、西廂房的「三合院」。窄小的街門院，處於外院的東側及內院的東南角，出入的街門，不在宅子的中軸線上，而在正房的東南角。「據說，『風水學』要求按照八卦『巽』的方向開門，取『坎宅巽門』的意義，『巽』就是東南，向東南角開門以取吉利。」②熟識舊京民間習俗的老舍，自會明白這「坎宅巽門」的寓意，他也的確希望能在這所直到半百年紀才得以入住的京城小院裡，獲得前半生求之不得的太平與祥和。

在這個小套院裡，老舍一住就是十六年。這是他一生中居住時間最久的處所。喬遷之初，他和夫人一道，在內院的空地手植了兩棵小小的柿子樹，到柿樹後來成熟結果的時候，他們乾脆就把這個小院，親切地喚作「丹柿小院」。

老舍一回到北京，便見到了包括三個老姐姐和一個老哥哥在內的親戚們。這些人，多是往日的城市平民。老舍注意到，「他們全都非常喜歡這個對人民真好的新政府。」「兩年前，我的哥哥差點餓死。現在他的孩子全有工作，他自己也恢復了健康。」（〈致大衛．勞埃得，一九五〇年二月二十七日〉）

眷念北京，並且願與世代生活在這裡的平民階層息息相通、休戚與共的心理情結，多少年了，始終纏繞在老舍的胸間。這次歸來，他也毫不含糊地（或者也可以說是不可避免地），要以北京城的變化，平民階層的愛憎，來決定個人的情感和立場。他是一個好動感情的人，尤其是當他有幸再度回歸故鄉、置身親友之間，更是必然要將自己，完全地融入普通的民眾之中。他的腿病還很重，想要去各處走走看看，尚有困難，憑著一批批值得信賴的親朋好友的訴說，他迅速瞭解到，在新政權剛創立的日子裡，北京正在經歷地覆天翻的大變遷：饑荒和通貨膨脹已經過去，百姓們的吃食充足起來，昔日禍害人們的水溝河湖正在抓緊整治，失業已久、一貧如洗的人們，在政府的幫助下紛紛就業，有力的戒毒措施，又叫一些已經半死的市民新生……老舍的心，為此而振奮、而「狂喜」。他最瞭解舊時代窮苦人過的是什麼日子，兩相比照，不能不心悅誠服：「新的政府千真萬確是一切仰仗人民，一切為了人民的。」他如同那些知恩圖報的平民百姓一樣，激動地喊出：

「我怎麼不感謝毛主席呢？是他，給北京帶來了光明和說不盡的好處哇！」（〈我熱愛新北京〉）

老舍又畢竟是老舍，在舊時代生活了幾十年的他，養成了獨立不倚的性格，他並不是那種肯輕易隨波逐流的人。為了徹底弄通思想，他希望能親身走進社會的現實當中，更多地體會一些活生生的東西。他不顧腿病的「警告」，參加了在天壇舉行的一場控訴惡霸的大會。他看到身旁有好些熟識的臉：工人、農人、市民們、教授、學生、公務人員、藝人、作家，全坐在一處。他暗自尋思著這一場面的來之不易，告訴自己，「這是個民主的國家了，大家坐在一處解決關於大家的問題。解放前，教授們哪有和市民們親熱地坐在一處的機會呢。」會開起來，在舊社會備受欺凌的貧苦市民，老的少的男的女的，一一上台控訴，舊日作威作福的惡霸們，面對場內不時舉起的無數拳頭，低頭跪倒，當有人控訴到最讓人們義憤的時候，場上便爆發出一片喊「打」之聲。老舍，和他身邊的知識分子朋友，也情不自禁地跟著喊了起來：「該打！該打！」這一喊，老舍自己覺得，他「變成了另一個人」，「變成了大家中的一個」，由「書生的本色變成了人民的本色」。他感到，必須放棄文雅和羞澀，和千千萬萬的市井民衆一樣，「恨仇敵，愛國家」。開過控訴大會之後，老舍發表了文章〈新社會就是一座大學校〉，說：「我上了一課，驚心動魄的一課。」「我不能再捨不得那些舊有的習慣、感情，和對人對事的看法。我要割棄它們像惡霸必須被消滅那樣！我要以社會的整體權衡個人的利害與愛憎，我要分清黑白，而不在灰影裡找道理。真的，新社會就是一座大學校，我願在這個學校裡作個肯用功的學生。」「我愛，我熱愛，這個新社會啊！」

五〇年代初始的幾年間，老舍一直沉浸在激越、亢奮之中，平民大衆的喜與憂、愛與憎，強烈地作用於他，使他忘情，使他自勵，他惟恐落伍於日新月異的社會變化，惟恐落伍於他的北京、他的人民。他要求自己奮起緊追。

新中國的文藝界，這一時期也呈現出欣欣向榮。建設民主、自由新國度的純真理想，把來自解放區和國統區的兩支文藝家隊伍匯聚到一塊兒，人人摩拳擦掌、躍躍欲試，想要大幹一通。不甘人後的老舍，也受到這種氣氛的感染和驅動，一經回國，迅速「入列」，容不得遲疑彷徨。在他看來，像郭沫若、茅盾等當代最卓越的文學藝術家，都在一門心思埋頭服務於新國家，自己又有什麼理由不去積極效法呢？

他的專長在於寫作，他願把情感和幹勁，訴諸筆端。

事實上，他從雙腳剛一踏上北京這片熱土，就開始揮筆疾書。那還是他住在北京飯店的時候，客房裡連張寫字檯也沒有，他伏在一張矮矮的梳妝台前寫起來。從他一九五〇年二月十六日寫下的日記中，可以得知，回國僅兩個月，他已寫出的作品，多達十二篇，包括〈太平歌詞〉、〈別迷信〉、〈勸北京人〉、〈生產就業〉、〈美國人的苦悶〉、〈從三藩市到天津〉、〈寫鼓詞的經驗〉、〈評三打祝家莊〉、〈談相聲的改造〉、〈逛隆福寺〉、〈菜單子〉、〈文章會〉等，其中有鼓詞、相聲，也有散文、雜文和文藝評論。

喬遷到豐盛胡同小套院之後，安居樂業的老舍，更加快了運筆速度。一九五〇年八月，他發表了反映在兩種社會制度下藝人命運巨變的五幕話劇《方珍珠》；九月裡，又緊接著發表了歌頌共和國新政權為民興利除弊的三幕話劇《龍鬚溝》。

《龍鬚溝》的成功上演，成了新中國創建之初文藝舞台上最令人難忘的一大美談。首都各界群眾爭相觀看，文藝界專家紛紛發表評論給予盛讚，毛澤東、周恩來等國家領導人也在中南海懷仁堂觀看演出，並接見了老舍一家人。一九五一年年底，北京市人民政府做出決定，公開表彰話劇《龍鬚溝》的作者老舍。在授獎會上，北京市市長彭真親自向老舍頒發了獎狀。獎狀的全文是：

獎狀

老舍先生的名著《龍鬚溝》，生動地表現了市政建設為全體人民、特別是勞動人民服務的方針和對勞動人民實際生活的深刻關係；對教育廣大人民和政府幹部，有光輝的貢獻。特授予老舍先生以人民藝術家的榮譽獎狀。

市　長　彭　真（簽字）
副市長　張友漁（簽字）
吳　晗（簽字）
（北京市人民政府印）
一九五一年十二月二十一日

「人民藝術家」，這一在文藝界無尚榮耀的稱號，為作家老舍所擁有，應當說，是恰如其分的。雖然北京市政府授予他這個稱號，是專為表彰他創作《龍鬚溝》的成績，然而，縱觀老舍的一生，實在是再沒有更加恰切的稱號適宜於這位作家了。在老舍畢生的全部創作中，人民性，是其最突出的特性。他從來都在秉承大衆的意志，為了人民而寫作。《龍鬚溝》的創作，是這條創作長鍊中的一環。

「人民藝術家」的稱號，對老舍來說，又儼然「快馬一鞭」。慣於奮發勞作而且極為要強的他，已是箭在弦上。他只能沿著既定的方向，疾步前行。

文化名人的形象

老舍曾有過這樣的感慨：「年輕人，總急著出名，他們不知道，名人不是那麼好當的。成了名人，那名字就不只屬於你自已，有許多的社會義務。當名人，是要付出很大代價的，甚至犧牲個人的自由。」③

老舍在進入五○年代之前，就已經是一位國內外知名人士了。一九五一年獲「人民藝術家」稱號，使他越發享譽社會。假如可以把他在共和國生活的十七年，視作其晚年的話，那麼，這一時期的老舍，委實可以稱得上名滿海內的文化名人。

因為他有著名人的身分，又有積極工作的態度，國家和社會，便把一副副的重擔壓向他的肩頭。

一九五○年五月，北京市文學藝術工作者聯合會宣告成立，老舍當選為主席。北京，歷來就在中國文化藝術的發展中舉足輕重，現在，這裡再度成為國家的首都，對全國的文藝事業，更負有率先垂範的作用。老舍知道北京市文聯主席的責任有多麼重，他沒敢有半點馬虎和鬆懈。文聯創建前後，連著幾個月，他為第一屆理事會的組成和會內的一應會務安排，忙得不亦樂乎。在北京市文聯成立大會上，他的開幕詞，強調了建立這一群衆性社會團體「有它迫切的需要」，「除非把北京所有的文藝工作者總動員起來，是無法把大量的精神食糧貢獻給這麼多的人民的。」老舍也表達了他身為市文聯負責人，內心的一種特殊關切：「正需要新舊的人才團結到一處，經常的交換意見和合作，才會不偏不倚，共同找出創作民間文藝的道路來。」

這以後，十幾年間，老舍在北京市文聯主席的位置上，連任三屆，直到辭世。

老舍的市文聯主席，不僅作得有聲有色，而且富有他自己的特點。像抗戰時期任全國「文協」總務部主任一樣，他從不搞花架子，不泛泛地應付差事，而是實實在在地撲下身子，做每一件事，都立求見出實效。

幫助曲藝藝人們改進舊相聲，是老舍認真做過的一件事。新中國剛誕生不久，傳統的相聲藝術就遇到了危機。在慶祝共和國開國的一次重要演出中，兩位藝人演了一段傳統段子〈反正話〉，其中內容不大健康，「髒口」比較多，引起了觀眾的反感，被轟下了舞台。一時間，報紙上連發了幾篇文章，都指摘說相聲這種形式已經過時，不再適於為新社會服務了。京城裡頭，不少下層平民百姓，對相聲這門傳統藝術情有獨鍾，聽說相聲有可能在新形勢下被淘汰，心裡都挺難受。相聲演員們也因而感受到很大的壓力，他們願意跟著時代走，可自己又沒有足以用來改造舊相聲的文化水平。當他們得知酷愛曲藝藝術而且一向樂於扶持曲藝發展的老舍先生已經回到了北京，便急切地派出代表，求見老舍。老舍傾聽了他們的心聲，二話沒說，就爽快地答應全力支持他們，只要他們提供幾個傳統的本子，自己保證在短時間裡，拿出改寫一新的段子，供他們去排演。果然，沒過幾天，老舍改寫完成了相聲新詞〈菜單子〉，經排練試演，獲得了令各方滿意的效果。隨後，老舍又繼續為相聲藝人們寫了〈文章會〉、〈地理圖〉、〈繞口令〉、〈鈴鐺譜〉、〈對對子〉等一批新段子，把相聲的改進引向正軌，推向熱潮。老舍又將自己的兩位朋友——羅常培、吳曉鈴——介紹給相聲演員們，這二位，都跟老舍一樣，是滿族出身的文化人，是「相聲迷」。羅常培，當時已經是國內語言學界赫赫有名的泰斗級人物，他陪同老舍，時不時地來聽相聲，一旦覺出段子裡面有點什麼毛病，即順手記下來，過後，便與演員們一一商量加以糾正。文學研究家吳曉鈴當時挺年輕，索性就投身於藝人們組成的「相聲改進小組」，跟他們朝夕相處，一道研究、編輯、出版了許多新相聲。老舍在新形勢下，為提高相聲藝術的社會地位，真可謂操透了心。他約北京最有名的幾位相聲演員吃飯，請他們「帶個頭兒，把曲藝界的團結搞好」，他又把踴躍致力相聲改進的藝人侯寶林、孫玉奎等，引薦給政府總理周恩來；他還連續發表〈相聲改進了〉、〈向相聲小組道喜〉、〈介紹北京相聲改進小組〉等多篇文章，為相聲形式的新生搖旗吶喊。經過老舍等作家、學者和藝人們的一致努力，相聲藝術很快就度過了難關，走向了健康發展的大道。日後，相聲界的老人兒每談起這段往事，總是特別地感戴「救相聲之危的老舍先生」④。

五〇年代初，北京原有國畫界的畫師們，也遇到了不小的困難。共和國新成立，從解放區來的美術家們相當活躍，他們擅長的版畫、油畫、宣傳畫，容易配合時事需要，顯得很受歡迎；而傳統的中國畫，因為在短時間內難以找到符合新形勢需求的表現形式，則被冷落在一旁，甚至還有意見認為，國畫屬於舊文化的範疇，該淘汰了。於是，長期居住在北京的一批優秀的國畫家們，畫出來的畫，賣不動了，他們長期從事個體藝術創作，又沒有什麼統一的組織可以依託，生計都成了大問題。身為市文聯主席的老舍，及時瞭解了這一情況，意識到，自己有責任去扶助他們，幫他們解困，也使中國畫這門寶貴的傳統藝術得以發展、光大。首先，他在自己認識和不認識的知名畫家裡面，瞭解到有哪些人生活最窘迫，親自開列出名單，由文聯和他個人一塊出資，派文聯工作人員以及他的夫人，分別前往，一户户地登門拜望，嘘寒問暖，贈以錢物，鼓勵畫家們，相信新建立的國家與政府，必會讓他們和他們的藝術重新獲得承認。為了試著用多種方式聊解畫家們的燃眉之急，老舍把名畫家們的作品，擺進了市文聯的辦公室，希望幹部們個人都能買上一兩樣。誰知，文聯的幹部多不肯買，他們也對這類缺乏「進步」內容的作品吃不準。老舍耐心地給他們講道理：「國畫具有民族藝術之魂，畫中意境、藝術魅力，感人至深。生硬地塞進政治內容，破壞了藝術，也沒有了政治。」⑤老舍一邊動員，一邊帶頭買下來一批畫，作為個人收藏。其後，老舍又幫助國畫家們創建了他們自己的互助性組織，多方承接作畫任務，還開辦了一處國畫展銷門市部。畫家們感謝老舍，老舍卻仍在找尋徹底解決他們生計問題的途徑，終於，他會同幾位藝術界的友人，聯合上書，經國家最高領導人批准，創辦了北京中國畫研究會（後改建為北京中國畫院），把包括齊白石、陳半丁、溥雪齋等一大批傑出的國畫家們接納進去，讓他們成了由國家支付工資酬勞的公職藝術工作者，從而使中國畫這枝民族藝術之花，得以在共和國首都的文化園地裡，紮下根去，應時開放。

老舍一九五一年在寫給美國友人的信件中說：「作為北京文聯的主席，我要做的事太多，簡直找不出時間來處理我自己的私事。北京現有二百萬人口。有許多藝術家住在這裡，我必須努力幫助他們。」（〈致勞埃得〉）老舍作文聯主席，考慮問題也罷，辦事情也罷，叫人看不到任何膚淺的雇傭意識，只要是有益於民族文藝事業發展的工作，他不待上級或者任何人提示，就能主動想在前頭，做在前頭。他把方方面面的文藝家們，一視同仁地看作朋友，帶著深厚的感情和急切的心情，去為他們奔走效力。

身為文聯主席的老舍，常跟不同身分、地位的藝術家們打交道，做他們的思想說服工作。他能摸透這些人各自的脾氣稟性，從尊重對方的個性出發，和風細雨、潤物無聲地去打通思想，排解難題。京劇「四大名旦」之一的尚小雲，五〇年代初期，因為演了一齣傳統戲〈墨黛〉，受到了有關領導的無理干預，心裡憋了火，決定從此在北京舞台上息影，只去外地巡迴演出。老舍知道此事後，以朋友身分坐莊，請尚小雲吃飯，還特意拉上程硯秋、馬連良做陪。席間，老舍先跟尚小雲東扯扯西聊聊，見他情緒不壞，便懇切地說：北京可有著一大批最愛好您的觀眾，您要是不露面，大家可都覺著不自在；再說了，咱京城裡素有「四大名旦」，您這一走，四缺一也不像話呀！老舍又說，藝術這玩藝兒，千錘百煉總是好事兒，意見嘛，愛聽的，不愛聽的，咱都得容得下，您說對麼？程硯秋、馬連良也順勢加以說服，尚小雲見朋友們如此真誠挽留，連連稱是，對老舍明確表示：您講得有理，我聽您跟大夥兒的就是了！

老舍從沒做過什麼官兒，抗戰時期任全國「文協」的負責人，差不多全屬於盡義務，手頭沒有握過任何高出他人的權力。就老舍的個人氣質來說，他也根本不是個會以權勢壓人的人。在北京市文聯內部，老舍依然不曾染上「官高一等」的盛氣凌人，對下屬的文藝家和工作人員，無論是年長的、年輕的，從解放區來的、從舊文人圈裡來的，他都親近。據一些五〇年代與老舍在文聯共過事的幹部介紹，他從來不看任何人的「檔案資料」，也不習慣找人「個別談話」，僅從日常接觸的談吐之間，便能摸清每個人的水平和才氣，因才制宜地引導他們開闢工作、發展自我。對青年人，他宛如慈父，對中年人，他寬厚得像是兄長，彼此坐在一處，開誠布公，無話不談，率真坦誠，還帶著一股教大夥兒迷戀的書生氣、書卷氣。逢年過節，他會把單位裡的同人們，召集到自家歡聚小酌；遇到年輕的幹部婚嫁或得子，他總忘不了送去帶著點兒文化意味的小禮品。對手下有創作前途的青年作家，他會當衆指出：我看某某和某某，將來可能會寫出點像樣的東西！不但表達了他心中的殷切期待，還注意了不傷害其他人的自尊心。有的時候，他看到自己喜愛的年輕作家寫出來的作品過於拘謹，也會毫不客氣地當面批評：「你要是還放不開，那你年輕時候就是個痞的！」先是把對方嚇出一身冷汗，繼而，又教被批評者感到一種響鼓重鎚般的催促。五〇年代，勞動節、國慶節，天安門前必得舉行幾十萬人的慶祝遊行，在數千人組成的文藝界遊行隊伍裡頭，人們常能發現老舍的身影，作為首都文學藝術領域的最高代表人物，他不因腿病而告假，總是拄著手杖，昂然地走在文藝工作者的中間。大家為有這麼樣的一位文聯主席，感到鼓舞、慶幸和自豪。

老舍這位大作家、文化名人的社會職責，還遠不僅限在文藝界內。一九五一年初，他被推舉為北京市人民政府委員。對這項公職，老舍看得很神聖，他在市政府就職典禮上講話說，自己把這當作人民的信賴，感到無窮力量，「使我們不得不想盡辦法來做好這最偉大、最民主的人民政府的各項工作。」他把自己認定是市民百姓的代言人，從第一次政府委員會議起，他經常主動發言，為救濟貧民以及解決群衆的住房、教育、衛生、就業等大事情，甚至為市民們能否吃得上芝麻醬一類的具體問題，不懈地呼籲；同時，他也替政府出面向社會做工作，例如，動員一時在市內沒有就業機會的轉業人力車伕，到京外的工礦和農場去，參加國家的建設事業。因為老舍在京城平民中，有著特殊的影響力和信任度，他的意見，每經發表，常常見效。

老舍感到，國家正在走向前所未遇的民主進程，自己為了爭取大衆的權益所付出的一切，不會白費，都將和推動社會進步相關聯。所以，他明確地反對「浮生如寄」的處世態度，提倡「咱們住在哪裡就應當在哪裡紮下民主精神的根兒，抱著大家為大家活，大家為大家作事的精神。」（〈要熱愛你的胡同〉）他告訴關心自己的朋友們：「我很忙！在咱們的國家裡，人人都應當忙，都應當越忙越起勁兒，越高興。在咱們當中，『懶漢』是最可恥的稱號！」「我寧願忙死，也不甘作『懶漢』！」（〈謝謝青年朋友的關切〉）

從五〇年代初到六〇年代中期，老舍先後身兼的常任與非常任社會職務，隨時在增多，其中包括：政務院文教委員會委員、全國文聯副主席、中國作家協會副主席及書記處書記、中國民間文藝研究會副主席、中國戲劇家協會理事、中國曲藝家協會理事、《北京文藝》主編、文化部電影指導委員會委員、國家民族事務委員會委員、文藝界抗美援朝宣傳委員會委員、中國人民保衛世界和平反對美國侵略委員會北京分會副主席、北京市節約檢查委員會委員、政務院華北行政委員會委員、北京市貫徹婚姻法運動委員會委員、北京市選舉委員會委員、北京市憲法草案討論委員會委員、中央推廣普通話工作委員會副主任、中國與亞非作家常設事務局聯絡委員、中印人民友好協會理事、中國人民對外文化協會理事、北京市中蘇人民友好協會副主席、中朝人民友好協會副會長、第一至第三屆全國人民代表大會代表、第二屆中國人民政治協商會議全國委員會委員、第三屆中國人民政治協商會議全國委員會常委……

他多次被邀請列席最高國務會議；在國內和國際間各式各樣的文化交往活動中和紀念會議上，也少不了他的身影；他曾代表中國文學藝術界，出訪捷克斯洛伐克、前蘇聯、朝鮮、印度和日本等國。

表示了「寧肯忙死」的老舍，漸漸地，也感到這種忙法不是一位作家所應該有的。特別是後來，日益增多的無意義的「陪會」，使他丟掉了許許多多寶貴的寫作時間，令他叫苦不迭。在一九五六年發表的雜文〈閒話〉中間，他開始抱怨自己實在是兼職過多，說因為社會活動頻繁、身體狀況不佳，使寫作受了很大的妨礙。

名人的煩惱，和常人是多少有些不同的。老舍是作家，他真心願意犧牲自我，以便多做點兒有益於社會和大衆的事情，卻又不可能毫不動心地去向衆多而又無謂的方向，抛撒自己的生命。他亟需要的是時間，是屬於自己的時間，用於藝術創作的時間。

況且，名人們，也都是有著個人生活選擇的。老舍若從其內心講，不是個熱衷於出入各種官方場合的人。除了必須外出不可，他頂舒心的事，是在自家小院裡，過他的「寫家」日子。

這位寫家，極具文化人情調，喜歡將自己埋在一種濃濃的藝術趣味裡面。他那橫豎沒幾步就能走到邊的小院，被滿滿噹噹地種上了花草。滿族人的愛花嗜好，伴隨了他一輩子，當他到底有了這麼一方小小庭院的時候，便把這項嗜好，推向了極致。他的大哥子祥（即慶瑞），是九城知名的養花能手，老舍請他來家裡作技術指導，他的院裡、屋裡，到處都是花，有曇花、銀星海棠、柱頂紅、蘭花、臘梅、山影、枸杞、令箭荷花、仙客來、太平花，還有出自一百多個品種的三百多棵菊花！老舍又一向喜歡中國畫，齊白石、徐悲鴻、溥雪齋、于非闇、陳半丁、惠孝同、李可染、葉淺予、傅抱石、黃賓虹、林風眠、豐子愷、關山月、關良等同時代的繪畫名家，都是他的好友，大家贈送給他了一些各自的作品，他又自費搜購到了不少，一年到頭，他家中廳的西牆，就成了專門用於輪番展覽這些畫作的位置。因為與白石老人之間，有著特殊的忘年之誼，老舍喜歡自選一些詩詞名句，交給老人去依句構思和創作，老畫家也總是願意接受這些「難題」，於是乎，查初白句「蛙聲十里出山泉」、趙秋谷句「淒迷燈火更宜秋」、蘇曼殊句「手摘紅纓拜美人」和「紅蓮禮白蓮」等，都由白石老人的畫筆之下，點染成了世所罕見的丹青極品。老舍在得到這幾幅畫的時候，高興得簡直不知如何是好，他的題出得絕，齊白石的畫作得更絕，在白石老人這幾件妙不可言的繪畫中間，也含有「命題」人的心血一片。此外，康熙或者乾隆朝的小瓷瓶、小瓷碗兒，說不清什麼朝代燒出來的三彩陶俑，老舍都樂於從古董攤上花錢斂回來，鄭重其事地擺放在房間裡。

老舍的寫作生活很有規律。一年四季，他每天早上六點起床，洗過澡，或在院裡打一路太極拳，或到胡同外面遛個彎兒。簡單的早餐之後，一上午都盡可能用於寫作。因為坐骨神經有毛病，不能持續伏案，每寫個把鐘點，他就得從兼作工作間和臥室的西耳房走出來，摩挲摩挲客廳裡的各種小擺件，駐足於「畫牆」前面玩味一會兒國畫，或者到院子裡去，蒔弄蒔弄他心愛的花草。

他的身體仍舊不好。高血壓、坐骨神經痛、老寒腿、胃下垂、痔瘡，交替攻擊著他。他的房間光線差，夏日潮濕，冬天溫度低，都不利於健康，加上腸胃過敏病，又使他既不能吃奶製品，也不能吃水果，連蔬菜都只能吃熟的，營養總也跟不上，老得防備著鬧大病。老舍身高一．六五米，在晚年的十幾年間，體重始終在五十公斤上下徘徊。

好在，在過去的大半生裡，老舍已艱辛嘗遍，絕不嬌氣。他有信心，要抖擻精神，在丹柿小院裡，再譜出一段人生的華彩樂章。

平日的丹柿小院，靜極了。老舍在家裡非但不幽默，連話都很少講。他獨自叼起一支煙，或者在他默默地鼓搗花草、器皿的時刻，都可能是在構思作品，最怕打擾，家裡的人包括胡絜青在內，遇到這種情況，都悄悄地繞著他走。

丹柿小院一旦熱鬧起來，必是老舍的朋友們來訪他的時候。離了朋友們就活不下去的老舍，晚年更加看重友情。逢年過節，或是小院裡百花盛開的時節，老舍的家，會變成了大家的歡樂之海，賞花賞畫，品茗品酒，主人與賓客們全都愜意極了，歡暢之時，趙樹理扯著嗓子「吼」過他拿手的上黨梆子，曹禺酩酊大醉滑到了桌子底下……也有的時候，小院裡會出現一些奇特的客人，「他們大都是年逾花甲的老人，有的還領著個小孩。一見到老舍先生，他們就照旗人的規矩，打千作揖行禮，一邊還大聲吆喝道：『給大哥請安！』老舍先生忙把他們扶起：『別……別這樣！現如今不興這一套了。快坐下，咱哥倆好好聊聊。』」事後，老舍向旁觀的朋友解釋：「這些都是幾十年的老朋友了，當年有給行商當保鏢的，有在天橋賣藝的，也有當過『臭腳巡』（舊社會的巡警）的。你讀過我的《我這一輩子》、《斷魂槍》、《方珍珠》嗎？他們就是作品中的模特兒啊！」⑥

來自於都市的少數民族社會群體，而且充分獲得過古今及東西方文化的薰陶滋養，使作家老舍，鑄成了一種特有的精神類型。從最抽象的意義上看，他既追求光明，渴望正義，嚮往民主，崇尚文明，同時，又理所當然地，和傳統文化理念、傳統社會習俗，保持著水乳交融的相互聯繫。放棄理想，或者隔斷歷史，在老舍這個具體的現代文化人來說，都是絕難想像的事情。老舍——作為二十世紀的一位中國文化名人——恰好生活在這樣一種人生的價值焦點之上。

跳盪起伏的文學業績

用「著作等身」這樣的詞彙，來形容老舍畢生的文學創作成績，絕非虛飾。他在幾十年的寫作生涯中所完成的各類體裁和題材的作品，當在一千萬字上下。從早年在英倫正式步入文壇起，他一直沒有放鬆過勤勤懇懇的創作活動。通觀他的一生，中間又出現過兩個明顯的創作高潮期：前一個是三〇年代前、中期在山東的七年間，他曾經連續地寫出了《貓城記》、《離婚》、《牛天賜傳》、《駱駝祥子》、《微神》、《黑白李》、《柳屯的》、《老字號》、《斷魂槍》、《月牙兒》、《我這一輩子》、《想北平》、《有聲電影》、《痰迷新格》等許多膾炙人口的作品；而第二個高潮期，則是在共和國建立之後的十多年裡，他以一員文壇宿將的姿態，筆耕不息，共完成了近三十部戲劇作品，一部長篇記實小說，二百多首新詩和格律詩，大量的曲藝、散文和文藝評論文章，還有一部家傳體長篇小說的開篇……

隨著共和國的誕生，中國文學的總體發展進入新階段。中國共產黨倡導和貫徹毛澤東的文藝思想，強調「文藝為工農兵服務」、「文藝為無產階級政治服務」的原則，使舉國的文學創作面貌為之一變。一批來自解放區的作家，比較習慣於這一文藝方向和創作範式，順理成章地作了文藝發展的主力軍；與之在創作思想上相接續的文藝新生代，亦漸漸萌動生成；而來自於非解放區的一批中、老年作家（其中不乏曾經站在現代文學發展最前列的某些傑出作家），因為不能較快地完成創作思想、方法和題材上的轉軌，出現了很少寫作，甚至於完全擱筆的情形。

年逾半百的老舍，遇到了同樣的問題。此前，他雖說擅長寫都市下層群衆的命運，卻幾乎可以說完全不熟悉工農兵的生活，更不大懂得如何處理文藝和無產階級政治的彼此關係，要他盡快做到以「兩個服務」的原則，來統制自己的文學創作活動，是不容易的。何況，他以往的大量創作，多是繼承著魯迅的思想啟蒙主旨，是在批判民族和國民的精神劣根性上下功夫的，眼下的情況差不多是徹底地變化了，作為民族和國家公民重要組成部分的工農兵，不再需要由知識分子提供批評和指點，無須向知識分子學習什麼，恰恰相反，後者倒是應當向前者全面靠攏和無條件地學習了，這，也不能不叫老舍一時感到無所適從。

老舍決不願意在自己的創作盛年就此退出文學領域。感受到時代和社會種種本質性的變遷，他必須給自己和自己的寫作重新定位。一九五二年 五月二十一日，他在《人民日報》上，發表了〈毛主席給了我新的文藝生命〉一文，公開表達了自己在一番困惑、尋覓之後的新選擇。他檢討自己，雖然有著二十幾年的寫作經歷，卻基本上是以小市民和一部分知識分子為讀者對象，以「小資產階級的正義感」和趣味性來寫東西，沒有用作品為人們指出革命的出路，甚至在文藝與政治鬥爭當中「畫上了一條線」；他說，當終於讀到了毛澤東〈在延安文藝座談會上的講話〉的時候，才第一次明確地懂得了「文藝是為誰服務的，和怎樣去服務」的道理，同時，他自己也「發了愁。……是繼續搞文藝呢，還是放棄它呢？」他覺得許多年來，個人的思想、生活、作品都始終在小資產階級裡繞圈圈，對於工農兵「缺乏接近，缺乏瞭解，缺乏研究，缺乏知心朋友，不善於描寫他們。」坦誠地談了自己的苦惱，他又斷言，「假如我不進步，還以老作家自居，連毛主席的話也不肯聽，就是自暴自棄！」他的結論是：「解放前我寫過的東西，只能當作語文練習；今後我所寫的東西，我希望，能成為學習了毛主席〈在延安文藝座談會上的講話〉以後的習作。只有這樣，我才不會教『老作家』的包袱阻擋住我的進步，才能虛心地接受批評，才能得到文藝的新生命。」

今天，當我們重新細讀老舍這一發表在創作轉折關頭的「檢討」和「宣言」，可以體驗這位優秀作家彼時所陷入的歷史性的長久思考。他太需要珍惜和繼續自己的文藝生命了，即便一切從頭做起，也在所不惜。誠如有的研究者所指出的，老舍的這篇重要文章，其中並不一定所有的言辭都發自於內心。歷史，並沒有給每一個人提供出來適合於他的全部正當活動餘地，——這已是無須詳加探討的事實。

老舍的精神深處，包含著自信和自卑兩個相反相成的側面。如果他沒有自信，便不會提出從頭做起；如果沒有自卑，他也就不必這樣極用心地否定故我了。五〇年代，有關出版社決定為魯迅、郭沫若、茅盾、巴金、老舍和曹禺，各出一套多卷本的文集，照此計畫，其他幾位的文集都按期編輯出書了，惟獨老舍一再婉言謝絕出版社多次登門表達的好意。「我那些舊東西，連我自己都不想看，還叫別人看什麼呢。出一部《駱駝祥子》就算了吧。我還是今後多寫些新的。」⑦——老舍這樣對編輯說。他不希望舊作品被重新拿出來讓人們挑三揀四，而且又堅信，自己完全有能力，再造一個新我。

老舍使出渾身解數塑造新我。他寫作頻率極快，有很長一段時間，他幾乎是每半年就能發表一部新劇作，其速度幾乎令人難以置信，更讓許多新老作家都深感難以望其項背。一九五六年，出自當時中國共產黨主管文藝工作的負責人周揚之口，老舍得到了「文藝隊伍裡的一個勞動模範」⑧的美譽。

十幾年間，老舍的大量作品，顯示了這位老作家創作上的新貌。他的厚重的生活積累和超常的文學功力，以及對社會事物的敏感把握，使這些作品得益不淺。可是，因為一改舊觀，頗為執著地要以文學來為即時提出的政治任務服務，也就不能不教他絞盡腦汁構思打磨的許多作品，蒙受不必要的損失。假如稍微嚴格一點來檢讀，可以說，除了話劇《龍鬚溝》、《茶館》和未完成的長篇小說《正紅旗下》等為數不多的幾部作品，在藝術上能達到或者超越他本人的已有水準而外，大多數作品，都還屬於「遺憾的藝術」。

話劇《方珍珠》，是老舍向共和國奉獻的第一部大作品。這部講敘曲藝藝人在解放前後命運發生大變化的劇作，故事編排，跟先前他所創作的小說《鼓書藝人》彼此連貫，連一些主要出場人物的姓氏甚至名字，都是套用的。劇本前三幕，啟用了小說的許多骨幹情節，描繪了北京解放前夕大鼓藝人方老闆一家的遭遇，因為作者對藝人生活情狀很熟，又以小說的形式寫過一遍，所以寫來熟路輕車，所表現的人物和場面，都是頗為準確和精彩的。這齣戲，老舍原計畫只寫四幕，第四幕寫到下層藝人們隨著國家新生而翻身為止。但是，為了聽從友人勸告，「多寫點解放後的光明」，作者又綴寫了第五幕，重在表現藝人們在新形勢下加強團結與改造的局面。這樣一來，由於老舍對後面該寫的社會內容缺乏應有的瞭解，戲就出現了「腰鍘兩截的毛病」：「前兩幕整齊，後兩幕散碎。」（〈談《方珍珠》劇本〉）不過，劇本中比較硬實的前面多一半，教作品得到了有力的支持，全劇演出時，效果也還不壞。《方珍珠》的劇本，寫於一九五〇年夏天，作家回國剛剛半年，戲的後半部分沒寫好，也和他急於跟近現實，卻來不及深入體會它，有很大關係。

從《方珍珠》的寫作開始，老舍一個相當長時期內的主要創作，均從屬於「社會—時政」型的創作模式。

一九五〇年七月十五日，周恩來宴請老舍，肯定了他的創作方向及熱情，並鼓勵他多寫共和國創立後的新變化。老舍當即向總理表示，寫完《方珍珠》，要馬上著手創作另一齣描寫北京市政新建設的戲。次日，老舍果然不顧驕陽似火，帶著腿疾，前往北京城東南部的龍鬚溝街區，調查政府為當地居民整治臭水溝的情況去了。其後不到兩個月，三幕話劇《龍鬚溝》的劇本便問世了。

北京確有這麼一條叫作龍鬚溝的污水溝。解放前，這條遠近有名的臭溝，充滿了髒水、垃圾、糞便，還夾雜著死貓爛鼠，散發叫人無法忍受的沖天臭氣，一到雨季，污水爛泥溢出槽，就要漫進四周的百姓家裡。生活在當地的，全是貧苦到了極點的下層市民，他們多年來受著臭溝的折磨。舊時政府雖說也多次收繳治溝的捐錢，卻從未真做過一件治溝的事兒。剛解放，市政府即聽到了溝沿兒百姓的呼聲，不出幾個月，就下力量把這條肆虐於民間的臭溝根治了。此事，成了一九五〇年首都一大新聞。老舍的劇作，寫得就是這件事兒。

作者說，寫《龍鬚溝》在自己二十多年的寫作經驗裡面，「是個最大的冒險」（〈《龍鬚溝》寫作經過〉）。他行走不便，不能充分地身臨實地考察，只好較多地借助於他人的情況轉述，沒法兒「滿膛滿餡地」瞭解龍鬚溝。不過，豐厚的生活積累，再次在關鍵的時刻幫了老舍的大忙，他只去了一趟現場，便獨具隻眼地相中了龍鬚溝邊上的那麼一個小雜院。他把這樣一個小雜院，藝術地搬進話劇，好讓自己熟知的城市平民各色人物住到裡邊，以他們的生活巨變，來對比臭溝昔日的罪惡，和眼下人民政府治理臭溝的功德。老舍給小雜院安排了四家住户，他們是：落魄藝人程瘋子夫妻，人力車伕丁四夫婦及子女，寡婦王大媽和她的女兒二春，以及孤身的泥水匠趙老頭。第一幕，以淒涼的筆觸，摹寫了一九四九年前小雜院裡家家逃不脫的慘景，老人因臭溝而染病，車伕兩口子由生計而口角，惡霸的打手衝進院裡來欺負弱者，直至暴雨驟降，臭溝把可愛的丁家小妞子活生生地吞沒……第二和第三幕，則以明快的格調，記錄了共和國成立伊始，不公正的社會現象被剷除，臭溝得到及時治理，人們的精神面貌也為之振奮，處處洋溢起奔向幸福生活的喜悅。老舍儘管對龍鬚溝的具體治溝過程瞭解有限，但是，他巧妙地避開了自己在佔有具體材料上的弱勢，全面地調動了對故都貧民生活的真切把握，以及對新形勢下城市民衆心理的準確感應，並沒有依仗十分完整的戲劇情節，就將這齣話劇寫得聲色飽滿。這實在可以說是老舍藝術創造中的一個奇蹟。

人物形象塑造，為《龍鬚溝》的成功，起了決定性的作用。溝邊小雜院裡的一個個平民人物，都在老舍筆下鮮活十分。這群有血有肉的城市小人物，在心靈和性格上，與作者從前所刻寫的衆多社會底層角色，既有著內在的緊密聯結，又有某些互異之處，更有因時代發展而帶來的新跡象。車伕丁四，是個「可好可壞」的人，他受困於黑暗的社會和窘迫的家境，正在朝著不爭氣的下坡路上滑，小女兒的慘死又加重了他的墮落心，終於，他遇上了解放，在社會正氣激勵下，他也積極投入了政府組織的治溝勞動，並在精神上有了大的起色。由丁四，人們自然會想到「個人主義的末路鬼」祥子，同是人力車伕，丁四的命比祥子好，他的可信的心理變化，也是祥子們所不可能具有的。王大媽，是一位在臭溝邊上住了好些年的勞動婦女，她勤謹能幹，靠焊鏡子邊養活了自己和家人；她又是個保守、膽小的人，凡事總是用「老媽媽論兒」來看，在舊社會，她不敢跟壞人爭高低，解放了，她還是愛用習慣眼光猜測事物變化，多年作孽的臭溝真的給人民政府降服了，她才大開眼界，看懂了新社會。王大媽這樣的老派婦女，老舍從前的作品中也寫過許多，假使沒有社會大變革，她們還不知要在固有的舊觀念中躑躅多久呢！在《龍鬚溝》故事裡，還有個頂引人注目的人物，幾乎可以被稱作是個不朽的藝術形象，此人就是程瘋子。他有過一手漂亮的曲藝專長，還曾藉此糊口，不公正的世道斷了他的謀生之路，把他逼得神里神經的；他只能處處示弱，逆來順受，但是，即便身居貧民窟，他還是身著長衫，自重自愛，與周圍的窮苦人打氣質上就兩樣；他樂於助人，對孩子忒好，為了不讓小妞子掉淚，脱了大褂就換了小金魚；他善良慣了，連螞蟻也不踩，翻身之後，他叫從前作賤過自己的狗子伸手給他看，說：「你的也是人手，這我就放心了！」足見出他長期受屈含冤之後，對人性和人道的渴盼。程瘋子，在老舍筆下，是個十足的苦命人兒，又是先前作品中未曾讓人們窺到過的「這一個」，他的出現，多少帶有一點耐人尋味的感覺。其實，他的原型，正是當時京城裡時常會被人們遇上的沒落旗人。老舍在劇本初稿的人物提示中説起程瘋子：「原是有錢人，後因沒落搬到龍鬚溝來」，已經透露了此人的身分端倪，至於演員于是之在扮演這個角色的時候，揣摩再三，終於在「把他定為旗人子弟」的創作基調拿穩了之後，才解開了「神祕不凡的程瘋子」的身世之謎，「才算對程瘋子有了比較系統的認識」⑨，更印證了這一人物形象的滿人特質。老舍把這樣的特殊形象訴諸劇本，可說是匠心獨運，換言之，作者這樣地露了「絕活兒」，《龍鬚溝》的人物和故事，才真能出彩兒。老舍不隱瞞他對程瘋子和丁四的熟識程度來自早年間的切身體驗，他講過：「我寫《龍鬚溝》如果從動筆寫第一幕起，自然不長，要是從程瘋子那件大褂，丁四那件短襖算起，那該是幾十年了。」⑩

《龍鬚溝》不是情節劇，它專靠著程瘋子、丁四、王大媽等等形神各異的鮮明人物形象，達到了支撐起一齣大戲的目的。這是老舍戲劇藝術遠脱窠臼的地方。劇中創造性地收入一些曲藝成分，作為凸顯人物和鋪寫情節的手段，也使劇作平添了濃烈的都市民間文化韻趣。

這齣戲是一部現實主義力作，也是老舍在五〇年代前期推出的一件文學精品。不過，它也還帶有一些不足，例如後兩幕從意蘊上就顯然不如第一幕來得真切動人，而且，像趙老頭這樣作者希望他能體現出工人階級精神風範的人物，還有種概念化感覺。這些，都説明老舍對他還不夠熟悉的生活和人物，尚駕馭不穩。

寫出了《龍鬚溝》的老舍，頗得共和國最高領導者的重視。一九五一年上半年，經毛澤東親自命題，周恩來直接提名，老舍承作了電影劇本《人同此心》，主題是知識分子思想改造。本子寫好後，交有關部門審查，被扣住未用。據知情者若干年後證實，是當時身為中宣部電影處長的江青，認為「老舍自己就是個沒有經過改造的知識分子，他怎麼能寫好我們要求的電影劇本？怎麼改也改不好。」⑪老舍當時是否清楚這一情形，已難斷言，但是，剛剛寫了《龍鬚溝》的「人民藝術家」，他的作品竟如此輕易地被打入冷宮，作家本人心裡肯定不會沒有感覺。

一九五一年十月，老舍發表了二幕六場話劇《一家代表》。這段時間，北京和全國，大張旗鼓地進行「人民代表」的選舉活動，老舍受到形勢的鼓舞，寫了這個戲。他說：「藉著這短短的話劇，我希望能盡一點擴大民主政治影響的宣傳責任。民主政治是咱們新國家建國的基礎，頂要緊，所以我明知難寫，而不能不寫。」這個劇本，寫的是一個四口之家，父、母與子、女，分別代表著教育界、宗教界、工會和醫務界，全被選作了人民代表的故事。作者為了向讀者和觀眾闡述他所理解的民主政治，讓人物的對話充斥著理念和說教，人物本身反倒像是會思想的符號。這個失敗的劇本，使我們恍然記起抗戰期間老舍寫的《大地龍蛇》，那也是個理念大於形象的戲，它們的不同點只在於，一個盛的是文化理念，一個盛的是政治理念。在《一家代表》中，倒是父親這個老知識分子的一些台詞，引起了我們的關注，它好像有點近似於作家本人的心理歷程：「我心裡有一套舊道理。我要一說新的呀，就覺得那是否定了自己的過去，而去假充前進！」「只要政府實行民主，我就破出老命去擁護！這真是民主呀？不要叫我又失望喲！」「我算沒白活這一輩子，我看見了真正的民主政治！」老舍宣傳民主的激情是可佩的，這麼一位造詣高深的文學家，居然不惜委屈了藝術地來寫這個戲，也有值得肯定的一個側面。

像寫《一家代表》宣傳民主政治一樣，一九五二年一月和一九五三年二月，他又發表了兩齣宣傳新頒「婚姻法」的戲劇，一個是曲劇《柳樹井》，一個是歌劇《大家評理》。作者用大衆喜聞樂見的通俗文藝形式，將法律的基本精神及其將為人民謀得的利益，形象化地演示出來。《柳樹井》作品問世的又一作用，是它帶動了一個新劇種的誕生。從前，北京的曲藝，多以單出頭拆唱牌子曲為表演形式，老舍創作的這齣戲，是為曲藝藝人們用曲藝的唱法和腔調，以多名角色來合演整齣的大戲，所提供的一個劇作樣本。一九五二年，經演職員們共同努力，藉《柳樹井》推出新劇種的試驗獲得了成功。老舍高興地將這個劇種命名為「曲劇」。這樣，北京就又多了一種地方戲。

一九五二年，老舍還寫了兩個小戲：獨幕話劇《生日》和小歌舞劇《消滅病菌》。前者配合了社會上的「三反」（反對貪污、反對浪費、反對官僚主義）運動，後者抨擊了美國軍隊在朝鮮戰爭期間向中朝邊境投放生物細菌的罪行。二者均為活報劇。

三幕話劇《春華秋實》完成於一九五三年五月。這是老舍一生中寫得最費勁的一部作品，先後歷時十個月，並且十易其稿。據說如果把那十份每回都是全部重起爐灶的稿子疊加，總創作量會有五十多萬字。這又是一部「跟運動」、「寫政策」的劇作，反映的是一家鐵工廠裡開展的「五反」（反對行賄、反對偷稅漏稅、反對盜竊國家財產、反對偷工減料、反對盜竊經濟情報）鬥爭過程。老舍起初寫的第一稿，題為《兩面虎》，雖屬於活報劇的性質，卻把一個「五毒兼施」的資本家寫得挺有個性；在徵求意見的時候，大家認為，劇本沒能全面準確地反映「五反」運動的政策界限和鬥爭過程，作者以為意見很對，為了達到各方都滿意，便陷入了翻來覆去的重寫之中。十易其稿的結果，這齣戲仍舊不過是個人物形象乾癟、亦步亦趨圖解政策的作品，對當時與其後的戲劇藝術發展，都沒能留下有價值的東西。然而，劇作卻及時地被搬上了舞台，還引來了短時間的好評。老舍似乎也沒有從這次創作活動中汲取到必要的教訓。後來，他談起這個戲，最難忘的，是周恩來總理曾經十分關心該劇創作，甚至一再就劇情和人物設計提出具體意見。

一九五三年十月，老舍參加中國人民第三屆赴朝慰問團，到了朝鮮戰場。兩個月後，慰問任務結束，老舍專門向慰問團負責人要求，獲准留在當地的志願軍部隊，繼續體驗生活，直到次年四月。一九五五年初，他發表了根據這次體驗生活而創作的長篇紀實小說《無名高地有了名》。作品以基本忠實於事件原貌的筆墨，描繪了對促成朝鮮停戰談判起到重要作用的「老禿山」戰役，志願軍將士們由戰前演練到取得戰鬥勝利的全過程。這是老舍幾年來一直期待著的對工農兵英雄人物的一次直接表現。他明知道，「五個來月的時間不夠充分瞭解部隊生活的。我寫不出人物來」（《無名高地有了名·後記》），卻還是倔強地寫了。後果當然可想而知：小說除了如實體現了戰役的來龍去脈，大致勾勒出了志願軍英雄群像的面目，在指戰員個人的塑造上，文筆相當乏力。早已寫慣了傳統社會的人物及現象，作家第一次全方位展示當代軍人，心有餘而力不足，是當然的。戰爭和軍人，歷來不是老舍的創作領地。抗戰時期的《火葬》就寫得不理想，《無名高地有了名》的藝術，還不及《火葬》的水平。也許，這部長篇的價值，就體現在它可以「立此存照」，證明著老舍並不是不願意寫工農兵。

寫過了兵，老舍意猶未盡，還想寫工人。一九五五年上半年，他走訪了首都建築工人，於當年夏季，出示了四幕八場話劇劇本《青年突擊隊》。作品旨在歌頌一代青年工人建設社會主義的沖天幹勁，藝術上卻的確是老舍寫作中「最失敗的戲」，作者後來做了自我批評，他說：「在《青年突擊隊》裡，人物所說的差不多都是我臨時在工地上借來的，我並沒給他們批過『八字兒』。那些話只是話，沒有生命的話，沒有性格的話。以這種話拼湊成的話劇大概是『話鋸』——話是由木頭上鋸下來的，而後用以鋸聽衆的耳朵！」（〈戲劇語言——在話劇、歌劇座談會上的發言〉）以作品為工農兵服務，在名作家老舍這裡，遠非翻掌那麼容易。《青年突擊隊》之後，他有很長一段時間，不再寫工農兵了（到去世前半年，他又寫了一齣表現農民生活的戲《在紅旗下》，其寫作另有動因，容後述）。

老舍期待自己自《龍鬚溝》之後幾乎中斷了的藝術探索，能夠有所接續。剛好在這時，他從公安部長羅瑞卿的一個報告中，得知了公安部門已破獲大騙子李萬銘案件的情況。羅瑞卿奇希望於文學工作者能把這一事件搬上舞台，教育公衆，這激發了老舍想要寫一寫諷刺劇的欲望。寫諷刺性作品，老舍本是行家，抗戰時期，他也發表過《殘霧》和《面子問題》等起點不低的諷刺劇。然而，在社會主義歷史階段，文藝舞台上是否還應保留諷刺劇的一席之地，倒成了一個問題。共和國初創期，反映現實的諷刺劇寥寥無幾，僅有的一兩齣小作品，也招致了超出正常文藝批評的嚴厲指責。難道諷刺劇真的在中國完成了它的歷史使命麼？老舍不那麼認為。他願藉李萬銘詐騙案這一題材，試一試現有形勢下諷刺劇的寫作路徑。一九五六年，五幕話劇《西望長安》在他的筆下誕生了。劇本裡的騙子名叫栗晚成，是個偽造履歷、騙取官職地位的能手，他周圍的有些幹部，則多因麻痺輕信，而無形中成了扶助他攫得功名利益的階梯；後來，是警惕性較高的幹部、群衆，察覺了他欺騙行徑的蛛絲馬跡，才由公安機關偵破了該案。老舍相當慎重地注意到，避開俄國作家果戈理寫《欽差大臣》的方式，決不把栗晚成周圍的幹部都寫成值得嘲弄的愚人或者壞人，更要防止造成讓人們由此而懷疑新的社會制度的弊端。對栗晚成，作者的筆是犀利而不容情的，將他虛飾經歷、矯揉造作而又色厲內荏的性格特徵，比較充分地刻畫出來；對與之作鬥爭的公安戰線代表人物唐石青，老舍也沒有採用過於嚴肅的筆法來表現，而是儘量描寫他機警幽默的一面，以求與諷刺劇的風格相適應。這些，都展現了作家為寫好諷刺劇而做出的新嘗試。然而，當寫到栗晚成周圍受騙上當的幹部們，老舍的筆卻顯得過於縮手縮腳，他不肯超越出「我們的幹部基本上是好的，只在某些地方有缺點，犯些錯誤」（〈有關《西望長安》的兩封信〉）的尺度，執意不去涉及這些人犯錯誤的深層心理原因，儘量不讓這樣一些人物形象也站到被諷刺的位置上，從而壓抑了作品整體諷刺風格的展開。當然，我們在若干年後的今天，這樣批評老舍也是不大公道的，處在當時文藝界「左」風日盛的情況下，作者既要寫出來這個戲，他的處理方式也是惟一可行的了。老舍在回答詢問者此劇劇名緣何而來的一封信函中講：「舊詩中有一句『西望長安不見家』。後來，被淘氣的知識分子改為『西望長安不見佳』……你若問一個知識分子，某事好不好？他便以『西望長安』四字表示不好——不佳。」「我用《西望長安》為劇名，暗示他（指騙子栗晚成，——引者注）到了西安就不佳了。也可以這麼理解，若有人問我，你的新劇本好不好？我答以『西望長安』，表示不佳，亦諷刺自己之意。」這裡，老舍用「西望長安」來評價自己的這齣戲，真可說得上是較作品本身來得更精彩的幽默婉刺之筆，他的婉刺對象不只是自我。《西望長安》寫出來的這一年，老舍曾明確談到，「到現在為止，作家們所發表過的各種諷刺作品，缺點不在他們諷刺得太過火，而在諷刺得不夠深刻，不夠大膽。這個缺點的由來，一方面是因為作家們觀察得不夠深刻，不夠廣泛，寫作技巧也還欠熟練；另一方面也是因為社會上阻力太大。」（〈談諷刺〉）作家的這一點剖析，是值得關注的。在文壇內外難容諷刺的時刻，老舍堅定而又不失穩健地寫出了《西望長安》，不管怎樣，也是該教我們尊重的。

一九五六年，老舍還根據崑曲原作改寫了京劇《十五貫》，將英國作家蕭伯納的話劇《蘋果車》譯成中文，把舊京劇《楊家將》整理改編為新的演出本。這幾項工作是他進入共和國時期以來，離開社會現實題材的最初筆墨，為他幾年之後比較系統地脱離現實題材創作，顯露了前兆。

一九五七年，他在創作上惟一的大收穫，是話劇《茶館》。這部被二十世紀後半葉中外藝術界視為中華人民共和國話劇藝術最高成就的名作，究其開頭的創作動因，也是想要配合時事政治，為宣傳國家頒布的第一部憲法而造輿論聲勢的。不過，經過作家幾番思索與修改，定稿的劇本離開了開始時的構思和框架，成了一齣以舊時代三個歷史過程，演繹中國現代史總體大畫面的藝術巨作。這部作品，與老舍此前、此後寫出的許多作品，在創作模式上殊異，它實質上是對於「社會—時政」型創作模式的一次絕然超越，顯示了作家在「歷史—文化」型創作模式上所具備的超常藝術潛能。《茶館》，在老舍的文學生涯中，矗立起了又一座巍峨的高峰，本該屬於雄視一代的傑出作品。但是，它偏偏生不逢時，問世當時及以後的幾年裡，演出一再遭到了封殺。這部劇作，本書將在後面專章論及。

彷彿是為了向世間表示自己不是想一意孤行，存心偏離時代「潮流」，或者是為了證實自己的創作活動可以一張一弛，在題材和創作模式的選擇上，並沒有專門顧及一端，在《茶館》遭到冷遇之後，老舍的寫作，又轉回「社會—時政」的表現方式，寫出了一部竭力歌頌「大躍進」狂熱風潮的三幕話劇《紅大院》。這齣戲，一下子將老舍的創作水準由《茶館》所標示的藝術巔峰，陡然拽向谷底。該劇是地地道道的「大躍進」產物，描寫一九五八年北京城裡一個大雜院，本來思想駁雜、鄰里間常鬧矛盾的十來家住户，在忽如一夜出現的居民「整風」帶動下，「人全兜著底地變了」，他們不僅團結一致了，還全都風風火火地投入了辦工廠、辦公共食堂、辦街道人民公社和大煉鋼鐵，既把有名的落後院一舉改造成了「紅大院」，還使所辦企業的產量連續翻番。作品高喊著「這才幾個月呀，咱們已經向前邁了多大一步啊！……共產主義就不遠啦！」的亢奮調門，讓人看到一派悖情悖理的舞台景象。作家本人，也是為全民「大躍進」的癲狂氣氛裹挾著完成這次寫作活動的，他和搶排此劇的劇院演職員一道，採取邊寫、邊改、邊排練的方式，僅用三四天的工夫，就把戲搬上舞台，搶在了一九五八年國慶節當天首演。而這個戲結尾一場的故事，也被安排發生在這同一天，足見創作者們追時尚、趕浪頭、爭虛功的急切心情。因為整齣戲被高歌「大躍進」的非常態情緒所淹沒，老舍試圖在其中表達的喚起婦女社會解放的思想主題，遭到了嚴重傷害。

寫過《紅大院》之後的老舍，雖然還身不由己地處於「大躍進」形勢之下，卻開始要把自己的創作軌跡，努力扭動到接近藝術追求的方向上來。一九五九年三月，他接連發表了兩個新作品：三幕十三場話劇《女店員》和三幕七場話劇《全家福》。這兩個戲還是以「大躍進」為時代依託，卻不再專門朝著謳歌時尚狂潮方面使拙勁了。《女店員》著意營造了靠近大衆欣賞趣味的輕喜劇風格，描繪了首都街巷居民裡一批中青年無業女性，衝破社會偏見，大膽走出家門，參加商業服務工作，創辦「婦女商店」的事蹟，劇本深藏著作者長期以來關懷城市平民女性命運的純真情感，在藝術處理上，也借鑑了其他藝術門類譬如曲藝、電影的一些表現手段，帶出較為渾樸清新的舞台效果。《全家福》，在老舍戲劇創作裡，是一部少見的故事劇，以懸念迭生、情節環環相扣的劇情演進，講述一個頗具人情意味兒的市井生活事件：舊社會外侮猖獗、黑道遮天，生生地把下層市民王家四口人拆散，至五〇年代後期，首都人民警察克服各種困難，又把這一家四處離散的父、母、子、女，重新找齊，讓親生骨肉們再享天倫之樂；戲中對離散之家母女二人的沉重心靈創傷和再度情感開放，刻畫得比較細膩，使前作《女店員》中所表達的婦女解放的社會主題，在這個劇裡得到了深化。《女店員》和《全家福》兩劇，將因為《紅大院》出現而跌入谷底的老舍話劇藝術，重新向上拉動，但是，畢竟這兩個作品也還是製作於「大躍進」年代，所留下的破壞藝術效果的時代烙印，依然所在多有。這更加清楚地證實，無論是主動地還是被動地，只要讓自己的藝術創作被走馬燈般出現的政治運動拖著走，老舍的文學活動，便會蒙受損失。

比《女店員》、《全家福》稍早個把月，北京京劇團排演了老舍根據古典小說《今古奇觀》中「沈小霞相會出師表」故事改編的劇本《青霞丹雪》。這再次向人們透露了作家欲將自己的創作移開「跟蹤時尚要求」的意向。《青霞丹雪》，屬於「辨忠奸、雪沉冤」一類的古裝戲，仿效了傳統戲曲的創作主題和藝術路子。

從一九六〇年起，老舍十分明顯地轉變了題材方向。到一九六一年下半年，他又寫出了幾個劇本，包括兒童歌劇《青蛙騎手》（一九六〇年六月）、由川劇改編的歌劇《拉郎配》（一九六〇年？）、三幕童話劇《寶船》、四幕六場話劇《神拳》（一九六一年三月）和根據川劇改編的六場話劇《荷珠配》（一九六一年十二月）。這些作品全都不是寫現實的。

歌劇《青蛙騎手》和話劇《寶船》，是面向兒童觀眾的兩齣戲。前者的基本情節取自一則藏族神話，講述了一位年輕、勇敢的男性蛙人，在善良的姑娘全力扶助下，戰勝蠻橫凶險的頭人，獲得幸福生活的故事；後者改編自江蘇的民間神話，描繪了少年樵夫王小二利用仙人所贈寶船救災扶困，在寶船被壞人和皇帝巧取豪奪之後，不畏強敵，透過仙人和朋友的幫助，奮力收回寶船，並懲罰了壞人和皇帝的故事。老舍是一位熱愛兒童的作家，三〇年代初就以長篇小說《小坡的生日》體現了他對兒童文學創作的高度興趣，其後許多年來，他再未得到創作兒童文學的機會。進入五〇年代，他強烈地有感於新時代的少年兒童，已經享受著與自己的童年天壤之別的新生活，由心底隨時湧起一片願意親近他們、關愛他們的情感。從「大躍進」題材寫作中走出來的老舍，選取了兒童文學的創作方式來修正自我，是相當適宜的辦法，用真、善、美來陶冶童心，即便是在文壇「左」傾勢態比較嚴重的情況下，也是處於選材允許值以內的。何況，到了六〇年代開頭的時候，「大躍進」帶來的國民經濟困境已然明朗，原本很是「左」傾的文藝政策，也適應著國民經濟大規模調整局面的出現，開始有所調整和鬆動了。從《青蛙騎手》裡，讀者和觀眾還隱約看到某些牽強套用政治說教的印跡，是些有損於兒童文學藝術魅力的敗筆；到了《寶船》中，先前的缺點已完全摒棄，劇情乃至人物語言間，處處充盈著最能撥動孩子們心靈的生活情趣，達到了兒童劇創作的上佳效果。這說明，受過「左」傾文藝政策束縛的老舍，要重新解脫出來，也要有一個過程。

由改編而完成的歌劇《拉郎配》和話劇《荷珠配》，都是古裝輕喜劇。老舍在寫這兩齣戲的時候，注意了在不破壞作品喜劇性質的前提下，更深入地挖掘故事本身的社會教育意義。用輕喜劇創作活動來填滿這一時期的寫作日程，看來是作家經過了理智抉擇的結果。它實際上是老舍從既有的「社會—時政」寫作模式，向另一種「歷史—文化」寫作模式，漸漸轉移的中介階段。

話劇《神拳》的發表，雖說仍有「社會—時政」寫作模式的一抹留痕，但就整個作品而言，「歷史—文化」模式的創作肌理，已起到了鮮明作用。這是一部狀寫二十世紀開端義和團農民運動的大戲，它的問世，在老舍的心裡，可說是已經醞釀、沉澱了幾十年之久。提起中國近代史，義和團運動，是與庚子年八國聯軍之亂，以及隨後的清王朝滅亡，緊密掛著勾的重要歷史事件。就老舍自身的經歷和記憶來講，義和團運動又跟他的家世變遷有著撕捋不開的關聯。老舍永遠不會忘懷，是庚子年的炮火奪走了父親的性命，不會忘懷母親講給他的那些拌著血與淚的庚子年故事。他沒法不用數十年的生命，來思考和理解那個庚子年！一個很具體的想法——寫一部以義和團運動為背景的長篇小說，一直徘徊於他的腦際。然而，由晚清到民國，義和團被眾口一辭地叫作「拳匪」，團民們拋撒肝膽救衛祖國的精神被抹殺了，而他們在思想上的蒙昧、迷惘，卻被無限度誇大，義和團的罪案似乎早已鐵定。這和老舍自幼的印象，差距頗大。一九六〇年，正值義和團運動六十周年，老舍從一些新的用唯物史觀評判義和團運動的史學著述間，驚喜地發現了嶄新天地，義和團運動，已被明確界定為愛國性質的偉大農民起義，老舍受到了大鼓舞。他參照史學新成果，秉筆疾書，完成了大型話劇《神拳》（又名《義和團》）。老舍說：「不管劇本寫得好壞，我總算吐了一口氣，積壓了幾十年的那口氣！」（〈吐了一口氣〉）

《神拳》以熾熱的筆墨，讚頌了義和團昂揚的反帝愛國精神，同時，作者又牢牢把握住歷史唯物主義的認識準則，用生動、真切的義和團民人物群像，說明這些可敬可愛的農民英雄，思想上難以擺脫的歷史局限性。濃重的歷史感，和較為恰當的精神文化定位，是這齣新編歷史劇的突出特徵。

由於歷史資料中對義和團運動的可靠記載較少，該劇基本劇情，大多是作者虛擬的，它從京西某地農村出現的一起「教案」發端：農民高家之女即將出嫁，偏逢依仗「洋教」勢力橫行鄉里的流氓惡霸上門強佔民女，高家不從，造成父女二人慘死，激起了附近愛國村民的沖天怒火；死難農民高永福的弟弟高永義，將華北地區正在興起的義和團運動火種引來，以「大師兄」的名義率眾起事，他們首先燒燬了作為帝國主義在華勢力橋頭堡的鄉間洋教堂，懲辦了怙惡不悛的洋神父以及與其沆瀣一氣的地方官僚，繼而揮師進京，投入各路義和團民共同參加的抗擊八國聯軍之役，終因朝廷的軟弱和自身實力不濟，戰事告負，經歷了戰爭嚴峻考驗而殘存的英雄們，以決不低頭的民族氣節，又轉向了新的戰場。這個戲，情節雖不複雜，卻飽含了歷史縱深感。第一幕，僅通過受害農民高家的不幸遭遇，就將帝國主義者進行宗教滲透、經濟盤剝造成中國大地上農民破產、民不聊生的不堪情狀，和大眾被逼無奈只能揭竿而起的社會趨勢，清晰地繪寫出來。中國人民與帝國主義列強之間不共戴天的仇恨，是《神拳》一劇表現的最突出的社會矛盾，在展現這一對尖銳矛盾的同時，作品也體現了風雨飄搖的封建朝廷既企圖利用義和團，又在關鍵時刻叛賣義和團的可恥作為。劇本依歷史的複雜性而敘寫，除著意表現高永義、于鐵子、高大嫂、馮鐵匠等義和團英雄可歌可泣的壯烈事蹟之外，還寫出了老實本分的農民高永福的性格悲劇，寫出了本性懦弱迂腐的高秀才由膽小怕事到在戰火中鍾煉成一名堅強戰士的過程，寫出了國人中非但有張飛龍、夜貓子一類漢奸「二毛子」狐假虎威，也有像田富貴、明大人一類敗類翻雲覆雨所起著惡劣作用。老舍歌頌義和團英雄們愛國情操，並沒有忘記如實描述他們確曾以某些蒙昧、迷信手段作為心理屏障的可嘆之處，「大師兄」高永義以「義和團有法術，善避刀槍！」來鼓舞士氣，當被追問到：「法術靠得住嗎？靈嗎？」他也不得不說：「有這股氣兒，就靈！沒有這股氣，就不靈！」他所說的「這股氣兒」，據他自己解釋，就是「不准洋人騎著咱們脖子拉屎！」看得出，在作者眼裡，對義和團民們思想上的迷惘，應該正視和承認，又不必大驚小怪，因為那些有違於科學的東西，在當時，也是在為愛國殺敵的崇高目的服務的。

老舍的劇作《神拳》，在他「歷史—文化」型創作模式的把握和探索中，取得了新的佳績。這個戲，雖在藝術成就上，還遠不能與作者在這前後寫作的《茶館》和《正紅旗下》相提並論，它終歸是由作家晚年選擇的「歷史—文化」型創作模式所孕育出來的一樁可貴的收穫。《神拳》和《荷珠配》之後，老舍的創作速度有所放慢，寫作的中心興奮點，也轉入了滿族題材的文學創作上邊。

整個五〇年代，直至六〇年代的開頭，老舍的創作，都是以戲劇作品為主的，這期間他的小說寫得極少，而且也不成功。跟蹤社會政治時尚的熱情過高，而相對地滯緩了藝術上的深層次探索，是這一現象出現的重要原因之一。值得注意的是，老舍個人棄小說而就戲劇的創作現象，竟與共和國建立之後一段較長時間中國文學發展的總體面目幾近同步：文學研究界有個說法，認為在二十世紀五〇年代，中國文學創作出現了整體的「位移」現象，即小說（特別是長篇小說）創作數量及成績銳降，而戲劇（尤其是話劇）的創作反倒活躍起來了。這種全局性事態的形成，是否也與老舍現象的出現在產生原因上相近似呢，這還有待於人們的進一步思考。

---

①陽翰笙：〈我所認識的老舍〉，載《人民日報》，一九八四年三月十九日。
②李犁耘：《老舍在北京的足跡》，第五十五頁，北京燕山出版社一九八六年版。
③⑤轉引自葛翠琳：〈魂繫何處——老舍的悲劇〉，載《北京文學》，一九九四年第八期。
④孫玉奎：〈救相聲之危的老舍先生〉，載《老舍和朋友們》，第五七二頁，「生活．讀書．新知」，三聯書店一九九一年版。
⑥黃秋耘：〈「不足為外人道也」〉，載《中國青年報》，一九八一年一月十一日。
⑦樓適夷：〈憶老舍〉，載《新文學史料》，一九七八年第一期。
⑧周揚：〈建設社會主義文學的任務〉，載《文藝報》，一九五六年第五、六期。
⑨于是之：〈我怎樣演「程瘋子」〉，載《人民戲劇》，一九五一年第三卷第一期。
⑩轉引自濮思溫：〈老舍先生和他的《龍鬚溝》〉，載《戲劇藝術論叢》，一九八〇年第二期。
⑪參見齊錫寶：〈回憶老舍先生奉命寫《人同此心》的前前後後〉，載《電影創作》，一九九四年第一期。

第十六章　中國話劇的不世之作

——《茶館》

撞擊人心的歷史回眸

三幕話劇《茶館》，是老舍一九五六至一九五七年間的作品。它不僅是作家一生中最優秀的戲劇創作，也是足可稱之為「中國戲劇史上空前的範例」①的不世之作。

在老舍個人的寫作經歷裡邊，《茶館》的問世，多少有些教人感到意外：在此之前他寫出的主要劇作是《春華秋實》（一九五五年）和《西望長安》（一九五六年），而此後緊接著發表的劇作又是《紅大院》（一九五八年）、《女店員》（一九五九年）和《全家福》（一九五九年）……《茶館》與這些帶有「應時」性質的作品，在題材、風格乃至整個創作模式上，差異極大。《茶館》看上去是「出了軌」——離開了這一時期作家自己的基本運作軌道，忽然抹回頭去，重新寫起了他寫慣了的「陳年往事」。

老舍原本是沒有什麼「出軌」念頭的，寫《茶館》的意向，也照例緣起於該時期配合政治宣傳的思維定勢。中華人民共和國第一部憲法於一九五四年公布，作者撫今追昔，覺得有必要寫個說明新憲法得來不易的戲，以支持憲法的宣傳實施工作，也好用來教育青少年。一九五六年他開始動筆，起初拿出來的劇本，四幕六場，人物眾多，自光緒年間寫起，寫到一九四八年春天北平學生運動以及國民黨政府推行的「選舉參議員」活動，戲裡的主要人物，是秦姓兄弟三人。老舍把初稿，拿到北京人民藝術劇院，讀給院長曹禺、總導演焦菊隱等人聽，要聽聽他們的意見。曹禺等人感覺，這部作品，最精彩和動人的，是第一幕第二場發生在一家舊茶館裡的那段戲，認為應當以這場戲為基礎，另起爐灶，發展成一個描繪舊時代社會面貌的大戲。老舍從善如流，痛痛快快地接受了這個建議，當即拍板：我三個月後給你們交劇本！果然，三個月期限一到，《茶館》新作問世了。這部新作，又經過了與導演、演員們一段時間的共同切磋、刪改和磨合，最終大功告成。中間曾經有一稿，結尾落在了茶館裡頭藝人說書上面，那藝人是個革命者，戲裡的主要人物茶館掌櫃王利發，為了掩護他脫險而中彈犧牲。從人們已知的未定稿中一些此類情節看，老舍在劇本寫作中，還是有過想要較多體現革命鬥爭的考慮的。

可是，劇本的最終完成稿，卻別開生面。它不再刻意追求從正面展現面對面的革命鬥爭場景，成了一部由習見的既往歲月市井生活畫面組構的社會風情戲。

關於《茶館》，劇作者自己有過如下解釋：

> 茶館是三教九流會面之處，可以容納各色人物，一個大茶館就是一個小社會。這齣戲雖只有三幕，可是寫了五十來年的變遷。在這些變遷裡，沒法子躲開政治問題。可是，我不熟悉政治舞台上的高官大人，沒法子描寫他們的促進或促退。我也不十分懂政治。我只認識一些小人物。這些人物是經常下茶館的。那麼，我要是把他們集合到一個茶館裡，用他們生活上的變遷反映社會的變遷，不就側面地透露出一些政治消息嗎？
>
> ——〈答覆有關《茶館》的幾個問題〉

由此，我們瞭解到，到最終結束這次創作活動之前，老舍有了要「躲開政治問題」的主意，他想利用這部劇作，全力去勾勒中國社會「五十來年的變遷」的實貌；作家申明，「躲開政治問題」，並不是出於創作者個人的主觀願望，而是因為一向「不十分懂政治」，自己所能達到的最佳藝術效果就在於可以用小人物們「生活上的變遷反映社會變遷」，從而「側面地透露出一些政治消息」。

老舍寫《茶館》，將創作題材重新果斷地拉回到他異常熟識的舊時代，他又指出，這齣戲只可能「側面地透露出一些政治消息」，——這些變化，若在文藝路線「左」傾時期，怕是要有「離經叛道」之嫌的。不過，社會的衍進恰好在此刻給了老舍一個兑現藝術心願的時機：一九五六年，共和國基本完成了對農業、手工業和資本主義工商業的社會主義改造，中國共產黨的工作重心，由發動疾風驟雨式的大規模階級鬥爭轉向相對穩定的經濟文化建設階段，為促進科學、文化、藝術事業的推進，提出了「百花齊放，百家爭鳴」的方針，使文學藝術界出現了一段時間比較寬鬆的創作環境。老舍的劇作《茶館》，在這種政治氣候之下，不失時機地應運而生。此前和此後，作家都沒有能夠擁有這樣的社會條件，他寫些《春華秋實》、《西望長安》、《紅大院》、《女店員》式的作品，也是勢所必然。《茶館》在那些配合時政宣傳的作品中間，相當突兀地一枝獨秀，證實了老舍晚年的創作軌跡，明白無疑地受到了社會政治以及文藝界內大局面的制約。老舍珍惜了歷史留給自己的短促機遇，中國的戲劇創作史上，才有了這部格外難得的《茶館》。

《茶館》是一部三幕話劇，每幕戲均設取同一場景——即都發生在舊北京城一家叫作「裕泰」的大茶館裡。但從時間順序來講，三幕戲的故事，各自相隔很長的時間跨度：第一幕戲，發生在晚清光緒朝的一八九八年（戊戌）；第二幕戲，發生在距第一幕十幾年後的北洋軍閥割據時期；第三幕戲，又遲遲發生在距第二幕三十多年、抗日戰爭結束之後的國民黨統治時期。作者調動了自己對舊中國半個多世紀社會生活的綿密觀察與雄厚積累，利用「一個大茶館就是一個小社會」的構思機巧，將每個時代三教九流各色人等，招來揮去，高度抽象而又形神畢肖地演示了三個歷史關鍵時期的國情大要，完整地呈現出舊中國令人詛咒的靡爛情狀和病態現實。

寫作《茶館》的時候，老舍對近代與現代歷史的認識，業已上升到了一個前所未有的新水平，他對昨日中國的思考，有了足夠的沉澱，還透過不斷提高自身的理論修養，取得了從容運用歷史唯物主義科學觀念，來回視舊中國大千世相和社會演變的能力，對於深埋在紛紜複雜歷史進程中的社會發展規律，有了比較精切的燭照。理性準備，從根本上保障了作家以宏大氣魄、如椽手筆，縱橫捭闔地掃描出往昔時代社會蛻變的全息圖像，一針見血地捕捉歷史的潛在本質。身為藝術創造者的老舍，為寫好這部劇本，不僅需要具有一種穿透歷史的銳利目光，還需要覓得社會生活的適當部位，鑿開一方利於形象生動地展示歷史認知的藝術窗口。這方窗口，也被老舍探囊取物般地挖了出來，那就是戲裡的「大茶館」。社會上不分身分、地位、行當的幾乎每個人都可以自由出入的老式茶館，是個最能叫人號準時代脈息的社會敏感點；茶館又恰似五行八作的精神文化紐帶，往往會自發地凸顯出浮世衆生的種種典型生存形態。作者藉助於茶館在濃縮社會生活焦點方面的獨特價值，把這樣一個不可多得的人生舞台，藝術地疊映到話劇舞台之內，讓它輕鬆自若地承載起重現歷史大圖像的內容負荷，其創意謀畫，可謂拔凡脱俗、空山足至。

以短短三幕戲切中肯綮，重現三個歷史時期的國情真相，對作者的思想和藝術概括力，是一次罕見的挑戰。惜墨如金的老舍，祭起尋常作家難以具備的看家功夫，僅僅用了大約三萬字，就把這部大戲，寫得神完氣飽，眉清目醒。處在三個歷史階段社會橫斷面上、經過作者過細篩選的一個個人物和一樁樁事件，全都極富典型意義，由這些人物、事件共同營造的文學合力，在作品中全力闡釋著統一的思想答案，即：那不堪回首的舊制度，早已腐朽、荒唐和骯髒到了極點，那樣的世道，是絕不能容忍它再現於社會的。

在舊中國半殖民地、半封建的社會總性質下面，絞結著複雜錯綜的各類矛盾，這一社會總性質制約著的人世間各類矛盾，也在藝術家老舍筆下，被遊刃有餘地提煉成一幅幅栩栩如生的社會素描畫，在各幕戲裡，漸次得到展示。

三幕戲所涵蓋的歷史側重面各有不同。第一幕，重點描繪了「大清帝國」壽終正寢前夜滲入膏肓的社會病狀，稍帶著，也交代了在急劇下落的社會頹勢面前，有志革新者、愛國者以及一些本能地懷有些生活憧憬的小市民，心間尚存的溫熱企盼；到第二幕，清王朝已退出歷史畫面，虎狼般奔突著的封建軍閥們，卻用外國主子支援的槍炮，製造出更惱人的社會動盪局面，只求過幾天安逸日子的老百姓，又感到一種時時湧來的生存恐懼，儘管時代更迭了，所有齷齪、反動的力量，照舊像清代末年一樣，肆無忌憚地滋孽與橫行，也令大衆齒寒心冷；第三幕，場面最是淒涼，人們好不容易擺脫了淪陷於外敵之手的數年慘淡生活，迎來的反倒是異常淒楚的歲月，曾經懷有良好期待、一時也不敢放鬆苦苦掙扎的中國人，都好像走到了自己的命運盡頭，連民族優秀的傳統文化也難逃被斷送的危機。整部《茶館》，就是這樣，為人們忠實地繪製出了從十九世紀末到二十世紀中葉，半個世紀間每下愈況的社會現實。

在上述歷史大脈絡的覆蓋下，作品的全部情節鋪陳，都以人物和事件剪影的形態出現。僅以第一幕為例，從幕啟到幕落，就包括下列彼此相對獨立的情節單元：⑴「鴿子」之爭——京城裡的兩個大宅門為了爭一隻鴿子，幾乎要釀成一起群毆，正直旗人常四爺因看不慣而發議論，招來善撲營打手二德子的尋釁，反被「吃洋教的」馬五爺一語彈壓下去；這段戲，意在表現清代末年豪門驕奢、流氓猖獗，而頂有勢力者，卻要數跟外國強盜相勾結的「二毛子」們。⑵農家販賣女兒事件——饑荒年裡，破產農民康六被迫要賣十五歲的女兒，人販子劉麻子趁機從中牟取暴利，此刻，兜售小物件的貧民老者偶入茶館，有感而發：「這年月呀，人還不如一隻鴿子呢！」用對比手法，反襯出世上貧富兩極分化的異常嚴重程度。⑶秦常歧見——茶館房東秦二爺來此，向茶館掌櫃王利發道出想提高房租的要求，並躊躇滿志地表示了要聚攏本錢開辦實業以救國難的抱負，他對近前討飯的窮人態度冷漠，而古道熱腸的常四爺卻解囊施捨，二人圍繞著是否該周濟窮人一碗爛肉麵，表述了不同見解；這段戲雖烘托起一股人間尚有的正氣，證實了國難之下還有些良心未泯的中國人，想要在力所能及的條件下，救國救民於水火，卻也昭示出秦二爺和常四爺的兩種熱誠，都是有歷史局限性的，都是難以真正奏效於慘痛現實的。⑷秦龐相譏——朝中頑固派的代言人、大內總管龐太監為了買康六之女，來到茶館，正遇持有維新改良願望的秦二爺，他們相互脣槍舌箭，各不示弱，交鋒中，提到了剛被鎮壓下去的戊戌變法，引得茶客們一通議論，這些人對改良變法有的麻木不仁，有的一味詆毀；這段戲，既展現了封建頑固派至死不滅的囂張氣燄，也從中看得到舊式維新運動脫離大衆的先天不足。⑸常四爺被捕——常四爺因目睹一再出現的賣兒賣女慘狀，不禁哀嘆：「我看哪，大清國要完！」不想為朝廷暗探宋恩子、吳祥子盯上了，他們藉著龐太監到場的時機，將常四爺以及一道喝茶的旗人松二爺捕走，理由是「旗人當漢奸，罪加一等！」該情節，活畫出黑暗世道特務充斥、善良人稍有不慎即遭迫害的冷酷現實。⑹太監買妻——老邁昏聵、心理變態的龐太監，親自來茶館，是為了相看劉麻子替他選買的農家女康順子，他又老又醜的容貌，把毫無心理準備的康順子嚇昏了過去，正當此時，耳畔突然響起正在下棋的一位茶客的高聲斷喝：「將！你完了！」這是第一幕結尾的一段戲，喻指封建末世雖然還看似唬人，卻早就已經枯朽到家。第一幕，主要是以相互遞進的這樣六個情節單元組成，其中，還結合劇情，穿插了茶館王掌櫃對眼前種種事件的微妙態度，穿插了唐鐵嘴、黃胖子等社會渣滓的卑賤醜行。整幕戲，內容充實豐滿，故事此消彼長，生活氣息濃烈，做到了每一節劇情場景，都暗含著深刻的歷史底蘊。這樣，就做到了戲雖短而意無限，整個清末社會無可排解的矛盾、黑暗、荒唐、無奈，都被形象生動地納入發生在大茶館裡的一個時空過程中。

舊時代的社會矛盾，在《茶館》舞台上纖毫畢現。而該時代的「政治消息」，誠如老舍所說明和把握的，只是讓它得到一種比較含蓄的「側面透露」。劇中所有怪異荒唐的社會現實，就其實質來講，無不賴舊時代的制度弊端而存在，只是因為有暗無天日的政治制度作祟，才會產生窒息了絕大多數人生存自由的社會氛圍，這是將《茶館》故事看在眼裡的觀眾不言而自明的道理。老舍寫《茶館》，尊重觀眾的思想辨識能力，盡量放逐令人生厭的政治說教，專靠由活生生的藝術形象「側面透露」出來的「政治消息」啟發人，反而把所要闡發的政治見解，輕而易舉地送入了觀眾的心田。第二幕開頭有個小情節，寫到茶館裡的老夥計李三，在清朝滅亡了十幾年後，仍不肯剪掉腦後的一根小辮子，他有他的「道理」：「改良！改良！越改越良，冰涼！……哼！我還留著我的小辮兒，萬一把皇上改回來呢！」這是從社會底層一無文化、二無政治覺悟的市民小人物口裡迸出的「政治消息」，他眼瞧著皇上沒了的世道較前清並無任何起色，當權者越是喊出「社會改良」高調門的時候，往往也就是黎民百姓又要遭殃的時候到了，所以，能夠以樸素的思維推斷出，沒準兒真有那麼一天，會把個主張留辮子的舊皇朝再改回來，自己不如護著這點兒「先見之明」的好！三兩句不能再簡單了的平民閒聊，讓觀眾聽了，愈咂摸愈有味兒，中間「側面透露」的「政治消息」，不是既沉重、深刻，也很有說服力麼？當第一幕裡被宋恩子、吳祥子無理拘捕的常四爺在第二幕與宋、吳二人再度照面時，他發現這兩個冤家居然又給軍閥當局當上了特務，未免意外，宋、吳二人卻大言不慚：「有皇上的時候，我們給皇上效力，有袁大總統的時候，我們給袁大總統效力；現而今……」「誰給飯吃，咱們給誰效力！」常四爺逼問：「要是洋人給飯吃呢？」特務們也不含糊：「告訴你，常四爺，要我們效力的都仗著洋人撐腰！沒有洋槍洋炮，怎能打起仗來呢？」這番對話，也在常四爺反感特務無恥、特務們又自鳴得意之外，「側面透露」了相當重要的「政治消息」：清廷固然是不存在了，在中國大地上，封建勢力照舊主宰人民的命運，洋人的槍炮照舊發揮決定的作用——也就是說，中國社會半封建、半殖民地的性質絲毫也沒有變。推而言之，觀衆們會更深地體會，資產階級領導的辛亥革命，只是從形式上結束了幾千年的封建帝制，沒有了皇帝的國家其實並不曾在本質上有所變化和進步，國家的動亂、人民的苦難，正未有窮期。話劇《茶館》中間，類似這樣「側面透露」政治訊息的地方，是很多的，老舍把政治學家寫進教科書裡的理論命題，巧妙地化解成社會下層小人物們質樸自然的街談巷議，再藉助於娓娓推出的戲劇情節，將其潛移默化地注入藝術欣賞者的接受活動中間，收到的效果若與政治教科書相比，起碼是有異曲同工之處的。

《茶館》跟絕大多數戲劇作品不同，它不是講述某個具體故事的戲，所要表現者，逕自在於由三個歷史時代所代表的半殖民地、半封建社會的總體形象。用老舍的話說，就是要「葬送三個時代」。抑或有人會問，那教人厭惡的歷史早已被掃進了時代的垃圾堆，還需要將它回顧和重現成藝術作品麼？我們知道，在老舍寫《茶館》的時候，舊時代才剛剛從人們的眼前逝去不滿十個年頭，對其刻骨銘心的感覺，不但在衆多親身經歷過舊社會的人們心裡不能抹去，就是在老舍本人的腦海中，也是同樣無法忘卻的。一向摯愛祖國和關切大眾命運的作家，身在共和國新生活的體驗裡，更加意識到社會變革與時代進步的極端重要性，而要「葬送」舊時代，使之真的一去不復返，首先必須做到牢記我們國土上發生過的一切，用心去回味它思考它，然後才可能力求做到防止歷史的醜劇在現實中再度出現。《茶館》的創作宗旨，就在這裡。三幕戲裡，收入了老舍對歷史的深刻回眸，令與作家同時代的人們，以及比他晚來到這個世上的人們，每一目睹，心靈都要備受撞擊、震憾。一部話劇作品能夠達到這樣的作用，它的思想價值也就是不可低估的了。

《茶館》從劇本發表並搬上舞台起，即受到國內文藝界的格外重視，一九五八年前後，一些著名的文藝批評家開始發表文章和談話，肯定劇作達到了非同一般的創作成績。不過，也並不是所有的人，都能夠恰當理解作家的立意。在《茶館》首輪上演時，「有人認為此劇的故事性不強，並且建議：用康順子的遭遇和康大力（被賣作龐太監之妻的康順子的養子，——引者注）的參加革命為主，去發展劇情」。老舍一面表達對此種建議的感謝，一面明確表示「可是不能採用。因為這樣一來，我的葬送三個時代的目的就難達到了。抱住一件事去發展，恐怕茶館不等被人霸佔就已垮台了。」（〈答覆有關《茶館》的幾個問題〉）五〇年代，中國文學（當然也包括戲劇）的作者乃至於讀者、觀眾，幾乎是已經悉數地入了「道」，在他們的「集體無意識」中，總以為凡是寫舊時代的作品，惟一的任務就是要表現尖銳、激烈的政治鬥爭或者武裝鬥爭，歌頌革命勢力的勝利，捨此，便是一種「錯誤」。老舍委婉地解釋，像舊式大茶館這類社會性場所，假如也都成了革命陣地的話，它自身的歷史就延續不了幾天了，更何論讓它來見證三個要不得的舊時代呢。至於為什麼可以不以反映革命鬥爭來作為作品的主題，老舍在當時不願意深談，也不可能深談。

話劇《茶館》因在思想內容上的獨出心裁，還未到「文化革命」開始，即已引來了一些無端指責。從一九五九年起，陸續有人在公開出版的報刊上發表文章，他們認為，該劇帶有「懷舊」色彩，宣揚了「今不如昔」的觀點，「沒有揭示出驚天動地的時代巨浪，」「沒有指出人民的必然勝利和遠大的理想」，這些，「歸根結底還是跟作家的世界觀、階級立場和創作方法密切聯繫著的。」②

到了「文革」期間，《茶館》更是成了老舍被誣陷為「反動作家」的重要「罪證」之一。今天，我們已然沒有必要去和那些「左」得可愛或者可憎的議論再辯論什麼了。讓人不禁想起來的倒是，《茶館》第三幕裡，王利發莫名其妙地問了句：「『罷課』改了名兒，叫『暴動』啦？」特務小宋恩子馬上揪住這句話，劈頭蓋臉地把王利發指認作「跟他們（指罷課的學生們，——引者注）是一路貨！」久經人生陣仗的茶館老掌櫃，沒被他的「撒手鐧」唬住，只是喃喃地對付他：「我？您太高抬我啦！」看來，指鹿為馬的陷害人把戲，在這片土地上，歷來不難遇見。

四十年後的今天，再想一想，許多與《茶館》同時期問世的作品，早被人們忘個乾淨，儘管它們在當時也許是極被看好的。《茶館》，卻有如一枝妖嬈永駐的臘梅，歷盡雪逼霜圍，越開越盛，久放久豔。從七〇年代末開始，北京人民藝術劇院重排的話劇《茶館》，在國內演出逾百場，創造了中國話劇史上最受觀眾鍾愛的多項記錄；該劇代表中國的話劇藝術，赴德國、法國、瑞士、日本以及香港等國家和地區演出，為不同人種膚色、不同人生經歷、不同價值觀念的異域觀眾欣喜地接受，將它譽為「東方舞台上的奇蹟」。《茶館》之所以能得到這樣的殊榮，首先，還是得利於劇本裡所展示的獨特社會場景，即作者為觀眾所提供的撞擊人心的歷史回眸。

光怪陸離的文化大千

既往時代的社會變遷，是《茶館》想要訴諸觀衆的。可是，劇作者對政治史以及政界爭鬥、折衝的內幕，從來就不很熟悉，這局限了他向社會政治方位直接落筆的能力。老舍採用了避其生而就其熟的寫作辦法，用他濫熟於心、瞭若指掌的社會文化變遷，來折射和烘托社會政治變遷的幽微。每個時代的文化和政治，都從屬於社會的上層建築範疇，二者彼此之間，本來就具有互相溝通的內在聯繫，社會及時代的政治性質，總會或明或暗地作用於文化領域，社會上形形色色的文化世相常常可以將暗含其中的這樣那樣的政治信息，傳達到人們的眼前。所以，透過某個特定時代的文化世相來認識和探尋該時代的政治趨勢，確是藝術作品反映社會現實的可行途徑。《茶館》的寫作，體現了選擇這條創作道路所能獲取的藝術優勢。

《茶館》一劇，從寫作命題的內在嚴肅性上看，是意在展示舊中國的不堪，展示身處不公正社會中的大衆，為了求生存、求正義、求發展而難以逃避的痛苦抉擇、慘淡掙扎和無奈結局。老舍沒有把這一沉重的題旨，寄放到某個飽蘸苦情的具體故事上面，他決定，用社會現實中間各式各樣「小人物怎麼活和怎麼死的，來說明那個年代的啼笑皆非的形形色色」（〈談《茶館》〉），藉以表達自己批判、鞭撻和唾棄整個舊時代的思想傾向。

病態的社會，畸型的文化，怪異的人生……組成了《茶館》作品中光怪陸離的時代畫幅。作者的筆，好似醫生手上的一枚探針，每挑破腐朽社會的一塊瘡痂，都教人們看到一股污濁的膿血即刻湧出，社會由表及裡的潰瘍已發展到了這般怵目驚心的地步，用大變革的手段來使它脫胎換骨，便是最合情理的要求了。

在演出《茶館》的劇場裡，觀衆們不得不睜大了眼睛，來領略舞台上再現的荒唐世道：老態龍鍾、女調雌音的龐太監（據說是「侍候著太后，紅得不得了，連家裡打醋的瓶子都是瑪瑙作的」），在大庭廣衆之下，毫無顧忌地預告自己很快就要娶妻成「婚」的消息；心狠手辣的人販子劉麻子，不怕人們看穿他倒賣一個農家女就能賺取一百九十兩昧心銀子的劣跡，大言不慚地宣傳他的強盜邏輯：「我要是不分心，他們還許找不到買主呢」；兩個從軍閥手下跑出來的逃兵，錢不夠，又想滿足起碼的生理需求，不得不湊錢，託人販子給買一個二人合用的老婆，組成讓人不可思議的「三個人的交情」；戰火連天軍閥割據，本分的市民們人人自危、怨聲載道，卻會有人真心「感謝這個年月」，在專靠賣卜騙人為生的唐鐵嘴來說，「年頭越亂，我的生意越好！這年月，誰活誰死都碰運氣，怎能不多算算命、相相面呢！」流氓小二德子，是個「把『一』字念成扁擔」的文盲，搖身一變，倒成了「法政學院」的大學生，他的任務是混跡於校園，專門毆打激進學生，「五毛錢打一個」！這樁樁件件帶著反常滋味，也帶有那麼幾分滑稽色彩的小情節，無不是荒唐歲月派生出來的怪誕景致，它們被劇作家陳列在一起，形象地證實著，一個徹底拋棄了社會公正的年代，必然要將正常社會之下人們完全無法理喻的咄咄怪事，層出不窮地翻鑄出來。正如同《紅樓夢》中的「滿紙荒唐言，一把辛酸淚」，《茶館》裡面這麼一些令人「啼笑皆非的形形色色」，教觀衆每一思忖，都不免要唏噓中生。

世風的走勢，是作家摹現時代特徵的重要環節。《茶館》囊括了半個世紀的社會蛻變場景，表現了一蟹不如一蟹的世風凋敝情狀。作品採取了讓戲裡醜類人物在職業上大多父子兩代「世襲罔替」的身分設計方式，在三個相繼出現的歷史時期，人口販子劉麻子與小劉麻子，賣卜裝神的騙子唐鐵嘴與小唐鐵嘴，幹特務偵探行的宋恩子與小宋恩子、吳祥子與小吳祥子，地痞打手二德子與小二德子，都是父一輩、子一輩地連綿接續，透過這夥社會渣滓無恥而又略有變異的言行表現，也可以瞥見社會演變的道道劃痕。第一幕裡，劉麻子利用了社會貧富兩極分化，倒賣人口，混得挺得意；可到了第二幕，他就沒那麼神氣了，並非因為貧富兩極分化的社會有所好轉，是恰恰相反的現實叫他倒了運，他哀嘆：「這麼一革命啊，可苦了我啦！現在，人家總長次長，團長師長，要娶姨太太講究要唱落子的坤角，戲班裡的女名角，一花就三千五千現大洋！我乾瞧著，摸不著門！」做老式昧心生意的劉麻子，眼光、魄力，都已追趕不上「社會發展」的步速，亂世梟雄們成了時代新寵，其醜惡作為大大超過了前清的權貴們，他們選姨太太的標準及一擲千金的氣度，讓劉麻子這路纖場老手只有乾瞧瞧的份了，世風較之劉麻子年輕時代進一步敗壞，於此已昭然可見。至於到了第三幕，輪到小劉麻子這個纖場新人出頭露面了，他總結了乃父「一輩子混得並不怎樣」的「教訓」，溯著時代的濁流而上，勾結起炙手可熱的官僚政客，一心要創辦一個把北平全城舞女、明娼、暗娼、吉普女郎和女招待全都組織起來的「包圓兒」公司，以迎合美國兵和各級官員的「需要」。小劉麻子的野心和狡詐，真可以叫他那死去的父親自嘆弗如，小巫見大巫了，這種人販子行當的花樣翻新、登峰造極，不能不說是更加惡化了的時代產下的怪胎，真是有什麼樣的歲月，自然就有什麼樣的世風。再看一看唐鐵嘴父子吧：在第一和第二幕，唐鐵嘴招搖過市，隨處攬生意，雖有兵荒馬亂的年頭幫襯著他賣卜行騙，他還是沒能發跡，白喝了一輩子茶館裡的茶，連王掌櫃都敢任意擠兌他，就是明證；可是到了他兒子這一代，繼承其騙子衣缽的小唐鐵嘴，被封成了什麼「天師」——由當權者支持的邪教「三皇道」，要在西山推出一個「大壇主」的「登基」儀式，楞是把小唐鐵嘴給拉去充當「天師」，這使小唐鐵嘴沒法不感到時來運轉、平步青雲，照他的話說：「我跟小劉麻子……我們是應運而生，活在這個時代，真是如魚得水！」在荒唐的社會下頭，恐怕除去小劉麻子、小唐鐵嘴這夥兒市井無賴、人間渣滓，絕不會有多少正經人「如魚得水」的，一個社會有什麼樣的本質，只要注意一下其中盡是些何等樣人「如魚得水」便可了然，這也是所謂「適者生存」。劉麻子爺兒倆和唐鐵嘴爺兒倆，其實也是時代的某種「文化符號」，他們代表著的最骯髒、最見不得人的「文化」，完全是從膿水般的社會培養液裡孳生出來的癰疽。

與醜陋的東西到處滋生蔓延同步，民族傳統文化中間許多有價值的事物，在那樣的歲月裡遭受困擾，甚至走向消亡、毀滅。第三幕有一段戲，評書名角兒鄒福遠、京劇演員衛福喜和飯莊名廚明師傅在茶館裡頭碰了面，他們各自述說了自己如同性命般珍惜的藝術和技藝，都已是朝不慮夕，岌岌可危。鄒福遠，能說「三俠四義五霸十雄十三傑九老十五小，大破鳳凰山，百鳥朝鳳，棍打鳳腿」，全是些除了他沒人會的絕活兒，可是，他在書館裡說了一晚上，聽衆「才上了五個人，還有倆聽蹭兒的」，衛福喜呢，更是「唱一齣戲，掙不上三個雜合麵餅子的錢」，他們的「玩藝兒」，都是叫殖民文化和流行歌曲給頂垮了的；比起他們來，明師傅還要慘，他是一個人能「辦一、二百桌滿漢全席的手兒」，到頭來，為生計所迫，變賣了所有的廚具家什，上監獄裡給犯人們蒸窩窩頭去了，因為「現而今就是獄裡的人多呀！」鄒福遠用自身的體驗，道出了這些藝人、手藝人的最大苦悶：「這年頭就是邪年頭，正經東西全得連根兒爛！」是很能命中時代要害的。

時代的文化危機，是社會政治狀況的曲折反映，而人們的精神危機，又是整個時代文化危機的組成部分。《茶館》對舊時代大衆精神危機的刻畫，主要是藉助於劇中三個關鍵人物——王利發、秦仲義和常四爺的形象來完成的。

「裕泰大茶館」的掌櫃王利發，是貫穿於全劇的一個重要人物。他的父親死得早，才二十多歲，他就接過了獨立應對生活的擔子，他懂得，「在街面上混飯吃，人緣頂要緊」，所以，處處按著父親遺留下來的老辦法，以為「多說好話，多請安，討人人的喜歡，就不會出岔子」。開茶館的社會身分，決定了他每天必須滿臉堆笑地曲意逢迎來自官僚權貴、外國勢力、惡霸、地痞、特務、警察等方面的壓榨和滋擾，他心地雖然不壞，卻因為經濟地位比赤貧階層要高出一截，對窮人們的苦難早已見多不驚，所以很少願做幫助他們的事情。他有著買賣人的起碼良知，希望社會安定，自己的生意也跟著順遂一點兒，可社會的變遷總跟他的願望滿扭著勁兒，他不能拿社會怎麼樣，只好要求自己當「順民」，也奉勸茶客們「莫談國事」。世間兵荒馬亂，其他的城區大茶館全都破產停業了，他還勉為其難地苦撐著，並且想出些個「改良」的小招數，抵擋街市商業普遍走背運的潮流。到了晚年，眼瞅著茶館完全支持不下來了，他還是不嫌丟人地準備添用女招待。但是，社會的魔掌越來越緊地掐住了他的咽喉，「三皇道」公開揚言要砸他的茶館，特務們也上門威逼勒索，要他交出他根本拿不出來的金條換老命，流氓們開辦的人販子公司，更在當局慫恿下，計畫霸佔他的茶館地盤……王利發無可奈何地走到了人生盡頭，他這才明白了，自己幾十年來的小心謹慎、苦撐苦熬，全是白饒，迎著死的誘惑，他發出了從來沒敢說出口的質問：「人總得活著吧？我變盡了方法，不過是為了活下去！是呀，該賄賂的，我就遞包袱。我可沒作過缺德的事，為什麼就不叫我活著呢？我得罪了誰？誰？皇上，娘娘（指「三皇道」的頭子們，——引者注）那些狗男女都活得有滋有味的，單不許我吃窩窩頭，誰出的主意？」王利發一步步陷入的心理危機，是有相當廣泛的代表性的，不坑人、不害人、甘願逆來順受、沒有過高的生活企盼，是那個年代平民階層最普遍的處世心態。身分地位稍高於一般平民的小商人王利發，力求小康而不得，最後結局竟是這樣的淒涼，生活在那個時代的貧苦市民，又怎麼會有稍好一點兒的遭遇呢。王利發走到人生最後一站發出的質問，也正是縈繞在社會底層小人物們心頭的一致的疑惑與憤懣。

秦仲義，是劇中出現的一位教人同情的民族資本家。第一幕他登場時，只有二十幾歲，戊戌變法失敗後國勢衰微、哀鴻遍地，此人憑著一顆殷切的報國之心，毅然變賣祖業，創建工廠，走上實業救國的人生之路。他傾盡了四十年的心血，辦起了不小的企業，總覺得自己的這些成就是足可以「富國裕民」的。其實，是他認錯了國情，認錯了時代，抗戰一結束，他的產業就被算作「逆產」，全部沒收了，當局非但沒有接著好好地辦廠，反而把機器全當成碎銅爛鐵給賣掉了。眼看著工廠的廢墟，秦二爺痛心疾首，牢騷衝天。他的人生結論，比王利發的還可悲：「……應當勸告大家，有錢哪，就該吃喝嫖賭，胡作非為，可千萬別幹好事！告訴他們哪，秦某人七十多歲了才明白了這點大道理！他是天生下來的笨蛋！」秦仲義有過比王利發要大得多的生存能力，還曾是個立志變革中國現實的人，然而，他的人生軌道，和王利發一樣，也沒有能夠擺脫時代的規定性，半封建、半殖民地的社會制度，帝國主義、封建寡頭和官僚買辦沆瀣一氣總制全局的經濟形勢，沒有給他的追求留下一丁點兒施展的空間。何況，他本來就自視高人一頭，在思想感情上，跟勞苦大衆之間還有著一層天生的隔閡。第一幕，富有同情心的常四爺給貧困的鄉婦買了兩碗爛肉麵，秦仲義就大不以為然，他一口咬定，國家能否得到挽救，「並不在乎有人給窮人一碗麵吃沒有」，一件小事，就把他一生都不大可能跟人民大衆同心攜手的處事準則預告了。後來，他在黑暗歲月裡單槍匹馬奮鬥一生終至落敗，也是勢所必然。第二幕，秦二爺沒出面，可是作者卻安排了一個他的替身人物——政界人士崔久峰的出場，崔是個曾經「以天下為己任」的資產階級革命者，作過國會議員，現實過於冰冷殘酷，使他徹底地心灰意懶，每日不再過問國事，只是念經、修持、懺悔，對秦仲義邀請他出去做事，也已毫無興致，甚至張口閉口「我可看透了，中國非亡不可！」此人所體現出的中國資產階級固有的軟弱性，在同是民族資產階級的秦仲義身上，也同樣存在著。曾經財大氣粗的企業家秦仲義，最後蹈入精神危機，與政治人物崔久峰如出一轍，也屬於主、客觀條件共同作用的結果。

常四爺，在《茶館》裡，是最少受到作者揶揄、批判的一個形象，這顯然跟他特定的身分、經歷——由舊京旗族營壘中走出來的自食其力者——有相當的關係。老舍畢生寫了不知有多少帶有滿人性格特徵的人物形象，可是，直到年近花甲（寫《茶館》這一年，作者已經五十七周歲），他才破天荒頭一回如此明明白白、理直氣壯地寫一個正派、淳樸、剛直、勤懇的滿人！當然，老舍並不是毫不顧及社會的接受程度，不是想要一舉改變世間對旗族的全部既成看法，在《茶館》裡，他也如實地記錄了清末某些老派旗人（像第一幕裡有的茶客那樣），僅從自身利益出發，咒罵詆毀變法維新運動的守舊言行，也描繪了旗人中確實存在著的，像松二爺那樣，雖說不乏善良本性卻又毫無生存技能的「多餘之人」。作者刻畫常四爺形象的主要用意在於，一要寫出旗人下層也有一批忠肝義膽的愛國者，二要寫出旗族文化精神中也存在著許多極有價值的東西，三要反映出從清末過來的滿族人，並不都是些坐吃等死的「窩囊廢」。常四爺的藝術形象，忠實地體現了直至晚清時節八旗將士中的多數人仍堅守不移的愛國情操，打清朝末年他還吃著錢糧、坐得起茶館的時候，就從心裡瞧不起「吃洋教」的馬五爺在人前頤指氣使的派頭，瞧不起崇洋媚外的國人「一個人身上有多少洋玩藝兒」，看到連鼻煙壺也得從外洋進口，他馬上心疼「這得往外流多少銀子啊！」尤其是在感覺到了國不國民不民的慘淡現狀之後，他能毫無遮攔地衝口喊出「我看哪，大清國要完了」這樣沉甸甸的心底憂慮。當局布下的偵探，以他說了這句話為由，要逮捕他，他據實相告：「我愛大清國，怕它完了！」還是沒用，到底被抓去坐了一年多的牢。出獄後，趕上義和團運動興起，為護衛國權，他當上了義和團民，跟洋人刀槍相向地打了幾仗。後來，大清國到底亡了，他也並不意外，他已認準了這是歷史的懲罰：「該亡！我是旗人，可是我得說句公道話！」他一生保持滿族人耿介、倔強的脾氣，不向惡人低頭，也不向命運讓步，在清廷垮台後長時間社會上到處排斥滿人的形勢下（就像松二爺說的：「誰願意瞪著眼挨餓呢！可是，誰又要咱們旗人呢！」），哪怕是靠擔筐販菜、挎籃兜售花生米，照樣活得腰板挺直。那麼，像常四爺這樣一條硬漢子，是否就能獲得較好一些的命運呢，不是，他也依然擺脫不了邪惡年代為他預備的人生悲劇。七十多了，他還是一貧如洗，這才弄清楚：「我愛我們的國呀，可是誰愛我呢？」他預感到，自己這麼下去，也會像老朋友們似的，「不是餓死，就是叫人家殺了」，他「就是有眼淚也流不出來嘍」。常四爺，一個多麼希望依靠不懈的奮鬥來換取國家和個人美好前途的中國人，他的悲劇並不來自於性格上的疏懶怯懦，而是來自他的落伍了的觀念，從屬於舊時代的（也是從屬於他滿族傳統的）人生觀導引著他，總以為憑著一股凜然正氣和絕不服輸的個人奮鬥精神，就可以在鋪天蓋地的社會陰霾間闖開一條生路，這樣天真的想法，是不可能實現的，黑暗社會永遠張著血盆大口，毫不憐惜地吞噬著貧寒的、個體的市民小人物，即使你再豪橫和不肯屈服也罷。常四爺的失敗，除了社會的責任佔了極重要的分量之外，也緣於他自己所持的人生哲學已然不合時宜。就這一點說來，他與終於跌進厄運的王利發、秦仲義，是殊途同歸。

《茶館》作品剛發表的時候，就有劇評家批評過：「這個戲的根本之點，在於作者悼念的心情太重。他對舊時代是痛恨的，但對舊時代的某些舊人卻有過多的低徊憑弔之情。」③這一批評，雖然確實不屬於後來出現的極「左」批判文章之列，也還是顯而易見地，帶有對所謂「低徊憑弔之情」「過多」現象的不滿。這部作品中間，融入了作家老舍相當成分的「低徊憑弔之情」，應當說是個不爭的事實，問題是，這種情感是否就是多餘的，或者是不健康的呢？劇作家「憑弔」了不能見容於醜惡時代的優秀傳統文化，「憑弔」了在這片國土上失敗了的若干善良人物，這種「憑弔」，在作家這裡，也是動了感情的。我們只要站到尊重歷史的位置上，其實是不難體察出老舍對這些憑弔對象的價值認定和科學把握的。優秀的民族傳統被醜陋的劣質文化環境無情地追殺，當然是需要憑弔甚至於鳴不平的；即便是像王利發、秦仲義、常四爺這類可悲的舊人物，他們身上所體現的我們民族的善良、質樸、奮發、隱忍、剛強、正直等等美好的性情和德行，難道就不值得珍惜和愛憐麼。老舍很擅長靠攏和理解舊時代被侮辱被損害者的心靈，也肯於將他們心靈掙扎過程中真、善、美的一面如實地繪寫出來，這沒有什麼不應該的。如果說作者從前有的作品裡，還存有一些片面肯定舊時代小人物精神全貌的瑕疵的話，那麼，寫作《茶館》的時候，老舍對筆下諸如王利發、秦仲義、常四爺等舊人物，已經不再是一味地同情、讚嘆、哀惋，他已做到了，頗具分寸地寫出這些歷史角色的社會局限性和精神局限性，使觀衆們得以品味出作家在「低徊憑弔」之外的思想針砭。這樣，舊人物的形象也就被注入了新的思想意義。歷史終歸是歷史，對滯留在往昔歲月中的標識著我們民族精神文化沉浮的教訓，如不戮力檢摘，又怎麼對得起現世與後人呢。

作家以社會的文化素材，來折射三個時代政治人物的心理影像，頗見功力。作者對戲裡出場的龐太監、沈處長等人物的揭露，也貫穿了從文化角度切入人物實質的原則。龐太監在台上露面的時刻，正當清末守舊派勢力捲土重來、掄起屠刀鎮壓了改良運動之後，他那不顧老朽、買妻完「婚」的無恥舉動，看似一項極為離奇的文化怪現象，實際上正是寓寫沒落勢力行將就木仍盲目自雄，不甘退出歷史舞台的神來之筆。憲兵司令部的沈處長，說著一連串洋腔怪調的「蒿」字，於全劇收尾時刻走到前台，他故意把「好」說成「蒿」，是專門模仿外國人講中國話的蹩腳發音，好顯得像個高出國人一等的洋人，這恐怕也可以算作一種特殊時代的文化「變異」現象了，該「文化現象」，又恰好是跟沈處長扶植著小劉麻子，要強占茶館創辦妓女公司（其中還要隱蔽著一個特務機關）的惡行聯袂而至的，就不能不引起觀衆的感想：腐朽的殖民文化與險惡的政治用意，本來就是一對孿生的醜胎！

《茶館》的文化蘊涵，還不僅只體現在以上各個方面。整部劇作，在場景、環境和情節描繪上，達到了高度的風俗化，是作品又一個了不起的成就。戲劇的事件發生地是北京（北平），這裡，有著封建帝都文化、傳統禮儀文化、旗族習尚文化、北中國市井文化、半殖民地病態「混血兒」文化等多重文化積澱。不同文化成分，在現實中間錯落雜陳，它們在特定時代精神的一併作用下，被攪合成了既矛盾又協調、既開闊又具體的習俗氛圍，同時散發出歲月風塵簇擁的濃重「京味兒」。作者老舍精心拿捏著這樣的分寸：在特定的年代，戲裡的人物一舉手一投足，都須在舊京傳統的習俗圈子中間蹈規踐矩。就說第一幕的茶客們「泡」茶館吧，每個人都有他符合彼時習俗的方式，常四爺和松二爺來了，進門頭一件事就是把自備的茶葉交給茶房沏上，該舉動讓外人一看，還以為他們的身分比一般茶客要特殊，其實，這不過是當時下層旗人不得已而為之的一招兒，自帶茶葉，要比沏茶館裡的茶，好歹省下那麼一點點兒錢——他們得在經濟拮据、「寅吃卯糧」的狀態下，保住旗人的臉面，別叫外人說三道四，自備茶葉，是個「兩全」之策。可是，也就是這位自備茶葉的松二爺，看到二德子向自個兒的朋友常四爺找碴兒時，打碎了茶館的蓋碗，他特地聲明：「蓋碗多少錢？我賠！外場人不作老娘們事！」則更顯出旗人不管到什麼時候也得硬撐著「面子」的習性特徵。當然，社會的風俗也不是一成不變的，故都的習俗長河在徐緩地流動，不時地也會泛起一兩朵奇特的小浪花：第二幕，戲裡的人物都轉入了「民國」，松二爺乍一碰上當年拘捕他們的那對「灰大褂」偵探，還是在下意識間要忙不迭地打千兒請安，那是本已廢止了的前清禮俗，奈何松二爺又在不期然間一頭撞進了昔日的惡夢，他來不及冷靜地辨別眼前的一切，用「老禮兒」向老宽家打千兒請安，才是免遭禍患重降的惟一辦法！習俗，在老舍這裡，也成了寫人寫事的一種得力的媒介。

「我的確認識《茶館》裡的那些人，好像我給他們都批過『八字兒』與婚書，還知道他們的家譜。因此，他們在《茶館》裡那幾十分鐘所說的那幾句話都是從生命與生活的根源流出來的。」這是老舍六〇年代初在〈戲劇語言〉（在話劇、歌劇創作座談會上的講話）中說過的。這番饒有意味的披露，證實了老舍對《茶館》裡邊各色人物的認識是怎樣的深層切近，在作者的腦海中，這所有出沒於「裕泰大茶館」的人物形象，他們的心理、性格、言談乃至於精神文化背景，都是可感可表、任觸任取的。只有將舊時代的各類人物稔悉到這一地步，才可能在《茶館》的創作中，如此逼真、傳神地浮繪出整個社會的文化大千世相。

《茶館》的創作模式，和老舍在共和國建立後起初十餘年裡寫出來的絕大多數作品，有顯見的不同。如果我們可以把《龍鬚溝》、《春華秋實》、《無名高地有了名》、《西望長安》、《紅大院》、《女店員》、《全家福》等作品，大致地歸入「社會—時政」一類創作模式的話，那麼，《茶館》則完全是另闢蹊徑，重新打造出了一種「歷史—文化」的新型創作範型。這一範型，是更加適宜於作家老舍的。在「社會—時政」模式裡，老舍的思想和藝術才華至多也只能施展出一少部分，惟有通過「歷史—文化」的創作範型，老舍才算真正找到了任他振臂暢遊的寬闊海面。可惜，這片海面的利用率太低了，一部話劇《茶館》，和連少半部都還不到的長篇小說《正紅旗下》，就是他在這片海面上的全部卓越表演了。

獨樹一幟的藝術樣式

老舍終生保持著不懈的藝術探索精神。從二〇年代在英國寫作起步開始，他從未停止過文學上的「爬坡」。三〇年代在山東，是他創作最為著力的階段，作品不單數量多，在不同藝術風格的錘煉上也付出了巨大的心血，達到了很高的造詣。抗戰時期以及共和國建立初期，受到客觀局面的囿限，他的藝術探索放慢了步速，但也還沒有中斷，在一切可能的情況下，他總是取向前、向上的行進姿態。創作話劇《茶館》之際，他再次贏得了較好的藝術寫作氛圍，心間積蓄的探索衝動重新噴射而出。按作家自己的說法就是，他要完成「新的嘗試」，不願意「叫老套子捆住」（〈答覆有關《茶館》的幾個問題〉）。

《茶館》的藝術著實不落窠臼。它衝開了既有話劇作品大多數屬於叙事劇、另外一些又基本上是心理劇的「老套子」，敢以一種令觀眾感覺全新的方式面世。戲中沒有統制全盤的矛盾衝突，沒有縱貫始終的情節鏈條，而專門依賴於看似散在的小人物遭遇、小單元故事，四下鋪展，彼此聯綴，匯集出來足以反映三個歷史時代的總體畫卷。

第一幕與第二幕，已間隔十數年，第二幕與第三幕，則更是間隔大約三十年，時間跳盪幅度之大，是未觀該劇的人所不敢相信的。老舍用一種可以稱之為「串聯」組合的宏觀時序把握樣式，將三個遙遙相望的年代，懸吊在一條垂直的歲月長索上，構成感觀效果上「疏可馳馬」的大氣魄史詩意境。而在每個具體的時代（即每一幕）內裡，卻又選擇了另外一種「並聯」組合的形式，把一個個交臂邂逅的人物和事件，縝密地拼裝到橫向的有限時空之間，給人以「密不穿風」的直觀感覺。「串聯」和「並聯」，「疏可馳馬」和「密不穿風」，它們之間因為有了作者的辯證處理，就為劇作帶來了意想不到的藝術效應，觀衆儘可以將大處放眼與細部審視的雙重接受，在欣賞活動中交熔一爐，獲得一份縱橫交加的心理體驗，即：對歷史的大輪廓、總脈絡全局在胸，而對具體時代和社會的現實，也找得到切近、確當的認知。

幕與幕的時間跨度大，人物與人物、事件與事件又不一定相互都有內在關聯，這樣的戲，寫起來若功力不逮，便會失掉整體感，弄得水銀瀉地，散碎難收。作者為解決這一難題，拿出了整套辦法。首先，他把三幕戲的場景，都設定在一個不變的空間範圍——裕泰茶館的正堂之上，這能讓觀衆擺脱因各幕時間相距遙遠帶來的前後脱節感，大的時代變遷所包容的這座具體茶館及其主人的命運，像一條潛在的線索，使三個時代若離而實即，若斷而實連。再者，在人物設計方面，劇中的幾個主要人物，比如王利發、常四爺、秦仲義，都叫他們從第一幕到第三幕貫穿始終（秦仲義第二幕雖然沒上場，他在這個時期的作為，卻被場上人物述及），劇情再怎麼鋪張，也還有不變的核心角色在拉動和約束著全局；松二爺、康順子和李三等較次要的人物，時隱時現，也起到了維繫劇情整體流動方向的輔助作用；還有一些劇中人物，雖不能做到幕幕出現，作者也又為他們找尋了一種延續個性面目，以期透現於全劇的辦法——後繼有人，像劉麻子父子、唐鐵嘴父子、宋恩子父子、吳祥子父子、二德子父子、龐太監與其姪媳婦……都是老少兩代傳承不輟的劇中形象，這些個人物的兩兩組合，均有利於加強作品的連貫性。此外，《茶館》儘管題材包容範圍較大，總主題可是嚴格確定的，在要「說明那些年代的啼笑皆非的形形色色」，要「葬送三個時代」的創作目的十分明白的前提下，作者採擷的所有人物活動和戲劇片段，無一不是經過了這把前提「篩子」細細篩選的，任何一幀瞬間的人物剪影，任何一處只有三五句台詞、一兩個動作的情節安排，都要具備服務於全劇創作目的的典型性，都要跟作品基本創意取得內在和本質上的一致，否則便捨而棄之。

老舍用這樣一些行之有效的手段，將話劇《茶館》寫得形散而神聚，意闊而氣凝，從而使自己獨樹一幟的戲劇結構嘗試大功告成。

除了結構上的不同凡響之外，《茶館》在風格樣式上面的特異之處，也是相當引人矚目的。作者筆下的三個歷史時代，都是一式的暗淡絕望、遭人詛咒，每一位有正常辨別力的觀衆目睹那樣幾個時代的面貌，都決不會產生任何好感，那純粹是一些專門製造社會悲劇的時代。不過，人們或許不曾認真想到過的一個問題是：作家要用文藝作品來狀繪這類黑暗社會的時候，是不是只能選取悲劇的藝術樣式呢？老舍出人意料地作出了他特立獨行的抉擇：讓這一創作從總體上擯棄悲劇樣式，啟用喜劇樣式。

人們並不需要特別地留意，就會領略到，《茶館》的絕大部分人物塑造和情節編排，都滲入了作者或冷嘲或熱諷的幽默與調侃。這類幽默調侃，因為有了作家對社會發展本質、時代前行規律的深刻認識，已經不再是像早期創作中間那種時有宣洩的失掉控制的無謂逗哏。對於醜惡現象，他的幽默調侃，毫不弱於火辣辣的抨擊，利如皮鞭，斷不容情，簡直就是鞭鞭見血；對於雖然不無真善美意蘊，卻又畢竟屬於舊時代範疇的人物和事件，他的幽默調侃，則裹著溫熱與痛惜，切中於這些人與事的實質性弱點——既是弱點，就有它該當褒貶之處。從這個角度來認識，我們把《茶館》視為一部完整意義上的諷刺喜劇，是不會有太大失誤的。第二幕裡，嗜毒成性的唐鐵嘴宣稱自己「已經不吃大煙了」，教聽者王利發頓生疑竇，還以為他是戒絕惡習「真要發財了」呢，孰料唐鐵嘴話頭一轉，語出怪誕：「我改抽『白麵』啦。你看，哈德門的煙是又長又鬆，一頓就空出一大塊，正好放『白麵兒』。大英帝國的煙，日本的『白麵兒』，兩個強國侍候我一個人，這點兒福氣還小嗎？」唐鐵嘴原本就是個託身市井的寡廉鮮恥之輩，這幾句話，簡直是把國人劣根性中間的那點兒「阿Q式的精神勝利法」，沿著醜陋卑賤的心路，發揮到了頂點，西方列強的經濟滲透、毒品危害，只有在唐鐵嘴這種喪失靈魂喪盡人格的民族敗類口中，才能被離奇地演繹成對國人的「侍候」！不但可恥之尤，而且可笑之至。這就是老舍丟向醜類們頭上的幽默，它睿智而又犀利。也是在同一幕，從龐宅逃出來的康順子及其養子，無處安身，到裕泰茶館懇求收留，王利發從自身的小本生意經出發，不願留下她們娘兒倆，卻被內掌櫃的一句話給留下了，王利發只好悻悻自語：「好傢伙，一添就是兩張嘴！太監取消了，可把太監的家眷交到這裡來了！」王利發心間的牢騷、無奈，轉化成了這麼一句灰色幽默式的俏皮話，把茶館掌櫃這個飽經世故、慘淡經營而又不無自私心理的小商人的心底感受，勾畫得準確到位。觀衆聽到王利發的「怪話」，會有哂笑也會有憐憫，也許還會有酸鹹苦辣一齊被攪起的感慨，同時，觀衆更會品出了作家對舊時代小人物雜揉著會意、溫情和揶揄的微諷態度。

邪惡勢力的可憎，與被欺侮者的可悲，均來自時代整體的荒唐悖謬。老舍緊緊扭住舊時代的荒謬特質不撒手，讓正義、快感、酣暢淋漓的笑，化作支支投槍和匕首，無情地戳穿舊制度舊文化的虛弱本性，給藝術受衆以難得的欣賞滿足。黑暗的社會是罪惡的淵藪，然而，當它命中注定地走到了行將就木的時刻，卻總是會無可如何地暴露出許多帶著本質規定性的滑稽、失重現象，這些，也正是歷史老人眼中不可多得的喜劇場景；剷除在歷史肌體上苟存的荒唐、怪誕，恰恰是左右社會發展的歷史辯證法的必然勝利，理解了這一點，怎能不大快人心？一位洞徹歷史變遷的進步文藝家，面對舊事物的衰亡，新事物的噴薄，當然應當開懷、應當狂笑，並且在開懷與狂笑的氣氛裡，縱情地摹繪出整個舊時代土崩瓦解的趨勢。曾經寫過衆多詛咒舊現實、同情苦人兒故事的老舍，終於在寫到話劇《茶館》的時候，這般明朗地把握了時代更迭、社會嬗替的鐵定歷史規律，他的那管以幽默著稱的個性之筆，才找到了如此從容揮灑的佳妙感覺，寫出來這樣世所罕覯的大氣派喜劇作品。

在傳統的中國文學觀念裡，嚴肅、悲愴的藝術風格，總是高踞於純文學的上乘位置；喜劇呢，不能說是沒有一席地盤吧，可往往還是要被籠而統之地派作飯後茶餘的「消遣」之用。滿族作家老舍，畢竟有過另外一重民族文化的浸潤，他自幼飽識憂患，卻又性近幽默，喜歡用一視同仁的好笑的眼光看待人生，在踏上文學創作的漫漫長旅以來，幽默，始終是他樂於保持和頻頻啟用的風格特徵。在清代滿族文學的史冊中間，有心的讀者其實不難看到，旗人前輩文藝家們確實曾以幽默調侃的心態，寫出過不少諷喻時弊、鞭打醜陋的好作品。可惜，他們那種特別的創作追求，因為間隔著不同民族欣賞習慣和審美眼光上的差別，還沒有真正獲得中原正統文壇的普遍認可。各民族文學的拓進之途，從來就不會是一模一樣，這是大千世界裡正常得不能再正常了的事情。也正因為有諸民族間藝術風格的差別，彼此的文化交流活動才會呈現出人們意想不到的價值，在不同民族文化藝術的交叉、碰撞之際，才會讓人們產生新鮮、驚喜、愉悦、擴充的心理感受。

《茶館》三幕戲的三個結尾，也證實了老舍要把這部作品寫成喜劇的選擇。第一幕，老舍起初發表的原稿是，老朽的龐太監把少女康順子嚇了個半死，他非但沒有意識到康順子昏厥的真實原因，還喊叫著「我要活的，可不要死的！」並發出一陣怪笑。全幕的戲就截止在這個怪誕不經的畫面上，給觀衆留下的，是對「大清國」末日時局輕蔑、辛辣的嘲弄，從而將第一幕裡層層跟進的喜劇風貌一貫到底。（北京人民藝術劇院在演出處理時，這一結尾，被增加了少許內容：龐太監喊過了「不要死的」，劉麻子用一口冷水把康順子噴醒，龐太監這才發出怪笑，靜場片刻，台上另一桌前一直在下棋的一茶客突然斷喝：「將！你完啦！」於是結束全幕。這種處理，雖強化了某種政治象徵意味，但從戲劇風格上看，似乎又對整幕戲的喜劇格調有所消解。老舍隨後發表的經過修改的劇本，略有保留地接受了演出本對原作的更動，在龐太監「我要活的，可不要死的！」台詞後，接著採用了茶客「將！你完啦！」作全幕的最後一句話，體現了作者對劇院的尊重。）第二幕的結尾，是手持「大令」的軍官上場，要按軍法處置逃兵，此前，場上的真逃兵老林、老陳，已給特務宋恩子、吳祥子遞了賄賂，不是逃兵的劉麻子卻拒不行賄於宋、吳，「大令」一到，宋、吳二人順勢就把兩個真逃兵放了，卻把劉麻子給「賣」了，劉再叫冤，也來不及，當時就被押出去「正法」了，洋洋自得的宋恩子、吳祥子意猶未盡，又撲向茶館後面附設的公寓，想要再「抓兩個學生」。這個幕尾，也是教人哭笑不得的，劉麻子惡貫滿盈人人痛恨固然該遭報應，可是，他的下場竟來得這麼突兀、這麼驢唇不對馬嘴，又把病態時代的乖舛離奇，鐫寫得入骨三分；宋、吳二人「乘勝追擊」到後院學生公寓，還不知又要造出何等樣兒的荒唐故事呢，這就是籠罩於第二幕結尾的荒唐無稽的喜劇氣氛。第三幕也即全劇的結尾，老舍在王利發、常四爺、秦仲義三老人自嘲自悼一番又各自散去之後，寫小劉麻子等陪著沈處長來了，他們是來強行佔有大茶館的，要利用「老裕泰開了六十多年，九城聞名」的「老字號」效應，為他們的骯髒生意服務，沈處長很是得意，不住地叫著「好（蒿）」，這時，小劉麻子才驚訝地發現王利發剛剛已經上吊自盡了，趕緊報告處長，處長聽了又不動心地吐出來兩個字，還是「好（蒿）！好（蒿）！」裕泰大茶館，這座在風風雨雨中硬挺了六十多年，演述遍了悲喜人生、荒謬時代的社會舞台，就最終定格於這樣一連串兒洋腔怪調的「好（蒿）」字上，不能不說又是一個絕頂的大笑話！雖說在這個笑話裡，早已被融入了許多的酸楚、淒苦，但是，它到底還是個把無價值的東西——哈哈鏡一樣的舊時代，撕破給人們看的大笑話。（遺憾的是，北京人民藝術劇院的演出，將沈處長由小劉麻子等陪同出場的一段戲刪除了，全劇終結在了三老人自嘲自悼而後王利發拿起預備上吊用的褲帶退場。這麼一改，老舍式的喜劇尾巴，就變成了哀哀戚戚的悲劇收場，甚而使整齣戲，也就此被定位為一齣喜劇只是手段、悲劇才是實質的喜悲劇的風格樣式了。值得關注和思索的是，對演出本的這一變動，老舍的態度，只是對舞台上的處理方式未加反對而已，在他經過修改重新發表的劇本裡，讀者看到，沈處長上場，並且用一連串兒「好（蒿）」聲來結束全劇的那一部分，毫無變化地被保留下來。）

幽默風格和喜劇樣式之於老舍，是一種機巧天成的結合與表達，諷刺喜劇《茶館》，將老舍的幽默藝術風格，完美地引向極致。雖然他的這一藝術特點，還需要一個為不大習慣於它的欣賞者們、批評家們逐漸接受的過程，但是，既然是藝術真經，就不怕人們發現得晚，總會有它大放異彩的時候。

現實主義，是老舍的創作之魂。《茶館》的全部情節、人物和事件，既充盈著迷人的傳奇性，又沒有離開現實主義寫作精神半步。荒唐歲月發酵出來的社會現實，本身就飽含著林林總總的失態和笑料，老舍用他的理性和智慧咀嚼現實，將最具意味的笑料掃拾到一處，找到了現實主義精神跟幽默風格交相匯融的引燃點。一位演過《茶館》的藝術家在談體會時講到：「演松二爺的黃宗洛同志說，他演的這個人物是個到死也沒有明白的人物。其實《茶館》裡的人物，王掌櫃到死明白了嗎？沒有！只是覺得自己倒了一輩子的霉。常四爺明白了嗎？也沒有。劉麻子被大令當逃兵砍了頭，他也糊里糊塗根本不明白。我覺得這正是老舍創作中高明的現實主義的地方。」④這一體會是對頭的，不過，我們還可以從另一個角度切入這一體會，劇作裡既然有這麼多不同生命形態的人物，都是到老、到死仍糊里糊塗未明白過來，那麼，這齣戲的調侃力度還算輕麼！老舍的現實主義，與他的幽默風格，早已渾然而一了。

話劇《茶館》，常常被認作是全方位體現民族風格的代表性劇目，其實不盡然。中國傳統的戲劇，講究故事的完整性和戲劇衝突的統一性，《茶館》顯然與此不大相合；這齣戲明顯地借鑑了西方某些現代戲劇的創作經驗：淡化故事、不著力編織統一的矛盾過程，而用一個總括其上的大型題旨將散在的瑣細情節籠罩進去，等等。但是，該劇需要面對的觀衆，主要是中國人，為了與中國大衆的欣賞習慣接軌，老舍又在對待民族文藝傳統方面，「變」中注入了許多「不變」，即廣泛地從中國大衆喜聞樂見的藝術表現手段中，搜求、挖掘和提煉行之奏效的方法，把它們嫁接到這部風格別致的作品中間，使之成為一件教中國觀衆易於接受的「國貨」。

有論者曾談到，《茶館》在藝術上，頗有點兒國畫「大寫意」的氣韻，這是很精到的看法。觀摩《茶館》時，你會感覺作品並沒有追求磨磚對榫式的情節密集推進，而是意在大處落墨，運筆揮撒跳盪，於各個意味深遠的人物和事件之間，都給欣賞者留有相當充分的浮想餘地，讓一個個典型人物、典型情節的逼真渲染，交互啟動，誘發觀衆形象思維的積極配合，從而使作品中簡潔、具體的敍寫，能收取溢滿畫面、溢滿時空的藝術感染力。這樣處理，説明作者善於捉摸和調動觀衆的藝術欣賞能力。

老舍還在《茶館》中，繼續運用自己擅長藉助民間曲藝手法強化戲劇藝術效果的本領。為了對三幕戲各自的時代背景有所交代，也考慮到在演出過程中各幕之間台上換景、演員改妝需要一定的時間，他填寫了三大段琅琅上口、妙趣橫生的「蓮花落」（又稱「數來寶」，北方曲藝快板書的一種），讓一個跟劇情沒有太多瓜葛的角色——乞丐「大傻楊」，在各幕開始之前登台説唱。這個一新觀衆耳目的舞台形式，純屬從民族傳統曲藝藝術脱胎而來，它活躍了場上氣氛，也為加強三幕戲的整體感，起到了輔助作用。

劇作的語言藝術，是體現作品民族氣派的又一個重要支點。《茶館》的台詞，大雅大俗，雅俗共賞，不但滿載著古都北京街巷語境中的「精氣神兒」，具備市井口語的靈動、脆生勁兒，也帶有古今詩歌作品的含蓄氣質。劇中的人物，張嘴說話的有幾十個，每個人的談吐，全都是性格化的心音，專靠他們各自的聲口，以及與之相對應的動作，就可以將有著不同身分和情感的人物，從人群中間分別辨出。第二幕，唐鐵嘴正和王利發在茶館裡逗嘴，進來一個報童，問：「掌櫃的，長辛店大戰的新聞，來一張瞧瞧？」王利發沒好氣地反問：「有不打仗的新聞沒有？」報童乖巧地答道：「也許有，您自己找！」王利發動了火，把報童往外轟，偏偏唐鐵嘴湊過來，跟報童說：「我不像他，我最關心國事！」說著，唐抄走一張報，沒給錢就溜了。一個售報小細節所囊括的人物簡短話語，先是活畫出茶館掌櫃的怕打仗，煩打仗卻又明知道戰事一時完不了、盼安寧也盼不來的愁亂情緒，又將唐鐵嘴為發國難財而惟恐天下不亂的可鄙心理也反襯出來，唐鐵嘴口說「關心國事」，又白佔報童的便宜，也更深一層地揭露了這個「混混兒」的真面目。

語言的幽默調式，在《茶館》裡尤為突出。這種幽默，也是民族式的和老北京式的。宋恩子要向王利發索賄，他要求：「每月一號，按陽曆算，你把那點……」他多少有些說不出口了，吳祥子馬上替他找尋到了「合適」的表達方式：「那點意思！」宋恩子正中下懷：「對，那點意思送到，你省事，我們也省事！」王利發抗不過他們，只好用小商人的算計法，叮問了一句：「那點意思得多少呢？」狡詐油滑的吳祥子毫不示弱：「多年的交情，你看著辦！你聰明，還能把那點意思鬧成不好意思嗎？」這段對話，圓熟地運用了漢語詞彙常有的「雙關」含義，來刻畫特務們利用特權打秋風、砸明火的情景：他們既要把壞事做絕，又想要少留口實，把對方被迫繳納的賄賂，說成是自願奉送的禮物（「意思」），又把對方如果繳不上賄賂，說成是人家該感到害羞難為情（「不好意思」）。這可真是「極富機智，使人驚喜」的、「接近諷刺詩」（《喜劇點滴》）的戲劇語言。再有，當小劉麻子向小唐鐵嘴吹噓他那包辦全城娼妓業的「拖拉撕」（「壟斷公司」的中文譯音）計畫時，小唐鐵嘴兜頭一盆冷水潑將過去：「『拖拉撕』……不雅！拖進來，拉進來，不聽話就撕成兩半兒，倒好像是綁票兒撕票兒，不雅！」他們雖然只是在議論一個買賣的叫法，可作者卻利用小唐鐵嘴的別致「詮釋」，把他們的坑人計畫與黑社會綁匪們如出一轍的實質，再準確不過地認定下來。這些幽默言談的驅遣，顯示了老舍作為一個京城旗人，對語言內涵保有的高度敏感和絕妙把玩，他將這種敏感和把玩，擱到特定的戲劇語境當中，就可以成其為「既明快又深刻的驚人之語」（〈喜劇的語言〉），收到「一碰就響」的藝術實效。

話劇《茶館》，集中展示了老舍的多重藝術才力，在戲劇創作領域，達到了同時代的最高水準。它是作者將滿族藝術經驗、中華藝術經驗和世界藝術經驗融會貫通的出色嘗試；它是民族的，也是世界的，是嚴格遵循現實主義原則的，也是在藝術上敢為天下先的。

《茶館》第一幕，在藝術上堪稱飽和，甚至可以說無懈可擊。其經典價值，已經得到了中外廣大觀眾和許許多多權威劇評家的一致確認。相形之下，該劇的第二和第三幕，則略顯單薄了一點兒，這一創作教訓，和《龍鬚溝》的有關教訓頗類似，老舍經常表現出他對古舊歲月的體察精微，記憶邃密，而對比較晚近一些的社會生活，就觀察和理解得要差著那麼一口氣。這導致了老舍寫戲跟許多人寫戲的一項差異，一般地講，戲劇家們寫作時，總是極難把頭一幕寫好，而寫到後面升發開了，他們往往越寫越像樣子，老舍則相反，他的戲，常常是頂精彩的部分在前頭。《茶館》最後一幕，再次流露了一點依附於政治教科書的概念化跡象，康大力、康順子以及王利發兒子一家人陸續投奔西山解放區的情節，看上去還是稍微欠缺潛在的說服力，也就難免會有游離於全劇整體之外的感覺，這不能不十分遺憾地，給這齣名劇留下了它的白壁微暇。

①劇作家曹禺語。轉引自克瑩、侯堉中：〈老舍在美國〉，載《新文學史料》，一九八五年第一期。

②參見遼寧大學中文系現代文學教研室：〈從《茶館》與《紅大院》談老舍創作中存在的問題——兼評關於《茶館》的評論〉，《文藝紅旗》，一九五九年第二期。

③張庚：〈《茶館》漫談〉，載《人民日報》，一九五八年五月二十九日。

④英若誠：〈重演《茶館》的一些感想〉，載《《茶館》的舞台藝術》，第二五六頁，中國戲劇出版社一九九三年第二版。

第十七章　滿族文學的瑰麗珍寶

——《正紅旗下》

殷殷此情

撰寫長篇小說《正紅旗下》，是老舍晚年特別重要的一項創作活動。為了說明它[illegible]微詳細地介紹一下作家寫作該作品的來龍去脈。

老舍是滿族人，他來自舊日京師積澱厚重的旗人文化土壤。——這是我們已[illegible]書的前邊許多章節中間反覆涉及的史實。在遠自二〇年代發端而直至五〇年代捧出的[illegible]作裡面，老舍相當充分地調動他的滿族生活及滿族文化庫存，他既寫京城滿族的社會生[illegible]物遭際，也把滿族特有的文學風尚、審美情趣和歷史眼光注入作品，讓讀者明顯地感覺[illegible]文學卓而不群。

老舍這位滿族作家，對待自己的民族出身，對待本民族題材的創[illegible]曾經有過複雜的心緒，這同樣也是事實。從一個方面看，他的民族自我認定意識是明確的，[illegible]沒有表現出對身為一名滿人無所謂的態度；他的民族情感濃重，不單在社會交往中始終保持[illegible]滿族同胞比較密切的接觸，在文學創作中，也時時體現出對族人命運的熱切關懷；他還具有[illegible]許多滿族同胞一樣強烈的民族自尊意識，願意憑藉自身方方面面的刻苦努力和出色表現，為民族增光正名。而從另一個方面看，在先前幾十年的社會生活中間，他又相當被動地，要面對著讓他的民族心理備感壓抑的現實：清朝末年最高統治者的腐敗無能以及旗人社區的精神衰頹，曾經不可避免地遭來了各民族輿論的紛紛物議，而辛亥革命之後，因為執政的統治階級不可能真正突破民族藩籬的局限，致使社會上一味歧視、鄙視甚至於排斥所有滿族人的情況，持久而且普遍存在。老舍是個文化人，他對到處充斥民族偏見的現實，會比一般的本民族同胞更敏感些，也更痛苦些。再者，自他躋身文壇以來，與之頻繁交往的許多文藝家和社會活動者，亦多是站在辛亥過後的思想基點上看民族問題，包括有的很要好的朋友，都不自覺地常向他甩來一些對滿人來說不大受聽的微詞，這就更讓老舍心含戚戚，有口難以辯白。他固有的民族自尊觀念，因受到反覆的折磨，只好將其深埋於心底。在一個長達三四十年的漫長過程中，他不肯輕易向外人、更不願在正式場合上談及自己的滿族出身，凡在作品裡寫到滿族題材、滿族人物的時候，也盡量地不動聲色。他已經不敢奢望讀者從他的作品中辨認出滿族文學的民族屬性。

假如以為老舍將自己的民族心理深埋不表，是一種自卑的表現，恐怕也不太準確。一些蛛絲馬跡，說明他還是願意在關鍵時刻為自己民族站出來說話的。寫《四世同堂》，他曾藉小文夫婦這對明顯地暗示出旗人身分的人物形象，歌讚了都市裡的滿族平民正直、良善的性情和在生死關頭勇於奮起反抗外侮的民族氣節，可說是他二十世紀前半葉創作活動中最富有民族傾向意味的一筆。還有一件工作中的小事情，也證實了老舍心間珍存鮮明的民族情感：抗戰結束後，來自東北地區的滿族青年詩人丁耶，以個人的家族史作為背景，寫了長詩〈外祖父的天下〉，作品被轉投到當時國內進步文壇上的一家重要刊物《中國作家》，編委們對這部詩作的評價分歧較大，能否刊載，一時定奪不下，「最後老舍先生說，這首詩雖然不那麼成熟，但感情真摯，反映了東北滿人生活的特點，生活氣息濃」①，遂使編委們被說服，該詩也獲得發表。類似的能夠體現老舍滿族心理的例證，還有一些。

老舍民族心理的整體開放，是在他年過半百之後的事情。進入了共和國社會生活的老舍，因為時代巨變，感受到了勞苦大衆社會地位的普遍上升，同時，也明確地注意到中國共產黨奉行的民族政策所帶來的變化。五〇年代前期，政府正式認定了滿族作為共和國多民族大家庭中平等一員的位置；滿族的政協委員和人民代表，出現在國家級的議事場所（老舍本人就獲得了這樣的榮譽）。隨後，他又擔任了國家民族事務委員會的委員，並且在中國作家協會裡面成為分管少數民族文學創作的副主席……從切身的體驗中，他捕捉到了少數民族地位攀升的實感。他不斷地從北京城裡那些與自己經常保持接觸的滿族群衆嘴裡，瞭解到他們有所改善的生存狀況，知道舊時代瀰漫於世間的民族偏見，正在有效地得到糾正。他還有機會去新疆和內蒙古等地，親自考察了包括滿族在內的各少數民族群衆的生活實況。關於滿族，讓他最激動的，就是舊社會掙扎在死亡線上的一大批底層同胞，已在社會公正和自食其力的前提下，找到了走向幸福的人生道路。

老舍不再有任何理由，需要掩飾個人的民族出身和民族心理。很快，他就成了社會上最令人們熟知的滿族代表人物。

他是個每得到任何一份社會認定，總要以十倍的成績來加以回報的人。身為作家，他更知道在這樣的社會條件下，應該怎樣把個人久久激盪於懷的民族情感呈現出來。

五〇年代，是中國少數民族文學邁向繁榮的一個熱啟動時期。來自不同民族的作家，為創建各自民族的新文學，都煥發出了空前的熱情。這對老舍也是一種鼓舞和鞭策。一九五五年，中國作家協會在少數民族青年作家的倡議下，召開了旨在關注和推進民族文學發展的座談會，老舍本人就是那次會議的主持者，他跟若干位不同民族的作家齊集一堂，興奮的心情溢於言表。各族作家們見到了他這麼一位德高望重、本人又是出身於少數民族的文學前輩，都非常高興地坦露心聲，大家說，中國作家協會應當下設一個少數民族文學委員會，我們就選老舍先生來當委員長好了！老舍不無詼諧地向大家作了個揖，連說：不行，不行，我可不如你們，我把我們老祖宗的話全忘了，你們聽我這一口北京腔兒，能當委員長嗎？但我一定爭取當個委員，把咱們全國各民族作家團結在一塊兒！②一九五六年二月，在中國作家協會第二次理事會擴大會議上，老舍作了〈關於兄弟民族文學的報告〉，在這個中國文學有史以來第一個有關少數民族文學的系統報告中，就諸如民族文學遺產和新文學的興起、開展搜集整理和研究工作、民族文學的翻譯和創作問題、如何在文學創作中克服大漢族主義思想和地方民族主義思想，以及推進中國兄弟民族文學發展的具體措施等項，一一闡述了看法，他希望：「讓所有的兄弟民族都以熱愛祖國的精神吟唱自己的詩歌，以自己的語言與風格寫出歷史的今天的現實主義的故事與戲劇」。一九五七年五月，老舍以中國作家協會副主席的身分前去烏魯木齊，出席中國作協新疆維吾爾自治區分會的成立大會。他在那裡逗留了半個月，竟沒能抽出空暇遊覽一下神往已久的吐魯番等地，而是把時間全用在了與各民族的文藝家們交朋友上面。他在當地作了十次「座談報告」（這是他臨時自造的一個詞，主人們知道他身體不好，難以應付太多的長篇報告，於是多安排「座談會」，但每每遇到各族文學愛好者大量遞條子、提問題，他「只好作大段獨白，等於作報告」）。老舍實在累得不輕，卻為能結識許多的朋友感到高興，他說，各民族的「朋友比高山大川更重要。」（〈新疆半月記〉）一九六〇年，老舍在第二屆全國人民代表大會第二次會議上，作了題目為〈兄弟民族的詩風歌雨〉的發言，提出：「以漢族文學史去代表中國文學史顯然有失妥當，中國是個多民族的國家，而兄弟民族又各有悠久的文學傳統」，「今後編寫的中國文學史，無疑地要把各兄弟民族的文學史包括進去。」同年，他在百忙中撰寫發表有關新疆各民族小說創作和有關傣族民間敘事長詩的評論文章。還是這一年，他又在中國作家協會第三次理事會擴大會議上，作了〈關於少數民族文學工作的報告〉，這是一篇較一九五六年的報告，在內容上更為翔實和透闢的報告，報告中，在全面介紹各民族文學創作隊伍的時候，有這樣一句短語，值得我們特別留意：「滿族：作家有胡可、關沫南與老舍等。」

至此，老舍已把自己整個兒地擺進了中國少數民族文學的發展格局之內。

人們於是也就合乎情理地期待：該是老舍拿出典範的滿族文學作品的時候了。

其實呢，老舍心間確有經過了長久醞釀的滿族題材。遠在二三〇年代，老舍就想寫一部反映清末社會生活的家傳體長篇小說。從他這個旗族後代脫離母體呱呱墜地，到來在世上即逢戊戌變法失敗、義和團運動興起，再到八國聯軍入侵和屠城，包括父親的戰死、母親在極度慘淡的情況下把自己的小生命以及一家人的生存維護下來……都是些在作家心中被掂量了不知有多少回乃至多少年的文學素材。他「從很年輕的時候起就開始收集資料。他收集了八國聯軍的侵華史料，收集了各種民間傳說和故事……他曾請他的朋友代他邀請了不少北京的老者，回憶當年的刀光火影，這些談話極大地豐富了母親講述過的當年慘事。」③一九三五年，老舍首次向讀者透露了他心間還藏著這樣一些特殊的寫作念頭，在〈我怎樣寫《離婚》〉中，他若明若暗地談到：「也許這是常有的經驗吧，一個寫家把他久想寫的文章擱在心裡，擱著，甚至於擱了一輩子，而他所寫出的那些倒是偶然想到的。有好幾個故事在我心裡已存放了六七年，而始終沒能寫出來；我一點也不曉得它們有沒有出世的那一天。」這段意味深長的話，告訴人們，他是打二〇年代末在文壇剛站住腳的時候，就琢磨起來要寫某些特定的題材了，而這些題材，又偏偏是很難想像「有沒有出世的那一天」的題材，也就是說，一旦將其寫出來面世，可能會碰上相當大的阻力（老舍一向寫東西筆頭流暢，人也勤奮，他說的作品難以出世的原因，大抵還是出在客觀方面）。最早出來註釋老舍這番說法的，是作家的總角之交、名學者羅常培。一九四四年他發表了〈我與老舍——為老舍創作二十周年作〉一文，不僅公開了老舍多年來就有的這項創作計畫，還就這一計畫發過語重心長的議論：「讓我這三十多年的老友說幾句話，那麼，老舍自有他『不廢江河萬古流』的地方，既不是靠著賣鄉土神話成名的作家所能打倒，也不是反對他到昆明講演的學者所能詆欺。然而，我們卻不能不希望他有更偉大的成就以塞悠悠之口。十年前他就想拿拳匪亂後的北平社會作背景寫一部家傳性質的歷史小說。當時我極力鼓勵他……七年的流亡生活，遂不得不使這一計畫停頓了。然而我還覺得只有他配寫，只有他能寫，他寫出來的東西一定會比瞬息京華和風聲鶴唳一類的玩藝兒意味深厚，我尤其希望文藝界能夠助成他的盛業！……如果社會上和文藝界還讓老舍繼續貧血，以致他『食不飽，力不足，才美不外見』，到他創作三十周年的時候，我們還看不見他那本未完成的『傑作』脫稿，那不是他自己的責任，而是社會和文藝界的責任！」

羅常培與老舍有同樣的民族出身和民族情結，有彼此息息相通的瞭解，他的熱切期待，顯然是出於對這部「傑作」的通盤預測——其中令他最感興趣的，當然要包括作品必須寫到的清末民初京城旗族的社會場景。遺憾的是，寫上面這篇文章的時候，羅常培是只知其一，不知其二：老舍實際上已經在一九三七年離開山東之前，動筆寫過這部長篇了，它的題目是《小人物自述》，不過該作只寫出了一個開篇部分並且剛在刊物上發表了四章，這次創作活動就因抗戰全面爆發而中止了。假如羅常培見到過那部僅有開頭的《小人物自述》，可以想像，他會感到失望——老舍在那部作品中，隻字未提居於故事核心位置的「小人物」（「我」）一家人的滿族背景，在涉及社會重大歷史事件方面，看上去也縮手縮腳。辜負了羅常培期待的責任，是不能由老舍個人承當的，民國年間社會上普遍存在的籠統「排滿」情緒，令老舍在寫到本民族、本家族的歷史時，必須對其中的民族因素做出必要的迴避。《小人物自述》的開篇四章，從而在老舍的創作歷程中獲得了一種獨特的價值，它再清楚不過地記錄了處在民族歧視的社會狀態下，要書寫某些特定的民族題材，該有多麼難。

讓我們把視線再拉回到共和國創建之後。五〇年代中後期至六〇年代初，老舍確切地感到，自己終於有可能放手寫他的那部家傳體小說了。他開始紮紮實實地重新構思和醞釀。其間，他有兩個作品，在這一創作方向上是具有探索性質的：一九五六年發表的話劇《茶館》，明白無誤地刻畫出了常四爺、松二爺等滿族人栩栩如生的藝術形象，博得了觀眾的普遍首肯，為全面塑造滿族人物和滿人的社會生活，積累了寶貴的經驗；一九六一年，他又寫了話劇《神拳》，力求用唯物史觀評判清末社會鬥爭，不僅達到了思想上的新深度，而且照作者自己的話說，是「總算吐了一口氣，積壓了幾十年的那口氣！」（《吐了一口氣》）老舍並沒有在《神拳》中寫進京師八旗將士投入義和團運動的歷史內容，他覺得，能把高舉愛國旗幟的義和團寫出來，就等於是為寫同樣具備愛國精神的旗兵們，敞開了一條路。

在老舍籌備重寫家傳體長篇小說的時候，他意外地獲得了一份良性刺激。有一次在全國人民代表大會的會間休息時，老舍在休息廳裡遇到了毛澤東、劉少奇和周恩來，三位國家領導人高興地招呼著老舍，要跟他談談滿族。毛澤東一開口就讓老舍激動不已，他說：滿族是個了不起的民族，對中華民族大家庭做出過偉大貢獻；他還說，清朝開始的幾個皇帝都是很有本事的，尤其是康熙皇帝。接著，毛澤東一一歷數了康熙的政績：打下了今天我們國家所擁有的這片廣闊的領土，在全國多民族的狀態下發明和實行了統一戰線政策，在用人制度上獎罰分明……毛澤東還對康熙學習國內多民族文化和西方科技的精神讚許備至。毛澤東談話時，劉少奇、周恩來隨時插話，表示跟毛的見解完全一致。老舍驚訝了，他沒想到共和國的領袖們會對滿族及其傑出人物有如此深的研究和這樣高的評價。回到家裡，他把這份沉甸甸的收穫轉達給一家老小，說，自己簡直是換了腦子，換了眼睛！激動之下，老舍甚至於忽發奇想，想要放下手邊其他一切創作計畫，專門寫一部表現康熙皇帝的大作品（這個計畫終於沒有兌現，不光是因為他太不瞭解清代上層，也由於在當時的整個社會氣氛下，把封建皇帝當文學作品中著力歌頌的主人公，畢竟還不可能）。

一九六一年夏天，老舍到呼和浩特，訪問了在那裡居住的滿族市民。接待他的兩戶主人，都有旗人下層的典型經歷，他們的訴說，使老舍再次體驗了舊時代滿族人民的命運，他將這次活動寫成了訪問記《新城喜見百花新》發表出來。這對他即將動筆的滿族題材創作，是又一次催促。

這段時間，他就心間積存已久的長篇小說計畫，著手進行了新一輪的資料搜集。因為歷史過程和人物命運、故事梗概早已是濫熟在胸，他把最後的調查重點，放在了京旗滿族的風情、習俗、語言等方面。北京文聯有位滿族學者金受申，是老舍早年在北京一中教書時候的學生，眼下已是專門研究舊京與旗族社會風習以及北京方言土語的專家，老舍把他當成了自己的「常任顧問」，時不時地請他到家裡，促膝討教，追問些在當初頂不起眼兒的掌故瑣聞、習俗細節、口語用法。

一九六一年年底的一天，老舍鋪開一摞印有「中國作家協會」字樣的稿紙，首先，鄭重地向上邊寫了四個大字：「正紅旗下」——這就是他要振作精神從頭寫起的那部家傳體長篇的新題目。作家出身於清末京師的正紅旗滿洲，所謂「正紅旗下」，也就是「在八旗之一正紅旗轄制之下的旗人們」的意思。這一回，由題目開始，就要教小說毫不含糊地顯示出滿族文學的奇姿異彩。

老舍當時敢於把「正紅旗下」四個字當作大部頭作品的題目，並不是盲動。十餘年以來的創作經歷，使他明白，文壇上空的政治氣壓走高還是走低，將準確地左右所有作家作品的前途。擺在面前將要寫的，正是一部地地道道表現舊時代、舊題材的小說，若在文藝政策的風向標指向極「左」的時候，這類作品自然絕對是「不許出生」的。

他又趕上了一個難得的機會。兩年前的那場「大躍進」，從各個方面危及了中國的社會發展，這個階段為了糾偏，中國共產黨的治國政策再度作出調整，除政治、經濟上大大減緩了不切實際的要求，在文藝範疇也推出了一個較此前寬鬆得多的氛圍。已經多少有點兒教人聽著陌生了的「百花齊放，百家爭鳴」的口號，又被一再提到，那些被弄得灰頭土臉的知識分子們開始「摘帽子」、「卸包袱」，一批本來沒有什麼問題卻偏偏遭到批判和禁演的作品，又被允許拿給人們欣賞。這使文藝界的大多數人感到快慰，他們私下把這一新出現的時期，喚作「小陽春」。老舍的《正紅旗下》，就是在這個「小陽春」節氣裡命筆的。

一九六二年三月，由周恩來、陳毅等人親自主持，在廣州召開了全國話劇、歌劇創作座談會（即著名的「廣州會議」）。老舍也被邀請與會。這次會議最突出的基調，就是提倡允許作家在一定的大前提下，發揮專長，自由選擇每個人熟悉的題材來寫作，倡導作家們心情舒暢地從事藝術活動；會上，周恩來、陳毅等還代表各級組織，就以往一些過火的作法，向大家陪禮道歉，給大家鞠躬。這個會開得生動活潑，到會者紛紛說出了心裡話。老舍也發了言，他公佈了自己的創作祕密：「近來，我正在寫小說，受罪不小……」（《戲劇語言》）他所說的小說，當然是指的《正紅旗下》，看上去，他對完成這一寫作計畫躊躇滿志。與會的朋友們，也都為得到了此項訊息而高興，因為，廣大讀者已經有好多年沒有見到老舍的長篇小說新作了。

一九六二年一整年，老舍沒有發表任何稍大一點兒的作品。知情的人們，都在翹首等待著他的長篇新作。寫作中的老舍，也很「入戲」，他經常約些老朋友來家中，給他們朗讀正在寫的《正紅旗下》，讓大家提意見。

孰料，「小陽春」來也遲遲，去也匆匆。一九六二年下半年，「理論權威」康生等人，在文藝界一手炮製了「《劉志丹》『反黨小說』案」，將這部長篇小說的作者以及有關的一大批高級幹部和文學工作者，統統扣上了能置人於死地的「反黨」帽子，一時間，長篇小說創作，幾乎是成了作家們談虎色變的事情。老舍的《正紅旗下》，本來就有些「敘舊懷舊」之嫌，再被無端羅織點兒更嚇人的「罪名」，也不是難以想像的。在此形勢下，老舍不得不暫且擱筆。然而，糟糕的局面在其後非但不見轉機，反而愈演愈烈。隨後，文藝領域極「左」的權勢者大舉捲土重來，掀起所謂文藝作家都要「大寫十三年」（即只准寫共和國建立以來的「新人新事」）的大浪頭，「雙百」方針沒人再提了，一道道有形、無形的禁令，把創作者們的手腳緊緊地捆了起來。老舍至此已是萬般無奈，他把《正紅旗下》這一浸透大半生心血構思和籌措的小說創作活動，徹底撂下了。被鎖入抽屜、而且再也不向人們說及的《正紅旗下》，已寫完的開篇部分的文稿，計一六四頁，共十一章，約八萬字。

這一慘痛教訓是在好多年後才讓世人看清的。老舍一生寫出了那麼多不朽之作，無一不是以其熟稔的舊北京社會下層生活為題材的，《正紅旗下》本可以成為這中間最具藝術魅力的一部。但是，「左」傾文藝政策冷酷地剝奪了作家起碼的民主權利！一個特有的題材，對一個特有的作家來講，常常起到決定其成敗的關鍵作用，老舍是最懂得這個道理的。曾經有人問老舍，如果把你和趙樹理的創作題材互換一下，能不能寫出同樣好的作品？老舍的回答斬釘截鐵：「那，我們就全毀啦！」④

《正紅旗下》遠未出世，即被扼殺了。可是，老舍決意要寫滿族，要拿出滿族文學的典範性作品，卻已經到了矢志不移、如醉如癡的程度。既然寫舊時代的題材要遭遇封殺，他就只好重新規畫，去寫滿族人民的當代生活。一九六四年的盛夏至深秋，他不顧年邁體弱多病，先後前往條件較差的北京郊區密雲縣檀營村和海淀區門頭村，做較長時間的調查、採訪。檀營，曾是清代八旗副都統衙門所在地，滿洲和蒙古八旗的將士們，曾經世代駐守該地，以拱衛京師的安寧。清政權解體之後，旗兵及其家眷開始自謀出路，檀營才由格局嚴整的駐軍營房，漸漸地變成一個滿、蒙古、漢等多民族雜居的村落。老舍在村里的公社社員家中，一住就是三個月，結交了不少農民朋友，從他們那些平實、樸素的往事追憶中，作家瞭解到，自民國初年起，旗族群衆失去軍餉，悲慘萬狀，又逢社會上「籠統地仇視一切滿人」，「整整齊齊的檀營就慢慢變成『叫花子營』了！」慘景一直維持到共和國建立，滿族貧民「分到了土地，由無業變成了有土地的農民……由不會勞動變為會勞動……由會勞動變為熱愛勞動」，這才「吃飽穿暖，幸福日增」；老舍對此感觸良多，他認為：「上述一點很簡單的事實，卻含有深刻的意義。勞動救活了一大群已快餓死的人，起死回生！」（《下鄉簡記》）門頭村，是香山腳下一個村子，也是歷史上旗人聚居之地，村里不但有許多八旗滿洲、八旗蒙古的後代，還有少數乾隆年間起義戰敗後被編入旗籍的南方苗族人的後代，據說，旗人作家曹雪芹晚年寫《紅樓夢》的「黃葉村」，就在左近，在門頭村等地，長久以來一直流傳著不少曹雪芹的傳說。老舍在門頭村體驗生活時，又向滿族同胞們探問了許多當地的社會變遷和民俗民風情況，他渴望著，自己能步前輩文學大家曹雪芹老先生的後塵，以眼前的社會現實為素材，為世間再留下些像模像樣的作品。他在那裡寫過寄贈郭沫若的一首律詩，其中就有「金玉紅樓終是夢，鐮刀碧野遍地花」的句子。

六〇年代中期，整個文藝界的政治神經，越繃越緊，批判種種「毒草」的事件層出不窮，尤其是在傳達了「這些協會……十五年來，基本上……不執行黨的政策，做官當老爺，不去接近工農兵，不去反映社會主義的革命和建設。最近幾年，竟然跌到了修正主義的邊緣。如不認真改造，勢必在將來的某一天，要變成匈牙利裴多菲俱樂部那樣的團體」的高層嚴厲指責之後，作家們已是岌岌然如履薄冰，他們的作品中，也只能剩下些聲嘶力竭的「革命」口號了。老舍要寫的反映滿族農村新生活的作品——一部題為《在紅旗下》的話劇劇本，就在這樣的局面下，於一九六六年年初，百般勉強地寫了出來。不難想見的是，在如此教人無法忍受的政治高壓底下，讓老作家寫他從來就不熟習的農村生活，結果將會怎樣。《在紅旗下》，這部老舍晚年情感所繫，不惜扶杖採訪，迎受了艱難困苦才寫成的滿族題材劇作，徹底失敗了，據後來見到過那部作品的人士說，簡直不敢相信那是出自老舍筆下的東西。

接下去，便是「文化革命」，便是老舍生命的終結，以及人都死了還要「踏上千萬隻腳」的詆毀、誣陷……

遲至一九七九年，長篇小說《正紅旗下》的開篇部分十一章八萬字，才得以與廣大的老舍作品愛好者見了面。有這個結局，實在得感謝作者的遺囑，十多年裡，他們歷盡危難，才把這部尚未完成的小說稿子掩護下來。

話劇《在紅旗下》一直沒有發表，也許，它永遠也不可能發表了。

老舍有生之年的最後兩部大作品，都是寫滿族題材的。老作家肯定是想要用一份特殊的、足以顯現民族文學屬性的成績，來回報養育了自己的民族和祖國。殷殷此情，惟天可鑑。

但是，老舍事先肯定料想不到：最精彩的，只能寫出一個開頭；寫完了的，徹底地不成功。

《正紅旗下》的文本價值

《正紅旗下》，很像是老舍先前寫過的小說《小人物自述》的雙胞胎兄弟，從作品中間已出場的人物和大致情節來看，二者有著不少的相像之處，這一點，證實了兩部作品，都同樣來自老舍對早年家庭、社會生活的真實追憶。然而，它們之間又有一個根本性的區別，那就是《小人物自述》完全繞開滿族的話題走，而《正紅旗下》，則幾乎是每一個細節，都異常清晰地標示出滿族社會生活的特殊印記。

《正紅旗下》確是一部堪稱典範的滿族文學作品。

有一種比較能夠令人信服的猜測是，長篇小說《正紅旗下》如果能夠按原計畫寫完的話，起碼應當是幾十萬字甚至近百萬字的大部頭作品。這部本來足以傳世的書，只寫成了那麼一點點兒就戛然而止，被說成是「千古遺恨」⑤，實不為過。

雖然《正紅旗下》遠沒寫完，但是，這寫出來的開篇部分，情節上已表現了相對的完整性，老舍晚年思想和藝術的奪目光華更是熠熠可見。一般的文學作品殘卷，大多只能給後人作研究資料，而這部作品的短短開頭，無論從研究者還是欣賞者的角度去看，都有極高的價值。它是滿族文庫中一件璀璨瑰麗的奇珍異寶，也是中國少數民族文學發展史上一座挺拔秀實的豐碑。

首先，《正紅旗下》宛如一道描繪十九世紀末北京滿人社會生活的藝術畫廊，具有強烈的歷史表現力，作者於民俗世相的精雕細刻間，映襯出時代嬗交關頭旗族以至於整個中國社會的風雲走勢。

作品第一章，由「我」——貧苦旗兵家的「老兒子」在戊戌年底的降生起筆，引發了與

「我」的降生有瓜葛的姑母和大姐婆婆的爭吵，進而自然帶出各色滿人在世紀末的不同活法這個饒有趣味的話題。第二、三、四章，圍繞「我」的「洗三」儀式的艱難籌措和順利實施，深一層敘寫了旗人們的經濟位置和文化養成，生動地展現了兩類人物：一類是寄生於八旗制度之內的大姐公公家和舅舅、姑母等人，他們得過且過，寅吃卯糧，對變法維新充滿恐懼；另一類人則是想要從八旗制度中掙脫出來的福海二哥等人，他們已經富有主見地走上了自食其力的人生道路。第五、六章，講述過春節和給「我」作滿月的情形，披露了窮旗人和漢族、回族下層市民之間的友情，還帶出來富人定祿大爺親臨「我」家造訪的意外場景。從第六到第十一章，小說由徐緩從容的市井生活描寫，逐漸轉化向社會鬥爭題材的推出，以肉鋪王掌櫃的兒子王十成的出現，烘托出當時遍及城鄉的反抗外辱的義和團大事件，以多老大與美國牛牧師的勾結為線索，演繹出地位互異的旗人面對國恥迥然不同的反應。小說結止在定祿大爺邀牛牧師吃飯的故事發展中途，情節正待掀起一個波瀾……

歷史學家寫歷史，文學家也寫歷史。彼此的不同點起碼有二：一是歷史學家須秉筆記錄真實發生過的事件，文學家則可以在歷史的整體真實之上編寫更具典型性的故事；二是歷史學家可以對歷史無遮攔地闡發議論，而文學家則往往得將自己對歷史的解讀巧妙地包容到作品的情節內裡。老舍寫《正紅旗下》，何嘗不是要表達對滿族那段特殊歷史遭逢的思考，可是，大作家畢竟是大作家，他舉重若輕，竟能在娓娓道來的民俗世相之類的瑣事中間，就把一些偌大的歷史課題給回答了。

在故事發生的清代末年，對滿族社會來說，最嚴重的事情之一即是「八旗生計」問題。八旗制度，是自明代晚期建立起來的一種使滿族社會全民皆兵的制度，它曾極有力地推動了清政權的定鼎與鞏固，而越到後來，制度本身給滿族社會帶來的弊端也就越是明顯地呈現出來。老舍的藝術之筆，是從當時北京城裡各類旗人住戶門垛子上的「雞爪子」符號來切入這個大問題的。因為有「鐵桿莊稼」式的定期發放的錢糧做保證，在旗人社會裡「賒欠已成了一種制度。賣燒餅的、賣炭的、倒水的都在我們的，和許多人家的門上畫上白道道，五道兒一組，頗像雞爪子。我們先吃先用，錢糧到手，按照雞爪子多少還錢」，這清楚地表明，窮苦而又本份的旗兵們，因為命中注定一輩子只能當兵保國家，所以，他們中的大多數，家道再慘，也沒有別的辦法可想，沒有別的生路可尋，只能憑著享有「鐵桿莊稼」這一點點兒特權，靠拆東牆補西牆來勉強度日。

「賒欠已成了一種制度」，卻又不是單單對窮旗人們來說的。當時那些軍銜較高、錢糧頗豐的旗人家，居然也在靠賒欠過日子，比如一家僅四口人，其中就有一名佐領、一名驍騎校的「大姐公公家」，門垛子上的「雞爪子」圖案竟然最豐富，這就不能不耐人尋味了。小說裡的「大姐婆婆」，是子爵之女、佐領之妻、驍騎校之母，她的幾十套服飾循環出入當鋪，當此贖彼，傾其所有吃喝玩樂，折騰光了，就以子爵女兒、佐領太太的身分去賒，為了過個花天酒地的「肥年」，敢把房契也押了出去。這家人的邏輯是：家有鐵桿莊稼，欠了日子欠不了錢，「不賒東西，白作旗人！」敢於大著膽子賒欠許多的賬，在他們簡直是個榮耀，這類人的精神世界也就可想而知了。

賒欠在旗人生活中愈演愈烈，還有個緣故，是因為他們無論貧富，既活著，就遠不能僅以維持生命為滿足，他們得活得像樣，活得講究，這就需要許多額外的花銷。小說寫道：旗人生活幾乎全部藝術化了，像「我」這麼個窮旗兵的兒子，「洗三」以及「辦滿月」都須花大力氣應酬一番，在這種「藝術的表演競賽大會」上，一切須合乎禮數，「必須知道誰是二姥姥的姑舅妹妹的乾兒子的表姐，好來與誰的小姨子的公公的盟兄弟的寡嫂，作極細緻的分析比較，使他們的位置各得其所，心服口服」。至於闊綽些的旗人，便更是把自己的生活藝術化到無以復加的地步，除了成天沉溺在唱戲、養蛐蛐和「滿天飛元寶」（書中說到「大姐夫」養了一群極珍貴的鴿子，「每隻鴿子都值那麼一二兩銀子」）上面，還要效法漢人的樣兒，於人名之外，都起上個「十分風雅」的號。把生命的過程向藝術的層次推進，本來是人類文明不斷提升的必然要求，但是，像當時北京旗人這般，在人們自身不求進取的情況下去擁抱一種畸形的文化藝術，民族的前景可就不大妙了。作者的力筆，飽蘸沉思，寫下了富有哲理的反省：

二百多年積下的歷史塵垢，使一般的旗人既忘了自譴，也忘了自勵。我們創造了一種獨具風格的生活方式：有錢的真講究，沒錢的窮講究。生命就沉浮在有講究的一汪死水裡。

老舍是熱愛自己民族的，他敢於拿本民族的歷史瘡疤給人看，正是作家對民族的往昔痛切檢討的證明。

與作家同樣關切滿民族歷史走向的讀者，從這位滿族文學大師的筆下，看到了一個由舊基地中走出來的新人形象——福海二哥，他是作者著意推出的一個可愛的新型勞動者。福海二哥是一名跟一般旗人水乳交融的普通旗兵，是所謂「熟透了的旗人」，「沒忘記二百多年來的騎馬射箭的鍛練，又吸收了漢族、蒙古族和回族的文化。論學習，他文武雙全；論文化，他是『滿漢全席』。」而作者進一步告訴我們，「驚人之筆在這裡：他是個油漆匠！」這位出身於亮藍頂子參領之家的「八旗子弟」，竟不怕滿族社區裡他人的譏誚和鄙視，拜師學到了一手油漆彩畫的好技藝。「當二哥作活兒的時候，他似乎忘了他是參領的兒子，吃錢糧的旗兵。他的工作服，他的認真的態度，和對師兄師弟的親熱，都叫他變成另一個人，……一個順治與康熙所想像不到的旗人。」在作品所描寫的那個時代，面臨內外窘困的「大清」皇朝，已經真個像是「殘燈末廟」了，生計問題無可如何地在折磨著每個僅靠皇糧過活的貧困旗兵家庭，甚至連地位稍高的滿族官宦們也坐吃山空了。即便如此，京城裡的老派旗人，能夠審時度勢，在世代鐵定的八旗制度之外，再為自己重新設計一條生路的，卻委實不多。老舍正是在充分展示了這座舊營壘中頗多渾渾噩噩形象之後，才滿懷興奮地談起了福海二哥的獨到之處——「是的，歷史發展到一定的階段，總會有人，像二哥，多看出一兩步棋的。」自食其力，在今天的人們說來是個多麼自然而又令人服膺的觀念，然而別忘了，即使是在清末那種「日落西山的殘景裡」，當兵的要背著上司而偷學點手藝為自個兒謀生，也是件很要膽識的事情。一個民族，在大家都已習慣了的生活軌道之外，另由個人來闖出走向新生的蹊徑，從來也不容易。從《正紅旗下》故事發生到今天，滿族的社會地位已有了質的超越，如果說這個民族是在靠勞動、靠創造的路途上終於找到了自身新的命運依託，那麼，像福海二哥那樣的滿人，無疑，該算是摸索這條民族新生之路的先行者了。

《正紅旗下》的寫作宗旨，並不是要專門探討滿族如何在「八旗生計」問題困惑下找尋出路。作者在生活化的場景中反映社會現實，觸及面還相當寬廣。

下層旗人的生活艱辛，在小說裡寫得很真實。「我」的父親是負有保衛皇城責任的旗兵，全家仗他三兩銀子的月餉過活，因母親勤儉操持才勉強支撐下來。所領銀餉份量總是不足，還了欠債所剩無幾，只好再賒。他們每天要以喝豆漿維持生存，連在「良辰吉日」添了個獨子，也要被危機陰影圍困著。一個皇城護兵，一家只有四口人尚且如是，更多地位更低、補不上兵缺、或者人口負擔更重的旗人家庭，又該怎樣地淒苦呢。與窮旗人形成鮮明對照的，是旗人富豪定祿的生活。「自幼兒，他就拿金銀錁子與瑪瑙翡翠作玩具」，他珠光寶氣地來「我」家，從身上隨便一摸，便是一份二兩銀票（能買一桌高級酒席）的賀禮。旗人社會的貧富兩極分化，觸目即見，這說明，在私有制社會裡，統治者所隸屬的民族，其內部也是有明確的階級之分的。

小說以「我」的降生牽引出「八旗生計」的主線，也同時掃描出「良辰吉日」街頭的幕幕慘景：「在這兒或那兒，也有餓死的、凍死的，和被殺死的」，說到除夕夜的花炮聲，又收錄下當時壓倒一切的債主扣門聲及窮苦人無奈了卻殘生的鏡頭。尤其震撼人心的，是在寫「我」饑啼時抒發的串串浮想，似一部表現悲愴主題的交響音畫，讓讀者在廣袤的祖國大地上，感受到整個中華的淒楚哀傷，體會那該當千詛萬咒的不平世道。

作品用探測時代脈搏之筆，描述了民族敗類與帝國主義者的骯髒交易。精神崩潰的旗人多老大，欲壑難填，改奉上帝，想依賴洋人勢力撈特權。美國人牛牧師是個不學無術的傢伙，來中國冒險並且發跡，「每三天就過一次聖誕節」。他唆使多老大搗亂，為的是製造教案，贏取暴利。這夥侵略者以槍炮為後盾，蜂擁而至，無空不鑽，使中國金銀外流，久無寧日。京城裡的肉鋪王掌櫃和他在山東鄉下的兒子十成，都遭到了這種外患的無端滋擾，他們由不同的方向被逼上了一致的反抗道路。

作者把一腔激情寄予各族人民。清廷對不同民族分而治之，阻撓旗人和別族的接近。但在滿族人民眼睛裡，人，是按社會貧富地位劃分的，「誰也擋不住人民互相友好」。小說中的「我」，「一輩子忘不了」在洗三和滿月時受到過回、漢民族朋友的祝福。作品不無深意地介紹了漢人王掌櫃從討厭旗人到透過交往而理解了滿族群衆，並且彼此建立了友誼的過程。老舍一向倡導民族間的真誠合作，這在他的劇作《國家至上》、《大地龍蛇》和《青蛙騎手》裡面，都有過清晰的表達，《正紅旗下》教這種精神更加昇華。書中有位下層旗人多老二，他愛本民族，更愛大中華，以正義之舌怒斥為虎作倀的敗類哥哥，其情其景感人肺腑。福海二哥，更是堅持友愛著各族群衆，為搭救蒙難的漢族朋友，四處奔波，他對朝廷離心離德，與義和團民王十成——要「叫皇上也得低頭」的一個漢族青年農民——交上了心碰心的朋友，還想要互認師兄弟；身為旗人，他同情造反，思想很矛盾，但到底在是非面前態度很明朗，他對十成掏了心裡話：「我也恨欺侮咱們的洋人！可是，我是旗兵……不能自主！不過萬一有那麼一天，兩軍陣前，你我走對了面，我決不會開槍打你！我呀，十成，把差事丟了，還能掙飯吃，我是油漆匠！」小說《正紅旗下》對清末旗、民之間民族關係的形象體現，真實可信。許多讀者過去並不瞭解這些，總以為清代的滿族人，都是一式的面目可憎、精神墮落，讀了作品，他們才對當時的實有情況獲得了全新的感受。連老舍多年間的朋友、女作家冰心，也是在讀了《正紅旗下》之後，才深有感觸地談及：「我自己小的時候，辛亥革命以前，因為痛恨清皇朝政府的無能、喪權辱國，身為漢族一分子，又沒有接觸過任何一個『旗人』，因此我對於旗人，不論是貴族還是平民，是統治階級還是被統治階級，是一律懷有反感的」⑥，她對這部小說中反映下層滿人與兄弟民族群衆相親相愛的許多情節，印象深刻，並且認為，讀了老舍的描述，對人們重新加強理解「使中華人民共和國成為各民族友愛合作的大家庭」，具有積極意義。

《正紅旗下》是舊時代的真實寫照，它像一部生動異常的歷史教科書，「由心兒裡」剖視了清皇朝賴為基礎的八旗社會，指出清政權已然是落花流水不可收拾，當時滿民族的社會分化及精神危機，也已發展到了難以調整、必須重作大幅度變革的程度，而人民要衝出歷史桎梏，民族要通過奮鬥而贏得新生，更屬於歷史之必然。

老舍不僅給《正紅旗下》構造了清末旗族社會的特定歷史框架，又向這一框架中填充了豐富多彩的民俗內容。讀起這部小說，人們就如同置身其間，在遊歷著一場十九世紀末葉北京旗人生活風情的博覽會，得到多項的文化認識價值。

人們常說，京城裡頭滿人們的規矩特別。究竟怎麼個特別法兒？只要讀讀書中的兩處描寫，就可感知一斑了：

是呀，看看大姐吧！她在長輩面前，一站就是幾個鐘頭，而且笑容始終不懈地擺在臉上。同時，她要眼觀四路，看著每個茶碗，隨時補充熱茶；看著水煙袋與旱煙袋，及時地過去裝煙，吹火紙撚兒。她的雙手遞送煙袋的姿態夠多麼美麗得體，她的嘴唇微動，一下兒就把火紙吹燃，有多麼輕巧美觀。這些，都得到老太太們（不包括她的婆婆）的讚嘆，而誰也沒注意她的腿經常浮腫著。

母親認為把大姑子伺候舒服了，不論自己吃多大的苦，也比把大姑子招翻了強得多。姑母鬧起脾氣來是變化萬端，神鬼難測的。假如她本是因茶涼而鬧起來，鬧著鬧著就也許成為茶燙壞了她的舌頭，而且把我們的全家，包括著大黃狗，都牽扯在內，都有意要燙她的嘴，使她沒法吃東西，餓死！這個蓄意謀殺的案件至少要鬧三四天！

滿族入關後，既把自己先前的許多習俗保持下來，又向漢族學得了不少新的生活規範。就說上述兩樣規矩吧，小媳婦兒在婆家要處處守家法，累死累活，也得等熬成了婆婆才有地位。這顯然與滿人後來引進漢族傳統的封建宗法觀念有關係；而滿、八家裡姑奶奶的地位特殊地高，以至像小說裡「姑母」守寡後不但可以白住弟弟家的房子，還可以稱王稱霸到這般地步，這倒是滿族歷史上一直尊敬族中已婚女性的傳統造成的。在一個民族的民俗裡面，自己的老規矩依然恪守，外來的新規矩又被不斷加進來、摞上去，生活在這樣的民族中間，能不累死人才怪呢。這些，自然屬於滿族的民俗百科，當然，也可以被視作作者所說「二百多年積下的歷史塵垢」。

有清一代滿族人生活在北京，他們把自己的生活情趣提高了許多，不僅上流旗人受了藝術薰陶，下層旗人也因為除了當兵站崗別無事情可做，而平添了不少文化嗜好。小說裡的滿人，多有著這樣的特點，即使如福海二哥這樣的正經人，也照例「會唱幾句……汪派的《文昭關》，會看點風水，會批八字兒。他知道怎麼養鴿子，養鳥，養騾子與金魚。」人們盡可批評當時的旗人真本事不大而雜能耐不少，但是，讀了這本小說，也許可以體會出，那些命裡注定要一輩子被緊箍在八旗制度底下的滿族人，他們的生存本身就是個大悲劇，在悲劇中為生命找尋一點點兒可憐的小情趣，總還可以算是正當的人生本能吧。熱愛生活，畢竟不是壞事情。

凡事常常利弊兼收。京城滿人把整個生活藝術化，也給今天的社會留下了一些有益的東西。譬如說到北京話，它已經在當代中國成為普遍推廣的普通話的語音基礎，說明其在語音學方面的價值很大。須知，清代的京城滿族人在普遍改說漢語之後，確實對北京語音的最終形成，做出了突出貢獻。這一點，已為語言學家們所證實。讀了《正紅旗下》，也就不難理解，這些日常「連笑聲的高低，與請安的深淺，都要恰到好處，有板眼，有分寸」的旗人，是自然不會放鬆對於語言（尤其是語音）的藝術性修煉的。寫福海二哥的時候，老舍說：「至於北京話呀，他說得是那麼漂亮，以至使人認為他是這種高貴語言的創造者。即使這與歷史不大相合，至少他也應該分享『京腔』創作者的一份兒榮譽。是的，他的前輩們不但把一些滿文詞兒收納在漢語之中，而且創造了一種清脆快當的腔調；到了他這一輩，這腔調有時過於清脆快當，以至有時候使外鄉人聽不大清楚。」這裡，不妨再援引一小段作品，具體欣賞一下出於福海二哥之口的北京話，該有多麼流暢、舒巧、動聽和夠味兒：

「是！」二哥急忙答應，他知道母親要說什麼。「您放心，全交給我啦！明天洗三，七姥姥八姨的總得來十口八口兒的，這兒二妹妹管裝煙倒茶，我跟小六兒……當廚子，兩杯水酒，一碟炒蠶豆，然後羊肉酸菜熱湯兒麵，有味兒沒味兒，吃個熱乎勁兒。好不好？您哪！」

《正紅旗下》是少有的滿族民俗小說，字裡行間，無不體現著一個時代的滿族風習、語言、心理、氣質。旗族各色人等日常的言談、舉止、禮節、嗜好、裝扮，樣樣記錄得中規中矩，連不同輩份的人們之間如何請安、過小年如何祭灶、青年考補兵缺時如何雇他人作「槍手」等等，都有維妙維肖的介紹。滿族在清末的語言，還處在由滿語向漢語過渡的後期，用著漢語，又保留較多的滿語詞彙，如稱呼「媽媽」為「奶奶」，叫「去」為「克」，以及「牛錄」、「柵欄」等等，也都留存了滿人習慣用語的原汁原味兒。

此外，這部作品，在藝術處理上，亦頗多可圈可點之處。作者一向不大喜歡依據離奇突變的情節和層層疊加的懸念來推進故事，他堅持認為：「小說的成敗，是以人物為準，不仗著事實。世事萬千，都轉瞬即逝，一時新穎，不久即歸陳腐，只有人物足垂不朽。」（〈人物的描寫〉）《正紅旗下》出場人物個個活生生，有的只三五言、一二事，便讓人過目不忘。定祿設宴，描寫坐陪的滿族翰林的心理：「他直看著牛牧師的腿，要證實鬼子的腿，像有些人說的那樣，確是直的。假如他們都是直腿，一倒下就起不來，那就好辦了——只須長竹竿捅他們的膝蓋，弄倒他們，就可以像捉仰臥的甲蟲那樣，從從容容捉活的就是了。」這個過場人物，僅幾筆，就被牢牢地膠黏到社會圖畫中他專有的位置上，告訴人們，「有知識」的上層旗人閉目塞聽自大自誤，發展得有多嚴重。

《正紅旗下》的語言，以注重口語化見長。清代滿族作家文學已形成了遠文言、近口語的傳統，老舍在寫作這部滿族特色濃郁的長篇時，更體現了他青出於藍而勝於藍的口語化藝術水平。他畢生孜孜探尋語言運用的高妙境界，本來，他運用北京方言土語的本領出神入化，但是，當他發覺一味地以地方話寫作，會給外埠讀者帶來較大的閱讀障礙，就開始努力屏棄叫人容易產生疑問的方言僻字，創造出符合廣大讀者口語習慣的以北京語音為基礎的普通話語言風格。《正紅旗下》是這種風格的集中表達，其中的嘻笑怒罵各類言談，均自然暢達，哪怕寫下層家庭生活，也力戒陋詞土語冒頭，而優先選用富於表現力的大白話。這種看似平易實則深奧的格調，出自駕御語言的高超造詣。清代的滿族文學評論家裕瑞評曹雪芹時講過：「俗褻之言，一經雪芹取擇，所收納者，烹煉點化，便為雅韻，究其手筆俊耳。」⑦把這樣的讚譽轉贈給老舍，是剛好合適的。裕瑞在其小說評著裡，很注意考究語言，甚至把《紅樓夢》續書中「用字不當者」，一一剔出正誤，足見滿人對作品字句嚴格遴選的態度。老舍作品寫得那麼通俗，看似不費吹灰之力，實則不然。如他自己所說，須用心反覆地改，有時一千多字要寫兩三天。他不僅講字義，常把字音的平仄也要調配得當，以便朗讀時獲得快感。這要耗費多大的心血！《正紅旗下》裡邊，姑母假模假式地說，早該把家中的難處對她提，「父親只搭訕嘻嘻了一陣。心裡說：好傢伙，用你的銀子作滿月，我的老兒子會叫你罵化了！」這「罵化了」三個字，俏皮又實在，把父親對獨子的疼愛和對姑母的褒貶和盤托出，讀起來叮咚帶響兒。

老舍式的幽默又在這部作品中以新的面貌與世人見面。他的善意戲謔，妙趣盎然，白姥姥給「我」作洗三，「拾起一根蔥打了我三下，口中念念有詞：『一打聰明，二打伶俐！』這到後來也應驗了，我有時的確和大蔥一樣聰明。」白姥姥是取「蔥」之諧音，而「我」調皮，偏取字義，使人捧腹，也流露了作者對下層百姓群衆盲目討取吉兆的微諷。寫「大姐夫」的附庸風雅，說他「別出心裁地自稱多甫，並且在自嘲的時候，也自稱豆腐。多甫也罷，豆腐也罷，總比沒有號好得多。若是人家拱手相問：您台甫？而回答不出，豈不比豆腐更糟糕麼？」這是挖苦無聊之徒，揶揄份量加重不少。至於對付人間醜類，幽默嘲弄近乎絕情，書中多老大打比方：「牧師專收有罪的人，正好像買破爛兒的專收碎銅爛鐵。」市井無賴的比喻就這麼蹩腳，可是也真熨貼，洋牧師收買中國的民族敗類，和買破爛兒的真就酷似得很呢。

《正紅旗下》的思想、藝術和社會認識價值，是異常厚重的。這部未完成的作品，充分顯示了老舍晚年文學功力的爐火純青。它是老舍藝術的絕唱。

由《正紅旗下》說開來

未寫完的長篇《正紅旗下》，像一方存儲老舍文學祕碼的黑匣子。當人們在讀罷作家畢生浩繁的作品而終於驚喜地發現它的時候，也無意間走近了一個理性結論：老舍各式各類的作品，大多與《正紅旗下》有內在聯繫，滿族出身的這位作家，實際上，一生都沒有離開他的民族特有的文學真諦，在其一生的創作個性中間，參差明暗地，總融入著自己的滿族藝術素質。

中國的少數民族文學，是個姍姍來遲的概念。以往，人們常常誤以為，只有用少數民族語言文字寫下的作品，才屬於少數民族文學範疇，而不習慣於在用漢語文創作的作品中，剝離和理解少數民族文學的這樣一個越來越引人注目的亞種。從古至今，少數民族的作家們運用漢語文，寫作了不勝枚舉的優秀作品。直到相當晚近的階段，學術界才真正看清了將這份重大的文化遺產，重新歸還到少數民族人民名下的重大意義。老舍的文學，就中國多民族文學的具體分野來劃分，該當屬於滿族文學，這句話，在並不遙遠的過去，說出來還會讓某些有識之士感覺茫然，而隨著文學學術研究深入到了今天，卻早已經為絕大多數學者心悅誠服地接受了。

認定老舍創作個性中的滿族素質，把老舍的作品看作少數民族文學的組成部分，當然不是出於給某個民族爭一位文化名人的世俗願望；捅破這層窗户紙，將有助於研究者放開眼界，進一步發掘和提煉老舍的藝術特點和成功經驗，還會有利於文學藝術民族化發展方向的探索。

最近一些年來，在少數民族文學創作界，不單是滿族作家們，中國各族作家們關切老舍及其創作的情況，都在與日俱增，他們正在從老舍的輝煌成就中，尋覓可資自己借鑑的「真經」。我們感到，如果運用老舍的創作道路來探測我國多民族文學的現實發展，用老舍作品在民族文學流變中的多重意蘊，來比照著摸索少數民族文學的內在規律，會是很有意義的一件事。

老舍在滿族文學的發展史上，是其由傳統向現代過渡的一道至關重要的橋樑。他誕生於晚清，辭世於共和國建立十七年後的「文革」之初，其文學生涯橫跨了現代文學發展全過程而直抵當代文學發展第一階段的結束。他的創作，對滿族文學的歷史性拓展，具有繼往開來的意義。民國年間，滿族特殊的社會處境，決定了它的文學命運不會太好。這期間，雖說於老舍之外，也出現了端木蕻良、舒群、李輝英、馬加、關沫南、胡可等幾位有較大成就的滿族作家，但終究人數較少，整體影響也不是太明朗。真正能夠在這一時期代表滿族文學傳統與滿族文學形象的，當推老舍。他以本民族前輩作家展示過的卓越藝術天賦，縱橫馳驅於文學創作各個領域，造成了文壇上諸多的轟動效應。他創作於現代、當代兩個文學階段的大量作品，全面地繼承發揚了滿族文學的優良傳統，他關注城市下層人的生活悲劇（承襲著和邦額、文昭、奕繪等清代滿族作家之遺風），解剖自己民族由盛而衰的歷史教訓（推進了曹雪芹的思考），用最受讀者喜愛的大衆口語來烹製藝術佳餚（弘揚了文康的語言情趣）……而他在傳統之上又多有開拓，在創作間熔鑄了更多的現代觀念與現代手法，使作品成為體現時代文明的藝術。他留給滿族後代作家的，遠比他從本民族前輩作家手中接過來的遺產要多。滿族作家文學的流變史，剛滿三個半世紀，這部並不很長的歷史，是令人感奮的。假如說納蘭性德和曹雪芹是滿族古典文學發展時期矗立其間的兩位藝術巨人，那麼，老舍則不僅是滿族現代和當代文學中最傑出的代表人物，而且還是滿族文學的歷史與現實之間無可替換的重要紐帶。老舍的名字，如同納蘭性德和曹雪芹一樣，不僅早已成為滿族文學的驕傲，而且也成為了中國少數民族文學乃至中華民族文學的驕傲。

老舍，在中國現代與當代最優秀的作家中，是惟一的少數民族作家。他的超越民族和國界、超越歷史的文學業績，無可置疑地證實了，少數民族作家，完全可以在這個世界上有大作為。他的成功，對中國後起的少數民族作家來說，可謂是「擋不住的誘惑」。

世上所有的現存民族，都有自成單元的傳統文化，都有與傳統文化相聯繫的民族文學。在各個民族社會彼此完全隔絕的年代，文學的民族性最是濃烈、鮮明，文學對民族文化的依賴性也最徹底。但是，也正是如此，十足的民族性，往往成為文學在更大範圍和更高層次取得成功的羈絆。老舍的經驗證實，處在社會大變革時代的少數民族作家，不應當，也不再可能到相對封閉的文化環境中找尋成功之路，要勇於走進廣闊的充滿異質文化碰撞的天地間，在接受外民族文化衝擊的過程中，體現出自己民族文化的內在魅力和外在風采。老舍自幼生長於本民族開放式的文化土壤中，既深入地植根於滿族文化，又對漢族等中原民族的文化有一份真切體驗；他在青年時期便旅居英倫，環遊歐亞，後來又到過美洲新大陸，對中外文化的異同也有精密的觀察。在這一系列文化巡遊之後的回歸，對於產生出超越民族狹隘文化眼光的大作家，具有特殊的作用。

我國現代文壇上的少數民族作家，從他們與本民族傳統文化的關係上分析，大致有三種類型。第一種是「本源派生—文化自戀」型的，他們在本民族文化環境中生成，民族傳統浸透了他們的思維與習尚，在任何時候遇到異質文化影響，都會本能地恪守自我，抵禦干擾，習慣於以本民族文化價值尺度去評估一切客觀事物；第二種是「植根本源—文化交融」型的，其特點是對本民族文化具備骨肉般的體認，並以本民族的文學創造者為基本自識，對自己民族的文化、文學發展抱著強烈的責任感，卻又在與外民族的近距離接觸中，虛懷若谷，大膽汲納，從而建立起自己具有多重文化參照系的、以本源文化為基準而又博採衆長的嶄新的民族文化價值觀，並把這種觀念注入創作實踐；第三種是「游離本源—文化他附」型的，這類作家從小生活在他民族的文化環境下，根本沒有領受過自己民族文化傳統的滋養，即便成為作家之後也很少做過向本民族文化回歸的努力，他們的作品從題材、語言、手法到審美追求，都已與本民族文化大致無涉。由於歷史的原因，中國的少數民族文壇上，這三類作家各有其陣容。第三類作家因不能佔有少數民族文學的典範位置，故而在民族文學的發展中不被人們過多注意。以往一直受到特別重視的第一類作家，曾對少數民族文學事業起到過開創性作用，不過，他們的作品由於缺乏時代氣息，缺乏與他民族文化產生互動、共振效應的內部機制，也愈來愈被冷淡了。只有第二類作家，在新時代的文學發展中構築了顯著的創作優勢，他們的作品，既含有本民族文化的獨特價值，又建有與外民族讀者欣賞需求彼此溝通的渠道，從而展現了在人類文化進入多元並存、交流互動時代的強有力的外向衝擊性。老舍，就是這第二類少數民族作家的天才代表，也是這個新的文學時代剛剛降臨我們這個東方古國之時所出現的少數民族新型文化與新型文學的先驅。人們日益看清的是，老舍在橫跨「滿族—漢族—西方現代民族」這多重的文化系統之上所打造的屬於自己而超乎常人的精到的文化視角，對這位少數民族作家登臨人類文學的高梯級，是多麼地必要和重要。

人們過去往往愛用一種疑惑的眼光看滿族文化，以為只有像以往某些民族那樣，長久堅持一成不變的傳統文化，才是地道的、名副其實的民族文化形態，而滿族文化似乎是早已為他民族所「同化」。殊不知，民族文化間的交流，不以人的意志為轉移，或遲或早都要發生。尤其是在社會大變革的時代，所有少數民族的傳統社會都在以前所未有的速度異化，民族間的互相影響大大超出人們的逆料。一個簡單的例子是，中國現有作家文學的少數民族，他們的幾乎達到總數九十%以上的作家，均在用漢語文寫作，連蒙古、藏、維吾爾、哈薩克、朝鮮等一向以本民族文字創作見長的少數民族，作家們用漢語文寫作作品的比例，也在不斷地大幅度地上升。滿族在清代曾經半是無奈半是進取地走上的那條語言轉軌之路，現在已然出現在其他許多少數民族的腳下。這其實也很正常，人類文明進程從來如此。同時，國內外無數例證又說明，逐步放棄本民族原來的語言文字，甚至洞開民族間的文化壁壘，都還離著一種民族文化的最後被「同化」，離著一個民族的最後被「注銷」，相距有十萬八千里的路程。

中國各個少數民族的文學正處於加速流變之中。有所失亦有所得。失去的，是文化與文學的某些外在表徵及由這些表徵帶來的隔離保護機制；得到的，則是少數民族文學在更廣闊的時空間更自由的發展。不用擔憂這種流變使少數民族文學損失過重，滿族文學的歷史和老舍的成功告訴人們，原本健全的有生命力的民族文化，可以產生能動的代謝補償機制，當傳統文化的外在特色開始模糊之際，其內核的種種固有因子卻加倍地活躍起來，償付外在特色的缺損。清代滿族文學，貌似與中原漢族文學一致，卻沒有瞞過慧眼獨具的漢族文藝批評家，王國維的《人間詞話》，在評論納蘭性德（字容若）的詞作時曾卓有見識地指出：「納蘭容若以自然之眼觀物，以自然之舌言情，此由初入中原，未染漢人習氣，故能真切如此。北宋以來，一人而已。」王國維這裡所說的「自然之眼」和「自然之舌」，用今天的語彙，即屬於民族的傳統審美定勢，它是民族文化的潛在因素，在民族文化的交流中，不可能跟民族文化的外在表徵同步喪失。當然，隨著民族間交往的年深日久，傳統文化的內核特質也會在一個長時間內慢慢淡化，這時，負有本民族文化使命的作家，其主觀能動性的施展，便有優劣之別了。老舍在滿族文化受到社會不公正的排斥的情況下，並沒有疏遠自己民族的文化本源，他懂得在民族文化的比較中，是「尺有所短，寸有所長」的，民族不分大小，其久經磨礪的傳統文化中都會有真金子在，於是他悉心地去體味本民族傳統文化的精髓，在反覆的創作實踐中，有膽有識地將滿族傳統文化的美質融解其間，教作品在題材、風格、手法、韻味等方面，呈現出一番有別於漢族及其他民族作品的文化氣象。這也許正可以說是老舍之為老舍的絕妙之點。今天，中國各少數民族與漢族在文化上的大量交往，帶來的是本民族文化程度不同的變異，其中一些民族的文化變異還相當嚴重，他們的作家回過頭去用傳統的手段寫本民族封閉性的生活題材，已越發地不可能。這時，老舍的示範性經驗就是重要的了：下力氣去向民族文化的深層探取，以現代文明的目光辨別民族傳統的成分，再把能夠有益於時代的本民族特有的文化內涵充分張揚出來，便可以重獲一派生機，進而發展、創新。

老舍的創作成功還告訴人們，在多民族文化交流互動的文學時代，民族文學要走向廣大讀者，要走向世界，其創作者就應當具備深刻的文化審視意識。世界進入二十世紀以來，人類現代文明的曙光，已經次第輝耀於中國各個歷史悠久、文化積澱厚重的民族，讓許多民族的文化人，都看到了民族舊有文化的弊端，從而產生了重新認識自我民族和重新塑造自我民族的欲望。老舍是最早具備了這種神聖憂思的現代中國少數民族作家之一。他在二〇年代早期作品《二馬》裡，就說出過「民族要是老了，人人生下來就是『出窩老』」這般石破天驚、振聾發聵的警世之語。他一生的許多作品，都是圍繞著檢討民族文化的主線展開的。晚年的《正紅旗下》，更是把這種民族歷史文化的批判精神發揚到了超高水準，他命中要害地抨擊了「二百多年積下的歷史塵垢，使一般的旗人既忘了自讀，也忘了自勵」，這樣尖銳的批評，由一位畢生熱愛著自己民族的偉大作家口中道出，份量是極重的，其中包含的民族文化揚棄力量也是宏大的。滿族，是個一向沒有被人們真正說清楚的民族，在短短三百年間，創造了那麼多的奇蹟，又在自身發展中孕育了何等樣兒的悲劇！一代又一代的滿族作家在思考，在探討，在自省……曹雪芹在他的《紅樓夢》中，最先發出了「喜榮華正好，恨無常又到」的感嘆，敲響了「須要退步抽身早」的長鳴鐘，可以說是這種運用文學進行民族自審的先聲了。從清代到當代，以老舍為代表的滿族文學家，又在同一方向上投入了巨大的精力。這說明，滿族這個在中國現有的五十六個民族中較早「碰壁」的成員，願意成為最先衝出歷史「迷宮」的民族。其實，中國的少數民族，哪一個沒有歷史教訓和文化教訓需要歸結呢？民族的自我超越意識和深層次的文化省視意識，對每個力圖走出歷史「怪圈」從而迎頭趕上現代文明的少數民族，都是必需的。提到傳統文化，各民族作家們的感情和心理會產生複雜微妙的震盪，他們的心間，都扭結著扯也扯不開的「民族文化情結」。他們對民族文化的態度儘管千差萬別，然而，社會和時代的迅猛變化，已經教任何一個民族的文化人，再也沒法躲避自己對民族文化重構的責任了。

老舍作為二十世紀中國少數民族文學的傑出代表，他在民族文學競技場上的大成功，與他所出生其間的民族——滿族所持有的開放型的民族文化品格，有著密不可分的關係。中國的多民族文學事業正在發展，時代不僅對滿族，而且對一切少數民族的作家，都提出了培養自己開放型民族文學品格的要求。老舍的事例證實，只有在開放型的民族文學品格之上，才有可能發現通向民族文學最高榮譽的階梯。一位少數民族作家，只要對本民族優秀的文化傳統享有植根其間的位置，就不必擔心在塑造開放型品格的過程中迷失了自我，恰恰相反，少數民族文學新的更高級的生命形態，必會應運而生，放射光彩。

如同現今的世界上尚未出現過純粹的非民族的文學一樣，現今的世界上也越來越不可能再產生純而又純的民族文學。民族文學在各自範疇內的一切擴殖，均須在多民族的相互交流、相互滲透中實現。老舍和他所創作的滿族文學，就是在這個民族文學彼此劇烈互動的年代，充滿自信地成就了自我。

三個半世紀之前，滿洲民族的文化，發生了一場由原生態的薩滿文化體系，向廣泛吸取漢族等兄弟民族文化營養的多質文化狀態過渡的大變遷。那場民族文化的「涅槃」，對該民族來說，福兮禍兮，一言難以曲盡。然而，日後的世人到底還算看到了，滿民族的「次生文化形態」，以能量來說，並不低於該民族的「原生文化形態」，在中國多民族的現實生活中，依舊顯示著獨特的能動的意義。

我們也正是從這個認識出發，來提取老舍在多民族文學流變時代的蘊涵和價值的。

---

①轉引自肇樂群：〈丁耶〉，載《滿族現代文學家藝術家傳略》，關紀新編，第二五〇頁，遼寧人民出版社一九八七年版。

②參見瑪拉沁夫：〈「沒有春天，咱們會去創造！」〉，載《新港》，一九七九年第五期。

③舒乙：〈老舍的童年〉，載《人民日報》，一九八〇年二月十九日至三月十日。

④參見馬烽：〈寫自己熟悉的生活〉，載《文藝研究》，一九八一年第一期。

⑤⑥冰心：〈讀老舍遺作《正紅旗下》〉，載《民族團結》，一九七九年第三期。

⑦裕瑞：《東窗閒筆》。

第十八章　回歸尊嚴，步入永恆

風滿樓頭

在現代中國常用語裡，有一句時不時就會被人徵引的古話，叫作「樹欲靜而風不止」，已是用得濫而又濫了。可嘆的是，不同政治派別、不同社會階層、不同命運遭際的人，為抒發他們自認為是在被動處境下的某種心緒，都免不了要借用它。在我們終於要敘述老舍晚年的政治境遇和人生結局時，不期然地，又是這句話首先躍入腦際。

就本質而言，老舍不是個政治人物，他在前半生的許多情況下，想方設法，繞開政治走。直至抗日戰爭爆發後，他才為憎愛分明的民族情感驅使，投入了社會政治潮流。——那次投入儘管激情很高，範圍和程度卻是有限的：他只是把激情用在以文藝推進民族抗戰上，對不同政治黨派的活動，還是保持著一定的距離。那時他的心裡，對國內對立政黨的孰優孰劣，有了一本較為明細的賬，可是，他終究沒有主動介入其中任何一方的願望。共和國的建立，以及他於四〇年代末的回到祖國，都使一向在政治上頗游離的他，難以繼續恪守「獨立不倚」的處世規範；與大衆共進退的情感抉擇，督促著他，要用文學來如實描繪社會的變遷。結果是，在創作上取得了成績，得到了較高的榮譽，被推上了受人矚目的社會位置，反過來這一切又制約了他的政治態度。他不再有更多的回旋餘地，突然間變成了一位在世人眼裡政治色彩很濃的文藝家。

老舍的性格謙和、本分，他被安排到了惹眼的地位上邊，也沒有忘乎所以，還是從心底裡希望自己照樣是從前的那個老舍。他絲毫沒想過可以藉助一時的成就去折換耀目的政治資本。

社會諸階層的分野形勢，教他把自己明白地歸入了需要隨時「改造思想」的「舊知識分子」一類。從一九五一年開始，他遇上了各式各樣的「整風學習」和「思想改造運動」，每當運動降臨，即帶頭表態，不但表示要力戒驕傲自滿，還經常檢討以往的作品「對人民有害的」思想傾向。①他說：「我是由舊社會過來的人，假若自詡能夠一下子就變成為今天的思想家，就是自欺欺人。」（〈毛主席給了我新的藝術生命〉）

老舍有篤實坦率的性格特點，從前，他常好把個人的某些生活經歷、感受，一五一十地寫成文章，發表出來供世人參照。從五〇年代參加過了一陣緊似一陣的「思想整風」之後，他向報端披露個人生活場景和內心世界的文章不見了。忙於寫作和工作，忙於社會活動，使他抽不出多少時間寫個人的瑣事和心緒，何況，把一己的生活向世間公佈，人們會怎麼看呢，那裡面要是再摻雜上了「資產階級」或者「小資產階級」的「不健康」東西，自己又該負什麼樣的責任呢。他謹慎起來。

由共和國初建到「文化革命」出現的十幾年間，政治乃至文藝領域，「批判」、「鬥爭」綿亙不絕。據資料證實，僅在五〇年代，老舍就差不多身臨其境地參加了文化藝術界所有的政治鬥爭：從批判俞平伯的學術錯誤開始，到批判胡適的資產階級唯心主義思想，再到批判胡風「反革命集團」，批判丁玲、陳企霞「反黨集團」，批判章伯釗、羅隆基、徐燕蓀、吳祖光、趙少侯、劉紹棠、鄧友梅等人的右派言論。在有關的批判會上，老舍須和與會者們一道，輪流發言，「痛斥」批判對象，表達自己「與黨和人民一致」的堅定立場。有些時候，他作為一位文藝界的代表、一位具有某項領導者身分的社會名人，還須在報刊上公開發表措辭激烈的批判文章。這些「批判」，往往是硬在表達著一些老舍認識之上和生性之中所沒有的東西。然而，他的社會身分箝制著他，別無選擇。

老舍的形象被時代異化了。這不是出於他的本意，漫說他根本就沒有那樣的思維特徵，他連那樣的「鬥爭」氣質也不具備，更不要說在他所反覆參與批判的對象裡面，還有相當一部分人，是他的摯友——老舍最珍惜人生之間的友情，這是誰都知道的。但是，我們也不能說他那樣做，自己一點也沒有責任，雖說是被客觀左右，他還是「步步緊跟」了比較長的時間，他不敢輕易懷疑和否定時代、社會和大多數人認定的方式。這也與他本不十分高超的思想政治能力直接有關。

在積極參與各項政治鬥爭的過程中，老舍將自己的靈魂徘徊，暗暗藏在人後。別人怎樣「批」，他也只能如法炮製，有時，包括在大會上遭到他嚴厲抨擊的對象本人，也感覺得到，「他的批判是言不由衷的，他的內心是痛苦的。」②

老舍沒法真的相信文藝界內部和自己的作家朋友當中，會有那麼多的「階級敵人」，政治上或許他有欠敏銳，對文學的功用究竟怎樣，他總是胸中有數的。早在三〇年代，他就說過，「我不能吆喝我的作品是『人類改造丸』，我也不相信把文學殺死便天下太平。」（〈又是一年芳草綠〉）將文學的效力誇張得比一尊高射炮或者一鍋飯都有用，都高明，是他不能接受的。

老舍一面不無痛苦地逢場作戲，批判一些他根本就根不起來、也不願意批判的人，一方面，也在批判會外體現出不欲和這些遭受不公正待遇的落難者一刀兩斷的態度。「反右」運動之後，女作家丁玲被遣送北大荒勞動改造，因為她的中國作家協會理事頭銜尚未剝奪，也被召回北京，參加一九六〇年舉行的第三次文代大會。來到會場上，她見到許多往常的熟人，巴望有人過來同她說句話，可是沒有，這時，與她並無深交的老舍，卻當著衆人的面，主動走向前來，跟她握手，還大聲地問：怎麼樣？還好吧！這件小事，令丁玲終身不忘。青年作家鄧友梅，是在北京市文聯被打成「右派」而下放的，老舍過去一直很關懷他，蒙難之後，他再也不敢企盼見到父親般慈愛的老舍。有一年他回京，偶然碰見了老舍，老舍抓住他的手看個不停，末了，嘆著氣勉勵鄧友梅：還年輕，還年輕，好好幹吧！鄧友梅注意到，說這話時，老舍的臉上滿是淒然的神色。劇作家吳祖光戴上「右派」帽子以後，也被打發到了北大荒。老舍見到他的妻子新鳳霞，鼓勵她勇敢面對生活，要她多給吳祖光寫信，說：寫信也是學文化，像作文一樣，一天寫一篇，讓祖光看了高興……一次，老舍逛舊貨攤，買回來一幅齊白石的畫，回到家才發現，畫軸簽條上有吳祖光的名字，他動情地說：這可是祖光的心愛之物啊！他下去以後，家裡恐怕有點繩床瓦灶的景況了，將來他若活著回來，我能把畫兒親手還給他，該多好！後來，老舍真的在街上遇到了回來探親的吳祖光，了了這樁親手還畫的心願，吳祖光感動得熱淚奪眶，老舍卻講：對不起你的是，我沒有能力把你家賣掉的畫全買回來還你。透過此事，吳祖光掂量出，老舍確有一顆「金子做的心」。在批判「丁陳反黨集團」的時候，「士為知己者死」的觀念，也被人上綱上線地狠批了一遍，老舍大不以為然，他說：對自己信任瞭解的朋友，在任何情況下，我也不能斷了友誼，我辦不到。

老舍跟人們開玩笑時講過，自己是臘月二十三的生日——「有一句說一句！」讓他盡講些冠冕堂皇、霸氣十足的違心話，不單是有傷他篤實誠信的性情，也蠶食著他多年養成的慎獨精神，甚至還會使他感到一種絕難忍受的人格裂變。每當政治運動壓在頭上，他喘不過氣來，難免在場合上擠出那麼幾句假話；可是，叫他處處隱藏起真我，苟且敷衍地用全套假面來應對社會，他是辦不到的。

在條件許可的情況下，他肯於將真我裸露出來，起碼是為了使之成為一種給歷史留存的「備份檔案」吧。一九五五年，他在給瀋陽一位工人的覆信裡，說了這樣的話：「我平生沒有寫過一篇好的理論文字，因係外行。不過，有時候一個運動來了，總要寫幾句，於是，就泛泛地説幾句，實難深刻。」「下回看見我的理論文字，不必費功夫讀閱，我沒有這本領。」一九五七年年初，他在《人民中國》（英文版）上發表文章，指出：「行政干預，不論動機如何善良，總會妨礙作家創作出真正的藝術作品來。」「亂打一通，不能鼓舞人們進行好的創作，反而毀了它。」「作家應享有完全的自由，選擇他所願寫的東西。除了毒化人民思想的東西之外，都值得一寫，也應當予以發表。允許創作並出版這些東西，就是百花齊放。」（〈自由與作家〉）同一年四月，他又在〈談「放」〉的一篇文藝雜談中提到，創作中間出現各種「戒條」，反映了民主生活的不太夠。這樣的一些文章，顯然表露的是老舍真心話。

在日常工作中，老舍頗有些敢於頂著「左」風走的舉動。市文聯的年輕女幹部因為穿了件紅毛衣，遭到無端指責，老舍在全文聯的大會上講：我就不明白！紅顏色不是代表革命嗎？怎麼穿件紅毛衣就變成資產階級了呢?!文聯有一位「革命資歷」較久的作家，寫了部小説稿子，一定要聽老舍的意見，老舍依實相告：作品寫得太乾巴，缺乏文學性。這話惹惱了作者，她面孔嚴肅地説，我的作品就是不要月亮、星星、樹呀草呀花呀的，我們無產階級不欣賞那些資產階級的情調！老舍見對方如此態度，也嚴肅起來，説：那就不要拿給我看，我就是「資產階級」，我喜歡太陽，也喜歡月亮星星，還親自種花養花！市文聯的一位祕書長，是專抓「政治工作」的，一次，他向老舍問起對作家汪曾祺的看法，老舍説汪是個難得的人才，對方拉長了臉，指出看問題必須先看政治、看「本質」！老舍也沉下臉來毫不動搖地講：我認為，從哪個方面看，他也是個難得的幹部！

老舍有過抗戰期間與中國共產黨坦誠合作的歷史，所以比起一般的黨外作家，他還算得上是愛提批評意見的一位。對他的批評，因人而異，有人能寬容、傾聽，也有些人受不了、有反感。有一回，周恩來在中南海紫光閣約見文藝家們，老舍表示想去新疆墾區住些日子，寫點東西。周恩來當即提出異議，說他年紀大了，那裡太苦，不去也好。周感到自己打斷了老舍發言，不夠禮貌，請老舍接著講，老舍提高聲音說：話都給你說完了，我還說什麼！在場的人們都有點愕然，瞭解老舍脾氣的周恩來反倒一笑置之。中國作家協會主持常務工作的郭小川，也向周圍的作家們說過：中國有幾個像老舍先生那樣的人，有什麼不好？老舍是我們的國寶，他愛批評一些我們當中不怎麼好的人和事，假如多有幾個老舍，倒會使我們少犯錯誤哩！

五〇年代的多數時間，國家的整體發展還是蒸蒸向上的，它使老舍對現實、對未來重建了信心。他雖然不理解、甚至反感於政策上和現實中一再出現的許多「左」傾失誤，卻不曾將其作為全局性的大問題去看。他對黨和政府，沒有留著二心。從人文定位上講，無黨無派的老舍，終歸是個受到過傳統文化深重影響的知識分子，一旦認準新中國的天地比從前更加寬闊和潔淨，他就從根本上投出了自己的信任票，並且以前所未有的積極入世態度，矯正過去盲目迴避政治現狀的作人方式。舊時代，社會黑暗醜陋，他與現實彼此難以見容，只能選擇「窮則獨善其身」的處世模式；然而，共和國卻敞開雙手接納了他，他在對這個新政權抱有諸多好感的前提下，也便自然而然地，走向了「達則兼濟天下」的人生之路。既然「士為知己者死」是一種他心目中不肯捨棄的美德，投桃報李地去作個新社會的優秀「客卿」，也是很可想像的。出於這種自我角色認定，老舍採取了不與高層的重大決策相抵觸，而只在具體的工作實施中隨時坦呈己見的辦法。

五〇年代後期，老舍甚至動過要求加入中國共產黨的念頭。那段時間，郭沫若、茅盾等一些歷史上中斷了組織關係的老作家恢復了中共黨員身分，程硯秋、梅蘭芳等文藝界的名人剛剛被接納為新黨員。老舍受到了激勵，他也向中共的組織部門表達了希望成為一名共產黨人的願望。一九五九年的某個下午，周恩來親自來到老舍家。他與老舍兩個人關起門來，做了一次長時間的交談。事後，老舍遂再未向任何人重新提起他的入黨要求。老舍是怎樣接受了周恩來的意見，不再追求這一政治身分了呢？沒有任何一位第三者能夠知曉其中的祕密。

就在老舍希望入黨的前一年——一九五八年，他的人生密友羅常培因病與世長辭。老舍發表了一篇情真意切的文章〈悼念羅常培先生〉，第一句話，就是催人淚湧的「與君長別日，悲憶少年時……」在這篇文章中間，老舍剖析了羅常培以及他自己當年的處世風格：「莘田所重視的獨立不倚的精神，在舊社會裡有一定的好處。他使我們不至於利欲薰心，去蹚渾水。可是它也有毛病，即孤高自賞，輕視政治。莘田的這個缺點也正是我的缺點。我們因不關心政治，便只知道恨惡反動勢力，而看不明白革命運動。我們武斷地以為二者既都是搞政治，就都不清高。在革命時代，我們犯了錯誤——只有些愛國心，而不認識革命道路。細想起來，我們的獨立不倚不過是獨善其身，但求無過而已。我們的四面不靠，來自黑白不完全分明。我們總想遠遠離開黑暗勢力，而躲不開，可又不敢親近革命，直到革命成功，我們才明白救了我們的是革命，而不是我們自己的獨立不倚！」在亡友的靈前，老舍無疑是真誠的。他對獨立不倚政治態度的否定，反映了他此刻的思想方式，也說明他在當時親近共產黨、期望加入共產黨的選擇是質樸的。不過，老舍對昔日獨立不倚、潔身自重人生態度的全盤否認，似乎又是過於偏激了。氣節、操守、尊嚴、風骨，無論什麼時候，都該保留在我們民族的優秀文化之中；獨善其身，不蹚渾水，是人的優長，而不是罪愆。

老舍想將自己長久形成的獨善其身的人生修養一概地批判和丟棄掉，既是不可能的，也是不現實的。共和國並不是社會發展的至美聖境，國家基礎還是當初的那個基礎，中國人也還是當初的那些中國人，社會制度的變異或進步，不可能一下子就教有價值的人生取向黯然失色的。老舍來自於獨善其身的作人途徑，他的身後從來沒有什麼幫派背景可以依賴，即便是在老舍獲得了「人民藝術家」殊榮之後，他也照樣需要平靜地面對文藝界各種「圈子」的冷漠與排斥。有一些具備「光榮歷史」的人，時不時地還要甩出兩句閒話來，說老舍不配享有「人民藝術家」稱號，理由是──我們的許多黨員作家，堅持毛主席文藝方向，高舉延安文藝座談會講話的大旗，寫出了那麼有份量的表現工農兵的作品，還沒給予這樣的稱號呢……連北京市文聯黨組織的具體負責人，也不大信得過老舍，他們總把老舍視作「舊文人」，認為老舍不但把濃厚的舊意識帶進了文聯，還在用人方面喪失革命原則，表現出喜好舊藝人、舊畫家、封建文人的趣味。一九五四年，老舍完成了連續數月在朝鮮前線深入採訪志願軍的工作，返回北京，市文聯將這個消息通報給文藝界的各位負責人，這樣一位老作家為了寫好一個當時最重要的政治題材，付出了那麼多的艱辛努力，它的意義如何，是文藝界的領導們都不難明瞭的，可是，當老舍乘火車抵達北京車站時，除了曹禺等幾個朋友外，卻無一位文藝界的負責人前去迎接。一九五五年，老舍發表長篇小說《無名高地有了名》，以為這次自己總算是在為工農兵服務的道路上前進了一步，所以很振奮，讓他意外的是，文學領域的領導者和批評家們，對這部作品三緘其口，幾乎不做任何反應。最教人匪夷所思的，莫過於下面一件小事情：身為中國作家協會副主席的老舍，一直自費訂閱作家協會的刊物《文藝報》，偶爾一期郵局沒有送到，再向郵局追索已補不上，於是老舍祕書代為向《文藝報》編輯部求助，希望他們單獨賣給老舍一期，誰知，該刊編輯回答：編輯部不賣刊物，贈閱的名單是經過上級確定的，裡面沒有老舍的名字！老舍的祕書這才明白，原來，他是文藝界裡一個獨立作戰的「散兵」啊。

「散兵」的苦惱，只有他自己明瞭。既是「散兵」，當然依舊需要「獨善其身」的精神。

事實上，老舍不管怎樣努力地寫作歌頌新生活、新社會的作品，文藝界某些炙手可熱的大人物，還是對他死抱著老成見。老舍的心時常陷入不被信任的苦悶。當他在朝鮮前線採訪的時候，國內某出版社選取他一部分四〇年代以前的作品片段，印製了一個薄本小字典似的小冊子，以《大雜院裡的人們》為題出版。老舍得此消息，寫信到國內，詳細打聽該書的一系列具體情況。原來，這是老舍舊日作品在共和國期間的第一次正式出版，他是想透過這件事，瞭解一下有關領導部門對他既往創作的真實評判程度，他把這本小書的問世，看作是上頭的一次權威性表態。老舍是現代文學發展過程中最具影響力的作家之一，然而，進入五〇年代以來，在幾種版本的「中國新文學史」著作中，對他的舊作評價卻是清一色的極低，在有些情況下，嚴厲的批評甚至壓過了積極的肯定，對像《貓城記》之類的作品差不多都採取了從政治角度一筆抹煞的態度。老舍當年的「自由民主」立場，成了他不可能在「史冊」上獲得較多肯定的根本原因。這就難怪老舍要一再檢討《貓城記》等小說犯下的歷史性「大錯誤」，難怪他在終於有出版單位要為他出版「文集」的時刻反覆「謝絕」對方的好意，也難怪他只好認準一條「生路」即抱定寫「新時代」的模式朝下走了。《駱駝祥子》是他在現代文學發展中的代表作，同樣沒有躲過批判矛頭，從前最反對刪改舊作品的老舍，到了五〇年代初，也不能不自食其言，對小說原著大動刀斧，一舉刪削了舊版中結尾一章半之多關於主人公人格墮落的內容，以便逃避「侮辱勞動人民」之嫌。他在這部經過大殺大砍的作品出版單行本時，透過《駱駝祥子．後記》（修訂版），繼續做檢討：「在書裡，雖然我同情勞動人民，敬愛他們的好本質，我可是沒有給他們找到出路；他們痛苦的活，委屈的死去。這是因為我只看見了當時社會黑暗的一面，而沒看到革命的光明，不認識革命的真理。」

整個五〇年代，除了《茶館》等個別創作活動外，老舍差不多都是沿著「遺棄」舊我、重塑新身的道路走的。作為一位曾經長期披肝瀝膽追求藝術化境的文學大師，他就真捨得將自己的創作歷史一筆勾銷麼？顯然不是。那麼，他「遺棄」舊我、重塑新身的努力，換回了文藝界權勢者和批評家們的原諒和理解了麼？也沒有。老舍的這種遭遇，不禁使我們回想起他許多年前的一席感慨：「他們對一切負著責任：前五百年，後五百年，全歸他們管。可是一切都不管他們，他們是舊時代的棄兒，新時代的伴郎。誰都向他們討稅，他們始終就沒有二畝地，這些人們帶著滿肚子的委屈，而且還得到處揚著頭笑，好像天下和自己都很太平似的。」（〈何容何許人也〉）

到了六〇年代前期，「大抓階級鬥爭」終於演變成為中國社會鎖定一切領域的總主題。正在忘情寫作《正紅旗下》的老舍，被橫暴地奪下了手中的那管筆，他似乎才算把許多事實真的看明白了。文學藝術領域，開始大批「三論」（即所謂的「中間人物論」、「人性論」、「無衝突論」），老舍緊閉其口，不再做任何應景的表態。對此時身陷「文字獄」的一批作者和作品，他表現出更深的同情和關心：老友陽翰笙因影片《北國江南》而遭討伐，時值老舍出差在外地，他連續給陽翰笙發來數封信，敘說自己在各處的見聞，並叮囑收信人「你身體不好，要好好保重……」偏不提報紙上連篇累牘登載的批陽文章，這教身處危機的陽翰笙深深體會了朋友之間的真情誼；老畫師陳半丁的幾幅畫，被人肆意攻擊為「影射現實」，老舍明確地講，牡丹就是牡丹，月季就是月季，只有流派的不同，風格的差異，那裡邊沒有什麼政治文章可作，不能想當然地琢磨別人！故事影片《舞台姐妹》，是不可一世的「大人物」康生親定了「罪案」的，老舍明明曉得這回事，他還是在內部看片會上，擲地有聲地講：片子拍得很好！有人說它宣揚「清清白白做人，認認真真演戲」，要不得，要批！難道要宣揚「不清清白白做人，不認認真真演戲」才對嗎?!

從一九六三年到一九六六年，是老舍走上文壇許多年來罕見的創作低迷期。三年半的時間，他只發表了一些小短文，而且一年比一年減少。老舍何嘗樂意放下他視若性命的創作活動，可是，他已經沒的可寫了。晚年裡，他最想寫的，是三部長篇小說：頭一部就是《正紅旗下》，其他兩部，則分別是有關舊北京「八大胡同」間風塵女子們的悲慘遭遇和王公貴族、遺老遺少們無聊生涯的題材。他的這些寫作構想，全都在明令禁止的文學警戒區內！話劇《在紅旗下》雖是可寫的，他卻沒法兒把它寫好，帶著這份沉重的失落感，他只好又像以前每遇上社會變動的特別時期那樣，寫點兒零碎的小型曲藝作品了。替老舍深深抱憾的人們，常常要嘆息著提到的快板詞〈陳各莊上養豬多〉，即是作家生前最後發表出來的，實在是叫人讀來下淚，那裡頭，即便拿放大鏡看，也沒有一星半點兒藝術因子了，全是味同嚼蠟的概念堆積。

一個冷酷的事實是，老舍雖然還在社會的相關場合上露面，他卻早已被寫進了政治的「另冊」。一些得到了高層授意的人，在暗中搜羅、整理批判他的資料，並已交付印刷。正在緊鑼密鼓地向文藝界集結麾下力量的江青，在一九六三年的一次談話中，把老舍列入了「資產階級作家」的名單裡，她信口攻擊說：老舍每天早上要吃一個雞蛋，是一個資產階級作家！一九六五年春天，老舍率中國作家代表團訪問日本，他是團長，不過，他很快就發覺，在一些情況下，他的會上發言或即席講話，竟會被譯員毫無道理地刪刪改改（當然，譯員個人是沒有這個膽子，也不用負這個責任的）。訪日活動總的說來是成功的，老舍歸來後寫了一篇較長的散文，〈致日本作家的公開信〉，寄到有關刊物後，竟石沉大海，杳無回音。

老舍揣摩出來，這是全面封殺他文學創作權利的一個重要信號。他，一位從文近四十年，向未離開筆墨紙硯的「寫家」，豈肯就此束手繳械？《在紅旗下》、〈陳各莊上養豬多〉等作品，由這個角度去想，實為老作家拒絕繳械的奮起反抗之舉。五〇年代初，他說過，「若因不能一鳴驚人，就連快板也不寫，我便完全喪失了文藝生命，變成廢物。」（〈毛主席給了我新的文藝生命〉）當年的那點擔憂，此刻，顯然是被放大了許多倍！

一九六六年二月，林彪、江青等人拋出了〈部隊文藝工作座談會紀要〉，將共和國建立以來的文藝領域，一股腦兒地定性為「文藝黑線專政」的天下。他們全面攫取了文化藝術界的最高控制權，咬牙切齒，磨刀霍霍，就要向全國的文學家、藝術家頭上投放血雨腥風了。這當口，年近古稀的作家老舍，與英國友人斯圖爾特·格爾德和羅瑪·格爾德二人，有一次長談。他講到：

我雖然同情革命，但我還不是革命的一部分，所以，我並不真正理解革命，而對不理解的東西是無法寫出有價值的東西的。

……

革命的第一階段是愛國主義的。第二階段是愛國主義和要取得推翻受帝國主義支持的國內反動派的勝利。所有人都能理解所發生的事情，連沒有文化的祥子都能明白。現在，革命進入了一個新的階段，重點是改變思維方法，而不是改變生活條件了。

我能理解為什麼毛澤東希望摧毀舊的資產階級生活方式。但我不是馬克思主義者，所以我無法描寫這一鬥爭。我也無法和一九六六年的北京學生一樣思維或感受世界，他們是用馬克思主義看待世界的。

你們大概覺得我是一個六十九歲的資產階級老人，一方面希望革命成功，一方面又總是跟不上革命的步伐。我們這些老人不必再為我們的行為道歉，我們能做的就是解釋一下我們為什麼會這樣，為那些尋找自己未來的青年人揚手送行……

這是他第一次如此明白無誤地向外界聲明，自己已經絕無心氣兒再去追趕「時代」了，他頑強追趕了十幾年的結局，是終於發現，自己還照舊是個被社會忘卻和冷落在角落裡的「資產階級老人」，再往下，他所能做的，也只有「為那些尋找自己未來的青年人揚手送行」了。

精神不死天難奪

一九六六年四月和五月，《解放軍報》發表了〈高舉毛澤東思想偉大紅旗，積極參加社會主義文化大革命〉和〈向反黨反社會主義的黑線開火〉兩篇殺氣騰騰的社論，《人民日報》、《光明日報》等及時轉載。五月中旬，中共中央頒佈「文化大革命」的綱領性文件〈五一六通知〉，隨即，「橫掃一切牛鬼蛇神」的運動浪濤，席捲中國大地。北京市屬的各機關部門首當其衝，而宣傳、文化、藝術等與意識形態密切相關的單位來勢尤烈。

「文革」乍起，老舍曾與茅盾等老作家一道，寫信給中共毛澤東主席，表示願意積極參加運動，並且主動要求給他們每個人降低薪金三分之一或者一半。他們的這封信，沒有得到任何迴響。

一個燠熱難捱的夏日，臨頭了。

七月十日，在首都大會堂舉行的一次「援越抗美」大會上，老舍見到摯友巴金，他講：請告訴朋友們，我沒有問題，我很好，我剛才還看到總理和陳副總理。這話，在說者與聽者，都只剩下一點點微乎其微的寬慰價值了。

七月下旬一天，他給臧克家掛過電話，聲音低顫：我是老舍……我這些天，身體不好，氣管的一個小血管破裂了，大口大口的吐血，遵從醫生的命令，我煙也不吸了，酒也不喝了，市委宣傳部長告訴我不要去學習了，在家休養休養，前些天，我去參加了一次批判大會，其中有我們不少朋友，嗯，受受教育。

七月三十一日，老舍因連日咯血症狀不見緩解，到北京醫院住院治療。經醫生診斷後，用青黴素、鏈黴素等藥物醫治約兩周，病情好轉。八月十六日，出院。

八月十八日，在天安門廣場，舉行了有數十萬人參加的聲勢浩大的「慶祝無產階級文化大革命大會」。毛澤東在城樓上親自接見應運而生於首都各中學的「紅衛兵小將」，號召將全國規模的「文化革命」全力推向高潮。其後連續數日，北京衆多狂熱無羈的中學生湧向大街小巷，在「大破四舊」的口號下，打砸摧毀一切與「無產階級革命標準」不盡一致的「舊事物」。一時間，老字號的牌匾全被搗碎，各處街區名稱悉數改換，路人們的衣裝、髮型凡「違反勞動人民習慣標準」者，一律強行剪除，書店裡除毛澤東、魯迅等人的著作外全被蕩滌，商店裡連香皂也不許再賣，有地主、資本家、舊軍人、小業主歷史情況的，以及首批受到衝擊的幹部和知識分子的家庭，無一例外地被查抄，財產大量被沒收，有些家裡甚至掘地三尺……

大約就在「紅衛兵運動」為「文革」發動者高聲喝彩之際，老舍獨自一人，拄著手杖，到過波光粼粼的什剎海湖邊。在那兒，他與京城裡德高望重的穆斯林大阿訇馬松亭偶然邂逅。二位老人是三十多年前的朋友，彼此在這樣的日子裡見面，心間都有許多掏不出來的話。老舍終於開口了，教馬松亭大為震驚，因為他說的是，自己要「走」了，「咱們哥兒倆興許見不著了！」

八月二十一日，星期天，老舍在家中，與兒子舒乙、女兒舒雨一起，談起近日市內衝決一切的「破四舊」，他的情緒很激動。據舒乙回憶，老舍就「紅衛兵」的胡作非為厲聲發問：「是誰給他們的權力？」他講：「歷史上，外國的文化大革命，從來都是破壞文化的，文物遭到了大損害。」「……又要死人了！」「……尤其是那些剛烈而清白的人。」老舍還舉例說到他以前的兩位朋友，都是由於受到政治運動的陷害，縱身跳了什剎海……

八月二十三日，肆無忌憚的「紅衛兵」烈火，燒進了老舍在其間工作了十六個年頭的單位——北京市文聯。這一天，老舍一如往常，穿著整齊地來辦公室上班，還帶來了準備過的一份發言稿。他剛出院，本來是該在家多將養幾天的，但是，康生捎話給他，要他參加運動，感受一下鬥爭氣氛。他既然還是市文聯的主席，便覺得自己也還有主持工作的責任。可是他看到，文聯機關已是一派混亂了，院裡屋內舉目皆是大字報，六神無主的幹部、職員們出出進進，氣氛浮躁極了。老舍隻身坐在辦公桌前一個上午，不停地吸煙，——這本是醫生明確禁止他做的事。中午，司機拒絕送他回家吃飯，這件事多年來不曾遇見，讓他感到了更多的異樣。果然，午後，一大群不知是來自哪所中學的「紅衛兵」橫衝直撞殺進院子，先是不由分說，對他們看著像「階級敵人」的幹部、作家拳腳相加，老舍的眼鏡也被打落到地上；隨後他們又調來汽車，把已被揪出來的一些文化界知名人士，點名押上車去。老舍原不在被點到之列，他還是默默地站了出來，他是這些人的主席，也是他們的朋友，覺得自己應當陪著他們。「紅衛兵」當然不會拒絕這自己站出來的「敵人」。

老舍等二十幾人，被強制押送到坐落在城內東北角的成賢街孔廟（那裡與他十九歲時出任小學校長的方家胡同緊相毗鄰）。一進門，就見院裡烈燄騰空。「紅衛兵」們選準了這樣一處典型的「舊文化」基地，放火焚燒從全市各文藝團體查抄來的京劇戲裝、道具，還要現場鬥爭與「舊文化」有關的「牛鬼蛇神」。在濃煙滾滾的孔廟院內，老舍等人被按倒跪下，文鬥、武鬥交加，在一陣陣劈頭蓋臉的抽打之後，老舍已是血流滿面，臉色慘白。有人撕下一段戲裝水袖，胡亂地裹在他的頭上，就算了事。

傍晚，老舍被單獨拉回市文聯，繼續接受更殘酷的揪鬥。他被圍在水洩不通的人群當中，批鬥主持者逼迫他「老實交代反革命罪行」。老舍面帶傷痕，渾身血污，冷靜作答：「我沒有不老實，說話要實事求是，沒有的事我不能亂編。」他的話，不但沒人要聽，反而引來了對他按頭扭臂的「噴氣式」懲罰。在辦公樓前正式擺開的「批鬥老舍大會」會場上，老舍的脖頸被套上了「反革命黑幫分子」大木牌，有人跳出來揭發：「老舍在解放前，將作品的版權賣給了美國！」頓時，「鐵案」似乎確定，衆人一片狂叫，老舍還想說明一下事實真相，早被雨點般的暴打擊翻在地。忍無可忍的老舍，突然高舉起掛在他身前的大木牌，用盡氣力，向身邊毆打他的一個「紅衛兵」摔過去，並且發出了「你們叫我說什麼！」的怒吼。圍鬥他的人們驚呆了片刻，他們還從未見過骨頭這樣硬的批鬥對象！寂靜片刻之後，老舍遭受了加倍瘋狂的痛毆，因為，他已不僅是個「黑幫分子」，還是個敢於在大庭廣衆之下打「紅衛兵」的「現行反革命」！

批鬥會後，老舍被視為「現行反革命分子」，扭送西長安街公安派出所。尾隨而至、意猶未盡的「紅衛兵」，又毒打他到深夜……

下半夜，家屬獲准把已被折磨得不成人樣兒的老舍，接回家中。他只是接受了那個時候一般家庭勉強能夠做到的傷痛療治。

二十四日一早，老舍固執地催促著夫人胡絜青去她的單位上班，理由是「不去參加運動要挨整」。夫人走後，他也像平時一樣，離開了自己家。當他即將別離這所度過了十幾年晚年生活的「丹柿小院」，即將走出那據稱能給主人帶來吉祥的「坎宅巽門」的最後一刻，回轉身去，走到年僅三歲的小孫女跟前，俯下身子，輕輕地、慢慢地，對孩子說：「和爺爺說——再見——！」

他，再也沒回來。

按照頭一天夜間公安派出所的要求，他應當在這一天上班時間，準時去本單位報到，繼續接受批鬥。然而，他卻不是向市文聯所在的西長安街方向走，而是向這座城市的西北方位，蹣跚卻又堅定地走去。穿過了那前次踏勘過的什剎海，沒有停。他再向西北，逕直朝著母親生他養他的老地方走……終於，經過了以新街口小羊圈胡同為中心的他的生命熱土，經過了當年曾是「正紅旗」和「正黃旗」駐地而後又成了他一生文學作品中寫也寫不夠的都市西北部。他向這片撫育了、成就了自己的熱土，依依道別。

最後，老舍來到了新街口豁口西北邊的太平湖畔。這兒，距三十四年前母親舒馬氏去世時居住的西城葡萄院二號故居，只一牆（當時北京還有城牆）之隔。

太平湖，當時是個有兩片荒寂水面的小公園，因偏僻和名氣不大，平日到此的遊客寥寥，眼下「文革」驟起人心惶惶的當口兒，就更沒有什麼人來了。公園管理人員事後回憶，那天，他們見到有這麼一位老人，在湖的西岸，足足坐了一整天。

一整天，老舍沒有再說一句話，也沒有用書面方式留下隻言片語。他只是那麼默默地、默默地，坐著。

夜幕垂下來。他還是沒有離開。

二十五日早上，來太平湖邊晨練的市民，發現了後湖的湖面上，漂浮著的老舍遺體。據說，還有他從家裡出來時隨身帶著的，經他親筆手抄的毛澤東詩詞紙頁，也散落於水域之上。

二十五日入夜，老舍家屬方才得知噩耗。當夜，遺體被火化，火葬場工作人員說，像死者這類情況的，上級明令不得留存骨灰。

一位以畢生的精力與忠誠，無條件地關愛祖國命運、關愛億萬大衆生計和精神的「人民藝術家」，就這樣，悄悄去了……

老舍自殺了。他在自己從容選取的地點，用自己從容選定的方式，結束了未滿古稀的生命。他，一八九九年二月三日傍晚出生，一九六六年八月二十四日入夜辭世。他的出生地與殉難地，相距僅只幾華里，而他六十七年半的生命存在，卻為這個世界，奉獻了很多，很多。

老舍為世間留下了宏富的精神遺產。這遺產，不僅體現在他生前的文學著作和社會活動間，也同樣彌足珍貴地包藏在他的死亡之中。對於一切真心敬重老舍、愛戴老舍的人們來說，解讀老舍之死，與解讀老舍之生，幾乎具有等量的意義。

老舍為什麼要自殺？他的自殺意味著什麼？這位具備典型中國文化人性格的作家，在那樣崎嶇波折的一生經歷之後，用這樣的斷然收尾來最終完成自己，是否本身就是一份留給世人思考的問卷？

從老舍告別人生，到筆者寫作這部文稿，已經過去了三十多度寒暑。這期間，仁者見仁，智者見智，不知有多少中外人士，就老舍之死，發表過他們的見解。我們在這裡所能提供的，充其量不過是一孔之見。

老舍的死，是複雜的原因造成的一個結果。錯綜的外因，有遠的也有近的；固有的內因，有表層的也有深層的。

就外因而言，他一生之間從未中斷的坎坎坷坷，無不擠壓著他的身心，他已是活得太勞累太疲憊了；老舍是有自己全套人生觀、世界觀、文化觀、價值觀、藝術觀的作家，而他所持有的這套觀念形態，又每每與現世相左，最是令他神傷心碎。他曾長久不懈地努力調適自己的處世方式，以至讓外界常人往往看不到他心底痛苦的真影像。最後的十幾年裡，他為了保全藝術生命，又做了極難為自己的一次大調整，把前半生已形成獨特風貌的文學藝術追求狠心地擱置一旁，強拗著，向社會一統的接受值靠攏，究竟他個人的藝術受到了多麼大的損害，只有他本人心裡最托底。晚年，他幾度躍躍欲試，想要在創作上重返自我，找回自我，都慘遭迎頭棒喝。他眼睜睜地看著，自己為配合時政所寫的大量東西，多已經成了或者肯定將要成為過眼煙雲，他想寫的希望能夠也一定能夠流傳後世的作品，卻被蠻不講理地剝奪了創作權利，這是教他一想起來，就撕心裂肺的事。在辭世之前大約四個月，他到香山腳下一條小山溝裡，探望遭受了不公正待遇的老朋友、女作家王瑩，老舍在安慰對方的同時，談起自己，他說：「我自己，在過去十幾年中，也吃了不少虧，耽誤了不少創作的時間。您是知道的，我在美國曾告訴過您，我已考慮成熟，計畫回國後寫以北京為背景的三部歷史小說……可惜，這三部已有腹稿的書，恐怕永遠不能動筆了！我可對您和謝先生（指談話時在座的王瑩丈夫謝和賡，——引者注）說，這三部反映舊北京社會變遷、善惡、悲歡的小說，以後也永遠無人能動筆了！」據謝和賡後來回憶，「老舍先生說到這裡，情緒激烈，熱淚不禁奪眶而出。」③老舍料到了，他的藝術生命已先於他的肉體生命，被無情地斬殺了。他隨時可以做的，只是了結這燃盡了藝術生命的肉體生命。

「文革」的洶湧惡浪，將他劃為最先吞食的目標之一，並不足怪。「左」派權勢者，始終就沒有相信過老舍對這個政權所表現的真誠，他們處心積慮，亟欲置之死地而後快。雖然尚無證據可資說明，老舍在自殺之前所遭受的一天一夜非人折磨是直接受到高層某些人幕後指使，但是，一個最基本的道理明明白白地擺在了那兒——在如此險惡的政治形勢下，老舍這樣的人不先下地獄，誰又該先下地獄?!

「民不畏死，奈何以死懼之。」這話放在老舍身上，是不過份的。當他童蒙初開第一遍聽母親講起自己才一歲半，就險些被八國聯軍用刺刀捅死的時候，他就曉得，一己之性命，隨時有被輕易劫走的危險。「文化革命」，以及與「文化革命」具有同一思想基礎的往昔各類無端傷人的大小運動，以及與「文化革命」雖思想基礎有別而在喪失社會公正上基本一致的形形色色的橫暴勢力，它們的存在，是逼迫老舍走向自殺的顯見原因。老舍早就有體會：「偉大與藐小的相觸，結果總是偉大的失敗，好似不如此不足以成其偉大。」（〈大悲寺外〉）

在外因差不多的情況下，內因直接決定著結局。人生在世，遇到極度困厄而想到要自我捐棄，是很正常的，但是，真能面向死亡的大門凜然前行，推門而入，則是需要一份超常勇氣作動力的。與老舍遭遇相彷彿的人在歷史的那一刻並不很少，「文革」大災伊始，就理智地選擇了自殺及其具體方式，並且在需要自殺的關頭，按預先設想坦然地付諸於行動的，卻相當地少見。老舍的自殺，既是被迫的，也是「主動」的，既是情感使然，也是理智使然。這是他自殺的一大特點。

我們在觀察「文革」乍起為數不多的率先自殺者時，注意到，他們彼此，幾乎都有一種相近的性格，那就是剛烈。這一條，也恰是老舍的個性。他的性情，外圓而內方，外柔而內剛，尤其是在社會大義受到野蠻挑釁的時刻，他總是毫無二話，挺身而出。這已為他一生中鋪墊著的無數事件所證實。

比剛烈稍深一層的，是氣節。老舍一生，不但用作品、文章，反覆闡述了他的氣節觀，還一再用落地鏗鏘的行動，為這些闡述做出強有力的注釋和佐證。一九三七年抗戰爆發，他隻身離魯南下，即出於維護氣節的根本性考量。他解釋說：「……戰時的消息越來越壞，我怕城市會忽然的被敵人包圍住，而我作了俘虜。死亡事小，假若我被他捉去而被逼作漢奸，怎麼辦呢？這點恐懼，日夜在我心中盤旋。是的，我在濟南，沒有財產，沒有銀錢，敵人進來，我也許受不了多大的損失。但是，一個讀書人最珍貴的東西是他的一點氣節。我不能等待敵人進來，把我的那點珍寶劫奪了去。我必須趕緊出走。」（〈八方風雨〉）那一次，老舍毅然離開温暖的小家庭出走，保全了他所珍視的氣節，他從此成了名標史册的抗日文藝家。一九四四年，在日軍由南逼近四川之際，重慶各界震恐，紛紛計畫抓緊撤離，老舍表示：「我早已下定決心，如果日寇從南邊打來，我就向北走，那裡有嘉陵江，滔滔江水便是我的歸宿！我決不落在日寇手裡，寧死不屈！」一年之後抗戰勝利了，老舍回首往事，自豪地談起：「是的，我們除了一條命與一支筆，還有什麼呢？……我們的命與筆就是我們的資本，這資本的利息只是貧困，苦難，疾病；可是它是投資於正義，而那些不利的利息也就完成了我們的氣節。」「誰知道這點氣節有多大用處呢？但是，為了我們自己，為了民族的正氣，我們寧貧死，病死，或被殺，也不能輕易地丟失了它。在過去的八年中，我們把死看成生，把侵略者與威脅利誘都看成仇敵，就是為了那點氣節。我們似乎很愚傻。但是世界上最良最善的事差不多都是傻人幹出來的啊！」（〈癡人〉）老舍式的氣節觀，具有濃重的傳統文化色彩，他堅信，一個人是活著還是死掉，都在其次，只要三寸氣在，用來「投資於正義」的氣節，就斷不可丟棄，氣節沒了，生和死就都會變得一錢不值。在舊時的作品裡面，他熔鑄心血，描寫過一批優秀的有氣節的中國人——錢默吟、小文、祁瑞宣、常二爺（《四世同堂》）、張老師（《國家至上》）、張自忠（《張自忠》）、吳鳳鳴（《誰先到了重慶》）、辛永年（《桃李春風》）、闞進一（《一筒炮台煙》）……老舍歌讚他們，是「最講理的，知恥的，全人類最拿得出來的，人！」說這些人的操守、氣節，「是頂得起天來的」！（《四世同堂》）老舍長期致力於倡導和重建這樣一種超越利害、跨越生死的氣節觀，到了歷史真的將那張極嚴峻的考卷在關鍵時刻擺到他本人面前的時候，他已無須再躑躅思忖，就知道標準的答案該是什麼。

老舍極看重在人生重要關頭體現出的氣節，也同樣極為看重人在生存全過程中每時每刻都必須擁有的尊嚴。在他自幼形成的思維習性中，總是把人的尊嚴，放在壓倒別項的位置上去尋求，去固守。設想我們還能記得幼小的慶春被劉壽綿大叔拉著小手去入學的情形，大概不會忘了，那時，他的稚嫩心靈，就已把人的體面看得超乎一般了。早年間，從母親身上，從京城旗族下層社會的文化傳習中，他接受了太多的尊賤、榮辱教育，自尊、自強、自砥、自愛的精神氣質，早已輸流在他周身的每根脈管裡，成了他的生命中不可或缺的組成部分。旅居歐美時期，西方現代民族伸張個性、為人的尊嚴提供合法空間的社會習尚，又進一步推進了他自我尊嚴意識的展開。舊時代，人世間善惡分明，壁壘清晰，老舍為了維護個人與大衆相一致的立場和感情，採取了決不趨炎附勢的人生準則與姿態，他獨立不倚，信守一誠，潔身自重，為自己贏得了作為一個人的高度尊嚴。進入晚年之後，社會總的局面出現了極大變化，往日他在情感、立場上所一貫貼近的勞動群衆，一躍而被稱作「新中國的主人」，他為了找到和他們一樣的心理感覺，從一定的意義上說，是相當主動地放棄了個人的尊嚴要求，心悅誠服地去接近、靠攏和追隨給了勞動人民以「翻身地位」的國家政權。他不惜放下名人身分，惟願跟進於時政的需要，將自我的許多思想見解默默按下不表，而著力攀援「活到老，改造到老」的思想境界，豈料，境界並未提升，他已發現，生命的純潔度和尊嚴感，遭到了預想不到的玷污和踐踏。不僅在世人面前他備感難堪，靜夜捫心，他也會為自己將人生有價值的東西丟失得太多而暗自嘆息！老舍學的是教育，初一進入社會工作時也是辦教育的人，他後來即使是漸漸離開了教職工作，還是堅持鄭重其事地向國民灌輸著啟蒙主義的人文理想，依然是在做著廣義上的社會教育工作。對一位教育工作者來說，一點兒「師道尊嚴」也不許擁有，是他很難承受的現實。老舍不是個孤傲迷狂之人，可是，有了半百年紀以後，他驀然發現自己愈來愈需要在許多場合藏起真我，曲意迎合，依著別人的眼色，來不斷修正個人的公眾形象，這種扭曲人性的等而下人生況味，無疑是太教他感到斯文掃地、尊嚴掃地了。更不待說身為作家，他的自由選擇寫作題材的起碼權利也被掠奪殆盡，那不僅是件傷心的事情，也教他同樣覺得是丟掉了人的尊嚴！二十幾歲、血氣方剛的舒慶春，曾因混跡於蠅營狗苟的「衙門」裡，自感有失節操和尊嚴，而義無反顧地辭去了待遇優厚的「勸學員」職位；晚年的他，仍未蛻去那初時的脾性，為了維護建立在人類良知基礎上面的尊嚴、體面，他願意找回當年的「義無反顧」，找回漸已失落的屬於人的那份尊貴。

八月二十三日的慘劇，是促使老舍將他的氣節觀和尊嚴需求一併實施於自殺選擇的短促導火線。縱觀老舍經歷，他躍過了無數的關坎、波折，卻從未遭遇過這等奇恥大辱。知恥近乎勇。當他在批鬥會上，竭盡氣力將「黑幫」大木牌摔向侮辱他的人的時候，實際上已經再準確沒有地表明了誓死不再低下高貴頭顱的決心。「我對一切人與事，都取和平的態度，把吃虧看作當然的。但是，在作人上，我有一定的宗旨與基本的法則，什麼事都可將就，而不能超過自己畫好的界限。」——這是四〇年代前期老舍已向世間公開聲明過的，這些盡可被視作其最終自殺答案的話語，出自〈我的母親〉一文，老舍在那篇文章中，把他堅持絕對不可超越「界限」的原則態度，歸結為母親所給予的「生命的教育」。他將了卻生命之地，選定在與昔日老母親辭世之地僅咫尺之遙，也包含著這樣的蘊意：他要向人生「真正的教師」——母親——的在天之靈，稟報自己是怎樣兌現了那無比寶貴的「生命的教育」的。

老舍的生，與死，是一部互為表裡的大書。前半輩子，他是那麼堅韌不拔地做著用現代人文精神剖析中華古老民族心理積弊的工作，寫出過不少厚重的足傳後世的文學傑作；五〇年代以後，他的創作出現了根本意向性的轉軌，原本十分耀眼的啟蒙主義思想之光，一度暗弱下來，直至有了《茶館》和《正紅旗下》，才將他中斷了的獨特文學創作風範有所接續。老舍在後半生的長時間，沒有再寫「老民族」的精神疾患，他的相關思索卻不大可能徹底中斷，尤其是在那特定的歷史情況下他對舊作品所作的檢討中，人們尚未發現他對當年堅持啟蒙文學路線的隻字反悔，也說明他並沒有一概地「赦免」了這個「老」民族的宗宗心理迷亂。從五〇年代到六〇年代，「意氣風發」、自鳴得意的中國人，不再需要面對任何一位文學大師相應的批判、抨擊，他們似乎已然不再有任何非政治性的「錯誤」可言，相反，在被煽動起來的盲目「自豪」情緒裡面，傳統文化心理中某些頂要不得的東西，正沉渣泛起，將國民的精神，拽向了毒瘴密佈的沼澤邊緣。在許多糟糕的民族心理中間，非理性施虐心理的日益鼓脹，就是相當令人觳觫的。從五〇年代起，一些完全搞錯了的政治運動，成了某種「機敏」小人應運造勢的惡性培養基，為數可觀的民眾，也越發表現出對無端興起的一連串「運動」、「鬥爭」的濃重興致。這就為「文化革命」的狂浪在極短期間內迅速形成並達到衝決一切的勢頭，做了充分的覆蓋全民族的精神準備。人性的消解與獸性的發酵，在「文革」初起「紅衛兵」橫掃社會的那段日子裡，是最讓世界瞠目的現實。老舍眼看著這場「破壞文化」、「損害」文物、「又要死人了」的大事變，堂而皇之地降臨人間，他能不為自己曾經放棄利用文學來輸導國民精神而自疚麼？在早年的幾部小說（如《趙子曰》、《貓城記》、〈大悲寺外〉等）裡，他都寫到過涉世未深的無知少年在受到挑動之後對師長乃至社會瘋狂施暴的恐怖場面，甚至他還為此引來過讀者的批評，似乎他的描寫有影射進步學生運動的嫌疑，——「文化革命」第一場席捲社會的疾風驟雨，恰恰像是被老舍這位文學的預言家不幸而言中！學校、教員，當然也包括著類似老舍這樣的從事文學啟蒙的導師，都被一式地當成了武力摧殘的活靶子，「紅衛兵小將」們，居然照著三四十年前老舍寫就的慘劇腳本，把趙子曰、貓國學生和丁庚們的角色，加倍癡情地重新上演了一遍！當然，老舍絕對不會為自己成了這樣一種局面的「先知」，而稍有愜意的。

批判了大半輩子愚昧國民性的老舍，被這種惡性發展到異常強悍的國民性逼上了絕路。高層發動「文革」的決策教他接受不了，可是，同樣教他接受不了的，想必還有全民一律的愚蠻和盲動。老舍固有的自審意識，會引導他在死前冷酷地反思自我，嚴峻地回頭檢讀個人每一頁履歷。曾經有過的某些情形：譬如極力表達忠實於「個人崇拜」，譬如用自己的筆來過分頌揚毫無價值的時政和「運動」……都必然地，會使這位老作家跌入愧境。他必須用一個決絕一切的大動作，來表達自己最後的省悟。筆，已被剝奪，即使再有人把筆返還給他，他也無法寫出比死，更具征服力、更加精彩老辣的作品了。

一九四一年，他為「詩人節」撰寫了一篇短文〈詩人〉，寫出了他心目中崇尚的詩人（文人）氣質：「他的眼要看真理，要看山川之美；他的心要世界進步，要人人幸福。他的居心與聖哲相同，恐怕就不屑於，或者來不及，再管衣衫的破爛，或見人必須作揖問好了。……及至社會上真有了禍患，他會以身諫，他投水，他殉難！正如他平日的那些小舉動被視為瘋狂，他的這些捨身救世的大節也還是被認為瘋狂的表現而結果。即使他沒有捨身全節的機會，他也會因不為五斗米而折腰，或不肯讚諛什麼權要，而死於貧困。他什麼也沒有，只有一些詩。詩，救不了他的饑寒，卻使整個的民族有些永遠不滅的光榮。詩人以饑寒為苦麼？那倒也未必，他是中了魔的人！」在這段作家生前業經記錄在案的關於死的思想裡，最讓我們感到心靈震顫的一行字，就是——「及至社會上有了禍患，他會以身諫，他投水，他殉難！」老舍臨終之前所面臨的，是中國當代最巨大的一場禍患，「文化革命」一出手，就在向政界內部開刀的同時，不分青紅皂白地，向中華民族一切傳統文化大開了殺戒。這是老舍絕對無法同意的。看看老舍的作品，人們知道，他實在可以說是一位批判傳統文化的大家了，然而，他的批判卻是牢固建立在熱愛民族優秀文化傳統之上的，他對民族文化，歷來堅持嚴格的哲學意義上的「揚棄」方式，既有冷静的棄，也有火熱的揚，這就與「文革」開鑼時橫掃一切傳統文化的野蠻方式，劃開了一條截然對立的界線。試想一下，徹底剿滅了中華民族全部寶貴的傳統文化遺產，像老舍這樣一位將大半生心血都無償潑撒到傳統文化揚棄工作中的文化人，還有存活下去的可能和必要嗎？大澤將涸，魚兒焉得不死！與自己視若性命的文化同歸於盡，當不啻為最可取的歸宿。

二十世紀初，國學大師王國維在京西昆明湖自沉而亡。陳寅恪在檢拾王國維死因的時候，異常中肯地指出：「凡一種文化價值衰落之時，為此文化所化之人，必感苦痛。」④老舍雖不能說是已經全然地似王國維那樣為傳統文化所化，但是，他不能允許自己苟活在一個絕對沒有民族優秀文化的環境下，這點決斷，差可與王國維相比擬。

抗日戰爭期間，老舍在創作中間，實施過一個強烈的初衷，他想要經由抗戰，給中華民族的傳統文化照照「愛克斯光」，以發現這種文化的「過去，現在，與將來」（《大地龍蛇．序》）；不過，那時他就不無忐忑地說道：「這個文化也許不錯，但是他有顯然的缺陷，就是，它很容易受暴徒的蹂躪，以至於滅亡。會引來滅亡的，不論是什麼東西或道理，總是該及時矯正的。北平已經亡了，矯正是否來得及呢？」（《四世同堂》）我們看見了，不管來得及還是來不及，抗戰時期的老舍總算以其多部作品，留下了他對民族文化疾患一份份精到的診斷書；而這一回，在「文革」的大風暴裡，中國民族文化尤其是民族心理的衍變，豈不是會為老舍這樣的文學大師，提供許多更難得的觀察、診斷機會嗎？老舍卻已然不再需要，也不再可能利用這個機會了。他，要走了，像「斷魂槍法」的守護神沙子龍一樣，要帶著他的全副「絕活兒」，悄無聲息地，走了。是不是我們這個歇斯底里地去擁抱「文化革命」的民族，根本就不配得到老舍再多一些的文學指點……「好！真好！太好！」——這是《茶館》裡王利發死前的一句台詞。王利發臨了也沒有活出個明晰來，尚且能為自己的結果叫聲好，老舍這樣一位人生的智者、文化的強者，難道只是抱著一腔冤屈告別世界的麼？

老舍透過一死，找回了久違的尊嚴和恬靜，步入了人類文化的縱深與永恆。他，應當是快慰的。

人的生命，終有一了。老舍，以其高度自決（自覺）的方式，截斷了本來可以繼續維持下去的生命。這一行為，為死者自我，最終鑄就了文化戰士和人類良知的聖潔形象。

身後是非誰管得

老舍把自己依戀人間的魂靈，留在了那片名曰「太平」的小小湖區。他願為他的人民，永遠地祈祝和守望太平。

一九三八年，老舍為參加「抗戰文協」，寫了一份〈入會誓詞〉，其中說：

我是文藝界中的一名小卒，十幾年來日日操練在書桌上與小凳之間，筆是槍，把熱血撒在紙上。可以自傲的地方，只是我的勤苦；小卒心中沒有大將的韜略，可是小卒該作的一切，我確是作到了。以前如是，現在如是，希望將來也如是。在我入墓的那一天，我願有人贈給我一塊短碑，刻上：文藝界盡責的小卒，睡在這裡。

生生死死記掛著人民的作家老舍，在他辭世後，得到了一份來自北京民間的真情回饋：家住在首都西北角上的一位市民，得知老舍在此蹈湖自盡的消息，為強烈的正義感所驅動，暗中磨製了一方石碑，在上面工工整整鐫刻了「人民藝術家老舍先生辭世處」幾個魏體大字，於老舍罹難一周年之際，將它埋置在了太平湖畔。這位贈碑的京城老人，名喚許林村，他與死者素昧平生，不曾讀到過老舍的〈入會誓詞〉，故而也沒有在碑上遵老舍心意寫上「文藝界的一名小卒」的字樣；然而，他在那場世間大劫難中，敢於凜然而為，向老舍恭恭敬敬地獻一塊紀念碑，並且堂堂正正地在上面留下了自己的名姓，卻是當時一般人絕難做到的大無畏之舉。

老舍去世的消息，在整個「文化革命」期間，沒有見諸任何官方媒介，但是，從一九六六年八月下旬起，卻不脛而走地傳遍了京華九城。有人感嘆，有人憤激，有人連一點兒情緒也不敢表現出來，也有人，在忙著準備向亡靈身上繼續潑髒水。

一九六九年年末，經過周密策畫的、對老舍身後名譽的大規模批判圍剿，出現在了《北京日報》上面。人民藝術家老舍，被誣陷為「反動作家」、「復辟資本主義的吹鼓手」，他的作品《貓城記》、《駱駝祥子》、《月牙兒》、《龍鬚溝》、《春華秋實》、《西望長安》、《茶館》等，均被無端指責為「修正主義文藝的土壤」、「一心盼望走資本主義道路」的「鐵證」……

老舍生前的一批至交朋友，「文革」中也大多遭難。而另一些從前受到過老舍親切關懷、此時亦沒有喪失活動自由的人，又生怕沾染災禍，遠遠地躲著老舍的家屬。「文革」數年間，只有老舍過去在戲曲、曲藝界的某些熟人，還堅持著逢年過節前來探望師母胡絜青。這也證實了老舍生前對這些人的認識分毫不錯：他們文化不高，卻最是有情有義有是非。

老舍的家產，被大量籍沒，他多年積累的書畫藏品全被當作「罪證」查抄，隨後，連「丹柿小院」裡也強行住進了多家不速之客，他們將這套房屋尚存的主人，擠進了狹窄的空間。

在神州大地邪火攻心的整整十年間，世界憂心如焚地關切著中國，也關切著老舍。諾貝爾獎的評獎委員會曾經動議，要向老舍頒發他們的文學大獎，結果是在經過了一番艱難的核實證明老舍已不在人世之後，不得不撤消了該項提名，這項全球矚目的獎勵，從來只授予在世者。日本的文學界，在驚悉老舍逝世的噩耗之後，站出來一批良知在胸的知名作家，井上靖、水上勉、開高健、有吉佐和子、城山三郎等，紛紛著書撰文，沉痛憑弔這位僅去過一次東瀛便教全日本文化界永遠肅然起敬的中國作家。蘇聯等國的學者，在維護真理尊嚴的基礎上，繼續進行著不斷深入的老舍研究工作……在中國不允許提及老舍名字的那個年代，世界卻加倍地衛護著他。

七〇年代中期的某個炎夏，中國首都，北海水濱，一位衰弱的老人，憑欄矚望著水面上的泛波，問身旁的工作人員：你知道今天是什麼日子嗎？隨後，他自己愴然作答：今天，是老舍先生的祭日……此人，就是共和國的總理，周恩來。他沒有再就老舍之死説別的話。彼時，與老舍同庚、作為老舍生前友好的這位國務要人，也快要走到了自己的生命盡頭。而吞噬一切良善的「文化革命」，還是如火如荼。

又過了一段異常動盪的時日，至一九七六年歲末，精疲力竭的中國，方才正式宣佈了「無產階級文化大革命」的終了。

再過了兩年，在鄧小平的直接過問下，老舍的冤獄，獲得昭雪。

一九七八年六月三日，在老舍故鄉、共和國首都——北京，舉辦了「老舍先生骨灰安放儀式」。這個儀式的名稱，與實際相去甚遠：十二年前，亡者的骨灰沒能得到保存，在有國家領導人物和老舍朋友們、家屬們參加的這個儀式上，與會者人人清楚，那只大家向其三鞠躬的骨灰匣裡，只收入了死者生前使用過的一副眼鏡和幾桿筆。老舍的這一結果，酷似世紀之初一家人安葬乃父的情景，父親——那位戰死於國難的正紅旗兵，墓裡就沒有他的遺骸。中華民族二十世紀兩場內容迥異的大劫難，將父子兩代的結局，安排得如此相像！

沈雁冰（茅盾）為老舍致悼詞。悼詞說：老舍先生是愛國作家，他把一生獻給了祖國的文學藝術事業……

人民的藝術家，最終還須經人民來認定。十二年之後才召開的老舍骨灰安放儀式，驚動了首都和全國無數顆疼愛老舍的心。長達十年的嚴寒過去了，民眾從善與惡的大搏鬥中，更加認識了老舍的聖潔與偉岸。骨灰安放儀式當天，京城平民自發趕去西郊八寶山儀式會場者，無法統計地多。

七〇年代末到八〇年代初，老舍的作品開禁了。不單像《駱駝祥子》這樣的代表作以本來面目與廣大讀者相見了，共和國建立以後三十年一直沒有再版的《貓城記》、《四世同堂》等重要著作，也重新面世，而且，像《正紅旗下》那樣優秀的未竟之作，也以作者已寫畢的全部本來面貌，出現在了世人眼前。作家生前沒有能夠編排出版的《老舍文集》十六卷，到一九九一年，全套出齊。

從老舍二〇年代登上文壇後即已存在的老舍研究，歷盡幾十年的風風雨雨，留下了過多的遺憾和教訓，幾乎是需要從頭起步的。一九八二年春，在濟南，來自各地院校以及科研單位的一批沒有任何社會政治背景的中青年，自動地走到了一起，舉辦了有史以來第一次的老舍學術討論會。會議上，對老舍研究做出過歷史性貢獻的學者，和一些立志為老舍研究長期奉獻精力的同人，切磋爭鳴，收穫頗豐，不僅就許多以往認識錯了的問題達成新的共識，也為此後連續舉行數屆的老舍學術討論會，開創了健康紮實的學風。中國規模性的老舍研究開始得較遲，但是，經過十幾年的努力，目前已成為文學研究大格局中最具開拓勢頭和鑽研實力的領域之一。代表著中國老舍研究水準的一批學術論著接踵問世，其中擇其要者，有：《老舍研究論文集》（孟廣來等，山東人民出版社）、《老舍小說研究》（佟家桓，寧夏人民出版社）、《老舍與中國文化觀念》（宋永毅，學林出版社）、《老舍評傳》（王惠雲、蘇慶昌，花山文藝出版社）、《老舍》（舒乙，人民出版社）、《老舍在北京的足跡》（李犁耘，北京燕山出版社）、《老舍劇作研究》（冉憶橋、李振潼，華東師範大學出版社）、《老舍創作論》（陳震文、石興澤，遼寧大學出版社）、《老舍的小說與東西方文化》（吳小美、魏韶華，蘭州大學出版社）、《文化巨人老舍》（崔明芬，山東友誼書社）、《老舍研究縱覽》（曾廣燦，天津教育出版社）、《老舍幽默論》（劉誠言，廣西民族出版社）、《老舍年譜》（郝長海、吳懷斌，黃山書社）、《老舍年譜》（甘海嵐，書目文獻出版社）、《老舍在倫敦》（李振傑，國際文化出版公司）、《老舍的藝術世界》（孫鈞政，北京十月文藝出版社）、《老舍論稿》（王延晞，山東大學出版社）、《老舍與北京文化》（甘海嵐，中國婦女出版社）、《老舍小說藝術心理分析》（謝昭新，北京十月文藝出版社）、《老舍名作欣賞》（樊駿等，中國和平出版社）、《老舍的語言藝術》（王建華，北京語言文化大學出版社）、《老舍與中國新文學》（章羅生，文化藝術出版社）、《老舍研究：六十五年滄桑路》（石興澤，山東文藝出版社），等等；此外，樊駿、趙園、王行之、楊義、王富仁、范亦豪等學術專家，還提供了另外一些老舍研究的真知灼見。老舍及其創作的全部文化、藝術、審美精蘊，正在為人們愈來愈科學地發掘出來。

中國老舍研究會，成立於八〇年代中期，目前已有會員三百餘人。這支隊伍的形成，為老舍研究的持續性發展，奠定了可靠基礎。

「老舍學」，已經在全世界顯現端倪。日本老舍研究會，是除中國本土之外最具規模的一個國家級老舍研究團體，聚集了該國幾十位老、中、青年學者，他們發表的老舍譯作和相關研究著述，達到了很高的水平。由前蘇聯，到現今的俄羅斯聯邦，老舍研究已經在幾十年來形成傳統。此外，美國、法國、新加坡、韓國、波蘭、匈牙利、德國等國家，也不斷湧現出一些卓有成就的老舍作品的研究者和翻譯家。一九九二年，全球各地的老舍研究者，相會在中國北京的「第一屆國際老舍學術討論會」上，大家用豐碩的學術成果，一致表達了對老舍這位二十世紀東方文化名人的崇高敬意。

老舍為世間留有等身的文學作品。中國的廣大民衆，正重新從這浩繁的作品中間，發現一片美輪美奐的藝術天地。不同年齡層次、不同文化修養、不同知識結構的讀者群，爭相閱讀老舍作品的情景，歷久不敗。至九〇年代後期，老舍作品仍然是各地書店裡相當熱銷的讀物。「老舍熱」的又一道迷人風光，表現在戲劇舞台上和影視編創中，繼話劇名作《茶館》於八〇年代風靡西歐和東渡扶桑之後，《駱駝祥子》、《龍鬚溝》、《四世同堂》、《鼓書藝人》、《月牙兒》、《離婚》、《二馬》……或者被移植到兄弟劇種中，或者被改編成電影和電視劇，均受到了觀衆的格外青睞。一位影視編導說：由老舍小說改編的電影和電視劇，最能「滋養」演員，原作所提供的豐富的文學養分和文化內含，常能把一些不知名的普通演員推上「名角兒」的位置。的確，僅就老舍原著改編的影視作品的高幅收視率來說，演員們也願意搶著去演。

迄今，老舍作品，已經用世界各民族的語言文字，翻譯、介紹到了不少於五十個國家。

關於老舍，人們的熱情和興趣，將沒有止境。

讓我們在快要結束這部書稿的時候，再引述幾段中國現代文學巨擘們的有關話語吧。這些話，會使我們，在日後隨時談到老舍這個名字的時候，喚起更多的沉思，更多的自省，更多的尋覓，和更多的崇敬：

我想起他的那句「遺言」：「我愛咱們的國呀，可是誰來愛我呀？」我會緊緊捏住他的手，對他說：「我們都愛你，沒有人會忘記你，你要在中國人民中間永遠地活下去！」

——巴　金

老舍是一位很了不起的作家，他把中國文化傳播給全人類，對人類有很大的貢獻。

——曹　禺

呵天甚意！竟容忍沉淵，屈原同例。

——葉聖陶

老舍，您是地道的北京旗人，我只能稱呼您「您」。您是我們在重慶期間最親密的朋友；您是我們的朋友中，最受孩子們歡迎的「舒伯伯」；您是文藻把孩子從您身邊拽開，和他一同吃幾口悶酒，一同發牢騷的惟一的朋友；您是一九五一年我從日本回國時，和丁玲一同介紹我參加中國作家協會的人。您逝世的消息，是我的大女兒吳冰從蘭州大學寫信到「牛棚」裡告訴我的，她說：「娘，你知道麼？舒伯伯逝世了！」我想說，「您安息吧。」但您不會安息。您永遠是激盪於天地間的一股正氣！

——冰　心

八十年前，雄姿英發的青年老舍，以十九歲的年齡，到京師公立第十七小學去就任校長。這所小學後來更名為方家胡同小學，那裡的師生們，到今天，還在懷念著他們的老校長。在《方家小學校歌》裡，孩子們唱道：

我們像花兒在開放，
我們像小鳥在飛翔，
可愛的校園越來越漂亮，
親愛的老師和藹又慈祥。
啊！老舍先生，我們的老校長，
遠遠地望著我們
歡度童年金色時光！

孩子們的歌，歡快而質樸，將一直唱下去。其實，老舍豈止遠遠地在矚望著他所關愛的這所小學，他也在以一顆博大的心，矚望著我們的中華，我們的民族。讓我們記著老舍吧，記著他對我們這個曾經多災多難的民族諸多的勸告，和警示！

一九九九年，是老舍的百年冥壽。當此際，「丹柿小院」被正式闢為「老舍故居紀念館」，迎接中外愛好者前去瞻仰；規模空前的十九卷本《老舍全集》亦出版面世……

老舍，及其作品，正以更加有力的步伐，走向人民，走向世界；各個民族各種膚色的、無以數計的讀者，也正以他們更大的熱誠，擁抱這位文學大師。

只要中國以及人類的文化還在，老舍就活著。

---

①參見《新民報》（北京），一九五一年十二月一日。
②參見〈老舍創作討論會〉一文中吳祖光的發言，載《北京文學》，一九八六年第十期。
③參見謝和賡：〈老舍最後的作品〉，載《瞭望》，一九八四年九月，第三十九期。
④轉引自《陳寅恪的最後二十年》，陸鍵東著，「生活・讀書・新知」，三聯書店一九九五年版。

老舍評傳 / 關紀新著. --初版. --臺北市：
臺灣商務, 1999[民88]
面 ； 公分. --(Open；4：16)
ISBN 957-05-1579-1(平裝)

1. 老舍-傳記　2. 老舍-作品評論

782.886　　88003484

OPEN系列／讀者回函卡

感謝您對本館的支持，為加強對您的服務，請填妥此卡，免付郵資寄回，可隨時收到本館最新出版訊息，及享受各種優惠。

姓名：＿＿＿＿＿＿＿＿＿＿ 性別：□男 □女

出生日期：＿＿年＿＿月＿＿日

職業：□學生 □公務（含軍警） □家管 □服務 □金融 □製造
□資訊 □大眾傳播 □自由業 □農漁牧 □退休 □其他

學歷：□高中以下（含高中） □大專 □研究所（含以上）

地址：＿＿＿＿＿＿＿＿＿＿＿＿＿＿＿＿＿＿＿＿

＿＿＿＿＿＿＿＿＿＿＿＿＿＿＿＿＿＿＿＿

電話：（H）＿＿＿＿＿＿＿＿（O）＿＿＿＿＿＿＿＿

購買書名：＿＿＿＿＿＿＿＿＿＿＿＿＿＿＿＿

您從何處得知本書？

□書店 □報紙廣告 □報紙專欄 □雜誌廣告 □DM廣告
□傳單 □親友介紹 □電視廣播 □其他

您對本書的意見？（A/滿意 B/尚可 C/需改進）

內容＿＿＿ 編輯＿＿＿ 校對＿＿＿ 翻譯＿＿＿
封面設計＿＿＿ 價格＿＿＿ 其他＿＿＿＿＿＿

您的建議：

＿＿＿＿＿＿＿＿＿＿＿＿＿＿＿＿＿＿＿＿

＿＿＿＿＿＿＿＿＿＿＿＿＿＿＿＿＿＿＿＿

＿＿＿＿＿＿＿＿＿＿＿＿＿＿＿＿＿＿＿＿

臺灣商務印書館

台北市重慶南路一段三十七號 電話：（02）23116118・23115538

讀者服務專線：080056196 傳真：（02）23710274

郵撥：0000165-1號 E-mail：cptw@ms12.hinet.net